Texte détérioré — reliure défectueuse

NF Z 43-120-11

Contraste insuffisant

JUGEMENS
DES
SAVANS
SUR LES
PRINCIPAUX OUVRAGES
DES
AUTEURS.
TOME PREMIER.

JUGEMENS
DES
SAVANS
SUR LES
PRINCIPAUX OUVRAGES
DES
AUTEURS.
PAR
ADRIEN BAILLET.

Revûs, corrigés, & augmentés par M. DE LA MONNOYE
de l'Académie Françoise.

TOME PREMIER.

A PARIS.

CHARLES MOETTE, ruë de la Bouclerie, près le Pont S. Michel.
Chés { CHARLES LE CLERC, Quai des Augustins.
PIERRE MORISSET, ruë Saint Jacques.
PIERRE PRAULT, Quai de Gêvres.
JACQUES CHARDON Imp. Libraire, ruë du Petit-Pont.

M. DCCXXII.
Avec Approbations & Privilége du Roi.

A

MONSEIGNEUR

L'AVOCAT GENERAL

DE

LAMOIGNON.

ONSEIGNEUR,

La liberté que je prens de mettre votre Nom à la tête de cet Ouvrage ne doit point donner au Public la pensée que c'est un présent que j'aye voulu Vous faire. Comme il

a

EPITRE.

n'y a rien dans votre maison qui ne soit à Vous, je n'aurois pû prétendre me faire un mérite de Vous présenter une chose qui Vous appartient.

C'est un Recueil de Jugemens sur les Auteurs, & sur les Livres de votre Bibliothéque. Il a été fait chés Vous, pour Vous, & par une personne qui a l'honneur & l'avantage d'être à Vous. Ainsi l'on n'aura point sujet de croire qu'en prenant cette liberté, j'aye eu d'autre ambition que celle de faire connoître à tout le monde quel est le Protecteur de cet Ouvrage.

En effet, MONSEIGNEUR, quelle Protection n'ai-je point lieu d'espérer de celui qui en a donné une si puissante à tant d'Auteurs, depuis plusieurs années, & pour des Ouvrages qui ne le touchoient pas de si près que celui-ci ? Et que ne dois-je point attendre de l'autorité d'un Nom, qui depuis trente ans a été l'objet du respect & de l'amour des Peuples de ce Royaume, & des Gens de Lettres qui sont répandus par tout ce qu'on appelle le Monde Savant.

La France & la République des Lettres n'ont-elles pas également ressenti les effets de cette Protection en la Personne de feu Monsieur le Premier Président, qui a rendu des services immortels à l'une & à l'autre ? Et y a-t-il quelqu'un parmi les gens de bien de ce Royaume, & les Savans de l'Europe, qui s'étant vû enlever le Pere, n'ait senti relever ses espérances dans le Fils, en le voyant le suivre de si près dans toutes ses démarches ?

C'est le langage que les uns & les autres ont tenu, lorsque se voyant privés d'un Protecteur si puissant & si plein de bontés, ils ont protesté parmi leurs cris & leurs gémissemens, qu'ils ne trouveroient de consolation & de ressource, que dans l'appui que Vous deviés continuer de donner en

EPITRE

sa place à la Justice & aux Lettres. Ils ont eu raison d'attendre ces bons effets de votre reconnoissance, puisqu'ils Vous ont donné dans leurs cœurs & dans leurs esprits la place que Monsieur le Premier Président y possedoit si universellement, ou plutôt, qu'ils Vous l'ont conservée, comme à l'heritier naturel, & au successeur légitime de ses vertus.

Comme la confiance que j'ai en votre Protection, n'est pas moindre que la leur, il semble que je devrois à leur exemple me mettre en devoir de publier quelques-unes de ces excellentes qualités, qui Vous ont acquis leur estime, pour faire voir que mon esperance n'est pas vaine ; & qu'il ne suffit pas d'être distingué des autres par la grandeur de la naissance ou des emplois, pour pouvoir proteger les Loix & les Lettres au point que Vous le faites.

Mais ce qui fait ma peine parmi tous les autres avantages que je reçois chés Vous, c'est de me voir privé de celui de pouvoir m'acquitter de ce devoir par les obligations où ma condition m'engage de Vous suivre dans les sentimens de votre modestie.

Puis donc que je n'ai point cette liberté, je ne puis faire autre chose pour la satisfaction de ceux qui pourroient se plaindre de mon silence, que de les renvoyer à ce qu'en ont publié les Etrangers, c'est à dire ceux qui n'ont pas été les témoins domestiques de vos actions, & qui n'en ont connu que cette partie que Vous n'avés pas pû Vous dispenser jusqu'ici de rendre publique.

Au moins, MONSEIGNEUR, ne pourrés-Vous pas les empêcher de se souvenir de ce qu'ils ont lû dans les Livres de divers Auteurs, qui depuis plus de vingt-cinq ans ont entrepris de faire passer à la Posterité les sentimens glorieux, que le Public conservera toujours pour votre mérite.

EPITRE.

C'est par le grand nombre de ces Auteurs, & par la diversité de leurs professions, que les Siécles à venir pourront juger de l'élévation & de l'étenduë de ce mérite, que les qualités de votre ame, & celles de votre esprit Vous ont si légitimement acquis. Ils ne seront pas surpris de le voir louer par une foule de Jurisconsultes de l'un & de l'autre Droit (1), parce que leur profession leur donne lieu de Vous approcher, & de le connoître de plus près que le reste des Savans. Mais que n'en croiront-ils pas, lorsqu'ils verront de concert les Théologiens (2), les Philosophes (3), les Historiens ou les Géographes (4), les Antiquaires (5), les Critiques (6), les Orateurs (7), les Poëtes (8), & particuliérement ceux d'entre eux qui ont été les plus ennemis de la flaterie & de la bassesse (9), les Grammairiens mêmes (10), & ceux qui se sont le plus distingués par leur litérature universelle (11), lors, dis-je, qu'ils verront tous ces Auteurs célébres conspirer à publier vos éloges, quoique par des routes fort différentes, & sans communication? Et ne se trouveront-ils pas confirmés dans ces grands sentimens, lorsqu'ils verront ces témoignages de tant de personnes différentes appuyés par ceux des Nations étrangéres, qui ont eu l'avantage de Vous connoître par elles-mêmes dans vos voyages (12)?

Après tous ces témoignages, MONSEIGNEUR, il est aisé de juger, si les Ecrivains ont eu raison de rechercher avec tant d'empressement l'honneur de votre Protection, pour les Ouvrages qu'ils ont exposés au Public; & si j'en

---

1 Doujat. Aubery. Des Maisons. De Loy. Mirbel. Coloneques. &c.
2 De Launoy. Testelette. Rubé. &c.
3 Marmet. Channevelle. &c.
4 Du Val. Labbe. Cluv. &c.
5 Patin. &c.
6 Tann. Le Févre. &c.
7 Rapin. de la Baune. Richesource. &c.
8 Du Perier. &c.
9 Despreaux. Villiers. &c.
10 Jos. de Luques. Pajot.
11 Du Cange.
12 Elzevier. Univ. d'Oxford.

EPITRE.

ai moins qu'eux de Vous la demander pour des milliers d'Auteurs de presque tous les siécles, de toutes sortes de conditions, & de différent mérite.

Comme ils sont exposés de nouveau aux yeux & à la censure des vivans, ceux d'entre eux qui sont représentés dans ce Recueil comme des Critiques & des Juges équitables des autres, aussi-bien que ceux qui y paroissent jugés & censurés injustement, ont besoin d'un nouvel appui; les uns pour se maintenir dans leur autorité, les autres pour mettre leur innocence à couvert. J'espére qu'ils le trouveront en Vous, puisque jamais le vrai mérite n'a manqué de Protection dans votre Maison.

Pour moi, je ne puis douter que Vous ne m'honoriés toujours de votre bien-veillance, après les marques que Vous m'en avés données, en me confiant ce que Vous avés de plus cher au monde, ainsi que Vous me l'avés dit souvent. C'est le soin de votre Bibliothéque, & l'instruction de Monsieur votre Fils, qui commence déja, quoique dans un âge peu avancé, de donner des espérances, qu'il pourra un jour soutenir dignement votre illustre Nom. Je suis avec un respect profond,

MONSEIGNEUR,

                        Votre très-humble & très-
                        obéïssant serviteur
                              A. B.

PRÉFACE
de l'Auteur des Notes.

QUOIQUE fans éxercer une critique trop févère, je prétende avoir corrigé un très grand nombre de fautes dans ces premiéres œuvres de Monfieur Baillet nouvellement réimprimées en fept volumes, je ne laiffe pas de reconnoitre que c'étoit un homme d'un mérite fingulier, né pour l'étude, laborieux jufqu'à paroitre infatigable, qui avoit une lecture d'une prodigieufe étenduë, &, chofe furprenante, nonobftant l'air peu naturel de fa diction, une extraordinaire facilité à écrire. Nous avons de lui, dans un autre genre, des compofitions très chatiées, & je ne fais pas difficulté d'avouer que s'il avoit apporté dans fes recherches touchant les *Jugemens des Savans*, les *Anti*, les *Enfans célebres*, & *les Auteurs déguifés*, autant d'éxactitude, qu'on en remarque dans fes Vies des Saints, je n'aurois pas eu grande occafion de le critiquer.

A la vérité fon Recueil des Jugemens des Savans fur les Auteurs étoit un deffein bien imaginé. Mr Baillet avoit raifon de croire que rien ne pouvoit tout enfemble être plus utile, ni plus agréable aux amateurs de la litérature qu'une inftruction touchant le fort & le foible des livres les plus connus. Il favoit que fi le nombre des Auteurs eft grand, celui des Juges des Auteurs eft

PRE'FACE.

infini, puisqu'autant de Lecteurs, autant de Juges. Il n'ignoroit pas les railleries que Perse parmi les Latins, le Caporal parmi les Italiens, Régnier & Despréaux parmi les François, ont faites de ces gens qui n'ayant qu'une teinture superficielle des Lettres, osent s'ériger en Censeurs des anciens, & des modernes.

Pour apprendre donc à ces Juges téméraires à se défier de leur goût, il commença par traiter à fond de tous les préjugés, contre lesquels on doit être en garde dans la lecture de quelque livre que ce soit. Comme il vouloit éviter tout reproche de présomption, il préféra les lumiéres d'autrui aux siennes. Il crut que l'introduction la plus sure à la connoissance des Auteurs étoit de s'en rapporter aux Auteurs eux mêmes. Il s'étoit, dans cette vuë, proposé de ramasser leurs témoignages touchant les Ecrivains qui se sont acquis quelque distinction par leurs ouvrages tant sur les sciences en général, que sur les arts libéraux.

Ce plan, comme on voit, étoit extrèmement vaste. Pour le rendre plus intéressant, il ne jugea pas à propos de débuter par des recueils sur les Théologiens, sur les Jurisconsultes, les Médecins, ou les Mathématiciens; il aima mieux ne produire d'abord que ce qui lui parut un peu plus à la portée du public. Après avoir donné une notice suffisante des plus célébres Imprimeurs, il y joignit en plusieurs volumes, celle des Critiques, des Grammairiens, des Traducteurs, & des Poëtes.

Nul Ouvrage de cette espéce n'avoit encore été vu dans le Royaume. C'étoit un tissu à la Mosaïque, composé de diverses piéces taillées par diverses mains, & rassemblées artistement par une seule. Colomiés qu'on croiroit peut être lui avoir servi de modèle dans sa France

Orientale,

PRÉFACE.

Orientale, n'y avoit pas lié ses extraits avec le même art. Il les y avoit répandus sans ordre, les laissant François, ou Latins, en un mot bruts, tels qu'ils étoient lorsque, pour ainsi dire, il les avoit tirés de la mine. Notre Auteur n'en a pas usé de même. Il a donné plus de justesse, & de dignité à son ouvrage. Tous les Ecrivains qu'il y a cités, il les a fait parler François, voulant bien pour fuir le mélange des citations Grecques, Latines, Italiennes, Espagnoles, s'exposer à tous les inconvéniens attachés aux traductions, soit quand on retranche quelque chose d'essentiel de l'original, soit quand on y ajoute quelque chose d'étranger, soit enfin quand, de quelque maniére que ce puisse être, on corrompt le véritable sens par une interprétation vicieuse. Difficilement à la longue un Traducteur peut-il se garantir de ces trois sortes de fautes. Mr Baillet ne les ayant pas toujours evitées, on a dû s'appliquer d'autant plus à les corriger, que sur son autorité un Lecteur de bonne foi seroit en danger de les copier. Pope-Blount, Morhof, les Continuateurs de Moréri ne les ont déja que trop copiées, & l'on auroit lieu de craindre que de main en main elles ne se transmissent jusqu'à la derniére postérité, si on ne prenoit soin d'en interrompre la prescription.

De ces fautes les unes sont anciennes, qui régnent il y a long-tems dans les livres ; les autres nouvelles. Les premiéres n'appartiennent à Mr Baillet que par adoption, mais on peut le regarder comme le pére des secondes. Je ne me suis guére arrété à celles du langage, si ce n'est où l'expression étant trop équivoque rendoit la pensée obscure. Son style qui par rapport au sujet devoit être simple, clair, net, correct plutot qu'élégant, est enflé, guindé, alambiqué, rempli de mauvaises phrases,

PRÉFACE.

& sur tout d'idiotismes. De fois à autre cependant on est surpris de trouver certaines tirades d'éloquence, même fort belles, comme lorsqu'il s'étend sur les louanges de la noble & ancienne Maison dans le sein de laquelle il a vécu ; du grand homme ayeul de l'illustre élève, dont l'éducation lui fut confiée, & quelques autres endroits où, différent de lui-même, il s'exprime avec assés de pureté ; ce qui bien loin de réparer les défauts remarqués dans sa diction, les rend au contraire plus sensibles, en sorte que pour la réformer il faudroit presque entiérement la réfondre, & c'est ce que je n'ai pas entrepris.

Mon but, dans l'éxamen de son Livre, a été de préférer les choses aux paroles, & de m'attacher principalement à son dessein. Il m'a paru qu'originairement son intention, en recueillant les jugemens d'autrui, étoit de n'y pas mêler le sien. Lui-même s'étoit imposé cette loi. Faute de l'avoir observée, il s'est attiré des querelles, dont il n'est pas sorti à son avantage, & qui ont servi à faire voir que son livre, pour être utile, avoit besoin d'une éxacte révision. Je l'ai donc revu, & sans toucher à la lettre du texte, à l'ordre, ni au nombre des chapitres, ni des articles, je me suis fixé à marquer par des notes, au bas des pages, les fautes qu'il a commises dans les noms, dans les époques, dans l'intelligence des passages, & dans les faits, à quoi j'ai ajouté l'éclaircissement de quelques endroits qui sembloient en avoir besoin.

Ce sont les limites où je me suis resserré. J'ai cru devoir éviter les digressions infinies que m'offroient les Ecrivains dont il a parlé. Si au lieu, par éxemple, d'éclaircir un mot mal entendu, je m'étois de gaieté de cœur occupé

PRÉFACE.

à rechercher les particularités de la vie d'un Critique, d'un Grammairien, d'un Poëte ; qu'aurois-je fait autre chose qu'imiter ces Commentateurs, qui ne touchant ni près, ni loin les endroits difficiles de leur Auteur, se jettent à quartier, pour débiter une érudition hors d'œuvre. Il seroit à souhaiter que ceux qui composent, n'écrivissent que des singularités, & que ces singularités fussent vraies. Ce seroient des ouvrages inestimables. On a même lieu de croire que s'il n'y avoit dans les livres que des choses singuliéres, des choses une fois dites, la vie ordinaire d'un homme seroit assés longue pour les lire, sinon tous, du moins la plus grande partie.

On m'objectera peut-être que je ne me suis guére souvenu de cette idée, lorsque j'ai grossi de deux assés longues additions l'article 313. & l'article 932. de cet ouvrage ; l'un à l'occasion de Pomponius Lætus, l'autre de Nicandre. A quoi je répondrai que ces deux morceaux, préparés dans une autre vuë, n'ont été transportés là que par rencontre, & que je ne voudrois pas en avoir inféré plusieurs de cette espéce dans ma révision, parce que tout curieux qu'ils sont, ils pourroient, n'y étant pas absolument nécessaires, y être regardés comme étrangers. Ma qualité de Réviseur m'oblige à ne point excéder ma fonction. Je dois suivre mon Auteur pas à pas, Hoc age. Je dois compter ses chutes, lui prêter la main pour le redresser, prêt à le défendre contre ceux de ses Adversaires qui m'ont paru s'être trompés dans leur Critique, contre Ménage en quelques endroits, contre l'Auteur anonyme des Réflexions imprimées en quatre Lettres, contre l'Abbé Fontanini, contre moi-même, si je viens à m'appercevoir que je l'aie injustement repris.

PRE'FACE.

Une des plus foles chicanes qu'on lui ait faites, c'eſt de lui avoir reproché l'inutilité de ſon ouvrage, ſur ce que les Jugemens qu'il contient étant, dit-on, la plupart contraires, ils ſe détruiſent l'un l'autre. Les Cenſeurs qui ont opiné de la ſorte, ont-ils pu ne pas voir que Mr Baillet ayant intitulé ſon Livre *Jugemens*, & non pas *Examen des Jugemens*, n'étoit par conſéquent obligé qu'à les rapporter fidèlement, ſans entreprendre de les réformer, ou de les concilier ? Qui ne ſait d'ailleurs combien grande eſt la différence des goûts. Ne reconnoiſſons nous pas tous les jours que les Savans qui ont jugé ſi diverſement des Auteurs, ont eu raiſon, puiſqu'à proportion des fautes qui ſe trouvent en chaque ouvrage, le meilleur, à le bien prendre, n'eſt d'ordinaire que le moins mauvais.

Je reviens à mes Notes. Ce n'eſt point un eſprit d'oſtentation qui me les a dictées. C'eſt l'envie ſeule de contribuer à rendre meilleur un livre qui méritoit de le devenir. Perſuadé qu'on ne ſait rien qu'autant que ce qu'on ſait eſt vrai, j'ai tâché de mettre en divers endroits des ſept volumes, que j'ai éxaminés, la principale choſe qui me paroiſſoit y manquer, j'entens l'éxacte vérité. Mr Baillet, qu'on dit ſe l'être toujours propoſée dans ſes écrits, y étoit particuliérement obligé dans un ouvrage, tel que celui-ci, purement critique, & tant de citations, dont il l'a rempli, ne permettent pas de douter qu'il ne l'ait cherchée avec ſoin. J'eſpére pourtant faire voir qu'il n'a pas creuſé par tout autant qu'il faloit pour la déterrer. S'il l'a cherchée, oſerai-je le dire ? plus heureux que lui je me flate de l'avoir trouvée, non pas en vertu d'une plus grande habileté, mais d'une plus grande diligence. On verra là deſſus, preſque à chaque

PRÉFACE.

page, des preuves de mon attention. J'invite les Lecteurs à y recourir, dans la confiance où je fuis, qu'à l'aide de la pierre de touche que je leur offre, ils pourront fûrement ici, d'un bout à l'autre, démêler le vrai d'avec le faux.

Je me crois au refte obligé d'avertir que les Libraires qui procurent cette édition, l'ayant commencée trois ou quatre mois avant que d'avoir mes Notes, le premier volume a été achevé d'imprimer fans qu'elles ayent pu y être rangées dans la place qui leur convenoit. C'a été une néceffité de les renvoyer à la fin avec des chiffres rélatifs aux endroits qu'elles éclairciffent.

Celles des volumes fuivans ont été réguliérement placées au bas des articles qu'elles concernent, & pour être plus reconnoiffables, ont été diftinguées par cette marque ¶.

J'avois pris foin, en travaillant à mes Notes, de corriger éxactement toutes les fautes d'impreffion de mon éxemplaire *in-12.* des œuvres de Mr Baillet, en forte que le texte des fix derniers volumes *in-4°.* ayant été imprimé fur le texte de mon éxemplaire, devroit être, ce femble, très correct; cependant comme je n'ai point voulu me charger de voir les épreuves, je ne puis répondre de rien, les Libraires, fuivant les régles de leur prudence, ayant feuls conduits cette édition, à laquelle je n'ai abfolument nulle autre part que celle que m'y donnent mes Notes au bas de chaque article, & la révifion de ces mêmes Notes à la fin de chaque volume.

Les mêmes Libraires ayant deffein de rendre cette feconde édition plus utile, & plus commode que la premiére, ont obfervé ce qui fuit.

PRE'FACE.

I. Ils ont mis à la tête du Livre le portrait de Mr Baillet, avec l'Histoire de sa Vie, & de ses Ouvrages.

II. Leur intention étant de mettre au bas du portrait une Inscription qu'ils me demandérent, je leur en offris deux, dont l'une étoit rélative à ma Critique, l'autre un Eloge pur & simple. Voici la premiére.

Puisque, dans mes écrits, sans craindre la Satire,
Plein d'une noble liberté,
J'eus pour objet la verité:
Un Critique sincére a bien pu me la dire.

Voici la seconde.

Amateur de la vérité
J'ai pour la découvrir écrit, lu, médité,
Brulant de satisfaire une si noble envie.
Mes veilles, je l'avouë, ont abrégé mes jours,
Mais elles m'ont acquis une plus belle vie
Dont les Parques jamais ne trancheront le cours.

J'avois laissé à leur choix d'employer de ces deux Inscriptions celle qu'ils croiroient convenir le mieux; mais comme depuis on leur en a présenté une qu'ils ont témoigné agréer, j'ai consenti volontiers qu'ils la préférassent, ce qu'ils ont fait.

III. A la suite de l'Avertissement qui est au devant du premier volume, ils ont fait imprimer tout au long le PLAN GENERAL de l'ouvrage, piéce auparavant séparée du corps des volumes, & dont, parce qu'elle

PRÉFACE.

étoit extrèmement rare, il importoit de renouveller l'édition, pour donner une juste idée de l'étendue que devoit avoir le Recueil entier des Jugemens des Savans.

IV. Pour empêcher que l'attention du Lecteur ne soit détournée par la peine de chercher les citations à la fin d'un volume, ou d'un chapitre, ils les ont placées en deux colonnes au bas de chaque page avec des chiffres de renvoi. Ils ont gardé le même ordre pour les Additions & Corrections que Mr Baillet n'avoit pu inférer en leur place.

V. Ils ont rapporté entre deux étoiles à la fin des Articles, & quelquefois dans les Articles-mêmes entre deux crochets, les éditions des Auteurs dont parle Mr Baillet, celui-ci ne les ayant pas toujours éxactement rapportées.

VI. Outre les Tables des Chapitres, les Listes des Auteurs, & autres dressées avec éxactitude par le Réviseur des épreuves, ils se sont chargés de mettre à la fin du dernier volume une Table alphabétique des matiéres répanduës dans le cours de l'ouvrage.

VII. Quant au dessein qu'ils avoient d'extraire incidemment de l'Anti-Baillet les corrections des fautes prétendues commises par Mr Baillet, ayant su que l'Auteur des Notes s'étoit acquitté de ce soin, ils s'en sont entiérement remis à sa diligence.

Voila ce que j'ai cru devoir ajouter à ma Préface, afin que le Public fût pleinement informé de l'état de cette édition. Il me reste seulement à dire touchant Mr Baillet, que si je l'appelle ici *Monsieur*, au lieu que dans mes Notes je ne dis par tout que Baillet, c'est que ma Préface est un discours de cé-

PRÉFACE.

rémonie, & que mes Notes sont une Critique, outre que du moment qu'un Auteur est mort, on est à son égard dispensé du cérémonial.

AVERTISSEMENT

AVERTISSEMENT

SUR L'ORDRE ET L'ARRANGEMENT des sept Volumes des Jugemens des Savans.

Pour le premier Tome.

L'Epître dédicatoire à Monsieur de Lamoignon. Préface de l'Auteur des Notes. Le Portrait & l'Abregé de la Vie de Mr Baillet. L'Avertissement de l'édition de 1685. & le Plan général de l'Ouvrage des Jugemens des Savans imprimé séparément en 1694.

Præfatio prioris Indicis Bibliothecæ Lamonianæ.

Les Jugemens & Préjugés sur les Livres en général.

Les Notes critiques & les Corrections de Mr de la Monnoye sur ces Jugemens & Préjugés.

Jugemens sur les principaux Imprimeurs qui ont excellé dans leur profession.

Pour le second Tome.

Jugemens sur les Critiques, contenant les Examinateurs de Livres, les Bibliothécaires, les Catalogues, & sur les Critiques Grammairiens en général.

Jugemens sur les Principaux Grammairiens Artistes. Les Grammairiens Latins, Grecs, Hébreux, François, Italiens & Espagnols. La Table générale des Auteurs des Ouvrages sur lesquels on a rapporté les Jugemens des Savans dans les Recueils des Imprimeurs, des Critiques, des Grammairiens & des Traducteurs.

Pour le troisiéme Tome.

Jugemens des principaux Traducteurs.

Discours pour servir d'éclaircissement aux premiers volumes de cet Ouvrage, & de Préface au Recueil suivant des Poëtes.

Jugemens des principaux Auteurs qui ont traité de l'Art Poëtique.

Jugemens sur les principaux Poëtes Hébreux & Grecs. La Liste des

Poëtes tant Grecs que Latins; qui se trouvent dans le *Corpus Poëtarum Græcorum*, & dans les deux *Corpus Poëtarum Latinorum*.

Pour le quatriéme Tome.

Jugemens sur les principaux Poëtes Latins depuis les Guerres Puniques, & quelques-uns des Grecs, jusqu'à la renaissance des Lettres.

Jugemens sur les Poëtes Modernes depuis la renaissance des Lettres jusqu'à present.

Pour le cinquiéme Tome.

Jugemens sur les principaux Ouvrages des Poëtes, ou suite des Poëtes Modernes.

Table générale pour les Poëtes & les Auteurs qui ont traité de l'Art Poëtique.

Pour le sixiéme Tome.

Les Enfans célébres par leurs Etudes, & la Table.
Les Auteurs déguisés, & la Liste des Auteurs déguisés.

Pour le septiéme Tome.

Les Satires Personnelles, Traité Historique & Critique de celles qui portent le titre d'*Anti*.

Table générale des *Anti*, & celle des Auteurs de ces *Anti*.

Table générale des Matiéres des sept volumes.

ADRIEN BAILLET
Né le 13 Juin 1649 à la Neuville en Hez près de Beauvais mort le 21 Janvier 1706.

Dans une douce Solitude,
A l'abri du Mensonge et de la Vanité,
J'adoptai la Critique, et j'en fis mon étude,
Pour découvrir la Verité.

ABREGE' DE LA VIE DE Mr BAILLET.

ONSIEUR BAILLET naquit le treiziéme jour de Juin de l'an 1649. Presque toute l'Europe étoit alors dans le trouble. Ses parens étoient de Picardie, d'une fortune très médiocre, au voisinage de la guerre tant au dedans qu'au dehors. Son grand-pere s'appelloit Jean, & son pere Adrien. Celui-ci épousa en premiéres noces une fille de son voisinage qui lui donna une fille & un garçon Ces deux enfans eurent dans leur mariage, la fille deux garçons & deux filles, le fils un garçon & trois filles. Quoique cette famille n'ait rien eu de distingué dans le monde, il faloit faire cette remarque pour rendre compte d'un des articles du Testament de Mr Baillet.

Il étoit l'ainé du second lit, & le premier des sept enfans qui en sortirent, quatre garçons & trois filles. Celles-ci ont vécu dans la condition de leur pere, & sont mortes comme lui au milieu des occupations & des embarras de l'agriculture, & d'une vie toute champètre; mais les garçons se sont élevés au dessus de la vocation paternelle.

Le second des quatre s'appelloit Etienne; il étoit né avec un amour violent pour la solitude Religieuse. Sa conduite dans toute son en-

enfance en étoit une preuve continuelle. Son pere & sa mere qui avoient une pieté solide, loin de le détourner, l'aidoient dans ses pieuses démarches. L'amour de la retraite crût avec l'age de telle sorte, qu'après avoit éxaminé long-tems le lieu où il pourroit satisfaire davantage sa passion, il n'en trouva pas de plus propre que la Maison de la Trappe. Il s'étoit retiré avec son frere ainé dans un village dont il étoit Vicaire. Ils y vivoient comme des Religieux très-retirés, dans de grandes austerités. Ce fut de là qu'Etienne charmé des merveilles qu'on publioit des Religieux de la Trappe, quitta son cher frere pour y aller solliciter une place. On l'accorda à ses instances ; mais le Pere Abbé à la vuë de la foiblesse de sa compléxion, ne put lui accorder au bout du Noviciat l'engagement qu'il avoit mérité d'ailleurs par sa ferveur à observer la Régle. Etienne mortifié de ce refus, sans perdre espérance, pria la Communauté de le souffrir au moins en qualité de Frere-Donné, tant il avoit d'envie de vivre & de mourir dans cette sainte Retraite. Il y est depuis 28. ans dans les divers emplois ausquels on l'applique.

Le troisiéme qui s'appelloit Pierre avoit une inclination merveilleuse pour la Chirurgie. Ses fréquentes & longues courses de jour & de nuit pour le Public l'ont enlevé tout jeune.

Le dernier des quatre étoit Antoine qui fit ses études à Beauvais dans le petit Seminaire comme son ainé, vint à Paris avec lui, y reprit l'étude de la Philosophie. Il avoit un goût singulier pour la Physique particuliére qui lui forma celui de la Médecine. Pour y réussir il joignit la pratique à la théorie. Mr de Lamoignon informé de sa connoissance & de son amour pour les Livres en général & pour la Médecine en particulier, le nomma Sou-Bibliothécaire au Collége Mazarin. Après y avoir travaillé quelques années, Mr l'Intendant de Flandres lui offrit le soin de l'Hopital militaire de Dinant. Il l'accepta, & remplit ce poste où il mourut après avoir mérité les éloges de celui qui lui avoit donné, & de tous ceux à qui il a eu affaire.

L'ainé de tous dont on donne la Vie, fut nommé Adrien sur les fonts de Batême selon la coutume du pays qui donne presque toujours aux ainés le nom du pere. Son parain & sa maraine étoient les voisins du pere, à peu près de même condition.

Le pere faisoit valoir par son industrie un petit fonds de terre qu'il avoit reçu de la succession de ses ancêtres. Les malheurs de la guerre qui tombérent d'abord sur la Picardie comme frontiére, l'obligérent à en engager une partie, & à se réduire à cultiver les terres d'autrui pour subsister, & entretenir dans une honnête médiocrité sa nombreuse famille. Il fut même obligé dans la suite de sortir du lieu de sa naissance pour prendre dans un village voisin une ferme de Mr le Marquis de Vignacourt neveu du grand Maître de Malte.

Le lieu où le pere & les enfans avoient reçu la naissance est un Bourg situé sur le chemin de Clermont à Beauvais à quatre lieuës de celle ci & à deux de l'autre, sur les limites de la forêt de Hez. Le fameux Robert Comte de Clermont y avoit fait un Chateau qui pût lui servir & à ses Successeurs de place de sureté & de divertissement.

Les parens de l'enfant le présentérent à l'Eglise de la Paroisse de la Neuville pour y recevoir le saint Batême dès qu'il fut né. A peine fut-il bégayer & se trainer qu'on le conduisit à l'école. On l'y voyoit avec une attention d'homme parfait & une gravité de vieillard.

L'enfant passa quatre à cinq années de cette maniére. Ennuyé de ne trouver plus rien de nouveau à l'Ecole, il trouvoit divers prétextes d'y faire diversion pour aller voir les Cordeliers. Il y couroit, il y servoit les Messes toute la matinée, dinoit avec eux, & après tout le Service, où il assistoit comme un Novice, il revenoit le soir à la maison paternelle. Il étoit si content qu'en un an seulement il devint assés fort dans la piété & dans l'étude du Latin pour être présenté à son Evêque & lui demander place dans son petit Séminaire, il eut la consolation de l'obtenir & d'y être reçu avec beaucoup de distinction.

Baillet étant donc entré au petit Séminaire, y commença ses études par la Sixiéme. Il fut toujours des premiers dans toutes ses Classes. Mais il faut avouer qu'il n'y brilloit pas & ne s'y distinguoit pas autrement que les douze plus forts d'une centaine d'Ecoliers ; ce fut dès la Cinquiéme & à la fin de sa Quatriéme que l'amour pour les Livres & pour l'Etude se déclara fortement même avec passion, jusqu'à prendre quelque argent à son pere pour acheter des Livres.

On se servoit avec fruit au Collége des Méthodes Françoises de Port Royal pour le Latin & le Grec. Les foibles se contentoient des Abrégés ; mais les courageux avoient les grandes Méthodes. Baillet avoit appris le Grec dans la Grecque. Il apprit la Poësie Latine & Françoise dans la Latine. Il y trouva toutes les espéces de vers dans l'une & l'autre Langue avec toutes leurs beautés & leur finesse ; & quoiqu'on se contentât dans sa Classe d'ébaucher la composition des vers Latins seulement, il y acquit par lui-même sur la lecture des régles & des meilleurs modéles proposés dans la méthode une telle facilité que l'on a sû de lui & de ses bons amis, compagnons, & témoins de ses études sécrettes, qu'il tournoit déja toutes ses Leçons en vers Latins & François. Il habilloit tous les sujets qui le frappoient tantôt à la Latine, tantôt à la Françoise, toujours en vers. C'étoit selon lui sa Farce comique, ses Gilles rimailleurs, ses Arlequins Poëtes. Il n'avoit garde de les communiquer à ses Maîtres trop sérieux pour les souffrir. Il s'en divertissoit en son particulier ou avec trois ou quatre jeunes gens choisis à peu près de son humeur, avec lesquels il avoit formé des liaisons d'amitié & d'études les plus innocentes & les plus fermes. Cette manie de versifier le tint jusqu'à la fin de sa Philosophie, & même au de-là jusqu'à son entrée dans le grand Séminaire pour y recevoir les Ordres. Il lut tous les Poëtes Latins qu'il put trouver parmi ses connoissances ; Virgile, Horace, Ovide, Juvenal, Seneque, &c. S'il étoit circonspect pour la lecture des Poëtes Latins, il l'étoit encore plus pour celle des Poëtes François. Il se contenta de ceux que la Méthode de Port-Royal propose. Comme cette lecture lui coutoit peu d'application, & qu'elle le divertissoit, il y passoit presque tout son tems dont il ne se réservoit que ce qu'il lui en falloit pour faire ses extraits & mettre en vers ce qu'il entendoit lire d'Histoire sainte ou prophane tous les jours.

Il donna à ses extraits le titre de *Juvenilia* qui grossirent entre ses mains pour en faire deux bons volumes. Il étoit à sa dix-septiéme année quand il les fit pour recueillir ce qu'il trouvoit digne de remarque & de souvenir dans les Poëtes sur la Théologie Païenne, les fausses Divinités, les Sacrifices, les Temples, les Jeux publics, & tout le reste qui y a rapport. Ces *Juvenilia* sont restés parmi ses manuscrits après avoir servi de modéle à Mr de Lamoignon dans ses études. Il monta en Rhétorique où il passa deux années entiéres, & suivoit les leçons du Maître & l'ordre de la Classe plutôt pour trouver & appliquer dans ses lectures particuliéres l'usage des préceptes qu'on y enseignoit. Content de parcourir la Rhétorique de Mr Lenglet qui étoit très-claire & très méthodique,& les plus belles Oraisons de Ciceron & de Quintilien, il donna tout le reste de son tems à l'Histoire & à la Géographie.

Il avoit déja lû beaucoup d'histoires, il en avoit fait des extraits ; mais c'étoit d'une maniére assés vague, & plutôt pour satisfaire sa curiosité naturelle que pour établir un système réglé. Ce fut en Rhétorique qu'il commença à donner à son travail quelque ordre proportionné au dessein qu'il y conçût d'embrasser toute l'Histoire. Ce fut dans ce tems qu'il commença son plan de Chronologie: & celle qu'il a donnée à la fin de ses Vies des Saints n'est qu'un petit extrait de celle qui regarde les deux Testamens. A mesure qu'il plaçoit dans l'ordre des tems les faits historiques qui lui paroissoient de quelque considération, il recherchoit avec soin le lieu où les choses s'étoient passées, celui de la naissance, de la vie & de la mort des personnes qui devoient avoir place dans son abrégé historique. Il ne se contentoit pas de la Géographie ancienne, il y joignoit la moderne qui donne l'état où se trouvent ces mêmes lieux : c'étoit faire insensiblement l'histoire de la fortune de toutes les parties du monde depuis Adam jusqu'à notre tems. Mais comme il s'appliquoit plus à l'Histoire Ecclésiastique qu'à l'autre, il l'embrassa entiérement, & la Topographie Ecclésiastique qu'il a donnée ensuite des Vies des Saints est un fruit de ses premiers travaux sur la Géographie.

Pour comprendre toute l'étendue & l'économie de ses études sur la Chronologie & la Géographie par rapport à sa vocation Ecclésiastique, il suffit de parcourir son dessein tel qu'il le donna en 1694. pour mettre à profit tout ce qu'il seroit obligé de lire pour son éxécution. Sa Philosophie se passa sans grande attention, ne s'occupant que de sa curiosité Historique, cependant il soutint un Acte où il répondit en Maître devant toute la Ville de Beauvais.

Le succès de sa Thèse ne lui enfla pas le cœur. Les applaudissemens le mirent en garde ; il n'en devint que plus humble, plus retiré & plus mortifié. Ce qui amollit les autres, ne servit qu'à redoubler son application. En 1670. & 1671. il passa au grand Seminaire, où il étudia la Théologie ; c'est-à-dire la science de l'Ecriture-Sainte, des Conciles & des Peres ; la vérité des Dogmes, la pureté de la Morale, la sainteté de la discipline de l'Eglise ; c'étoit tout ce qui composoit les cahiers de Mr Hassé, & les instructions de Mr de Baupuits, sous lesquels il l'étudioit avec beaucoup de progrès. Ces études faites pendant deux ans & demi, avec tant de choix, sous de si savans Maîtres, les jours & les nuits sans autre interruption que les cinq heures du lit, jettérent de profondes racines dans l'esprit & le cœur de Mr Baillet, l'un & l'autre étoit bien préparé. L'amour de la vérité étoit le seul motif de son travail. Ennemi de l'inutilité, de la curiosité, & de la vaine gloire, il n'étudioit que pour s'édifier. Il se croyoit par un fond d'humilité si peu propre à autre chose qu'à la retraite & à l'étude qu'il conçût dès-lors le désir de se retirer pour vivre sans embarras, sans distraction. Son frere Etienne qui venoit le voir au Collége, l'entretenoit toujours de son projet de solitude. Ce fut dans ces saints entretiens que les deux freres s'animérent, se fortifiérent dans leurs pieuses résolutions. Adrien étoit sur le point d'être rappellé du Collége au grand Séminaire pour y recevoir les Ordres sacrés, il redoutoit cet engagement prochain. Pour s'y soustraire & n'être point d'ailleurs à la charge de son pere, il concertoit déja avec son frere des moyens de se retirer à la Trappe, quand son Evêque

Dessein de retraite.

1672. Regente jusqu'à la S. Remi 1676. & ses autres Supérieurs lui commandérent de professer la Cinquiéme au Collége. Ce commandement auquel il ne s'attendoit guére le surprit. Il eut beau alléguer qu'il n'avoit jamais étudié pour remplir cet emploi, qu'il n'en avoit point les talens, il fallut céder à l'ordre, & commencer à la Saint Remi l'ouverture des Classes. Que fit Mr Baillet pendant les deux années qu'il régenta la Cinquiéme? Il étudioit dabord à fond tout ce qu'il devoit enseigner à ses écoliers; la Religion faisoit l'ame de toutes ses instructions; il gagnoit les plus opiniâtres par une tendresse soutenuë de fermeté. Il est vrai qu'il paroissoit pancher vers la sévérité; mais il la couvroit de sa charité par une égalité qui retenoit dans les bornes du devoir contre la légereté ordinaire à la jeunesse. On étoit fort content des écoliers de Mr Baillet pour la modestie, l'application, & les progrès dans l'étude, il s'y donnoit sans réserve.

Après avoir passé deux ans en Cinquiéme les Supérieurs voulurent le faire monter en Rhétorique, assurés qu'il rempliroit avec suffisance cette place, & que le Public ne perdroit rien à la mort de Mr Lenglet, si Mr Baillet l'acceptoit; mais on ne put l'y résoudre, soit qu'il se défiât de ses forces en les comparant à celles du défunt Rhétoricien, soit plutôt qu'il voulût avoir plus de loisir pour continuer le genre d'études qu'il avoit commencé depuis plusieurs années, & auquel la Rhétorique auroit sans doute fait une grande diversion. Il éluda donc pour cette fois les intentions de ses Maîtres en leur proposant un sujet dont ils seroient tout autrement satisfaits. C'étoit son confrére & son voisin. Les Supérieurs ne le pressérent donc plus que pour monter en Quatriéme y remplir cette place.

Ce changement n'en apporta presque point ni à sa maniére extérieure, ni à sa conduite particuliére. C'étoit à peu près les mêmes objets d'études pour la Classe & la même méthode. Il ne fit donc que continuer les deux années suivantes ce qu'il avoit fait les deux précédentes. Il ne faisoit d'autre mouvement que de son cabinet à la Classe, & de la Classe à son cabinet. Un garçon qui faisoit ses commissions au dehors le dispensoit de sortir. Au diner, au souper, il voyoit tous les jours ses Supérieurs & ses confréres, ne bûvoit pas de vin, travailloit jour & nuit, & faisoit tous les jours de nouvelles découvertes plus conformes à son inclination qu'il n'avoit fait jusqu'à la troisiéme année de sa Régence. Son emploi lui procuroit environ 600. livres par an Il étoit nourri. Content de très peu, il ne dépensoit rien; de sorte qu'après avoir suppléé aux besoins pressans de sa famille, il employoit le fruit de sa profession à se donner des Livres. Il en avoit fait une assés bonne provision

des

des meilleurs pour son projet ; puisqu'il est certain qu'en sortant du Collége il avoit de toute leur lecture ramassé un nombre d'Auteurs déguisés qu'il avoit démasqués, suffisant pour en composer deux volumes. Ses Dissertations en Latin & en François sur leurs déguisemens subsistent encore très-amples, & très-correctes, telles qu'il les avoit rangées au Collége. Il n'en a donné dans la suite que la Préface en un volume sous le titre d'Auteurs déguisés. Mais le corps de l'Ouvrage dont il avoit obtenu Privilége, est resté parmi ses manuscrits. Son Evêque le tira du Collége à la Saint Remi de 1675. pour le faire venir au grand Séminaire, & lui conférer les dégrés de l'Ordre Ecclésiastique.

L'obéissance parut toujours à Mr Baillet le parti le plus sûr quand il s'agit de suivre la voix du Pasteur légitime. Il avoit jusques-là pratiqué les régles qu'il publia depuis de cette vertu dans un Livre qui a pour titre *la Conduite des Ames*, c'est-à-dire, les devoirs d'un Directeur, & la soumission qui lui est dûe ; il entra au Séminaire où les trois premiers mois lui servirent de préparation à l'état saint du Ministére en général, & en particulier à la réception de la Tonsure & des quatre Mineurs. Il les reçut au mois de Janvier de l'année suivante ; & de trois mois en trois mois le Soudiaconat, le Diaconat & la Prêtrise. Ces interstices ne lui paroissoient pas suffisans. Mais il fallut s'en tenir encore à la volonté de ses Supérieurs. L'Evêque, Mr Haslé & Mr Hermant ses grands Vicaires, Mr Tristan, Mr le Maire Chantre de la Cathédrale, tout habiles qu'ils fussent, ne pouvoient dans leurs examens trouver en lui les bornes de la science nécessaire à un Ecclésiastique. Ils lui en trouvoient bien audelà du commun, & certainement ils ne l'auroient pas admis aux Ordres, s'ils ne lui avoient trouvé encore plus d'humilité qui fût capable de le garantir de l'enflure du cœur trop ordinaire aux Savans. Il ne bornoit pourtant pas ses études à la Théologie. Un de ses Confréres nous a appris depuis en 1695. que la vie de Mr de Peiresc faisoit son amusement ; qu'il avoit fait de savantes remarques sur les nouveaux Conciles de la derniére impression, lesquelles il communiquoit à ses amis aux heures de récréation.

1676.

L'Evêque, exact observateur des Canons de l'Eglise, s'étoit imposé cette loi, de n'ordonner Prêtre aucun Séculier, qu'il n'eût une Eglise & une Paroisse à laquelle il pût l'attacher pour un tems seulement, dans le dessein de juger de l'ouvrier à l'œuvre, c'est pourquoi il l'envoya dans une Paroisse aux extrémités du Diocèse, pour y être Vicaire en chef. Ce lieu qui s'appelle Lardiéres entre Meru & Beaumont, étoit déja si pauvre alors, que les Habitans ne pouvoient absolument se cottiser pour rétablir le Presbytére. Les pauvres trouvoient en lui des secours qu'ils n'avoient pas ressenti jusqu'alors. Tous le benissoient : mais quel exemple pour les Prêtres, s'ils font attention que Mr Baillet n'avoit point de patrimoine, très-peu d'épargne de sa Régence, chargé de se nourrir, son frere, & un petit valet, que tout le produit de son Vicariat ne passoit pas 300. livres ; qu'après avoir fait tout ce que nous venons de marquer, il trouvoit encore en réserve de quoi venir à Paris tous les ans acheter des Livres. On cessera d'en être surpris dès que l'on saura ce que le frere Etienne a déclaré depuis sa mort, que chés son frere on ne bûvoit que de l'eau, on ne mangeoit que du gros pain, jamais de viande de boucherie, presque point de lard, des légumes seulement tirées du jardin, cuites à l'eau & au sel, blanchies d'un peu de lait, à peu près comme à la Trappe, où ils avoient toujours envie de se rendre, tout accoutumés aux austérités qu'ils avoient appris qui s'y pratiquoient. Un jour de Dimanche le bon frere Etienne crut bien faire d'assaisonner la petite portion un peu plus grassement qu'à l'ordinaire. Le Vicaire sortoit pour aller dire la Messe quand l'odeur de la sausse lui vint au nés. Il étoit naturellement vif & prompt, la Nation & le tempérament concouroient à cette vivacité. Son premier mouvement le porta à renverser ce qui le frappoit, à faire une sévére réprimande à ce cuisinier, qui depuis le servit à l'ordinaire. Une vie si pénitente, si retirée n'attiroit point chés lui ceux de ses voisins qui vivoient plus à l'aise. Le petit nombre des autres étoit assés retiré. Ce qui laissoit au Vicaire de Lardiéres presque tout le tems de travailler. Il en avoit encore plus qu'à Beauvais ; de sorte que voyant sa Paroisse assés bien renouvellée depuis près d'un an qu'il y étoit, il crut qu'il lui étoit permis de venir à Paris y faire emplette de Livres selon ses petites facultés. A son retour il brigue la condition de Chappier dans l'Eglise de Beaumont. Le Curé de cette petite Ville étoit savant & fourni d'un grand nombre de bons Livres. Le Vicaire de Lardiéres ne sortoit que pour le voir, & en profiter. Ce Curé lui fit tant d'amitié, qu'il lui demanda en plaisantant la derniére place de son Eglise, à condition pourtant de ne confesser ni prêcher. Le Curé reçut sa demande sérieusement, & la lui accorda sur le champ pour le lier sans retour. Il se donna pour Vicaire & Successeur futur Mr Gavois l'un des quatre bons amis du Vicaire. Ce fut pour lui un double engagement qu'il regarda avec l'avis de son Confesseur Mr Hermant, & la permission de son Evêque, comme la voix de Dieu qui l'y conduisoit pour ses desseins. Il se disposoit à venir quand il sût que le Curé cédoit sa place à Mr Gavois. Ce changement diminua sa joie ; car il estimoit l'un & l'autre : il se flatoit de profiter de leur compagnie. Il ne changea rien néanmoins à la résolution prise. Il vint à Beaumont vers le milieu de Mai avec son peu de meuble, & tous ses Livres en grand nombre, muni de la mission de l'Evêque, appellé par les deux Curés ancien & nouveau. Il croyoit qu'il ne s'agissoit plus que d'endosser la Chappe pour prendre possession de ce petit poste. Lorsqu'on le vit arriver, il se leva un tumulte de toute la Ville contre lui. Un Prêtre enfant de la Ville briguoit sous main le même emploi, pour vivre agréablement dans son Pays, au milieu de sa famille, parmi ses amis & ses compatriotes. Il étoit grand, bien-fait, d'un extérieur fort revenant. Tous vouloient absolument de lui, & s'opposoient à la reception de Mr Baillet. Cette tempête dura quinze jours ; Mr Baillet aussi tranquile à ranger ses Livres au milieu de tant de vacarme, vivoit comme si elle n'eût point été pour lui, sans s'inquieter, sans se remuer, même sans se plaindre ; il laissoit aux autres le soin de ce dénouement, & à Dieu celui de terminer la difficulté comme il plairoit à sa Providence. Cependant on en écrivit à Madame la Maréchale de la Mothe, Dame temporelle de la Ville. Informée du mérite du sujet, elle fit savoir aux Habitans ses intentions en sa faveur. Ces gens prévenus & aheurtés à leurs sens, ne vouloient pas se rendre ; enfin elle fut obligée d'en écrire à son Bailllif. Par malice les Habitans avoient avancé que Mr Baillet ne savoit pas chanter. C'étoit une de leurs calomnies ; car on fut surpris de l'entendre chanter avec force, & une connoissance aussi parfaite du Pleinchant que s'il en avoit fait son étude capitale. Malgré ces difficultés il fut reçû, & enfin il se vid paisible de toutes parts. Alors il partagea son tems : il en donna la première portion aux fonctions de son emploi, chantant l'Office, faisant le Cathéchisme, répondant à ceux qui le consultoient ; tout le reste étoit pour son cabinet & ses Livres.

Au milieu d'un si grand calme dont il ne jouissoit que depuis deux mois, la nouvelle de la mort de son Evêque vint le frapper si vivement qu'elle tira de ses yeux un torrent de larmes, & perça son cœur d'une douleur aussi violente que l'est celle d'un bon enfant à la vûë de la perte d'un pere tel qu'étoit cet Evêque pour ses Diocésains, & d'une maniére plus particuliére pour les enfans de son petit Séminaire. La désolation publique du Diocèse, la consternation du Clergé, faisoit un spectacle qui fondoit les cœurs les plus durs. Que ne ressentoit donc pas un cœur tendre, nourri du pain de ce Pasteur depuis tant d'années, si reconnoissant de tant de

Mort de son Evêque le 21. Juillet 1679.

B ij

graces qu'il en avoit reçû ? Après avoir donné quelque tems à l'excès de son affliction, l'esprit revenu de son trouble, pour se consoler, il s'amusa à mettre en ordre la vie de ce saint Prélat. Un autre accident causa encore quelque distraction à son travail. La mort de Mr de Lamoignon premier Président du Parlement touchoit sensiblement Mr Hermant. C'en étoit assés pour intéresser Mr Baillet qui regardoit les biens & les maux de son Directeur comme les siens propres, ou plutôt qui n'ayant presque point de sensibilité pour tout ce qui lui arrivoit personnellement de bien ou de mal du côté de la fortune, la reservoit toute entiére pour ses patrons & ses amis. Cette mort, il est vrai, lui procura l'avantage de le voir comme il passoit par Beaumont pour aller à Paris se consoler de cette perte avec Mr son fils l'Avocat Général.

Mr Hermant tenoit depuis long-tems à toute cette illustre famille qui l'estimoit, l'aimoit, & l'attiroit quelquefois à Paris. Le fils qui avoit hérité de son pere non seulement sa belle & nombreuse Bibliothéque, mais bien plus son amour pour les lettres & les vrais Savans, reçut Mr Hermant avec de nouvelles démonstrations d'estime pour le dédommager autant qu'il pourroit de la perte qu'il venoit pleurer avec lui. Ce sage Magistrat accoutumé par les leçons de Mr son pere à faire un juste discernement des personnes parmi le grand nombre de Savans qu'il auroit pû consulter, crut ne pouvoir s'adresser plus surement à d'autre qu'à Mr Hermant pour lui trouver un homme qui pût tout à la fois avoir soin de sa Bibliothéque & l'aider efficacement dans les besoins continuels de sa Charge sur tous les sujets qu'il y faut traiter, & pour la discussion desquels il falloit tirer des éclaircissemens des Livres de la Bibliothéque. A cette demande Mr Hermant n'hésita pas d'un moment. J'ai votre homme pour le fonds, dit-il à Mr de Lamoignon, si vous ne vous rebuttés pas d'un extérieur peu poli, nous avons besoin de fond, la forme ne m'embarasse point; l'air de ce pays, & un grain de sel discret fera le reste : il en trouvera ici. Il n'en fallut pas davantage pour presser Mr Baillet de venir à Paris présenter ses services à Mr l'Avocat Général Il faut avouer qu'il aimoit Paris depuis qu'il y étoit venu faire provision de Livres. La courtoisie des Libraires de ce tems-là lui paroissoit une faveur singuliére, & un attrait puissant pour lui. Il fut même si surpris de la proposition que lui fit Mr Hermant de la part de Mr de Lamoignon, qu'il croyoit sérieusement qu'il vouloit l'éprouver, ou au moins qu'il pourroit bien y avoir quelque mal entendu entre eux. Quand il reconnut que la chose étoit sérieuse, ce fut de nouvelles difficultés, des prétextes d'incapacité pour cet emploi, de son extérieur rebutant, de sa grossiéreté, les affronts qu'il alloit faire à celui qui le produisoit, & à ceux qui l'attendoient ; les siens il les comptoit pour rien. Mr Hermant se chargea de tout, le priant seulement de ne se donner d'autre contrainte dans toute sa conduite que pour les maniéres de la Ville, & quelque réserve pour ceux qu'il verroit chés Mr de Lamoignon.

Mr Baillet prit quelque tems pour se disposer à venir à Paris avec une idée générale de tout ce qu'il pouvoit avoir étudié jusques-là. Il savoit que la Maison où il devoit entrer avoit été, & seroit sans doute encore ouverte à tous les Savans ; qu'il seroit obligé de leur répondre en qualité de Bibliothécaire ; qu'on éxigeoit ordinairement dans cet emploi une connoissance éxacte des Livres de toute espéce, une superficielle au moins de ce qu'ils contiennent pour se trouver au fait des matiéres qui se présentent dans les conversations, ou que d'autres occasions obligent de traiter.

Il alla donc à Paris au mois d'Avril après les Fêtes de Pâques ; 1680. comme il n'y avoit pas d'autre affaire, il vint trouver Mr Hermant chés Mr de Lamoignon. Ces Messieurs ravis de le voir, ne le retinrent qu'autant de tems qu'il leur en fallut pour s'assurer de sa parole ; qu'il retourneroit dans le moment à Beaumont pour en revenir avec ses Livres sans perdre de tems. Mr Baillet se pressa pour avoir le loisir de faire part à son ami de sa bonne fortune. Il lui dit des choses ravissantes du contentement qu'il avoit reçu de Mr de Lamoignon. Il ne pouvoit revenir de sa surprise sur la distinction avec laquelle il en avoit été reçû & pressé de retourner. Depuis, l'estime & l'amitié ont toujours été en augmentant dans le Magistrat pour son Bibliothécaire qu'il traitoit comme son frere & son meilleur ami. La reconnoissance la plus vive, & l'attachement le plus parfait ont fait depuis ce tems-là le caractére de Mr Baillet envers son illustre patron. La suite en sera une preuve continuelle.

Dès le 13. Mai Mr Baillet étoit chés Mr de Lamoignon où il commençoit à se reconnoître. Un de ses premiers soins, comme il l'écrit à un ami, est de lui marquer avec quelle bonté il a été reçû ; que depuis il a trouvé dans son patron plus encore qu'il n'en avoit dit. Sa premiére visite avoit été chés Mr Haslé son Supérieur, & son Maître au grand Séminaire. Mr Hermant étoit encore à Paris, & menoit le nouveau Bibliothécaire chés ses amis. Mais il avoit la satisfaction sans sortir de sa Bibliothéque, d'y voir aborder les plus savans & les plus distingués dans l'Eglise, dans l'Etat, dans la Robe, dans la République des Lettres. Ces premiéres entrevûës ne furent pas stériles à Mr Baillet. Il voyoit, il écoutoit, il proposoit, il prenoit toutes les maniéres du monde savant.

Il ne fit jamais tant de visites depuis: car il ne sortoit réguliérement que les Lundis, encore durant les quatre premiéres années il sortoit beaucoup plus rarement. Il les faisoit d'abord pour former son goût, ses expressions, tout son extérieur sur les plus parfaits modéles de la litérature Ecclésiastique & Profane.

Il paroît y avoir donné le reste de Mai, tout Juin & la meilleure partie de Juillet. Depuis ce tems là il s'occupa tout entier & sans relâche à déménager, à rebatir & disposer de nouveau les Livres de la Bibliothéque qu'il falloit manier tous plus d'une fois.

Le plaisir de se voir si bien établi chés un Magistrat si sage, dans une Bibliothéque si exquise, au milieu de tant de secours pour la continuation de son projet, fut troublé par la mort de Mr Haslé qui arriva le huit Décembre de cette même année.

Après avoir rendu à ce bon Maître les derniers devoirs de sa réconnoissance durant sa maladie & après sa mort, il traça en peu de mots l'extrait de sa Vie pour en conserver la mémoire, & en proposer l'éxemple à la Postérité. C'est un des petits morceaux qu'il a pris plaisir de donner de son vivant à plusieurs amis qui aimoient beaucoup mieux ces portraits faits de sa main, que ceux gravés sur le cuivre.

1681. Il passa toute l'année suivante à continuer le Catalogue de la Bibliothéque malgré son mal de jambes ordinaire qui se réveilla avec plus de violence, & plusieurs autres distractions qui lui survenoient, dont il se plaignoit à ses amis. Mille visites indifférentes l'importunoient à toute heure, quelque soin qu'il prit de se tenir caché dans son grenier. Cependant il acheva dès le mois d'Août 1682. le Catalogue des matiéres, qui sans faire une montre assés vaine, s'est augmenté dans ses mains jusqu'au nombre de 35. volumes *in-folio*. Tous les Savans curieux les vont voir dans la Bibliothéque; plusieurs Prélats & Magistrats du premier ordre en ont voulu avoir des copies entiéres, d'autres un précis éxact.

On y trouve par ordre des matiéres tout ce qui est contenu dans les Livres qui composent la Bibliothéque, & des renvois aux Livres qui en traitent. Rien n'étoit plus commode pour Mr l'Avocat Général qui ayant ce Catalogue sous ses yeux, trouvoit sur le champ tous les sujets qui l'occupoient & les Auteurs qui en avoient écrit. Cet avantage étoit d'autant plus grand que sa Bibliothéque avoit cela de singulier, qu'il n'y manquoit presque rien sur les matiéres du Droit ancien & nouveau, & sur-tout des Arrêts des Cours Souveraines.

Mr Baillet s'étoit fait un devoir & un plaisir particulier de les développer & les ranger avec plus d'ordre, de soin & de clarté. Cette partie du Catalogue qui le rend plus estimable & plus utile, valoit à son Auteur de fréquens éloges de la part de son patron & de ses amis qui venoient le feuilleter. L'ordre qu'il a donné aux matiéres Ecclésiastiques ne satisfait pas moins tous ceux qui le connoissent. Plusieurs savans Docteurs en ont dit tant de bien, que les Libraires en ont sollicité souvent la communication pour l'imprimer. Après avoir tout rangé, il acheva les quatre volumes des Jugemens 1684. des Savans, & les donna au Libraire avec tant de désintéressement & de défiance de leur débit, qu'il se contenta pour toute chose de quelques Exemplaires qu'il destinoit à ceux de ses amis qui voudroient absolument les avoir de lui.

Le Libraire n'en avoit pas si peu d'estime; il en pressa l'édition, en fit tirer un grand nombre qu'il débita entierement en si peu de tems, qu'il ne donnoit pas le loisir à l'Auteur de se reconnoître pour les cinq volumes qui devoient suivre.

L'Auteur avoit fait en détail tout le plan de l'Ouvrage, tel qu'il le donna dix ans après à un de ses amis qui se plaignoit au nom du Public de ce qu'ayant donné en deux ans neuf volumes, il sembloit par son interruption devoir le priver de la suite.

Ce plan n'étoit qu'une brochure de quelques feuilles qui conte- *Voyés ce Plan* noit le détail & les sou-divisions éxactes de toutes les parties de son *ci-après pag. 15.* Ouvrage. Ses amis le pressoient de le mettre à la tête des premiers volumes; mais il craignoit si fort que ces commencemens fussent mal reçus, qu'il ne pût se résoudre à le leur accorder. On ne put pas pour lors l'arracher de ses mains, & les quatre premiers volumes parurent seuls en 1685. sous le titre de *Jugemens des Savans sur les principaux Ouvrages des Auteurs*. Le tems depuis l'édition s'étoit passé à écouter le bruit, à répondre aux plaintes, à recevoir les longues & fréquentes visites non seulement des vieux amis, mais de tous ceux qui en pareil cas veulent prendre part à la querelle, & s'intéresser pour un Auteur appuyé. L'Auteur continuë & en moins de six mois il passe de ses mains en celles de son patron, & de celles de son patron en celles de l'Imprimeur de quoi faire cinq justes volumes sur les Poëtes. Le Libraire qui trouvoit son compte aux premiers, se pressoit assés dans l'espérance de le faire encore mieux dans la suite; à quoi contribuoit la bonté de l'Ouvrage, & même les cris de ses envieux qui l'accréditoient en travaillant à sa ruine.

Il fut si bien servi; que dès le premier Septembre de la même 1686. année il l'envoya à un ami avec ces paroles.

Je ne sai si vous aurés la patience de lire cinq volumes de babioles. Si cela vous arrive vous ne manquerés pas de m'en dire votre sentiment avec une sincérité non suspecte, & particuliérement du Discours qui est à la tête du premier Tome ; mais il vaut mieux se taire que de vous entretenir de bagatelles.

Mr le Président Cousin le Censeur Royal, & Mr de Lamoignon l'Examinateur le plus rigide, n'en jugeoient pas de même. Le Public courut enlever presque toute l'édition. Les Savans de France y trouvérent encore plus de style & d'éxactitude litéraire que dans les premiers. Il n'y eut que Mr Ménage & sa suite qui furent pénétrés de douleur à la vûë de ce qu'ils trouvérent à la tête des cinq volumes. La premiére piéce est un Eclaircissement que l'Auteur présente au Public sur la conduite qu'il avoit tenuë dans la publication des premiers volumes. Il répond en peu de mots à toutes les plaintes que quelques chagrins avoient faites de sa Critique en général & en particulier.

Eclaircissement à la tête du recueil des Poëtes.

1688. Mr Baillet devoit naturellement donner la suite de ses Jugemens des Savans, & il l'auroit fait si le Libraire ne l'eût sollicité de lui donner ses Auteurs déguisés & démasqués. Il fallut donc les relire & leur donner la derniére main pour acquitter sa parole. Il les avoit composés depuis plusieurs années. Il est vrai qu'ils avoient multiplié par ses derniéres lectures de la Bibliothéque de Mr de Lamoignon. Mais pour y donner un ordre qui les plaçât avec distinction chacun dans leur rang, il avoit fait plusieurs remarques sur le changement des noms, sur les différens motifs qui avoient porté les Auteurs à ce changement, sur les différentes maniéres dont les Auteurs ont usé dans ce changement, enfin sur les inconvéniens que ces changemens ont causés dans le monde, dans l'Eglise, sur-tout dans la République des Lettres. On doit cette justice aux belles études de Mr de Lamoignon le fils aîné de Mr l'Avocat Général, qu'il eut beaucoup de part à ce travail de son Maître qui l'amusoit à la découverte des Auteurs déguisés. Ce jeune Seigneur se divertissoit à reconnoître sous le masque les vrais Auteurs qui s'en étoient couverts. Le Maître content du succès de son Disciple encore si jeune, en prit occasion pour l'animer à continuer de lui proposer quelques exemples de jeunes gens qui au-dessous de vingt ans avoient donné au Public des preuves de leurs études. Ils firent une si forte impression sur son esprit & sur son cœur, qu'il forma sur le champ le dessein d'en ramasser lui-même le plus grand nombre qu'il pourroit. Il s'y occupa avec tant d'application, qu'en peu de tems il en trouva de quoi faire un volume. Mr Baillet souffroit avec peine de voir la plupart des gens de qualité dans cette fausse prévention que les études nuisent à la santé & à l'esprit des enfans. Il en connoissoit plusieurs de l'âge & de la condition de son Eléve qu'on laissoit croître dans une lâche oisiveté dans la crainte d'intéresser leur santé.

Il les publia en forme de Lettre qu'il adressoit au jeune Compilateur pour servir de prélude à la publication qu'il alloit faire de leur découverte des Auteurs déguisés. Ils ajoutérent aux éxemples des jeunes gens qui étoient devenus célébres par leurs études ou par leurs écrits, quelques-uns de ceux qui ayant vieilli sans étude, s'étoient avisé bien-tard de s'y appliquer, & qui y avoient réussi.

Il en proposa des uns & des autres de tout tems, & afin qu'on ne pût pas dire que l'esprit eût changé avec le tems, il ne manqua pas d'en rapporter d'illustres du nôtre même.

Ce Recueil fut bien reçû. Les Professeurs de l'Université exhortoient leurs Ecoliers à l'avoir. Ils en faisoient lire les endroits qui leur paroissoient plus propres à picquer l'émulation, ils en distribuoient pour prix. Les peres le mirent entre les mains de leurs enfans. De sorte que l'édition en fut bientôt épuisée & produisit des fruits merveilleux. Ce fut alors que la prophétie de Mr Bayle commença à se vérifier en la personne du jeune Mr de Lamoignon, que cet enfant sous un si excellent Maître feroit des progrès extraordinaires qui soutiendroient dignement la gloire de son pere & de son grand-pere. Telle fut la fortune de ce Traité que Mr Baillet appelloit le petit Livret. Quand l'Anti-Baillet parut les deux premiers mots du Livre les surprit, celui d'*Anti* parut nouveau à Mr de Lamoignon, & celui de *Baillet* qui y étoit lié lui donna l'idée d'un *Anti-Personnel* qui attaquoit la personne, plutôt qu'un *Anti-Réel* qui n'en veut qu'aux Ouvrages. La vivacité du jeune Grammairien l'emporta sur le flegme du Maître qui n'eut pas de repos qu'il ne lui eut donné cette double idée d'Anti *Personnels* & *Réels*, & ouvert à son activité un nouveau champ sur les recherches de tous les Ecrivains qui avoient fait porter à leurs Ouvrages le même titre d'*Anti*, à commencer depuis le premier qui est l'*Anti-Caton* de Cesar jusqu'au dernier qui est l'*Anti-Baillet*. Le Recueil en fut bientôt fait & grossi, de maniére à former deux justes volumes *in-*12. Le Compilateur prit une route nouvelle pour les ranger en ordre & les donner au Public. Il appelle ces Ouvrages qui portent le titre d'Anti, de véritables Satires. Il en distingue de deux sortes, les Personnelles & les Réelles ; les premiéres attachent le nom de la personne attaquée, les autres celui de la matiére à laquelle elle déclare la guerre. Quoique l'Auteur ait donné à son Recueil le titre de Satires Personnelles ; cepéndant il ne laisse pas de marquer à la fin un bon nombre de Satires réelles qui portent aussi le titre d'Anti. Tout cet assemblage est partagé en quatre Entretiens, où l'Auteur suppose quatre ou cinq Savans assemblés pour traiter ce sujet.

Il faut savoir qu'après avoir achevé son Traité des Auteurs déguisés & démasqués, & frais sur cette matiére, il ne put s'empêcher de se cacher pour cette fois sous un nom changé ; car il est tout à la fois Albert Lainier de Verton, de Brillat, de Rintail, &c. C'est une même personne qui jouë différens rôles sous autant de noms qu'il a trouvés dans la combinaison diverse des lettres de celui qu'il porte. Il n'y a que le jeune de Saint Yon qui étoit son Disciple, Mr de Lamoignon l'héritier de la Seigneurie de Bâville, laquelle il dans différentes Paroisses qui la composent, comprend celle de S. Yon sur le chemin d'Orléans ; il prend autant de noms, autant d'ouvrages différens, ou achevés, ou bien avancés, par le Livre des Satires personnelles. On peut voir leur idée dans ce même Recueil depuis la page 132. jusqu'à la page 131. Enfin son Livre parut avec Approbation & Privilége au mois de Juin de l'année 1689.

Auteurs déguisés. 1690.

Ensuite Mr Baillet se remit promptement à revoir ses Auteurs déguisés qu'il avoit promis au commencement du Traité historique de ses Enfans Célébres, tout le monde l'attendoit comme une chose assurée. Ceux qui connoissoient Mr Baillet ne distinguoient point en lui, promettre & tenir ; tant il étoit sincére & éxact à sa parole. Il ne tint pas à son travail, puisqu'il avoit achevé cet Ouvrage, & l'avoit même tout complet en François & en Latin. Il ne tint pas non plus à Mr le Chancelier qui lui en avoit donné le Privilége. Le Libraire & l'Imprimeur comptoient si fort là-dessus, qu'ils avoient tout préparé. Un de ses amis le lui avoit déja demandé le croyant imprimé. Voici sa réponse vers le carême de cette année.

Pour ce qui regarde mes nouvelles, il faut vous dire qu'il n'est rien de ce qu'on vous a pû dire de l'impression de mes Auteurs déguisés. Je vous ai déja dit autrefois que j'avois abandonné de bonne heure les Anonymes. Pour ce qui est de mes Pseudonymes, il est vrai qu'ils sont en état d'être imprimés, & que j'en ai même le Privilége, scellé, controllé & registré au Syndicat de la Communauté des Libraires ; que le Libraire & l'Imprimeur ont fait tous les préparatifs nécessaires, & qu'ils me persecutent à outrance pour leur abandonner ma Copie pour la publier. J'avois destiné à la tête de cet Ouvrage une Epitre Dédicatoire ; mais elle s'est grossie insensiblement sous ma main ; si bien qu'elle fait un petit Traité que je fais actuellement imprimer. Mais mon voyage à la campagne m'empêchera de le mettre au jour avant mon retour. Je vous en dirai des nouvelles alors. Dès le mois d'Août de la même année avant son long voyage des vacances l'Ouvrage étoit imprimé. Notre Auteur l'envoya à son ami avec ce compliment. *Tant que je ferai des folies, il faudra que vous en ayés votre part. J'en viens d'en faire une toute nouvelle, & je ne sai pas encore ce qui m'en coûtera. Le volume a pour titre* Auteurs déguisés; *s'il sert à vous divertir, comptés que c'est moi qui va me divertir avec vous. Je vais à la campagne au commencement de Septembre.* On ne sera pas fâché de trouver ici quelques circonstances qui le regardent, & qui instruiront de sa nature, & du caractére de son Auteur.

 Mr Lipstorpius savant Médecin d'Allemagne, étant venu à Paris quelques années auparavant pour y voir les Savans, ne manqua pas de connoître Mr Baillet, & de l'entretenir non seulement sur ce qu'il avoit déja publié ; mais sur toutes les parties qui lui restoient à donner, & qu'il avoit promises. Au sujet des Auteurs déguisés, il le pria de lui faire voir ce qu'il en avoit ramassé pour juger si son dessein avoit rapport à celui que son ami Mr Placcius avoit conçu de traiter la même matiére. M. Baillet nous apprend lui-même qu'il avoit composé en Latin depuis environ douze ans un Ouvrage qui avoit pour titre *Elenchus Apocalypticus Scriptorum Cryptonymorum, &c.* c'est-à-dire Recueil d'Auteurs qui se sont cachés, & que l'on découvre. Mr Placcius informé du projet de son Auteur, lui écrit en 1688. une longue Lettre Latine pour le remercier de l'ouverture obligeante qu'on lui en avoit faite de sa part, il lui offre de lui faire part de ses découvertes sur ce sujet, & le prie de donner le tout en Latin & au plutôt pour le rendre utile à tous les Savans répandus dans l'Europe. Sans doute Mr Baillet comptoit dès-lors de ne le donner qu'en François. *J'aurois maintenant*, nous dit-il dans l'Avis de sa Préface, *confusion de le reconnoître ; je prétens l'anéantir tant pour ses imperfections, que parce que je l'ai écrit en une Langue qui semble devenir de plus en plus étrangére en France.* Il en fit donc un en François, mais plus éxact & mieux rangé que le premier ; & c'est de cet Ouvrage dont celui-ci est le Traité préliminaire.

 Mr Baillet étoit déterminé à laisser en repos ses Auteurs déguisés, aussi-bien que la suite de ses Jugemens des Savans, en attendant que la Providence lui présentât l'occasion indispensable d'en continuer la publication, lorsque Mr l'Abbé le Grand l'engagea avec quelques autres interessés à ranger par ordre les mémoires qu'il avoit recueillis sur la Vie & la Philosophie du célébre Philosophe de nos jours Mr Descartes. En bien moins d'un an elle fut mise sous la Presse, dès le 19. Février de 1691. le Libraire Hortemels chargé de Livre trouva fort son compte avec les Etrangers, & en trois mois

Vie de Descartes. 1691.

de tems il leur envoya plus de la moitié de l'édition. Si la mort ne l'avoit enlevé, il fe flattoit d'en donner une feconde. Cependant comme on étoit bien aife d'avoir en France une Vie de Defcartes qui fut courte & à bon marché, & qu'on menaçoit de reduire en abregé celle qui y paroiffoit dans une jufte étenduë, Mr Baillet docile aux remontrances de fes amis, fe mit à renfermer en un petit *in*-12. les deux *in*-4.° de la vie de fon Philofophe. Plufieurs de fes amis lui propoferent d'écrire pour fa fatisfaction & la leur particuliére, la Vie de Richer fans deffein de la publier. C'eft à quoi il occupa fes vacances de Bâvile.

<small>Septembre 1692.
Vie de Richer.</small>

Je fuis ici, écrit-il, *à un ami*, *dans une folitude affés grande & fort agréable. Je m'y amufe à compofer la Vie du fameux Richer au fujet duquel votre Sorbonne a tant été troublée. Mais ce ne fera pas à Privilége dans le Royaume.* Celle de Defcartes avoit fait trop de bruit. Celle de Richer lui paroiffoit d'une nature à en faire encore plus, & en France & en Italie.

<small>Hiftoire d'Hollande. 1693.</small>

Cette année il en produifit autant & plus encore que les précédentes. Dès que Mr Baillet eût achevé la Vie de Richer il reprit fes Jugemens des Savans dans le même deffein de les ranger, fans publication, pour s'occuper & contenter fes amis. Deux occafions l'empêchérent d'y travailler. La premiére, on defiroit de lui une Hiftoire éxacte d'Hollande qui pût fervir de continuation à celle de Grotius, & portât le même caractére de fincérité & de défintéreffement. Les deux termes de cette Hiftoire lui étoient marqués; la Tréve concluë entre les fept Provinces & l'Efpagne en 1609. & la Paix de Nimégue en 1679. Cet efpace de 70. ans devoit paroître bien long à un Auteur éxact qui voit dans les moindres circonftances les refforts des plus grands événemens. Malgré les difficultés qui fe prefentoient, il l'accepta fans délibérer long tems, puifque dès le troifiéme Février il obtint Privilége de fon Hiftoire, & qu'elle fut imprimée le quinze Avril fuivant. Elle faifoit quatre tomes *in-douze* d'un caractére affés fin, & d'une raifonnable groffeur. L'Auteur s'y cacha fous le nom renverfé de fieur *Balthazar d'Hezenail de la Neuville*. Perfonne, excepté quelques intimes, ne reconnut dans ce nom celui d'Adrien Baillet, natif de la Neuville en Hez. Le ftyle de l'Hiftoire paroiffoit au Public affés pur, affés châtié pour fortir de la plume d'un Mr de la Neuville qui avoit déja donné quelque Hiftoire dont on avoit été fatisfait.

La feconde occafion qui fufpendit la continuation des Jugemens des Savans fut auffi imprevûe que la premiére. Ce fut au fujet d'un fermon du Pere Bourdaloüe, fur la conception de la Sainte Vierge en Décembre 1692. où il se laissa mener par Madame de Lamoignon qui lui demanda son avis, mais il ne répondit rien, & pour réponse il composa son Traité de la dévotion à la Sainte Vierge, & du culte qui lui est dû. Il le dédia à Madame de Lamoignon, comme à celle qui l'avoit demandé & qui l'attendoit avec impatience.

Il pouvoit faire un petit volume *in-douze*, & instruire tous les Chrétiens. Dans cette vûe il demanda un Privilége sur les Approbations de quatre Docteurs de Sorbone, Robert Pénitencier de Paris, Hideux Curé des SS. Innocens, Mansel & Valois. Elles étoient si favorables & si précises que Mr le Chancelier accorda volontiers ce qu'on demandoit, & que l'Auteur se nomma sans rien craindre pour un Ouvrage de cette nature, & revêtu de toutes les formalités les plus éxactes. Il y eût plusieurs éditions, qui causérent beaucoup de disputes, & même le Livre a été mis à l'*Index* sans qualification néanmoins avec cette formule *donec corrigatur*. Il a subi plusieurs éxamens, enfin il s'est trouvé quelques défenseurs aussi bien que des Critiques.

1693. La joie que Mr Baillet avoit de se voir encore une fois tranquile fut bien temperée par les tristes nouvelles qu'il reçut de la mort de deux personnes qui lui étoient fort chéres. La première étoit un de ses bons amis. La seconde étoit son frére le Médecin qui depuis un an étoit établi à Dinan aux gages du Roi & y faisoit sa profession dans l'Hopital Royal avec beaucoup de zèle & succès.

Ses amis voulant tout à la fois profiter du calme dont il jouissoit après la tempête, & faire diversion à sa douleur, le pressoient de donner la suite de ses Jugemens des Savans. Il s'y étoit remis après l'Histoire d'Hollande; mais les efforts de ses Adversaires le rendoient plus réservé. Tout ce qu'il crut pouvoir accorder aux instances d'un 1694. de ses meilleurs amis, fut un détail du Plan qu'il en avoit donné au commencement de l'Avertissement qu'il avoit mis à la tête du premier Tome de ses Jugemens des Savans Il l'avoit réduit en une page. Il donna à celui-ci toute son étendue. Il en contient soixante-seize qui font une petite brochure dont il ne fit tirer qu'autant d'éxemplaires qu'il en désiroit pour les distribuer à ses bons amis. C'est pour cela qu'il ne marque point le nom de l'Imprimeur ni du Libraire que l'on auroit été importuner inutilement, puisqu'il ne lui en avoit laissé aucun.

Mr Baillet charmé d'avoir donné si tranquilement son Histoire pour ne s'être pas montré, résolut d'en user de même en publiant son Ouvrage de la conduite des Ames qu'il venoit de composer avec sa diligence ordinaire.

ABRÉGÉ DE LA VIE

Le Livre tel qu'il paroît avec l'Approbation de Mr Gerbais contient vingt-sept Chapitres sans Préface: le Privilége en est accordé à Claude Versoris: l'Auteur y est nommé Daret de la Villeneuve; ce sont deux masques à la faveur desquels il a été reçu sans contradiction & qu'il subsiste encore aujourd'huy, comme tant d'autres qui n'ont excité aucune tempête, parce qu'on en ignore les vrais Auteurs. Ses amis même n'auroient peut-être jamais sû que ce Traité fût de lui, s'il n'en avoit fait confidence à quelques uns d'eux.

[Vies des Saints. Mars 1695.] L'Auteur nous a marqué lui-même l'époque de son entreprise de la Vie des Saints dans une Lettre qu'il écrit à un grand Serviteur de Dieu, du Vendredi quatre Mars 1695.

Je vous écris du jour que je commence à composer une nouvelle Vie des Saints, qui soit éxacte & édifiante, n'ayant pû résister aux pressantes sollicitations de ceux qui me l'ont demandée. C'est un Ouvrage de longue haleine, & qui avec mes autres occupations pourra bien durer quatre ou cinq ans.

Un an après l'Ouvrage commença à paroître, & bien-tôt l'on reconnut qu'il auroit été de la prudence de le donner tout à la fois, par les cris que differentes passions élevérent contre lui & son Auteur. Il l'envoya à cette personne avec une Lettre dattée du treize Avril 1701.

Voilà enfin, dit l'Auteur, *l'éxemplaire de la Vie des Saints en douze volumes que je vous prie de présenter à votre Communauté.* Ces douze volumes contenoient les Vies des Saints des douze mois de l'année, suivant le Calendrier Romain. Après les avoir achevés, il continua l'autre partie qu'il avoit promise, si le Public paroissoit content de la premiére. Le grand & prompt debit soutenu des instances de ceux qui l'avoient, l'engagérent à tenir parole. Il s'agissoit encore de donner l'Histoire des Fêtes mobiles, les Vies des Saints de l'ancien Testament qui sont en vénération dans l'Eglise, & la double Table qui marquât les lieux & les tems où les Saints, dont il avoit donné les Vies, avoient paru avec quelque distinction. Tout cela devoit faire encore cinq volumes *in octavo*.

L'année 1697 ne fut pas pour Mr Baillet plus tranquile. Ses amis qui le savoient occupé à la Vie des Saints, le publioient par tout. Comme sa critique passoit pour judicieuse, & des plus sûres, grand nombre d'Eglises de France pensérent à le consulter sur la réforme qu'elles méditoient de faire de leurs Breviaires.

1701. Les Vies des Saints parurent donc enfin au commencement de Mai en trois Volumes *in-folio*, ou en douze *in-octavo*, on leur donna ces deux formes, la premiére, comme plus convenable aux

Savans qui confervent ces fortes d'Ouvrages dans leurs cabinets, l'autre pour ceux d'entre les Fidéles qui portent avec eux ces Livres capables de nourrir leur piété, & fe font un mérite de les prêter à d'autres pour la même fin.

L'état d'une famille nombreufe défolée de la mort de fon frere en 1702, le détourna pour quelque tems de fon travail.

L'année 1704 fembloit devoir laiffer notre Auteur en repos: il ne lui reftoit plus felon fes engagemens pris avec le Public, que de dreffer une table d'exemples tirés des Vies des Saints. Ce deffein étoit fimple dans fon origine, facile à exécuter à un homme qui préparoit déja la troifiéme Edition de fes Vies des Saints. Mais fur les remontrances d'un de fes amis à qui rien n'étoit caché, il conçût à l'occafion de ce premier, celui de faire un fyftême complet des points de Foy, de Morale & de Difcipline prouvés par l'Ecriture Sainte, & le confentement de fes Interprétes, par les Conciles & les monumens authentiques de l'Hiftoire Ecclefiaftique, par les Peres de l'Eglife, enfin par les éxemples des Saints. Il devoit donner à ce projet le titre & la forme de Dictionnaire univerfel Eccléfiaftique, où les étudians en Théologie, les Docteurs mêmes, & le fimple Fidéle pût aifément trouver dans l'ordre alphabétique tout ce qui concerne ces trois Chefs, Dogme, Morale & Difcipline.

Il l'appelloit déja fon grand & dernier Ouvrage, il fe l'approprioit, foit parce que fa difpofition lui en paroiffoit nouvelle, foit parce qu'il fe flatoit de l'achever en trois ans, fi Dieu les lui donnoit avec fa fanté ordinaire, comptant dès lors d'en faire trois volumes *in folio*, fur tout ce qu'il avoit fait d'avance en ce genre depuis fa Rhétorique.

A fon dernier voyage de Baville les Religieux reformés de l'Ordre de Saint Eftienne de Grandmont voifins de cette Terre, priérent Mr le Préfident de Lamoignon d'engager fon Bibliothécaire à traduire du Latin en François les Maximes & les enfeignemens de leur Patriarche. Ce Magiftrat qui aimoit fes voifins, flaté par les éloges qu'ils donnoient au Legendaire, les luy mit entre les mains, perfuadé qu'il les fatisferoit encore fur ce point, autant qu'il avoit fait fur la Vie de leur Inftituteur, dont ils étoient très-contens. Il combla effectivement leur attente plus promptement qu'il n'avoit efpéré. Cela pourra fe faire, dit-il à fon ami, ces jours-ci, ou au plus tard à la Chandeleur, ce n'eft qu'un petit Livre *in auuze* de plus de 500. pages, qui contient une excellente Préface, la traduction éxacte des Maximes de Saint Etienne de Grandmont, fes Sentences en Latin, une Table étenduë & raisonnée de ces Maximes par ordre alphabétique. L'Auteur n'avoit garde d'y mettre son nom. Ainsi le petit Livre passa sans bruit : c'est le dernier qui ait paru de luy.

C'est icy qu'il faut parler de ses ulceres, de sa maladie & enfin de sa mort. Ses Amis luy demanderent des nouvelles de sa santé, voicy ce qu'il leur répond.

B. Aout 1705.   *Vous vouliés donc m'obliger à vous parler encore de l'état où me mettent mes incommodités. Il faut s'y résoudre. Ce qui pourroit empêcher ma guérison, est la complication des deux maux opposés qui me retiennent. Mon mal d'hyver, je veux dire mes ulcéres, vaasses bien pendant les chaleurs de l'été, parce que le froid lui est contraire: Mais mon mal d été, c'est-à-dire, le double Erésypelle, s'irrite de plus en plus par ces mêmes chaleurs, & s'accroît de telle sorte qu'il occupe déja plus de la moitié du corps, & me menace de faire son ravage par tout le reste, sans qu'on puisse s'y opposer. Mais j'espére aussi un accroissement de patience par le secours de vos prières.*

Madame de Lamoignon qui le voyoit avec peine baisser de jour en jour, s'interessoit si fort à sa conservation, qu'elle l'avoit enfin forcé à se mettre entre les mains de l'Abbé Aignan. Car jusques-là Mr Baillet n'avoit pas eu d'autre Médecin que lui-même. L'Erésypelle lui couvroit tout le corps, hors les parties qui étoient exposées à l'air & à la vûë de tout le monde. L'Abbé Aignan lui fit prendre des vulneraires qu'il croyoit capables de dégager la malignité du sang & de le purifier. Mais ce remède irrita le mal au lieu de le diminuer. Un de ses amis qui connoissoit mieux le tempérament de Mr Baillet, lui conseilloit de ne plus l'employer, puisqu'il ne faisoit que l'échauffer, lui qui naturellement avoit une chaleur si violente.

Madame de Lamoignon voyant qu'il périssoit à chaque moment, meubla sa chambre très modestement, & l'avertit de songer sérieusement à la mort; ce qu'il reçut très-amiablement, priant la compagnie de prier Dieu pour lui pardonner.

On le laissa donc habillé, couvert de sa robe-de-chambre dans un fanteuil, où son premier soin fut d'appeller son Confesseur de Saint Paul sa Paroisse. En l'attendant il étoit si plein des pensées du salut, qu'il ne regardoit & ne parloit à personne. Le Confesseur vint, & avertit en sortant, que Mr le Curé lui apporteroit les Sacremens sur les six heures. Dans cet intervalle quelques-uns de ses amis avertis du danger où il étoit le vinrent voir, le pressérent de confier le dépôt de ses Manuscrits à la personne qui étoit auprès de lui depuis huit jours, & qu'il chargeoit de ses derniéres & secrétes dispositions. Leurs instances lui faisant craindre que n'ayant rien ordonné dans son Testament au sujet des Manuscrits, la personne de confiance ne les prit,

ou

ou pour les garder, ou pour les leur remettre à leur discrétion, il lui fit promettre de les remettre tous sans exception aussi-tôt après sa mort à Mr le Président de Lamoignon. Ils sont à lui, ajouta-t-il, si vous en aviés besoin, ils seront entre ses mains mieux qu'entre les vôtres; quoiqu'il n'y ait rien d'achevé & même qui vaille. Il lui dit: *Vous trouverés mon Testament olographe tel que nous l'avons minuté ensemble il y a deux ans. Soyés-en le fidéle Exécuteur sous les yeux & les avis de Mr le Président.* Quand j'aurai reçu les Sacremens, retirés-vous, & revenés demain du matin (un garçon restera la nuit auprès de moi). Vous me lirés à haute voix l'Office de l'Eglise que nous reciterons ensemble jusqu'au moment qu'il plaira à Dieu me retirer de cette vie. Dès que j'aurai les yeux fermés, ôtés de la vûe mes habits & mon linge pour le donner à de pauvres Ecoliers. Cette personne l'assura qu'il lui seroit fidéle en tout. Le malade ne pensa plus depuis qu'à Dieu, il se mit lui-même dans l'état convenable pour recevoir les saintes Onctions, ne voulant pas permettre qu'une bonne femme qu'on avoit appellée pour aider le garçon, mit la main sur lui pour quelques secours que ce fût. On ne peut imaginer une délicatesse plus scrupuleuse.

Dès que Mr le Curé de Saint Paul fut entré avec les Sacremens, le Malade se mit à genoux, fit les priéres avec l'Eglise & les Assistans. Il se remit dans le fauteuil pour recevoir les Onctions, il répondit éxactement à tout ce qu'on lui demanda.

Après la réception des Sacremens, il demeura tranquile jusqu'à minuit, qu'un transport de cerveau de quelques heures le fit aller & venir de sa chambre dans son cabinet, parlant en Prédicateur des choses du salut avec plus de force que jamais : après quoi il se remit paisiblement dans son fauteuil, où le trouva sur les six heures du matin la personne de confiance qui commença auprès de lui l'Office du jour par les Matines. Le Malade récitoit alternativement par cœur les versets des Pseaumes assés distinctement jusqu'à dix heures que ses paroles commencérent à s'affoiblir & à être entrecoupées.

Il étoit à tout moment distrait par des personnes de toute condition qui venoient le voir. On voulut le deshabiller & le mettre au lit sur les onze heures à la vûe de quelques mouvemens convulsifs. Mais il s'y opposa, & il fallut le laisser dans sa situation ordinaire. On continua de réciter les Heures de l'Eglise par ordre ; il ne répondoit plus qu'en bégayant. Son Confesseur qui revenoit de porter à Mr le Cardinal de Noailles la nouvelle de son état, lui dit qu'il lui apportoit la bénédiction de son Archevêque. Il voulut se mettre à genoux pour la recevoir, mais les forces lui manquoient. Il posa sa

Sa mort le 21 Janvier. 1706.

tête sur les bras de la personne de confiance qui achevoit les Complies. On remarqua qu'entendant l'Oraison *Visita quæsumus, Domine, habitationem istam*, il se réveilla, fit un nouvel effort pour la réciter, & recommander à son Sauveur la Maison qu'il montroit avec des signes de démonstrations de reconnoissance. On l'entendit achever entre les dents l'Oraison. Il fut encore environ un quart d'heure à répeter ce verset, *Erravi sicut ovis qui periit, quære servum tuum* ; & il expira si doucement avec ses paroles, qu'à peine s'en apperçut-on.

Ainsi finit sa vie Adrien Baillet simple Prêtre du Diocèse de Beauvais, ce savant critique, d'une vaste érudition, d'une mémoire si heureuse, d'un jugement si solide, ce pieux Solitaire, ce Pénitent si austére & si caché, Bibliothécaire de Mr de Lamoignon depuis vingt-six ans.

Dès qu'il eut les yeux fermés, le Confesseur & la personne de confiance furent mandés par Mr le Président pour savoir tout ce qui s'étoit passé. Le premier crut tout dire en un mot, en l'assurant que Mr Baillet avoit vécu & étoit mort comme un saint dans l'innocence & dans la pénitence. L'autre lui marqua sa derniére volonté au sujet des Manuscrits, & que le Testament diroit le reste. On l'alla chercher dans le moment, on en fit la lecture devant ce Magistrat, sa Famille & ses Amis. Tous fondoient en larmes, quand pénétré de douleur de la perte qu'il faisoit, il les fit tous retirer, à la reserve de l'Exécuteur pour le pleurer avec lui dans le secret plus librement, & enfin régler avant son départ pour Bâville ce qu'il jugeoit convenir à sa propre reconnoissance & à la mémoire du Défunt. Dès le lendemain matin on ramassa tout ce qu'on put trouver de Manuscrits. On se contenta de prendre des copies de son Testament.

Son Testament. Il y déclare d'abord, au nom du Pere, & du Fils, & du Saint Esprit, que pour user de sa liberté, marquer sa derniére volonté, la soumettre en tout à celle de Dieu, & disposer du peu qu'il laissera en mourant, il est & sera toujours fidélement attaché à la Foi de Jesus-Christ notre Rédempteur dans le sein de l'Eglise qu'il a formée, & dans la Communion des Saints qu'il a rachetés de son sang. Il embrasse toutes les vérités qu'il a revelées à son Eglise, détestant toute hérésie & tout schisme, voulant pour cela être enterré dans le Cimetiere commun des Fidéles de la Paroisse où il mourra, comme membre du Corps Mystique de Jesus-Christ avec eux. Par reconnoissance pour une telle grace, & dans le desir de se faire des amis auprès de Dieu en la personne des pauvres de Jesus-Christ dont il demande les priéres, il les institue ses Légataires universels, à l'exception de quelques contracts dont il distribue les fonds & interêts à sa famille nombreuse & pauvre. Il souhaite que tout ce qui regarde ses funerailles se fasse dans la plus grande simplicité, comme pour les moindre des Fidéles. Il recommande aux Exécuteurs de son Testament de ne rien faire qu'avec l'agrément de Mr le Président de Lamoignon à qui j'appartiendrai, dit-il, avec tout ce qui me regarde, jusqu'à la fin de mes jours, espérant que les vifs ressentimens de la reconnoissance que j'ai toujours pour tout ce que je lui dois, ne se termineront point avec ma vie, mais que Dieu me permettra de les emporter en l'autre Monde, afin de solliciter toujours sa divine misericorde pour lui & pour toute son illustre Famille, dont les interêts spirituels & temporels ne me sont point indifférens. Il ordonne enfin de donner à chacun de la Maison trois Livres, un Nouveau Testament, une Imitation & des Priéres, à un Ami tout le Tillemont, à un Valet de chambre cent francs. Mr le Président voulut qu'il fut enterré sous les Charniers de Saint Paul avec les Prêtres, & pria le Commissaire Labbé de faire poser avec le consentement de Mr le Curé cette Epitaphe.

Hic jacet Adrianus Baillet Sacerdos Bellovacensis, qui post expressam moribus & scriptis vitam Sanctorum, obiit Parisiis anno salutis 1706. *ætatis,* 56. *apud Illustrissimum Senatûs Præsidem de Lamoignon, cujus Bibliothecam à* 26. *annis curabat.*

De cætero scripta consule. Posuit Testamenti Curator A. Frion Professor Marchianus, annuentibus hujus Parochiæ Pauperibus heredibus scriptis.

Son extérieur étoit plus négligé que propre ; car il étoit toujours si occupé ou à ses études ou par les frequentes visites qu'il recevoit, qu'il ne se donnoit pas le tems ni le soin de ranger ses habits, son meuble, ni ses Livres ; se contentant d'ôter de la vûe tout ce qui auroit pû la blesser : le reste alloit comme il pouvoit. Il étoit d'une taille médiocre qui se ressentoit d'un fond d'indisposition héréditaire, toujours fort échauffé, quoique d'un teint pâle, des yeux enfoncés, un large front : des cheveux noirs prevenoient en faveur de son esprit, de sa mémoire, & de la constance de son travail, il ne se chauffoit jamais qu'en compagnie. Dès qu'il étoit seul, il éteignoit son feu, tant par mortification que pour être moins distrait dans son étude : on trouva caché de tous côtés dans les réduits de son appartement plus de deux voyes de bois scié qu'il recommanda avant sa mort de remettre secrettement dans le Bucher commun, pour tenir caché le retranchement qu'il avoit fait de son nécessaire.

ABRÉGÉ DE LA VIE DE BAILLET.

Quoique son mal de jambes ne l'eut jamais quitté, cependant il avoit joüi d'une santé assés égale pendant les 18. derniéres années de sa vie jusqu'à son Eresypelle deux ans avant sa mort, pour ne faire aucuns remedes. Il vouloit que l'eau ou froide ou chaude bien employée fut le reméde de presque tous les maux du corps. Il s'en trouva toujours bien à la moindre atteinte qu'il ressentoit ; & quand le mal étoit violent, une dose de Vinaigre achevoit ce que l'eau n'avoit pu dissiper. Il traitoit durement son corps, comme un ennemi insolent qu'il faut toujours tenir assujeti. Tous les jours il s'étudioit à lui retrancher de son ordinaire ; il l'avoit enfin accoutumé à ne dormir que cinq heures, encore le plus souvent habillé, à ne faire qu'un repas, à ne pas boire de vin, à se passer de feu, à ne sortir qu'une fois la semaine en Ville, à garder le cabinet.

Dans un corps reduit à l'extrême nécessaire l'esprit ne pouvoit manquer d'être libre & le maître de l'un & de l'autre ; sans dissipation il étoit toujours appliqué : sans soin, jamais distrait : sans desir, sans passion, l'étude, la priere, la charité du prochain, & la patience des visites l'occupoit tout entier. De là ces études si continuës, ces découvertes si vastes, ces Extraits, ces Dissertations multipliées à l'infini, tant de Mémoires, tant d'Ouvrages écrits de sa main seule, sans secours étranger, ces corrections faites par lui-même, la moitié des nuits passées dans les veilles, quarante trois ans entiers écoulés dans cette uniformité inviolable, ont produit tant de si bons fruits.

Fin de la Vie de Mr Baillet.

AVERTISSEMENT.

AVERTISSEMENT AU LECTEUR. (1)

I.

ON a sujet d'appréhender que la multitude des Livres qui augmentent tous les jours d'une maniére prodigieuse, ne fasse tomber les siécles suivans dans un état aussi fâcheux qu'étoit celui où la barbarie avoit jetté les précédens depuis la décadence de l'Empire Romain, si l'on ne tâche de prévenir ce danger par le discernement de ceux qu'il faut rejetter ou laisser dans l'oubli, d'avec ceux que l'on peut retenir, & si l'on ne fait encore dans ceux-ci le choix de ce qui peut être utile d'avec ce qui ne l'est pas.

La nécessité de ce choix & de ce discernement se fait sentir de plus en plus à ceux qui savent de quelle importance il est d'être bien conduit dans ses études & dans la lecture de tant de Livres en un aussi petit intervalle qu'est celui que Dieu a prescrit à la vie de l'homme. Ce discernement seroit sans doute la plus courte & la plus sûre de toutes les méthodes que l'on pourroit souhaiter pour toutes sortes d'études, & dans toutes sortes de personnes. Il seroit non seulement comme le flambeau de l'entendement, mais il lui tiendroit aussi lieu d'un conducteur fidéle, qui lui épargneroit la longueur & les difficultés des chemins, & qui lui feroit trouver en peu de tems & immanquablement ce qu'il cherche dans les Livres.

Mais avant que de pouvoir faire ce discernement par soi-même, la vie s'écoule, & on ne se trouve presque en état de bien étudier, que lorsqu'on est à sa fin. Avant que la raison se développe d'elle-même, les hommes errent long-tems, s'ils n'ont point de guide. Ils n'ouvrent les yeux pour entrer dans le bon chemin, que lorsque la nuit s'approche, c'est-à-dire, lorsqu'ils sont près de la mort. Les affaires différentes & les occupations étrangéres jointes aux maladies qui traversent la vie, abrégent encore ce tems, & troublent ce loisir nécessaire à acquerir ce discernement.

Entret. sur les Sciences.

---

1 Cet *Avertissement* étoit au commencement de l'édition in-12. de 1685.

Tome I.   a

AVERTISSEMENT.

Quelque bien intentionné & quelque laborieux que l'on ait été, on a le déplaisir de voir qu'après plusieurs années d'études on n'en sait guéres plus que lorsqu'on a commencé, & que l'on sait quelquefois si mal ce que l'on croit avoir appris, que l'ignorance de ce qu'on sait est souvent plus tolérable que cette maniére de le savoir. Les Savans mêmes, qui après avoir essuyé des travaux immenses, & avoir blanchi sur les Livres, semblent être arrivés à ce discernement, ne laissent pas de se plaindre à la fin de leur course, qu'ils seroient allé plus loin, s'ils avoient d'abord connu le véritable chemin. Ils témoignent qu'en marchant dans cette longue carriére, ils ont découvert des sentiers, qui leur auroient épargné beaucoup de peines. Que seroit-ce donc si dès le commencement de nos études nous savions le chemin le plus droit & le plus aisé? Quel avantage n'aurions-nous pas de connoître d'abord ce qu'il faut embrasser & ce qu'il faut fuir dans les Livres?

Nous aurions sans doute cet avantage, si quelque savant homme s'étoit voulu donner la peine de nous faire ce discernement dans une Critique judicieuse qui fût universelle, & qui s'étendant sur toutes sortes de Livres & d'Auteurs, comprît tous les Arts & toutes les Sciences, qui font les occupations des hommes. Mais comme il n'y a point lieu d'esperer si-tôt une faveur si importante de la bonté divine, j'ai crû que, jusqu'à ce que le Ciel fasse naître ce Censeur général, il ne seroit pas entiérement inutile de recueillir les Jugemens & les Censures que divers Critiques particuliers ont faites *sur les principaux Ouvrages des Auteurs les plus connus.*

Je ne me serois pas crû obligé de rendre raison de ma conduite au Public, si j'étois demeuré dans ma premiére résolution, qui étoit de ne faire que des Notes Critiques au Catalogue de la Bibliothèque de Monsieur l'Avocat Général de Lamoignon, & de ne travailler uniquement que pour l'usage particulier de Monsieur son Fils. Mais puisque la chose a pris un autre cours, il faut au moins informer le Lecteur de ce qu'il peut esperer de ce Recueil, & de ce qu'il n'en doit pas attendre.

II.

Ce Recueil n'est donc qu'une compilation assés simple des sentimens de quelques personnes sur les Ouvrages de leurs semblables, & pour lui donner quelque ordre & quelque suite, j'ai cru le pouvoir partager en six parties différentes.

La première qui est celle qui paroît présentement, comprend

AVERTISSEMENT.

(outre le Discours ou le Traité sur les Jugemens des Livres en général, & sur les Préjugés dans lesquels on les lit) les Jugemens particuliers sur les principaux Imprimeurs, sur les Critiques, sur les Grammairiens & sur les Traducteurs (1). Si l'on s'apperçoit, par la maniére dont cette premiére épreuve sera reçuë, que le dessein de l'Ouvrage ne déplaise point entiérement au Public, & qu'il puisse avoir son utilité, on espére donner les autres parties incessamment.

La seconde contient les Jugemens sur les Poëtes (2), sur les Romans & les autres fictions en Prose, sur les Orateurs, & sur les Epistolaires.

La troisiéme contient les Jugemens sur les Géographes sur les Chronologistes, sur les Historiens & sur les Antiquaires, ausquels j'ai joint ceux que l'on fait des Blasonistes, quoiqu'ils fassent plutôt partie des Historiens Généalogiques.

La quatriéme contient les Jugemens sur les Philosophes, sur les Mathématiciens, sur les Naturalistes, & sur les Médecins.

La cinquiéme contient les Jugemens sur les Jurisconsultes, sur les Canonistes, sur les Politiques, & sur les Moralistes, c'est-à-dire sur ceux qui ont traité de la Morale purement humaine sans rapport à la Théologie.

La sixiéme contient les Jugemens sur les Théologiens, c'est-à-dire, les Interprétes de la Bible, les Peres & Auteurs Ecclésiastiques jusqu'au XII. siécle, les Théologiens Scholastiques, les Ecrivains Ascétiques, Liturgiques, &c. les Hétérodoxes ou Théologiens Hérétiques qui ont écrit contre l'Eglise depuis le XV. siécle.

III.

Comme je fais profession de ne rien dire de moi-même, je n'ai pas sujet d'appréhender qu'on m'oblige de répondre de la solidité & de la vérité de tous ces Jugemens. Je ne me crois responsable que de la fidélité avec laquelle je les représente, & pour donner plus de lieu de voir si j'impose à quelqu'un, j'ai eu soin de mettre à la fin de chaque article les citations éxactes de ces témoignages ; comme j'ai fait aussi à la fin du discours général, qui est à la tête de la premiére partie, & qui fait le premier Tome (3.), pour m'accommoder au goût de ceux qui

---

1 Cette premiére Partie est contenuë dans le premier, le second & la moitié du troisiéme volume de la presente édition.

2 Ces *Jugemens sur les Poëtes* sont contenus dans la derniére moitié du troisiéme volume & dans le quatriéme & le cinquiéme. Baillet n'a point fait imprimer le reste de cette seconde partie ; ni les quatre suivantes.

3 Ce sont les *Préjugés* : Dans cette édition on en a placé les citations au bas de chaque page.

AVERTISSEMENT.

n'aiment point à voir un discours rompu & chargé de citations ennuyeuses.

Ainsi mes Auteurs pourront parler pour eux mêmes, sans que je me trouve engagé à prendre le parti & les intérêts d'aucun d'eux, ni à soutenir leurs sentimens. De sorte qu'il sera libre à chacun des Lecteurs en particulier de se faire impunément le Censeur de ces Critiques avec autant d'autorité que ceux-ci en ont pris pour censurer les autres, ou de se mettre de leur nombre ajoutant son sentiment au leur.

D'ailleurs on peut juger que la plupart de ces Censeurs que j'ai pris pour mes garans, n'ont point prétendu que leurs jugemens fussent des arrêts, mais qu'on les devoit considérer comme de simples propositions qu'ils ont faites de leurs sentimens, dont l'autorité & la force dépendent de l'approbation des Savans. C'est ainsi que Mr de la Mothe le Vayer dit (1), *qu'il explique ses sentimens de telle sorte que sans donner un jugement précis, ni qui vienne absolument de lui, il laisse, éxemt de toute partialité, la liberté à chacun de contredire les opinions qu'il rapporte. Et il ne veut pas qu'on prenne pour des résolutions ce qu'il n'expose que comme des doutes appuyés de quelque vrai-semblance.* Nous ne devons pas douter que les autres n'ayent été dans une disposition semblable.

IV.

Je serois fâché de donner lieu de croire qu'en citant mes garans, je voulusse les louer ou les approuver. Le P. Bouhours dans la Préface de ses Remarques sur la Langue Françoise, dit que *le nom seul de ceux qu'il cite, est un éloge, & qu'il seroit aussi inutile de les louer en les citant, que d'avertir lorsqu'on cite Ciceron & Virgile, que ce sont de bons Auteurs & de beaux Esprits.* Cela est bon pour ceux qui n'employent que les témoignages des bons Auteurs. Mais comme tous les Jugemens que je rapporte sur une même personne, ne sont pas toujours uniformes, il est visible que dans une contrariété d'opinions, il faut qu'il y en ait quelques-uns qui s'écartent de la vérité & de la justice. Dans cette diversité qui paroît particulièrement dans les Jugemens des Auteurs de la première classe, on auroit souhaité peut-être que j'eusse fait un choix de ceux qui sont justes, solides & véritables, & que j'eusse rejetté les autres. Mais ce discernement est au-dessus de mes forces, & je n'aurois pû éviter de déplaire à la moitié de mes Lecteurs, qui auroient pû se déclarer en faveur de ceux qu'on auroit rebutés,

---

1 Avant-propos des Historiens Grecs & Latins vers la fin.

AVERTISSEMENT.

parce qu'ils n'est presque pas possible que les hommes ayent tous le même goût & le même sens; & que ce qui paroît mauvais à l'un, s'est quelquefois trouvé bon au jugement d'un autre. Il vaut donc mieux laisser au Lecteur le plaisir de faire ce discernement lui-même.

Néanmoins j'ai crû pouvoir insinuer de tems en tems ce que je pensois du plus ou du moins d'autorité de ces garans, & j'ai été quelquefois bien-aise de faire connoître la distinction, que je mets, par exemple, entre le jugement de Photius & celui du jeune du Verdier, entre ceux de Ciceron, de Denys d'Halicarnasse, de Quintilien, de Longin, & ceux de Sigonius, de Keckerman, de Bodin, de Possevin, &c.

V.

Mais quoique je m'intéresse aussi peu dans l'autorité de ces Juges ou Critiques, que dans la réputation de ceux qui sont jugés ou censurés, il n'est peut-être pas hors de propos de parler ici pour la justification de quelques-uns de mes garans d'entre les Catholiques, qui paroîtront avoir usé peut-être de trop de liberté dans leurs Jugemens sur quelques Ouvrages de Religion, & qui pourroient blesser la tendresse scrupuleuse de ceux qui ne pénétreroient pas assés l'innocence de leurs intentions.

S'il arrive donc que l'on voie dans la suite de ce Recueil quelques Hérétiques loués, & quelques Catholiques blâmés par ces Critiques, même dans les Ouvrages sur l'Ecriture Sainte, sur la Théologie, & sur le Droit Ecclésiastique, on doit supposer que ni ces Critiques, ni moi en rapportant leur opinion, ne sommes pas assés malheureux pour prétendre toucher à la pureté & à la vérité de la Religion Catholique, dont le centre est & sera toujours le Siége Apostolique des Successeurs de S. Pierre. Mais dans ces occasions qui sont assés rares, on n'a point eu d'autre intention que de rendre une justice égale à tout le monde, de louer Dieu comme l'Auteur de ce qui sort de bon de la plume des Hérétiques mêmes, qui peuvent ne pas faire toujours un mauvais usage des talens naturels & acquis que la bonté divine leur communique; & de blâmer ou plaindre la misére de l'homme, c'est-à-dire l'ignorance & la présomption humaine dont les Ecrivains Catholiques ne sont pas toujours exemts, quelques priviléges qu'ils ayent dans la Communion des Saints.

Et pour finir ce qui regarde mes garans, j'aurois rapporté en cet endroit ce que l'on pense de leur habileté, & du poids de leur autorité, si je n'avois crû qu'il étoit plus à propos d'en faire la première partie du Recueil des Critiques que l'on peut consulter.

VI.

Je n'ai pas toujours traduit à la lettre les témoignages des Critiques, mais je me suis contenté de prendre leur pensée, hormis dans les endroits où cette éxactitude m'a semblé nécessaire pour mieux appuyer ce qui auroit paru plus douteux & plus difficile à croire.

S'il arrive que je cite quelquefois un Auteur sur la Foi d'un autre, quoique cela soit assés rare, je suis assés scrupuleux pour les citer tous deux, & pour marquer le ruisseau aussi-bien que la source. J'en ai usé de la sorte en deux rencontres, premiérement lorsque je n'ai point eu la commodité de lire dans l'original, & de puiser dans la source les choses que j'avance; & en second lieu lorsque j'ai cru qu'un passage cité par un autre, auroit plus de poids & de crédit, que s'il étoit cité par moi seul. Le pis qu'il en peut arriver, est de s'en tenir à l'autorité de celui que j'allégue & que je prens pour mon garant, & de ne le considérer que comme une copie.

Je n'ai point rapporté les Jugemens que les Anciens ont portés sur les Ouvrages que nous n'avons point, & qui sont censés être perdus pour le Public, parce que cela ne paroît pas nécessaire au dessein que j'ai eu de rendre quelque service à ceux qui veulent lire les Livres avec fruit, les Ouvrages perdus n'étant pas du nombre de ceux qu'on peut lire. J'en ai usé souvent de même à l'égard de la plupart de ceux qui ne sont encore que Manuscrits, quelque esperance que l'on ait de les voir au jour.

VII.

On s'étonnera peut-être du peu d'uniformité que l'on trouvera dans ces Jugemens, voyant des Auteurs du second & du dernier rang remporter quelquefois des témoignages avantageux, sans être censurés & notés pour leurs défauts; & d'autres au contraire, qui, quoique de la première classe, ne laissent point d'être chargés de reproches & accusés d'un grand nombre de fautes. C'est ce qui paroîtra, par éxemple, dans ce que nous rapporterons d'Hérodote, de Tacite, de Joseph, de Dion, de Seneque, d'Aristote, de Platon, d'Homere, & de plusieurs autres des Anciens, & de quelques-uns même d'entre les Modernes de la première réputation, comme d'Erasme, de Lipse, de Baronius, de Scaliger, de Mr de Thou, de Vossius, de Mr de Saumaise, de Mr de Launoy, &c.

Mais on ne doit point tirer avantage de cette inégalité pour les

Ecrivains médiocres, de qui on ne s'eſt pas tant ſoucié de rechercher les défauts, leurs Livres n'étant pas d'un auſſi grand uſage que ceux des autres. On ne peut pas dire non plus que cette conduite puiſſe porter préjudice à ces grands hommes, ni que cette ſévére cenſure ſoit capable de leur faire perdre le rang qu'ils ont acquis dans le Monde ſavant, puiſqu'au contraire le grand nombre de leurs Cenſeurs & la peine qu'on a priſe de les éxaminer de ſi près, eſt une marque de l'eſtime qu'on en fait, & du beſoin que l'on en a pour l'utilité publique.

VIII.

J'ai tâché de me tenir toujours dans une grande reſerve à l'égard des Eloges qu'on a faits des Auteurs, & je me ſuis attaché à n'en employer aucun, qu'il ne fût accompagné & ſoutenu d'un jugement de l'Auteur même. C'eſt ce qui m'a obligé de retrancher les Eloges que la plupart des Poëtes ont faits ſur les Livres & les Auteurs, & de ne point employer les Epigrammes ni les Epitaphes. J'ai même conſideré comme ſuſpects pluſieurs de ces Ecrivains qui ont recueilli en proſe les Eloges des Hommes Illuſtres de leur Ordre, de leur Pays, de leur Communion & de leur Profeſſion.

J'ai auſſi évité la plupart de ces citations honorables de *Savant*, de *très-Savant*, &c. dont les Livres ſont remplis, & je les ai regardées plutôt comme une maniére de reconnoiſſance envers ceux dont on a profité, que comme un jugement de leur perſonne ou de leur ouvrage. J'en ai pourtant excepté les Eloges ou plutôt les témoignages avantageux rendus aux Auteurs par leurs Adverſaires, & par ceux qui humainement parlant, ſembloient n'avoir ni ſujet ni inclination d'en dire du bien, parce que ces ſortes de témoignages ſont d'un grand poids, & que ce n'eſt ordinairement que la force de la vérité qui les leur a enlevés.

IX.

J'ai douté long-tems ſi je devois parler des vivans, d'autant plus qu'il eſt difficile d'en rien dire de juſte, & que ſelon Patercule (1), c'eſt une eſpéce de badinerie de compter & de dépeindre ceux que nous avons préſens devant les yeux, n'étant pas d'ailleurs auſſi aiſé de les cenſurer que de les admirer. Je ſavois de plus qu'il y a beau-

---

1 Pœnè ſtulta eſt inhærentium oculis ingeniorum enumeratio..... nam vivorum ut magna admiratio, ita cenſura difficilis eſt. *Lib.* 2. *n.* 36.

coup de mesures à garder, & des précautions à prendre sur ce sujet. Je me remettrois dans la mémoire divers éxemples de deux espéces d'Ecrivains toutes opposées, la premiére de ceux dont les Ouvrages ayant été méprisés & comme réprouvés de leur vivant, ont été & sont encore recherchés avec estime & avec empressement après leur mort; la seconde de ceux qui ayant fait de l'éclat dans le monde, & qui ayant mandié l'approbation de leurs flateurs pour leurs écrits, n'ont pû les empêcher après leur mort de tomber sous la censure & dans le mépris de la Posterité. Enfin je n'ignorois pas que les Livres ne sont parvenus à leur maturité, & que leur bonne ou mauvaise cause ne s'éclaircit qu'à la mort de leurs Auteurs, & de ceux-mêmes qui ont interêt à leur réputation, aussi-bien que de leurs envieux.

Mais je me suis déterminé à le faire par l'éxemple des Bibliothécaires, des Ecrivains d'Hommes Illustres, des Auteurs de Journaux, & par l'avis de quelques personnes, qui m'ont voulu persuader que notre curiosité cherche encore plus à se satisfaire sur les vivans que sur les morts.

Et quoique les effets de la louange ne soient peut-être pas moins à craindre pour les personnes qui en font le sujet, que ceux du blâme & de la censure; j'ai affecté néanmoins de ne publier que les vérités qui sont glorieuses & avantageuses à la réputation des vivans, & de ne point dire celles qui pourroient être choquantes, à moins qu'elles n'ayent déja été écrites & reçuës du Public avec approbation. Car lorsque je n'ai pas d'autre garant de ce que j'ai à dire des vivans que la voix publique; j'ai crû que ce témoignage pouvoit être suffisant pour les choses qui sont avantageuses aux Auteurs, mais non pas pour celles qui paroissent désobligeantes.

Il y a donc cette différence entre les jugemens qu'on fait des morts, & ceux que l'on rapporte sur les vivans dans ce Recueil, que les premiers renferment les deux sortes de vérités, c'est-à-dire ce qui s'est dit également pour & contre les Auteurs, au lieu que les derniers n'en renferment ordinairement qu'une sorte, laissant à ceux qui viendront après nous le soin de dire le reste. En quoi l'on ne trouvera sans doute pas moins d'équité que de prudence, puisqu'il n'y a rien de plus inconstant ni de plus suspect que ces sortes de jugemens qui se font verbalement, & souvent sans méditation, & sans désinteressement.

AVERTISSEMENT.

X.

Je me suis réduit uniquement à remplir mon Titre, qui ne promet que des *Jugemens*, quoiqu'il eût été peut-être plus modeste de les appeller des *Sentimens* ou des *Opinions*, mais il en auroit été moins juste & moins conforme à l'humeur des Critiques, qui se considérent comme les Juges des Livres. Il est vrai que je les appelle *Savans* plutôt que *Critiques*, parce que j'ai voulu marquer l'honneur & le respect que je porte à tous les gens de Lettres; & que le terme de Critique semble avoir encore quelque chose d'odieux dans l'esprit de ceux qui ne sont pas entiérement guéris de leur prévention. Mais je n'ai pas prétendu qu'ils fussent tous véritablement savans, & ce terme dans mon Titre n'insinuë autre chose, sinon ceux qui ont fait profession de savoir quelque chose, & de dire leur avis sur ce qu'ils croyoient savoir.

Quoique je n'aye entrepris de parler que des *Principaux Ouvrages des Auteurs les plus connus*, j'espére néanmoins en rapporter plus qu'il ne sera possible d'en lire à chaque particulier; étant d'ailleurs inutile & impossible même de parler de tous. Et j'ose faire croire à la plûpart des Lecteurs que je leur donnerai plus que le Titre ne leur promet sur le nombre des Auteurs, sans leur donner sujet de se plaindre de cette conduite, ni encore moins de la fausseté ou du peu de justesse de mon Titre.

XI.

Comme je ne suis engagé suivant mon Titre qu'à donner des Jugemens, je ne me suis pas arrêté à faire la liste des Ouvrages de chaque Auteur, mais je me suis restraint seulement à ceux dont il est question.

Je n'ai pas rapporté non plus les différentes Editions de ceux dont je donne les Jugemens. Ce n'est pas que je n'aye crû que cela fût fort utile & quelquefois nécessaire même (1), mais comme ce Recueil devoit faire partie d'un Catalogue de Bibliothèque, j'avois déja marqué ces Editions dans la premiére partie de ce Catalogue, qui contient l'ordre des Matiéres traitées dans les Livres. Ainsi c'auroit été faire deux fois une même chose dans un même Ouvrage.

---

1 Cette raison est une des principales de celles qui ont déterminé Mr Moette à donner les bonnes éditions des Auteurs dans la présente édition. Il a suivi en cela l'avis de plusieurs Savans qui l'en ont jugé très-capable.

Je n'ai rien dit aussi des actions ni des emplois des Auteurs durant leur vie, parce que cela auroit prodigieusement grossi ce Recueil, & que j'avois envie de le faire à part dans la troisiéme partie de ce Catalogue dont on vient de parler.

Je ne doute pas que plusieurs ne trouvent mauvais que je me sois réduit dans ces retranchemens : mais pour tâcher de les appaiser, & pour suppléer en quelque façon à ce prétendu défaut, je les avertis qu'ils trouveront ce qu'ils souhaitent dans les Bibliothèques, & dans les Recueils d'Hommes Illustres, que je cite ordinairement pour mes garans avec les autres Critiques ; & que sachant de quel Pays, ou de quel Ordre de Religion, ou même de quelle profession étoit l'Auteur, dont ils demandent la Vie & les Ecrits, ils pourront voir dans la première partie du Recueil des Critiques ceux qui en ont traité & consulter leurs Livres.

Si l'on voit que plusieurs ne soient pas satisfaits de cet expédient, on pourra dans une nouvelle Edition se résoudre à ce second travail.

Je me suis donc contenté de marquer en titre le tems auquel les Auteurs ont vécu, ou l'année de leur mort autant que je l'ai pû trouver, parce que c'est une époque fixe & assurée pour savoir au plus juste quand ils ont pû écrire, & quand ils ont été en état de faire quelque figure dans le monde.

XII.

Après tout il ne faut pas esperer que cette sorte de Recueil puisse plaire à tout le monde. Quelques-uns trouveront mauvais qu'on ne parle point assés avantageusement de ceux à la réputation desquels ils s'interessent. Plusieurs autres jugeront que l'on est trop indulgent, ou même prodigue d'Eloges.

Mais si les sentimens des Critiques que je rapporte dans tout cet Ouvrage, ne sont pas souvent d'accord les uns avec les autres, à combien plus forte raison les Lecteurs auront-ils de goûts différens? Si les premiers ne sont point sans passion & sans foiblesse, on ne doit pas prétendre que les seconds en soient exemts. Tant que l'on ne s'accordera point dans le monde, & que la différence des humeurs & des goûts suivra celle des esprits, il n'y a point lieu de croire que l'on trouve beaucoup d'uniformité de sentimens, sur tout dans les choses dont Dieu a laissé à l'homme la liberté de discourir & de juger.

Ainsi puisque les dispositions des esprits sont si différentes, je ne doute presque pas qu'il ne se trouve aussi des Lecteurs, qui dans cette grande diversité de Jugemens qui sont rapportés dans ce Recueil, n'en rencontrent enfin quelques-uns qui leur reviennent, & qui ne se voyent quelquefois d'accord avec quelques-uns de ces Critiques, soit par une sympathie d'humeur, soit pour être éclairés des mêmes lumiéres, soit enfin pour être dans les mêmes Préjugés ou dans les mêmes engagemens.

Mais s'il se trouve des endroits par hazard qui soient capables de déplaire à quelques-uns, je puis assurer du moins que je n'ai jamais eu la moindre envie de choquer personne, & je déclare avec sincérité, que si cette liberté apparente dont je me suis crû obligé d'user pour exprimer la vérité, produisoit quelques effets fâcheux contre la simplicité de mes intentions, je suis dans la résolution de supprimer tout ce qui pourroit causer cet inconvénient.

Je souhaite aussi que ceux de l'autre communion me fassent la grace de croire que je n'ai jamais eu dessein de les désobliger, loin d'avoir voulu leur insulter, lorsque j'ai dit quelque chose contre quelques-uns de leurs membres ; & c'est dans cette pensée que j'ai voulu me servir presque par tout du nom de Protestant, pour marquer même les Huguenots de France, & les autres Calvinistes des Pays-bas & d'Angleterre, quoi qu'il leur convienne moins qu'aux Hérétiques d'Allemagne, parce qu'ils sont persuadés que ce terme ne les déshonore pas.

XIII.

Comme les fautes sont inévitables dans toutes sortes de compilations, & comme je ne doute nullement qu'il ne s'en soit glissé un grand nombre dans celle-ci : je souhaiterois au moins que l'on eût la bonté de vouloir contribuer à me faire réparer celles que j'aurois pû faire principalement en parlant des Auteurs Modernes, pour n'en avoir pas été assés informé, ou pour l'avoir mal été.

Aussi oserois-je espérer que ceux qui pourront y avoir quelque interêt ou pour leurs proches, pour leurs amis, ou pour eux-mêmes, me feront le plaisir de me communiquer leurs corrections, pour réformer ce qui est déja imprimé, & leurs instructions pour les cinq autres parties de ce Recueil, qui ne le sont pas encore. J'aurai pour eux toute la reconnoissance possible, & j'en rendrai des témoignages publics, en les citant fidellement, & en les mettant au nombre de mes Garans & de mes Maîtres, à moins qu'ils ne me donnent avis d'en user autrement.

Car je ne considére ce Recueil que comme une premiére ébauche,

& comme un essai assés léger & superficiel, ou comme une épreuve encore toute brute & fort imparfaite, de ce qu'on pourroit faire dans la suite sur un sujet si important & si nécessaire. La matière est capable de la plus belle forme du monde, si jamais elle a le bonheur de tomber dans d'habiles mains, qui puissent la polir & lui donner ses ornemens & ses accroissemens nécessaires. Le Calepin n'étoit rien dans son origine, c'étoit un Ouvrage pitoyable quand il sortit des mains d'Ambroise Calepio. Néanmoins il s'est trouvé d'habiles gens, qui voyant que l'on pourroit faire quelque chose de bon de son dessein, ont pris la peine de le purger, de le mettre en ordre, & de l'augmenter jusqu'au point où nous le voyons aujourd'hui. De sorte qu'il n'y a presque plus que le nom & le titre du Livre qui soit de Calepin. Il pourroit peut-être bien arriver quelque chose de semblable à ce Recueil; & quoique je n'aye pas, ce me semble, la présomption de croire qu'il pût être fort utile à quiconque auroit assés de résolution & de forces pour entreprendre un ouvrage de cette importance; je m'imagine pourtant que je le considére avec assés d'indifférence pour renoncer à sa proprieté, & le lui abandonner, sans lui donner lieu de craindre que je voulusse jamais l'accuser d'être plagiaire.

XIV.

Quoiqu'un Auteur ne soit pas toujours le Maître de la matière qu'il traite, on ne peut pas dire qu'il ne le soit pas de la manière dont il la traite. Si la fidélité & la soumission qu'il doit à sa matière ne lui permet pas d'avoir toujours égard à la disposition différente des esprits de ceux entre les mains desquels il pourra tomber, le respect qu'il doit à tous ses Lecteurs, l'oblige d'user de toutes sortes de précautions, pour ne pas le choquer ou le distraire par des manières qui ne sont pas d'un usage commun, & pour s'accommoder au goût de son siécle qui paroît le plus universel. Ainsi comme ces manières d'écrire consistent particuliérement dans le style, il faut éviter sur toutes choses tout ce qui y a l'air d'affectation, s'éloigner également des extrémités de l'élévation & de la bassesse, & fuir les excès de la contrainte & du relâchement, de l'afféterie & de la négligence, du scrupule & de la licence.

Je souhaiterois que cette maxime se trouvât tellement pratiquée dans mon Recueil, qu'on ne fit aucune réfléxion à ma maniére d'écrire, qu'on ne s'apperçût pas même de la moindre singularité dans mon style, & qu'on ne songeât qu'aux choses qui y sont rapportées.

AVERTISSEMENT.

C'eſt pourquoi je ne puis diſſimuler que je me ſuis apperçû d'une eſpéce de défaut ou de négligence, lorſque j'étois déja fort avancé dans cette premiére partie du Recueil; & que j'ai remarqué que quand je parle en la premiére perſonne, je le fais quelquefois au plurier, & quelquefois au ſingulier. J'avoüe que je n'y ai point ſongé en écrivant, & que cela m'eſt arrivé ſans affectation, ſoit que ç'ait été l'effet de quelques diſtractions, & d'un défaut d'application à mon travail, ſoit qu'on veuille croire que je penſois plus à la choſe que je voulois écrire qu'à la maniére de le faire. J'avois entrepris de corriger ce défaut, & de me réduire à l'uniformité. Mais j'y ai trouvé trop de contrainte dans la ſuite. Je me ſuis imaginé qu'il y a des endroits où je n'aurois pas pû parler au ſingulier, ſans me rendre ſuſpect de quelque vanité baſſe & frivole; & qu'il y en a d'autres où il ſemble que j'aurois inconſidérément attribué à pluſieurs ou à d'autres qu'à moi les viſions & les défauts où je pourrois être tombé, ſi j'avois parlé au plurier.

Au reſte s'il eſt permis de ſe défendre par l'éxemple des autres, on peut croire que cette inégalité n'a rien d'irrégulier ni rien de nouveau, puiſque dans preſque tous les ſiécles il s'eſt trouvé de célébres Auteurs qui l'ont pratiquée. Mais je me contenterai de nommer Ciceron, que l'on s'eſt toujours propoſé comme un Maître en l'art de parler, & qui néanmoins ne laiſſe pas de parler ſouvent de lui-même en l'un & en l'autre nombre, je ne dis pas ſeulement dans un même Traité, mais quelquefois auſſi dans une même phraſe. (1)

XV.

Enfin il ne ſeroit peut-être pas impoſſible de retirer de ce Recueil une utilité à laquelle je n'ai point ſongé en y travaillant. Car j'oſe croire qu'on pourra trouver dans ce que je dirai en rapportant les Jugemens des Critiques, des Grammairiens, des Traducteurs, des Poëtes, des Orateurs, des Hiſtoriens, &c. les Régles & les Maximes de la bonne Critique, de la Grammaire, de la Traduction, de la Poëſie, de l'Eloquence, de l'Hiſtoire, &c. Ainſi ce ſera une eſpéce d'Art, dont les préceptes conſiſteront dans les éxemples qui pourront n'être pas moins utiles qu'agréables.

Mais à dire le vrai, je n'ai eu que deux choſes en vûë, lorſque j'ai entrepris ce travail, la premiére eſt le divertiſſement honnête

---

1 Officior. l. 1. n. 77. ac deinceps.

14 AVERTISSEMENT.

d'un Magistrat(1), qui prend plaisir à se délasser des fonctions pénibles de sa Charge parmi les délices innocentes de sa Bibliothèque; la seconde est l'utilité de Monsieur son Fils dans l'ordre de ses études, dont les fondemens pourront devenir plus solides par l'amour & la connoissance des Livres. De sorte que si d'autres en tirent quelque avantage, je le considérerai comme un surcroît de satisfaction pour moi; s'il leur est inutile, je ne serai pas surpris, ni par conséquent puni de mon attente.

1 Chrétien François de Lamoignon né le 26. de Juin 1644. mort Président à mortier le 7. d'Aout 1709.

Fin de l'Avertissement.

PLAN
DE
L'OUVRAGE
QUI A POUR TITRE:
JUGEMENS DES SAVANS
sur les principaux Ouvrages
des Auteurs. (1)

A Mr DE FONTFROIDE.

*M*ONSIEUR,

Je vous envoie ce Plan, pour vous en rendre tout à la fois & le juge & le maître, s'il est vrai qu'il soit aussi nécessaire que vous le pensés pour ceux qui ne peuvent pas juger de toute l'étendue que doit avoir le Recueil des Jugemens des Savans par la division générale que j'en ai donnée à la tête du premier volume (2). Le droit que vous avés acquis sur tout ce qui me regarde est trop ancien pour pouvoir vous être contesté, principalement en une occasion où il s'agit autant de vous demander des lumiéres sur mon dessein, que de vous donner de nouvelles marques de ma déférence. Je vous en laisse donc la décision comme à un Juge fort éclairé, & la disposition comme à un Maître, dont je suis le très-humble & le très-obéïssant serviteur.

---

1 Baillet avoit fait imprimer ce *Plan* en 1694. in-12. pp. 76. dont il n'a été tiré qu'un fort petit nombre d'exemplaires, qu'il a distribués à ses amis.

2 C'est le précédent Avertissement.

PRELIMINAIRES
DE
L'OUVRAGE.

Des Jugemens sur les Livres en général: & des qualités louables & vicieuses de ceux qui jugent.
Des Préjugés ordinaires où l'on est à l'égard des Auteurs & des Livres.

PREMIERE PARTIE.

LES IMPRIMEURS qui se sont signalés par leur savoir, leur industrie, leur éxactitude & leur fidélité.

LES CRITIQUES, *c'est à-dire*, ceux qui donnent la connoissance des Auteurs, des Livres, des affaires de la Litérature, & généralement de tout ce qui s'appelle République des Lettres.

Les Critiques universels qui ont parlé indifféremment de toutes sortes d'Auteurs, ou d'Ouvrages.
Les Critiques ou Bibliothécaires d'Auteurs Ecclésiastiques.
Les Critiques ou Bibliothécaires d'Auteurs Ecclésiastiques Réguliers, ou d'Ordres Religieux.
Les Critiques & Bibliothécaires d'Auteurs ou d'Hommes illustres recueillis par Provinces ou par Villes, selon la différence des Pays.
Les Critiques ou Bibliothécaires d'Auteurs, selon la profession des Arts & des Sciences.
Les Critiques ou Bibliothécaires de Livres par simples Catalogues, Inventaires de Bibliothéques, de Librairies, de Cabinets, de Boutiques.

Ceux

DES JUGEMENS DES SAVANS.

Ceux dont la Critique se trouve répanduë dans divers Ouvrages, faits sur d'autres sujets.

Ceux qui ont traité des Gens d'étude, & de la maniére d'étudier.

Ceux qui ont dressé des systèmes d'Arts & de Sciences pour servir de plan aux études.

LES CRITIQUES Grammairiens, *autrement* les Philologues, & Gens de Belles Lettres.

Ceux qui ont travaillé sur les anciens Auteurs pour les examiner, les corriger, les expliquer & les mettre au jour.

Ceux qui ont fait des Recueils de Leçons diverses, d'observations, de lieux communs, de scholies, de commentaires, & de mélanges d'érudition, & de cette espéce de litérature qui s'appelloit Grammaire chés les Anciens & que les Modernes ont qualifiée *Philologie*. Rangés non par classes, mais seulement selon l'ordre des tems.

LES GRAMMAIRIENS Artistes ou Thecniques, *c'est-à-dire*, ceux qui ont traité des lettres, des mots, & des régles de la Grammaire.

Ceux qui ont traité de la Parole, & de la différence des Langues.

Ceux qui ont traité de l'Orthographe, des Notes, des Monogrammes, des Chiffres, des Abbréviations & de la Stéganographie.

Les Grammairiens de la Langue Latine, 1. qui ont fait les Dictionnaires ou simples recueils de mots, 2. qui ont écrit des régles de l'art.

Les Grammairiens de la Langue Grecque, 1. qui ont fait les Lexiques ou Dictionnaires, 2. qui ont donné des régles de l'art de la Grammaire Grecque.

Les Grammairiens Hébreux, Arabes, & ceux de quelques autres Langues Orientales, disposés selon la double méthode observée ci-dessus.

Les Grammairiens de la Langue Françoise, 1. ceux qui ont traité de l'Orthographe de notre Langue, 2. qui ont traité de ses principes, 3. qui l'ont réduite en méthode, 4. qui y ont fait des

Tome I. c

Remarques & des Obſervations, 5. qui en ont donné des Dictionnaires.

Les Grammairiens de la Langue Italienne, & ceux de la Langue Eſpagnole, &c.

LES TRADUCTEURS, qui ont tourné des Originaux de quelque Langue que ce ſoit, en Latin ou en Langues vulgaires.

Les Traducteurs Latins, depuis le quatriéme ſiécle de l'Egliſe, juſqu'à notre tems.

Les Traducteurs François, depuis le quatorziéme ſiécle, ou le regne de Charles V.

Les Traducteurs Italiens, Eſpagnols, Alemans, dont les verſions en Langues vulgaires ſont les plus eſtimées ou les plus connuës parmi nous.

SECONDE PARTIE.

LES POETES, & tous ceux qui ont employé la Fiction dans leurs Ouvrages.

Les Auteurs qui ont traité de l'Art Poëtique; & de la verſification en toutes ſortes de Langues.

Les Poëtes Grecs depuis Homere juſqu'au tems de la réduction de la Gréce ſous l'Empire Romain.

Les Poëtes Latins depuis les Guerres Puniques juſqu'aux tems de la plus baſſe Latinité.

    Et ceux des Grecs qui ont paru ſous les Empereurs Romains & de Conſtantinople.

Les Poëtes modernes depuis la renaiſſance des Lettres ou le commencement du 14. ſiécle juſqu'à notre tems : ſoit dans les Langues mortes ou ſavantes; ſoit dans les Langues vivantes ou vulgaires; ſans diſtinction de pays, ni de langue, ni de profeſſion, ni de genre de Poëſie; & ſans autre méthode que celle de l'ordre des tems.

Voilà, Monsieur, ce qu'il y a d'imprimé jusqu'ici. Depuis que j'ai interrompu la publication de l'Ouvrage, j'ai eu occasion d'amasser dequoi faire des Additions très-considérables, soit pour augmenter les articles des Auteurs dont j'avois parlé, soit pour inferer de nouveaux Auteurs dont je n'avois point fait mention. Ces Additions sont rangées dans le même ordre qu'est celui que vous voyés dans les volumes imprimés. J'en ai fait aussi au Traité préliminaire de l'Ouvrage, sur tout à la partie qui contient les Préjugés concernant les Auteurs ou les Livres. J'ai cru devoir grossir celui qui regarde les Anciens & les Modernes de ce qui s'est fait de plus remarquable à ce sujet depuis la querelle émuë dans l'Académie Françoise, & répanduë ensuite par le monde au sujet d'un petit Poëme intitulé le Siécle de Louis le Grand. Voici la continuation du Plan de l'Ouvrage selon la méthode que je me suis proposé d'observer dans l'impression, quand il plaira à Dieu de faire naître l'occasion de publier le reste.

SUITE DE LA SECONDE PARTIE.

LES POETES Prosaïques, ou les Auteurs de Romans & de Fictions en prose.

Traité préliminaire de la nature des Romans, de ce qu'on peut blâmer, excuser, ou louer dans ce genre d'écrire.
Romans ou Fictions des Orientaux.
Romans des Grecs anciens.
Romans des Occidentaux en général.
Romans Spirituels & Moraux.
Romans Politiques; Romans Philosophiques; Romans Physiques.
Romans Héroïques; Romans Comiques; Romans Héroï-comiques.
Romans Satiriques; Romans Satiri-comiques.
Romans de Chevalerie ou Militaires.
Romans de Bergerie ou Pacifiques.
Nouvelles Historiques ou petits Romans.

A l'égard des Romans purement Erotiques, j'ai cru devoir me dispenser d'en parler. Si j'en represente quelqu'un par maniére d'éxemple, ce ne sera que pour faire mieux juger de ce qu'on doit penser des autres, & faire approuver plus aisément les raisons qu'on a de les laisser dans l'oubli.
Les Auteurs de Fictions ingénieuses en prose, distingués des Romans, & confonduës assés souvent avec les piéces satiriques.
Les Auteurs des Satires en prose, & de quelques autres en vers,

dont ont n'a point parlé parmi les Poëtes ; avec un Traité préliminaire sur la Satire.

On ne doit pas rapporter à cette classe le Livre des SATIRES PERSONNELLES qui portent le titre d'ANTI, & que je fis imprimer en deux volumes l'an 1689. c'est un ouvrage purement Historique & Critique ; & quoiqu'on y fasse souvent le jugement des Auteurs & des Ouvrages qu'on y represente, c'est un dessein néanmoins entiérement détaché de celui des JUGEMENS DES SAVANS, & composé dans une œconomie toute différente.

Les Auteurs de Facéties, de Contes, de Piéces burlesques, tant en prose qu'en vers.

Les Dialogistes ou Auteurs de Dialogues.

J'ai cru pouvoir ranger ici ces Ecrivains, parce que pour l'ordinaire leur genre d'écrire consiste dans la fiction, & qu'il est souvent satirique. Sans cela j'aurois cru devoir leur donner place entre les Orateurs & les Epistolaires.

Les Auteurs d'Apologues ou de Fables morales ; & ceux qui ont voulu donner des instructions pour la conduite de la vie sous des images & des signes.

Les Auteurs Jeroglyphiques & Symboliques, c'est-à-dire, ceux qui se sont expliqués par Jeroglyphes, & qui ont enveloppé la vérité sous des symboles : & ceux aussi qui ont fait des Recueils de Jeroglyphes & de Symboles, & dont il faudra remettre néanmoins la plus grande partie parmi les Antiquaires.

Les Auteurs d'Emblêmes, de Devises, d'Enigmes, de Logogryphes, & d'autres maniéres de représenter la vérité sous des figures, des fictions & des fables.

Quoiqu'on pût rapporter ici le Blazon, j'ai cru en devoir remettre les Ouvrages après les Historiens & les Antiquaires.

Les Auteurs de Paraboles & d'Allegories ; du genre d'écrire par similitudes & comparaisons pour renfermer un sens moral ou mystique dans des recits historiques de faits imaginés.

Les Auteurs d'Apophthegmes, d'Adages, de Proverbes, de Gnomes, de Parémies, &c.

Il sera peut-être plus à propos de remettre cette espéce d'Ecrivains parmi les Auteurs de Morale humaine dans la cinquiéme partie de cet Ouvrage.

Les Auteurs de Mythologie ou de ce qui s'appelle les Fables des anciens, avec un Traité préliminaire de l'esprit & de l'utilité de ces Fables.

Ceux qui ont écrit la Généalogie ou l'Histoire des Divinités de l'Antiquité Païenne, qui ont traité de la Théologie ou Idolatrie des Gentils.

Mais il y a bien des écrits concernant leurs Temples, leurs Sacrifices & leurs superstitions que j'ai cru devoir remettre parmi les Antiquités prophanes, dont je parlerai après les Historiens dans la troisiéme partie de cet Ouvrage.

Les Auteurs qui ont traité des Oracles du Paganisme.

J'y ai joint aussi quelques-uns de ceux qui ont écrit des songes, des apparitions d'esprits ou de spectres, des visions, & des opérations magiques.

Mais pour les Ouvrages de cette nature qui ne regardent pas le Paganisme, j'ai crû devoir les remettre avec ceux qui regardent la Religion & la superstition en général dans la derniére partie de cet Ouvrage.

Les Auteurs modernes qui ont fait des descriptions de Pompes, de Triomphes, de Fêtes publiques mais séculiéres, de cérémonies, de décorations d'entrées, de réceptions, de joustes, de tournois, de carrousels, de balets, de spectacles, de jeux publics, & autres représentations où la Fable est employée pour le divertissement plus que pour l'istruction.

J'y ai ajouté quelques-uns de ceux qui ont écrit des jeux à cause de la proximité du sujet. *Mais pour ce qui regarde ce qui étoit en usage chés les anciens sur toutes ces choses, on le trouvera parmi les Antiquaires après les Historiens. Et pour les autres jeux servant à la récréation & à l'exercice du corps, voyés les à la fin des Médecins.*

LES RHETEURS ou RHETORICIENS, *c'est-à-dire*, ceux qui ont traité de l'Art Oratoire & de l'Eloquence.

1. Parmi les anciens Grecs & Latins.
2. Parmi les Modernes, où se trouvent aussi ceux qui ont écrit de l'Eloquence sacrée, de la Rhétorique Ecclésiastique, & de l'art de prêcher.

LES ORATEURS qui ont écrit & dont il nous reste des piéces d'Eloquence.

Les Orateurs anciens de la Grèce & de Rome.

PLAN DE L'OUVRAGE

Parmi lesquels se trouvent aussi plusieurs de ceux qu'on a nommés *Sophistes*, & quelques-uns de ceux qu'on a nommés *Scholastiques*; les Faiseurs de Déclamations, de Panegyriques.

Pour ce qui est des Orateurs Ecclésiastiques de l'ancienne Eglise, je n'ai pas crû devoir les séparer de la classe des Saints Peres qui se trouveront dans la derniére partie de cet Ouvrage.

Les Orateurs modernes, tant Grecs & Latins, qu'en Langues vulgaires; divisés en trois ordres.

1. Les Orateurs qu'on peut appeller Scholastiques, & qui ont harangué sur des sujets divers.
2. Les Orateurs de la Chaire Ecclésiastique ou les Prédicateurs.
3. Les Orateurs du Bareau ou les Avocats plaidans; parmi lesquels j'ai rangé aussi les Auteurs de Discours prononcés par les Magistrats aux ouvertures des Audiences, aux Mercuriales, & en d'autres rencontres.

LES EPISTOLAIRES où Auteurs de Lettres.

Ceux qui ont écrit de l'art & du caractére Epistolaire.

Ceux qui ont écrit de la maniére, des formules & du style des Lettres, des inscriptions, des souscriptions, des adresses, tant pour les affaires ecclésiastiques & les civiles, que pour celles qui regardent les habitudes réciproques des Particuliers.

Lettres des anciens Latins.

A l'égard de celles des Peres de l'Eglise & autres Auteurs Ecclésiastiques, j'ai crû devoir seulement faire le choix d'un petit nombre de ceux où le caractére, le style & le genre epistolaire paroît davantage.

Lettres des Modernes, tant en Latin qu'en Langues vulgaires, sur toutes sortes de sujets.

Néanmoins lorsqu'un Auteur n'a écrit que d'une seule matiére sans mélange, comme ont fait quelques Philosophes, Historiens, Politiques, Théologiens; je réserve à parler de leurs Lettres parmi les Ouvrages de Philosophie, d'Histoire, de Politique, de Théologie, &c.

TROISIEME PARTIE.

LES HISTORIENS, & généralement ceux qui ont décrit les lieux, les tems, & les actions des Hommes.

LES GEOGRAPHES ou Historiens des lieux.

Les Geographes anciens, tant Grecs que Latins.
Les Geographes modernes, principalement depuis la découverte du nouveau monde, jusqu'à notre tems.
Les descriptions particuliéres de pays & de lieux, que l'on appelle Chronographies & Topographies.
Les Itineraires & Livres de Voyages.
Les plans, profils & descriptions des Villes, Places, &c.

Il y a néanmoins beaucoup d'Auteurs de Relations historiques des Provinces, Villes, & d'autres lieux particuliers que je n'ai point fait difficulté de remettre parmi les Historiens des mêmes lieux, quoi qu'ils semblent être considerés comme Geographes.

Les Ouvrages d'Hydrographie ou descriptions des Mers, des Rivieres & des autres eaux de la terre.

Mais pour ce qui est des écrits concernant ce que l'on appelle la Marine ou l'Art de la Navigation, le Commerce, les droits & les Us de la Mer, j'ai cru devoir les rapporter ailleurs.

LES CHRONOLOGISTES ou Historiens des tems.

Ceux qui ont écrit de la doctrine des tems, par rapport aux caractéres célestes, & selon la distribution civile des différens peuples de la terre.
Les Auteurs de Calendriers, & ceux qu'on appelle Computistes.

Je ne comprens point les Martyrologes parmi les Calendriers, parce que je les ai reservés pour le recueil des Historiens Ecclésiastiques.

Les Auteurs de Chroniques & de Fastes, & les Chronographes, c'est-à-dire, ceux qui ont rangé les événemens humains selon la suite des tems en les attachant à des Epoques, à des Cycles & à des Périodes.

PLAN DE L'OUVRAGE

LES HISTORIENS proprement dits, ou Historiens des Personnes. *Et premiérement.*

Les Auteurs qui ont traité de l'Art Historique; de la maniére d'écrire & de lire l'Histoire; de l'utilité qu'on en doit tirer; de la créance qu'on y peut avoir.
Les Histoires générales ou universelles depuis la première mémoire d'homme, jusqu'au tems de l'Historien.
On auroit pû rapporter à cette espéce la plupart des Chroniques que nous avons rangées cy-devant parmi les Ouvrages de Chronologie.
Les Histoires universelles de quelques siécles ou âges séparés. Historiens qui ont écrits celles de leurs tems, sans se restraindre à aucun pays particulier.
Les mélanges Historiques ou les Fragmens de toutes sortes d'Histoires prises de tous tems, de tous pays, & de toutes sortes de personnes.
Les Dictionnaires Historiques & Recueils alphabétiques de l'Histoire générale des personnes & des pays, détachés de l'ordre des tems.
Les Histoires Généalogiques qui paroissent universelles, au moins selon les intentions de leurs Auteurs.
Pour les Histoires Généalogiques qui sont particuliéres, nous en remettons une partie parmi les Histoires particuliéres des pays & des personnes qu'elles regardent, & l'autre parmi les Ouvrages du Blazon.

LES HISTOIRES spéciales qui peuvent être regardées comme générales pour de certains Peuples ou de certains Pays par rapport aux Histoires particuliéres des lieux & des personnes. *Et premiérement.*

Les Histoires & Annales sacrées : & tout ce qui regarde d'une maniére générale l'Histoire des anciens Hébreux & des Juifs, jusqu'au sac de Jerusalem sous Vespasien.
Auteurs d'Ouvrages mêlés & de Traités singuliers concernant l'Histoire de l'Ancien Testament.
Auteurs d'Ouvrages mêlés & de Fragmens singuliers concernant l'Histoire du Nouveau Testament.
Les Histoires générales de l'Eglise, & les Annales Ecclésiastiques;
depuis

depuis la naissance du Christianisme, jusqu'au tems des Historiens qui les ont écrites.

Les Histoires particuliéres de l'Eglise primitive ou des anciens Chrétiens.

L'Histoire générale de l'Eglise écrite par les Modernes, ausquels on a joint aussi ceux qui ont traité l'Histoire sacrée conjointement avec l'Ecclésiastique.

Les Histoires particuliéres de l'Eglise, écrites par les Modernes.

Les Martyrologes & Ménologes; les Recueils de Vies des Saints, d'Actes des Martyrs, &c. les Fastes Ecclésiastiques, les Légendes.

Les Histoires des Conciles en général & en particulier: ausquelles on a joint celles de quelques Assemblées Ecclésiastiques les plus célébres.

Les Histoires des Papes en général & en particulier: celles des Schismes qui ont divisé le Saint Siége; & celles qui regardent plus spécialement l'Eglise Romaine.

Les Histoires des Cardinaux en général & en particulier, avec les Traités Historiques concernant la dignité du Cardinalat, & ceux qui regardent l'Etat de la Cour de Rome historiquement.

Les Histoires Monastiques d'Ordres Religieux. *Et premiérement.*

Celles des Peres des deserts, des Solitaires Orientaux, des Moines Grecs anciens & modernes.

Celles des Religieux d'Occident.

Histoires de l'Ordre de Saint Benoît, & des autres Maisons Monachales qui en sont venuës, tant d'hommes que de filles.

Histoires de l'Ordre de Citeaux en général & en particulier.

Histoires de l'Ordre de Prémontré, de celui des Chanoines Réguliers de Saint Augustin, &c.

Histoires des Ordres particuliers des Chartreux, des Camaldules, de Fontevraut, des Maturins, de la Merci, des Jéronimites, &c.

Histoires des Ordres Mendians. 1. Des Carmes. 2. des Augustins. 3. des Dominicains. 4. des Religieux de Saint François divisés en plusieurs branches.

Pour ce qui est des priviléges, éxemptions, & autres droits des Réguliers, j'ai remis les Ouvrages qui en traitent parmi les Auteurs du Droit Canon.

Pour ce qui est des Ouvrages concernant la Discipline Monastique, les Régles & les Statuts des Réguliers, je les ai remis parmi les Théologiens, entre les Ascétiques & les Mystiques.

Histoires de la Compagnie des Jésuites en général & en particulier, avec les plus importans d'entre les Ouvrages qui se sont faits pour en attaquer & en défendre l'institut, la conduite, la doctrine, &c.

Histoires des autres Maisons Religieuses ou Congrégations de Clercs Réguliers: *par exemple*, Théatins & Barnabites; Prêtres de l'Oratoire, Prêtres de la Mission, &c.

Histoires de Monastéres & Communautés de Filles qui ne dépendent d'aucun des Ordres Religieux de ci-dessus.

Histoires des Ordres Religieux Militaires en général.

Pour les Histoires particuliéres des Ordres Militaires, je les ai souvent jointes à celles du pays où ils se trouvent établis, au rang des Historiens civils & profanes.

Histoires des Confréries & Societés de dévotion qui sont en quelque considération dans l'Eglise.

Histoires des Hérésies en général & en particulier: Savoir, les Recueils & Catalogues universels des Hérétiques de tous les siécles de l'Eglise.

Histoire des Hérétiques des trois premiers siécles.

Historiens des Arriens & de leurs branches ou descendans, jusques aux Sociniens.

Histoires des Donatistes & des Manichéens, & de leurs descendans.

Histoires des Pélagiens, Demi-Pélagiens; & de toutes les disputes élevées dans l'Eglise sur les matiéres de la prédestination & de la grace, jusqu'à nos jours.

Histoires des Eutychiens, des Nestoriens, & des descendans des uns & des autres, jusqu'en ces derniers tems.

Histoires des Monothélites, des Iconoclastes, & des Schismatiques Grecs.

Histoires des Vaudois, Albigeois, & de leurs descendans: celles des Wicléfites, des Hussites, &c.

Histoires des Luthériens & des branches diverses du Luthéranisme.

Histoires des Sacramentaires, &c. des Zuingliens & des Calvinistes, & de leurs branches.

Histoires des Sociniens, des nouveaux Arriens, des Anabaptistes, &c.

Les Mélanges historiques ou matiéres diverses & détachées, concernant l'Histoire Ecclésiastique, sans ordre des faits, des tems, ou des lieux.

Histoires des Etats de l'Eglise, des Offices & Dignités Ecclésiastiques. Notices & Géographies Ecclésiastiques qui sont générales.

Histoire de la Discipline de l'Eglise, en ce qui ne regarde pas précisément le Droit Canon.

Histoires profanes & civiles ; profanes par rapport à l'Histoire sacrée ; civiles par rapport à l'Histoire Ecclésiastique.

Cette distinction n'a lieu que pour les Histoires des Peuples qui n'étoient ni Juifs ni Chrétiens. Depuis que les Etats & les Princes qui les ont gouvernés ont embrassé le Christianisme, tout se trouve mêlé pour le civil & pour l'ecclésiastique dans les Histoires. Et quoi qu'il se trouve bien des Histoires particuliéres de pays qui sont purement ecclésiastiques, je ne laisserai pas de les rapporter avec les civiles des mêmes pays.

Histoires prophanes des ORIENTAUX, *c'est-à-dire*, des Chaldéens, des Egyptiens, des Indiens, des Chinois, des Perses, depuis leurs origines, jusqu'au tems des Grecs.

Pour ce qui est des Histoires postérieures des mêmes Nations, nous les rapporterons après celles des Peuples de l'Europe, à cause des rapports qu'elles ont avec les découvertes du nouveau Monde.

Histoires de la GRECE ANCIENNE depuis les tems héroïques ou fabuleux, ou depuis la guerre de Troye, écrites par les anciens Auteurs Grecs.

Histoires de la Gréce ancienne par les Auteurs modernes.

Histoires des Provinces particuliéres de l'ancienne Gréce sous le nom de laquelle on comprenoit aussi la Thrace, l'Asie mineure, la Syrie, l'Egypte, &c.

Histoires de la GRECE MODERNE, en ce qui n'a point de rapport absolu avec l'Histoire de l'Empire de Constantinople.

Histoires ROMAINES écrites par les anciens Auteurs, depuis la fondation de Rome, sans autre ordre que celui du tems auquel ont vécu ces Auteurs, jusqu'à la fin de l'Empire Romain en Occident.

Histoires Romaines écrites par les Modernes, jusqu'aux mêmes termes.

Pour ce qui est de cette foule de Traités qui regardent les anciens usages, coutumes, rits des Grecs & des Romains, j'ai cru devoir les remettre après les Vies des Hommes illustres à la fin de cette troisiéme partie de l'Ouvrage sous le titre d'Antiquités Grecques & Romaines.

Histoire BYZANTINE ou de l'Empire de Constantinople, non depuis Constantin, mais depuis Justinien où finit à peu près l'Empire Romain en Occident.

    Par les Grecs, jusqu'à la réduction entiére de l'Empire sous les Turcs.

    Par les Francs ou Latins, & les autres Ecrivains Occidentaux de ces derniers tems.

PLAN DE L'OUVRAGE.

Histoires d'ITALIE indépendemment de l'Empire Romain.

Histoires de l'ancienne Italie, c'est-à-dire, des Peuples différens du pays, & de leurs origines ; les Descriptions Historiques ou Chorographies anciennes & modernes du pays.

Histoires Ecclésiastiques de l'Italie en général.

Histoire Civile de l'Italie depuis les Lombards, jusqu'au tems de Charlemagne.

Pour ce qui est de l'Histoire des Gots & autres Etrangers en Italie qui sont venus avant les Lombards, elle est comprise ci-dessus avec celle de l'Empire Romain.

Histoires de l'Italie depuis l'Empire des François & des Alemans, jusqu'à la division du pays en diverses Principautés.

Histoires de l'Italie depuis le siécle de Dante & Petrarque, qu'on s'est mis à écrire en langue vulgaire.

Histoires particuliéres des Provinces, Villes, & autres lieux de l'Italie.

de Rome moderne, & de l'Etat Ecclésiastique.
de Florence & de la Toscane.
de Gènes & de la Ligurie.
de Naples & de Sicile en général & en particulier.
de Venise & des autres Villes de la Seigneurie.
du Milanez, & autres pays de Lombardie.
de la Savoie & du Piémont.
des autres Principautés & Républiques de l'Italie.

Histoires de diverses Isles adjacentes à l'Italie, ausquelles j'ai joint celles des Isles de Malte & Rhode moderne, celles même de Chypre moderne ; celles de Raguse, celles de Dalmatie, &c. à cause que leurs liaisons avec l'Italie moderne semblent plus grandes que celles qui pourroient les unir avec les Septentrionaux.

Histoires Généalogiques de l'Italie en général.

Pour ce qui est des Généalogies des Maisons particuliéres d'Italie, voyés les parmi les Histoires ou Vies d'Hommes illustres ; ou parmi celles des Villes & Seigneuries du pays.

Histoires d'ESPAGNE.

Histoires Chorographiques & Topographiques de l'Espagne.

Histoires des Origines & des Antiquités Espagnoles, ou plutôt l'Histoire fabuleuse d'Espagne.

Histoires générales du pays selon l'ordre des tems, ausquels ont écrit les Historiens.

Histoires Ecclésiastiques du pays.

Histoires particuliéres des Royaumes, Provinces, Villes & autres lieux d'Espagne; *par exemple*, de Castille, d'Aragon, de Catalogne, &c.

Histoires Généalogiques de l'Espagne.

Mélanges Historiques concernans les Espagnols, les Gots, les Vandales, les Mores qui se sont établis dans le pays.

Histoires de Portugal générales & particuliéres dans le même ordre que celles d'Espagne.

Histoires de FRANCE.

Histoire Chorographique tant ancienne que moderne du pays; Descriptions générales des lieux, &c.

Histoire des anciens Gaulois, indépendemment de l'Histoire Romaine.

Histoire des Origines & des Antiquités des Francs, avec l'Histoire fabuleuse de la France.

Histoires générales de la France, depuis l'origine de la Monarchie, jusqu'aux tems de ceux qui les ont écrites.

Histoires & Annales Ecclésiastiques de la France. Notices d'Evêchés, & autres matiéres historiques de l'Eglise Gallicane en général.

Histoires de la premiére race de nos Rois, écrites, tant par les Anciens que par les Modernes

    Traités singuliers qui regardent cette même Race par les Histoires détachées.

Histoires de la seconde Race en général & en particulier, suivant la même méthode.

Histoires de la troisiéme Race dans le même ordre pour le général & le particulier, jusqu'à la branche des Valois.

Histoires des Croisades ou des expéditions des François en Orient, sous cette même Race, pendant plus de deux siécles.

Histoires de la branche des Valois en général & en particulier, jusqu'à celle des Bourbons.

    Traités singuliers d'Histoires ou de faits arrivés durant cet espace. Mémoires historiques, &c.

Histoires de la Ligue, des Guerres civiles & autres troubles arrivés sous les derniers Rois de cette branche au sujet de la Religion.

Histoires de la branche des Bourbons en général & en particulier.

    Traités singuliers, Mémoires, Relations, Recueils historiques, concernant la France sous le regne de nos trois derniers Rois.

Histoires des Provinces, des Villes & des lieux particuliers du Royaume de France rangées selon l'ordre civil des Gouvernemens. Ordre auquel j'ai réduit même les Histoires Ecclésiastiques de lieux particuliers, pour la commodité des Lecteurs. Ainsi l'on trouvera rassemblés sous le titre d'une Province, d'une Ville ou de quelque autre lieu que ce soit tous les Traités concernant l'Histoire Civile, Ecclésiastique, Généalogique, Topographique & naturelle de chaque lieu ou pays en question.

Histoires des Provinces, Villes & lieux joints à la France dans les derniers tems, ou qui sont de son voisinage, *par éxemple*, de la Lorraine & de l'Alsace; de la Savoie & de Genève; du Roussillon & de la Navarre, dont les Histoires se trouvent aussi en partie parmi celles de l'Alemagne, de l'Italie & de l'Espagne.

Histoires Généalogiques de la France en général, & celles de la Maison Royale en particulier.

Pour ce qui est de celle des autres maisons & familles du Royaume, elles se trouveront ou parmi celles des Provinces ci-devant, selon l'ordre Géographique; ou parmi les Histoires & les Vies d'Hommes illustres ci-après selon l'ordre Alphabétique.

Histoires de l'Etat de la France, des Offices de la Couronne, des Dignités & des Charges du Royaume.

 Traités Historiques concernant les Etats du Royaume, & leurs assemblées; les Parlemens, & ce qui regarde le Gouvernement & la Police de la France.

Mélanges d'Ouvrages, ou Traités divers de matiéres mélées qui regardent l'Histoire de France.

Recueils historiques d'Hommes illustres de la France,

dont on pourra remettre une bonne partie parmi les Vies d'Hommes illustres en général, entre les Historiens de l'Amérique, & les Antiquaires.

Histoires des PAYS-BAS.

Histoires Topographiques & Chorographiques des dix-sept Provinces; leur Histoire naturelle, les Itinéraires & Livres de voyages, qui en contiennent diverses descriptions.

Histoires de l'ancienne Belgique ou de ce qui s'appelloit autrefois le *Belgium* & la Germanie inférieure.

Histoires générales des dix-sept Provinces, jusqu'au tems de ceux qui les ont écrites.

Histoires particuliéres des Provinces & des Villes avant les Guerres. Ausquelles j'ai crû pouvoir joindre les Histoires de la Ville & du Pays de Liége.

Histoires de Bourgogne & d'Autriche dans les Pays-bas, c'est-à-dire, l'Histoire des Pays-bas sous les Princes de la Maison de Bourgogne & d'Autriche.

Histoires des troubles & des Guerres civiles des Pays-bas, tant en général qu'en particulier, écrites du côté des Espagnols ou Catholiques; puis celles qui ont été écrites du côté des Hollandois ou Protestans.

Histoires générales de Hollande, c'est-à-dire, des Provinces-unies, & gouvernées par les Etats Généraux.

Histoires particuliéres de ces Provinces & de leurs Villes, sur tout de celles de Hollande, Gueldre, Frise, &c.

Histoires générales des Pays-bas Catholiques depuis la séparation des autres.

Histoires particuliéres des Provinces Catholiques & de leurs Villes ou autres lieux.

Relations & autres Traités historiques concernant les guerres & les conquêtes des François dans les Pays-bas.

Histoires Généalogiques des Pays-bas & de leur Noblesse. Voyés-en la plus grande partie parmi les Histoires particuliéres des Comtes de Flandres.

Mélanges d'Ecrits historiques concernant les affaires Civiles ou Politiques, Militaires & Ecclésiastiques des Pays-bas.

Histoires d'ALEMAGNE.

Histoire Chorographique de l'Alemagne en général : & l'Histoire naturelle du pays.

Histoires générales de l'Alemagne, commençant dès l'Empire Romain ou même dès le Déluge & la Création du monde. Les Recueils divers ou Collections d'Auteurs de Chroniques d'Histoires ou d'Annales Germaniques & Alamanniques.

Pour ce qui est des Histoires d'Alemagne depuis Charles Martel & Pepin, jusqu'à la translation de l'Empire Occidental des François aux Alemans, je les ai presque toutes comprises parmi les Histoires de France sous la seconde Race de nos Rois.

Histoires d'Alemagne depuis la translation de l'Empire aux Rois de Germanie selon l'ordre de la Chronologie, autant que cela se peut commodément, jusqu'à notre tems.

Histoires des Provinces particuliéres de l'Alemagne, des Républiques, Principautés & autres Etats du Corps Germanique, des Villes & autres lieux particuliers d'Alemagne.

Histoires Généalogiques de l'Alemagne en général. Pour celles des maisons ou familles particuliéres, elles se trouveront jointes avec les autres Histoires de ces maisons parmi celles des Provinces ou des Principautés du pays.

Histoires de l'Etat de l'Empire, des Electeurs & des élections; des Offices & Dignités de l'Empire d'Alemagne.

Mélanges de divers Ouvrages historiques, concernant les affaires de l'Alemagne.

Histoires des Suisses, des Grisons, & des Peuples voisins qui ont rélation aux Cantons des uns, ou aux Ligues des autres.

Histoires du Royaume de Bohême, &c. voyés-les parmi celles des Provinces particuliéres d'Alemagne.

Histoires de Hongrie avec celle de l'ancienne Illyrie, celles de l'Esclavonie, de la Transilvanie, &c. *On auroit pû remettre ici celles de Dalmatie & de Raguse qui se trouvent ci-devant à la suite de celles de l'Italie moderne.*

Histoires de Pologne, de Prusse, de Lithuanie, de Russie, de Moscovie, de Tartarie, & généralement de tous les Peuples qu'on comprenoit autrefois sous le nom de Sarmates, de Daces, de Gétes, de Gots & de Scythes. Le tout selon l'ordre des tems des lieux & des personnes tel que j'ai tâché de l'observer dans les Histoires précédentes.

Histoires des deux Royaumes du Septentrion compris sous le nom de Scandinavie, *c'est-à-dire*, de la Suede & du Dannemarк; anciennes & modernes, selon le même ordre que ci-dessus.
    1. celles qui sont communes aux deux Nations.
    2. celles qui sont particuliéres à la Suéde.
    3. celles qui sont particuliéres au Dannemark.

Histoires des Isles Britanniques comprises aujourd'hui sous le nom de Grand-Bretagne ou d'Angleterre.

Histoires Chorographiques & Naturelles de ces Isles, contenant les descriptions des lieux, du climat & des Peuples qui les ont habitées en toutes sortes de tems.

Histoires des anciens Peuples, & des antiquités de ces Isles.

Histoires générales de ces Isles depuis les premiers commencemens jusqu'au tems des Historiens qui les ont écrites.

Histoires des Eglises Britanniques par les Anciens & les Modernes jusqu'au tems de la Réformation sous Henri VIII.

Histoires particuliéres de l'Angleterre, tant Ecclésiastiques que Civiles, soit du Royaume en général, soit de ses Provinces & de ses Villes séparément.

Histoires

Histoires particuliéres du Royaume d'Ecosse jusqu'à sa réunion à la Couronne d'Angleterre.

Histoires particuliéres de l'Hibernie ou Irlande jusqu'à sa réunion à la Couronne d'Angleterre.

Histoires Eccléfiastiques & Civiles de l'Angleterre depuis le Schisme de Henri VIII. jusqu'à notre tems.

Histoires particuliéres des troubles arrivés sous Charles premier & Cromwel ; & de ceux qui se sont élevés sous Jacques II. & le Prince d'Orange son gendre.

Histoires Généalogiques d'Angleterre & de la Noblesse du pays.

Histoires de l'Etat, des Offices, des Dignités & Charges du Royaume : Histoire de la Police d'Angleterre, &c.

Mélanges d'Ecrits historiques, concernant les affaires de l'Angleterre.

HISTOIRES générales de l'ASIE jusqu'à notre tems, indépendemment des Grecs & Romains.

Histoires du Levant, depuis que les Mahométans, *c'est-à-dire*, les Sarrazins & les Turcs, ont détruit l'Empire de Constantinople.

Histoires modernes de la Terre-Sainte, ou de la Palestine, *outre ce qui a été rapporté des Croisades parmi les Histoires de la seconde Race des Rois de France ; & des Itinéraires ou Livres de Voyages parmi les Géographes.*

Histoires générales & particuliéres des Arabes & des Sarrazins depuis l'Hégire de Mahomet. Ecrites 1. par des Mahometans. 2. par des Chrétiens.

Histoires générales & particuliéres des Turcs, avant & depuis la prise de Constantinople, selon l'ordre Chronologique.

Histoires particuliéres de divers pays, qui composent maintenant l'Empire des Turcs, tant en Europe, & en Asie, qu'en Afrique.

Mélanges de Traités, de Rélations, & de Discours concernant l'Histoire des Turcs.

Histoires Eccléfiastiques des Grecs modernes sous les Turcs ; de l'Etat de leurs Eglises, &c.

Pour ce qui est des Histoires particuliéres de Rhodes & de Malte, de l'Isle & du Royaume de Chypre, voyés-les apres celles de l'Italie. Voyés aussi les Histoires des Ordres Militaires du Levant comme des Templiers, de Saint Jean de Jérusalem soit avec ces mêmes Histoires de Rhodes & de Malte, soit à la fin des Histoires Monastiques & Régulieres de l'Eglise.

Histoires particuliéres de l'Arménie, & celles des pays voisins, comme de la Colchide, de la Mingrelie, &c.

Histoires particuliéres de la Perse moderne & des Sophis. Pour ce qui est de l'Histoire ancienne des Perses, des Parthes, voyés-là ci-dessus avant l'Histoire de l'ancienne Gréce.

Histoires de la Tartarie & des peuples ou pays voisins.

Histoires de l'Inde Méditerranée ou de l'Empire du Mogol.

Histoires des Indes Orientales: & généralement de tout ce qui regarde les découvertes, les expéditions & le commerce des Portugais, des Castillans, des Hollandois, des Anglois, &c, dans les deux presqu'Isles, & dans les Isles.

Histoires de la Chine. Histoires du Japon. Histoires des Isles voisines de la Chine & du Japon.

Histoires Ecclésiastiques, & Rélations des Missions faites par les Chrétiens dans l'Orient, *c'est-à-dire*, au Levant, en Perse, dans les Indes, dans la Chine, au Japon & dans les Isles.

HISTOIRES générales de l'AFRIQUE. Les Descriptions Géographiques, les Histoires naturelles du pays, &c.

Histoires particuliéres de l'Egypte, de la Barbarie, de la Mauritanie, de Maroc, & autres Royaumes voisins.

Histoires des Isles Canaries, de celles du Cap-verd, des Açores, de Madagascar, & de toutes les autres qui sont adjacentes à l'Afrique.

Histoires de l'Ethiopie, de l'Abyssinie, des autres Royaumes, Pays & Côtes de l'Afrique Meridionale.

HISTOIRES des Indes Occidentales ou de l'AMERIQUE en général, *c'est-à-dire*, de l'autre Continent avec les Isles, & de tout ce qu'on a découvert de terres inconnuës vers l'un & l'autre Pole.

Histoires particuliéres du Méxique, ou de la nouvelle Espagne. Celle de la Floride, &c.

Histoires particuliéres du Canada. Rélations des Missionnaires de la nouvelle France. Histoires ou Rélations des terres que les Anglois, les Hollandois, & les autres Peuples du Nord de l'Europe ont découvertes dans l'Amérique Septentrionale.

Histoires particuliéres du Perou, du Brésil, & des autres contrées de l'Amérique Méridionale.

HISTOIRES ou VIES des Hommes illuſtres de l'un & de l'autre ſéxe, dans toutes ſortes d'Etats & de Profeſſions.

Differtation préliminaire de la maniére d'écrire la vie des Particuliers.
Recueils de Vies & d'Eloges hiſtoriques d'hommes illuſtres faits pêle-mêle; ou diſtingués par pays, par profeſſions, par ſocietés, ou par tels autres rapports qu'il a plû à leurs Auteurs.
Vies des particuliers détachées & rangées ſelon l'ordre alphabétique de leurs noms, ſans diſtinction de Séxe, de Religion, de Pays, de Profeſſion, &c.
Où ſe trouvent auſſi les Traités ſinguliers qui regardent l'Hiſtoire perſonnelle des Particuliers hormis les Oraiſons funébres que j'ai cru devoir adjuger aux Orateurs plutôt qu'aux Hiſtoriens.
Pour ce qui eſt des Vies des perſonnes qui ont gouverné les Etats en chef, comme de Papes à l'égard de l'Egliſe univerſelle, d'Empereurs & de Rois à l'égard de leurs Empires & de leurs Royaumes, elles ſe trouveront avec les Hiſtoires des Etats qu'ils ont gouvernés, parce qu'elles en font partie d'une maniére eſſentielle & inſeparable.

LES ANTIQUAIRES & ceux qui ont traité des USAGES divers du Genre humain dans toutes ſortes de tems & de lieux d'une maniére Philologique, *c'eſt à-dire*, mêlée d'Hiſtoire, de belles Lettres & de Grammaire, pour expliquer la religion, les rits, les coutumes, les éxercices, & les façons de faire des Peuples de la Terre.

Mélanges d'Antiquités ſacrées & prophanes ſans diſtinction & ſans ordre.
Antiquités Sacrées & Eccléſiaſtiques, concernant les uſages des Hébreux & des Chrétiens en général.
Antiquités Sacrées en explication des choſes ſinguliéres de l'ancien Teſtament concernant l'hiſtoire ou le ſens literal, rangées ſelon le canon ou l'ordre des Livres de la Bible.
Antiquités Sacrées concernant les ſingularités hiſtoriques naturelles

& literales du nouveau Testament.

Antiquités Ecclésiastiques concernant les usages & autres particularités des Chrétiens de l'ancienne Eglise.

Antiquités Profanes & Civiles, *c'est-à-dire*, qui regardent en général la vie commune des Peuples de la terre, & principalement celles des Gentils, parmi les anciens Grecs & les anciens Romains.

Antiquités de choses particuliéres aux Grecs. Antiquités de choses particuliéres aux Romains.

Antiquités de choses communes aux uns & aux autres.

1. de leur Religion & de tout ce qui regarde leurs superstitions *c'est-à-dire*, leurs Dieux, leurs Temples, leurs Fêtes & leurs Sacrifices, outre ce qui a été rapporté ci-devant de la Mythologie.

2. de leur Gouvernement, de leur Etat, & de leur Police; de leurs Charges; de leurs Familles, de leurs Assemblées civiles.

3. de leurs Mariages, de leurs Sociétés, de leurs maniéres de procéder en Justice; de leurs Domestiques; de leurs Commerces, & de leurs Sépultures.

4. de leurs habits, de leurs meubles, de tous les autres ornemens, & des soins qui regardoient le corps.

5. de leurs maniéres de vivre en tout ce qui concernoit le boire & le manger, hors ce qui appartient à la Physique ou à la Médecine, dont il est parlé ailleurs.

6. de leurs éxercices & de leurs divertissemens publics ou particuliers. *Outre ce qui a été déja rapporté ci-dessus des pompes & des jeux publics, dans la seconde partie de l'Ouvrage.*

7. de leurs maniéres de bâtir, de cultiver les terres & les jardins, des outils ou instrumens dont ils se servoient dans leurs travaux; de leurs voitures, *&c.*

8. de leurs Arts méchaniques & liberaux, de leurs maniéres de faire la guerre par terre & par mer, de leurs armes & machines, de leurs vaisseaux, *&c.* *Outre ce qui sera remis dans la quatriéme partie de cet Ouvrage sur ces matiéres.*

9. de leurs inscriptions sur toutes sortes de monumens, de leurs pierres gravées, de leurs sceaux & de leurs cachets; de leurs statuës & autres figures de toute espéce.

10. de leurs monnoies, de leurs poids & de leurs mesures.

11. de leurs Médailles & de tout ce qui y a rapport.

Mais comme j'ai cru devoir joindre à ces Antiquités ce qui avoit

DES JUGEMENS DES SAVANS.

regarder les usages postérieurs des Peuples sur les mêmes choses, j'ai fait presque toujours suivre le Moderne après l'Antique non seulement en matiére de Médailles & de Monnoies ; mais aussi pour les inscriptions, les maniéres de vivre, de s'habiller, de se divertir, &c.

Les Auteurs qui ont écrit du Blazon des Armoiries, & de tout ce qui s'appelle Art Heraldique. Mais j'ai rapporté parmi les Historiens les Livres de Blazon qui sont faits simplement pour l'Histoire Généalogique des Familles, & non pour servir de préceptes ou d'éxemples à cet Art.

QUATRIÉME PARTIE.

LES PHILOSOPHES ausquels j'ai joint les NATURALISTES, les MÉDECINS, & les MATHEMATICIENS.

LES PHILOSOPHES qui ont traité de la Philosophie en général, & de l'Art de philosopher, c'est-à-dire, de la Logique, de la maniére de former le jugement, de penser, de raisonner. Les Dialecticiens anciens & modernes.

Les Philosophes anciens ou Barbares jusqu'aux tems des Grecs, avec les Auteurs Modernes qui ont écrit pour faire connoître leur Philosophie ; pour en conserver les restes ou la mémoire.

Les Philosophes de la Gréce jusqu'à Platon, principalement les Pythagoriciens & les Socratiques avec ceux qui dans les tems postérieurs se sont attachés à Pythagore & à Socrate.

Platon & ses Scholiastes. Les Philosophes Platoniciens, & les Académiciens depuis ses premiers Disciples jusqu'à notre tems, sans distinction de leurs classes ou de leurs branches diverses, & sans autre différence que celle de l'ordre des tems.

Les Philosophes Epicuriens anciens & modernes : Et ceux qui ont fait revivre en ces derniers tems les dogmes de Democrite, d'Epicure, sans s'en rendre les Sectateurs.

Les Philosophes Cyniques anciens & modernes.

Les Philosophes Stoïciens anciens & modernes : & par occasion les Auteurs qui ont écrit du Destin & de la Providence en Philosophes.

Les Philosophes Pyrrhoniens ; & les Sceptiques des derniers tems.

Aristote & ses Scholiastes ou Interprétes. Les Philosophes Péripateticiens depuis ſes premiers Diſciples juſqu'au tems de la Scholaſtique.

Les Philoſophes Arabes ou Mahometans.

Les Philoſophes Scholaſtiques, la plupart Sectateurs d'Ariſtote. Les principaux Auteurs de Cours Philoſophiques.

Les nouveaux Philoſophes, *c'eſt-à-dire*, ceux d'entre les Modernes, qui ſans s'arrêter à tout ce qui avoit été dit par ceux qui les avoient précédés, ſe ſont frayé des routes nouvelles pour rechercher la vérité, & qu'on peut diviſer en trois claſſes.

    1. Les Philoſophes Acéphales, *c'eſt-à-dire*, qui n'ont pas d'autres chefs qu'eux-mêmes, & qui auſſi ne paſſent pas pour chefs des autres.

    2. Les Ramiſtes que l'on pourroit remettre plutôt parmi les Logiciens, comme les Lulliſtes.

    3. Les Philoſophes Cartéſiens qui commencent à former diverſes branches.

Sous le nom des Philoſophes, dont je viens de démêler les Sectes; je comprens tous ceux qui ont traité généralement de tout ce qui regarde la nature des choſes, & en particulier de la conduite de la vie de l'homme, & du réglement des mœurs, par la voie du raiſonnement.

Mais pour ce qui eſt de ceux qui ont traité ſéparément de ces matiéres, nous les remettons les uns parmi les Naturaliſtes ou Phyſiciens ci-après: les autres parmi les Politiques & les Moraliſtes dans la cinquiéme partie de cet Ouvrage.

LES NATURALISTES ou Philoſophes-Hiſtoriens des choſes naturelles.

    1. Ceux qui ont traité de la Phyſique particuliére & détachée de ſes principes généraux.

    2. Ceux qui ont traité des choſes naturelles inanimées dans l'Univers par genres ou par eſpéces, *par exemple*.

Des Cieux, de la Lumiére, des Couleurs, des Elémens, des Mixtes, des Météores, des Vents, des Eaux, des Foſſiles, Pierres, Métaux, Minéraux, de l'Aimant, & de tout ce qui concerne la ſurface & le dedans de la terre.

    3. Ceux qui en particulier ont traité des Plantes, & qu'on qualifie communément Botaniſtes. Auſquels j'ai joint les Auteurs qui traitent de l'Agriculture & du Jardinage.

    4. Ceux qui ont traité des Animaux, tant de l'air & des eaux, que de la terre. Auſquels j'ai joint les Auteurs qui ont traité de la Chaſſe & de la Pêche, à cauſe de la proximité du ſujet.

DES JUGEMENS DES SAVANS.

5. Ceux qui ont traité de la nature de l'Homme en général; de l'état de son ame ou de son esprit sans rélation à la vie surnaturelle, ou à la Théologie revelée; de l'état de son corps sans rélation expresse à la Médecine.

LES MÉDECINS.

1. Les Auteurs de Léxiques, Dictionnaires, & autres Recueils alphabétiques de termes & de choses qui regardent la Médecine en général, & chacune de ses parties en particulier.
2. Les Auteurs qui ont traité de l'état & de la nature de la Médecine en général; de son usage, de l'abus qu'on en a fait; de ses progrès; de la maniére de l'apprendre & de l'éxercer.
3. Les Médecins anciens qui ont traité de la Médecine en général: Et premiérement des Grecs anciens; d'Hippocrate & ses Disciples; de Galien & des Grecs postérieurs. Ce qui nous reste de la Secte des Dogmatiques, des Empiriques & des Méthodistes.
4. Les Médecins Latins, depuis le tems d'Auguste ou de Tibere, jusqu'à la fin de l'Empire Romain en Occident.
5. Les Médecins Arabes, & ceux qui ont écrit pour ou contre leur maniére d'éxercer la Médecine. Et par occasion, ceux qui ont écrit de la Médecine des Egyptiens, des Ethiopiens, des Indiens, des Chinois, & des Americains.
6. Les Médecins Occidentaux depuis le quatorziéme siécle jusqu'à notre tems. Les Commentateurs modernes d'Hippocrate & de Galien. Auteurs modernes d'Institutions de la Médecine. Auteurs d'Observations diverses, de Questions, &c.

Les Anatomistes ou ceux qui ont traité du corps humain, ou de quelques-unes de ses parties, ceux qui ont publié des nouvelles expériences sur cela. Les principaux Ouvrages de Chirurgie.

Les Auteurs de Pathologie, *c'est-à-dire*, ceux qui ont écrit des maladies & de tous les autres maux qui affligent le corps humain.

Les Auteurs de Pharmaceutique, *c'est-à-dire*, qui ont traité des remédes & de la maniére de les composer.

Les Chymistes dont l'art & la science font partie de la Pharmaceutique. *On auroit pû rapporter ici pareillement les Botanistes, à cause de l'usage des herbes & des simples dans la composition des remédes: & ceux mêmes qui ont écrit des bains & des eaux, des mineraux, & des autres choses naturelles qui entrent dans la composition des remédes. Mais on les trouvera ci-dessus parmi les Naturalistes.*

Les Auteurs qui ont écrit de la Thérapeutique, *c'est-à-dire*, de la manière de penser les maux, & de traiter les malades; où l'on rapporte aussi ceux des ouvrages de Chirurgie qui ne regardent pas précisément l'Anatomie. Les Praticiens & les Méthodistes modernes.

Les Auteurs qui ont traité du Regime de vivre en santé & en maladie: De la Diéte, des Alimens, des Viandes & des Boissons; & par occasion de la Cuisine & de la Sommellerie, ou de l'art d'apprêter à manger; de ce qui peut abréger ou prolonger la vie, en un mot de tout ce qu'on croit capable de conserver ou d'alterer la santé. Mais pour ce qui est des éxercices du corps qui contribuent ou qui nuisent à la santé, des récréations & des jeux établis dans la même vûë, voyés après les Arts à la fin de la quatriéme partie de cet Ouvrage.

Traités de la Médecine des Animaux, & particuliérement de celle des Chevaux, Mulets, Jumens & autres Bêtes de service, que les Latins appellent *Veterinaria*, *Hippiatrica*, *Mulomedicina*; de celle des Chiens, &c.

LES MATHEMATICIENS.

Auteurs qui ont recueilli les illustres Mathématiciens par genres & espéces.

Auteurs qui ont traité de la Nature, de l'excellence, de l'utilité, des progrès de la Mathématique; qui en ont fait des Dictionnaires.

Auteurs qui ont traité de la Mathématique en général, qui en ont donné les Elémens; qui en ont fait des Systêmes, des Abrégés & des Cours entiers.

Auteurs qui ont traité des Mathématiques par parties détachées: & premiérement:

Les Auteurs qui ont traité de l'Arithmétique, & de tout ce qui regarde la science des Nombres & leur usage.

Auteurs qui ont traité de l'Analyse des Anciens, de l'Algébre ou Logistique, des Proportions & Logarithmes.

Les Auteurs qui ont traité de la Géométrie en général, qui en ont donné les Elémens.

    Ceux qui ont donné des Traités singuliers sur quelque partie de la Géométrie, *par éxemple*, des lignes, des plans & surfaces, des solides, des coniques, &c.

    Ceux qui ont écrit de la Géométrie pratique en particulier.

Les Auteurs qui ont traité de la Musique, & de tout ce qui regarde les sons & l'harmonie parmi les anciens & les modernes.

    Ceux qui ont traité des espéces de cette science en particulier.

Les Auteurs qui ont traité de l'Optique ou de la Perspective parmi les anciens & les modernes.
> Ceux qui ont écrit de la Perspective pratique en particulier.
> Ceux qui ont écrit de la Dioptrique & de la Catoptrique.

Les Auteurs qui ont écrit de la Géodésie ou de l'Arpentage, *c'est-à-dire*, de la science de mesurer les longueurs, les hauteurs & les profondeurs des terres.

Les Auteurs qui ont écrit de l'Astronomie en général parmi les anciens & les modernes.
> Ceux qui ont donné des Systèmes & des Hypothèses, ou qui ont attaqué ou défendu les Systèmes & les Hypothèses des autres.
> Ceux qui ont traité du mouvement des Cieux, des Corps célestes, des Etoiles, des Planétes, des Cométes & des Phénoménes qui ne regardent pas précisément les Naturalistes dont il a été fait mention ci-devant.
> Ceux qui ont fait des Tables Astronomiques & des Ephémérides célestes.
> Ceux qui ont fait diverses Observations Astronomiques sans s'attacher à un sujet particulier.
> Ceux qui ont écrit en particulier sur tout ce qui regarde le Soleil & la Lune, des Eclipses, *&c.*
> Ceux qui ont écrit de la Sphére en particulier, des Globes céleste & terrestre, de l'Astrolabe, de l'Anneau, & des autres Instrumens Astronomiques.
> Ceux qui ont écrit de l'Astrologie judiciaire. *Dont la plupart pourront néanmoins être remis dans la derniére partie de cet Ouvrage parmi les Auteurs de Superstitions ou de fausse Religion.*

Pour ce qui est des Auteurs de la Cosmographie & de la Chronologie, deux Sciences qui participent beaucoup de l'Astronomie, on les trouvera dans la troisiéme partie de cet Ouvrage à la tête des Historiens, les uns parmi les Géographes, les autres parmi les Chronologistes.

Les Auteurs qui ont traité de la Méchanique en général parmi les anciens & les modernes.
> Ceux qui ont traité singuliérement des Machines & des Instrumens de Mathématique. Mais j'ai remis ce qui regarde les Machines militaires parmi ceux qui ont traité de l'Art militaire ci-après.

Ceux qui ont traité des ressorts, des automates, & de ce que les Anciens appelloient Pneumatique.

Ceux qui ont traité de la Gnomonique, c'est-à-dire des Horloges, des Cadrans & Pendules, de la Boussole, &c.

Ceux qui ont écrit en particulier des Pompes & des Moulins, de l'art de découvrir, d'élever, de conduire & de gouverner les eaux.

Pour ce qui regarde la Marine & les Vaisseaux par rapport à la Méchanique, voyés les Ouvrages d'Hydrographie après les Géographes ci-dessus, & ceux qui appartiennent à l'Art de la Navigation, ci-après.

Ceux qui ont écrit de la Statique, c'est-à-dire de la science du poids, de la pesanteur & de l'équilibre des choses en général.

Ceux qui ont écrit en particulier de l'art de trouver le centre de gravité, ou des Centrobariques.

Ceux qui ont écrit des diverses espéces de la Statique par parties séparées, principalement de l'Hydrostatique & de l'Aërostatique, *c'est-à-dire*, du poids de l'eau & de l'air.

J'ai cru devoir rapporter ailleurs ceux qui ont fait des Traités Historiques & Philologiques des poids & des mesures.

Ceux qui ont écrit des Barométres, des Thermométres, des Hygrométres, &c.

LES AUTEURS qui ont traité des Arts libéraux en général.

Ceux qui ont écrit de l'invention, de la perte, de la réparation, des progrès des Arts & des moyens de les perfectionner.

Ceux qui ont traité de l'Ecriture, c'est-à-dire, de l'art de lire, d'écrire, de connoître ou d'expliquer les pensées par le ministére des ieux, de déchiffrer toutes choses, &c. outre ce qui a été rapporté parmi les Grammairiens touchant les lettres, l'orthographe, les chiffres, la Stéganographie dans la première partie de l'Ouvrage.

Ceux qui ont traité de l'Art de l'Imprimerie, de son origine, de ses progrès & de ses avantages, outre ce qui a été dit des principaux Imprimeurs à la tête de cet Ouvrage. *La Gravure semble faire partie de l'Imprimerie; j'ai cru néanmoins devoir plutôt la joindre à la Peinture avec laquelle elle n'a pas moins de rapport.*

Ceux qui ont écrit en général des Arts de la Peinture, de la Sculpture & de l'Architecture, & de ce qui est de leur dépendance; qui ont donné des recueils historiques des Peintres, des Sculpteurs & des Architectes.

Ceux qui ont écrit en particulier de la Peinture des Anciens & des Modernes, de la Gravure, de la Sculpture; qui ont traité des Tableaux, des Portraits, & des Estampes, des Statuës, &c. outre ce qui en a été dit parmi les Antiquaires.

Ceux qui ont écrit en particulier de l'Architecture parmi les Anciens & les Modernes.

Ceux qui ont traité singuliérement de quelques plans, de quelques desseins, & de quelques édifices séparément.

Ceux qui ont traité de l'Architecture militaire. *Voyés* dans l'article suivant ceux qui ont écrit des Fortifications.

Ceux qui ont traité de l'Art militaire en général, & de tout ce que les Anciens comprenoient sous le nom de Tactiques.

Ceux qui ont écrit plus particuliérement de la maniére de faire la guerre chés les Grecs & les Romains; de leurs armes, de leurs machines, &c. *Outre ce qui en a déja été rapporté parmi les Antiquaires.*

Ceux qui ont écrit de la maniére de faire la guerre chés les Modernes, principalement depuis l'invention de la poudre.

Ceux qui ont écrit singuliérement de l'Artillerie & de tout ce qui la regarde: du port & du maniment des armes.

Ceux qui ont écrit en particulier de la maniére de camper, d'assiéger, de ranger en bataille, d'attaquer, de défendre.

Ceux qui ont écrit en particulier des Officiers des armées & de leurs devoirs; des Soldats & de leurs devoirs; de la Cavalerie, de l'Infanterie, &c.

Ceux qui ont traité des Fortifications en général & en particulier.

Ceux qui ont traité de l'Art de la navigation, de la maniére de faire les équipages chés les Anciens & les Modernes; & tout ce qui regarde la conduite des hommes sur mer. Ce qui concerne aussi les côtes, les ports & les havres. *Outre ce qui a été dit parmi les Géographes Antiquaires, & ce qui sera dit aussi de la Jurisprudence marine à la fin des Livres du Droit.*

Ceux qui ont traité des exercices du corps & de l'art de s'éxercer; ce que les Anciens appelloient *Gymnastique* & *Agonistique*. Du Manége, des Académies, de l'art de monter à cheval, de faire des armes, de courir; des autres exercices corporels, tant à pied qu'à cheval, institués pour le divertissement; des jeux qui ont la même fin: & par occasion, des jeux qui amusent l'esprit sans exercer le corps. *Outre ce qui a été dit parmi les Antiquaires* part. 3. *& parmi les Auteurs de fictions, de spectacles, &c.* partie 2. *de cet Ouvrage.*

CINQUIEME PARTIE.

LES AUTEURS du Droit établi parmi les hommes pour régler leur conduite. 1. Ceux du Droit Civil. 2. Ceux du Droit Ecclésiastique. 3. Les Ecrivains de Politique. 4. Les Ecrivains de Morale.

ECRIVAINS de Préliminaires du Droit.

1. Ceux qui ont fait des Bibliographies ou des Recueils d'Auteurs du Droit, & de Jurisconsultes.
2. Ceux qui ont traité de la Jurisprudence en général, de la manière de l'étudier, de la réduire en art & en méthode.
3. Ceux qui en ont donné des Elémens, des Systèmes généraux, des Abrégés ou Epitomes, des Paratitles, & d'autres Apparats ou Préparatifs à cette connoissance.
4. Ceux qui en ont donné des Dictionnaires, des *Index*, des Glossaires, & d'autres Répertoires généraux.
5. Ceux qui en ont fait l'Histoire & la Chronologie.
6. Ceux qui ont traité de son origine & de ses principes, de sa fin, de ses moyens, de son utilité, qui en ont donné les Eloges, &c.
7. Ceux qui ont donné des Traités généraux de la justice & de l'injustice, du droit de l'équité, de la loi en général, de la Jurisdiction.
8. Ceux qui ont traité de la manière de rendre la justice, des devoirs & de l'autorité des Juges.

Auteurs qui ont écrit du droit Naturel, du droit des Gens, du droit Public en général, du droit commun à tout le genre humain.

Auteurs qui ont écrit du droit positif des Hébreux, & des autres anciens Peuples, appellés communément *Barbares*, à la distinction des Grecs & des Romains qui les ont suivis.

DES JUGEMENS DES SAVANS.

Ceux qui ont fait des paralléles & des concordances du droit des Hébreux & des Barbares avec celui des Grecs & des Romains.

Auteurs qui ont écrit du droit des anciens Grecs.

Auteurs qui ont écrit du droit des anciens Romains. Recueils de leurs premiéres loix, & ceux qui ont fait des Notes & des Commentaires pour les expliquer.

Jurisconsultes anciens qui ont vécu avant la compilation des Pandectes, des Codes, & de tout ce qui compose aujourd'hui le corps du Droit civil : & dont il nous reste quelques ouvrages.

 Ecrivains Modernes qui ont commenté ou expliqué ces anciens Jurisconsultes.

DROIT CIVIL des Romains & des Peuples dont le pays a été démembré de leur Empire, rassemblé en un corps par l'autorité de Justinien. Editions, corrections diverses de ce Recueil. Notes & Scholies des Jurisconsultes sur tout le corps de Droit.

Les Institutes de Justinien en particulier, leurs éditions séparées, leurs corrections, leurs abregés, &c.

 Les Commentateurs des Institutes selon l'ordre des tems, sans distinction de pays, &c.

Le Digeste ou Pandectes ; & tout ce qui regarde cette compilation en général & en particulier.

 Commentateurs du Digeste en général, rangés selon l'ordre des tems ausquels ils ont vécu.

 Commentateurs particuliers de diverses parties expliquées séparément.

 Auteurs de divers Ouvrages singuliers qui regardent quelques endroits du Digeste.

Les Ordonnances & Constitutions des Empereurs recueillies pour composer le Droit Civil : *Et premiérement*,

Le Code Théodosien & tout ce qui en regarde les éditions & l'explication, &c.

Le Code Justinien, ce qui regarde sa composition, & les éditions, scholies & corrections qu'on en a données séparément.

 Les Commentateurs du Code Justinien rangés selon l'ordre des tems ausquels ils ont vécu.

 Les Commentateurs particuliers des parties séparées du Code, & ceux qui ont fait des Traités singuliers sur des endroits choisis & détachés de cet Ouvrage.

Les Novelles Constitutions des Empereurs, publiées séparément du corps de Droit.

Commentaires & Traités singuliers des Jurisconsultes sur ces Novelles.

Le Droit Oriental des Grecs modernes, autrement appellé le Droit Grec-Romain en général.

Les Basiliques ou Constitutions des Empereurs de Constantinople, qui composent le Droit Oriental de Grecs-Romains. Les Commentateurs & Scholiastes des Basiliques.

Les Jurisconsultes Grecs qui ont traité du Droit Grec-Romain, & qui ont paru depuis Justinien jusqu'à la prise de Constantinople par les Turcs.

Les Jurisconsultes modernes qui ont rétabli la connoissance du Droit Romain en Occident selon les Livres de Justinien, depuis le XII. siécle ou depuis Irner, & qui ont écrit indifféremment sur toutes sortes de matiéres du Droit-Civil, rangés selon l'ordre des tems ausquels ils ont vécu, sans distinction de pays.

Ceux qui ont écrit séparément sur des espéces détachées, & sur des matiéres singuliéres de Droit, rangés par classes selon l'ordre observé dans le corps de Droit. *Mais je n'ai pas cru devoir étaler ici la sous-division des titres qui auroit occupé trop de place.*

Les Conciliateurs du Droit; ceux qui ont recueilli les Antinomies, les Enantiophanes ou contrariétés apparentes, les variations, les différences du Droit; qui les ont conferées ensemble, les ont conciliées ou expliquées les unes par les autres.

Les Auteurs d'Observations, d'Emendations ou Corrections, de Remarques, de Leçons diverses, de Mélanges, ou de choses différentes ramassées sur le Droit Civil-Romain qui ne se peuvent pas réduire commodément à des classes certaines.

Les Auteurs qui ont traité le Droit par principes. *Outre ce qui a été rapporté ci-devant de ceux qui ont écrit de son origine.*

Les Auteurs qui ont traité le Droit par questions, par Disputes, par Controverses.

Les Auteurs qui ont donné des Conseils juridiques, des Consultations, des réponses, des décisions ou conclusions, de simples opinions, des conjectures, &c. sur des matiéres du Droit Civil-Romain.

LE DROIT Occidental des peuples de l'Europe depuis la décadence de l'Empire Romain en Occident, ou depuis les invasions des Barbares du Septentrion dans les Provinces de l'Empire.

Le Droit François ancien; Loix Saliques & Bourguignones;

DES JUGEMENS DES SAVANS. 47

Conſtitutions de nos Rois de la premiére Race: Capitulaires ciᵥiles & Ordonnances des Rois de la ſeconde Race.

Le Droit François moderne ſous la troiſiéme Race de nos Rois : *Et premiérement.*

   Ceux qui ont traité de l'origine & des progrès de ce Droit, qui en ont fait l'Hiſtoire; qui l'ont conferé avec le Droit Romain.

   Ceux qui ont fait des Inſtitutions ou Inſtitutes du Droit François, qui en ont donné des Méthodes, des Abrégés, & qui ont voulu réduire en Art la maniére de l'apprendre & de l'enſeigner.

Le Droit Coutumier de France: les Coutumes générales & particuliéres du Royaume: leurs rédactions, *&c.*

Les Auteurs qui ont conferé les Coutumes les unes avec les autres, qui les ont conciliées, qui les ont expliquées par des Notes, qui y ont fait des Commentaires, tant en général qu'en particulier.

Edits & Ordonnances de nos Rois. Codes & Recueils qu'on en a faits.

Auteurs qui ont fait des Notes ſur ces Ordonnances, qui les ont commentées, qui les ont conferées, *&c.*

Arrêts ou Déciſions des Cours Souveraines du Royaume. Recueils divers qu'on en a faits.

Plaidoyers des plus célébres Avocats du Barreau François, principalement ceux où les plus belles queſtions de Droit ſe trouvent éxaminées. *Outre ce qui a été rapporté ci-devant parmi les Orateurs.*

Les Praticiens François ou Auteurs qui ont traité de la Pratique judiciaire en France, tant pour le Civil que pour le Criminel. Ceux qui ont écrit du ſtyle du Palais, des Formules, *&c.*

Auteurs qui ont écrit du Droit royal & public en France, concernant les affaires de l'Etat. *Outre ce qui ſera rapporté parmi les écrits de Politique ci-après.*

Auteurs qui ont écrit ſpécialement du Droit des Particuliers en France, par Traités ſinguliers, par Factums, *&c.*

Auteurs de Maximes du Droit François.

Auteurs de Traités touchant diverſes parties du Droit François rangés par claſſe ſelon l'ordre des matiéres qu'ils ont traitées.

Auteurs de Queſtions de Droit François & de mélanges ou de choſes qui ne ſe peuvent facilement réduire en claſſes.

Pour ce qui eſt du Droit François Eccléſiaſtique. Voyés-en les Auteurs à la ſuite de ceux du Droit Canon.

Le Droit Italien moderne diſtingué de l'ancien Droit Romain. Traités généraux de ce Droit.

Constitutions & Statuts des Provinces, Pays & Villes d'Italie, sur tout de Rome, de Venise, de Génes, de Florence, de Piémont, &c.

Edits & Ordonnances des Princes & Chefs de Communautés; Decrets & Mandemens des Senats & autres Conseils de Républiques dans l'Italie; Décisions de Rote, &c.

Traités particuliers touchant les matiéres du Droit Italien.

Le Droit Espagnol en général depuis les Wisigots & les Vandales. Ordonnances des Rois. Constitutions des Villes. Ecrits des Jurisconsultes sur les unes & les autres.

Auteurs qui ont écrit de la pratique & du style du Barreau Espagnol.

Ceux qui ont écrit du Droit public de l'Espagne, & des priviléges des Rois Catholiques.

Ce Droit particulier des Royaumes réunis à l'Espagne Entr'autres.

Les Constitutions & les Pratiques du Royaume de Castille & de celui de Leon.

Les Constitutions & Pratiques du Royaume de Navarre & de celui de Biscaye.

Le For ou la Justice du Royaume d'Arragon. Les Auteurs qui en ont fait des Traités.

Les Coutumes, les Constitutions & les Us de la Catalogne.

Les Ordonnances & les Réglemens du Royaume de Portugal.

Le Droit Espagnol établi dans les Royaumes de Naples & de Sicile. Le Droit particulier de ces deux Royaumes.

Le Droit Espagnol établi dans le nouveau monde, *c'est-à-dire*, dans l'Amérique & les Indes qui obéïssent au Roi Catholique.

Le Droit Alemand avant la réception du Droit Romain au-delà du Rhin & du Danube.

Le Droit Germanique-Romain, ou Alemand-Impérial. Les Jurisconsultes qui en ont écrit en général & en particulier.

Constitutions & Ordonnances des Empereurs d'Alemagne depuis les successeurs de Charlemagne, & celles des Electeurs de l'Empire depuis leur établissement.

Décisions de la Chambre Impériale, & maniéres d'y proceder.

Auteurs qui ont fait des Notes & des Commentaires sur les Constitutions des Empereurs; & ceux qui ont écrit sur la Bulle d'Or en particulier. Ceux qui ont traité du Droit public d'Alemagne.

Auteurs qui ont écrit sur le Droit particulier d'Alemagne selon l'ordre

dre des Provinces & des Villes, de l'usage desquelles il est question dans ces Traités.

Le Droit de Pologne, de Hongrie, de Suede & de Dannemarck. Statuts & Pratiques de ces Royaumes.

Le Droit Flamand. Edits & Ordonnances des Princes du Pays. Savoir des Comtes de Flandres, de Hainaut, de Hollande, &c. des Ducs de Brabant, de Gueldres, &c. des Princes des Maisons de Bourgogne & d'Autriche.

Loix & Coutumes particuliéres des Villes des Pays-bas.

Mais ce qui regarde le Droit de la Frise est compris parmi celui de l'Alemagne, quoi qu'il lui soit particulier.

Auteurs de Traités divers concernant le Droit Flamand.

Le Droit Anglois ancien & moderne; public & particulier aux trois Royaumes. Loix anciennes des Isles Britanniques.

Constitutions des Rois d'Angleterre. Recueils divers qu'on en a faits. Auteurs qui y ont fait des observations.

Coutumes & Usages des Provinces & Villes d'Angleterre. Auteurs qui en ont écrit des Traités.

Loix, Constitutions & Coutumes particuliéres du Royaume d'Ecosse.

Le Droit Nautique ou Traités concernant le Domaine de la Mer, le Droit public & les prétentions que les Peuples ont sur elle.

Mais pour ce qui est du Droit particulier qui concerne la Mer, la Navigation & le Commerce Maritime; on en trouvera les Traités parmi ceux qui regardent le Droit Civil des Nations qui se l'attribuent.

DROIT Ecclésiastique ou Canonique.

Auteurs qui ont écrit de l'origine & de la fin du Droit Canonique; qui en ont fait l'Histoire; & qui ont donné d'autres traités préliminaires à sa connoissance.

Auteurs qui ont conferé le Droit Canon avec le Civil: & qui ont écrit sur les différences de l'un d'avec l'autre: Ceux qui ont donné les régles de l'un & de l'autre ensemble.

Auteurs qui ont écrit des Institutions ou Institutes du Droit Canonique. Ceux qui l'ont réduit en Art; qui en ont donné des Méthodes, des Abrégés, des Sommes & des Systèmes.

Droit Canonique de l'ancienne Eglise, *Savoir*;

Collections diverses des Conciles généraux & particuliers.

Auteurs Ecclésiastiques qui ont fait des Notes & des Commentaires sur les Conciles.

Collections particulieres & Codes de Canons anciens. 1 chés les Grecs. 2 chés les Latins. Auteurs qui ont travaillé sur ces Canons séparément.

Auteurs de Nomocahons chés les Grecs; & de divers Abrégés de Canons chés les Latins.

Collections d'Epitres Décrétales des Papes avant Gratien : & de quelques Epitres Canoniques de Peres Grecs.

Collections de Capitulaires ou Constitutions des Princes Chrétiens & des Evêques concernant l'administration & la discipline de l'Eglise.

Auteurs particuliers de Pénitentiels.

Auteurs des Recueils de Formules ou Formulaires dans l'Eglise. *Outre ce qui sera rapporté parmi les Auteurs Liturgiques.*

Canonistes anciens qui ont écrit avant la réception du decret de Gratien, rangés selon l'ordre des tems.

Droit canonique moderne, rassemblé en un corps dans le douziéme siécle de l'Eglise & les suivans. Editions diverses du Cours-canon; corrections, gloses & notes sur tout l'ouvrage.

Decret de Gratien en particulier. Ses éditions, ses corrections &c.

Auteurs Canonistes qui l'ont commenté.

Decretales des Papes recueillies dans le corps du Droit canonique. Des Compilations particuliéres de Gregoire IX. de Boniface VIII. de Clement V. de Jean XXII. &c.

Auteurs Canonistes qui ont interprété particuliérement les Décretales par des Gloses & des Commentaires.

Bullaires ou Recueils de Bulles & de Decrétales postérieures à celles qui sont renfermées dans le corps de Droit canon.

De la Chancellerie Romaine ou Apostolique & de ses Régles, c'est-à-dire, des Etablissemens faits à Rome depuis Jean XXII. & Nicolas V. & que l'on a suivis jusqu'à present en Cour de Rome.

Des autres Tribunaux Ecclésiastiques de Rome, comme de l'Inquisition, du Saint Office, &c.

Les Canonistes & Interprétes du Droit Ecclésiastique en général, qui ont écrit depuis le treiziéme siécle jusqu'au nôtre, selon l'ordre des tems ausquels ils ont vécu.

Les Canonistes qui ont écrit en particulier sur des matiéres détachées du Droit-canon.

Auteurs de Traités particuliers sur la Jurisdiction Ecclésiastique.

Auteurs de Traités particuliers concernant l'autorité du Pape; & les démêlés survenus dans l'Eglise touchant la puissance Ecclésiastique & la puissance séculière, tant en général qu'en ce qui regarde principalement l'Empire, la Seigneurie de Venise, l'Espagne & l'Angleterre. *Mais pour ce qui est des différens arrivés en France sur ce sujet, tant de la part des Papes envers les Rois, que du Clergé même du Royaume envers les Magistrats. On en trouvera les Traités parmi les Ouvrages qui regardent particuliérement le Droit Ecclésiastique de France.*

Auteurs de Traités concernant la Hiérarchie ou la puissance des Ordinaires dans l'Eglise ; les éxemptions des Réguliers, & les contestations élevées de part & d'autre sur ce sujet.

Auteurs qui ont écrit en particulier des biens & revenus Ecclésiastiques, & de toutes les matiéres bénéficiales.

Auteurs qui ont écrit en particulier sur les matiéres du mariage ; matiéres souvent communes à l'un & l'autre Droit.

Auteurs qui ont écrit sur d'autres matiéres détachées du Droit Ecclésiastique, rangés selon l'ordre observé dans le Cours-canon.

DROIT François Ecclésiastique en général. Ceux qui ont écrit de son origine. Ceux qui en ont fait l'Histoire. Ceux qui ont tâché de le réduire en méthode.

Auteurs qui ont traité des Libertés, Droits & Immunités de l'Eglise Gallicane ; *c'est-à-dire*, des anciens usages, ou de la maniére dont l'Eglise de France s'est attachée aux anciens canons de l'Eglise Universelle, indépendemment du Droit postérieurement établi.

Auteurs qui ont écrit en particulier des matiéres contestées entre Rome & la France sur cela, des prétentions de la Cour Romaine sur les franchises du Royaume, des entreprises des Papes sur les droits des Rois, & des bruits survenus en ces occasions entre les deux Puissances.

Constitutions Ecclésiastiques des Rois de France concernant la discipline des Eglises de leur Royaume, depuis Charlemagne jusqu'à notre tems, données sous le nom de Capitulaires, d'Ordonnances, de Pragmatiques-Sanctions, &c.

Auteurs qui ont écrit du Droit Ecclésiastique moderne de France, *c'est-à-dire*, depuis le Concordat de Leon X. & de François I.

Auteurs qui ont traité du Droit de Régale séparément. Des Indults & autres matiéres concernant les Bénéfices & les Bénéficiers de France, droits de Patronage, *&c.*

Auteurs qui ont écrit de la Pratique & des usages du For Ecclésiastique en France ; des Officialités, *&c.*

PLAN DE L'OUVRAGE

DROIT Alemand Ecclésiastique, principalement en ce qui regarde les Investitures & le Concordat Germanique. *Le reste se trouvera ci-devant parmi les Traités du Droit-canon qui est commun à toute l'Eglise, aussi bien que tout ce qui regarde le droit particulier des Eglises des autres Etats de la Chrétienté.*

LES POLITIQUES, c'est-à-dire, les Auteurs qui ont traité de l'Art de gouverner les hommes dans la vie civile, ou qui en ont publié des maximes.

Ceux qui ont écrit des avantages de la Science de la Politique, & des abus que l'on en fait: qui en ont donné des Systèmes, des Abrégés & des Traités généraux: qui ont donné des Idées & des Descriptions de l'Homme Politique.

Ceux qui ont traité en particulier de la diversité des Etats, & séparément de la Monarchie, de la République, de la maniére de regner.

Ceux qui ont traité du Prince, ou des qualités & des interêts de celui qui commande aux autres; des qualités du Ministre, de l'Ambassadeur, du Sécrétaire, & des autres Officiers qui ont part à l'administration des Etats.

Ceux qui ont traité de la Noblesse & du Peuple: des droits des Magistrats & de ceux des Citoyens, des Corps de Villes & Communautés de la Bourgeoisie; des Charges & Offices, *&c. Outre ce qui en a été dit parmi les Historiens & les Antiquaires.*

Ceux qui ont traité de la Paix & de la Guerre; qui ont écrit leurs Négociations, leurs Ambassades: qui ont recueilli des Traités faits entre les Puissances, qui ont publié des Mémoires politiques.

Ceux qui ont donné des Ouvrages mêlés de Politique & de Morale. *Le reste se trouvera parmi les Auteurs du Droit & de la Philosophie.*

LES OECONOMIQUES, c'est-à-dire, les Auteurs qui ont traité singuliérement de l'Art de gouverner une famille ou même de mener une vie privée.

Ceux qui ont écrit de l'état des Personnes mariées & de leurs devoirs; des devoirs reciproques des Parens & des Enfans; de ceux des Maîtres & des Domestiques. *Le reste se trouvera parmi les Au-*

teurs de Morale humaine, & parmi les Théologiens Moraux.

LES MORALISTES, *c'est-à-dire*, les Auteurs qui ont écrit de la Morale humaine, indépendamment des principes du Christianisme, sur les maximes de l'équité naturelle, & sur les lumiéres de la raison.

Ceux qui ont traité en particulier de la volonté humaine, & de ses dépendances.

Ceux qui ont traité de l'Art de bien vivre, & de vivre heureux dans le monde; de l'usage des biens & des maux de la vie; de la Fortune, *&c.*

Ceux qui ont traité de la Vertu en général, & de ses espéces en particulier.

Ceux qui ont traité des Passions de l'Ame, soit en général soit en particulier.

Ceux qui ont traité diverses questions de Morale, soit par des ouvrages suivis, soit par maximes détachées.

Le reste se trouvera parmi les Philosophes, & pour ce qui regarde la Morale Chrétienne, les Auteurs qui en ont écrit se verront ci-après parmi les Théologiens Moraux, & les Auteurs de Livres de dévotion.

SIXIE'ME PARTIE.

LES THEOLOGIENS, *c'est-à-dire*, ceux qui ont écrit sur des matiéres de Religion ou de Théologie.

Ceux qui ont écrit de cette Science en général, & de la maniére de l'étudier; ceux qui en ont donné des Systèmes, des Méthodes, des Abrégés, des Introductions.

Les Auteurs qui ont traité de la Religion en général; de ses principes, des ses fondemens, de sa nécessité, de sa vérité, de son utilité.

Les Ecrivains qui favorisent l'Atéisme, le *Libertinisme*, &c. qui semblent nier, détruire ou rendre inutile toute Religion. Au-

g iij

teurs qui ont combatu les Athées, les Impies & les Libertins.

Les Ecrivans superstitieux qui abusent de la Religion. Ceux qui ont écrit de la Magie, de l'Astrologie judiciaire, des Divinations de toute espéce, des Prestiges. Enchantemens & Charlataneries, de la Cabale, & des opérations des Démons. Auteurs visionaires qui ont écrit des Visions, des Illusions diaboliques. Auteurs qui ont combatu la Superstition & les Superstitieux de quelque espéce que ce soit.

Les Auteurs qui ont écrit de la Théologie naturelle, & de Dieu, indépendemment de la révélation. *Où l'on trouvera les Ouvrages de Métaphysique, ou de ce qu'on appelle maintenant Science générale qui regardent ce point, & dont il n'aura point été mention parmi les Philosophes & les Naturalistes.*

Ceux qui ont écrit du Naturalisme, des lumiéres de la Nature en matiére de Religion.

Ceux qui ont fait des Conciliations ou des Concordes de la Raison humaine avec la Foy.

Les Auteurs Déistes, Politiques en Religion, Juifs modernes, Mahométans.

Les Auteurs qui ont combatu par des écrits le Déisme, la Religion des Politiques, le Judaïsme, le Mahométisme.

Pour ce qui est du Polythéisme ou de l'Idolatrie des Gentils, on trouvera les Ouvrages qui en traitent dans la seconde partie parmi les écrits Mythologiques, & dans la troisiéme parmi les Antiquités profanes ou païennes.

Les Auteurs qui ont traité particuliérement de la verité de la Religion Chrétienne.

Pour ce qui est des Ouvrages Henotiques faits pour concilier les différentes Sectes du Christianisme, j'ai cru pouvoir les remettre plus commodément après les Hérétiques modernes.

LES THEOLOGIENS de Positive; premiérement ceux qui ont travaillé sur l'Ecriture Sainte.

Ceux qui ont écrit de la divinité de l'Ecriture, de son authenticité, de son autorité, de sa certitude.

Ceux qui ont écrit de la lecture de l'Ecriture Sainte; de sa clarté, de son obscurité, de sa suffisance ou plenitude; de l'usage qu'on en doit faire; de la maniére de l'entendre & de l'expliquer.

Ceux qui ont prétendu donner la clef de l'Ecriture Sainte.

Ceux qui ont traité de son sens naturel, & de tous ses autres sens.

Ceux qui ont traité du Canon des Ecritures, *c'est-à-dire*, des Livres Canoniques & des Livres Apocryphes.

Ceux qui ont donné des Plans, des Systêmes, des Méthodes, des Abrégés, des Notices de l'Ecriture Sainte : ceux qui en ont fait des partitions ou distributions : ceux qui en ont donné des Analyses.

Ceux qui ont fait des Concordances de la Bible; des œconomies de l'Ecriture, des Tables pour y servir d'Introduction, des Dictionnaires, *&c.*

Ceux qui ont ecrit de la Grammaire de l'Ecriture Sainte, *c'est-à-dire*, de tout ce qui peut servir à procurer l'intelligence de la Lettre.

Paraphrases & Versions anciennes & modernes de l'Ecriture Sainte : ceux qui ont travaillé sur les anciennes versions, & ceux qui ont critiqué les modernes.

Ceux qui ont traité singulièrement du droit d'interpréter l'Ecriture, & d'en déterminer le sens, tant en général que par rapport aux contestations suscitées dans les deux derniers siécles par les Protestans, contre l'Eglise Romaine : au sujet du Juge légitime des Controverses.

Critiques sacrés & Interprétes litéraux du texte de l'Ecriture Sainte.

Editions diverses de l'Ecriture : ceux qui y ont joint leurs notes & leurs corrections.

Interprétes moraux & mixtes de l'Ecriture. Ses Commentateurs rangés selon l'ordre des tems ausquels ils ont vécu.

Les Conciliateurs de l'Ecriture, *c'est-à-dire*, ceux qui ont entrepris de concilier ou d'accorder les endroits de l'Ecriture qui paroissent contraires ou se contredire.

Interprétes & Commentateurs qui ont travaillé en particulier sur tout l'Ancien Testament, ou sur quelqu'un de ses Livres à part, rangés selon l'ordre que ces Livres tiennent dans le Canon de la Bible.

Interprétes & Commentateurs du Nouveau Testament en particulier, tant litéraux que moraux, disposés selon l'ordre des tems, ceux qui en ont fait des Systêmes & des Analyses, des Abrégés. *Outre ce qui a été rapporté parmi les Historiens sacrés.*

Auteurs qui ont travaillé sur l'Evangile séparément.

Ceux qui ont fait des Harmonies ou des Concordes Evangeliques, *&c.*

Ceux qui ont travaillé fur quelques-uns des Livres du Nouveau Teſtament à part.

Mélanges d'Ecrits faits ſur divers endroits de l'Ecriture, rangés ſelon l'Ordre de la Bible. *Outre ce qui eſt rapporté parmi les Antiquités ſacrées.*

Ce ſeroit ici le lieu des Théologiens de Poſitive qui ont travaillé ſur les Conciles, les Canons & les Conſtitutions de l'Egliſe: mais je n'ai pas cru devoir les ſéparer des Canoniſtes qui ſe trouvent parmi les Auteurs du Droit Eccléſiaſtique.

LES PERES, où la Théologie des Saints Peres: *Et premiérement.*

Les Auteurs qui ont fait des Traités touchant l'autorité des Saints Peres; l'uſage & l'abus qu'on fait de leurs écrits & de leur nom.

Ceux qui ont traité de leurs maniéres d'écrire, de prêcher, d'interpréter les Ecritures, d'expoſer les vérités Catholiques, *&c.*

Les Peres de l'Egliſe, & les autres Auteurs Eccléſiaſtiques qui ont écrit des matiéres de Théologie ou de Religion, & que l'on comprend ordinairement ſous le nom de Théologiens de Poſitive. Rangés ſelon l'ordre des tems auſquels ils ont vécu depuis les premiers Diſciples des Apôtres, juſqu'au ſiécle des Scholaſtiques en Occident, ſans diſtinction des Grecs d'avec les Latins.

Pour ce qui eſt des Théologiens de Poſitive qui ont paru depuis Pierre Lombard ou la fin du douzième ſiécle juſqu'à notre tems, je n'ai pas cru devoir les retirer du rang des Scholaſtiques.

LES THEOLOGIENS Scholaſtiques: *Et premiérement.*

Ceux qui ont traité de l'Art de la Scholaſtique, de ſon origine, de ſes progrès, de ſon utilité, de ſes inconveniens, de l'abus qu'on en fait: & de la maniére de lire les Scholaſtiques avec fruit.

Ceux qui ont donné des Abrégés & des Méthodes pour ſervir d'introduction à la Théologie Scholaſtique; qui en ont dreſſé des Syſtèmes, &c.

Les Théologiens Scholaſtiques en général, rangés ſelon l'ordre des tems auſquels ils ont vécu.

Commentateurs particuliers ou Interprétes du Maître des Sentences.

Commentateurs particuliers ou Interprétes de Saint Thomas.

Les Sommistes généraux ou Auteurs de Sommes Théologiques: & ceux qui ont réduit toute la Théologie en un corps achevé.

Les Théologiens Dogmatiques de l'Ecole qui se trouvent sousdivisés en un nombre de classes trop grand pour pouvoir être ici spécifiés. L'ordre qu'on y garde est celui des matiéres disposées selon la méthode des Scholastiques.

Les Théologiens Polémiques de l'Ecole, *c'est-à-dire*, ceux qui ont traité la Théologie éristique ou contentieuse, & les Controverses contre les Hérétiques. Rangés selon la disposition des Hérésies qu'ils ont attaquées.

Ces Controversistes sont précédés par les Auteurs qui ont traité de la Controverse en général, de l'art de disputer en Théologie, & des inconveniens qui en naissent, de la maniére de terminer les Controverses: qui ont donné des Méthodes & des Introductions à la Théologie Polémique: qui ont écrit du Juge légitime des Controverses. *Outre ce qui en a été rapporté cy-devant parmi les Auteurs qui ont écrit du droit d'interpréter l'Ecriture Sainte & d'en déterminer le sens.*

Les Théologiens Hétérodoxes des deux derniers siécles qui ont introduit de nouvelles doctrines dans la Religion, ou qui ont attaqué celle de l'Eglise Catholique. Rangés par classes sous leurs chefs selon l'ordre des tems où ils ont vécu.

Pour ce qui est des Hérétiques des douze premiers siécles, ils se trouvent parmi les Peres de l'Eglise sous le nom d'Auteurs Ecclésiastiques: & les Hérétiques des XIII. XIV. *& * XV. *siécles parmi les Scholastiques, les uns & les autres selon l'ordre des tems.*

A la tête de ces Hérétiques se trouve la classe des Auteurs qui ont traité de l'Hérésie en général; de la maniére de la découvrir & de la réfuter: de ses causes, de son origine & de ses progrés. De la conduite & des artifices des Hérétiques, de la maniére dont on doit les traiter ou les punir. *Outre ce qui a été dit de l'Inquisition parmi les Historiens Ecclésiastiques, & les Canonistes.*

Les Auteurs qui ont traité du Schisme en particulier & des Schismatiques.

Les Théologiens Hénotiques & Conciliateurs de Religions.

Ceux qui ont travaillé à réunir & à reconcilier toutes les Sectes du Christianisme ensemble. Ceux qui ont traité de la tolérance des Religions & de la liberté de conscience sur ce point.

Ceux qui ont donné des concordes particuliéres; des Traités Iréniques ou Pacifiques de Religion, & autres projets & moyens de réunion: 1. Entre les Catholiques & les Protestans en général, ou quelques-unes de leurs Sectes en particulier. 2. Parmi les Sociétés des Protestans, qui se trouvent divisées entre-elles: où se voyent les Auteurs qu'on appelle Syncrétistes, & ceux qui ont traité de tout ce qui regarde le Syncrétisme dans ses différentes espéces.

Les Théologiens Moraux & les Casuistes modernes, qui ont écrit de la Théologie morale ou de pratique, & qui ont traité des Cas de conscience, parmi les Catholiques & les Protestans sans distinction de Sectes.

A la tête de ces Théologiens se trouvent les Auteurs qui ont traité des Casuistes en général, de leurs devoirs & de leurs qualités. De l'art de douter & de décider; des scrupules de conscience; de la conscience droite ou erronée; de la maniére de la sonder & de la conduire; de la Probabilité; de l'Opinion; de la Régle des Mœurs.

Les Théologiens de Discipline. Auteurs qui ont traité des usages, coûtumes & pratiques établies dans l'Eglise; qui ont écrit pour les maintenir ou les rétablir, pour justifier les changemens qui y sont survenus, pour en procurer la réformation, &c. *Outre ce qui en a été rapporté parmi les Canonistes dans la cinquiéme partie de cet Ouvrage.*

Les Théologiens Symboliques & Cathéchétiques.

Ceux qui ont dressé ou expliqué des Symboles, des Articles, des Professions ou Confessions de Foi. Ceux qui ont publié des Expositions simples de la doctrine de l'Eglise.

Ceux qui ont donné des Cathéchismes, des Systèmes de créance & des Instructions familiéres sur la Religion en toutes sortes de langues & sans distinction de Sectes.

Les Théologiens Parænétiques, ou les Auteurs d'Homélies, de Prônes, d'Exhortations publiques, ou de Sermons où l'Eloquence étudiée n'a point beaucoup de part. *Outre ce qui a été rapporté sur ce sujet parmi les Orateurs de la Chaire, ou les Prédicateurs dans la seconde partie de cet Ouvrage.*

Les Théologiens Ascétiques, ou les Auteurs d'Ouvrages composés pour les éxercices de la vie spirituelle, que nous appellons généralement Livres de Pieté ou de dévotion. Parmi lesquels on trouvera aussi les Auteurs Hétérodoxes qui en ont écrit sans distinction des Sectes.

Les Théologiens Mystiques & Contemplatifs, ou les Auteurs de

Livres de Méditations & de Priéres. Avant lesquels on trouve.
1. Ceux qui ont traité de la Méditation en général, de son utilité, du bon & du mauvais usage qu'on en peut faire; de l'Art de méditer, de la méthode qu'on y doit garder.
2. Ceux qui ont traité de la Priére ou de l'Oraison en général, de l'Oraison mentale en particulier; de la maniére de prier; de la pratique d'Oraison; des méthodes & des formules d'Oraison.

De ceux qui ont traité en particulier de l'Oraison Dominicale.

Les Théologiens Liturgiques, *c'est-à-dire*, ceux qui ont écrit sur tout ce qui regarde le Service divin & les pratiques extérieures de notre culte.

Ceux qui ont dressé ou expliqué les Liturgies anciennes des Grecs ou Orientaux, des Latins ou Occidentaux.

Ceux qui ont écrit des Offices divins parmi les Anciens & les Modernes. Des Missels, des Breviaires, des Rituels, des Heures, des Ordinaires, des Offices propres ou particuliers, des Formulaires, des Sacramentels, des *Agenda* & Manuels pour toutes sortes de Ministres & Officiers de l'Eglise.

Ceux qui ont écrit des Rits Ecclésiastiques, des Cérémonies de l'Eglise; des Festes, *&c.* ceux qui ont publié des Observations Liturgiques, autant en Philologues & en Historiens qu'en Canonistes & en Théologiens. *Outre ce qui a été rapporté parmi les Antiquités Ecclésiastiques.*

---

*V*OUS diriés, MONSIEUR, *que je ne vous aurois fait tout ce détail que pour vous faire comprendre plus sensiblement qu'auparavant combien l'éxecution d'un tel dessein est au dessus de mes forces. Pour moi je n'ai besoin ni de ce détail ni des remontrances d'autrui pour m'en convaincre. Mais vous m'avouerés que je ne m'engage pas beaucoup, pourvû qu'on n'exige de moi que ce que portent mes conventions avec le Public. Vous pouvés vous souvenir des termes ausquels je lui ai fait regarder mon Ouvrage comme* un essai superficiel & une épreuve fort imparfaite de ce qu'on pourroit faire sur un dessein si important (1). *Cette idée ne represente proprement qu'une Liste d'Auteurs & d'Ouvrages rangés à peu près sur le Plan que je viens de vous tracer, avec quelques réfléxions d'autrui que j'ai bien voulu appeller par honneur* JUGEMENS DES SAVANS,

1 Avertissement num. 13. pag. 12.

quoique j'aie marqué en plus d'un endroit (1) combien j'étois éloigné de croire que ces prétendus jugemens dussent être des décisions. En mesurant ce qui reste à imprimer sur ce qu'il y a d'imprimé, on jugera aisément que ce n'est pas une affaire infinie, quelque longue & pénible qu'elle puisse être. Il ne s'ensuit pas de là que l'Ouvrage ne soit pas au dessus des forces d'un Particulier aussi mal pourvû que je le suis des talens & des secours nécessaires pour satisfaire le Public. Mais c'est pour vous marquer que comme la fin de cette entreprise m'est aussi présente que son commencement & ses progrès, je conçois mieux que personne qu'en renonçant entiérement à sa publication, comme je m'y sens assés porté, je ne ferois pas un fort grand sacrifice à ceux qui croyant qu'on doit toujours laisser le monde comme il est, craindroient que les Auteurs ou leurs Ouvrages ne fussent plus ce qu'ils auroient été auparavant.

1 Tom. I. pag. 301. & Tom. III. dans l'*Eclaircissement* qui commence à la page 205.

IN PRIOREM BIBLIOTHECÆ LAMONIANÆ INDICEM PRÆFATIO AD ILLUSTRISSIMUM CHRISTIANUM FRANCISCUM.

E Bibliothecarum institutione, utilitate, ac dignitate, si quid ad te præloqui conatus ero, VIR ILLUSTRISSIME, næ ego actum agere videar post tam multos tamque doctos viros, in primis Fulvium Ursinum, Henricum Kitschium, Justum Lipsium, Judocum Dudinckium, Antonium Possevinum, Claudium Clementem, Johannem Lomejerum, Hermannum Conringium, Joachimum Johannem Maderum, &, qui nostrâ Te linguâ scripsere, Gabrielem Naudæum, Ludovicum Jacob Carmelitam, &, si lubet, Dominum le Gallois, aliosque, etiamsi, nec deesset spicilegio locus in iis quæ ipsorum diligentiam fugisse videntur. Ad rem igitur quam-proxime nostram par est accedere, ac de insolenti hactenus methodo quam in digerenda Bibliothecæ Tuæ penu inire visum est nonnulla subjicere.

Ex quo enim sponsalibus tabulis adjudicata Tibi est ab Illustrissimo

PRÆFATIO PRIORIS INDICIS

Parente locuples satis (1) *& electa Bibliotheca, quasi pro nihilo cæteras fortunæ patriæ facultates habere visus es, & cum Psalte Propheta exclamare,* Hæreditas mea præclara est mihi, propter hoc lætatum est cor meum (2). *Atque exinde ea Te potissimum cura sollicitavit, ut quam nactus eras Spartam, hanc splendide simul ac diligenter ornares. Intelligebas quippe non ad spectaculum, quod ait* Seneca (3), *sed ad studium instructam esse à Parente Bibliothecam; nec Tua maxime referre quàm multos, aut quàm nitidos, sed quàm bonos & quam utiles Tibi libros reliquerit; studiosam fortasse, imò ne studiosam quidem esse luxuriam ac inanitatem eorum qui scientia & studio vacui, multos libros coëmere gestiunt, iisque concinnè ornatis ac dispositis, neque unquam loco motis, inde tamen eruditionis existimationem apud imperitos aut adulatores venantur; ejusmodi Bibliothecarum cumulatores illiteratos Gibbosis esse similes, ut facetè aiebat* Ludovicus XI. *Rex Galliæ qui licet ingens à tergo gibbi sui gestent onus, illud tamen nusquam intuentur: aut pueris illis, ut habet* Erasmus, *quibus totas noctes etsi ardeant lampades, parum tamen aut nunquam ipsi invigilant.* (4)

Sapientiùs igitur quàm isti Tuo nomini Tuæque dignitati consultum iisti, qui, quod multi faciunt, laudare ingentia rura lubens videaris, at exiguum, quod pauci solent, colere sedulus institueris: si tamen illud exiguum est, in quo omnigena librorum supellex exspatiatur, cujus etiam census amplissimarum totius non Urbis modo, sed & Orbis Bibliothecarum Catalogos longè exuperat. Cujus Librorum Tuorum supellectilis fructum ut faciliorem simul & uberiorem perciperes, duo potissimum requiri animadvertebas, alterum quod jam occupaverat Parens Tuus, Galliarum juxta ac Literarum quondam amor nunc desiderium, ut nimirum & naris emunctioris Auctores, & notæ castigatioris editiones compararet; alterum quod Tu jampridem in votis habebas, ut ne in illud vitium aut incommodum concurreretur, quo laborant omnes ferè quotquot hactenus Bibilothecarum

---

1 ¶ Si ce mot *satis* dit Ménage chap. 109. de son Anti-Baillet, se prend ici dans le sens du François *assés*, cette idée d'une assés grande & assés bonne Bibliothèque, *locuples satis & electa Bibliotheca* ne s'accorde guére avec cette même Bibliothèque que la page suivante dit être remplie de toutes sortes de livres le nombre desquels excéde celui des plus amples catalogues, non seulement de Paris, mais de l'Univers, *omnigena librorum supellex, cujus census amplissimarum totins, non urbis modo, sed & orbis Bibliothecarum catalogos longe exuperat.* Que si le *satis*, ajoute Ménage, est mis pour *valde*, comme en ont usé les Auteurs du 7. & 8. siécle, il ne sera pas de la belle Latinité. A cela Baillet auroit répondu deux choses, l'une que *census* ne doit pas se prendre pour dénombrement mais pour estimation, l'autre qu'on pourroit trouver de bons éxemples de *satis* dans la signification de *valde*, comme quand Bacchis dans l'*Heautontimorumenos* dit *Satis pol protervæ me Syri promissa huc induxerunt. b*

2 Psalm. 15. v. 6.
3 L. de Tranquillit. animi cap. 9.
4 Christian. Liberius pag. 110. Apophtegmat. pag. 114.

BIBLIOTHECÆ LAMONIANÆ.

contexti sunt Catalogi, qui solam ac rudem voluminum frontem & antipagmentum (1) *vix enunciantes, incoctam ac indigestam rerum, quæ in iis jacent, molem nihil ferè juvant. Unum fortasse excipias Bibliothecæ Bodlejanæ sive Oxoniensis totâ Europâ imò & orbe præstantissimæ Catalogum cui conficiendo integrum adlaboravit novennium Vir Clarissimus Thomas Hyde hujusce Bibliothecæ Præfectus, qui eum per alphabeticam Auctorum non Rerum seriem digessit. Sed pace omnium dixerim:* Hæc oportuit facere & illa non omittere (2). *Illa ipsa quæ Thomæ Hydano* (3) *arrisit methodus, ut ad studiorum utilitatem minus necessaria, ita nec sola debuit adesse sed posterior, cui priorem argumentorum sive rerum ordinem utpote longè utiliorem præmitti oportere nemo non intelligit, plerique enim mortalium ad Rerum studia animum adjungere solent, ad Auctorum verò vix unus aut alter. Quare è latebris meis à Te arcessitus, & quantumvis rudis, ac lucis splendidioris impatiens, Bibliothecæ Tuæ addictus mancipatusque operæ prætium me fortasse facturum arbitratus sum, si post assignatum novum singulis fere voluminibus ordinem, quatenus id fieri per locorum situm atque angustias, ac per pluteorum forulorumque exigentiam* (4) *licuit, duplici eorum Indici contexendo non segnem operam darem, præmissâ prius* (5) *Bibliothecæ ac per classes majores distributâ synopsi, sive secundum loci positionem conspectu. Priorem Indicem* (6) *qui de rebus sive argumentis agit mensium novem spatio confeceram quidem, sed in eo nitidius pro virili meâ transcribendo, & pluteorum forulorumque notis illustrando, quindecim alios exegi menses. Ad posteriorem qui de Auctoribus erit, etiamsi jam adfectus ac tantum non confectus dici possit, tanquam ad infectum de novo me quamprimum accingam, Deo bene juvante, nisi Tu me ad aliud operis evocaveris* (7). *Cui tamen Auctorum Indici subsecivas aut subreptitias duntaxat horas vix impensurum me ex eo auguror quod Filii Tui, qui licet septennio minor* (8) *non unum aut alterum modo sed plures etiam quotidie magistros exhaurire & velit & possit, quod, inquam, Filii Tui suavissimi studiis ac lateribus assiduus volente Te ac jubente in posterum sim adfuturus. Neque ea fortasse una erit caussa cur noster ille Auctorum Index in menses aut etiam annos*

---

1 ¶ Menage n'aime point ce *voluminum frontem & antipagmentum*, phrase effectivement pédantesque. L'Auteur des Réflexions pag. 134. est de son avis, & traite de galimatias la période qui commence par *alterum* & qui finit par *juvant*. ¶

2 Matth. c. 23. v. 23.

3 ¶ Cet *Hydanus* est ridicule après avoir dit *Hyde*. Ménage.

4 ¶ *Exigentiam* est un mot tout-à-fait bar-bare. Ménage.

5 ¶ Le *præ* du mot *præmissa* rend le *prius* superflu. Ménage.

6 ¶ Ménage trouve un Gallicisme dans les mots suivans : *Priorem Indicem qui de rebus sive argumentis agit, mensium novem spatio confeceram*. Pour moi je n'y en trouve point. ¶

7 On l'a achevé depuis ce tems-là.

8 C'étoit l'an 1683.

PRÆFATIO PRIORIS ORDINIS

plures distrahendus sit, illud enim accedet etiam quòd non solâ Librorum cujusque Auctoris nomenclaturâ contentus, uti in ingenti & magnifico suo Catalogo facere satis habuit Thomas Hyde, in animo habeam, singulorum vitam, scribendi occasionem rationemque, sed paucissimis verbis, denique variorum Criticorum de eorum scriptis judicia censurasque adjicere. Sed cum sufficiat diei malitia sua, de posteriori hoc Indice plura dicere modò supersedeo (1), & quæ de ejus methodo ac ratione monenda erunt, ad ea ultrò ablegare tempora constitui, quibus negotium hoc totum mihi confectum erit. Ad prioris igitur quem de Rebus contexui Indicis institutum ut redeam, pauca pro expeditiori ejus usu subjicienda videntur.

1. *Ac primò quod ad systema seu synopsim adtinet, quia nihil magis liberum, idcircò nullum mihi ducem pedissequus proposui, sed eam mihi methodum delineandam suscepi, quæ & rationi & usui consentanea magis videretur.*

2. *Indicem universum ordine rerum alphabetico ideò digessi, quia quo in eo minùs artis ac industriæ elucet, eò plus utilitatis & compendii inesse intelligimus. Neque hic dissimulare velim eam mihi fuisse religionem sive scrupulosæ diligentiæ stimulum, ut singula ferè volumina evolverem, ne quis vel Tractatulus impunè latitans calamum effugeret meum, quod necesse omninò me habuisse facilè fatebitur quisquis ad varias Librorum, Tractatuum, Dissertationum collectiones intra unicum sæpè aut plura unius conditionis volumina compactas animum adverterit qualia sunt, exempli causâ, Bibliotheca SS. Patrum, Tractatus Tractatuum Juris, Conciliorum Collectiones, Canisii Lectiones antiquæ, Acherii Spicilegium, Mabillonii Analecta, Baluzii Miscellanea, Bollandi & aliorum Acta SS. Patrum, aliorumque quamplurimorum Scriptorum, argumenti quantumvis varii, opera simul compacta, Schotti Hispania illustrata, Quercetani seu potius Duchesne (2) Francicæ Historiæ Scriptores, Pistorii, Freheri, Reuberi, Urstisii, Goldasti, Lindembrogii Germanici Scriptores, Corpus Historiæ Byzantinæ, Goldasti Monarchia Imperii, Critici sacri, Opusculorum de rebus Janseniorum, Molinianorum & Casuistarum Congeries, denique innumerorum propemodum, quos vocant fugitivos ac volantes, libellorum simul adsutorum farragines, quæ de rebus Miscellaneis ad Ecclesiam, Civilia negotia, Privatorum statum, literas politiores, varias artes ac disciplinas pertinentibus agunt, promiscuè congestæ, ad sexaginta jam voluminum numerum excreverunt, quæ omnia nisi enucleatiùs & expeditiùs suo quælibet ordine exponantur, perinde esse mihi videretur, ac*

---

1 C'est cette derniére partie du second Catalogue que nous donnons ici.

2 ¶ Il faloit dire *Duchesnii*. Ménage.

BIBLIOTHECÆ LAMONIANÆ.

si merses suas in thecis & capsis reconditas Magnarius venditor emptorum usui & conspectui subtraheret. Quâ ex methodo fiet, ut primo quidem intuitu inveniatur tandem & appareat Tractatus seu Liber, quo Vos carere aut quem Vobis deperditum esse, Tuque & Parens Tuus identidem & frustrà querebamini, & sub uno eodemque titulo Homogeneos, ut ita dicam, & simul coactos unius ejusdemque argumenti libros habeas, qui cum Heterogeneis, seu diversi omnino argumenti Libris intra viginti & plura nonnunquam variæ formæ ac editionis volumina ultrò citroque palantes vagantur aut delitescunt.

3. *Præter ordinem alphabeticum duos etiam alios in Titulis quibusque plerumque observare studui, Chronologicum scilicet & Geographicum, ubi potissimùm temporum ac locorum distinctio lucis quidpiam adferre videtur, non tamen severiorem in iis trutinam semper exigendam esse censui, cum utrumque hunc ordinem non rarò interturbandum fore non ignorem, accedentibus novis & locum sibi inter alios postulantibus Libris Tractatibusque, quos dies postmodum paritura est, cui licet leviori incommodo consultum utcunque volui, insertâ alternis chartâ virgine, quæ venturos in posterum Libros excipere possit.*

4. *Cum Titulorum materia paulò uberior esse videtur, ne multùm operæ aut temporis in quærendis, quæ voles, impendere cogaris, Titulos Capitibus, Capita Paragraphis, Paragraphos Numeris, Numeros quandoque Articulis, & hos demum Sectionibus distinxi, uti passim videre est, v. g. titulis* Biblia Sacra; Beneficia; Ecclesiastica & Civilis Potestas; Francia; Jus; Philosophi; Poëtæ; Roma, &c.

5. *In Titulis Regionum ac celebriorum Urbium eam secutus sum rationem, ut primo locorum Chorographiam ac Topographiam, deinde Religionem ac Mores, tum Ecclesiasticam Historiam, posteà Heterodoxiæ, sive Schismaticorum sive Hæreticorum historiam enumerem: sequuntur Rerum sæcularium in Republica aut Imperio gestarum Scriptores; hos excipiunt Negotiorum Civilium, Politiæ, Statutorum, ac Juris cujuslibet gentis Tractatus; nonnunquam etiam literariam sive Doctorum ac disciplinarum historiam adjunxi; denique Miscellanea congessi, quæ cùm ad Titulum præfixum pertineant ad certam classem redigi non potuêre.*

Hoc unum monere juvat, in Francorum Historiâ duplicem Geographiæ, quia sic oportuit, ordinem constitui; alterum in collocandis Ecclesiasticæ Historiæ Scriptoribus ex Imperii Romani veteris divisione desumptum esse, quia huc usque in Ecclesia Gallicana stetit, statque Romanorum per Provincias ac Metropoleis Galliarum partitio; alterum in recensendis Rerum sæcularium historicis ex recentiore Provinciarum Francicarum in-

66 PRÆFATIO PRIORIS INDICIS

majora duodecim, ut vocant, Gubernamenta (1) *diſtributione derivatum.*

6. *In iiſdem Galliæ locorum Titulis aſſignandis non priſca Urbium, ſed Civitatum, ſive quod idem eſt, Populorum nomina ſubſtitui, utpote notiora & uſui hodierno magis obvia. Abſunt igitur ab hoc noſtro Indice* Lutetia, Genabum, Agendicum, Durocortorum, Cæſarodunum, Cæſaromagus, Auguſtæ variæ, Samarobriva, Avaricum, Gergovia, Limonum, Auguſtoritum, *&c. quorum loco invenies.* Pariſios, Aurelianos, Senones, Rhemos, Turones, Bellovacos, Ambianos, Bituriges, Arvernos, Pictones, *ſeu* Pictavos, Lemovices, *&c. ac pro* Auguſtarum *nominibus* Veromanduos, Sueſſiones, Treveros, *&c. Verùm ob eandem utilitatis cauſſam omiſſis Civitatibus ſeu Populis, ea Urbium nomina adſcripſi, quæ in ore omnium verſantur qualia ſunt* Rothomagus *pro Vellocaſſibus,* Lugdunum *pro Seguſianis,* Narbo-Martius *pro Arecomicis Volcis* (2), Toloſa *pro Tectoſagis Volcis,* Burdigala *pro Vibiſcis Biturigibus,* Vienna *pro Allobrogibus,* Avenio *pro Cavaris,* Arelate *pro Deſuviatibus* (3), Maſſilia *pro Commonis,* Valentia *pro Segalaunis,* Auguſtodunum *pro Æduis,* Aquæ-Sextiæ *pro Salyis, atque alia receptiora aut vulgatiora pro deſuetis propemodum & exoletis nominibus.*

Eamdem etiam rationem habui in pleriſque Italiæ & Hiſpaniæ locorum titulis, ut notiora minus uſitatis vocabula præferrem atque ob oculos ſiſterem.

7. *At verò nomina Patria, ſive locorum ac perſonarum vernacula, in Latinam linguam detorquere mihi fuit religio, ea nimirùm quæ poſt Imperii Romani, ſive potius Latinitatis occaſum exorta ſunt,* Celtica, Teutonica, Sclavonica, Gothica, Vandalica, Sarracenica, *aliaque è Barbaris recentioribus arceſſita vocabula, ſatiuſque mihi eſſe duxi, ea prout ſonant, ſtatuere, quàm temere in illud impingere lutum, in quo hæſiſſe jure deprehenduntur Hiſtorici cætera præſtantiſſimi Paulus Æmylius* (4), *Petrus Bembus Cardinalis, Jacobus Auguſtus Thuanus, & alii*

---

1 ¶ Ménage auroit voulu qu'il eût dit *in majores duodecim Præfecturas, Cubernamenta* vulgo *appellant*. Mais c'eſt chicaner.

2 ¶ Narbonne, dit Ménage, eſt *in Volcis Teclosagibus*, & non pas *in Volcis Arecomicis*. Autre chicane. Les Auteurs ne s'accordent point là-deſſus. Prolomée met Narbonne *in Volcis Teclosagibus*, mais Strabon l. 4. la met *in Volcis Arecomicis*.

3 ¶ Arles, dit Ménage, eſt *in Salyis*. Cependant les *Deſuviates* de Pline ſont auprès de *Cavari*, c'eſt-à-dire auprès d'Avignon, qui eſt à 13. lieuës d'Arles.

4 ¶ Pourquoi écrire *Æmylius*, l'Hiſtorien Paul Emile n'ayant jamais écrit ſon nom autrement que par un i. *Æmlius*? Plutarque même quoi qu'il dérive ce nom d'αἰμυλία ne laiſſe pas d'écrire Αἰμίλιος pour conſerver l'orthographe Latine.¶

BIBLIOTHECÆ LAMONIANÆ.

qui ejufmodi inftituto utile minùs quàm operofum iis faceſſunt negotium, qui in mediæ & infimæ ætatis Hiſtoriâ ſatis nondum verſati ſunt.

8. *Cum Rebus contingit ut ſint binomines, trinomines &c. ſingula quidem earum ſuis quæque locis nomina adpoſui, ne quis perperàm quærere ſe & de induſtria falli putet, ſed ne repetitio nauſeam pariat aut chartam inutilis occupet, ſub uno quidem Titulo rem enuntiavi, ac ſub altero, tertio & quarto eamdem indicare contentus ad eum Titulum redeundum eſſe monui, ubi enunciata res eſt, ut accidit Urbibus aliquot, puta* Ticino ſeu Papiæ, Patavio ſeu Paduæ, Anicio ſeu Podio, *& aliis. Quod idem dictum velim de rebus quæ Titulos plures habere poſſunt, ſic* As ſeu de Aſſe, Monetæ, Nummi, *&c. ſic* Spectacula, Comœdiæ, Ludi publici, Fabulæ, *&c.* Conjugium, Matrimonium, Nuptiæ *&c. nonnunquam etiam Titulum eumdem duplicavi, cùm Latina & Gallica diverſo & ſcribendi & loquendi modo initialibus præſertim ſeu capitalibus literis procul à ſe diſtant. Verbi gratiâ,* Saltatio & Danſe : Præconium ſeu Subhaſtatio, & Criée ſeu Enchere : Arauſio & Orange, Aurelia & Orleans : *& alia quæ ſub diverſis Catalogi literis Tibi ſub hâc, mihi ſub illâ, alteri ſub iſtâ quærere videbitur, ac ne crambem recoquere cogar, cùm ad vernaculos ventum erit Titulos, tunc Lectorem ad Latinos remittendum eſſe duxi.*

9. *At quoniam præcipua hæc mihi cura eſſe debuit & fuit, ne quis divinando quæritet, & quæritando inveniendi ſpe cadat, poſthabitâ ſive penitus omiſſâ Latinitate plures Gallicè Titulos adſcripſi, qui Latinè niſi ridiculè & inſulsè ſubjici non potuiſſent. Sic habes Titulum,* Coneſtable, *non Comes Stabuli ;* Maréchaux de France, *non Polemarchi Franciæ ;* Eaux & Forêts, *non Aquæ & Sylvæ ;* Parlement, *non Curia aut Senatus ; ſic* Garentie, Déguerpiſſement, Tiers & Danger ; *& alia id genus.*

Neque dubitavi in hoc toto Indice licet Latino Librorum Gallicorum Titulos Gallicè exſcribere, ut fidem ſervare me velle majorem vel inde teſtarer ; imò & Italicos, Hiſpanicos alioſque ſuâ quoſlibet linguâ ſiſtere, ſi exceperis Hebraïcos & Græcos, quos ne diverſus appareret caracter, Latinè verſos tanquam Latinos propoſui.

10. *In Perſonarum titulis non Prænomina, quæ hodie propria ſive luſtrica adpellamus, ſed nomina Patronymica ſive Gentis, ſæpius quoque Cognomina ſive familiæ, nec raro etiam Agnomina ſive Toparchiæ aut loci natalis appellationem in monimentum ſeu Titulum erexi ; eam nimirum denominationem tam virorum quàm fœminarum uſurpare ſoleo, quâ dum viverent aut vivunt, dignoſci ac diſtingui conſuevere. Ex iis*

PRÆFATIO PRIORIS INDICIS

tamen excepi supremas sive Principes Personas, quales Imperatores, Reges, Duces quos vocant independentes, *aliique Principes seu Domini nemini præterquam Deo subjecti, quorum Prænomina relictis gentilibus titulo dedi, sic nullum Francorum Regem reperies titulo* de Valois, de Bourbon, *nullum Anglorum titulo* Stuart, *nullum Hispanorum aut Germanorum titulo* d'Autriche, de Baviere, de Saxe, *nullum Pontificem Romanum nomine Gentis Patronymico; Medicæorum tamen Hetruriæ Ducum nomina pleraque titulo* de Medicis *reperies.*

Eorumdem etiam Autocephalorum Principum uxores ad Prænomina reduxi: sic Reginas nostras aliarumque gentium reperies titulis Anna, Catharina, Elizabetha, Henriette, Margareta, Maria, Theresia &c. *omissis Patronymicis* d'Autriche, de France, de la Grand-Bretagne, d'Orleans, de Medicis, de Savoie, de Baviere, &c.

11. *Quod ad Conciliorum Acta & Canones attinet, ea tantum sub singularibus, vel Urbium vel argumenti Titulis apposui, quæ extrà Conciliorum aut Canonum collectiones, tum seorsim, tum in alienis voluminibus vagantur. Idem observavi in Vitis sive Historiâ Privatorum, sive singulorum virorum ac locorum, quæ seorsim editæ sunt, quas idcircò suis Titulis donavi; at cum eædem Vitæ ac Historiæ partem faciunt unius continuique operis de Rebus gestis putà Romanorum Imperatorum, Regum Francorum, Pontificum Romanorum, Sanctorum, Episcoporum alicujus urbis, Monachorum, &c. eas à corpore generalis Historiæ haud separare soleo, sic v. g. de* Romulo, Tarquinio, Cæsare, Antonino; Constantino, Theodosio; *sic de Carolo* Magno, Ludovicis IX. XI. XIII. *&* XIV. *de Carolis* VI. *&* VII. *de* Henrico IV. *sic de Leone ac Gregorio* Magnis; Johanna Pseudopapa, Hildebrando, Sixto V. Pio V. Alexandro VII. *Nihil ad singulares eorum Titulos adduxi, nisi quæ seorsim edita sunt, reliqua de iis scripta ad generales Titulos non injuriâ relegavi, putà tit.* Roman. Imp. Historiæ; Francor. Hist.; Romanor. Pontific. Hist. *&c. cæterorum sive Principum sæcularium, sive Pontificum nullam toto Indice mentionem ideò feci, quia promptum est eorum vitas in universâ omnium Historiâ secundùm temporum seriem reperire. At non eadem est ratio voluminum, quibus virorum ex omni gente & plagâ illustrium, & maximè Sanctorum vitæ, Elogia & Panegyric. continentur, quippe quorum acta varios plerumque Auctores nacta sint, neque ullo temporum ac locorum ordine percurrant: quare singulos, qui hisce voluminibus comprehenduntur, sive sanctos, sive viros togâ & sago illustres, suis titulis disponendos esse censui, quia nullius non interest scire, quis adsit, aut etiam quis absit, quod utique in Historia Pontificum, Imperatorum, Regum, & c.*

BIBLIOTHECÆ LAMONIANÆ.

necesse non est, quorum numerus certus & inconcussus ordo neminem latet.

12. *Intactas reliqui minutiorum schedularum collectiones, quales sunt quas sub titulo Adversariorum tomo* I. *promiscuè congessi, variæ Lectiones, antiquæ Lectiones, Electa, aliaque Miscellanea Philologorum & Criticorum, & Collectanea simul edita: non enim tam Rerum quàm Dissertationum aut Tractatuum est noster Index* (1). *Neque aliter faciendum esse duxi, in Edictorum, Arrestorum seu Sententiarum, aliisque Actorum publicorum Collectionibus. Illa tamen tùm Regum Edicta, tùm Curiarum Decreta, quæ extrà ejusmodi collectiones errant, ac inter fugitivas schedas delitescunt, Titulo rerum, de quibus agunt affixi, maximè cum insignia sunt, & ad Ecclesiæ seu Reipublicæ institutionem pertinent.*

13. *Quoniam in Indicibus, Lexicis, aliisque operibus, quæ ordine alphabetico reguntur, necessaria in primis est dictionum Capitalium seu Titulorum Orthographia, eam quoque partem sedulò excolendam esse duxi. Ac primò, quod insolens forte & novum videbitur, Vocales* I *&* U *à Consonantibus* J *&* V *non distinxi modò, sed & ab invicem ita disterminavi, ut tomo singulari vocalem* I, *tomo alio consonantem* J *complexus fuerim; item alius vocalem* U, *alius consonantem* V, *tomus comprehendit. Exempli gratiâ, vocalis* I *series hæc est,* Ibas, Ic, Id, Im, In, Ir, Is, It, Ivo, *&c. Consonantis* J *series ita ferè procedit, ut post dictionem* Ivo, *sequantur* Jacobus, Jansenius, *&c. deinde* Je, Jo, Ju. *Atque idem ordo est Vocalis* U *& Consonantis* V, *ita ut dictio* Uxor *dictionibus* Vabres, Vacationes, *&c. præmittatur. Idem etiam præstiti, ubi nec primas dictionum syllabas obtinent ejusmodi Literæ duæ, sive Vocales, sive Consonantes, ut Vocales præcedant, sequantur Consonantes. Sic titulos* Austria, Autroche (2) *&c. reperies ante titulos* Avalos, Avaritia, *&c.* Euxinus *ante* Eva; *atque ita de cæteris. Quòd si, quem minùs juverit novellum ejusmodi institutum, per me profectò minimè steterit, quin huncce ordinem refigat.*

14. *Ex veteribus scribendi erratis quæ usu ac temporum serie invaluerunt, alia retinui, alia expunxi. Ex iis, quæ retinui, sunt* Hæres, Hæreditas, *pro* Heres, Hereditas; Hebræi, Hierusalem, *pro* Ebræi, Jerusalem; Emptio, Sumptus, *pro* Emtio, Sumtus; Fœminæ *pro* Feminæ; *&c.* Paulus, Paulinus, *pro* Paullus, Paullinus, *&c. Ex iis erratis, quæ expunxi, præcipua sunt,* Sylvanus, Sylvester, Sylvius;

---

1 ¶ Ménage trouve un Gallicisme dans le tour de ces mots : *Non enim tam Rerum quam Dissertationum, aut Tractatuum est noster Index.* Pour moi je n'y en trouve point, car voici la construction : *Non enim noster Index tam est Index Rerum, quam Dissertationum aut Tractatuum.*

2. ¶ Il falloit écrire *Haute-Roche.*

PRÆFATIO PRIORIS INDICIS

quorum loco restitui Silvanus, Silvester (1), Silvius; Fœlix, Fœlicianus; *quorum loco* Felix, Felicianus; Solennia, *cujus loco* Sollemnia; Salustius, *cujus loco* Sallustius; Litteræ & Litterati, *quorum loco* Literæ & Literati, *etsi veteres Libri* T *literam non raro duplicent,* & *alia non pauca, quæ memoriam modo fugiunt.*

15. *Ad Orthographiam Titulorum etiam pertinet, quòd nullam eorum, qui nominibus præmitti solent, Linguæ nostratis aliarumque vernacularum articulorum rationem habuerim, neque viam errandi, quam nobis alii straverant secutus fuerim; Articulis igitur minutiori charactere præpositis Titulos sic ferè exarare solitus sum,* l'Allemant, de Laistre, de la Lande, de Montjosieu, de Grassalio, la Nouë, des Abbrevoirs (2), la Cerda, d'Avalos, &c. *etiamsi passim scribi videamus* Lalemantius, Delaistre, Lalandæus, Demontiosius, Degrassalius, Lanua, Lanovius, Desabbrevoirs, Lacerda, Davalus, & *plura alia, quæ si per literam articuli quæras, frustra quæres, tametsi ejusmodi nomina dubiæ scriptionis ad utrumque titulum revocavi, ne cui de industriâ negotium in quærendo facessam, illud unum in titulo minùs proprio Lectorem moneo, ut ad titulum genuinum revertatur. Verbi gratia:*

tit. L. Lanovius. *Vide tit.* Nouë.		N.
tit. D. Davalus. *Vide tit.* Avalos.		A.
tit. D. Lalemantius. *Vide tit.* Allemant.		A.
tit. D. Desabbrevoirs. *Vide tit.* Abbrevoirs. &c.		A.

Idem etiam præstiti in aliis nominibus, de quorum Orthographia suprà dixeram. Verbi gratiâ:

tit. Heres. *Vide tit.* Hæres.
tit. Fœlix. *Vide tit.* Felix.
tit. Sylvanus. *Vide tit.* Silvanus. &c.

Sed ut ad Articulos redeam, eos ab istâ, quam suprà statui, regulâ excepi; qui nominibus ita adhæsere, ut in ipsa nomina penitùs coaluerint, quemadmodum contigit in dictionibus Lamoignon, Doria, &c. *Olim quidem scribebatur* Ly Amoignon, *seu* Ly Amoins, *deinde* les Amognes,

---

1 ¶ *Silvanus* & *Silvester* sont pourtant moins corrects que *Sylvanus* & *Sylvester* puisque ces mots viennent de la racine Grecque ὕλη surquoi on peut voir Vossius dans son Etymologicon au mot *Sylva.* J'avouë néanmoins que les Anciens écrivoient *Silva, Silvanus,* &c.

2 ¶ Il faloit écrire *de Sabrevois.*¶

BIBLIOTHECÆ LAMONIANÆ.

postea L'Amoignon, *ac demum coalescente articulo* Lamoignon, *unde ineptè omninò quidam recentiores etiam in Actis publicis & Arrestis scribunt de* la Moignon. *Ad* Doriam *quod attinet, etiamsi Carolus Sigonius passim in ejus vita* Auriam *Latinè nominet* (1), *priorem appellationem utpote notiorem constanter retinui. Neutrum igitur in Catalogo reperies ad literam* A, *sed alterum ad* L, *alterum ad* D. *Atque ita in aliis nominibus, quibus idem contigit.*

16. *De ratione quam in assignandis Pluteis ac Forulis habui, nihil amplius moneo, quàm quæ paucis totius Bibliothecæ synopsi præfixi.*

Librorum non materiam duntaxat, sed & formam, & editionem, & auctorem, annum quoque, & locum editionis, atque adeò ipsam Librorum pellem diligenter adnotavi, ne quis in posterum errori vel minimo supersit locus.

17. *Denique si quis miretur quod in amplissimâ hac optimorum Librorum penu non pauci reperiantur sive Religioni sive moribus noxii, aut etiam tum quoad rem, tum quoad dictionem indoctè ac inficetè ab Auctoribus triobolariis ac proletariis scripti: sciat is hanc esse Bibliothecarum conditionem, quæ fuit olim Noachi Arcæ, quæ cum mundis immunda simul servabat animalia; aut agrorum, qui cum lætis segetibus lolium infelix connutriunt; aut etiam, si conferre fas est, Christi sospitatoris Ecclesiæ, quæ cum justis iniquos, cum electis reprobos ad decretorium usque judicii diem in sinu fovebit. Neque profectò diffitendum est plerosque hos pejoris notæ Libros, non à Te, non à Parente Tuo quæsitos, sed Vobis in obsequii monimentum ab Auctoribus minùs prudenter oblatos, & à Vobis non tam scripti quàm scriptoris gratiâ perhumaniter idcircò acceptos, ut quemlibet de Republicâ literariâ benè mereri studentem benè sperare & confidere juberetis. Itaque si ejusmodi libri in Bibliothecâ Tuâ locum ægrè occupant, eum tamen si minùs doctrinæ, saltem observantiæ titulo utcunque tuentur.*

De cæteris æqui bonique consule, & ignosce. (3)

---

1 De vita Andr. Auriæ, Melph. Principis.

3 On peut touchant cette Préface, s'en tenir à la critique sensée qu'en fait l'Auteur des Réflexions dans sa troisiéme Lettre.

DES
JUGEMENS
SUR LES LIVRES
EN GENERAL.

ANS la pensée que j'ai euë de dire quelque chose des jugemens que l'on fait des livres en général, & des préjugés avec lesquels on les lit, j'ai crû pouvoir laisser à ceux qui traitent de la Morale le soin de nous dire si la passion de faire des Livres est moins déréglée que celle d'en juger; & si pour être moins universelle & de moindre étenduë, elle en est moins violente dans ceux qui en sont possédés.

Ainsi j'ai lieu d'espérer qu'on ne trouvera point mauvais que je me renferme dans les bornes d'une simple exposition de fait, pour tâcher de rendre ce discours plus conforme au Recueil des jugemens particuliers que j'entreprens de publier; & que je m'applique à ne le former, autant qu'il me sera possible, que des pensées & des reflexions d'autrui, pour ne me point départir de la résolution que j'ai prise de ne rien dire de ma tête, & de m'appuyer en toute rencontre de l'autorité des autres en leur marquant ma reconnoissance.

C'est pourquoi je me contenterai de parler dans la première par-

DES JUGEMENS

tie de ce Discours de la liberté qu'on s'est toujours donnée de porter son jugement sur les Auteurs & sur leurs ouvrages, & de rapporter dans la seconde quelques-uns des principaux préjugés qui préviennent cette liberté.

PREMIERE PARTIE.

CHAPITRE PREMIER.

I. De la liberté de juger.

Comme il n'y a point de Loix civiles qui défendent à personne de se faire Auteur, & d'écrire pour le Public: il semble qu'il n'y en ait pas aussi pour retrancher ou réformer la licence que chacun prend de se rendre le Censeur ou le Juge de ces sortes de personnes.

Il paroît au contraire que les Puissances dans les Etats les plus florissans & les mieux policés ont jugé à propos de conserver au Public, c'est-à-dire, à tous les Particuliers, le droit d'opiner sur les paroles & les pensées des Hommes dès le moment qu'on les met au jour; & que si le commerce des Lettres est une veritable Republique comme il en porte le nom, il semble que son veritable caractere doit être la liberté » *Populo libera sunto suffragia.* »

C'est pourquoi Monsieur de Balzac avoit raison de dire (1) que le champ est ouvert à quiconque y veut entrer, & qu'il est exposé au pillage du premier venu: Que les Loix nous laissent faire en matiere d'esprit & de Livres, & qu'elles nous abandonnent les uns aux autres.

L'experience d'une longue suite de siécles nous persuade assés qu'il n'y a peut-être pas même de Puissance qui soit capable d'arrêter cette liberté, & on a remarqué (2) que le plus puissant Ministre du Royaume avec tout son crédit, & que tout le corps entier d'une illustre Assemblée avec toute sa sagesse & toutes ses raisons n'ont pas pû effacer les impressions du Peuple, ni reformer les jugemens que les

---

1 Entretien 11. Page 197. 198. Edition d'Hollande.

2 Despreaux. Satire 9.
En vain contre le Cid un Ministre se ligue.
L'Academie en corps a beau le censurer...

Particuliers ont faits d'une simple piece de théatre.

Chapitre II.
Usage de cette liberté.

Mais si les Particuliers font gloire de se maintenir dans la possession de cette liberté, rien ne leur est plus agréable que d'user, sur les productions d'esprit, d'un droit dont ils sont si jaloux; & sans examiner s'il leur est naturel ou s'il est usurpé, ils l'exercent hautement & toujours impunément tant que la Religion & l'Etat n'y sont pas offensés.

Un Lecteur ne trouve rien de si doux & de si conforme à son amour propre, que de se voir le Juge & le Censeur d'un Auteur qui se soumet à son jugement : & il est très-rare d'en rencontrer quelqu'un qui soit assés indifferent pour laisser aller un Auteur quel qu'il puisse être, pourvû qu'il l'entende, sans lui prononcer sa sentence.

Cette conduite n'est peut-être pas si injuste qu'elle paroîtroit d'abord à ceux qui la considérent comme un effet de la corruption du cœur de l'Homme, & qui la mettent au rang des mauvaises inclinations que le peché a formé en nous. Car dès le moment qu'un Ecrivain donne un ouvrage au Public, il le doit regarder avec la même indifference qu'il feroit des ouvrages étrangers; il ne doit pas trouver étrange que le Public s'en fasse le juge : Et il auroit grand tort de vouloir se soustraire à la jurisdiction du moindre de ses Lecteurs depuis qu'il s'est abandonné à tout le monde.

Messieurs de l'Academie disent (1) que comme le present que les faiseurs de Livres font au Public ne procéde pas pour l'ordinaire d'une volonté tout-à-fait desinteressée, & qu'il n'est pas tant un effet de leur liberalité que de leur ambition, il n'est pas aussi de ceux que la bienséance veut qu'on reçoive sans en considerer le prix. Que puisqu'ils font une espéce de commerce de leur travail, il est bien raisonnable que ceux ausquels ils l'exposent ayent la liberté de le prendre ou de le rebuter selon qu'ils le reconnoissent bon ou mauvais. Ils se

---
1 Sentimens de l'Academie Françoise, sur la Tragi-Comedie du Cid. Page 4. 5.

DES JUGEMENS

dépouillent de toute proprieté en le rendant public, & c'est ce qui a fait dire à Monsieur Despreaux (1) que

Cum semel à te carmen profectum est, jus omne perdidisti. Orat o publicata, res libera est. Symmach. ad Auson. lib. 1. Epist. 31.

> *Dès que l'impression fait éclore un Poëte,*
> *Il est esclave né de quiconque l'achete:*
> *Il se soumet lui-même aux caprices d'autrui,*
> *Et ses écrits tous seuls doivent parler pour lui.*

Ainsi comme le reconnoît Monsieur de Balzac (2) rien n'empêche les Particuliers pour passer le tems & pour fuir l'oisiveté, d'exercer chés eux une Inquisition privée, & d'y faire en toute sureté les Maîtres du sacré Palais : de déchirer les Auteurs en maniant leurs Livres, d'effacer, s'ils veulent tout Virgile de leur main comme Malherbe fit tout Ronsard, & rien n'est capable de réprimer cette licence que la sagesse, la modestie, la discretion, le bon sens, les lumieres & les autres bonnes qualités que pouroient avoir ces Juges volontaires.

CHAPITRE III.

Difference de cette liberté dans les Lecteurs & dans les Auteurs.

CEtte liberté appartient toute entiere aux Lecteurs de Livres, sans que les Auteurs y puissent avoir la moindre part : & ces derniers n'ont que celle d'écrire ou de ne pas écrire, laquelle ne subsiste que jusqu'à leur détermination, au lieu que celle des premiers passe de génération en génération & de siécle en siécle, & qu'elle doit durer tant que dureront les Ecrits & la Mémoire des Auteurs.

On peut dire que plus la condition des premiers paroît glorieuse & charmante, plus celle des derniers est-elle humiliante & miserable, & c'est ce que le célébre Aristarque (3) de l'antiquité s'étoit bien persuadé, lorsqu'il érigea chés lui un Bureau pour censurer les Ecrits des autres, sans vouloir jamais rien écrire lui-même, pour

---

1 Satire 9. v. 83.
2 Entretien 11. page 198.
3 NB. Je ne suis pas fortement persuadé qu'il faille distinguer le célébre Critique Aristarque, d'avec le Grammairien, à qui Suidas donne plus de huit cens Volumes de composition, comme je l'ai marqué ci-après à la page 221. C'est pourquoi j'abandonnerois volontiers l'autorité des garants sur la foi desquels j'ai dit que ce Critique s'étoit contenté de censurer les écrits des autres sans vouloir rien écrire lui-même

SUR LES LIVRES EN GENERAL.

ne point laisser de matiere de censure aux autres.

Mais si ce fâcheux état où les Auteurs se trouvent reduits est un mal necessaire & sans remede, il est constant qu'il ne leur étoit point inévitable, puisqu'ils n'avoient qu'à ne point écrire. C'est ce qui fait voir le tort qu'ils ont de se plaindre de leur mauvais sort qu'ils veulent nous faire passer pour une necessité malheureuse, plutôt que de le considerer comme une servitude dans laquelle ils se sont jettés volontairement.

C'est pourquoi Caton avoit grande raison, ce semble, de railler un Consul Romain [*A. Posthumius Albinus Consul l'an de la Ville 602. que Plutarque appelle Labienus dans la vie de Caton*,] sur ce qu'il demandoit excuse au Public des fautes de *locution* qu'il avoit faites dans son Histoire Romaine, prétendant qu'elles étoient durant plus pardonnables, qu'il l'avoit écrite en Grec, c'est-à-dire en une langue fort differente de celle de son pays, & qui par consequent lui étoit moins connuë. Car qui est-ce qui l'avoit obligé d'écrire en quelque maniere que ce fût ? & supposant qu'il y eût eu quelqu'engagement, qui est-ce qui l'avoit contraint d'écrire plûtôt en Grec qu'en sa langue naturelle ? Il étoit de ces Gens qui se soucient moins d'éviter les fautes que de les commettre pour avoir le plaisir d'en demander le pardon (1), & ce Censeur crût devoir le rendre d'autant plus ridicule qu'il avoit voulu prévenir même son Lecteur par sa Préface, & le disposer par avance à lui pardonner les fautes qu'il pourroit faire plutôt que d'attendre qu'il les eût faites (2). Oui Albinus auroit merité le pardon qu'il demande, disoit-il, si c'avoit été par un Arrest des Amphictyons qu'il eût été obligé d'écrire, & s'il n'avoit point pû en obtenir dispense. (3)

Ceux qui en ont usé de la même maniere que ce Romain jusqu'aujourd'hui, n'ont presque jamais été traités plus favorablement, & il semble que les Lecteurs ayent toujours pris ces plaisantes précautions dans des Préfaces pour une insulte qu'on a voulu faire à leur facilité & à leur indulgence, & qu'elles leur ayent donné occasion d'exercer leur empire sur ces sortes d'ouvrages avec une rigueur encore plus inéxorable. Je pense que c'est aussi ce que le Poëte a voulu nous faire connoître par ces vers. (4)

Næ tu, Aule, nimium nugator es, cum maluisti culpam deprecari quàm culpâ vacare. Nam petere veniam solemus aut cùm prudentes erravimus, aut cùm noxam imperio compellentis admisimus. Te oro, quis perpulit ut id committeres, quod priusquàm faceres, peteres uti ignosceretur ?

Ger J. Vossius hist. græc. L. 10. c. 20.
Joann. Filesac. selector. L. 2. cap. 11.
4 Despreaux Sat. 9. v. 187.

1 Aul. Gel. Noct. Attic. L. 11. cap. 8.
2 Macrob. Saturnal. prooem.
3 Plutarch. in vita Catonis.

Un Auteur à genoux dans une humble Préface
Au Lecteur qu'il ennuie, a beau demander grace :
Il ne gagnera rien sur ce juge irrité,
Qui lui fait son procès de pleine autorité.

En effet, quelque injustice que l'on commette dans les jugemens qu'on fait d'un Livre, cela n'en excite pas davantage la compassion pour son Auteur, & on n'est guéres d'humeur à plaindre un Ecrivain maltraité qui veut bien se plaindre lui-même de ce que » bien ou mal, » vrai ou faux, c'est presqu'aujourd'hui la même chose, & que tout » le monde se mêle de juger, quoi qu'il n'y ait rien de si rare que » le jugement. » Une periode, dira-t-il au milieu de ses ressentimens, » nous aura coûté une journée ; nous aurons distilé tout notre es- » prit dans un discours qui sera peut-être un chef-d'œuvre de l'Art : » Et on croira nous faire grace de dire qu'il y a de *jolies choses* dedans, » & que le langage n'en est pas mauvais (1). Car loin d'entrer dans les ressentimens de ces sortes de mécontens, on est presque toujours porté à s'en divertir, & quoi-qu'on puisse faire pour s'abstenir de les railler, on croit être en droit de leur demander ; Pourquoi ils se mêlent d'écrire ; Pourquoi ils entreprennent de traiter une matiere qu'ils n'ont pas assés étudiée ; Pourquoi ils le font d'une maniere qui ne leur est point naturelle, & pour laquelle ils n'ont ni talens ni habitudes ; Pourquoi enfin étant capables d'autre chose, ils se donnent la torture pour faire parade de ce que la Nature & l'Art semblent leur refuser. C'est ce qui a fait dire à Pline le jeune (2) que ceux qui étant remplis de savoir & de merite se tiennent neanmoins dans le silence, témoignent plus de force d'esprit que beaucoup d'autres qui ne sauroient s'empêcher de publier ce qu'ils savent.

---

1 Balzac. Lettre 6. du Livre 4. à Chapelain, de l'an 1639.
2 Illi qui tacent hoc amplius præstan: quod maximum opus silentio reverentur.

Plin. junior. Epist. 25. L. 7. cité par François de la Mothe le Vayer, Préface du Jugement sur quelques Historiens, parlant de Messieurs Dupuy.

CHAPITRE IV.

Des engagemens contraires à cette liberté, & si l'on y a égard.

CE que je viens de dire de la liberté des Auteurs & du choix qu'ils ont d'écrire ou de ne pas écrire, & par consequent de subir ou d'éviter les jugemens du Public, n'est peut-être pas toujours sans restriction. Il peut sans doute se rencontrer des Gens qui par leur ministere ou par leur vocation se trouvent dans des engagemens indispensables d'écrire. Mais le Public n'est pas toujours assés raisonnable pour entrer dans ces considerations; ou s'il y entre, il ne croit pas qu'elles soient capables de donner à ces personnes le privilege de n'être point jugées par lui, ni qu'elles doivent les dispenser de bien écrire.

Comme le Monde est persuadé d'ailleurs que ces sortes de considerations sont assés sujettes à l'illusion, & qu'il y a peu d'Ecrivains (hors ceux qui ne travaillent que pour divertir les Peuples, pour corrompre les mœurs, pour faire perdre le tems, ou pour tâcher de troubler l'Etat ou la Religion) lesquels ne puissent couvrir leur ambition ou leur interêt de ce beau prétexte : on se soucie fort peu d'être informé de ces obligations prétenduës d'écrire ; l'on ne prend interêt qu'à l'ouvrage même ; on en juge par son prix interieur & veritable, & non par ces circonstances étrangeres. (1)

Le Lecteur ne s'arrête presque jamais qu'à la qualité du Livre, & se moque ordinairement des éclaircissemens qu'on veut lui donner sur les motifs qu'on a eus de le rendre public : laissant à l'Auteur le soin de consulter devant Dieu, s'il a eu un juste sujet de publier son ouvrage. (2)

On a vû neanmoins dans ces derniers tems quelques Auteurs très-sensés & de ceux même du premier ordre, lesquels bien que convaincus de cette disposition du Public, n'ont pas laissé de croire que c'étoit une justice qu'ils se devoient à eux-mêmes, de faire voir qu'ils avoient eu quelque engagement à publier leurs Livres. Parce que comme il est toujours ridicule, au sentiment de Ciceron mê-

---

1 Monsieur de Montbrigny, Avertissement du 1. Volume des Essais de Morale.

2 Monsieur de Chanteresne, Avis au Lecteur du 2. Vol des Essais de Morale de la seconde Edition.

me (1), de parler quand il n'y en a point de necessité, ils apprehendoient d'être traités comme des Gens qui s'ingerent de dire leurs sentimens lorsque personne ne les leur demande. Mais loin de vouloir recuser leurs Juges par cette conduite, ils les engageoient encore davantage à les examiner avec plus de soin & de séverité pour voir s'il étoit vrai qu'ils ne fussent pas du nombre des grands Parleurs.

Comme cette adresse a réüssi à la gloire & à la réputation de ces Ecrivains, & que le Public semble avoir eu assés d'égard à leurs remontrances, il s'est élevé dans la Republique des Lettres une nuée de nouveaux Auteurs qui ont voulu recourir aux mêmes artifices, dans la pensée qu'ils seroient considerés du Public comme ces premiers, & qu'en sauvant les intentions qu'ils ont eûës de se faire mettre en lumiere, ils en auroient meilleur marché de leurs Censeurs pour le reste.

Les uns nous ont voulu persuader qu'ils ont été surpris par des rencontres imprévûës, les autres, qu'ils ont été forcés par la multiplication des mauvaises Copies de leur Original ; ceux-ci qu'ils ont été trahis par l'infidelité d'un ami indiscret ; ceux-là qu'ils ont été obligés de déférer aux avis & à l'autorité d'une personne grave & de céder à des ordres superieurs ; d'autres qu'ils ont été prévenus par l'avarice d'un Libraire interessé qu'ils ont feint avoir mis précipitament sous la Presse quelque Exemplaire subreptice, mutilé & défectueux ; & d'autres enfin qu'ils ne se sont laissés vaincre qu'à la necessité pressante ou d'obvier à quelque inconvenient fâcheux, ou de pourvoir à quelque besoin important.

Mais cette méthode de commencer les Préfaces & de préoccuper ses Lecteurs étant devenuë commune à tous ceux qui vouloient écrire à la mode, a passé bien-tôt pour une affectation grossiére & quelquefois ridicule ; & n'a servi qu'à rendre généralement tous ces Ecrivains suspects de déguisement & de mensonge, & à confondre ceux qui pouvoient avoir de veritables raisons, avec ceux qui n'en avoient que de fausses (2). De sorte que le Public a mieux aimé n'écouter aucunes de ces excuses, & supposer que toute production qui sort de la Presse n'est pas moins libre & volontaire à l'égard de son Auteur que lorsqu'elle est sortie de sa cervelle & de sa plume, sans s'amuser à faire la discussion de ceux qui parlent avec sincerité,

---

1 Préface des Traités de l'Education du Prince, de la premiere Edition.   2 Avis au Lecteur du 2. Volume des Essais de Morale.

d'avec

SUR LES LIVRES EN GENERAL.
d'avec ceux qui voudroient lui imposer dans un point qui lui paroît de nulle conséquence, par raport au droit qu'il a de le juger.

Chapitre V.
Personne n'est exemt de la censure.

ON ne doit donc pas trouver étrange que dans la supposition qu'on fait qu'il n'y a presque personne de ceux qui se mêlent d'écrire qui ne s'y soient portés volontairement & par leur propre choix, on n'ait point d'indulgence pour eux quand ils se sont livrés une fois entre les mains du public, & qu'on les traite tous indifferemment, sans avoir égard à leur mérite ni à leur qualité.

Mais on peut dire que cette égalité de conduite qui n'épargne personne ne sert pas peu pour consoler la plupart des Ecrivains de cette rigueur si entiere & si uniforme que le Public exerce sur eux. Car de toutes les differentes especes d'Auteurs qui composent la République des Lettres il me semble qu'il n'y a gueres que ceux qui font profession de n'écrire que pour leur gloire, & pour acquerir une vaine réputation lesquels puissent être inconsolables, lorsqu'ils se voyent généralement condamnés par leurs Juges, parce qu'ils sont censés avoir tout perdu pour le tems présent & pour la posterité, & qu'ils n'ont pour l'autre vie que la ressource qu'ils peuvent trouver dans le bon usage qu'ils doivent faire de la confusion salutaire qu'ils ont d'avoir écrit si mal à propos.

Mais il est difficile que les autres Ecrivains ne trouvent toujours quelque consolation dans cette nécessité commune d'être jugés & censurés par le Public & tous les Particuliers qui en auront la fantaisie. Les Petits se consolent aisément de se voir considerés & traités comme les Grands. Il n'y a pas d'Ecrivain du second rang qui ne régarde comme une espece de faveur de se voir confondu en cette occasion avec ceux du premier ordre.

Chrœrile ne se soucie plus de passer pour un médiocre Poëte (1) voyant qu'Homere a été si rudement traité, en tant de differentes manieres & par tant de divers Censeurs.

Le Mantouan ne se sent presque pas de sa disgrace, voyant que les Critiques n'ont pas épargné Virgile non plus que lui, & ne se

---
1 Horat. L. 1. Epist. &c. de quo alibi.
Tome I.   B.

croit pas deshonoré d'avoir part à ſes humiliations ſe voyant honoré d'ailleurs d'une ſtatuë auſſi bien que lui.

Chapelain ſe conſole de ſa froideur & de ſa langueur voyant Malherbe accuſé de ſimplicité.

Libanius ſoufre plus patiemment qu'on le faſſe paſſer pour un Déclamateur foible & languiſſant, quand il entend dire que Demoſthene n'eſt ni pompeux, ni agréable, ni propre à peindre les mœurs.

Longolius ne doit pas trouver mauvais qu'on le faſſe paſſer pour un Orateur gêné & contre-fait, & pour un ſinge ridicule de l'ancienne Eloquence Romaine, voyant que dès le ſiécle d'Auguſte même Ciceron étoit ſi mal traité par les Cenſeurs qui trouvoient ſon éloquence fade & ſans force, & qui le faiſoient paſſer pour un Aſiatique, c'eſt-à-dire, pour un grand conteur de paroles & de penſées ſuperfluës.

Enfin la Populace des Philoſophes & des Hiſtoriens peut trouver auſſi de quoi ſe conſoler de la ſéverité des Critiques dans le peu d'égard qu'ils ont eu pour le mérite de Platon & d'Ariſtote, de Seneque, & de Plutarque, de Deſcartes & de Gaſſendi ; & pour celui d'Herodote, de Thucydide, de Tite-Live, de Tacite, de Joſephe, de Dion, d'Ammien, de Baronius, de Monſieur de Thou & de tout ce qu'il y a de plus grand dans toute l'Antiquité & depuis la renaiſſance des Lettres.

On peut dire auſſi que cette foule d'Ecrivains médiocres qui ont eu intention de rendre quelque ſervice à la Religion, quoique l'Egliſe n'ait point exigé cela d'eux, auroit grand tort de ſe plaindre des mauvais traitemens des Cenſeurs Publics & Particuliers, ſachant que les plus grands Ecrivains de l'Egliſe n'en ont pas été exemts.

Je ne parle pas de Saint Juſtin, de Saint Irenée, de Tertullien, de Saint Clement d'Alexandrie, d'Origene, d'Arnobe, de Lactance & de tous ceux qui ont donné plus de lieu à la cenſure par quelques défauts d'exactitude dans leurs ſentimens. Mais quelles libertés n'a-t-on point priſe contre les Docteurs de l'Egliſe les plus autoriſés & les moins faillibles ? Quels exercices certains Cenſeurs particuliers n'ont-ils point donnés à l'humilité, à la patience, & à la généroſité des Saint Jerôme & de Saint Auguſtin (1) ? Et qui peut ignorer de quelle

---

1 S. Hieronym. initio vit. S. Hilarionis. Item Epiſt. ad Pammach. pro Libris ſuis contrà Jovinian. &c.

S. Proſper Epiſt. ad Auguſtin. Auguſtinus ipſe paſſim in Epiſt. & Lib. contrà Semi-Pelag. &c.

SUR LES LIVRES EN GENERAL.

maniere on a traité les Ecrits & la mémoire de Saint Gregoire le Grand (1) & de Saint Thomas (2).

Ce font-là fans doute, humainement parlant, de grands fujets de confolation pour les petits & médiocres Ecrivains qui ont au moins la fatisfaction de reffembler par cet endroit à ces glorieux Modeles.

D'un autre côté les Grands Hommes, c'eft-à-dire les Auteurs du premier ordre ne témoignent point avoir beaucoup de chagrin de fe voir expofés aux jugemens bifares d'un auffi grand nombre de Cenfeurs qu'ils ont de Lecteurs. Ils ont au contraire grand intereft qu'on ne faffe grace à perfonne, & qu'on banniffe également la faveur & l'indulgence, afin que cette rigueur inflexible contribue encore à les diftinguer davantage & à relever l'éclat de leur mérite, de même que l'épreuve du feu femble donner un nouveau luftre à la pureté de l'or. Il eft vrai que ceux d'entre eux qui ont paru dans la Gentilité femblent n'avoir eu que du mépris pour tous les jugemens qui leur étoient peu favorables, mais cette hauteur avec laquelle ils traitoient le Public ne les empêchoit pas de reconnoître fa jurifdiction fur leurs Ecrits.

Et ceux qui ont eu le bonheur d'écrire dans l'efprit du Chriftianifme, loin de prendre le parti du mépris pour toutes les cenfures même déraifonnables, ont fû en tirer des avantages confiderables autant pour eux-mêmes que pour leurs Cenfeurs. Car cette conduite leur a donné lieu de reconnoître encore mieux qu'ils ne faifoient auparavant, la foibleffe de l'homme dans les uns auffi bien que dans les autres; de corriger avec humilité ce qui méritoit de l'être; d'inftruire ou d'adoucir avec charité ceux que l'ignorance ou la paffion avoient mis au rang de leurs Cenfeurs; de repouffer avec vigueur l'infolence fans bleffer l'infolent; & enfin d'aimer & d'honorer avec reconnoiffance ceux même qui les avoient cenfurés avec aigreur & malignité (3).

---

1 Joan. Diac. Lib. 4. vitæ S. Gregor. cap. 69. & 70.
Sigebert. Gemblac. de Vir. illuftr. cap. 41. & 43.
Baronius ad Ann. 664. &c.
2 Theoph. Raynaud. Erotem. de bonis & malis Lib. num. 579. & feqq. ubi de Sicera mœrentibus, &c.
3 S. Hieron. Præfa. in Chronic. Eufebian. Idem in Epift. 97. & alibi.
S. Auguft. Epift. 79. & alibi non femel.

CHAPITRE VI.

Il y a peu de Livres entierement exemts de fautes.

IL n'est pas difficile, ce semble, de dire pourquoi tout le monde est soumis à la censure, & pourquoi de tous les Ouvrages qui ont été publiés, il n'y a que ceux auxquels l'Esprit de Dieu a travaillé, qui en doivent être exemts. C'est parce que comme il y a assés peu de Livres qui soient généralement mauvais en toutes leurs parties, il y en a encore moins qui soient universellement bons.

On juge ordinairement de la bonté ou des défauts d'un Livre par la matiere que son Auteur y traite & par la forme qu'il lui donne. Il semble qu'il y ait peu de difficulté à bien choisir sa matiere, & à moins qu'un Ecrivain n'ait le cœur & l'entendement entierement corrompus, il sauve ordinairement à ses Censeurs la peine de l'examiner en la leur faisant suposer bonne & utile. Car il ne s'agit pas ici de ces matieres frivoles & criminelles qui font le sujet des mauvais Livres qui portent avec eux leur condamnation, & qui trouvent ou qui rendent souvent leurs Lecteurs aussi vicieux & aussi mal-honêtes gens que leurs Auteurs.

Ce n'est donc pour l'ordinaire que dans la forme & dans les manieres d'écrire que péchent la plupart des Livres qui ne sont pas faits exprès pour être mauvais, & c'est aussi en quoi les Critiques se plaisent le plus à faire voir leur industrie & leur habileté à censurer.

Mais ils ne s'accordent pas entierement dans les qualités qu'ils exigent pour faire qu'un Livre puisse passer pour bon & pour bien fait. Les uns semblent ne demander que le bon sens avec l'intelligence de la matiere qu'on y traite. Les autres nous spécifient quatre qualités qu'ils prétendent suffire pour faire un bon Livre (1), savoir, la prudence ou le discernement, la solidité, la netteté ou l'ordre, & la breveté. D'autres croyent que c'est assés de la science, de l'exactitude, & de la justesse qui fait l'harmonie & les proportions. Il y en a d'autres qui soutiennent qu'il n'y doit manquer aucune des qualités qui contribuent à la perfection de l'esprit de l'homme.

Ces derniers Critiques composent sans doute le parti le plus nom-

---

a Christian. Liberius de scrib. & legend. Lib. pag. 26.

SUR LES LIVRES EN GENERAL.

breux & le plus puiſſant de la République des Lettres, parce que leur ſentiment eſt plus favorable au caprice & à la malignité de l'homme qui eſt naturellement porté à la cenſure de ſon ſemblable, & qui eſt bien aiſe de trouver ou de feindre même des défauts dans les Ouvrages les plus accomplis. Ainſi puiſque leur voix l'emporte, il faut conclure qu'il n'y a peut-être pas de Livres parfaitement bien faits en toutes leurs parties, parce qu'il ne s'en trouve peut-être pas en qui l'on puiſſe rencontrer tout à la fois toutes ces conditions avantageuſes.

Perſonne que je ſache ne reſiſte à ce ſentiment, d'autant moins qu'il eſt plus conforme à la maxime commune qu'il n'y a rien de parfait dans le Monde, c'eſt-à-dire, dans tout ce qui vient de la part de l'homme. Mais on eſt convenu néanmoins qu'on apelleroit un bon Livre non pas celui qui devroit être tel à toute rigueur, mais celui qui auroit moins de défauts. (1)

Optimus ille eſt
Qui minimis urgetur.

Ce ne peut donc pas être celui „ qui fait plaiſir à notre malignité „ naturelle & qui flate l'injuſtice que nous avons de ne vouloir jamais „ donner à ceux qui excellent en quelque talent naturel toute la gloire „ qu'ils méritent, comme a prétendu vainement un Ecrivain moderne (2) qui ſoutient qu'un Livre de cette nature eſt bon parce que nous ſommes méchans; que nous le recevons avec aplaudiſſement, parce qu'il favoriſe la malignité de notre cœur en la ſecondant; & qu'il n'y a que les Livres qui ſupoſent que le Lecteur eſt foible ou malin qui ont aujourd'hui beaucoup de ſuccès. Car loin de nous perſuader que ce ſoit-là le caractére d'un bon Livre, nous ne voudrions preſque pas d'autre deſcription d'un méchant Livre que celle-là (3), dans ce genre de compoſition.

Nous en ſommes donc preſque toujours reduits à apeller un bon Livre celui où il ſe trouve quelque choſe de bon, & à confeſſer qu'il n'eſt pas néceſſaire que tout y ſoit bon pour lui accorder cette qualité. Mais il faut au moins que le bon l'emporte ſur le médiocre & le mauvais, (4) & l'on croit faire grace à un Ouvrage de ne le point trai-

---

1 Horatius Satyr. 3. Lib. 1. v. 68.
2 L'Abbé de Villars Traité de la Délicateſſe. pag. 18. 19.
3 Cleant. Tom. 2. de ſes ſentimens. p.
43. 44.
4 Ap. delect. Epigramm. L. 1. p. 6. & not. Th. Farnab. in Martial. pag. 21.

DES JUGEMENS

ter de méchant Livre quand le médiocre y fait la partie dominante & que le bon & le mauvais y ont l'alternative (1).

C'est pourquoi si Martial est un bon garant de son siécle, & s'il est vrai comme il le dit (2) qu'il faille juger de la bonté des Ecrits des autres par l'idée qu'il nous donne de ses propres Ouvrages, on peut dire que dès son tems il ne se faisoit presque plus de bons Livres, puisqu'il nous assure qu'il ne s'en publioit pas dans lesquels le mauvais n'occupât la plus grande place, où le genre médiocre ne remplît aussi fort-bien la sienne, & où par conséquent il en restoit assés-peu pour les bonnes choses.

<small>Tamen æquus judex compenset vitiis bona : pluribus hisce (si modo plura, illi bona sunt) inclinet. *Horat.*
Sunt bona, sunt quædam mediocria, sunt mala plura, quæ legis hic; aliter non fit, Avite, liber. *Martial.*</small>

Chapitre VII.

Des bons Livres par rapport à leur matiere.

Mais si la forme des bons Livres semble être perie de si bonne heure, soit pour la disposition, soit pour le langage, on peut assûrer que la matiere en a du moins toujours subsisté jusqu'à notre tems, même au milieu des siécles les plus barbares & les plus ténébreux; & qu'on ne laisse pas de considérer les productions de ces tems-là qui n'ont que cette partie de bon.

La plupart de tous ces Ecrivains venus depuis la décadence de la Latinité n'ont point aspiré à la gloire de bien écrire, mais seulement à celle de dire de bonnes choses, & lorsqu'ils ont réussi en ce dernier point, les Critiques n'ont eu rien à prendre sur eux. C'est pourquoi les plus séveres même & les plus judicieux n'ont pas jugé qu'un Livre fût mauvais lorsqu'il étoit heureusement conduit à la fin que l'Auteur s'étoit proposée, quelques choses qu'ils y trouvassent à redire d'ailleurs; & ils sont convenus qu'un Ouvrage qui n'a point été fait pour le stile ne laisse pas de pouvoir être bon quoique le stile n'en vaille rien. Comme, par exemple, lorsqu'un Historien est fidéle, judicieux, & bien instruit; lorsqu'un Philosophe est juste dans ses raisonnemens, & qu'il bâtit sur de bons principes; lorsqu'un Théologien est conforme à la Foi, & qu'il ne s'écarte ni de l'Ecriture ni de la Tradition : ils passent parmi les gens de bon goût pour un bon Historien, un bon Philosophe, & un bon Théologien. C'est ce qu'ont remarqué

---

1 Symmach. L. 4. Epist. 189.   2 Martial. L. 1. epigramm. 17.

SUR LES LIVRES EN GENERAL.

les Peres Antoine Poſſevin (1), Claude Clement (2), Theophile Raynaud (3) : c'eſt ce qu'ont remarqué auſſi Monſieur de Fileſac (4), le prétendu Liberius (5), Monſieur du Cange (6), & tous ceux des Critiques qui en ont jugé le plus ſainement.

Les ſiécles differens ont leur génie & leur goût particuliers, & comme aujourd'hui ce ſeroit s'attirer ſur les bras l'Armée entiere des Critiques ſi on affectoit de mal parler même en écrivant ſur les matieres qui dépendent le moins de la beauté du langage; de même depuis principalement que l'Empire a été renfermé dans l'Egliſe, il ſemble que c'étoit s'expoſer à la cenſure que d'affecter le beau Langage ſur tout parmi les Latins, parce qu'il paroiſſoit que l'éloquence & les autres ornemens du diſcours n'étoient plus alors à l'uſage des Peuples, auſquels il faut toujours avoir égard quand on écrit en leur langue.

C'eſt particulierement cette conſidération qui a porté les plus judicieux Ecrivains de l'Egliſe & qui pouvoient écrire & parler le mieux de leur ſiécle, à mépriſer toutes ces vaines beautés du langage qu'ils jugeoient indignes de leur caractére & de la gravité Chrétienne, & propres ſeulement à des Poëtes & à des Orateurs Païens qui n'avoient rien de ſolide à débiter.

Saint Jerôme les conſidérant comme des puerilités, témoigne ſouvent qu'il y avoit renoncé pour embraſſer un genre d'écrire plus proportionné à la majeſté de notre Religion, & à la capacité des perſonnes même les plus ſimples (7).

Saint Auguſtin qui avoit autrefois enſeigné l'Art de parler, & qui ſavoit parfaitement celui d'écrire, s'eſt abaiſſé exprès dans ſon ſtile & dans ſes manieres pour faire voir par ſon exemple ce qu'il en faloit juger, & pour nous faire connoître que la maniere de parler ſelon le vulgaire, mais qui eſt ſans baſſeſſe, eſt beaucoup plus utile que le genre ſublime des Doctes, & que la politeſſe étudiée du langage de ce qu'on apelle le beau Monde, pour l'expreſſion & l'intelligence des choſes qu'on veut enſeigner aux autres. (8)

---

1 Poſſevin. Biblioth. Select. L. 1. de etlr. ing. cap. 49. &c.
2 Claud. Clemens de Muſæi inſtruct.
3 Theoph. Rayn. Erotem. de bon. & mal. libb.
4 Joan. Fileſac. Selector. tom. 2. Tract. qui inſcrib. Varro.
5 Chriſtian. Liberius Germ. de leg. & ſcrib. Libb. Germanopol.
6 Carol. Dufr. du Cange Præfat. gloſ-far. ad Latinit. num. 60. 61. 62. &c. pag. 51. 52. & ſeqq.
7 Hieronym. Epiſt. 34. cap. 1. Item Epiſt. ad Lætam; Item Epiſtola 139. Idem Epiſtola 21. ad Paulum Concordienſ. Ubi de vitæ S. Paulæ ſtylo.
8 S. Auguſt. enarrat. in pſalm. 38. Idem Lib. 2. contra Creſconium grammat. c. 1.

Saint Salvien de Marseille entrant aussi dans les mêmes considérations censure ces Ecrivains affectés de son tems qui alloient rechercher les mignardises & les enjouemens du stile dont la mode étoit passée, disant que pour lui il aimoit mieux écrire des choses utiles que des bagatelles simplement plausibles (1).

Saint Gregoire le Grand semble aller encore plus loin, prétendant avoir eu raison de ne point éviter les *Metacismes*, c'est-à-dire, le concours de l'M finale avec la voyelle initiale que les Grammairiens de ces tems-là ne pouvoient souffrir, ni même les Barbarismes, parce qu'il jugeoit que c'étoit une chose tout-à-fait indigne de vouloir assujetir la parole de Dieu aux régles de Donat (2).

Des raisons aussi importantes & aussi justes que celles de ces célébres Auteurs ont pleinement satisfait les Critiques qui se sont relâché de leurs maximes en faveur des Auteurs Ecclésiastiques. Mais cette dispense ne regarde pas les Ecrivains profanes ni même ceux d'entre les Chrétiens qui semblent n'avoir écrit que pour parler, pour faire parade de leur esprit, & pour occuper leurs Lecteurs par des discours étudiés. Et c'est avec raison que les Critiques n'ont pas mis leurs Ouvrages au rang des bons Livres à moins qu'ils n'ayent été tels autant dans la forme que dans la matiere.

Chapitre VIII.

De l'importance & de la necessité, d'être jugé & examiné.

ON doit juger de l'importance & de la nécessité même qu'il y a de faire le jugement & la censure des Livres pour l'avantage de ceux qui en voudront tirer du fruit, par la condition misérable de ceux qui entreprennent d'écrire, & par les engagemens fâcheux où se trouvent généralement tous les Ouvrages des Hommes de porter toujours quelque marque de la foiblesse ou de la corruption de notre Nature.

Outre ce que nous avons dit des obstacles qui empêchent qu'il puisse y avoir des Livres universellement bons; ,, Il y a encore, dit

---

1 S. Salvianus Massil. præf. ad Lib. 1. de Provid.
2 S. Gregor. Epist. ad Leandr. Hispal.

Ep. præfix. Comment. Moral. in B. Job.

l'Auteur

SUR LES LIVRES EN GENERAL. 17

„ l'Auteur des Essais de Morale (1), des poisons dans les Livres qui
„ sont visibles & grossiers, & il y en a aussi d'invisibles & de cachés.
„ Il y a des Livres tout empestés, & d'autres qui ne sont corrompus
„ qu'en certaines parties : & il y en a peu qui ne le soient en cette
„ maniere.

„ Car les Livres sont les Ouvrages des hommes, & la corruption
„ de l'homme se mêle dans la plupart de ses actions. Et comme elle
„ consiste dans l'ignorance & la concupiscence, les Livres se res-
„ sentent presque tous de ces deux défauts. Ils se ressentent de son
„ ignorance par les maximes qui y sont semées. Ils se ressentent de la
„ concupiscence, parce que les passions qui nous possedent s'impri-
„ ment dans nos Livres, & portent ensuite cette impression insen-
„ sible jusques dans l'esprit de ceux qui les lisent. L'homme se mêle
„ par tout. Ainsi en lisant les Livres des Hommes, nous nous rem-
„ plissons insensiblement des vices des hommes.

Cela fait voir de quelle consequence il est qu'il y ait dans le monde des Critiques également sages & habiles qui sachent nous montrer
au doit des défauts des Livres, & specifier les remédes qui y sont
nécessaires ; qui puissent nous faire distinguer les véritables beautés
d'avec les fausses, & nous marquer précisément ce qu'il y a à rechercher ou à fuir dans la lecture de ces Ouvrages. Et parce qu'outre la
corruption qui vient des Livres-mêmes, il y en a encore une autre
qui vient de nous, & qui gâte les meilleures choses que nous trouvons
dans les Livres : parce que selon les vérités de notre Religion notre
cœur est un vase infecté qui peut corrompre tout ce qu'il reçoit : parce qu'enfin les choses les plus utiles que nous lisons dans les Livres
nous peuvent être un sujet d'erreur par la fausse application que nous
en pouvons faire : il est nécessaire que nous ayons recours aux jugemens que les Personnes savantes & judicieuses font de toutes ces choses, afin que nous en puissions faire le discernement, & qu'ayant rejetté ce qui nous peut nuire, nous puissions avec toute assurance
appliquer le reste à notre usage.

Ces considerations ont porté les Puissances Ecclesiastiques & Séculieres à établir des Censeurs publics pour l'avantage des Peuples soûmis à leur conduite, & même pour conserver l'ordre & la paix dans
l'Eglise & dans l'Etat Politique.

---

1 M. Nicole, Traité de la maniere d'é- | 10. pag. 407. 408. de la 1. Edit.
tudier chrétiennement. Tom. 1. n. 9. &

C'est dans la vûë du bien des Fidéles, que le Pape Gelase & les soixante & dix Evêques du Synode de Rome de l'an 494. après avoir déclaré quels sont les Livres Canoniques, mirent au rang des Apocryphes ceux des Heretiques & de quelques Catholiques-mêmes, dans lesquels ils croyoient avoir trouvé quelque chose qui étoit capable de préjudicier à la pureté de la Foi ou des Mœurs de ceux qui pouroient les lire. (1)

C'est dans la même vûe que les Peres du Concile de Trente nommerent des Commissaires de diverses Nations pour examiner l'*Index* Romain des Livres défendus, & le mettre en état de pouvoir être autorisé par toute la Chrêtienté, & que sur leur raport ils remirent cette affaire entre les mains du S. Pere à cause que la multitude des Livres demandoit une discussion trop longue & trop difficile. (2)

Du P. Paul IV.

Pie IV.

Les autres *Indices* qu'on a tant multiplié depuis ce tems-là, & la multitude des Decrets de la sacrée Congregation semblent avoir encore beaucoup étendu ces vûes, mais seulement dans les Pays d'Inquisition où ils ont eu une bonne partie de leurs effets conformément aux intentions de leurs Auteurs.

On n'a point été moins persuadé en France de la necessité d'examiner les Livres. Mais le droit de le faire au moins pour les Livres concernant la Religion & la Police Ecclesiastique semble être toujours demeuré attaché à l'autorité Episcopale, parce que les Evêques sont les Juges naturels de la Doctrine de l'Eglise, & que la décision des points de la Foi & de la Discipline Ecclesiastique leur apartient de plein droit, & par l'autorité qu'ils ont reçûe immédiatement de J. Christ. (3)

Ils ont toujours exercé ce droit & l'exercent actuellement autant qu'ils le jugent à propos. Mais il semble que depuis l'établissement de la Faculté de Théologie, ils ayent bien voulu se décharger de cette partie de leurs fonctions sur les Docteurs, sans néanmoins rien diminuer de leur autorité en ce point.

On doit dire la même chose de tous les Pasteurs du second ordre,

---

1 Concil. Rom. ann. 494. in Editionib. Conc. & alibi passim. Item apud Baron. ad hunc ann. &c.

2 Conc. Trident. session. 18. seu 2. sub Pio IV. initio.
Item. Session. 25. cap. 2.
Item. Bulla Pii IV. Pontif. præfix. indici Tridentino.
Item. Franc. Forerius præfat. in Ind. Lib. prohib.

Item Petrus Suavis Histor. Concil. Trid. Lib. 6. ad ann. 1562. & Lib. 8. ad ann. 1563. ad finem.

3 Actes divers de la Faculté de Théologie & de l'Université de Paris.
Raisons d'oppositions contre les Censeurs prétendus &c. article 9. page 18. de la troisiéme piéce du Vol. des Differens de la Faculté de Théologie.

SUR LES LIVRES EN GENERAL.

puisque dans les obligations qu'ils ont d'instruire les Peuples qui leur sont soumis, la nécessité de faire le discernement du vrai d'avec le faux & du bon d'avec le mauvais dans les Livres de Doctrine est d'ailleurs inséparable de leur ministere, & fait une des principales & des plus nécessaires de leurs fonctions. (1)

Depuis ce tems-là Messieurs de la Faculté de Théologie de Paris ont consideré „ le droit d'examiner les Livres qui se publient, & de „ porter son jugement sur la qualité de la doctrine, comme une des „ principales prérogatives de leur célébre Corps (2). Quelques-uns d'entr'eux ont publié même (3) que „ comme les Papes lui ont don-„ né ce pouvoir par l'autorité de leurs Bulles, nos Rois très-Chré-„ tiens par leurs Ordonnances & par leurs Lettres Patentes, & le „ Parlement par la justice de ses Arrêts, elle s'y est maintenuë par „ une possession immémoriale. Que les Docteurs ayant reçû ce Pri-„ vilége comme un appanage qui est attaché à leurs dégrés, ils en „ ont toujours joui paisiblement sous l'autorité de la Faculté.

Ces Messieurs fixent néanmoins ailleurs cette possession qu'ils apellent immémoriale au quinziéme siécle, & dans les Raisons d'opposition qu'ils vouloient former à la nomination de quelques Censeurs publics l'an 1650. Ils disent (4) qu'il y a plus de deux cens „ ans que les Docteurs de Paris sont en possession d'aprouver les „ Livres sans être assujetis qu'à leur seule Faculté à laquelle seule ils „ prétendent être responsables de leurs aprobations.

Le Pere Theophile Raynaud Jesuite s'est bien donné de la peine pour faire voir que ce privilége que les Docteurs en Théologie s'attribuent n'est nullement un droit qu'ils ayent acquis, & qu'il ne leur apartient pas en vertu de leur chaperon. Il ajoûte que des trois qualités que Gerson leur donne, les deux premieres qu'il apelle *autoritative*, & *authentique* apartiennent proprement aux Curés & aux autres Pasteurs chargés des ames ; & qu'il ne reste pour les véritables Docteurs que la troisiéme qu'il appelle *Doctrinale*. (5)

Quoiqu'il en soit, les Docteurs se sont acquités de cet emploi avec assés d'exactitude & de fidelité jusqu'à ce que pour obvier à quelques désordres arrivés dans l'impression des Livres durant les troubles du

---

1 Theoph. Rayn. Erotem. de bon. & mal. Lib. num. 468. 470. pag. 272.

2 Voyés amplement Gerson Tom. 1. Traité de l'examen de la doctrine part. 1. considerat. 1. 2. 3. 4.

3 Considerations sur l'entreprise de Cl.

M.& de M. Gr. & sur la prétention d'être commis seuls à la censure des Liv. pag. 2.

4 Raisons d'oppositions contre les Censeurs prétendus. art. 13. pag. 22.

5 Rayn. ut suprà partition. 3. Erotem. 2. num. 470. 472. 473. pag. 273. 274.

,, Royaume on vit établir en 1624. quatre Docteurs de la Faculté par
,, des Lettres Patentes du Roi du 22. Mars pour être Censeurs &
,, Approbateurs de tous les Livres nouveaux qui s'imprimeroient,
& pour en être responsables en leurs noms, avec défenses aux Libraires d'imprimer aucun Livre qui n'eût été examiné par deux de ces Approbateurs. (1)

Cette commission qui subsiste encore aujourd'hui, quoique le nombre ait été changé, donna quelque chagrin au reste des Docteurs qui crurent qu'on les vouloit priver du droit d'examiner & juger les Livres par cette conduite. Mais Monsieur le Chancelier les remit dans le calme par la réponse qu'il fit le 2. Janvier de l'an 1625. au Syndic
,, de la Faculté ; Qu'il n'avoit jamais prétendu faire aucun préjudice
,, au moindre Docteur, ni déroger aucunement à leurs droits & à
,, leurs anciens Priviléges. (2)

En effet ils n'ont pas laissé de continuer depuis ce tems-là jusqu'à present dans l'exercice de la censure, & on voit dans les Editions, des Approbations publiques de toutes sortes de Docteurs indifferemment, nonobstant la commission qui en est donnée à quelques Particuliers.

Cet établissement donne encore beaucoup moins d'atteinte au droit irrévocable des Evêques, & les Prélats en ont été si bien persuadés, que lorsqu'en l'Assemblée générale du Clergé de l'an 1645. il fut proposé qu'aucun Livre concernant la Doctrine de Théologie & des mœurs ne fût imprimé ni publié sans l'Approbation & l'autorité de l'Evêque Diocesain, ils ne jugerent pas à propos de rien changer dans l'état présent des choses. (3)

La précaution que l'on a apportée en France pour tous les autres Livres qui ne regardent pas la Religion n'a peut-être pas été moins grande ni moins sage. Il semble qu'on avoit autrefois donné la commission de les examiner aux Maîtres des Requêtes qui paroissent avoir gardé cet emploi jusqu'au tems d'Henri IV. Mais il y a apparence que cette commission étoit personnelle plutôt qu'attachée à la dignité des Maîtres des Requêtes, & que d'ailleurs ils n'étoient chargés que de lire les Livres de Droit & d'Histoire où l'on a coutume de traiter des Questions politiques & de raporter des faits qui peuvent regarder

---

1 Extrait abregé des Regiſtres de la Faculté de Théol. sur ce qui s'est passé l'an 1624. & les suivantes, pag. 4.
2 Considerations sur l'entreprise de deux Docteurs commis à la censure des Livres, pag. 6.
3 Raisons d'oppositions art. 7. pag. 10. comme devant.

SUR LES LIVRES EN GENERAL.

les droits du Roi, les interêts de l'Etat, & les Loix du Royaume. C'est pour cette raison que les Docteurs de la Faculté de Théologie de Paris ne trouvoient pas bon que Monsieur Morel, qui avoit été commis avec Monsieur Grandin pour être les Censeurs des Livres concernant la Religion, se vantât de tenir la place des Maîtres des Requêtes dans cette fonction. (1)

Les Heretiques mêmes du Royaume ont crû que cette institution étoit de si bon ordre & d'une telle nécessité, qu'ils se sont conformés à nos usages en ce point sans songer qu'ils avoient fait Schisme d'avec nous. Dans la Discipline de leurs Eglises (2) il leur est ordonné de député des commis de chaque Province *pour avoir le soin de prendre garde à ce qui sera écrit & publié*: Et il est dit en un autre endroit que *les Ministres ni autres de leurs Eglises ne pourront faire imprimer de Livres composés par eux ou par qui que ce soit touchant la Religion ni autrement pour les publier, sans les communiquer aux Colloques, ou s'il est besoin, au Synode Provincial, & en cas que la chose presse, aux Academies & aux Pasteurs prochains.* Ces articles ont été confirmés ensuite par les Synodes Nationaux de Montauban en 1594. de la Rochelle en 1607. d'Alez en 1620. de Charenton en 1623. d'Alençon en 1637. &c. Celui de Montauban dit: *Et quant à ceux qui s'ingerent de faire imprimer des Livres sans les avoir communiqués aux Colloques ou aux Synodes, suivant la Discipline, ils seront griévement censurés & leurs écrits suprimés.*

C'est ce qui a donné lieu au Synode d'Anjou de déposer un Ministre de Saumur nommé d'Huisseau, accusé d'avoir fait imprimer sans approbation le Livre de *la Réunion du Christianisme*. C'est aussi sous le même prétexte qu'ils ont si mal traité le Ministre Dysse ou Dise de Die en Dauphiné pour avoir laissé imprimer depuis trois ans le Livre des *Moyens & Propositions de Paix pour la Réunion des deux Religions en France* sans l'avoir soumis à leur censure.

Leur Synode National de Castres tenu en 1626. leur fait les mêmes défenses, sous les mêmes peines soit pour les Livres de simple méditation, soit pour ceux de controverse. Celui de Charenton tenu en 1631. ordonne sur la réquisition du Commissaire de Sa Majesté, *que deux de leurs Pasteurs attesteront de l'examen qu'ils auront fait des Ecrits*. Celui de Loudun en 1659. veut que *ces Réglemens*

---

1 Ibid. artic. 13. num. 3. & initio pag. 22. | 2 Discipl. des Eglises Ref. chap. 1. art. 15. Item chap. 14. art. 16.

DES JUGEMENS

soient étendus même aux Sermons & à toute sorte d'Ecrits de Réligion.

Suivant ce Réglement le Synode de leur Province de l'Isle de France, a nommé les Ministres de Charenton pour examiner les Livres de Religion qui seroient mis au jour dans leur ressort, & ils se sont mis en possession de cette pratique depuis plusieurs années, comme il paroît par plusieurs Livres de leurs Ministres imprimés avec leur approbation à la tête, comme ceux d'Edme Aubertin, de Jean Mestrezat, de Jean Daillé, de Moïse Amyraut, de Mr. Claude, &c.

Sa Majesté elle-même a bien voulu leur faire l'honneur d'en vouloir connoître par un Arrêt de son Conseil donné le 9. Novembre 1670. lequel défend sous de griéves peines de débiter aucuns Livres de leur Religion, qui n'ayent été certifiés & attestés par des Ministres approuvés. (1)

Si l'examen & la censure des Livres concernant la Religion sont du ressort de la Jurisdiction Ecclesiastique, on ne peut pas nier que leur condamnation, leur suppression & leur anéantissement, comme de tous les autres Livres, n'appartiennent à la Puissance séculiere qui a été dans la possession de cette pratique dès qu'elle est devenuë Chrétienne.

Nous voyons que dans les premiers siécles d'après la Persecution, les Livres qui étoient censurés par les Conciles, étoient souvent défendus & supprimés par l'autorité du Prince, non pas seulement comme étant le Protecteur des Canons, mais comme agissant par raison d'Etat. (2)

Le Concile de Nicée condamna les dogmes d'Arius : Et l'Empereur Constantin en défendit les Livres par Edit, & il les condamna au feu avec des peines afflictives pour ceux qui seroient surpris en les cachant & les retenant (3). L'an 398. Arcadius publia un Edit contre les Livres d'Eunomius & de ceux de son opinion, des Manichéens & de quelques autres sectaires à la sollicitation de Saint Chrysostome, comme l'on croit, après lui avoir representé que l'Eglise les avoit déja censurés, & il les condamna au feu. (4)

Théodose le jeune après que le Concile d'Ephése eût condamné les Livres de Nestorius fit un Edit pour les faire rechercher & les

---

1 Ut supra.
2 Paul. Sarp. Venet. Tract. de Inquisit. cap. 18.
3 Socrat. Hist. Eccles. L. 1. cap. 9.

Item. Sozomen. L. 1. cap. 21.
Item. Baron. Spond. &c. ad ann. 325. n. 28.
4 L. 34. Cod. Theod. de Hæret.

SUR LES LIVRES EN GENERAL.

faire brûler (1). L'an 452. l'Empereur Marcien autorisa par ses Ordonnances la censure que le Concile de Chalcedoine avoit faite des Livres des Eutychiens & les fit périr par le feu (2). Et ce fut à la priere du Pape Saint Leon que deux ans après ce Prince fit un autre Edit adressé à ceux d'Alexandrie & d'Egypte, par lequel il condamne au feu les Livres des mêmes Heretiques & des Apollinaristes (3). l'Empereur Justinien fit une Ordonnance le 6. Août de l'an 536. par laquelle il défendoit & condamnoit au feu les Livres de Severe d'Antioche & des autres Heretiques censurés au Concile de Constantinople sous le Patriarche Mennas (4). Les Livres que Photius avoit écrits contre le Pape Nicolas & le Patriarche Saint Ignace condamnés par le VIII. Concile Oecumenique dans la huitiéme session, furent brûlés par l'ordre & en présence de l'Empereur Basile qui étoit au Concile. (5)

Il s'est trouvé aussi en Occident des exemples de cette conduite des Princes avant le tems de Charlemagne, & un de nos Historiens raporte(6)que Récaréde Roi d'Espagne suprima les Livres des Ariens sur les instructions de Saint Leandre de Seville, & d'autres disent que ce fut ensuite de leur condamnation faite au troisiéme Concile de Toléde l'an 593. (7)

Le P. Paul prétend que cette pratique a subsisté jusqu'à la fin du huitiéme siécle; que jusqu'alors il suffisoit aux Conciles & aux Evêques d'indiquer & de noter les Livres qui contenoient une Doctrine
» condamnée : Mais qu'après l'an 800. comme les Papes commen-
» cerent de se méler du gouvernement politique, ils défendirent
» aussi & firent brûler les Livres dont ils condamnoient les Au-
» teurs (8). Mais cet Ecrivain ne s'est peut-être pas souvenu que les Papes Saint Leon dès l'an 444. Gelase dès l'an 492. & Symmaque en l'année 503. firent brûler de leur propre autorité les Livres des Manichéens. (9)

---

1 L. ult. Cod. Theod. de Hæret.
Item in act. Concil. Ephes. &c.
2 In act. Conc. Chalcedon. Act. 3.
Item in Cod. Justinian. L. Quoniam, 3.
de Episcop. & Cler.
3 Baron. ad ann. 454.
Item Spond, ex eo ad hunc ann. num. 2.
4 Novell. 42. Justinian.
Item Ap. Baron. ad ann. 536. n. 109.
5 Act. Conc. œcum. 8. action. 8.
Item Baron. ad ann. 869. num. 6.

6 Aimoin. L. 3. de reb. Francor. cap. 77.
7 Baron. & ex eo Spond. ad ann. 593. num. 7.
8 Hist. du Concile de Trente L. 6. pag. 451. de la version de M. de Josseval.
Item Traité de l'Inquisition chap. 9.
9 De Leone quidem vide Prosperi Chronic. de reliquis vide Baronii Annal. ad annos notat.

On ne peut néanmoins rien conclure de cette action contre la puissance des Princes séculiers sur les Livres Ecclesiastiques, non plus que de celle du Pape Adrien II. qui fit le même traitement aux Livres de Photius l'an 868 ensuite de la tenuë de son Concile de Rome (1), ni de celle d'Innocent II. qui condamna pareillement au feu les Livres de Pierre Abailard & d'Arnaud de Bresse l'an 1140. après qu'ils avoient déja été condamnés au Concile de Sens par les soins de Saint Bernard (2), ni enfin de celle de tous les autres Papes qui ont jugé à propos d'en user de la sorte à l'égard des Ecrits de ceux qui n'étoient pas soumis à leur puissance temporelle.

Chapitre IX.

De l'obligation de se soumettre au jugement des Censeurs.

IL est visible par le petit nombre de faits que je viens de raporter que la necessité d'examiner & censurer les Livres dans l'Etat Ecclesiastique & Politique a toujours été considerée comme une chose très-importante pour l'un & l'autre Gouvernement : Mais il n'est pas si facile de dire si cette necessité a toujours été autant active que passive (s'il m'est permis de me servir de ces expressions) c'est-à-dire si elle tomboit également sur les Auteurs aussi-bien que sur les Censeurs ; & si un Ecrivain a toujours été obligé de faire voir ses Ecrits & de les soumettre au jugement de ceux qui avoient droit de les censurer avant que de les mettre au jour.

Il est vrai que de tems en tems on a vû des exemples d'Auteurs qui ont eu soin de demander l'approbation de leurs Ouvrages soit au Pape, soit aux Evêques, les reconnoissant pour les Juges & les dépositaires de la Foi de l'Eglise, & qui se sont particuliérement attachés à faire valoir l'autorité singuliere du saint Siége en ce point.

Gennade de Marseille envoya son Livre de la Foi au Pape Gelase pour le lui faire examiner (3). Un Evêque d'Afrique appellé Possesseur

---

1 Baronii Epitom. Spond. ad ann. 868. num. 3.
2 Vie de Saint Bernard Livre 6. chap. 4. pag. 548. Edition in 8.

Item apud Baron. ad annum 1140.
3 Gennad. de Viris Illustr. cap. 199. ubi suas recenset lucubrationes.

envoya

envoya au Pape Hormisde les Commentaires qu'il avoit faits sur les Epîtres de Saint Paul pour les revoir (1). Jean le Diacre adresse au Pape Jean la Vie de Saint Gregoire le Grand qu'il avoit composée comme à celui à qui il apartenoit d'aprouver ou de condamner les Livres (2). Le B. Fauste Benedictin montra la Vie de Saint Maur son Confrere au Pape Boniface qui l'aprouva après l'avoir examinée (3). L'Abbé Joachim soumit au jugement du Saint Siége tous les Ouvrages qu'il avoit composés & tous ceux qu'il pouroit faire dans la suite. C'est ce qui porta quelques Papes à prendre la défense de sa mémoire & de ses Ecrits après sa mort (4). Godefroi de Viterbe adressant son Panthéon ou sa Cronique au Pape Urbain III. semble reconnoître qu'il n'y avoit point de son tems de productions qui fussent autentiques sans l'aprobation du Pape, & il ajoute que c'est dans cette pensée qu'il lui envoye son Livre avant que de le rendre public afin qu'il puisse être honoré de son approbation. (5)

Mais il y a grande aparence que ce n'étoit qu'une simple déférence & une soumission très-volontaire que ces Ecrivains témoignoient avoir pour ceux qu'ils consideroient comme leurs Superieurs & dont ils demandoient plutôt la protection que le jugement par ces sortes de Dédicaces ou de Préfaces interessées, telles qu'étoient celles de la plupart des Auteurs que je viens de citer.

C'est ce qu'il est aisé de juger par la maniere d'agir qu'on a remarquée dans Ambroise Autpert François de naissance, mais qui étoit Abbé de S. Vincent sur le Volterne en Italie au huitiéme siécle. Cet Auteur dédia ses Commentaires sur l'Apocalypse au Pape Etienne III. vers l'an 768. & il le fit parce que quelques personnes envieuses l'avoient voulu empêcher de publier son Ouvrage, & s'étoient adressées au Pape pour ce sujet. Mais le Pape l'ayant exhorté au contraire à le publier & à continuer sur le pied qu'il avoit commencé sans s'arrêter aux plaintes ni aux médisances de ses envieux, cela porta Ambroise à demander à ce Pape l'aprobation de son Ouvrage, ajoûtant une chose tout-à-fait singuliere & remarquable, qui est » qu'il étoit le premier Ecrivain qui la lui eût demandée, que la li-
» berté d'écrire en suivant les Peres de l'Eglise étoit publique &

Labora sicut cœpisti.

---

1 Theoph. Rayn. Erotem. de bon. & mal. Lib. num. 475.
2 Joan. Diac. præfat. vit. S. Gregorii ad Joan. Pap. præfix. operib. Gregor.
3 Fausti præfat. ad vit. B. Mauri.
4 Honorius III. PP. Epist. ad Episcop.

Lucaniæ apud Rayn. Erotem. num. 477.
Item Innocent. III. cap. Damnamus. de summa Trinitate & Fide Catholica.
5 Godefrid. Viterbiens. præfat. Chronici ad Urb. III. Papam.

commune; & que lui-même, comme il dit, » ne prétendoit pas
» la bleſſer par cette libre, volontaire, & humble ſoumiſſion.
» *Sed non ideo libertas ſuccubuit quia humilitas ſemeitpſam liberè*
» *proſtravit.* (1)

On a voulu nous perſuader que cette pratique d'envoyer ſes Ecrits
au Pape pour les examiner & les juger étoit auſſi en uſage dans l'O-
rient, & nous faire conclure delà que cette prétenduë coutume en
avoit fait une obligation & une eſpece de Loi. Il eſt néanmoins difficile d'en raporter des exemples, hors ce qui regarde l'aprobation
ou la confirmation de quelques Canons ou de quelques autres regle-
mens Ecclefiaſtiques.

Baronius & ceux qui l'ont ſuivi ont crû qu'il ſuffiſoit de nous produire celui de Jean Patriarche d'Alexandrie, qu'ils prétendent ſur la
foi de Photius avoir envoyé au Pape Gelaſe un Traité Apologetique
contre les Pelagiens pour l'examiner (2). Mais il n'y a point eu de
Jean ſur le Siége d'Alexandrie durant tout le tems du Pontificat
de Gelaſe qui l'occupa depuis l'an 492. juſqu'en 496. Jean Talaïda
ayant été chaſſé d'Alexandrie & étant venu à Rome pour trouver
un aſile auprès du Pape Felix III. fut établi Evêque de Nole l'an
484. où il mourut peu de tems après. Jean Mela ne monta ſur la
Chaire d'Alexandrie qu'en 498. du tems du Pape Anaſtaſe II.
C'étoit d'ailleurs un heretique, au-lieu que ce Jean en queſtion
eſt apellé orthodoxe. Entre Talaïda & Mela qui n'écrivirent ni l'un
ni l'autre, il n'y eût ſur le Siége Patriarchal que le fameux Pierre
Mongus pour la ſeconde fois, & Athanaſe. Mongus mourut en
490. Athanaſe dura juſqu'en 498. c'eſt-à-dire tout le tems du Pontificat de Gelaſe, & deux ans au-delà.

---

1 Table hiſt. & chron. de l'Off. du S. Sacr. ſiécle 8. nombr. 67.
2 Baron. ad ann. 590. loco peregrino, & ex eo Henr. Spond. Epit. Baron. ad ann. 496. num. 6.

Chapitre X.

Qu'il est de l'interêt des Auteurs de s'assujettir à cette obligation.

MAis quoique la necessité de se mettre entre les mains des Censeurs publics avant que de se mettre au jour ne soit pas fort ancienne, on ne peut pas dire qu'il y ait eu un tems auquel les Auteurs n'ayent point été obligés pour leur réputation & pour le bien public de se soumettre au jugement des personnes habiles & judicieuses dont il faut avouer qu'ils ont pourtant toujours eu le choix jusqu'à la publication de leur Ouvrage.

Car outre qu'il n'y a point d'Auteur de bon sens qui ne se reconnoisse sujet à l'erreur, & qui ne doive se supposer aveugle & trop interessé dans la recherche de ses propres fautes; c'est que la beauté & la bonté d'un Livre consistent en tant d'excellentes parties, qu'il est impossible qu'il n'y en ait toujours quelqu'une qui manque ou qui soit défectueuse, & que par consequent ils n'ayent toujours besoin ou d'aides ou de réformateurs. (1)

C'est une necessité qu'on s'est faite de soi-même. L'interêt & l'amour propre l'ont produite dans la plupart de ceux qui ont voulu réussir & acquerir quelque réputation, les Païens l'ont reconnuë & s'y sont réduits avant nous (2). Mais si la plupart des Saints Ecrivains de notre Religion l'ont embrassée avec joie, & s'ils l'ont encore beaucoup mieux suivie que les autres, c'est parce qu'ils l'ont établie sur d'autres principes, c'est-à-dire sur l'humilité Chrêtienne & la charité qui leur a fait envisager uniquement la gloire de Dieu, le service de l'Eglise, & leur propre sanctification dans leurs Ecrits, comme il a paru particuliérement dans la conduite de Saint Ambroise & de Saint Augustin.

J'ai crû que le Lecteur ne seroit pas fâché de voir ici dans quels sentimens le premier de ces deux Saints Docteurs en écrit à un Evêque de Lodi nommé Sabin, à qui il envoyoit ses Ouvrages pour les examiner dans toute la rigueur, & les corriger de son autorité, & suivant ses lumiéres.

---

1 Sentimens de l'Academie sur la Tragi-Comedie du Cid, page 8.

2 Th. Rayn. Erot. de bon. & mal. lib. partit. 3. Erot. 1. num. 458. 459.

" * Les Écrits que vous m'avés renvoyés, dit-il, me paroissent
" beaucoup meilleurs depuis qu'ils ont passé par votre examen &
" qu'ils ont subi votre jugement. C'est ce qui me porte à vous en
" envoyer encore d'autres, mais aux conditions dont nous sommes
" convenus ensemble, afin que l'on voye que c'est la sincerité & la
" severité que vous m'avés promis de garder par tout qui me charme
" & qui me donne cette confiance, & non pas ces manieres obli-
" geantes & ces jugemens favorables que vous avés portés de ces
" premiers. Car il m'est beaucoup plus avantageux de recevoir de
" vous des corrections que des louanges avant que mes Ouvrages
" soient donnés au Public dont il n'y a plus d'appel, & d'être censuré
" de vous présentement pour mériter l'aprobation des autres après
" la publication, que d'en être flaté & d'en être épargné pour tom-
" ber ensuite dans la censure des autres.

"   Quand je souhaite que vous lisiés ce que je suis engagé de don-
" ner au jour, ce n'est point pour vous donner un vain amusement,
" mais c'est pour faire passer mes sentimens dans les vôtres, & pour
" vous engager si bien dans mes interêts, que vous puissiés craindre
" avec justice qu'on ne vous attribuë mes propres fautes, qui de-
" viennent vôtres dès que je vous les abandonne. Car outre mon
" peu de lumiere, outre mes foiblesses particuliéres, il y a pour l'or-
" dinaire dans l'esprit de ceux qui se mêlent d'écrire un aveuglement
" qui les empêche de voir leur propres défauts. Ces ténebres
" qui les environnent ne leur produisent que des fantômes
" vains qui les jettent dans l'illusion en leur cachant la difformité qui
" paroît aux yeux des autres. Ceux qui travaillent pour les autres,
" s'exposent au danger de n'en être pas toujours traité favora-
" blement, & de ressentir les effets de la mauvaise volonté des uns

---

* *Ambrosius Sabino Laudensi Episcopo, rogans ut libellos quos illi mittit scrutanter discutiat, & quæ corrigenda decreverit arbitrii sui judicio corrigat.*

Remisisti mihi libellos quos tuo judicio probatiores habebo. Ideo misi alios non judicii favore delectatus, sed promissâ à te, petitâ à me veritate illectus. Malo enim tuo corrigatur judicio, si quid movet, priusquam foras prodeat, unde jam revocandi nulla facultas sit, quàm laudari à te quod ab aliis reprehendatur. Itaque arbitrum te eorum quæ postulas rogavi. Neque enim legi à te mea quæ non nunquam tribuo in vulgus, sed in tuæ calculum venire sententiæ desideravi. Non erit longi subsellii ista judicatio & mora, ut dictum est antiquitus. Facile est tibi de nostris judicare. Ego certe huc invitatu tuo prodeundum putavi, tuum est liquidò decernere, & scrutanter discutere quæ corrigas, ne tibi vitio vertant ea quæ nobis potuerunt obrepere. Nescio quo enim modo præter imprudentiæ caliginem quæ me circumfundit, unumquemque fallunt sua scripta & auctorem

SUR LES LIVRES EN GENERAL. 29

„ aussi-bien que de la juste severité des autres. C'est ce qui doit
„ porter un Auteur à s'accommoder plutôt au goût des autres
„ qu'au sien en particulier, & à se dépouiller pour ainsi dire de ses
„ propres sentimens pour embrasser ceux des autres.

„ C'est pourquoi je vous prie de n'employer toute la bonne
„ volonté que vous témoignés avoir pour moi qu'à un examen
„ exact & severe de ce que je vous envoie, non pas suivant les régles
„ de l'éloquence du Barreau dont je ne fais pas profession ; mais
„ selon la sincerité & l'integrité de la Foi que vous avés em-
„ brassée, & selon ce qui est convenable à notre état. Marqués-
„ moi sur toutes choses tout ce que vous ne trouverés point de
„ *poids* & tout ce qui ne vous paroîtra point de *bon alloi*, afin que
„ nos Adversaires n'en puissent point tirer avantage, car il est tou-
„ jours fâcheux qu'un Livre ne se puisse point défendre par lui-mê-
„ me, & qu'il ait besoin d'apologie. Mais je ne craindrai point
„ de leur abandonner le mien, après que vous l'aurés appuyé de
„ votre autorité & que vous l'aurés honoré de votre pro-
„ tection.

Chapitre XI.

De l'utilité de la censure.

AU reste cette necessité ne peut être que très-avantageuse aux
Ecrivains quand ils ont affaire à des Censeurs également éclairés & libres de préjugés & de passions, parce que ceux-ci ne leur
tiennent pas moins lieu de Maîtres savans que de Juges équitables.

---

præteregunt : atque ut filii etiam deformes delectant, sic etiam scriptorem indecores sermones sui palpant. Incautius plerumque aliquid promitur, aliquid accipitur malevolentius,
aliquid erit ambiguum, tum quia alieno examinanda judicio, non pro nostra debemus
magis quam pro aliena opinione trutinare, & discutere omnes scrupulos malevolentiæ.
Assume igitur benevolo animo aurem versutiæ, & pertracta omnia, sermones ventila,
si in iis non forenses blanditiæ & suasoria verba, sed fidei sinceritas est & confessionis so-
brietas. Notam adpone ad verbum dubii ponderis & fallacis stateræ, ne quid pro se esse
Adversarius interpretetur. Esto ut revincat si congredi cœperit, male se habet liber qui
sine assertore non defenditur. Ipse igitur pro se loquatur, qui procedit sine interprete.
Habetur hic tamen, non egredietur à nobis nisi à te acceperit auctoritatem. Itaque cum
tum fide tua prodire jusseris committetur tibi (*alias* sibi) Tamen quoniam non in ser-
mone est regnum Dei, sed in virtute, verbum si offenderit, virtutem Professionis inter-
rogato, &c.
Ambros. Epistol. 40.

Car dans cette supposition les remarques qu'ils peuvent faire des défauts d'un Auteur ne sont pas des reproches de sa foiblesse mais des avertissemens, qui lui donnent de nouvelles forces & de nouvelles lumiéres.

Quand la Censure demeure dans les bornes qui lui sont prescrites par la prudence & par l'équité, on peut dire qu'elle n'est pas moins utile dans la République des Lettres qu'elle le fut autrefois dans celle de Rome, & qu'elle ne fait pas moins de bons Ecrivains dans l'une qu'elle a fait de bons Citoyens dans l'autre.

Car selon Messieurs de l'Academie (1) c'est une verité reconnuë que la louange a moins de force pour nous faire avancer dans le chemin de la vertu que le blâme pour nous retirer de celui du vice: & il y a beaucoup de personnes qui ne se laissent point emporter à l'ambition, mais il y en a peu qui ne craignent de tomber dans la honte. D'ailleurs la louange nous fait souvent demeurer au-dessous de nous-mêmes, en nous persuadant que nous sommes déja au dessus des autres, & nous retient dans une médiocrité vicieuse qui nous empêche d'arriver à la perfection. Au contraire le blâme qui ne passe point les termes de l'équité, décille les yeux de l'Homme que l'amour propre lui avoit fermés, & lui faisant voir en quoi il s'éloigne de la fin qu'il s'étoit proposée ou des moyens qu'il a dû employer pour y parvenir, le fait revenir de ses égaremens, lui redonne le courage, & le remet en état de réussir.

Monsieur le Bon témoigne aussi (2) que les jugemens divers qu'on fait des Livres sont toujours extrémement avantageux, quelques qu'ils puissent être, parce que quoique les Auteurs semblent donner leurs Ouvrages au Public sans aucune restriction, ils peuvent néanmoins s'y reserver legitimement le droit d'y corriger ce qu'il y auroit de défectueux. Ils sont toujours utiles lorsqu'ils sont justes, & ils ne nuisent de rien lorsqu'ils sont injustes, dit-il, parce qu'il est permis de ne les pas suivre. Il ajoûte qu'il est même de la prudence qu'en plusieurs rencontres les Auteurs s'accommodent à ces jugemens qui ne leur paroissent pas justes; parce que s'ils ne leur font pas voir que ce qu'on reprend en eux soit mauvais, ils leur font voir au moins qu'il n'est pas proportionné à l'esprit de ceux qui le reprennent. Or il est toujours meilleur, tant qu'on le peut sans inconvenient, de choisir un temperament si juste qu'en contentant les

---

1 Sentim. de l'Academie sur la Tragi-Com. du Cid. pag. 6. & suivantes.

2 Discours second impr. devant l'Art de penser, pag. 23.

personnes judicieuses, on ne mécontente pas ceux qui ont le jugement moins exact, puisque l'on ne doit pas supposer qu'on n'aura que des Lecteurs habiles & intelligens.

Ce n'est pas seulement aux Auteurs que la Censure peut être utile pour leur faire corriger leurs fautes & les rendre plus exacts & plus habiles. On peut dire que le Public en tire encore beaucoup d'avantages, quand sur des propositions indécises il n'ait des contestations honnêtes, dont la chaleur découvre en peu de tems ce qu'une froide recherche n'auroit pû découvrir en plusieurs années; & que l'entendement humain faisant un effort pour se délivrer de l'incertitude de ses doutes, s'acquiert promtement par l'agitation de la dispute la satisfaction qu'il trouve dans la certitude des connoissances. Plusieurs de celles qu'on estime aujourd'hui sont sorties de la contention des esprits (1), & il est souvent arrivé que par cette heureuse violence on a tiré la Verité du fond des abîmes, & qu'on a forcé le Tems d'en avancer la production.

C'est une espéce de guere qui est avantageuse pour les deux partis qui la font & pour ceux qui y sont indifferens, comme pour ceux qui s'y interessent, lorsqu'elle se fait civilement, & que les armes empoisonnées y sont defenduës: Et on peut dire que les Vaincus ont souvent plus de part aux fruits de la victoire que les Victorieux-mêmes.

C'est à ces sortes de contestations & de censures qu'on est redevable des grands progrès que l'on a fait depuis un siécle dans les Sciences humaines, particuliérement dans la Physique, la Medecine, & les Mathématiques, dans la Chronologie, & la Géographie; dans la Poësie, dans la Philosophie, & dans quelques parties-mêmes du Droit Canonique & Civil.

Mais d'un autre côté on ne sauroit nier qu'il ne soit venu quelques inconveniens de cette Critique contentieuse dans la Republique des Lettres, lors principalement que les Censeurs particuliers qui n'avoient point d'autre autorité que celle qu'ils s'étoient acquise par l'opinion de leur capacité, ont fait entrer la passion dans leurs jugemens, & qu'ils ont mêlé leurs interêts particuliers ou d'autres considerations étrangeres avec celles du Public.

---

1 Sentim. de l'Acad. pag. 9. & suiv, comme devant.

DES JUGEMENS

CHAPITRE XII.

De la difficulté de bien juger des Livres, & du danger qui s'y rencontre.

CE que nous venons de dire doit nous faire juger de la difficulté qu'il y a de se bien acquitter de cette importante fonction, & du danger même où l'on s'expose quand on s'ingere dans cet emploi de son autorité privée, & sans être avantageusement pourvû de tout ce que l'esprit humain peut avoir d'excellentes qualités soit par sa nature, soit par son travail & son industrie.

Car s'il est difficile de parler de ses propres Ouvrages sans être soupçonné de vanité & de complaisance secrette pour soi-même : il n'est pas moins difficile de parler des Ouvrages des autres sans être accusé ou de malice ou de flaterie, ou même d'aveuglement. (1)

Si on explique ses sentimens sur les Ecrits d'un Auteur pour qui on n'ait eu que de l'indifference, & si par un discernement trop exact on veut distinguer les bons & les mauvais endroits avec trop de severité, ou même si on les défend foiblement, auffi-tôt on est accusé d'ignorance, de prévention, & de négligence, & un Auteur s'imagine que son Censeur a eu de la jalousie de sa réputation, qu'il a voulu élever sa gloire sur les ruines de la sienne, & qu'il s'est comporté à son égard en Critique partial plutôt qu'en Juge desinteressé.

Fit sæpè ut amicorum dicta factaque eâ indulgentiâ censeamus quâ plerumque singuli etiam vitia nostra diligimus.
Symmach. lib. 1. Epist. 72.

Si d'un autre côté l'on juge des Ouvrages d'un Ami, si la passion qu'on a pour lui les fait voir plus grands & plus beaux qu'ils ne sont en effet, & si par une tendresse déreglée on tâche de les montrer de la même maniere aux autres : Auffi-tôt le Lecteur ne manque pas de reprocher à ces sortes de Censeurs ou qu'ils se sont laissés aveugler, ou qu'ils l'ont voulu éblouir, abuser de sa bonne foi, & surprendre son approbation.

Il n'appartient donc pas à tout le monde, disoit Monsieur de Marolles (2), de juger des Ouvrages d'autrui, parce qu'on se met au hazard d'en recevoir de la confusion, à moins que d'être plus habile que celui qu'on censure.

---

1 Dissertation sur les Ouvrages de Mr. de Brebeuf, au commencement. | 2. Præface sur sa Traduction de Virgile.

Monsieur

SUR LES LIVRES EN GENERAL.

Monsieur Huet reconnoît (1) que ce métier est d'autant plus difficile & plus périlleux que le champ en est vaste & abondant, car il ne consiste pas seulement à dire sa pensée simplement sur les Auteurs, mais il s'agit de prononcer leur sentence, de faire comparoître devant son Tribunal tout ce que l'Antiquité & les Siécles inferieurs ont eu de plus auguste, & de faire le procès à une infinité de vivans & de morts dont la réputation aura toujours des partisans.

C'est pourquoi il ne leur est presque pas possible d'éviter l'un des deux précipices qui les environnent, puisque s'ils rendent la justice avec exactitude & severité, ils s'attirent la haine & l'envie des esprits mal-faits ou interessés; & que s'ils la rendent mal en se laissant corrompre ou faute de capacité, ils deviennent l'objet de la risée & du mépris de tout le monde.

Louis le Roy qui assure que rien au monde n'est si difficile que de juger des Ecrits des autres, prétend (2) que cette difficulté vient particuliérement de la diversité des génies & des qualités qui se trouvent dans ceux qui écrivent, & qui ont autant de differentes manieres d'écrire; & que si cela est vrai pour le seul stile sur la bonté duquel les Critiques ne sont pas encore bien d'accord, c'est tout autre chose pour ce qui regarde le fond des compositions.

Monsieur de Segrais nous a voulu donner aussi une forte idée de cette difficulté qui consiste à ne juger même que du stile simplement „ & de la seule maniére de s'exprimer (3). Il prétend que de mille „ personnes qui jugent de l'esprit d'un Ouvrage & de la justesse des „ pensées avec assés de finesse, à peine s'en trouve-t-il un très-petit „ nombre qui juge de même de l'excellente expression. Cependant „ il y a bien de la difference entre la simple conception des choses, „ & la maniére de les dire. Ceux qui trouvent, dit-il, peu d'esprit „ dans les Auteurs qui pensent toujours dans le bon sens, & qui ne „ s'écartent jamais du naturel sont de cette malheureuse secte qui est „ insensible aux attraits de la véritable éloquence.

Il met au même rang ceux qui ne peuvent sentir le tour qu'un Auteur donne à ses pensées, ni le choix ni la beauté de ses termes; ceux qui ne peuvent distinguer les expressions d'un Auteur d'avec les expressions de ceux qui l'ont précedé ou qui l'ont suivi; & qui sur ce fondement l'accusent d'avoir dérobé aux premiers une notion quel-

---

1 P. Dan. Huet, de clar. Interpr. pag. 90. de la 1. Edit.
2 Ludov. Regius in vit. G. Budæi, pag.
217. in collect. vit. Vir. Illustr. Batesii.
3 J. Ren. de Segrais, Préface sur l'Eneïde de Virgile, num 15. pag. 70.

quefois aſſés commune qui ſe préſente aux yeux de tout le monde, & dont l'idée ſe conçoit facilement ; ceux enfin qui jugent que les Ecrivains poſterieurs ont parlé auſſi-bien que les Anciens, parce qu'ils ont dit la même choſe dans la même langue.

Mais d'autres Critiques eſtiment que cette difficulté de bien juger de l'expreſſion des Auteurs, quoiqu'elle ſoit véritablement auſſi grande que Monſieur de Segrais vient de nous la repreſenter, ne l'eſt pourtant pas encore à l'égal de celle qu'il y a de bien juger de la conception de leurs penſées & du fond des choſes qu'ils traitent, parce que les differentes paſſions des hommes, leurs inclinations, leurs conditions, leurs emplois, leurs qualités, leurs études ; enfin toutes leurs differentes maniéres de vivre, mettant de fort grandes differences dans les idées des choſes qu'ils conçoivent les font tomber ſouvent dans un nombre infini d'erreurs. C'eſt pourquoi on a raiſon de comparer l'entendement humain à un miroir inégal qui reçoit & qui repréſente les objets differemment, & qui mélant ſa nature & ſes qualités aux leurs, les change & les corrompt par la difformité & la fauſſeté qu'il ſemble leur communiquer (1).

Il n'eſt donc rien de plus difficile que de bien juger des productions de l'eſprit de l'homme. C'eſt ce qui fait qu'on a d'autant moins de ſujet de s'étonner que l'on voye tant de témeraires Critiques qui deshonorent & qui troublent la République des Lettres, & qui ont obligé les Puiſſances ſouveraines non ſeulement d'établir des Cenſeurs publics pour exercer une Critique légitime dans l'examen des Livres : mais encore d'employer quelquefois leur autorité pour reprimer par des peines l'inſolence de ceux qui ont ſcandaliſé le Public par les excès de leurs cenſures.

Le fameux Zoïle qui a laiſſé ſon nom à tous ces Critiques paſſionés & médiſans qui ſont venus après lui, en a peut-être donné le premier exemple à la poſtérité. Car quoiqu'on ne ſoit pas ſûr ni du lieu, ni du tems de ſa mort, chacun convient aſſés qu'elle a été violente, & qu'elle a été une punition de la témerité avec laquelle il a cenſuré non ſeulement Platon & Iſocrate, mais particuliérement Homere dont il a remporté le nom odieux d'*Homero-maſtix*. Ceux qui l'ont fait paſſer de Grece en Egypte ont écrit que Ptolomée Philadelphe le fit pendre : ceux qui l'ont fait aller en Aſie diſent qu'il fut brûlé tout vif à Smyrne : & ceux qui l'ont laiſſé dans ſon

---

1 Recherche de la vérité, Liv. 2. chap. 2. pag. 200. tiré du Chancelier Bacon.

SUR LES LIVRES EN GENERAL.

pays prétendent qu'il y fut lapidé sans specifier le lieu de cette execution (1).

Nous pouvons joindre à ce Grec l'exemple d'un Rheteur Latin apellé Cestius Pius à qui, selon le raport de Seneque le Pere (2), le jeune Ciceron fit donner les étrivieres d'importance pour la liberté qu'il avoit prise mal à propos de censurer les Livres de son Pere & de décrier son éloquence.

Obtrectator ille infelix de corio suo mortuo Ciceroni satisfecit.

Nous avons encore la mémoire assés fraiche de la séverité salutaire dont le Parlement & les Magistrats de la Police ont été obligés d'user pour réprimer la hardiesse de certains Critiques importuns, qui avec le seul secours de leur présomption & de leur témerité, s'étoient imaginé pouvoir sans autorité entreprendre impunément la Censure de nos plus célébres Ecrivains. On sait ce qui est arrivé au faux Gallus pour avoir entrepris de faire la Critique de l'Histoire de Monsieur le Président de Thou (3). On sait ce qu'il en a coûté au faux Romanus pour s'être mélé de censurer la Prose & les Vers de feu Monsieur l'Evêque de Vence (4).

Si les autres Censeurs imprudens ont échapé à la justice des Princes & des Magistrats on peut assûrer qu'ils n'ont pas pû se soustraire à celle du Public qui les a notés d'infamie & qui les a fait passer à la Posterité comme des criminels *Cauterisés* & perdus de réputation. On ne connoît aujourd'hui Anytus, Melitus & Lycon que par la malediction qu'ils ont attirée sur leurs personnes & sur leur posterité pour la hardiesse qu'ils ont euë de critiquer Socrate (5). Et si l'on veut accompagner cet exemple de l'Antiquité de quelqu'autre de notre siécle, on peut hardiment proposer celui de Gasp. Scioppius dont la mémoire semble être en horreur à tout le monde tant

---

1 Vitruvius Poll. Præf. L. 7. Architectur.

Ælian. Præneft. L. 11. variarum Historiarum.

Ger. Jo. Voss. de Hist. Græc. L. 1. c. 15. Joan. Jonsius de Histor. Philosophor. L. 1. c. 9. & *alii.*

2 Marc. Senec. in Controvers. apud Balz. Entret. 10. pag. 189. Edit. Batav.

Item Schottus de Claris apud Senecam patrem Rhetoribus, pag. 12.

3 Jo. B. Gallus, not. ad Hist. Thuan. Senteneé du Prévôt de Paris du 7. Juin 1614. &c. imp. in 4. en franç. & lat.

4 Paul. Roman. de Elog. Aurel. Item Christian. Catholic. de Theol. P. Aur. Sentence du Prévôt de Paris du 25. d'Octobre 1646. contre Romanus. Sentence du Prévôt de Paris du 22. Fevrier 1647. contre Catholicus. Déclarat. & Arrêts donnés en faveur du Clergé, chap. 9. pag. 32. & suivantes.

5 Plutarch. vit. Socrat. Diog. Laërt. vit. Socrat. Lib. 2.

Ælian. var. Histor. Lib. 2. cap 13.

Suidæ Lexic. Hist. Item Vossius de Poët. Græc.

Epicteti Enchirid. ad calcem.

Balzac Entr. 10 p. 190. Edit. d'Hollan.

aux Catholiques qu'aux Heretiques, pour l'effronterie avec laquelle il a attaqué les Ecrits & les personnes que l'on consideroit le plus parmi les Savans, comme Monsieur de Thou, Scaliger, Vossius, le P. Strada & la Compagnie entiére des Jesuites.

Enfin pour achever de faire voir le danger qu'il y a de censurer les Ouvrages des autres, on peut jetter les yeux sur les malheurs arrivés à divers Savans de ces deux derniers siécles, & considerer que s'ils n'y ont pas perdu leur réputation comme ceux dont nous venons de parler, ils y ont quelquefois perdu la vie, quelquefois même l'esprit & presque toujours la charité.

On est presque asûré que le célébre Mathematicien Regiomontanus (c'est-à-dire, Jean Muller de Konigsberg) fut empoisonné par les enfans du Trapezontin (c'est-à-dire, George de Trebizonde) parce qu'il avoit censuré les Ecrits de leur Pere, & qu'entre autres il avoit fait voir une infinité de fautes dans la Version & les Commentaires qu'il avoit fait sur l'Almageste de Ptolomée (1).

Personne n'ignore l'assassinat de Ramus executé par les pratiques criminelles de notre Philosophe Charpentier, sous prétexte de vanger l'honneur, les sentimens, & les Livres d'Aristote que Ramus avoit attaqués avec une liberté un peu trop picarde; & l'on prétend que la crainte du même traitement fit mourir Denis Lambin un mois après, parce qu'il avoit eu plusieurs prises avec le même Charpentier pour le même sujet (2).

François Robortel ayant censuré quelques Ouvrages de Baptiste Egnace Venitien pensa être tué d'un coup de Baïonnette que cet Egnace lui donna dans le ventre pour répondre à sa Critique (3).

Le Trapezontin dont nous avons déja parlé s'étant persuadé qu'il ne pouroit mieux relever le mérite d'Aristote qu'en abaissant celui de Platon de tout son possible, il s'appliqua à censurer ses Ecrits & ses sentimens de toutes ses forces, & il le fit impunément jusqu'à ce que le Cardinal Bessarion l'humilia & le terrassa de telle sorte par ses puissantes défenses pour Platon, qu'il en perdit entiérement l'esprit

---

1 Corn. Toll. Append. ad Pierium de Infelicit. Litterator. pag 10. Item Voss. Hist. Lat. Lib. 3. cap. 8. pag. 600. & alii.

2 Scæv. Sammarth. Elog. Jac. Aug. Thuan. Hist. Cornel. Toll. Append. ad

Pier. de Infelic. Lit. Pap, Masson. Elog. Jac. Carp. &c.

3 Johan. Imperialis Musæi Historie. pag. 61. Theoph. Spizel. de Felic. Literat. Comment. 4. pag. 485.

SUR LES LIVRES EN GENERAL.

& la mémoire, & qu'il tomba dans une démence qui le rendit l'objet de la risée des uns & de la compassion des autres (1).

CHAPITRE XIII.

Des qualités nécessaires pour bien juger des Livres.

ON n'aura point de peine à concevoir que l'Art de critiquer soit embarassé de plus de dangers que nulle autre Profession des Lettres, lorsqu'on voudra considerer que pour composer un bon Critique, il faut faire l'assemblage de toutes les excellentes qualités dont quelques-unes suffisent séparement pour faire un habile homme dans les autres connoissances. Car il ne suffit pas à des Censeurs ou Critiques d'être doués de celles qui leur sont communes avec les Auteurs qu'ils soumettent à leur examen, il faut qu'ils fassent encore en eux-mêmes l'union de celles qui paroissent incompatibles dans les personnes des autres Professions, ou dont la rencontre n'y est pas du moins absolument nécessaire.

Mais avec toutes ces qualités ils ne peuvent point encore passer pour des Critiques accomplis, si elles ne se trouvent accompagnées de celles qui sont nécessaires à des Juges qui doivent prononcer sur les Esprits des Hommes, sur la réputation des Auteurs, & sur la fortune des Livres.

PARAGRAPHE I.

1. LA principale & la plus importante de ces qualités que demande la Critique est sans doute le *Jugement*, c'est-à-dire le bon sens & la justesse de l'esprit dans le discernement du vrai & du faux. Il n'y a rien de plus estimable dans la profession que l'on fait des sciences. Toutes les autres qualités d'esprit ont des usages bornés : il n'y a peut-être que l'exactitude de la raison qui soit d'une étendüe infinie, & dont on ne voit pas les extrémités.

Mais s'il n'y a rien de plus considerable que cette justesse d'esprit & cette solidité de jugement, il n'y a rien aussi de plus rare parmi les Critiques aussi-bien que parmi les Ecrivains. C'est le goût de l'esprit, c'est le discernement du vrai & du bon, c'est une délicatesse pour tout

---

1 Corn. Toll. Append. ad Pierium de Infelicit. Literator. pag. 9. | Vossius de Hist. Lat. Lib. 3. &c.

ce qu'il y a de faux & de mauvais : & il y a très-peu de gens parmi ceux qui se mêlent d'écrire, & moins encore parmi ceux qui se mêlent de juger des Ecrits qui ayent ce goût, ce discernement, & cette délicatesse.

C'est cette qualité qui aprend aux véritables Critiques à ne se pas éblouir par un vain éclat de paroles vuides de sens ; à ne se payer pas de mots ou de Principes obscurs ; à ne se déterminer jamais dans leurs jugemens qu'ils n'ayent pénétré jusques au fond des choses traitées par un Auteur ; à prendre subtilement & immanquablement le point dans les matières embarassées ; à marquer précisément le fort & le foible d'un Ouvrage, ce qui y est dominant, ce qu'il y a de naturel & ce qu'il y a d'étranger ; en un mot c'est-elle qui leur fait distinguer la délicatesse des choses d'avec celles des manières. Car comme les Ouvrages des Auteurs sont remplis de choses fausses, ils sont aussi remplis de fausses manières, c'est-à-dire des manières qui font dans l'esprit des Lecteurs des effets tout contraires à ceux que les Auteurs s'étoient proposés.

C'est ce qui a donné lieu de partager en deux classes différentes la plupart des Ecrivains qui ont donné sur eux mêmes quelques prises à la censure des Critiques. Car les uns ne s'étant apliqués qu'aux choses, & les autres seulement aux manières, ils sont tombés les uns & les autres dans un défaut opposé. Les premiers se sont rendus intelligens dans les choses & grossiers dans les manières ; & les autres ont été délicats dans les manières, & peu intelligens dans les choses. Le premier défaut est ordinaire aux Ecrivains qui vivent dans la retraite, & l'autre aux gens du monde & à ceux qui écrivent plutôt pour plaire que pour instruire (1).

Les Critiques se sont plûs sur toutes choses à examiner & à censurer ces deux parties dont toutes les productions d'esprit sont composées. Mais quoiqu'il n'y ait rien de plus commun que leurs jugemens sur ces deux parties, il n'y a rien de moins commun que l'exactitude de jugement dans la plupart. On ne rencontre par tout que des esprits faux, qui n'ont presque aucun discernement de la vérité, qui prennent toutes choses d'un mauvais biais, qui se payent des plus mauvaises raisons, & qui veulent en payer les autres ; qui se laissent emporter par les moindres apparences ; qui sont toujours dans l'excès ou dans l'extrémité, & qui passent legerement de l'une à l'autre ; qui

---

1 Sieur de Chanteresne de l'Educ. du Prince, num. 19. 20. premier Traité, pag. 13. 14.

ne font point de difference entre écrire & écrire, ou qui ne jugent de la vérité des chofes que par l'air que fe donne un Auteur & par les maniéres de fon ftile.

C'eft pourquoi il n'y a point d'abfurdités fi infuportables qui ne trouvent des Aprobateurs auffi-bien que des Cenfeurs, & les plus ridicules fottifes rencontrent toujours des Critiques, c'eft-à-dire des Lecteurs à l'efprit defquels elles font proportionnées.

Cependant il n'y a rien de plus difficile à corriger que cette fauffeté de jugement, parce qu'elle dépend beaucoup de la mefure d'intelligence qu'on aporte en naiffant ; & que le fens commun n'eft pas une qualité fi commune que l'on s'imagine. Il eft vrai néanmoins qu'une grande partie des faux jugemens que l'on fait des Ouvrages d'autrui ne vient pas de ce principe, & qu'elle n'eft caufée que par la précipitation de l'efprit, & par le défaut d'attention qui fait que l'on juge temerairement de ce que l'on ne connoît que confufément & obfcurément. On aime mieux fupofer qu'un Auteur a raifon ou qu'il a tort que de l'examiner, & quand on ne l'entend pas on veut croire que les autres ne l'entendront pas mieux. La vanité & la préfomption contribuent encore beaucoup à ce défaut de jugement. On croit qu'il y a de la honte à douter & à ignorer, & l'on aime mieux décider au hazard que de reconnoître qu'on n'eft pas affés inftruit des chofes pour en porter fon jugement (1).

PARAGRAPHE II.

2. LA feconde qualité néceffaire à celui qui veut juger des Livres eft la *Science* qui doit toujours être plus grande que celle que l'on trouve dans les Livres qu'on veut juger. Il faut principalement exceller dans celle qui eft traitée dans les Ouvrages qu'on cenfure, & tant qu'on ne juge que de ce qui eft du reffort de la fcience qu'on a acquife, on ne laiffe pas de paffer au jugement de Saint Bafile pour habile & judicieux Critique (2).

Mais fi un Cenfeur pour faire voir qu'il eft bon Grammairien ne réprend que des mots dans un Livre de Théologie ; fi un autre qui a quelque connoiffance des tems & des lieux fe contente de remarquer dans les Ouvrages d'un Jurifconfulte des fautes de Chronologie & de Géographie ; fi d'autres en examinant un Hiftorien n'ont pris garde

---

1 Sieur le Bon, difc. fur la Log. ou l'Art de penfer, pag 7. 9.

2 S. Bafil. Epift. 75. & Append. Rayn. pag. 269.

qu'à fes fautes de Philofophie & de Mathematique : ces Critiques paffent dans le monde pour d'affés mal-habiles gens, quoiqu'ils ayent pû exceller dans la Grammaire, & être bons Chronologiftes, Géographes, Philofophes, Mathematiciens (1), parce que ces connoiffances ne font qu'acceffoires à la principale qui leur manque. C'eft ce qui a porté Gerfon à mettre au nombre des ignorans Critiques ceux qui n'étoient habiles qu'en une forte de fcience, parce qu'il eft difficile qu'on ne trouve à examiner que des chofes d'une même efpéce dans un Livre (2), & il prétend que c'eft avec raifon que Galien tout bon Critique qu'il étoit en certaines chofes, fut raillé par un Rabin nommé Moïfe, pour s'être mêlé de porter fon jugement fur ce qui étoit hors de fa Sphere & qui paffoit fes connoiffances.

Quoiqu'il foit donc encore plus néceffaire pour un parfait Critique que pour le parfait Orateur, dont Ciceron étoit fi fort en peine, qu'il fache toutes chofes & qu'il les fache dans la derniére exactitude ; on n'ofe pas néanmoins tant exiger aujourd'hui, parce que ce feroit fe mettre hors d'état d'en pouvoir jamais trouver aucun, & fe réduire à la néceffité de rejetter toutes fortes de jugemens & de cenfures ; fous prétexte que leurs Auteurs ne peuvent pas être parfaits Critiques dans cette fupofition.

Mais depuis que les belles Lettres ont recouvré l'éclat & le crédit qu'elles avoient dans l'Antiquité la plus floriffante, on eft encore moins indulgent pour les prétendus Critiques qui font à l'autre extrémité, c'eft-à-dire pour ces hardis ignorans qui n'aportent que des mains impures pour manier les Livres, & qui décident avec d'autant plus d'affurance que le défaut de lumiéres & de connoiffance leur fait naître moins de fcrupules. Ces petits Tyrans regnoient particuliérement dans les fiécles de tenebres & de barbarie durant lefquels le petit nombre de beaux efprits & de favans hommes n'ofoit prefque paroître, ni rien produire qui fentît tant foit peu l'érudition plus que vulgaire, fans être accablés incontinent & fans être même fouvent jettés dans des Prifons comme des Magiciens (3).

La République des Lettres n'étoit pas encore bien purgée de cette vermine du tems du Prince de la Mirande quoiqu'elle fût dès-lors

---

1 Ant. Poffev. Biblioth. felect. Lib. 1. de Cult. ingenior. cap. 50. pag. 41. & S. Hieron. Epift. 26. ad Pammach. & Joann. Filefac. Select. Libr. 2. pag. 579.
2 Gerfon. Tom. 1. Tract. de examination. Doctr. part. 2. Confiderat 2. Theoph. Rayn. de bon. & mal. Lib. part. 3. Erotem. 2. num. 464. pag. 270.
3 Voyez l'apologie de M. Naudé pour les Grands Hommes accufés de Magie.

SUR LES LIVRES EN GENERAL.

en assés bon état. Car on voit parmi le nombre des Censeurs de ses Ouvrages un Critique fort ignorant & fort animé contre lui, qui sans avoir égard ni à la qualité de son Altesse, ni à la rareté de son esprit, vouloit lui faire des affaires à Rome, particulierement pour le mot de *Cabale* (1). Quelques-uns ayant eu la curiosité de demander à ce censeur ce qu'il entendoit par ce mot de Cabale qui le rendoit si chagrin & si emporté contre ce jeune Prince; il fit réponse que ,, c'étoit un scelerat & un homme tout-à-fait diabolique ,, qui s'appelloit *Cabale*; qu'il avoit eu l'impieté d'écrire beaucoup ,, de choses contre Jesus-Christ même, & qu'ayant formé une He-,, resie détestable, il avoit laissé des Sectateurs qui s'appelloient *Ca-*,, *balistes.*

Mais si l'on convient qu'un Critique ne sauroit avoir trop de capacité & d'érudition pour examiner & censurer les choses ou les matiéres traitées dans les Livres: il semble qu'on ne soit pas encore assés d'accord de la qualité & de la mesure de cette science qu'il faut avoir pour bien juger des maniéres d'écrire, du stile, de la pureté du discours & de l'éloquence. Les uns estiment que pour exercer cette sorte de censure, il n'est nullement besoin de la science acquise, & que les personnes les plus ignorantes sont capables de s'en acquitter mieux que les Savans-mêmes qui auroient moins de bon sens; & qu'ainsi les Femmes & géneralement tout ce qu'on appelle le Peuple peuvent être de fort bons Juges de cette partie.

En effet on a vû souvent les Auteurs les plus graves & les mieux établis en réputation écrivant en Langue vulgaire consulter leurs femmes & leurs servantes même sur leur langage, leur stile, leurs mots & particuliérement sur ce que les Grecs appelloient *Euphonie*, aussi-bien dans leurs Vers que dans leur Prose, jugeant que ce qui les choquoit ne pouvoit manquer d'avoir effectivement quelque chose de choquant, & se souvenant d'ailleurs que les femmes sont les véritables dépositaires de l'usage, au lieu que les Hommes savans s'attachent plus à l'analogie & au raisonnement.

C'est ainsi que Monsieur de Malherbe & Monsieur de l'Etoile avoient coutume de lire à leurs servantes les Ouvrages qu'ils avoient composés avant que de les mettre au jour, pour connoître s'ils avoient bien réussi, croyant, comme le dit Monsieur Pelisson, que les Vers n'avoient pas leur entiere perfection, s'ils n'étoient remplis d'une

---

1 Joan. Pic. Mirand. Apolog. advers. obtrect. suos. Quæst. 5. de Cabal. & Magia natur.

certaine beauté qui se fait sentir aux personnes même les plus rudes & les plus grossieres. (1)

C'est peut-être une persuasion semblable qui fait que souvent les ruelles des Dames sont les tribunaux où se jugent les Livres écrits en notre Langue, & que ce sont des Ecoles où ceux de nos Ecrivains d'aujourd'hui qui se piquent de politesse, vont puiser leurs lumiéres. Le P. Malebranche attribuë ce talent particulier des Femmes à la délicatesse des fibres de leur cerveau, & il dit que c'est ce qui leur donne cette grande intelligence pour tout ce qui frape les sens (2).

C'est aux femmes, dit-il, à décider des modes, à juger de la Langue, à discerner le bon air & les belles manieres. Elles ont plus de science, d'habileté & de finesse que les hommes sur ces choses. Tout ce qui dépend du goût est de leur ressort, mais pour l'ordinaire elles sont incapables de pénétrer des verités un peu cachées. Car c'est la maniere & non pas la réalité des choses qui dans la plupart remplit toute la capacité de leur esprit, parce que les moindres choses produisant de grands mouvemens dans les fibres délicats de leur cerveau, elles excitent dans leur ame des sentimens assés vifs & assés grands pour l'accuper toute entiere.

Ce que l'on vient de dire des Femmes par rapport au jugement qu'elles peuvent faire de certains Livres se peut attribuer à plus forte raison au Peuple, c'est-à-dire, généralement à tous ceux qui n'ont point de Lettres ni de savoir. De Longueil & le Roy disent (3) qu'il y a beaucoup d'Orateurs qui ne veulent pas reconnoître pour Juges de leurs productions les Grammairiens ni les Critiques, mais seulement le Peuple pour lequel ils semblent travailler principalement. On peut dire la même chose des Poëtes, & sur tout de ceux du théâtre dont la bonne ou la mauvaise fortune dépend plutôt des jugemens du Peuple que de ceux des Savans. C'est ce qui a paru de tout tems par la pratique qui a été en usage chés les Grecs, chés les Romains & qui se continuë encore aujourd'hui parmi nous (4). Et nous voyons dans Pline le jeune qu'un faiseur de Tragedies de son tems nommé Pomponius avoit si peu de déférence pour les jugemens des Savans & de ses véritables amis que lorsqu'ils étoient d'avis qu'il corrigeât quelque cho-

---

1 Mr Pelisson Relat. de l'Academ. Françoise, pag. 331. 332.
2 Recherche de la vérité. Tom. 1. Liv. 2, part. 2. chap. 1. pag. 188. num. 1.
3 Christoph. Longolius Epist. ult. & Ludov. Regius in vit. Budæi, pag. 230. in collect. Bat. Edit. Londin.
4 Vide Terent. in prolog. Comœd. & alii Comic. Græc. Lat. &c.

se, au lieu d'y acquiescer, il avoit coutume de dire qu'*il en appelloit au Peuple* comme à son Juge souverain. En quoi il a été pourtant blâmé par ce judicieux Auteur (1), parce qu'il n'y a rien de plus inconstant, de plus capricieux, ni souvent rien de plus injuste que le jugement du Peuple, de l'aveu des Auteurs les plus graves de l'Antiquité prophane & Chrêtienne, (2) dont les uns ont remarqué que le Peuple se détermine souvent en faveur de ce qu'il y a de pire & de plus foible; & les autres, que la populace préfére pour l'ordinaire les choses excessives à la médiocrité & à la moderation, la multitude au choix & au petit nombre, & le plaisant au serieux & au solide. C'est pourquoi Horace conseille à ceux qui composent des Ouvrages importans de ne point s'arrêter au jugement que le Peuple en poura porter, & de ne point se mettre si fort en peine de son approbation. (3)

Vulgus deteriori & infirmiori favet T. Liv.

Violenta moderatis plura paucioribus jucunda seriis. S. Ambr.

Neque te ut miretur turba labores. Libr. 1. Sat. 10. v. 73.

PARAGRAPHE III.

3. APrès ces deux premiéres qualités nécessaires à des Censeurs qui sont le jugement & la science, qui supposent aussi la *force* & la *penetration* de l'esprit, il semble qu'il n'y en ait pas de plus importante que celle qui sied le mieux à ceux qui veulent faire la fonction de Juges. C'est l'*integrité* accompagnée de la *vigueur* & de la *severité*. Bodin dit que c'est la chose du monde le plus à souhaiter que de voir regner dans la République des Lettres cette integrité; c'està-dire, une équité incorruptible à l'égard des jugemens qu'on y rend sur les productions d'esprit, parce qu'autrement ce seroit d'un côté s'exposer au danger de rebuter les plus beaux esprits, & de faire perdre le courage aux meilleurs Ecrivains: & de l'autre ce seroit séduire les simples, & abuser de la facilité que les Lecteurs ont de s'en rapporter de bonne foi au jugement des Critiques.

C'est particulierement par cette integrité & par cette vigueur intrépide que se maintient la discipline & l'uniformité que l'on voit dans le monde savant, soit à l'égard des Auteurs, soit à l'égard des Livres. C'est elle qui fait qu'on n'y connoît ni dignité, ni emploi, ni charge, ni aucune autre qualité que celle de bien ou mal écrire; & que les Princes-mêmes & les Césars qui ont écrit y sont considerés seulement

---

1 Plin. jun. Epist. 17. Lib. 7.
2 Tit. Liv. Historiar. Lib. 42. n. 63.
S. Ambr. Lib. 1. Epist. 3. Ou plutôt Filesac qui donne ce sens aux paroles de S.

Ambr. Select. Lib. 2. chap. 12. pag. 378.
3 Horat. de Arte poëtic. & Ap. Filesac. pag. 379.

comme des Auteurs. (1) La difference que cette integrité peut quelquefois y souffrir, c'est peut-être de ménager la puissance & la dignité des vivans lorsqu'il y a quelque danger que la liberté de la Critique ne diminuë quelque chose de l'estime qu'on doit avoir d'ailleurs pour ces personnes, ou de l'autorité que leur donne le rang qu'ils tiennent dans le monde. Mais si la discretion oblige les Censeurs de ne se point commettre témerairement avec des Auteurs qui auroient pour se défendre & pour se vanger trente legions, comme disoit autrefois Favorin de l'Empereur Adrien (1), elle ne les dispense pas de faire passer à la Posterité les jugemens équitables qu'ils en peuvent porter, & de les faire communiquer au Public lorsque ces considerations ne subsistent plus. Elle les dispense encore moins de rendre en toute rencontre témoignage à la verité du vivant même de ces Auteurs formidables : & quoique la prudence puisse leur permettre quelquefois de ne point publier les mauvaises qualités des Ouvrages de ces personnes, lorsqu'ils en publient les bonnes, il seroit impossible de justifier la foiblesse & la lâcheté qui les porteroit à faire passer pour bon & pour véritable, ce qui ne l'est point en effet, puisque ce seroit tomber dans la malediction que le Prophete a prononcée aussi-bien sur les flateurs qui veulent faire croire que ce qui est *mauvais & amer* est *bon & doux*, que sur les médisans qui appellent *mauvais & amer* ce qui est véritablement *bon & doux*. (3)

Væ qui dicitis malum bonum, ponentes amarum in dulce, & dulce in amarum.

On n'a pourtant pas consideré comme des témeraires ceux des Critiques de l'Antiquité qui n'ont point eu ces égards & qui ont eu assés de courage & de résolution pour reprendre les défauts des Ouvrages des Tyrans les plus jaloux de leur réputation dès leur vivant & même en leur présence.

On admire encore aujourd'hui la vigueur & la constance de Philoxene Poëte Grec vivant à la Cour de Denys le Jeune Tyran de Syracuse. Philoxene ne voulut jamais avoir la complaisance de donner la moindre approbation aux méchans Vers que faisoit ce Prince. Ce mépris jetta Denys dans une grande colere, & fit mettre Philoxene dans la prison que les Siciliens appelloient les Carrieres. Quelquetems après le Tyran le fit sortir, & croyant qu'après ce traitement il auroit son approbation plus aisément qu'auparavant, il lui lut un de ses Poëmes. La patience que Philoxene témoigna pour l'écouter put

---

1 Cleante Tom. 2. des sentimens sur les Entret. d'Ariste & d'Eugene, Let. 9. pag. 275.

2 Spartian. in vit. Adriani Imper. n. 15.
3 Isaïe cap. 5. vers. 20.

bien durer jusqu'à la fin de la lecture de la Piéce, mais le Prince n'eut pas plutôt achevé, que Philoxene se leva brusquement, demandant *qu'on le remenât aux Carrieres* plutôt que de se voir obligé d'approuver une composition qui lui paroissoit pitoyable. (1)

On a donné des louanges à la liberté que Perse a prise de critiquer & de railler Neron sur l'affectation ridicule qui paroissoit dans ses Vers, quoique ce Prince fût vivant pour lors, & que ce jeune Satirique eût sujet de tout apprehender de la jalousie d'un puissant Prince qui vouloit passer pour le meilleur Poëte de son siécle & de ses Etats (2).

Et parmi les Chrétiens on a consideré comme une action très-genereuse & très-digne de l'immortalité, celle de deux savans & Sts Evêques de France à qui le Roi Chilperic avoit donné son Livre à examiner.

Ce Prince se piquoit fort de belles Lettres, & affectoit la reputation du plus savant Homme de son Royaume. Il se mêloit même d'écrire sur toutes sortes de sujets, & particulierement de faire des Vers Latins. Mais si ses flateurs n'osoient lui faire voir qu'il étoit fort méchant Poëte, ces Prélats ne lui dissimulerent pas qu'il étoit fort mauvais Théologien. Le premier à qui il fit lire son Livre sur la Trinité fut Gregoire de Tours qui lui en montra les fautes avec tant de liberté & de vigueur que „ le Roi ne pouvant y répondre, il lui dit „ en colere qu'il feroit voir son Livre à des Prélats plus doctes que lui „ qui assurément lui donneroient leur approbation. Gregoire répartit „ avec un peu de chaleur que son zele avoit allumée, que pas un „ Homme savant ne seroit de son opinion, & qu'il n'y avoit que des „ fous à qui il la pût persuader. Quelque-tems après, Salvius Evêque „ d'Albi vint à la Cour, & le Roi aussi-tôt lui montra son Livre, „ croyant le faire approuver par ce Prélat qui étoit fort rénommé pour „ sa doctrine & pour sa pieté. Mais bien loin d'avoir la pensée de „ commettre cette faute, il entra dans une telle indignation après la „ lecture qu'on lui en fit, qu'il tâcha de se saisir du Livre pour le déchirer. Chilperic voyant une si grande uniformité dans la censure „ de ces deux grands Evêques, & touché de leur resistance & de „ leur vigueur eut honte de sa folie, & ne parla plus de son mauvais „ Ouvrage. (3)

---

1 Athenæi Dionosoph. Lib. 1. 4. & 14.
Ælian. var. Histor. Lib. 12. cap. 44.
Lucian. Dialog. advers. indoct. congest. Lib.
2 Sat. 1. Pers. Torva Mimalloneis, &c.
3 Gregor. Turon. Hist. Franc. Lib. 5.

cap. 44. Baron. ad ann. Chr. 583. num. 55. 56.
Carol. le Cointe Annal. Eccles. Franc. ad ann. 580. Tom. 2.
Antoine Godeau, Hist. Eccles. 6. siécle Liv. 2. Tom. 4. pag. 388. Edit. d'Holl. in 12.

Voilà quelques exemples de la fermeté & de la vigueur incorruptible que devroient avoir ceux qui portent leurs jugemens des Livres, lorsqu'ils ont affaire à des Auteurs qui veulent enlever leur approbation par force. Mais comme le nombre de ces derniers s'est beaucoup accrû dans la suite des tems, on doit moins s'étonner que celui des premiers soit si fort diminué, & que leur foiblesse les ait fait si souvent succomber, soit sous la multitude, soit sous la tyrannie des mauvais Ecrivains. Et ce n'est peut-être pas sans fondement que quelques Auteurs de ces derniers tems se plaignent qu'il y a dans le monde savant bien des Denys & bien des Tyrans, mais qu'on n'y voit point de Philoxene, & que tel qui juge souverainement de Corneille, n'a que des applaudissemens à donner pour les fautes d'un Duc & Pair (1).

PARAGRAPHE IV.

Enfin on peut mettre au nombre des qualités nécessaires à un Censeur des Ouvrages d'autrui la *douceur* & la *modestie*. Cette douceur loin d'être incompatible avec la séverité dont on vient de parler ne sert au contraire qu'à lui donner plus d'éclat & plus de mérite. Elles s'entr'aident & se retiennent mutuellement l'une l'autre dans les bornes que la Prudence & la Justice leur prescrivent. La douceur empêche que la séverité n'arrache le bon grain avec les chardons ; & la séverité empêche que la douceur ne laisse croître les chardons parmi le bon grain.

Mais pour ne me point égarer dans les lieux communs de ces deux vertus inséparables dans ceux qui font la fonction de Juges ; je me contenterai de representer la conduite que l'Academie Françoise a jugé à propos de garder entre les extrémités de la douceur & de la séverité, parce que la sagesse & la discretion que l'on y voit paroître peut servir de modéle à tous ceux qui entreprennent de juger des Livres & de faire des censures.

„ Le Cardinal de Richelieu avoit prié l'Academie de n'affecter pas
„ une séverité trop exacte, afin que ceux dont les Ouvrages seroient
„ examinés ne fussent pas rebutés par un travail trop long & trop
„ penible, d'en entreprendre d'autres. L'Academie pria le Cardinal
„ de trouver bon que la Compagnie ne relâchât rien de la séverité
„ qui étoit nécessaire pour mettre les choses qui devoient recevoir

---

1. M. Gueret, de la Guerre des Auteurs, pag. 108. 109.

SUR LES LIVRES EN GENERAL. 47

„ son approbation le plus près qu'elle pouroit de leur perfection. Et
„ en expliquant la nature de cette séverité, il fut dit qu'elle n'auroit
„ rien d'affecté, ni d'aigre, ni de pointilleux ; qu'elle seroit seule-
„ ment sincere, solide, & judicieuse ; que l'examen des Ouvrages
„ se feroit éxactement par ceux qui seroient nommés Commissaires,
„ & par toute la Compagnie, lorsqu'elle jugeroit leurs observa-
„ tions. Mais sur ce que Monsieur de Gombaud avoit témoigné
„ être en peine de savoir si on obligeroit les Auteurs de suivre tou-
„ jours les sentimens de la Compagnie en toutes les corrections
„ qu'elle feroit, bien qu'elles ne fussent pas entierement conformes
„ aux leurs: Il fut resolu qu'on n'obligeroit personne à travailler
„ au-dessus de ses forces, & que ceux qui auroient mis leurs Ouvra-
„ ges au point qu'ils seroient capables de les mettre, en pouroient
„ recevoir l'approbation, pourvû que l'Académie fut satisfaite de
„ l'ordre de la Piéce en général, de la justesse des parties, & de la
„ pureté du langage. C'est ce que nous apprenons des Registres-
mêmes de l'Académie, dont cet Extrait est rapporté par Monsieur
Pelisson dans sa Relation historique. (1)

Mais peu d'Ecrivains se seroient peut-être accommodés de la rigueur excessive de Monsieur de l'Etoile l'un des membres de ce célébre Corps, qui selon le même Auteur (2), reprenoit trop hardiment & trop brusquement, & avec une séverité étrange, ce qui ne
lui plaisoit pas dans les choses qu'on exposoit à son jugement. Car
on l'accuse d'avoir fait mourir de regret & de douleur un homme qui
étoit venu de Languedoc avec une Comédie qu'il croyoit un chef-
d'œuvre, & où on lui fit remarquer clairement mille défauts.

Il y a une autre espéce de douceur qui consiste à traiter avec *indulgence* des Ouvrages qu'on auroit pû censurer avec plus de rigueur
sans blesser ni la vérité ni la justice. C'est de cette sorte de douceur
dont les Critiques Ecclesiastiques ont eu besoin particuliérement
pour ne point juger témerairement des Ecrits de la plupart des Ecrivains des trois premiers siécles de l'Eglise depuis les Apôtres jusqu'au Concile de Nicée, & de ceux même de plusieurs autres Auteurs, qui ayant écrit avec une intention droite & innocente ne se
sont pourtant pas exprimés avec assés de précaution. C'est elle qui
nous fait avoir divers égards à toutes les circonstances favorables qui

---

1 Registre de l'Académie Françoise du Lundi 12. Novembre 1634. Et Monsieur Pelisson, Histoire de l'Academie, page 168. & suivantes.
2 Idem ibidem page 333.

peuvent excuser ou justifier un Ecrivain. S'il est le premier qui traite une matiére, on considere qu'il est difficile qu'il la puisse porter à sa perfection, & l'on juge que c'est beaucoup pour lui d'avoir fendu la glace & d'avoir montré le chemin aux autres. (1) S'il n'écrit que pour le Peuple, pour les ignorans & pour les personnes grossiéres, on a égard à certaines libertés qu'on se donne volontiers dans ce genre d'écrire plus que dans les autres, & on n'y exige point une exactitude pareille à celle qu'on demande à ceux qui traitent des Sciences, qui veulent examiner les questions à fonds, & établir les vérités en combattant l'erreur. S'il écrit sur des matiéres contestées & s'il se propose quelque Adversaire à combattre, on considere que la chaleur de la dispute peut l'emporter quelquefois un peu trop loin, & le porter à une autre extrémité opposée à celle qu'il combat dans la crainte qu'il a de s'approcher trop de son Adversaire. Enfin s'il écrit en Vers soit de l'Histoire, soit de la Philosophie, soit de la Théologie, la difficulté & l'*exigence* de sa matiére doit porter un Critique indulgent à excuser sa versification lorsqu'elle n'est pas toujours heureuse, & d'un autre côté la contrainte des Vers semble quelquefois rendre excusable le défaut d'exactitude quand il paroît de petite consequence (2). C'est pour cette sorte de douceur que Vives & le P. Raynaud ont loué particulierement le Pape Adrien VI. Ils disent que n'étant encore que Doyen de l'Université de Louvain il exerçoit la censure des Livres avec une facilité & une condescendance mêlée de beaucoup de sagesse, qu'il tâchoit toujours d'adoucir les expressions qui pouvoient paroître dures & fâcheuses, qu'il donnoit toujours le sens le meilleur aux choses qui pouvoient souffrir quelque ambiguité, qu'il condamnoit peu & excusoit beaucoup, & qu'après les interêts de la vérité qu'il préferoit à toutes choses, il sembloit n'en avoir pas de plus chers que ceux des Auteurs. (3)

---

1 Sixtus Senens. Biblioth. Sanct. præfat. Libri 5.
Joh. Henr. Alsted. Lib de Critica, Tom. 4. Encyclopæd.
2 Th. Stapleton. Relect. princ. fid. controvers. 6. quæst. 2.
Joseph. Acosta Soc. J. Lib. 2. de Christo revelato, cap. 20.
Sixt. Senens. Bibl. Sanct. Lib. 6. annot. 252.
Cornel. Muss. Bitunt. Comment. in Epist. ad Rom. cap. 5.

Malden. in Joan. cap. 6. Tolet. in cap. Ev. Joan. cap. 6.
Bellarmin. Lib. 2. de Purgatorio, cap. 18. ad quintum argumentum.
Item Melch. Can. loc. Theol. Lib. 11. &c.
And. Riv. Tract. de auctorit. PP. cap. 11. pag. 67. & seqq. præfix. Critic. Sacr. &c.
3 Ludov. Vives Lib. 5. de tradendis discipl. ad fin. Theoph. Raynaud Erotem. 7. de bon. & mal. Libr. partition. 3. num. 510. pag. 291.

Cette

SUR LES LIVRES EN GENERAL.

Cette douceur est inséparable de la *Modestie* qui doit paroître dans les sentimens & les jugemens des Censeurs. On peut dire même qu'elle n'en est que l'effet & comme la suite, & qu'il est difficile qu'un Censeur qui est véritablement modeste puisse traiter un Ecrivain avec trop de hauteur, & qu'étant persuadé lui-même de ses propres foiblesses, il n'ait quelque égard à celle des autres. Il n'y a rien selon Saint Augustin (1) qui fasse plus d'effet sur l'esprit des honnêtes Gens, & qui viennent mieux à bout des choses les plus difficiles que cette Modestie. C'est elle qui gagne le cœur de toutes sortes de personnes. C'est elle qui établit la réputation d'un Critique, & qui lui attire sans violence l'estime des Lecteurs, & la confiance des Auteurs. C'est elle qui leur acquiert cet ascendant & cette autorité sur les autres lorsqu'ils l'affectent le moins, & qu'ils songent le moins à l'exiger & à se l'attribuer. C'est pourquoi Quintilien a trouvé le véritable moyen d'autoriser sa Critique en disant que lors qu'il prenoit la liberté de dire son sentiment, il ne prétendoit nullement ôter au Lecteur celle qu'il a de la suivre ou de ne le pas suivre (2). Et nous voyons que ceux qui ont connu le mieux ce que c'est que la véritable Critique ont affecté de faire paroître de la modestie & d'en faire des leçons aux autres, lors même qu'ils en avoient le moins (3).

Chapitre XIV.

Des défauts des Critiques.

Après avoir parlé des principales qualités que l'on demande particuliérement à ceux qui jugent des Ouvrages des autres, il ne seroit peut-être pas fort nécessaire de rien ajoûter des défauts dont ils doivent être exems pour faire leurs fonctions, puisque sur ce que je viens de dire du jugement, de la science, de l'intégrité, & de la douceur d'un légitime Critique, il n'est pas difficile de deviner ce qu'on doit penser de la privation & de l'absence de ces qualités.

Mais comme une vertu a pour l'ordinaire plus d'un vice à com-

---

1 S. Aug. ad Macedonium 155. secund. Bened. seu 62. ut antea num. 11.
Item Macedonius Epistol. ad Augustinum. Ep. inter Augustinianas 154. sive 51. ut antea, num. 1.

2 Nemini præscribunt, dum sententias suas exprimunt neminem opprimunt.
Quintilian. Lib. 9. Institut. cap 4.
3 Joseph. Scaliger. in Epistolis passim ut 443. &c.

Tome I. G.

DES JUGEMENS

battre, on ne doit pas être surpris de voir que le nombre des défauts qu'un Critique doit éviter soit beaucoup plus grand que celui des qualités qui lui font néceſſaires. Ainſi outre les défauts qui ſont contradictoirement oppoſés à ces qualités, on peut compter encore ceux de la précipitation dans les jugemens, de la pédanterie, de la chicanerie, de la malignité & de l'aigreur, de la haine & de l'amitié particuliére, & enfin de l'amour propre & de l'interêt.

PARAGRAPHE I.

1. LA *Précipitation* dans les jugemens eſt un des plus ordinaires d'entre les vices d'un Critique, & dont les ſuites ne ſont pas les moins fâcheuſes. Ce vice fait preſque autant de tort à la liberté de l'eſprit que la prévention ou le préjugé, parce qu'il lui fait preſque toujours prendre pour certain ce qui ne l'eſt pas. C'eſt une impetuoſité de l'eſprit à laquelle les Critiques les plus capables ſe laiſſent ſouvent emporter, ſoit par l'idée qu'ils ſe forment par avance d'un Auteur ou d'un Livre qu'ils ont à examiner, ſoit par la bonne opinion qu'ils ont d'eux-mêmes, croyant n'avoir pas beſoin d'une longue méditation pour en porter leur jugement.

On peut juger de la conſéquence & de la qualité des fautes que leur fait faire cette précipitation, par celles que font les Juges dans l'adminiſtration de la Juſtice lorſqu'ils n'y aportent point aſſés de déliberation & d'étude. Celles des Critiques outre qu'elles ſont beaucoup plus fréquentes, ſemblent être encore moins réparables, en ce que les Arrêts & les Sentences précipitées des Juges, la ſurſéance de l'execution donne ſouvent lieu à leur réformation, & qu'un Accuſé qui s'étoit trouvé condamné par un premier jugement, ſe trouve abſous dans un poſterieur ſans reſſentir aucun des effets qu'auroit produit l'injuſtice du premier. Au lieu que dès lors qu'il a plû à un Critique de publier de vive voix ou par l'impreſſion la cenſure qu'il fait d'un Auteur, cette prononciation ou cette publication tient lieu de l'execution de ſon jugement, & s'il tend d'abord à la ruine de la réputation d'un Livre ou de ſon Auteur, il n'y a point de révocation de ce premier jugement qui ſoit moralement capable de la rétablir, & d'effacer entiérement les premiéres impreſſions qu'il a laiſſées dans l'eſprit de ceux qui en ont eu communication.

Enfin ce vice paroît d'autant moins excuſable qu'il eſt plus facile de le prévenir & d'y remedier qu'à la plupart des autres, puiſqu'il ne s'agit pour cela que de s'accoutumer à aller moins vite dans ſes jugemens, & à prendre plus de tems pour mieux considerer les choses. Il faut qu'un Censeur soit persuadé que ce qui est vrai aujourd'hui, le sera tout autant demain : que ce qui est écrit n'est pas sujet au changement, qu'il ne lui peut échaper comme feroient des paroles dites en l'air, ou des actions passagéres qui ne laisseroient aucun de leurs vestiges après elles, & qu'ainsi il ne nuira de rien de prendre plus de loisir & de mesures pour examiner une pensée ou une expression, en moderant & arrêtant l'impetuosité de son esprit, pour l'accoutumer à ne point faire paroître trop de legereté dans les choses même évidentes, & à ne point décider brusquement & précipitamment dans les choses douteuses & obscures (1).

PARAGRAPHE II.

2. LA *Pédanterie* semble être le vice propre & particulier des Critiques ; on la considere comme un mal qui leur est familier & comme attaché à leur profession. On ne fait guéres de distinction entre un mauvais Critique & un Pédant. Et on peut assurer qu'il n'y a eu que les Pédans qui ayent rendu la Critique odieuse à ceux qui prennent encore aujourd'hui ce nom en mauvaise part.

Mais puisque ce bel Art semble être rentré dans sa premiére dignité par les excellentes qualités & le mérite de plusieurs grands Hommes de ces derniers tems qui en ont fait profession publique, il est visible que la Pédanterie est un vice d'esprit & non de profession, & qu'elle est seulement attachée à la personne de ceux qui font un mauvais usage de la Critique, sans qu'on en puisse tirer la moindre conséquence contre ceux qui n'en abusent pas.

» C'est une Pédanterie de relever des choses basses & petites, de
» faire une vaine montre de sa science, d'entasser du Grec & du Latin
» sans jugement, de s'échauffer sur l'ordre des mois Attiques, sur
» les habits des Macédoniens, & sur de semblables disputes de nul
» usage.

» C'est une Pédanterie de piller un Auteur en lui disant des in-
» jures, de déchirer outrageusement ceux qui ne sont pas de notre
» sentiment sur l'intelligence d'un passage de Suétone, ou sur l'éty-
» mologie d'un mot, comme s'il s'y agissoit de la Religion & de l'État.

---

1 Mombrigny, Traité des Jugemens téméraires, num. 22. Tom. 1. des Essais

DES JUGEMENS

» C'est une Pédanterie de vouloir faire soulever tout le monde
» contre un homme qui n'estime pas assés Ciceron, comme contre
» un perturbateur du repos public, ainsi que Jules Scaliger a tâché
» de faire contre Erasme ; de s'interesser pour la réputation d'un an-
» cien Philosophe comme si l'on étoit son proche parent (1).

C'est une Pédanterie de traiter de Barbares tous ceux qui ne sont pas Italiens, qui ne temoignent pas assés de vénération pour la Cabanne de Romulus, & qui ne jurent pas en Latin par Hercule & par Castor, & qui ne s'assujettissent pas avec assés de résignation & de docilité aux formules de Ciceron.

C'est une Pédanterie de mépriser tous les Historiens pour relever le mérite de Tacite, de vouloir se distinguer par des maniéres particuliéres de critiquer, & par des affectations singuliéres d'un stile extraordinaire.

C'est une Pédanterie de ne savoir souffrir les autres Critiques, & de vouloir être seul le Juge d'un Livre, de prendre occasion des fautes des autres pour les humilier & les perdre de réputation, de taxer les autres d'orgueil & d'ambition pour avoir osé prendre le nom de Critique, & de prétendre que ce beau titre n'est dû qu'à soi seul.

C'est une Pédanterie de se vanter que quand il s'agira de traiter ou de censurer ce qu'il y a de plus difficile dans les Auteurs, ce seroit peut-être le loisir ou la volonté qui pourroit nous manquer, mais jamais le pouvoir ni la capacité.

C'est une Pédanterie à un homme qui professe les belles Lettres de se fâcher qu'on l'appelle Docteur en Grammaire avec fondement, plutôt que Monsignor della Scala sans fondement.

C'est une Pédanterie de vouloir se liguer avec tel & tel pour tenir tête à tous les autres Savans, & de présenter le défi à tout le monde sur la matiére de l'érudition ; de renvoyer avec hauteur son Adversaire sur les derniers bancs des basses Classes, & de le ménacer du fouet & de la ferule, sous prétexte qu'il fait des fautes en Chronologie ; de publier avec plus d'ostentation que de vérité qu'on a souvent racommodé les premiers hommes du siécle brouillés ensemble, qu'on a pacifié leurs querelles d'érudition, & qu'on les a empêché d'écrire l'un contre l'autre.

C'est une Pédanterie de vouloir nous obliger de croire que Tite-

---

Le Bon, premier Discours sur l'Art de penser. pag. 18.

SUR LES LIVRES EN GENERAL.

Live, Terence, Aristote, &c. ne savoient pas leur propre langue, & de se mettre sur le pied au dix-septiéme siécle de faire des leçons de Grammaire aux Anciens qui nous ont appris leur langue & qui ont écrit dans le tems qu'on la parloit le mieux; de vouloir changer les mots & transporter les periodes, même dans le texte de l'Ecriture, sans aporter d'autres raisons de cette liberté, que parce qu'il nous paroit que le sens en seroit meilleur.

C'est une Pédanterie de vouloir se rendre tellement le Maître & le Proprietaire d'une pensée & d'une observation que de se mettre en colere tout de bon quand on en trouve une semblable dans les autres, & de prétendre qu'on n'a pû l'employer sans usurpation & sans attentat: d'affecter le difficile & le délicat dans le goût des bonnes choses; de louer un bon Ouvrage avec malignité.

C'est une Pédanterie de dire de son propre Ouvrage qu'on peut l'apeller le Recueil des fautes d'autrui (*a*): de se croire si peu faillible & si fort à l'épreuve de la censure que de s'assurer que les Libelles qu'on fait contre un homme qui travaille pour acquerir de la réputation lui sont plus glorieux que ceux qui ont été faits à sa louange; & de ne laisser pas de recueillir tous les témoignages d'estime que les Savans ont rendu à son mérite pour en tirer avantage & en entretenir sa propre vanité (1).

Enfin comme il y a des Pédans de toutes robes, de toutes conditions, & de tous sexes, on peut dire que c'est une Pédanterie cavaliére de juger cavaliérement des Livres, & de faire le procès à un Auteur dans le tems même qu'on proteste qu'on n'est pas son Juge, & qu'on n'est point connoisseur dans les matiéres qu'il a traitées. Que c'en est une de laquais de confondre par une dépravation du goût les meilleurs Auteurs avec les plus pitoyables, & de dire indifferemment.

.... *La Serre est un charmant Auteur, mais je ne trouve rien de beau dans ce Voiture* (2).

---

1 On poura voir des exemples de toutes ces espéces de Pédanterie dans la seconde Partie du Recueil des Critiques, que j'ai apellé Critiques Grammairiens, & surtout de ceux qui ont véeu dans ces deux derniers siécles.

2 Despreaux, Satire 3. v. 176.

(*a*) Menage prétend que c'est du Pere Hardouin Jesuite célébre, que l'Auteur veut parler en cet endroit, parce que ce Pere a dit dans la Préface de son Livre des Médailles de la premiére Edition ces mots. *Horum hic igitur detegentur errores: qui cum singulis ferè sint asperfi paginis, totum ab iis opus* ERRATA ANTIQVARIORVM, *ni tam insolenti titulo jactantiæ suspicio adhæreret, inscribi merito potuisset.* (ANTIB. T. I. p. 341.)

54 DES JUGEMENS

Et que c'en eſt une de femme, de traiter imperieuſement un Livre que le hazard a ſoumis à une domination étrangére ; de condamner un Ouvrage qui déplaît d'abord, & d'aprouver celui qui plaît ; ſans aporter d'autres raiſons de la bonté de l'un, & des défauts de l'autre, que parce que l'un eſt aſſés heureux pour nous plaire, & que l'autre a eu le malheur de nous déplaire (1).

PARAGRAPHE III.

3. LA *Chicanerie* eſt encore un vice aſſés commun aux Critiques qui ſe font juges des Livres. Elle a quelque choſe même de plus lâche & de plus indigne que ni la Précipitation ni la Pédanterie, parce qu'elle eſt toujours accompagnée de la mauvaiſe foi & de l'envie de nuire à un Auteur, en cherchant les moyens de lui faire des querelles & des procès ſur toutes choſes malgré le bon ſens & malgré la raiſon. Ainſi un Critique qui entreprend d'examiner un Livre a deſſein de n'y trouver que des choſes à reprendre eſt un véritable Chicaneur, lorſqu'il cherche à triompher d'un endroit ambigu ; lorſqu'il fait violence à une penſée pour lui donner un mauvais tour ; lorſqu'il tâche de détourner & de rendre tortu un ſens qui paroît droit à ceux qui ont l'œil ſimple (2) : lorſqu'il donne des explications malicieuſes à ce qu'un Auteur aura dit fort innocemment ; lorſqu'il forme des difficultés ſur des riens & qu'il fait des monſtres de ſimples bagatelles.

C'eſt un Chicaneur lorſqu'il condamne dans un Livre ce qu'il aprouve dans un autre, quoique les vûes, les circonſtances & les maniéres n'en ſoient nullement differentes ; lorſqu'il fait un Procès ſur une particule inutile, ou ſur un article qui ne change rien au ſens ; & lorſqu'il veut ſans raiſon qu'un mot ſignifie autre choſe dans un Auteur, dont il a arrêté la condamnation par avance, que dans les autres.

C'eſt un Chicaneur lors qu'il ſépare exprès les phraſes pour en changer le ſens & leur en donner un nouveau : & lorſque dans un Ouvrage en Proſe il y cherche des Vers en dépit des Muſes & contre l'intention de l'Auteur, de même que ce Philoſophe ſophiſte qui ſéparoit

---

1 Diſſertation ſur les œuvres de M. de Brebeuf.
Traité de la délicateſſe.

Sentimens de Cleanthe, Tom. 1.
2. S. Baſilius, Homil. de Invidia, &c.

un mot en deux afin de trouver des Vers dans les Oraisons d'Isocrate (1).

En un mot c'est être Chicaneur, lorsqu'on change la ponctuation du discours, ou lorsqu'on traite d'ignorant ou de fourbe un Auteur qui aura mis sans y songer l'*hipocolon* ou le point avec la virgule, au lieu du *comma* qui est la virgule, ou du *colon* qui fait les deux points : Et enfin lorsqu'on impute à un Auteur les fautes de l'Imprimeur, & qu'on le tourmente injustement sur celles de cette nature qui peuvent aporter quelque alteration au sens.

Il paroit assés par plusieurs monumens de l'Antiquité que l'engeance des Chicaneurs non plus que celle des Pédans, n'est pas née dans notre siécle, & que l'Art de chicaner n'a point été inconnu aux Anciens. Mais les Chrétiens ont toujours eu grand soin d'en garantir l'Eglise, & loin de le souffrir dans les Censeurs Chrétiens, ils ne l'ont pas même jugé digne d'un honnête homme. C'est pourquoi les Peres de l'Eglise se sont apliqués particuliérement à inspirer aux Fidéles de l'horreur pour ce vice, & à nous faire connoître que c'est le vrai caractére des Heretiques qui ont toujours eu recours à ce malicieux artifice pour tâcher de trouver à redire aux Ecrits des Catholiques : & ils ont eu raison de comparer ces sortes de Chicaneurs au Loup de la fable qui cherche toutes sortes de faux prétextes pour tâcher de donner couleur au dessein qu'il a de dévorer l'Agneau (2).

Le P. Théophile Raynaud s'est aussi fort étendu sur les inconveniens que cette licence de chicaner pouroit produire non seulement dans la République des Lettres, mais beaucoup plus encore dans la Religion. Il fait voir qu'il n'y a point de Livre quelque parfait & quelque saint qu'il puisse être, où on ne puisse trouver quelque chose à dire à droit ou à tort, quand une fois on s'est mis sur le pied de tout pervertir & de contrôler sur toutes choses. Mais il n'étoit pas fort nécessaire qu'il nous en donnât des preuves si sensibles & si efficaces, en voulant nous persuader qu'il savoit autant qu'aucun autre l'Art de tricher & de chicaner, lorsqu'il a publié une Censure libertine & impie du Symbole des Apôtres, dans laquelle ou lui-même

---

1 G. Men. Obs. S. L. L. F. Præfat. Tom. 2. pag. 9.
2 S. Hilarius Lib. 2. de Trinitate.
S. Gregor. Magn. Lib. 6. Moral. in Job. p. 17.

S. Gregor. Nyssen. initio Libri de Trinitate.
S. Basilius Epist. 80. & ut supra.
Agapius apud Photium Biblioth. Tmemat. 179.

ou celui à qui il l'attribuë & qu'il apelle *très-Catholique & très-savant Homme*, tire en effet tous les mots de ce Symbole ou par les cheveux ou par les pieds, pour faire voir qu'il n'y en a point qui ne soient suspects, dangereux, captieux, impies & heretiques en un sens. Voilà, à dire le vrai, un essai de ce que peut produire la maudite chicane. Mais je ne vois pas bien quel jeu cet Auteur *très-Catholique* a voulu jouer en jouant ainsi notre Profession de Foi. Je ne sai si c'est pour les personnes simples & faciles à être scandalisées, ou si c'est pour les prétendus Esprits forts qu'il a fait cette Piéce, & s'il a voulu rendre quelque service aux Sociniens ou aux Déistes. Mais je sai encore moins par quel principe le P. Raynaud a témoigné aimer & estimer si fort cette Piéce, & a même entrepris de la justifier par l'exemple d'un nommé *Cocher*, qui pour montrer que les Lutheriens pouvoient abuser de l'Ecriture Sainte en faveur de leurs opinions, fit un Livre exprès tissu de passages de l'Ecriture seulement pour prouver que Jesus-Christ n'est pas Dieu, & qui l'année suivante en 1528. en composa un autre des termes de la même Ecriture sans autre mélange, pour prouver qu'on est obligé de rendre obéissance & respect au Diable, & que la Sainte Vierge a perdu sa virginité. Mais l'exemple n'est guéres moins pernicieux que la copie, & il ne faut pas douter que ces sortes de libertés indiscrétes n'ayent beaucoup contribué à faire condamner à Rome le P. Raynaud & à faire mettre son Livre à l'*Index* (1).

Ce même Auteur prétend que c'est cet esprit de chicane qui porta autrefois Thomas Pedrovius, Jean Martinez Silicée ou Pedernalez Archevêque de Toléde, Melchior Cano Evêque des Canaries, Paschal Manzo Dominicain premier Professeur en Théologie de l'Université d'Alcala, & plusieurs autres envieux ou ennemis de la Compagnie des Jesuites à trouver diverses choses à redire au Livre des *Exercices* de leur Patriarche Saint Ignace, nonobstant l'aprobation du Pape Paul III. En quoi certes le P. Raynaud paroît avoir beaucoup plus de raison, que lorsqu'il prétend que ce n'est que par une pure chicanerie qu'on a censuré en France & encore beaucoup plus sévérement condamné à Rome, le mauvais Livre que le Pere Rabardeau entreprit d'écrire contre le séditieux *Optatus Gallus*.

---

1 Theoph. Rayn. Erotem. partition. 3. | Item pag. 300. & seqq.
Erot. 3. pag. 294. & seqq. n. 528.

PARAGRAPHE IV.

4. ON peut compter aussi parmi les vices des mauvais Critiques la *Malignité* & l'aversion particuliére dans laquelle ils se trouvent pour ceux dont ils entreprennent de juger les Ecrits. Cette malignité est une production ordinaire de l'envie & du défaut de sincerité qui fait connoître que le Juge est souvent beaucoup plus corrompu que le Livre qu'il censure, & que les défauts prétendus qu'il veut y faire voir, sont plus dans la cervelle du Critique que dans l'Ouvrage de l'Auteur, comme l'amertume & le dégoût d'une bonne viande à l'égard d'un malade consiste plus dans la mauvaise disposition de son estomac, dans la dépravation de son goût & dans le défaut de son appetit que dans la qualité de la nourriture.

Cette malignité qui est presque commune à tous les hommes regne particuliérement parmi les Critiques. C'est-elle qui empêche souvent qu'ils ne donnent à un Auteur qui excellera dans quelque talent naturel, ou dans quelque connoissance acquise par son travail, toute la gloire qu'il mérite, & qui fait qu'ils sont ravis de publier & de nous faire croire qu'un tel Auteur n'est pas digne de toute la réputation qu'il a acquise(1). C'est cette mauvaise disposition qui leur fait voir dans les Ouvrages des autres des taches & des défauts qui paroîtroient insensibles & imperceptibles à la sincerité, à la simplicité, & à la droiture du cœur. C'est-elle qui aplique leur esprit à toutes les choses qui le peuvent porter à en faire un jugement désavantageux,& qui le détourne de tout ce qui leur en pouroit faire juger favorablement. C'est-elle qui leur fait sentir vivement les moindres conjectures: & qui grossit à leurs yeux les apparences les plus légeres. C'est-elle qui leur fait deviner les intentions cachées d'un Ecrivain, & pénétrer le fonds de son cœur. C'est par elle qu'ils le croyent coupables parce qu'ils seroient bien-aises qu'il le fût,& que tout ce qui tend à les en persuader leur plait & leur entre aisément dans l'esprit (2). Enfin c'est-elle qui leur fait fermer les yeux pour ne pas voir ses bonnes qualités, & qui les détourne de l'aplication qu'ils devroient aporter à eux-mêmes, & de l'attention qu'ils devroient faire sur leur propre ignorance & sur leurs foiblesses en jugeant de celles d'un Auteur. Il ne seroit peut-être pas difficile de produire divers exemples de cette malignité tou-

---

1 De la Délicatesse, page 17. 18.
2 Mombrigny, Tom. 1. des Essais de Morale. 5. Traité des Jugemens téméraires, num. 5. page 280. Edit. d'Hollande.

Tome I. H.

chant les jugemens des Livres, mais il vaut mieux laisser au Lecteur le plaisir de les choisir lui-même dans la multitude.

PARAGRAPHE V.

5. La passion de l'*Amour* & de la *Haine* est encore un obstacle qui empêche que les jugemens qu'on fait des Livres puissent être sains & libres. Les amis & les ennemis sont également suspects, mais d'une manière opposée selon la maxime du Droit qui veut, que le témoignage des amis de la personne dont on doit faire le jugement ne soit guéres considerable pour décharger l'Accusé, quoiqu'il le soit beaucoup pour le charger : & qu'au contraire celui de ses ennemis n'ait guéres de force pour le charger, quoiqu'il en ait beaucoup pour le décharger (1). Ainsi les amis ne paroissent pas moins recusables dans les jugemens favorables qu'ils font des Livres, que les ennemis le sont dans le blâme & la condamnation qu'ils en font. L'amitié rend ordinairement les Critiques aveugles ou muets quand il s'agit de découvrir ou de publier les défauts de l'Ouvrage de leur ami, & l'inimitié cause en eux les mêmes effets à l'égard de ce qu'il y a de bon dans celui de leur ennemi.

C'est pourquoi nous voyons que quelque vérité qu'il y eût dans les sentimens avantageux que Saint Sulpice Severe témoignoit avoir pour Saint Paulin son ami particulier, ce dernier ne laissoit pas de lui reprocher par une modestie Chrétienne que l'excès de son affection lui faisoit passer les bornes de la vérité, & qu'il péchoit contre la charité par trop de charité (2). C'est aussi ce dont étoit fort persuadé Symmaque, l'homme le plus qualifié d'entre les Païens de ces tems-là. Car ayant choisi un Censeur d'entre ses amis pour examiner ses écrits, il témoignoit apprehender que l'amitié ne fît quelque tort à la liberté que l'on doit avoir dans cet office important, parce, disoit-il (3), que l'affection amollit souvent la séverité & l'integrité d'un Juge & que nous avons pour l'ordinaire la même indulgence pour ce que font & pour ce que disent nos amis que pour nos propres défauts.

D'ailleurs comme il n'y a rien de plus inconstant ni de plus sujet

---

1 Nouv. Def. de la Tr. du N. T. contre M. M. chap. 15. pag. 129. Edit. 2. in 12.
2 S. Paulin. Epist. 78. *alii* 72.
3 S. Hieron. Epist. ad Pammach. Theoph. Raynaud, Erotem 3. partit. 3.

num. 484. & seqq. pag. 278. & seqq. Joann. Filesac. Selector. Lib. 2. cap. 12. pag. 377. & seqq.
Plin. Sec. Jun. Lib. 1. Epistol. 20. & Lib. 5. Epist. 3.

SUR LES LIVRES EN GENERAL.

au changement que l'amour & la haine qui paffent fouvent de l'un à l'autre fucceffivement, il eft aifé de voir qu'il n'y a point de fond à faire fur les jugemens qui ont été faits dans les mouvemens de l'un ou de l'autre, puifqu'ils fe détruifent les uns les autres. C'eft ce qu'on a remarqué, par exemple, en la perfonne de Jofeph Scaliger le premier Critique de fon tems, lequel ayant jugé d'abord qu'un homme étoit docte & avoit de l'efprit, & que fon Livre étoit bon & utile, difoit, après avoir changé d'inclination, que ce même homme n'étoit qu'un ignorant & une bête, & que fon Livre ne valoit rien & étoit très-mal fait. On a auffi obfervé la même chofe dans Gafpar Scioppius, dans Monfieur de Saumaife & dans ceux des Critiques qu'on fait avoir été les moins maîtres de leurs paffions. C'eft ce que l'on experimente encore davantage parmi les Critiques vivans dont les jugemens ne font ni plus fixes, ni plus arrêtés, ni par conféquent plus raifonnables que les paffions ausquelles ils feront fujets tant qu'ils vivront. C'eft pourquoi les anciens avoient raifon de dire que dès qu'un homme prend la qualité d'ami ou d'ennemi, il eft cenfé incontinent dépouillé de celle de Juge.

Néanmoins il faut avouer de bonne foi que tous les jugemens des amis ou des ennemis ne font pas toujours des jugemens d'amitié ou d'inimitié, & quainfi il y auroit une efpéce d'injuftice de les recufer, lorfqu'il paroît que la vérité l'emporte fur toutes les autres confiderations intereffées ; que le jugement d'un véritable ami tend à découvrir & à reconnoître de bonne foi les défauts d'un Auteur, & que celui d'un ennemi prétendu eft fait à fon avantage. C'eft ce qui a porté les plus fages Ecrivains de tous les fiécles à rechercher avec empreffement les fentimens de ceux de leurs amis qui leur paroiffoient les plus fincéres, les plus judicieux & les plus capables avant que de s'expofer à ceux de leurs ennemis ; c'eft-à-dire du Public, parce qu'ils ont jugé que fi ces premiers fuivant les obligations d'une véritable amitié ne leur diffimuloient rien de ce qui pouroit leur être objecté, ils fe mettroient aifément à l'épreuve des infultes des derniers.

Il s'eft trouvé au contraire des perfonnes très-judicieufes qui ont eftimé qu'il valoit mieux pour la réputation d'un Auteur que fon Ouvrage fût examiné & cenfuré par fes propres ennemis lorfqu'il ont d'ailleurs de la fuffifance, mélée de quelque amour pour la vérité & pour la juftice, parce que, comme dit Saint Jeróme, fi l'envie les porte à rechercher jufqu'aux moindres petites taches d'un Livre, de l'autre c'eft un grand fujet de fatisfaction pour un Auteur de recevoir de son ennemi des témoignages avantageux que la seule vérité lui a arrachés (1).

PARAGRAPHE VI.

6. ENfin le dernier des vices que l'on remarque dans les Critiques qui censurent les autres est celui de l'*Amour propre*. On peut, à dire le vrai, le considerer comme le dernier, quoiqu'il semble naître avec l'homme & qu'il paroisse être attaché à sa nature depuis sa corruption, parce qu'il est en effet le dernier dont les Critiques aussi-bien que le reste des hommes se puissent défaire, & dont ils ne se dépouillent qu'avec leur mortalité. Il y en a effectivement très-peu qui entreprennent de juger ou examiner un Livre sans quelque raport à eux-mêmes, & qui n'en portent un jugement favorable ou désavantageux, autant qu'ils croyent que cela peut contribuer à l'interêt qui les unit ou qui les sépare d'avec l'Auteur ou la matiére du Livre.

C'est ce qui fait que le jugement qu'un Critique a porté d'un Auteur sert quelquefois plus à nous faire connoître la disposition & le caractére du Critique que celui de l'Auteur qu'il a critiqué

Mais comme il n'y a rien de plus décrié dans le monde que cet amour propre qui n'est pas moins contraire à l'honnêteté humaine qu'à la vertu Chrétienne, on ne doit pas trouver extraordinaire qu'il n'y ait presque pas de Critique qui n'ait tâché de le déguiser & de le travestir dans ses jugemens, & que ceux qui dans le Christianisme n'ont point eu assés de vertu ou assés de grace pour le détruire & l'anéantir entiérement, ont eu du moins assés d'honnêteté & assés de pudeur pour le cacher aux yeux du monde.

Les Critiques qui ont employé moins d'adresse & moins d'artifice pour cacher leur amour propre dans les jugemens des Auteurs, sont sans doute ceux qui ont affecté de travailler sur certains Auteurs plutôt que sur d'autres. Car en se regardant aussi eux-mêmes, comme ne faisant qu'un avec eux, ils semblent avoir assés bien ménagé cet amour propre, lorsqu'ils ont donné adroitement des louanges à leurs Auteurs avec profusion.

C'est ce qui a paru particuliérement depuis deux siécles dans la plupart de ces Critiques qui ont donné de nouvelles Editions ou des Traductions d'anciens Auteurs, ou qui ont fait des *Scholies*, des Observations ou des Commentaires sur leurs Ouvrages. L'amour

---

Voyez la Citation 3. pag. 58.

SUR LES LIVRES EN GENERAL. 61

propre de ces Messieurs n'y est pas tout-à-fait invisible. Car il est arrivé souvent qu'au lieu de porter un jugement simple, & désinteressé de leurs Auteurs & de les traiter comme des étrangers avec qui ils » n'eussent point de liaison particuliére, ils ont pris à tâche de les » environner de clartés & de lumiéres, & les ont comblé de gloire » dans l'esperance que cette gloire devoit rejaillir sur eux-mêmes.

C'est sans doute ce qui a porté les uns à mettre Platon au-dessus de tous les autres Philosophes, & les autres à donner ce rang à Aristote au préjudice de Platon & de tous les autres. C'est par le même motif que tel a voulu que Tacite fût le premier Historien du monde pour nous mieux faire valoir ses Commentaires sur cet Auteur, qu'un autre qui a travaillé sur Tite-Live s'est déclaré en sa faveur contre Tacite. C'est ce qui semble aussi avoir le plus partagé les esprits sur la préséance entre Homere & Virgile, Pindare & Horace, Démosthene & Ciceron. C'est par une pareille attache que d'autres ont voulu nous faire croire qu'Herodote, Thucydide, Polybe, Denys d'Halicarnasse, Salluste, César, & même Patercule & Quinte-Curce pouvoient passer pour les premiers Auteurs au préjudice les uns des autres, n'y ayant pas eu aucun de ces Auteurs, & de plusieurs autres même qu'il est inutile de raporter, qui ne se soit fait de zelés partisans, & dont le nom n'ait servi de voile pour mettre à couvert l'amour propre des Critiques qui ont porté leurs jugemens sur eux en les publiant ou en les expliquant.

Ceux qui ont travaillé sur Origène, sur Eusèbe & sur les autres Historiens Ecclésiastiques pouroient bien avoir été touchés d'une tendresse pareille pour eux, & peut-être que confondant leur réputation & leurs interêts avec ceux de leurs Auteurs, ils se sont crûs obligés de justifier les uns des erreurs qu'on leur attribuoit, & d'excuser les autres sur divers points dont ils étoient chargés. D'autres que le zele semble avoir porté un peu plus loin, ont tâché de nous persuader que les Auteurs Païens qui ont vécu sous les Empereurs Chrétiens pouroient bien aussi avoir été Chrétiens, tels qu'Eutrope, Aurelius Victor, & même les Poëtes Ausone (1) & Claudien.

Il y en a eu qui n'ayant pû faire la même grace à Ammien,

---

1 N. B. J'ai compté Ausone parmi ces Auteurs Païens, que quelques-uns ont voulu faire passer pour Chrétiens, par trop de zèle : je le considere encore comme Païen dans le Recueil des Poëtes Latins. Néanmoins plusieurs savans prétendent qu'il étoit Chrétien, & l'on peut voir, outre Baronius, ce que M. le Brun en a dit dans la Vie de S. Paulin, chap. 2. n. 1. Voyés aussi l'Epitre 23. d'Ausone à ce Saint v. 94. pag. 21. du II. Tome de S. Paulin de l'edition du même M. le Brun. On peut donc suivre hardiment leur sentiment, auquel je m'attacherai avec plaisir, dès que les scrupules qui me restent sur ce point seront levés entierement.

H iij

Marcellin & à Zofime, ont tâché par une efpéce de compenfation de relever leur mérite & leur bonne foi au-deſſus des Ecrivains Chrétiens, qui avoient traité le même fujet, & quoiqu'on ait fait aſſés bonne juſtice à Ammien, il eſt difficile qu'il n'ait pas paru un peu trop d'amour propre dans ceux qui ont porté des jugemens ſi avantageux de Zoſime.

Il s'eſt trouvé même des Auteurs dont le nom ſeul ſemble avoir réveillé l'amour-propre des Critiques, & leur avoir donné occaſion de nous faire ſonger à eux-mêmes en parlant de ces Auteurs avec éloge. Ainſi il y a grande apparence que Scaliger le fils n'a parlé ſi avantageuſement de Joſeph l'Hiſtorien, & qu'il n'a entrepris ſa défenſe contre Baronius & les autres Critiques que parce qu'il avoit l'honneur de porter ſon nom. Et comme il n'y a perſonne, quelque ſaint qu'il ſoit, qui puiſſe être entiérement exemt de cet amour-propre, qui nous empêche de croire que Monſieur du *Sauſſay* n'aura peut-être ſongé à faire un Volume *in-folio* de la gloire & des louanges de Saint *André* & de tous les hommes illuſtres de ſa connoiſſance qui ont porté le nom d'*André*, que parce qu'il s'apelloit André? Le P. *Jacob* Carme a fait un Recueil d'éloges des illuſtres *Jacques* & *Jacob* par le même motif. On peut ſe perſuader ſans témerité que les PP. *Raynaud* & *Labbe* Jeſuites n'ont fait les Recueils des témoignages avantageux & des éloges, l'un des illuſtres *Theophiles* & l'autre des *Philippes* que parce qu'ils s'apelloient le premier *Theophile* & le ſecond *Philippe*. Sanderus de Gand qui étoit Chanoine de Tournay s'eſt auſſi trouvé engagé ſans doute par ſa propre inclination à traiter des illuſtres *Antoines* parce qu'il en portoit le nom.

Il n'y a point de doute que les Critiques n'ayent un avantage particulier pour mieux réuſſir que les autres dans les jugemens qu'ils font des Auteurs qui ont été d'un même pays, d'une même profeſſion, d'une même ſocieté & inſtitut qu'eux, parce que ces occaſions leur donnent les moyens de les connoître plus à fond que ne peuvent faire les autres Critiques. Mais c'eſt auſſi dans ces occaſions que l'amour propre ſemble le mieux trouver ſon compte. Car il eſt difficile que ceux qui ont fait les jugemens ou recueilli les éloges des hommes illuſtres de leur pays n'y ayent point pris quelque complaiſance, n'ayent point crû eux-mêmes augmenter le nombre de ces hommes illuſtres, contribuer autant ou plus qu'eux à la gloire de leur pays, & travailler peut-être pour leur propre réputation plus que pour celle de ceux dont ils font des jugemens honorables ou dont ils raportent les éloges. C'eſt ce qui nous a produit ce grand nombre d'Hiſtoires & de

SUR LES LIVRES EN GENERAL.

Bibliotheques ou Recueils des célébres Ecrivains de diverses Provinces & de diverses Villes, & l'amour-propre y a si bien joué son jeu, qu'il ne paroit presque pas que personne de quelque Nation qu'il puisse être ait sujet de se plaindre de l'entreprise des étrangers sur les Ecrivains de son pays ou de sa ville.

Cette experience n'est peut-être pas si évidente ni si générale dans les Critiques à l'égard des Auteurs qui ont été de la même Profession des Arts & des Sciences, parce qu'effectivement cette sorte de société ne paroit pas si forte ni si étroite que celle qui est formée par la naissance & la demeure dans un même lieu (1). Suivant ce raisonnement on peut dire néanmoins que comme la société qui se contracte dans les Communautés est très-étroite & fort souvent indissoluble, l'amour-propre y trouve par ce moyen des commodités plus grandes pour s'y établir. Ce qui se remarque particuliérement dans les Communautés Régulieres où l'amour-propre voyant qu'on cherche à le détruire & à l'anéantir pour y faire regner la charité & le pur amour de Dieu, sait souvent se travestir en *amour de Societé & de Communauté*, & rentrer par cet artifice dans les cœurs d'où on avoit prétendu le chasser. Ce n'est donc pas sans quelque probabilité qu'on peut dire que cet *amour de Societé* que nous n'oserions plus apeller *amour-propre* a souvent porté divers Critiques Religieux à faire des jugemens avantageux de leurs Confreres, & à se restraindre pour l'ordinaire à ceux de leur Institut, de leur Ordre ou de leur Maison, seulement pour nous mieux specifier leurs amitiés particuliéres & pour nous faire songer à eux-mêmes de plus près.

C'est peut-être ce qui a animé un Carme à entreprendre la défense & les éloges de Jean Patriarche de Jerusalem accusé d'Origenisme & de Pélagianisme, mort en 416. & à ramasser sous son nom par un artifice tout-à-fait nouveau un assés grand nombre d'Ouvrages dont on ne connoît pas les véritables Auteurs, pour en faire deux Volumes *in-folio* qui parurent l'an 1643. parce qu'il a crû, ou qu'il nous a voulu faire croire que ce Patriarche avoit été Carme. Pierre wastel.

On peut conjecturer que c'est par le même motif qu'un Abbé Religieux de l'Ordre de Cisteaux au Royaume de Naples publia en 1660. une grosse Apologie *in-folio* pour remettre en réputation le fameux Abbé Joachim qui avoit été du même ordre & du même pays, pour le défendre contre les accusations dont il avoit été chargé, & pour Greg. de Lauro.

Cicero, Lib. 1. Officior.

nous le réprefenter comme le grand Prophete des derniers fiécles.

Peut-être que ceux qui ont fi-bien réuffi à défendre Saint Thomas, Savonarola, &c. auroient-ils moins bien fait, s'ils n'avoient point été Jacobins & s'ils n'avoient eu un peu de ce fecours familier & domeftique qui pourroit paffer pour un vice fpirituel dans des perfonnes moins vertueufes ; & on n'a gueres vû que des Cordeliers fe foient extraordinairement intereffés à la réputation & à l'autorité des Ecrits de Scot.

Enfin tous les Religieux en général qui ont eu fi grand foin de faire des Recueils & des Bibliotheques d'éloges & de jugemens glorieux des hommes illuftres de leur Ordre, auroient bien pû fe tâter le poux & voir fi cet amour particulier de focieté n'auroit point eu quelque part à leur travail. Car ces idées de fcience, de grandeur, d'efprit & de vertu même que nous voyons dans tous ces fortes d'Ouvrages n'élévent pas feulement tous ces hommes illuftres dont ils ont jugé fi avantageufement ; elles impriment auffi du refpect & de l'eftime pour tous ceux qui ont fait ces jugemens & ces éloges, que la plupart de ces Critiques intereffés n'auroient peut-être pas fait s'ils ne s'étoient imaginés qu'on les enveloperoit auffi dans la même gloire.

Il ne faut pas néanmoins s'imaginer » qu'ils ayent tous donné des
» louanges à leurs Auteurs dans l'efperance du retour. Plufieurs en
» auroient eu quelque horreur s'ils y avoient fait réflexion. Ils les ont
» loué de bonne foi, & fans y entendre fineffe. Ils n'y ont pas penfé,
» mais pour me fervir des termes d'un célébre Philofophe du
» tems (1), l'amour-propre y a penfé pour eux, & fans qu'ils s'en ap-
» perçûffent, parce qu'il en eft de cet amour propre comme de la
» chaleur qui eft dans le cœur de l'homme, & qui ne fe fent pas,
» quoiqu'elle donne la vie & le mouvement à toutes les parties du
» corps.

» Les Critiques ayant donc quelque raport & quelque liaifon avec
» l'Auteur dont ils font le jugement, leur amour-propre leur inf-
» pire & leur fournit toujours abondamment des louanges que
» l'Auteur n'a pas méritées, afin d'en profiter eux-mêmes. Et cela
» fe fait d'une maniére fi adroite, fi délicate & fi fine qu'on ne s'en
» aperçoit pas.

Il y a fouvent quelque chofe de plus qu'une inclination fimple & volontaire pour cet amour-propre dans la plupart de ces Critiques,

---

1 Recherche de la Vérité par Malebranche, 2. part. du Livre deux, chapitre fept.

& il

SUR LES LIVRES EN GENERAL.

& il est rare qu'ils soient sans quelque espéce d'obligation de suivre ses mouvemens. L'Auteur de la Recherche de la Verité que j'ai déja allegué a remarqué cette disposition dans les Commentateurs plus particuliérement que dans les autres Critiques. ,, Ils ne louent pas,
,, dit-il, les Auteurs sur lesquels ils travaillent, parce qu'ils sont pré-
,, venus d'estime pour eux & qu'ils se font honneur à eux-mêmes en
,, les louant, mais encore parce que c'est la coutume, & qu'il sem-
,, ble qu'il le faille ainsi. Il se trouve des personnes qui n'ayant pas beau-
,, coup d'estime de certaines Sciences ni de certains Auteurs ne lais-
,, sent pas de les commenter & de s'y appliquer, parce que leur emploi,
,, le hazard, ou même leur caprice les a engagés à ce travail ; & ils
,, se croyent obligés de louer d'une maniére hyperbolique les Scien-
,, ces & les Auteurs sur lesquels ils travaillent, quand même ce se-
,, roit des Auteurs impertinens & des Sciences très-basses & très-
,, inutiles.
,, En effet il seroit assés ridicule qu'un homme entreprit de com-
,, menter un Auteur qu'il croiroit impertinent, & qu'il s'appliquât se-
,, rieusement à écrire d'une matiére qu'il penseroit être inutile. Il
,, semble donc que ces Critiques soient obligés de louer les Auteurs
,, & les Sciences, quand les uns & les autres seroient méprisables,
,, pour conserver leur réputation ; & que la faute qu'on a faite d'en-
,, treprendre un mauvais Ouvrage soit reparée par une autre faute.
,, C'est ce qui fait que quelquefois d'habiles Gens qui commentent
,, differens Auteurs disent des choses toutes différentes, & même
,, se contredisent. C'est aussi pour cela que presque toutes les Pré-
,, faces ne sont ni sinceres ni conformes à la verité & au bon sens. Si
,, on commente Aristote, c'est *le génie de la Nature*. Si on écrit sur
,, Platon, c'est le *divin Platon*. On ne commente guéres les Ouvrages des hommes tout court. Ce sont toujours les Ouvrages d'hommes tout divins, d'hommes qui ont été l'admiration de leur siécle,
& qui ont reçû de Dieu des lumiéres toutes particuliéres. ,, De même
,, la matiére qu'ils ont traitée est toujours la plus belle, la plus rele-
,, vée & la plus nécessaire de toutes, pourvû qu'on veuille s'en tenir
,, à leur parole. Ces sortes de Critiques ne se contentent pas pour
l'ordinaire de s'entéter tous seuls de quelque Auteur, mais leur entêtement se communique à d'autres à proportion de l'estime que l'on
fait d'eux & de la réputation qu'ils ont dans le monde, & ainsi
les fausses louanges qu'ils donnent aux Auteurs & les jugemens
interessés qu'ils en font, sont souvent cause que des personnes peu
éclairées qui s'adonnent à la lecture se préoccupent aisément

Tome I.   I.

& se laissent aller à l'erreur, suivant les Préjugés dont il reste à parler dans la suite de ce Discours.

SECONDE PARTIE.

Des Préjugés suivant lesquels on a coutume de juger des Livres.

COmme la vie est trop courte pour pouvoir lire avec fruit tous les bons & tous les méchans Livres en général ou ceux même qui ne régardent qu'une seule faculté, c'est faire plaisir sans doute aux Esprits qui ont encore leur liberté & leur indifference de les avertir de bonne heure de ne point prendre le chemin le plus long ou le plus difficile, ou souvent le plus ingrat & le plus inutile dans le choix qu'ils doivent faire des Livres parmi cette masse confuse de la Librairie, qui accable le monde, & qui semble être si fort à charge à la République des Lettres. C'est leur faire plaisir de les déterminer par des jugemens équitables, & de les prévenir utilement sur les qualités des Livres qu'ils doivent lire devant qu'ils en fassent la lecture pour empêcher qu'ils ne soient surpris par les mauvais Préjugés qui les gâtent.

S'il n'y a personne qui puisse absolument se garantir du Préjugé & de la prévention dans la lecture des Livres, du moins jusqu'à ce qu'on soit capable d'étudier seul, & de se rendre le juge de ses propres Maîtres, il est de très-grande importance de savoir qu'il ne faut pas trop s'y laisser aller, & qu'il n'y a rien de plus sujet à l'erreur que ces Préjugés, c'est-à-dire, les impressions qui nous sont restées des Jugemens des Livres que nous avons oui faire à nos Maîtres ou à ceux pour l'autorité desquels nous avons eu une déference aveugle. Mais d'un autre côté il y auroit une espéce d'injustice à prétendre que tous ces Préjugés que l'on a des Auteurs & des Livres soient généralement faux & déraisonnables, parce que ce seroit compter au nombre des jugemens témeraires ceux des personnes intelligentes qui ont servi de fondement à ces Préjugés.

On peut juger de l'avantage qu'il y a d'être entré d'abord dans de bons Préjugés par le malheur de ceux qui sont engagés dans de mauvais, parce que les uns & les autres sont presque également irrévocables. Les bons ne déterminent & ne bouchent peut-être pas moins l'esprit de ceux qui en sont prévenus que les mauvais; & les uns &

les autres ne leur permettent pas d'apercevoir d'autres objets que ceux de leur préoccupation.

Car on peut s'imaginer que ces deux espéces de Préjugés sont à l'égard de l'esprit de ceux qui sont heureusement ou malheureusement entêtés d'un Auteur ou d'un Livre, ce que les bons & les mauvais Ministres des Princes sont à leurs Maîtres. De même que les bons Ministres ne souffrent pas que les flateurs & ceux qu'ils croyent capables de porter leur Maître à quelque injustice ou à quelque chose de contraire au bien de la Religion & de l'Etat approchent de leurs Personnes ; & que les mauvais ne permettent, autant qu'ils peuvent, qu'à ceux qui sont dans leurs interêts ou qui ne peuvent les déposseder de leur faveur, de parler à leurs Maîtres : Ainsi les bons Préjugés ne se laissent pas aisément vaincre par de nouveaux sentimens, par des jugemens qui ne leur seront pas conformes, ou par des opinions qui leur seront contraires ; & les mauvais ne permettent pas que l'esprit regarde fixement les choses toutes pures, & selon la vérité, mais ils les déguisent & les lui présentent d'une maniére si fort alterée & si éloignée de ce qu'elles sont effectivement, qu'il est très-difficile qu'il se puisse détromper.

Puis donc que les bons & les mauvais Préjugés ont une force presque égale sur les Esprits & qu'il est inutile d'entreprendre de les guérir, il est bon du moins de faire voir sur quels Auteurs & sur quels sujets ils s'étendent principalement pour tâcher de faire faire un bon usage de cet engagement à ceux qui ne veulent ou qui ne croyent pas pouvoir s'en défaire, ou pour donner lieu à ceux qui voudront rentrer dans leur premiere liberté, d'examiner ce qu'il y a de légitime d'avec ce qui ne l'est pas dans ces jugemens de préoccupation : & de former ensuite des jugemens nouveaux des Livres, ou confirmer ceux des autres, autant qu'ils pourront avoir d'étenduë, de lumiére & de force d'esprit.

Chapitre Premier.

Préjugés des Anciens.

Parmi le grand nombre des Préjugés qui nous font agir dans la lecture & dans l'estime que nous faisons des Auteurs, il n'y en a pas qui ayent plus de poids ni peut-être une plus longue prescription que ceux où nous sommes pour les Anciens. Mais pour mieux

DES PRÉJUGÉS

connoître ce que ces Préjugés peuvent avoir de raisonnable & de légitime, il faut distinguer parmi les Anciens ceux qui ont écrit sur les connoissances humaines & séculiéres d'avec ceux qui ont traité des Divines & de celles de Religion. Entre ceux même du premier genre, il faut prendre garde de ne point confondre ceux qui ont cultivé l'Art de parler, c'est-à-dire, les connoissances qui dépendent particuliérement de la perfection & de la beauté des Langues comme la Grammaire, la Poëtique, la Rhétorique, avec ceux qui ne se sont apliqués qu'à l'Art de penser, c'est-à-dire, aux sciences où le raisonnement & l'experience ont le plus de part.

Suivant cette distinction il n'est plus difficile de concevoir la vérité de ce qu'un Auteur moderne (1) a dit à l'avantage des Préjugés où l'on est pour les Ouvrages de l'Antiquité du premier genre. Car on peut convenir avec lui qu'on ne peut rien savoir en perfection dans les belles Lettres que par le commerce de ces Anciens, & que pour réussir dans les sciences il faut avoir un goût particulier pour la plus pure & la plus saine Antiquité. Et on ne peut pas porter plus loin le Préjugé où l'on est en leur faveur qu'en disant que personne ne doute que les Ouvrages des Anciens ne soient les sources les plus pures desquelles l'on peut tirer les richesses & les trésors d'où se forme le bon sens, & d'où n'ait le discernement par lequel on distingue le vrai d'avec le faux, dans les beautés de la Nature, ausquelles il faut s'attacher pour bien sentir celles de l'Art.

Mais n'est-ce pas faire sortir cette verité de ses bornes, lorsqu'on prétend sans exception qu'il ne se trouve rien de sain ni rien de solide que dans le commerce qu'on peut avoir avec ces Anciens; qu'il n'y a rien de faux dans leur esprit, rien d'égaré dans leurs maniéres, rien d'affecté dans leur caractére; que tout y va au bon sens pour lequel ils avoient un goût sûr & non sujet à se laisser corrompre; & qu'on ne sauroit s'écarter de ces sources qu'on ne s'expose au danger de prendre des détours, & de ne point marcher sûrement dans la voie des belles Lettres qu'on ne peut bien apprendre que par eux?

C'est dans de pareils Préjugés que Monsieur de Balzac prétendoit (2) qu'un homme sage & modeste ne doit point donner à son esprit, quelqu'élevé qu'il puisse être, la liberté de juger souverainement des Anciens; & qu'il ne doit point lui permettre de rien trouver de mau-

---

1 Le P. Rap. Préface générale sur ses Comparaisons & ses Réflexions, page 3. 4. &c.

2 Entret. XI. de Balzac, pag. 198. 199. Edit. d'Holl.

vais, non pas même rien de médiocrement bon de ce qui vient de la bonne Antiquité. Il ajoûte que c'est une espéce de sacrilége de ne pas assés estimer les Anciens qui nous ont tant obligés. Comme si nous étions obligés de croire qu'ils n'ont travaillé que pour nous, & qu'ils ont moins songé à leur propre satisfaction & à leurs besoins qu'aux nôtres, quand ils se sont divertis en Vers & qu'ils ont plaidé en Prose.

En un mot il veut qu'en certaines occasions nous portions notre culte pour ces Anciens & notre soumission aveugle jusqu'à soutenir *contre notre avis particulier, contre le témoignage de nos yeux, contre les objections de notre Dialectique & de notre Grammaire*, que ces grands hommes de l'Antiquité n'ont point fait de fautes, ou que leurs fautes ont été belles ; qu'ils n'avoient point de défauts, ou que leurs défauts étoient plutôt des vertus imparfaites que des vices.

Il ne se peut rien dire de plus magnifique ni de plus specieux en faveur de l'entêtement que produisent en nous les Préjugés où nous sommes pour les Anciens. Mais Monsieur de Balzac semble avoir eu lui-même quelque confusion d'avoir porté jusqu'à cet excés la déférence que nous devons avoir pour les Anciens, & il a reconnu dans la suite qu'il peut y avoir un juste temperament entre la bassesse & la hauteur que de véritables Critiques doivent éviter, qui est le respect qu'ils doivent aux Anciens.

C'est ce temperament que les plus judicieux ont toujours tâché d'aporter dans l'imitation des Anciens, & dans les jugemens qu'ils en ont portés : & on a eu raison de blâmer ceux qui se sont jettés dans l'une ou l'autre de ces extrémités, comme d'un côté le Cardinal Bembe & Christofle de Longueil qui ont été taxés de trop d'assujetissement & de bassesse aveugle pour les Anciens, & de l'autre Politien & Hermolaüs Barbarus qui ont été accusés de trop de mépris & de trop d'indifférence pour eux.

Si nos Préjugés en faveur des anciens ont eu de grands partisans & des défenseurs zélés dans ces derniers tems, on peut dire qu'ils ont trouvé des Adversaires encore plus puissans qui ont entrepris de les combattre & de les détruire, si cela eut été possible, particuliérement ceux qui regardent les anciens Philosophes & les autres Auteurs qui ont traité des matiéres qui dépendent principalement du raisonement ou de l'experience, & qui ont eu la verité pour objet.

Un de ces principaux Adversaires qui a fort éclaté de nos jours trouve fort mauvais que l'on se soumette aveuglément à l'autorité

I iij

des Anciens (1), & il dit qu'il est assés difficile de comprendre comment il se peut faire que des gens qui ont de l'esprit aiment mieux se servir de celui des autres dans la recherche de la verité que de celui que Dieu leur a donné.

Il y a sans doute infiniment plus de plaisir & plus d'honneur a se conduire par ses propres yeux (dit-il) que par ceux des autres ; & un homme de bonne vûë ne s'avisera jamais de se fermer les yeux, ou de se les arracher, dans l'esperance d'avoir un conducteur. C'est néanmoins ce que font ceux qui aiment mieux suivre l'autorité, que de faire usage de leur esprit.

Cet Auteur rapporte plusieurs causes de ce Préjugé qu'il apelle un renversement d'esprit. 1. La paresse naturelle des hommes qui ne veulent pas se donner la peine de méditer sur quoi que ce soit, & de faire eux-mêmes ce que les Anciens ont fait sans avoir ni de guides, ni d'autres exemples à suivre devant eux. 2. L'incapacité de le faire où l'on est tombé pour ne s'y être pas appliqué de jeunesse. 3. La satisfaction que l'on reçoit dans la connoissance des vrai-semblances & de ce qui a le plus d'attrait exterieur. 4. La sotte vanité qui fait qu'on souhaite d'être estimé savant, parce qu'on apelle savant ceux qui ont le plus de lecture. 5. L'opinion fausse où l'on est que les plus Anciens sont les plus éclairés, & qu'il n'y a rien à faire où ils n'ont pas réussi. 6. Un faux respect mêlé d'une folle curiosité qui fait qu'on admire davantage les choses les plus éloignées de nous,

C'étoit sans doute pour profiter de cette foiblesse de notre esprit & de la force de notre Préjugé que les imposteurs de tous les siécles se sont imaginés pouvoir impunément débiter leurs mensonges & leurs impertinences, en les attribuant aux plus Anciens de ceux qu'ils avoient oui dire qui avoient écrit quelque chose, & dont il ne nous est resté que les noms. Tels sont Zoroastre, Trismégiste, Manéthon, Bérose, Sanchoniathon, les Sibylles, Archiloque, Megasthène ; & ces faux Auteurs à qui on a donné des noms en leur forgeant des écrits touchant les origines des Nations Occidentales & Septentrionales à l'imitation de ceux que nous venons de raporter, & qui avoient traité de celles des Peuples d'Orient & du Midi · pour ne rien dire des Livres Apocryphes que ces personnes oisives ont eu la hardiesse de composer sous les noms spécieux des Anciens Patriarches du Vieux Testament, & des Hommes Apostoliques du Nouveau.

Recherche de la Verité par Mallebr. 2. part. du Liv. 2. chap. 4. pag. 208. & suiv.

DES ANCIENS.

Cette paſſion pour l'Antiquité ne ſe termine pas aux Auteurs & aux Livres, elle s'étend encore ſur tous les monumens qui en ſont venus juſqu'à nous, & les veſtiges qui en ſont reſtés. On recherche les Médailles & les Inſcriptions, on honore la Cabane de Romulus, on révere des Marmouzets de bronze qui ſentent la vieille Divinité du Paganiſme, on garde même avec ſoin les Pantoufles & la Lanterne de quelques Anciens, ſeulement parce qu'il y a long-tems que ces choſes ſont faites & qu'elles ſont à demi pourries.

Ceux qui prétendent que l'on trouve dans les Anciens tout ce que l'on peut déſirer n'auroient pas manqué de nous faire voir dans l'Hiſtoire du Regne de Nembrot toute la politique la plus fine & même toutes les autres ſciences, ſi ce Prince l'avoit compoſé lui-même (1) : comme quelques-uns trouvent qu'Homere & Virgile avoient une connoiſſance parfaite de la Nature. Ils ſeroient prêts de jurer que ſi Atlas & Prométhée s'étoient voulu donner la peine d'écrire ſur l'Aſtronomie, ils n'auroient rien laiſſé à obſerver à ceux qui ſont venus après eux. Qu'il n'y a rien à ajouter à ce que Pithagore a écrit de la Géométrie dont ils veulent qu'il ait perfectionné la ſcience (2), & qu'il a porté l'Arithmétique, & la Muſique à leur période. Qu'il y auroit beaucoup de témérité à ne point reconnoître univerſellement la Principauté d'Hippocrate ſur tous les Médecins, à douter d'aucun de ſes axiomes ou de ſes maximes, à ne point reverer *toutes ſes paroles comme celles d'un Dieu* (3), & à ne le point croire auſſi infaillible pour ſon particulier, qu'incapable de tromper les autres (4).

Enfin parce qu'il nous faut reſpecter l'Antiquité nous n'oſerions accuſer d'erreur Epicure, Platon, Ariſtote ni les autres grands Hommes; nous n'oſerions pas même croire qu'Ariſtote s'eſt trompé, ſans paſſer à l'inſtant pour les Idolâtres, ou les Sectateurs *de quelques petits Savans du parti des nouveaux Philoſophes fort ſatisfaits d'eux-mêmes d'avoir compris quelques principes de la Philoſophie de* D....... *qui donne aſſés dans le ſens des génies médiocres* (5), & ſans être accuſés de ſuffiſance & d'orgueil pour oſer parler avec tant de liberté d'une Philoſophie qui eſt un *abîme de profondeur impénétrable aux eſprits médiocres, & qu'on ne peut*, à ce qu'on prétend, *conſiderer de ſens froid ſans en être épouvanté.*

---

1 Voyés Mallebr. ibid. pag. 210. & ſuiv.
2 Diog. Laërt. in vit. Pytagoræ.
3 Galenus Lib. 1. de uſu partium cap. 9. Suidas dit que ce ſentiment de Galien pour Hippocrate a été depuis le ſentiment univerſel de tout le monde.
Ger. Voſſ. de Philoſoph. cap. 11. § 20. pag. 85.
4 Macrob. &c. & apud Voſſ. Loco cit.
5 Compar. de Plat. & d'Ariſt. pag. 290.

DES PREJUGE'S

Cependant Ariftote, Platon & Epicure étoient des hommes comme nous, & de même efpéce que nous. Et qui plus eft, c'eft qu'au tems où nous vivons le monde eft plus âgé de deux ou trois mille ans qu'il n'étoit lorfque ces Anciens ont écrit. Il a donc plus d'expérience, il doit être plus fage, & c'eft la vieilleffe du monde & l'expérience qui font découvrir la vérité (1).

Veritas filia temporis, non auctoritatis.

Ce Préjugé d'eftime pour les Anciens qui nous poffède & qui nous aveugle fi fort eft encore fouvent un artifice dont notre amour propre & notre orgueil fe fervent adroitement pour fe conferver & fe maintenir dans la poffeffion de notre efprit & de notre cœur.
„ Car lors qu'on eftime une opinion nouvelle & un Auteur du tems,
„ il femble que leur gloire efface la nôtre, à caufe qu'elle en eft trop
„ proche: mais on ne craint rien de pareil de l'honneur qu'on rend
„ aux Anciens (2).

„ D'ailleurs comme la vérité & la nouveauté ne peuvent pas fe
„ trouver enfemble dans les chofes de la Foy, qui dépendent de
„ la Tradition; & comme les hommes ne veulent pas faire le difcer-
„ nement qu'il faut faire entre les vérités qui dépendent de la rai-
„ fon, & celles qui dépendent de la Tradition qu'on doit apprendre
„ d'une maniére toute differente: ils confondent la Nouveauté avec
„ l'Erreur, & l'Antiquité avec la Vérité. Luther, Calvin, & les
„ autres ont dit quelque chofe de nouveau, & ils ont erré: Donc
„ Galilée, Harvée, Defcartes fe trompent dans ce qu'ils innovent.
„ L'impanation de Luther eft nouvelle, & elle eft fauffe: Donc la
„ circulation d'Harvée eft fauffe, puifqu'elle eft nouvelle. C'eft pour
„ cela que quelques-uns apellent auffi indifferemment du nom
„ odieux de Novateurs les Hérétiques, & les nouveaux Philofophes.
„ Les idées & les mots de Verité & d'Antiquité, de Fauffeté & de
„ Nouveauté ont été liés les uns avec les autres. Le commun des
„ hommes ne les fépare plus, & les Gens d'efprit même fentent quel-
„ que peine à les bien féparer.

Ce refpect déreglé que l'on porte aux Anciens produit un grand nombre d'effets affés fâcheux. Car il ne faut pas s'imaginer par exemple, que ceux qui vieilliffent fur les Livres d'Ariftote & de Platon puiffent toujours faire un bon ufage de la liberté de leur efprit. Ils

---

1 Malebranche de la Recherche de la Verité 2. part. du Liv. 2. chap. 4. 5. & 6.   pag. 210. & fuiv. 2 Idem, ibid.

n'employent

n'employent ordinairement tant de tems à la lecture de ces Livres que pour tâcher d'entrer dans les sentimens de leurs Auteurs, & leur but principal est de savoir au vrai les opinions qu'ils ont tenuës sans se mettre en peine de ce qu'il faut tenir.

S'il y a quelque chose de vrai & de bon dans quelque Ouvrage des Anciens, aussi-tôt on se jette dans l'excès. On publie que tout en est vrai, que tout en est bon, & que tout en est admirable. On se plaît même à admirer ce qu'on n'entend pas, & on veut que tout le monde l'admire avec la même facilité. On tire gloire des louanges qu'on donne à ces Auteurs obscurs, parce qu'on persuade par-là aux autres qu'on les entend parfaitement, c'est un nouveau sujet de vanité, & on s'estime au-dessus des autres hommes, à cause qu'on croit entendre une impertinence d'un vieil Auteur ou d'un homme qui ne s'entendoit peut-être pas lui-même.

En effet combien a-t-on vû de Savans qui ont sué pour éclaircir des passages obscurs des Philosophes, & même de quelques Poëtes de l'Antiquité ; & combien s'en est-il trouvé qui ont fait leurs délices de la Critique d'un mot ; & du sentiment d'un Auteur (1) ?

Mais il ne suffit pas d'avoir fait voir les deux extrémités où nous portent les Préjugés differens que nous avons des Anciens sans montrer le milieu dans lequel on les peut raisonnablement contenir pour ne point commettre d'injustice dans les jugemens qu'on en fait au préjudice des Modernes.

Il faut convenir qu'il y a des choses dans lesquelles les Anciens ont eu le dessus des Modernes, qu'il y en a qui leur ont été communes & dans lesquelles ils peuvent avoir également bien réussi les uns & les autres, & qu'il y en a enfin dans lesquelles les premiers ont eu le dessous des derniers venus.

1. Parmi les choses du premier genre il faut compter tout ce que les Anciens ont écrit simplement pour parler, & pour exercer leur stile, & tous ceux de leurs Ouvrages qui nous ont conservé la pureté & les ornemens de leurs Langues, & tout ce qui concerne l'Art d'exprimer les passions de l'Homme, & les qualités de la Nature telles qu'elles peuvent être depuis sa corruption.

C'est pourquoi les anciens Poëtes & Orateurs tant Grecs que Romains n'ont point encore trouvé leurs égaux dans le genre d'écrire qu'ils ont embrassé, & on peut dire que ceux des Modernes qui ont

---

a Idem ibidem.

fait leurs Poëſies ou leurs Harangues en leurs Langues ſont peut-être encore plus éloignés de leur perfection que de leur ſiécle : & qu'ils ne les ont approchés qu'autant qu'ils les ont ou copiés ou imités, ce qui ſeul ſuffit pour les empêcher de pouvoir jamais arriver à la gloire de leurs Originaux.

Ce n'eſt pas qu'il ne ſe ſoit peut-être trouvé depuis ces Anciens, des Génies auſſi propre qu'eux à faire valoir l'Art Poëtique & l'Art Oratoire; mais comme la Religion Chrétienne a mis des bornes étroites à l'art de feindre & de mentir, en rétabliſſant la ſimplicité ancienne que le péché avoit ôtée à la Vérité, il n'eſt pas incroyable que le ſcrupule ait empêché ces grands Génies de porter auſſi loin qu'ils auroient pû ces deux Arts ingénieux dont les beautés conſiſtent principalement dans le déguiſement, & dans le mouvement des paſſions.

2. Les choſes qui ſont communes aux Anciens & aux Modernes dans leurs écrits ſont celles qui dépendent des qualités naturelles de l'eſprit humain, comme ſont le jugement, le ſens commun, le goût ſpirituel, la délicateſſe & la pénétration. Mais comme ces qualités ſont de tous les ſiécles, & que la Nature n'en eſt pas moins liberale aujourd'hui qu'elle étoit autrefois, les Anciens n'ont peut-être pas d'autre avantage ſur les Modernes en ce point que celui de leur Antiquité, qui fait que quand les choſes ſe trouvent égales, ils doivent avoir toujours le pas devant, puiſque la Nature le leur a donné en les faiſant naître devant les autres.

Il eſt vrai que ceux qui n'aiment que l'Antiquité, & qui font encore aujourd'hui un parti conſiderable dans la République des Lettres, tâchent de nous perſuader qu'on ne trouve preſque de ſolidité de jugement, de ſens droit, de bon goût, de délicateſſe, & de fineſſe d'eſprit que dans les Ecrits des Anciens, & qu'on ne voit preſqu'aucun de leurs Livres qui en ſoit dépourvû. Mais ils ne conſiderent peut-être pas que les ſiécles ſuivans ont laiſſé périr ceux de leurs Ouvrages qui n'étoient pas ſoutenus par ces excellentes qualités, & que quand la Poſterité aura éclairci la maſſe des mauvais Livres des Modernes que le nouvel Art de l'Imprimerie a multiplié preſque juſqu'à l'infini, il poura auſſi ne reſter que ceux où ſe trouvent ces qualités. Et quand on en aura fait le diſcernement & qu'on les aura ſéparé comme le bon grain d'avec la paille qui les couvre & qui les confond aujourd'hui, on poura juger ſi les bons Livres de ces derniers ſiécles ſont ou meilleurs ou en plus grand nombre que ceux des Anciens.

3. Enfin les choſes du dernier genre, c'eſt-à-dire les connoiſſances

dans lesquelles les Modernes sont allés plus loin que les Anciens sont principalement les sciences ausquelles le tems qui forme & mûrit toutes choses, & l'expérience qui est le fruit de l'industrie humaine ont donné de grands accroissemens; telles que sont la Physique, la Médecine, l'Astronomie, la Chronologie, la Géographie, & diverses autres parties des Mathématiques qu'on apelle Mixtes, que les Anciens ont traitées assés imparfaitement.

Mais comme ils étoient dépourvûs de tous ces grands secours que l'invention des nouveaux Arts & des Instrumens de Mathématique, les nouvelles découvertes de la Nature, & l'usage d'une longue suite de siécles ont aportés aux Modernes, il est bien juste d'avoir quelque égard à ces considerations quand on se trouve tenté de les accuser d'ignorance & de les mépriser sous prétexte qu'ils se sont souvent trompés. On doit toujours porter du respect à la grandeur de leur génie, dit le P. Rapin (1), & on ne doit pas les chicaner sur toutes leurs fautes, puisque les fautes même qu'ils ont faites dans les petites choses sont quelquefois des marques de l'application qu'ils ont euë pour les grandes, & pour celles qui étoient essentielles à la matiére qu'ils ont traitée.

Il faut même, selon Monsieur de Balzac (2) dissimuler, déguiser, & cacher autant qu'il est possible, les petits manquemens des grands Personnages de l'Antiquité, à tout le moins en public, & pour donner bon exemple au monde. Il ne faut pas néanmoins perdre l'usage de notre jugement par trop de reserve & trop d'affectation de modestie à leur égard, c'est assés de marquer du respect pour leur nom & de la civilité pour leurs personnes. Quand on se croit obligé de se départir de leurs sentimens, il faut, dit-il, dorer & parfumer ses objections. On peut se séparer de ses Maîtres quand il s'agit de suivre la Vérité qui nous entraîne ailleurs, mais il faut prendre congé d'eux de bonne grace & toujours avec des protestations de fidélité pour l'avenir.

C'est une honêteté de bien-séance qui a passé pour une espéce de devoir en toutes sortes de tems, & ceux même que nous comptons aujourd'hui parmi les Anciens nous ont appris cette maxime comme la pratiquant eux-mêmes envers ceux qu'ils consideroient comme des Anciens à leur égard (3). Et ce qui doit nous déterminer le plus à

Veteres cum excusatione audiendi sunt. Senec.

---

1 Le P. Rapin Compar. de Platon & Aristote pag. 292. 293.
2 Balz. Ent. xi. p. 199. 200. Ed. d'Holl.
3 Seneca Lib. 6. quæstion. natural. c. 5.

prendre le parti d'une conduite ſi raiſonnable & ſi juſte, c'eſt que les Anciens eux-mêmes ont bien vû qu'ils ne pouvoient porter les choſes à leur perfection. Ils ont même reconnu que la connoiſſance des choſes qui leur étoient inconnuës étoit reſervée aux ſiécles poſterieurs (1), & que l'induſtrie des hommes, le tems l'uſage, & l'experience découvriroient une infinité de choſes qui leur étoient cachées, comme l'a prévû Seneque en plus d'un endroit de ſes Ouvrages.

<small>Multa ſæculis tunc futuris cum memoria noſtri exoleverit reſervantur. Senec.

Veniet tempus quo iſta quæ nunc latent, in lucem dies extrahat & longioris ævi diligentia. Senec.</small>

Cependant cette perſuaſion ne les a point découragés, & ne les a point rebutés, ils n'ont point laiſſé de travailler pour notre ſervice, & nous ne ſaurions nier ſans ingratitude que nous ne leur ayons les premiéres obligations de nos études & de nos connoiſſances.

Mais ſi leurs fautes méritent d'être excuſées & reſpectées même pour leur vieilleſſe, & pour cette eſpéce d'immortalité qu'elles ont acquiſe, on ne doit pas pour cela les juſtifier, & moins encore s'en faire des exemples pour défendre les nôtres. Il eſt vrai, diſent Meſſieurs de l'Académie (2), que les fautes des Anciens ne ſont preſque conſiderées qu'avec réverence, parce que les unes étant faites devant les régles, ſont nées libres & hors de leur Juriſdiction, & que les autres par une longue durée ont comme acquis une préſcription légitime. Mais cette faveur qui à peine met à couvert ces grands Hommes, ne paſſe point juſqu'à leurs ſucceſſeurs. Ceux qui viennent après eux heritent bien de leurs richeſſes, mais non pas de leurs priviléges, & les vices quelques anciens qu'ils puiſſent être n'autoriſent pas ceux d'aujourd'hui, & ne ſauroient preſcrire contre la régle & le bon ſens.

Il faut faire une grande différence entre l'Antiquité, en ce qui concerne la Religion, & celle qui conſiſte dans les connoiſſances purement humaines. Celle-ci n'eſt qu'une pure nouveauté en comparaiſon de celle-là, & il y a preſque autant à diſtinguer entre elles, qu'entre l'Erreur & la Vérité, c'eſt-à-dire, entre la ſcience de l'homme & celle de Dieu.

Monſieur Fleury dit (3) que comme la Religion Chrétienne n'eſt pas une invention des hommes mais un ouvrage de Dieu, elle a eu

---

<small>1 Idem Senec. Lib. 7. quæſtion. nat. cap. 31. & cap. 25. & Joann. Fileſac. Lib. 2. Selector. cap. 13. pag. 382.
2 Sentimens ſur la Tragi-Comédie du Cid de Corneil. p. 185. 186. de la 1. Edit.
3 Mœurs des Chrétiens, 1. part. num. 2. pag. 2. & 3. & num. 53. pag. 475.</small>

DES ANCIENS.

d'abord toute sa perfection aussi-bien que l'Univers; & que ce seroit une erreur détestable de croire que dans la suite des siécles on ait trouvé quelque chose non seulement pour les dogmes, mais encore touchant les mœurs & la conduite de la vie plus utile, plus sage, & plus sublime que ce que Jesus-Christ a enseigné à ses Apôtres, & les Apôtres à leurs Disciples.

On ne s'est donc pas contenté de rejetter & de condamner dans tous les âges de l'Eglise les Nouveautés que les Auteurs Hérétiques ont tâché d'introduire: Mais on a toujours eu grand soin de nous marquer même la préference qu'on doit faire des Anciens Auteurs Catholiques sur les Modernes, parce qu'étant plus près de la source, on trouve incomparablement plus de pureté & plus de cette simplicité qui accompagne les vérités éternelles dans leurs Ecrits, que dans ceux des Auteurs des siécles posterieurs.

C'est ce qui a porté la sacrée Faculté de Théologie à censurer l'opinion du faux Guimenius, qui dit (1) que *toutes choses étant présentement beaucoup mieux examinées en Théologie qu'elles ne l'étoient dans les tems passés, il vaut beaucoup mieux suivre les Théologiens modernes que les Anciens Peres* (2). C'est aussi ce qui a rendu un des plus fameux Hommes de ce siécle l'objet de la fable publique pour s'être vanté sottement de n'*avoir jamais voulu employer ou perdre son tems à lire les Anciens Peres, parce que les Modernes, dit-il, ont poli avec beaucoup d'industrie & beaucoup d'étude tout ce que ces Anciens ont pû trouver & penser de beau & de raisonnable* (3).

M. Caramuel.

Non multum ego temporis impendo aut perdo in Veterum Libris legendis; non quod contemnam illos, sed quod omnia quæ pulchrè cogitarunt jam sint à junioribus summo studio & industriâ elimata.
Joan. Caramuel.

Ce sentiment de l'Eglise Catholique a été combatu par plusieurs de ses propres Ecrivains depuis un siécle, qui se sont peut-être imaginé qu'ils travailleroient pour leur propre autorité, & pour leur réputation, en diminuant celle des Anciens, & en faisant leurs efforts pour rehausser & pour apuyer celle des Modernes. Mais ceux d'entre eux qui ont voulu employer l'autorité même de quelques Anciens pour diminuer l'autorité des Anciens semblent avoir affecté de confondre l'Antiquité profane avec la Sacrée pour pouvoir raisonner & disposer de celle-ci comme de celle-là.

Ainsi le P. Poza voulant nous faire goûter la nouveauté de ses ima-

---

1 Amad. Guimen. Opusc p. 191. num. 4.
2. Censura Sac. Facul. Theol. Paris. in Lib. cui Tit. Amadæus Guimenius Lomarensis, &c.
3 Jean Caramuel dans le Catalogue de ses grands desseins & de ses Livres, qu'il a fait imprimer à Francfort.
Carolus Visthius in Bibliothec. Ordin. Cistercienf. pag. 196. 197.
Guill. wendrock in Appendicib. ad not. Litter. Moncalt.

ginations (1), a voulu nous perſuader qu'il n'y avoit point grand fonds à faire ſur les Anciens par l'autorité de Seneque. Il eſt vrai que ce Philoſophe dit ,, que la vérité eſt expoſée à tout le monde, que ,, nul ne l'a encore occupée ; que ceux qui nous ont précédé ſont nos ,, guides, mais que nous ne ſommes pas leurs eſclaves ; qu'il en ,, reſte encore beaucoup pour ceux qui viendront après nous ; que ,, chacun aime mieux croire que juger . . . . Mais que pour ,, lui il ne s'attache à aucun particulier de ces grands Philoſophes ,, de l'Antiquité ; qu'il a droit d'en juger & d'en dire ſon avis. C'eſt ,, pourquoi, qu'il avoit la liberté de ſuivre tantôt le ſentiment ,, de l'un & tantôt de changer quelque choſe dans celui de ,, l'autre (2).

Mais ſi Seneque a eu ſujet de préférer la Raiſon à l'Autorité dans les choſes purement humaines, & qui ne pouvoient ſe régler que par la Raiſon n'ayant point d'autre guide que la Raiſon : Poza qui étoit & Chrétien & Régulier ne devoit pas ignorer qu'un homme qui ſe méle d'écrire dans l'Egliſe des matiéres de la Foi pour l'inſtruction & l'édification des Fidéles, doit ſuivre l'autorité plus que ſa raiſon : & qu'en matiére de Religion il n'a point pû ſuivre cette maxime de Seneque ſans ruiner l'obéïſſance qui eſt dûë à la Foi & à la Tradition, qui en eſt un des principaux fondemens.

En uſer ainſi, n'eſt autre choſe que donner à chacun la liberté d'opiner ſur les points de Religion, comme les Philoſophes Païens ont fait dans les matiéres de ſcience & des mœurs, où ils n'ont ſuivi que leurs ſens, leurs propres penſées, & leur lumiére naturelle ; c'eſt traiter Saint Athanaſe & Saint Auguſtin en Théologie comme nous ferions Platon & Ariſtote en Philoſophie.

Cet Auteur a fait le même abus d'une aſſés belle penſée de Lactance, qui dit que ,, ceux-là ſe privent eux-mêmes de la ſageſſe qui ſe laiſ- ,, ſant mener par les autres comme des bêtes, reçoivent ſans diſcer- ,, nement tout ce que les Anciens ont inventé. Que ce qui les trom- ,, pe, c'eſt le nom d'Anciens, s'imaginant ne pouvoir pas être plus ,, ſage qu'eux, parce qu'ils ſont venus après eux, & qu'on les apelle ,, Modernes . . . . . Que Dieu a diſtribué la ſageſſe à tous les hommes ,, ſelon leur portée, & que ceux qui nous ont précédé dans le tems ,, ne nous précédent pas pour cela dans la ſageſſe, parce qu'étant

Sapientiam ſibi adimunt qui ſine ullo judicio inventa majorum probant, & ab aliis pecudum more ducuntur. Sed hoc eos fallit quod majorum nomine poſito, non putant fieri poſſe ut ipſi plus ſapiant, quia minores vocantur.

---

1 Joan. Bapt. Poza Præfat. Elucidat. Deiparæ. | 2 L. Ann. Senec. Epiſtol. 33.

„ donnée également à tous les hommes, ceux qui sont venus les
„ premiers ne la peuvent pas ôter aux autres (1).

Mais qui ne voit que Lactance n'en veut qu'à ceux qui se laissent aller aux coutumes & aux traditions humaines au préjudice de la vérité manifeste, ou qui sont trop crédules & trop timides dans la recherche des choses naturelles qui dépendent de la raison?

Quelques-uns de ces Théologiens Modernes qui ont pensé réduire la Morale Chrétienne en problémes, ont jugé à propos de mettre en question si l'on doit préférer les Anciens Peres & Docteurs de l'Eglise aux nouveaux Ecrivains & Docteurs de l'Ecole (2).

. . . . . . Deus dedit omnibus pro virili petitionem sapientiæ nec quia nos illi temporibus, sapientia quoque antecesserunt. Quæ si omnibus æqualiter datur, occupari ab antecedentibus non potest.

Azor veut que les opinions de ces Ecrivains nouveaux des derniers tems ayent autant de poids & de crédit que les sentimens des Anciens & des Peres de l'Eglise, de sorte que si les Peres l'emportent quelquefois sur les Auteurs Modernes, ceux-ci l'emportent aussi souvent sur les Peres : & que „ *quand les opinions des uns & des autres* „ *sont égales en elles-mêmes, quoiqu'on préfére souvent celles des Anciens* „ *a celles des Nouveaux il n'y a point de Loi ni de raison assés forte* „ *pour obliger à la préférer toujours* (3).

Cette décision a paru d'une conséquence dangereuse, en ce qu'il semble ôter l'obligation de s'assujettir aux sentimens des Saints Docteurs de l'Eglise, qui ne disent dans les choses importantes que ce qu'ils ont appris d'elle, & donner la liberté de les suivre ou de ne les suivre pas. Car selon cette maxime il pourroit être permis de suivre toujours les nouveaux & de ne suivre jamais les Peres, lorsque les raisons des Nouveaux seront aussi vrai-semblables que celles des Peres. Or il ne sera jamais difficile à ceux qui les jugeront par le sens humain, & par la raison naturelle plutôt que par la lumiére de la Foi de trouver des artifices pour faire paroître autant de probabilité & de vrai-semblance dans les opinions modernes que dans les sentimens des Anciens.

Les autres Défenseurs de l'autorité des Modernes (4) ont voulu user de distinction & partager le different, en disant que *la résolution des*

---

1 Lactant. Lib. 2. Divinarum Institut. cap. 7.

2 Ger. de la Mot. des J. Tom. 1. L. 1. part. 2. chap. 1. art. 1. pag. 261. 262. & suiv.

3 Joan. Azor Inst. Moral. Lib. 2. cap.

17. quæst. 1. pag. 117.

4 Valer. Reginaldus præfat. in Prax. Fori Pœnitential. de casibus consc.
Ludov. Cellot. Lib. 8. de Hierarchia & Hierarchis cap. 16. pag. 714.

difficultés qui naissent touchant la Foi se doit tirer des Anciens : mais que celles qui regardent les mœurs & la vie des Chrétiens se doivent prendre des Auteurs nouveaux. La distinction paroît claire, mais elle tient peut-être un peu de l'*Escobar* & du *Casuitisme*, & elle ne léve pas entiérement tous nos scrupules.

Car, comme écrit un autre Moderne, s'il apartient aux Anciens de déterminer les questions qui naissent sur les matiéres de la Foi, il faut nécessairement qu'ils décident aussi les difficultés de la conscience & des Mœurs, puisque les Fidéles doivent vivre par la Foi : Et si nous devons prendre des Modernes les régles des mœurs & non celles de la Foi, il faut qu'on nous donne une autre régle de notre vie que la Foi, & que la Foi ne soit plus la source & la mesure des bonnes œuvres ni le principe de la vie Chrétienne (1). S'il est vrai que nous ne devons prendre des Anciens que les régles de la Foi sans celles des Mœurs, la Foi que nous recevons d'eux sera morte & stérile : si les Nouveaux ne nous donnent que les régles des Mœurs sans celle de la Foi, notre vie quelque bonne qu'elle paroisse ne sera que Païenne.

Mais il est fort inutile de nous embarasser d'une décision qui passe pour erronée, & qui est rejettée de l'Eglise. Et quand nous n'aurions pas d'autres motifs pour nous porter à préférer les Anciens aux Modernes en tout ce qui concerne la Religion, & pour nous attacher inviolablement aux décisions de ces premiers : l'incertitude, l'embarras, l'inégalité, la témerité & les contradictions qui se rencontrent dans plusieurs de ces Théologiens modernes, & particuliérement des nouveaux Docteurs de la Probabilité nous y obligeroient assés d'ailleurs.

L'Auteur de la Recherche de la Vérité fait sur la conduite & sur les sentimens de ces Modernes une réflexion qui est d'autant moins à mépriser qu'il n'est ni le seul ni le premier qui l'a faite (2). Il dit „ qu'il lui semble que ce sont d'ordinaire ceux qui crient le plus con- „ tre les Nouveautés de Philosophie, lesquelles on doit estimer, qui „ favorisent & qui défendent même plus opiniâtrement certaines „ Nouveautés de Théologie qu'on doit détester. Car ce n'est pas, „ dit-il, leur langage qu'on n'aprouve pas tout inconnu qu'il ait été „ à l'Antiquité, l'usage l'autorise : ce sont les erreurs qu'ils répandent

---

1 Mer. des J. T. 1. L. 1. p. 2. chap. 1. art. 1. p. 269. 270.

2 Malleb. Rech. de la Ver. 2. part. du Liv. 2. chap. 6. pag. 222.

,, ou qu'ils soutiennent à la faveur de ce langage équivoque & con-
,, fus. Que ce sont principalement ces sortes de gens qui s'éfarou-
,, chent si on parle en Philosophie autrement qu'Aristote, & qui ne
,, se mettent point en peine si on parle en Théologie autrement
,, que l'Evangile, les Peres & les Conciles.

Il nous est sans doute fort peu important & fort peu nécessaire de savoir ce que les anciens Philosophes Païens ont cru des points qui regardent l'essence & l'existence de Dieu, la béatitude de l'homme, l'immortalité de l'ame & toute la Morale qui dépend de la véritable Théologie, quoiqu'il soit très-important & très-nécessaire de savoir que Dieu existe, qu'il fait notre béatitude, que l'ame est immortelle, & que toute la Morale ne consiste que dans le véritable culte de Dieu. Cependant il s'est trouvé un fort grand nombre de Savans (1), qui se sont mis plus en peine de savoir, par exemple, le sentiment d'Aristote sur l'immortalité de l'Ame que la vérité de la chose en soi, & on en a vû même qui ont fait des Ouvrages exprès pour expliquer ce que ce Philosophe en a écrit, & qui n'en ont pas tant fait pour savoir ce qu'il en falloit croire.

Petrus Pomponatius en a fait un pour montrer qu'-Aristote a cru l'ame mortelle.

S'il y a une infinité de choses dont la connoissance est inutile, & qui ne sont que de l'invention de l'esprit humain, il est par conséquent encore plus inutile de rechercher & de savoir ce que les Anciens en ont cru. ,, Mais dans les questions de la Foi ce n'est pas un défaut
,, de chercher ce qu'en a cru, par exemple, Saint Augustin ou quel-
,, qu'autre Pere de l'Eglise, ni même de travailler avec soin pour
,, découvrir si Saint Augustin a cru ce que croyoient ceux qui l'ont
,, précédé, parce que les choses de la Foi ne s'apprennent que par la
,, Tradition, & que la raison ne peut pas les découvrir. La créance
,, la plus ancienne étant la plus vraie, il faut tâcher de savoir la-
,, quelle l'est en effet, & on ne le peut faire qu'en examinant le sen-
,, timent de plusieurs personnes qui se sont suivies dans differens
,, tems.
,, Mais les choses qui dépendent de la raison leur sont tout-à-fait
,, opposées, & il n'est pas si nécessaire de se mettre en peine de savoir
,, ce qu'il en faut croire.
,, En matiére de Théologie on doit aimer l'Antiquité parce qu'on
,, doit aimer la vérité, & que la vérité se trouve dans l'Antiquité.
,, Il faut que toute curiosité cesse lorsqu'on tient une fois la vérité.

---

1 Le même pag. 217. & 221. &c.

„ Mais en matiére de Philofophie on doit au contraire aimer la
„ nouveauté par la même raifon qu'il faut toujours aimer la vérité
„ & la rechercher par tout où elle fe peut trouver. Si l'on croyoit
„ qu'Ariftote & Platon fuffent infaillibles, il ne faudroit s'appliquer
„ qu'à les entendre, mais la raifon ne permet pas qu'on le croye. La
„ raifon veut au contraire que nous les jugions plus ignorans que
„ les nouveaux Philofophes, parce que depuis leur tems il s'eft écoulé
„ un grand nombre de fiécles qui ont donné lieu à plufieurs expérien-
„ ces & découvertes nouvelles ; que les nouveaux Philofophes peu-
„ vent favoir toutes les vérités que les Anciens nous ont laiffées,
„ & en trouver encore plufieurs autres. Mais cependant la raifon ne
„ veut pas qu'on croye encore ces nouveaux Philofophes à leur pa-
„ role plutôt que les Anciens. Elle veut au contraire qu'on les exa-
„ mine fans fe préoccuper ridiculement de leur filence ni de leurs
„ qualités d'efprit. (1)

Chapitre II.

Préjugés des Auteurs Ecclefiaftiques & Profanes.

Puisque le Préjugé où étoient plufieurs des Chrétiens de l'Eglife Primitive, à l'égard des Livres des Païens eft effacé depuis
fort long-tems, il eft affés inutile de faire voir quel en étoit le fondement, & en quoi confiftoit le danger que l'on y trouvoit pour les
nouveaux Convertis, lorfqu'ils étoient encore affiégés de Païens
qui tâchoient en toute occafion de leur faire valoir les beautés de
leurs Poëtes & de leurs Philofophes.

Ce feroit auffi d'un autre côté faire perdre le tems au Lecteur, fi
pour lui faire voir l'utilité qu'on peut retirer des Livres des Gentils,
on fe mettoit en devoir de lui repeter ici tout ce qu'il peut en avoir
lû ailleurs (2) foit dans les Ecrits des anciens Pères de l'Eglife qui en
ont fait eux-mêmes un excellent ufage, autant pour le reglement de

---

1 Idem ibid. pag. 217. 221.
2 S. Bafil. de legendis Libris Gentil. oration.
S. Greg Nazianzen. in oration. de laudibus Bafilii Magni.
Clem. Alexandr. Origen. Arnob. Lact.

& aliorum exempla.
S. Auguftin. Lib. 2. de doctrina Chriftiana. cap. 18. 29. & 40.
S. Cyrill. Alex. Lib. 6. contra Julian. Apoftat. ad text. 4.
Petri Blefen. Epiftol. 8. Item Epift. 91.

leurs mœurs, que pour combattre le Paganisme ; soit dans les Traités particuliers que plusieurs Modernes ont fait sur ce sujet. (1)

A l'égard des Livres des Chrétiens, les Gentils s'étoient étrangement préoccupés contre ceux des trois ou quatre premiers siécles de l'Eglise. Ils s'étoient sottement imaginé que nos Ecrivains ne pouvoient être que des ignorans, parce qu'ils ne voyoient presque aucun de leurs prétendus Savans embrasser la Religion Chrétienne, qu'ils savoient être ennemie de l'orgueil & de l'enflure que produit la vanité des sciences humaines. Et sur la foi des plus médisans de nos ennemis tels qu'étoient Celse, Porphyre, & l'Empereur Julien, ils publioient par tout que l'Eglise de Jesus-Christ n'avoit produit aucun Philosophe, aucun Orateur, aucun Docteur; qu'on n'y cultivoit point l'Eloquence ni les autres Arts ni les Sciences, & qu'on ne remarquoit qu'une simplicité grossiére en tout ce qui étoit sorti de la plume des Auteurs Chrétiens depuis l'établissement de la Religion.

Ce fut pour détromper le Public de cet erreur que Saint Jerôme entreprit d'écrire son Livre des Ecrivains Ecclesiastiques, comme il le témoigne lui-même à Dexter (2), & il fit bien voir par ce grand nombre de savans & de saints Docteurs dont il a fait le Catalogue, que notre Religion loin de condamner ou de négliger les Sciences & les Arts, savoit au contraire en purifier & sanctifier l'usage, qui ne pouvoit pas être excellent dans la mauvaise Religion.

Il faut reconnoître de bonne foi que la pureté du discours paroît plus alterée dans la plupart des Ecrits des Auteurs Ecclesiastiques que dans ces Auteurs Classiques des Grecs & des Romains qui ont écrit lorsque leurs Républiques & leurs Langues étoient les plus florissantes. Mais on doit faire réflexion sur les desseins de Dieu pour l'établissement de son Eglise, & considerer que ceux qui auroient pû écrire avec toute la pureté & tous les ornemens de leur Langue ont suivi l'Esprit de Dieu qui ne vouloit pas qu'on donnât par cette affec-

---

1 Claud. Espencæus Tract. de profectu ex Lib. Gentil.
Joan. de Marchepallio disput. de citandis impunè à Concionatore legibus civilibus, id est, Literis paganicis.
Clavigny de Sainte-Honorine. chap. 1. du discern. & de l'usage des Livres suspects.

Theoph. Rayn. Erotem. 11. integro part. 1. pag. 183.
Anton. Possevin. Biblioth. Select.
Voyés encore la plupart de ceux qui ont traité de la maniere d'étudier & de lire les Livres.
2 S. Hieronym. Præfat. ad Dextrum, Lib. de Vir. Illustr.

tation la moindre occafion de croire que l'éloquence & l'artifice des raifonnemens humains euffent contribué la moindre chofe à la converfion des Peuples & à l'affermiffement de la véritable Religion.

D'ailleurs la beauté du langage étoit comptée parmi la plupart des Chrétiens de l'Eglife Latine pour une de ces vanités du fiécle aufquelles ils devoient renoncer, & nous avons un bel exemple de ce renoncement volontaire dans les Ecrits de Saint Auguftin, qui, comme nous l'avons déja remarqué, avoit affecté en plufieurs occafions de négliger fon ftile, méprifant la réputation de bien parler pour s'accommoder à la portée des Peuples aufquels il vouloit fe rendre utile.

Après tout, nos Critiques dégoûtés devroient confiderer que les Ecrivains Eccléfiaftiques n'auroient pas pû fe garantir quand ils l'auroient voulu de la décadence de la belle Latinité, qui étoit univerfelle dans l'Empire, lorfqu'il a plû à Dieu de les faire naître dans l'Eglife. Et s'ils n'ont le goût entierement dépravé, ils doivent reconnoître que les Ecrivains Chrétiens n'ont été inferieurs à aucun des Auteurs Païens de leur tems, même pour la beauté du ftile & de l'expreffion.

Le ftile de Tertullien, de Saint Cyprien, de Minutius Felix, de Lactance, de Saint Jerôme, de Saint Sulpice Severe, &c. vaut bien fans doute celui d'Appulée, d'Aule-Gelle, de Capitolin, de Lampridius, de Spartien, de Macrobe, &c. Les plus judicieux Critiques ont crû trouver même l'air & le ftile de Céfar dans Saint Cyprien ; celui de Ciceron dans Lactance ; & celui de Sallufte dans Saint Sulpice Severe. Et qui doute que tous ces grands hommes de la Gentilité dont nous eftimons fi fort les Ecrits, n'euffent été autant & peut-être plus embaraffés que nos Auteurs Eccléfiaftiques pour bien parler, s'ils avoient vécu dans le même tems.

Mais fi l'Eglife a voulu montrer dans fes Ecrivains de la Langue Latine qu'elle n'avoit aucun befoin de l'éloquence humaine, & qu'elle fe foucioit peu de la pureté & des ornemens du difcours en comparaifon de la pureté du cœur & des ornemens de l'ame : Elle a bien fû faire voir dans ceux de la Grece que ce n'étoit ni par impuiffance ni par aucun effet de quelque mauvais goût qu'elle en ufoit de la forte. Les anciens Auteurs Grecs de la Gentilité, fans en excepter ceux même qui ont porté la Langue Attique au comble de fa gloire & de fa perfection n'ont rien eu au deffus des Peres de l'Eglife Grecque, foit pour la force & la beauté du ftile, foit pour la majefté & la délicateffe des maniéres.

DES AUTEURS ECCL. ET PROF.

Nous pouvons hardiment oppofer à Platon, à Demofthene & à Ifocrate, Saint Bafile le Grand, Saint Gregoire de Nazianze, & Saint Jean Chryfoftome (1). Perfonne ne niera que Prohærefius qui profeffoit publiquement l'Eloquence au quatriéme fiécle effaçoit généralement tous les Philofophes, les Rheteurs & les Sophiftes Païens de fon fiécle. Et quoique la plupart de ceux-ci s'attachaffent particuliérement à l'étudier & à l'imiter, on fait qu'il avoit lui-même fi peu d'attache à fa profeffion glorieufe, que bien que Julien l'Apoftat l'eût excepté nommément de la défenfe qu'il fit à tous les Profeffeurs Chrétiens d'enfeigner, pour le diftinguer & faire honneur à fon mérite, il aima mieux faire voir qu'il eftimoit moins la gloire que lui avoit acquife l'éloquence féculiere dont il étoit appellé *le Roi*, que l'avantage d'être Chrétien qui lui donnoit lieu de prendre fa part de la perfécution dont ce Prince vouloit le priver (2).

Depuis le rétabliffement des belles Lettres dans l'Europe, il a falu faire ce femble une nouvelle diftinction entre les Ecrivains Profanes & les Ecclefiaftiques, quoique tous fiffent profeffion du Chriftianifme. Les premiers font ceux qui paroiffent n'avoir prefque point ambitionné d'autre gloire que celle de faire revivre la Gentilité dans leurs Ecrits, de parler & d'écrire à la Païenne en toute rencontre, d'imiter jufqu'aux défauts des Anciens, & de s'affujettir comme des efclaves à toutes leurs maniéres, fans avoir égard aux circonftances des tems, des lieux, des perfonnes & de l'état préfent des chofes de leur fiécle. Les derniers font ceux qui ont fait un choix judicieux des chofes que les anciens Païens ont écrites, & qui fe pouvoient appliquer à l'ufage du tems auquel ils écrivoient; qui n'ont point fait difficulté d'employer des termes Ecléfiaftiques pour exprimer des chofes purement Ecclefiaftiques, & qui par leur conduite ont montré aux autres les régles de bon fens, & l'Art de la véritable Eloquence.

On peut mettre au-rang des premiers tous ces ridicules fcrupuleux qui n'ofoient lire l'Ecriture Sainte de peur de gâter leur beau Latin.(3.)

---

1 Budæus, Lancelot, & alii Critici paffim.
2 S. Hieron. Chronic. Eunapius de vit. Sophift.
3 Politian. ap. Bibliograph. curiof. pag. 53.
NB. J'ai compris Politien parmi les Ridicules fcrupuleux, qui n'efoient lire l'Ecriture-Sainte, de peur de gâter leur beau Latin, quoique je ne l'aye nommé que dans la Citation, ayant fuivi quelques Auteurs Allemans, Efpagnols & François: Mais Politien dans fa 10. Epître du 4. Livre, dit lui-même qu'il expliquoit publiquement l'Ecriture-Sainte durant le Carême. C'eft ce que Barthius a remarqué auffi au 47. Livre de fes Adverfaires, chap. 5. col. 2193. Confultés Melanchton, Vivès, Du Pleffis-Mornay, &c.

Epistolaccias.

Ceux qui empêchoient leurs amis de lire les Epîtres de Saint Paul pour le même sujet, non contens de ne les pas lire eux-mêmes, & qui les traitoient de *petites Lettres de néant*, tous revêtus qu'ils fussent eux-mêmes de la Pourpre Ecclesiastique (1)(*a*). Ceux qui ne vouloient pas seulement souffrir la vûe d'aucun Livre de notre Religion, pour ne se point donner d'impressions étrangeres & impures, à leur avis, & qui fussent capables de deshonorer ou d'alterer la connoissance qu'ils avoient des Antiquités Romaines & Profanes (2). Ceux qui aimoient mieux dire leur Breviaire en Grec, que de suivre leurs regles ordinaires & d'imiter leurs Confreres, quoi qu'ils fussent Réguliers, pour ne point infecter leur beau stile prétendu par le mauvais latin de la Bible & de l'Office de l'Eglise (3). Ceux enfin qui ayant oui dire que Saint Jerôme lisoit encore avec assiduité dans sa derniere vieillesse les Comédies de Plaute, & que Saint Chrysostome avoit ordinairement un Aristophane sous le chevet de son lict, se sont peut-être imaginés qu'il leur suffisoit d'imiter ces Saints par cet endroit pour satisfaire aux obligations du Christianisme, & qui ont fait toute leur étude dans les sujets même de Religion, de ce qui ne servoit à ces Saints que d'une récreation innocente pour se délasser de leurs fatigues. (4)

Le Préjugé n'est pas plus favorable pour ceux de nos Ecrivains qui se sont jettés dans une extrémité opposée à celle de ces Chrétiens profanes dont on vient de parler. Car s'ils ont eu raison d'un côté de juger que des sujets purement Chrétiens ne peuvent être que deshonorés par le mélange des Fables Païennes & par les maniéres qui étoient de l'usage de l'idolatrie ancienne, ils ont eu grand tort de l'autre de s'imaginer que les matiéres de notre Religion puissent être embel-

---

1 Petr. Bemb. Cardinal. apud Scipion. Gentil. in Comment. in Epist. Pauli ad Philemonem, pag. 40. & apud Konigium Bibl. V. & N.

2 Ger. Joh. Voss. de Hist. Lat. & alii passim de Pomponio Læto.

3 De Joan. Petro Maffejo Soc. J. id retulere.

4 Ol. Borrichius de Poëtis pag. 34. Item Tan. Fabr. &c.

NB. J'ai dit que Saint Jerôme se plaisoit encore dans sa vieillesse à la lecture de Plaute, & Saint Chrysostome à celle d'Aristophane. Le premier point n'est contesté de personne ; mais le second n'a pas la même évidence, & je serois volontiers de l'opinion de Monsieur le Fevre de Saumur qui le met parmi les choses de peu de fondement.

☛ (*a*) Quand Konigius & Scipio Gentilis font appeller par le Cardinal Bembo les Lettres de S. Paul, *epistolaccias*, ils ne prétendoient pas qu'il les regardoit comme de *petites Lettres de néant*. Car tous les mots Italiens terminés en *accio* & *accia*, *chiesaccia*, *capellaccio*, *cavallaccio*, *libraccio*, &c. sont les augmentatifs qui marquent une étenduë déplaisante, & non pas une petitesse. (ANTI-BAILLET, Tome I, page 36.

lies par de nouvelles fictions, en introduisant le mensonge & la fable dans les choses où la verité doit paroître toute nuë. C'est de cette nouvelle licence que nous sont venus tant de mauvais Ouvrages de Poësie sainte, ces Romans spirituels & toutes ces Histoires forgées à plaisir, ou pour épouvanter le pécheur, ou pour repaître les simples de prodiges & de miracles faux ou d'événemens surprenans, & pour les entretenir dans une pieté grossiére. C'est en vain, dit le Poëte (1) que tous ces pieux inventeurs de nouvelles fictions

> *Pensent faire agir Dieu, ses Saints & ses Prophetes.*
> *Comme ses Dieux éclos du cerveau des Poëtes :*
> *Mettent à chaque pas le Lecteur en Enfer :*
> *N'offrent rien qu'Astaroth, Belzebud, Lucifer.*
> *De la foi d'un Chrétien les misteres terribles*
> *D'ornemens égayés ne sont point susceptibles.*
> *L'Evangile à l'esprit n'offre de tous côtés*
> *Que pénitence à faire, & tourmens mérités :*
> *Et de leurs fictions le mélange coupable*
> *Même à ses vérités donne l'air de la fable…………*
> *Il ne faut point parmi les ridicules songes*
> *Du Dieu de vérité faire un Dieu de mensonges.*

Ces sortes d'Ecrivains, & sur tout ces faiseurs de contes devots & de fausses Histoires ont fait à l'Eglise un tort peut-être plus considérable qu'on ne se l'est imaginé d'abord, lorsqu'on a cru pouvoir tolerer leur licence. Car outre qu'ils abusent de la simplicité & de la crédulité de la populace qu'ils jettent dans l'erreur, c'est qu'ils donnent lieu aux libertins de douter des vérités les plus importantes, & de les confondre malicieusement avec ces sortes de fictions.

Chapitre III.

Préjugés de la dignité & de la qualité des Auteurs.

Quoique la République des Lettres ne reconnoisse point d'autre qualité ni d'autre dignité dans les jugemens qu'elle porte des Ecrivains que celle d'Auteur, & qu'elle fasse profession de ne

---

(1) Despreaux de l'Art Poëtique Chant. 3.

point confiderer davantage les têtes couronnés ni les autres perfonnes les plus qualifiées, que celles qui paffent pour les derniéres & les plus baffes fur les rangs établis dans le monde : il faut reconnoître néanmoins qu'on n'y eft pas entiérement libre de préjugé fur ce point, & que l'on ne laiffe pas de mettre quelquefois autant de diftinction entre les Livres des uns & des autres, qu'il y en a entre leurs perfonnes. Car fi on excepte une certaine engeance de Critiques qui font profeffion de n'épargner perfonne, & de jetter la dent fur toutes chofes, & qui femblent faire tous leurs délices de la malignité & du plaifir avec lequel ils tâchent de rabaiffer & d'humilier ceux qui dans le monde font élevés au deffus des autres : il n'y a presque perfonne qui ne fe fente porté à diftinguer les Ouvrages des Grands d'avec les autres. On y attache fouvent une idée de grandeur plutôt qu'à ceux des autres, foit à caufe que l'on a bonne opinion de l'éducation & des études des Grands que l'on fuppofe ordinairement avoir été plus excellentes que celles du commun des hommes, foit à caufe que l'on s'imagine que leur qualité ou leur dignité les mettant dans des engagemens qui leur font regarder les autres fous leur dépendance ou fous leur conduite, leur donne auffi plus d'élévation, de capacité & d'étenduë d'efprit ; foit enfin parce que le befoin continuel que ceux qui fe mêlent de juger des Livres ont des Grands auffi-bien que les autres, plie infenfiblement leur ame au refpect & à l'eftime pour leurs Livres auffi-bien que pour leur état.

Mais lorsque le Préjugé de l'eftime que nous faifons des Ouvrages des Grands n'a de fondement que fur ce dernier motif, il ne dure guéres plus que la vie de l'Auteur pour l'ordinaire, ils font traités comme les autres lorsque la mort les leur a rendus égaux, & qu'on n'a plus rien à efperer ni rien à craindre de leur part dans le monde.

Le peu de certitude & le peu de juftice qu'il y a dans cette forte de Préjugé vient moins de l'erreur de l'efprit que de la corruption du cœur, parce que ceux qui n'ont que des approbations & des éloges à donner aux Auteurs dans les Ouvrages desquels ils ne confidérent que la qualité & le crédit, font plutôt le perfonnage de lâches flateurs que celui de Critiques fincéres. Et s'il ne fe trouve point dans ces derniers fiécles de Denys qui veuillent faire les Tyrans dans la République des Lettres, on peut dire qu'il fe trouve encore moins de Philoxènes qui ofent feulement témoigner quelque indifference pour une mauvaife piéce, ou douter devant ces Auteurs de l'excellence de ce qui ne leur paroîtroit que très-médiocre chés eux, ou dans

le confeil

DE LA DIGNITE' ET DE LA QUALITE'.

le conseil de liberté qu'ils ont coutume de tenir avec leurs amis particuliers.

Ainsi comme on est persuadé que c'est une chose assés rare de ne point confondre le respect qui est dû à la qualité d'un Auteur avec l'estime qui est dûë à son merite, il y a moins lieu de s'étonner que la plupart des jugemens qu'on a fait de leurs Ecrits pendant leur vivant passent pour très-suspects.

Il ne laisse pas d'y avoir souvent des rencontres où la qualité d'un Auteur peut donner un prétexte raisonnable & un fondement plausible au Préjugé qu'on se forme de son Ouvrage, lors principalement que cette qualité consiste dans une dignité, dans une charge, ou dans un emploi qui supose de la suffisance & de l'habileté pour pouvoir s'en acquitter conformément aux obligations qui y sont attachées.

Tels sont particuliérement les Magistrats & les Prélats, sur tout quand ils écrivent sur des sujets qui concernent leur état & leurs fonctions. Mais dès qu'ils sortent de leur sphere & qu'ils écrivent sur des choses qui ne sont plus de leur ressort & de leur jurisdiction, on peut dire, sans diminuer rien du respect qui est dû à leur grandeur, qu'ils sont censés déchus de ce privilége de n'être pas jugés, ou de ne l'être que favorablement.

C'est pourquoi quand Monsieur le premier Président le Maistre auroit moins bien écrit qu'il n'a fait sur les matiéres concernant la Jurisprudence, le Préjugé lui seroit toujours plus favorable qu'à Monsieur le Premier Président Lizet qui s'est amusé à écrire des matiéres de Controverse & purement Ecclesiastiques, lui qui avoit toujours été élevé dans le Bareau. Un Archevêque de Paris qui a écrit de la puissance Ecclesiastique, & qui a tâché d'en démêler les droits & les ressorts d'avec ceux de la puissance séculiére, seroit bien plus excusable & plus estimable, même quand il seroit échapé quelque chose à son exactitude, qu'un Archevêque de Thessalonique qui s'est amusé à faire de grands Commentaires sur Homere, & dont la qualité n'a point empêché les Critiques de le traiter avec toute la rigueur qu'on apporteroit pour juger des Ouvrages d'un simple Grammairien ou Commentateur de Poëte.

La dignité d'Evêque n'est pas un titre vain qui soit entiérement impuissant contre la Critique, & incapable de mettre ceux qui en sont revêtus à couvert de la censure, tant qu'ils se renferment dans les bornes de la doctrine Ecclesiastique. Car sur l'assurance & sur le témoignage que nous en ont donné vingt-neuf Prélats de l'Eglise

Tem. I. M.

Gallicane, considérables par leur savoir & par leur pieté, on peut dire que, *comme les Evêques sont les vrais Docteurs de l'Eglise, personne n'a droit de s'élever contre leur doctrine, à moins qu'ils ne soient tombés dans des erreurs manifestes, ou que l'Eglise n'ait condamné leurs sentimens, ce qu'elle ne fait jamais qu'avec beaucoup de circonspection: & que les Ouvrages qu'ils publient portent leur approbation par le seul nom de leurs Auteurs* (1). Comme le droit de juger tout ce qui s'écrit sur les matiéres Ecclésiastiques leur appartient essentiellement, ils ne reconnoissent point pour Juges de leurs Ouvrages les Censeurs particuliers, & quoiqu'ils veuillent bien soumettre quelquefois leurs écrits à leur jugement, cela ne déroge rien à la liberté & au droit qu'ils ont de pouvoir n'être jugés & censurés que par l'autorité publique de l'Eglise.

Chapitre IV.

Préjugés de la Réputation & de l'Autorité d'un Auteur.

IL n'y a guéres de Préjugé qui soit plus général, ni peut-être plus fort sur notre esprit que celui qui nous vient de la réputation d'un Auteur.

On a beau nous prêcher qu'il ne faut point avoir acceptation de personnes, qu'il ne faut point se soumettre aveuglément à l'autorité, qu'il faut moins prendre garde à celui qui écrit, qu'à ce qu'on écrit, en un mot qu'il faut user de sa raison dans les jugemens qu'on doit faire d'un Livre & qu'il ne faut point se laisser aller au tourbillon qui emporte le vulgaire. On est même assés convaincu d'ailleurs qu'il n'y a rien de plus trompeur ni souvent rien de plus mal fondé que la réputation d'un Auteur, & qu'un premier Ouvrage qui aura peut-être saisi par surprise les approbations du Public ne peut pas toujours servir de caution pour les suivans.

Cependant on ne se conduit presque aujourd'hui que par ce Préjugé dans l'estime que l'on fait de la plupart des Livres, & on ne s'y gouverne que sur le bruit que fait le nom d'un Auteur. On veut connoître un Auteur devant que de connoître son Ouvrage, & souvent l'on condamne ou l'on approuve un Livre qu'on n'a point lû sur l'idée qu'on s'est formée de son Auteur.

---

(1) XXIX. Prel. approb. du Rit. de Nic. Pav. Ev. d'Alet.

DE LA REPUTATION ET DE L'AUTORITE.

Ce n'eſt que par un effet de cette bizarrerie que l'on voit tant de méchans Livres en crédit, parce que le hazard y a mis leurs Auteurs, & que l'on en voit d'autres au contraire qui demeurent dans le mépris & dans l'obſcurité, parce que leurs Auteurs n'ont point eu de Patrons ou de Crieurs publics pour les mettre en vogue.

Mais quelque raiſon que l'on ait de blâmer en général cette eſpéce de Préjugés dont les Savans ne ſont pas moins préoccupés que le vulgaire ; l'expérience nous fait néanmoins aſſés connoître qu'il n'eſt pas toujours déraiſonnable, & qu'il eſt même d'une grande utilité, quand on eſt parfaitement informé d'ailleurs de la capacité & de la force de l'Auteur, & quand on ſait quel eſt ſon crédit & le poids de ſon autorité dans l'Egliſe ou dans le monde. C'eſt pourquoi ſi j'avois envie de m'inſtruire exactement de ce que je dois croire des Sibilles, de Saint Denys l'Areopagite, de la Papeſſe Jeanne, des régions ſuburbicaires, & de tout ce qu'il vous plaira, je ne me croirois nullement blâmable de choiſir parmi un ſi grand nombre d'Auteurs qui en ont fait des Traités ſinguliers, celui dont la réputation ſeroit plus grande & dont l'habileté ſeroit plus univerſellement reconnuë. Dans le deſſein que j'aurois d'étudier Ariſtote, l'on me prendroit pour un fou, ſi pour bien entendre ce Philoſophe j'entreprenois de lire les quatorze ou quinze mille Commentateurs qui l'ont expliqué chacun en leur maniére, au lieu d'en choiſir un petit nombre de ceux que je ſaurois avoir le mieux réuſſi ſur le bruit & la réputation où ils ſont parmi les Savans qui les ont lûs.

Les effets de ce Préjugé ſe font encore ſentir tout autrement dans la maniére dont on conſidére & dont on traite les Ouvrages des Peres de l'Egliſe & des Auteurs Eccléſiaſtiques. Car, comme dit le ſieur de la Motte (1), encore qu'il ſemble que nous devons juger des Livres, plutôt par eux-mêmes, que par le nom, la qualité & la réputation de leurs Auteurs ; & que la vérité nous doive être vénérable de quelque Ecrivain qu'elle vienne ; néanmoins il eſt ſouvent néceſſaire & toujours utile d'examiner ſi les Ouvrages qu'on attribuë aux Saint Peres & aux autres Auteurs dont l'autorité eſt en conſideration, ſont véritablement de ceux à qui on les attribuë, parce que cela ſert beaucoup à l'intelligence d'un Auteur dont on ne peut d'ordinaire mieux découvrir les vrais ſentimens que par la conférence de ce qu'il dit en différens Ouvrages.

---

1 Apologie pour les SS. Peres, Livre 1. page 1.

C'est ce qui a porté tant d'habiles Critiques depuis un siécle à rechercher avec application les véritables Auteurs d'une infinité d'Ouvrages que l'on ne savoit à qui attribuer, ou qu'on attribuoit mal-àpropos à des Auteurs qui ont du crédit, afin de pouvoir se servir de leur autorité. C'est ce qui a porté aussi la plupart des imposteurs à suposer aux grands Hommes des Livres & des Ecrits pour tâcher de donner du cours & de la vogue à des opinions qu'ils croyoient ne pouvoir faire passer que sous quelque nom illustre dont ils savoient qu'on respectoit l'autorité.

C'est ainsi que les Hérétiques des premiers siécles empruntoient les noms des Apôtres & des hommes Apostoliques, pour tâcher d'autoriser leurs méchans Livres & leurs rêveries; & que quelques Hérétiques modernes en ont usé quelquefois à l'égard des Peres. Il s'est trouvé même des Catholiques qui n'ont point fait de scrupule d'user de cet artifice, croyant peut-être récompenser une légére faute de mauvaise foi par la vûë de quelque plus grand bien, comme Vigile de Tapse, qui n'ayant pas assés bonne opinion de lui-même, & se méfiant de sa propre autorité, crut que pour faire mieux recevoir les Ouvrages qu'il avoit faits contre les Hérétiques de son tems, il pouvoit les publier sous les grands noms de Saint Athanase & de Saint Augutin. Nous n'avons rien de plus auguste que le Nom de JESUS-CHRIST notre Sauveur, ni rien aprés lui qui soit plus digne de nos respects que le Nom de la Sainte Vierge sa mere, de sorte que nous n'aurions pas manqué de mettre au premier rang des Livres Sacrés & Canoniques les Ecrits de l'un & de l'autre si nous en avions (1). Cependant nous n'avons point fait cet honneur à la Léttre au Roi Abgare qu'Eusebe a fait passer jusqu'à nous sous le Nom du Divin Sauveur, ni à celle qui court dans le monde sous le nom de la Sainte Vierge, comme étant écrite à Saint Ignace d'Antioche, parce que nous sommes tout persuadés que ces deux Lettres ne sont que des productions de quelques dévots indiscrets qui ont cru pouvoir par cette pieuse fourbe se jouer tout à la fois & de la sainteté de ces Noms consacrées dans notre Religion, & de la crédulité des Lecteurs simples & Incapables de discernement.

Il ne faut pourtant pas se préoccuper ni s'entêter si fort de l'autorité & de la réputation des grands Hommes, (je parle de ceux qui

---

1 Eusebii Histor. Ecclesiast. Libro 1. cap. 13. in Edit. Latin. Epistolar. Ignatian.

DE LA REPUTATION ET DE L'AUTORITÉ.

n'ont écrit que suivant leurs lumiéres naturelles) que de croire qu'ils ayent été incapables de manquer ou de se tromper, & que tout ce qu'ils ont écrit soit dans sa derniére perfection.

Les plus grands Auteurs dit Quintilien (1), ne sont pas toujours parfaitement accomplis en toutes choses, ils font quelquefois des faux pas & des chutes même, & plient sous le fardeau comme les autres. Ils accordent quelquefois quelque chose au relâchement & au divertissement de leur esprit, ils ne sont pas toujours dans la même aplication, ils nous laissent quelquefois des marques de leur lassitude & de leur foiblesse. Ciceron a remarqué que Demosthene s'étoit quelquefois oublié lui-même, & Horace a écrit qu'Homere s'étoit quelquefois laissé endormir sur ses Ouvrages. Ce sont de grands Hommes, mais qui ne laissent pas d'être hommes quelques grands qu'ils puissent être. Il arrive souvent que ceux qui prennent indifferemment tout ce qu'ils trouvent dans leurs écrits pour des loix ou des régles infaillibles, choisissent ordinairement ce qu'il y a de plus mauvais pour leur usage, & que ceux qui se les proposent comme des Modéles parfaits qu'ils veulent suivre, ayant beaucoup plus de facilité pour imiter leurs vices que leurs vertus, s'imaginent sottement s'être rendus semblables à ces grands Hommes lorsqu'ils n'ont pris que leurs défauts. On doit toujours néanmoins aporter beaucoup de modestie, de respect, & de circonspection quand on est engagé à parler de leurs manquemens, de peur que la précipitation & la témérité ne nous portent souvent à reprendre ou à condamner en eux des choses que nous n'entendons pas & qui sont au-dessus de nous. De sorte que si nous étions obligés de commettre quelque excès dans les jugemens que nous devons faire des Ouvrages de ces grands Hommes, il vaudroit mieux, à son sens, que ce fût dans l'approbation que dans la censure, & qu'on péchât plutôt par indulgence que par trop de rigueur.

---

1 Quintil. Instit. Orat. Lib. 10. cap. 1. Neque legenti statim persuasum sit omnia quæ magni Auctores dixerint esse utique perfecta. Nam & labuntur aliquando & oneri cedunt, & indulgent ingeniorum suorum voluptati : nec semper intendunt animum & nonnunquam fatigantur, cum Ciceroni dormitare interim Demosthenes, Horatio etiam Homerus videantur. Summi enim sunt homines tamen : acciditque iis qui quidquid apud illos repererunt dicendi legem putant, ut deteriora (quod facilius est) imitentur, ac se abundè similes putent si vitia magnorum consequantur. Modestè tamen & circonspecto judicio de tantis viris pronunciandum est, ne (quod plerisque accidit). damnent quod non intelligant. Ac si necesse est in alteram errare partem, omnia eorum scripta legentibus placere quàm multa displicere maluerim.
Quintil.

Chapitre V.

Préjugés des Titres honorables, & des sur-noms donnés aux Auteurs pour marque d'estime.

SI parmi les Titres d'honneur & d'estime qu'on a donné à divers Auteurs, il s'en trouve qui puissent nous servir pour nous régler dans les jugemens que nous devons faire de leurs Ecrits, on ne peut pas douter qu'il n'y en ait aussi beaucoup qui ont imposé à la Postérité, & qui ont été souvent l'effet de l'amitié & de la faveur plutôt que de la justice. Il est difficile de croire que les premiers qui ont été honorés de ces sortes de Titres & de sur-noms ne les ayent pas merités, parce que le Public ne se porte pas aisément à rien innover en faveur de personne, sans quelque puissant motif, & qu'il n'est point d'humeur à commencer ce dont il n'a point encore d'exemple sans avoir de fortes raisons.

Mais depuis que l'exemple & la coutume se sont glissés parmi les vûës du mérite, on a vû confondre un grand nombre de médiocres Savans avec ceux du premier ordre, de sorte que des Titres qui servoient d'abord à la distinction des personnes qui s'étoient élevées au-dessus des autres Ecrivains par leur savoir extraordinaire & par l'excellence de leurs Ouvrages, sont devenus ensuite des Titres communs & affectés à de certaines professions, dont l'acquisition n'a plus été difficile à personne.

C'est ce qui paroît particuliérement dans l'application qu'on a faite des Titres de *Théologien*, de *Sophiste*, de *Grammairien*, de *Scolastique*, de *Maître*, de *Docteur*, & d'autres apellations qui ont passé dans la suite pour des qualités qui s'acquierent avec quelque solemnité & ausquelles on a attaché des distinctions de rang, & quelquefois des priviléges & des récompenses.

DES TITRES D'HONNEUR.

PARAGRAPHE I.

Titre de Théologien.

LE premier à qui on ait donné le Titre de *Théologien* par excellence, a été Saint Jean l'Evangeliste, qu'on a voulu ce semble preferer aux trois autres par cette qualité, par laquelle on a eu intention de reconnoître la sublimité avec laquelle il a traité de la Divinité du Verbe Eternel fait Homme, qu'il a pénétrée & qu'il nous a expliquée avec plus d'élevation & d'étenduë que les autres Evangelistes. Ce sur-nom lui étoit déja ordinaire du tems de Saint Athanase, (1) & d'Origène même, s'il est vrai que le Discours de la consommation du monde & de l'Ante-christ soit véritablement de Saint Hippolyte le Martyr, qui avoit étudié sous Clement Alexandrin avec Origène. Car Saint Jean y est apellé seulement Saint Jean le *Théologien* & le bien aimé de Jesus-Christ (2), & nous aurions lieu de croire que ce titre seroit aussi ancien que Saint Jean même si nous avions quelque raison probable pour nous persuader que les Lettres qui portent le nom de Saint Denys l'Areopagite fussent d'un Auteur contemporain à ce Saint Evangeliste, parce qu'il est qualifié de Jean le Théologien dans l'inscription de la dixieme Lettre qui lui est adressée dans cette suposition. Mais il est très-constant que dans le quatre & cinquième siècle c'étoit le titre ordinaire par lequel on le distinguoit des autres, & dont on se servoit pour marquer le respect & l'estime particuliere qu'on en faisoit, comme il paroit par Saint Cyrille de Jerusalem, Saint Epiphane, Saint Chrysostome, Saint Cyrille d'Alexandrie (3), & plusieurs autres Ecrivains de l'Eglise Grecque.

Le second à qui on ait donné par honneur le titre particulier de *Théologien* dans l'Eglise est Saint Gregoire de Nazianze, qui l'a merité par l'excellence de ses Ecrits en général, & en particulier pour les quatre Discours admirables qu'il a fait sur la Théologie où il prouve à fond la Doctrine Catholique sur la Trinité, & ruine tous les faux

---

1 Sanct. Athanas. Synops. sacr. Script. bis.
2 Sanct. Hippolyt. Mart. de Consumm. sæc. & de Antichr.
3 Apud Baron. ad ann. 97. num. 12.

Sanct. Cyrill. Hierosolym. Catech. 12.
Sanct. Epiphan. Salam. hæres. 51.
Sanct. Chrysostom. proœm. in Psalm. 37.
Cyrill. Alexandr. Libro 3. de Trinitate.

raisonnemens des Hérétiques. Et quand il est appellé par les uns le second Théologien (1), & le jeune par les autres (2), il faut entendre selon la pensée de ceux qui l'appellent ainsi, que c'est toujours par raport à Saint Jean l'Evangeliste qu'ils appelloient le premier & l'ancien Théologien (3).

Depuis le tems de Saint Gregoire on ne voit presque personne qui ait porté en titre le sur-nom de *Théologien*, si ce n'est un Anglois nommé Richard Chanoine Régulier de l'Abbaye de Saint Victor de Paris qui vivoit cent ans après le célébre Richard de S. Victor, qui étoit Ecossois (4). Quelques-uns veulent que Jean Thauléres ait porté aussi ce nom (5), mais ce n'étoit pas une appellation simple comme celle dont il s'agit ici, & ceux qui l'ont voulu honorer de leur estime particuliére ne l'ont pas appellé le *Théologien* tout court, mais le *Théologien illuminé*. Enfin ce titre, d'une marque d'estime qu'il étoit auparavant, est devenu une qualité & un nom de Profession qu'on a abandonné aux Théologaux des Chapitres de Chanoines, & généralement à tous ceux qui enseignent ou qui étudient la Théologie.

PARAGRAPHE II.

Titre de Sophiste.

LE titre de *Sophiste* étoit anciennement un préjugé avantageux de l'estime qu'on faisoit de ceux à qui on le donnoit. Il n'étoit point attaché particuliérement à la Philosophie, mais on le donnoit indifferemment à tous ceux que l'on croyoit exceller dans quelque Art & dans quelque Science que ce fut (6), selon Suidas.

Ainsi l'on trouve dans l'Antiquité des Jurisconsultes (7), des Médecins (8), des Musiciens (9), des Poëtes (10), des Orateurs

---

1 Joan. Hierosolym. seu quis alius inter Chrysostomi Opera, Tom. 5. Orat. 5.
2 S. Simeon. Abb. S. Mammant. Monast. C. P. apud Dominic. Magr. in Hierolex. pag. 619.
3 Mr Hermant Vie de S. Basil & de S. Gregoire de Nazianze. Tom. 2. Livre 8. chap. 11. page 113 124.
4 Joan. Pitseus, Leland. &c. de Scriptor. Angl. ad ann. 1140.
5 Ant. Possevin in appar. sac. & Valer. Andr. in Biblioth. Belgic.

6 Suidas in Lexic. voce *Sophista*.
7 Jac. Rævard in opere posthumo, Lib. 2. Conjectaneor. cap. 10.
8 Suidas iterum col. 1324. & Edit. Latin. duntax. col. 911.
9 Hesych. Ill. in Lexic. Item Athenæus Dipnoso. Lib. 14. .c.8. ex Æschylo.
10 Pindari Isthmia, Ode 5. ejusque Scholiastes Græcus. Vide fuse Ger. Joan. Voss. de Rhetorices nat. & constitut. pag. 4. 5. & seqq.

& des

DES TITRES D'HONNEUR.

(1) & des Théologiens même (2), à qui on a cru faire honneur en leur donnant ce Titre glorieux comme un témoignage de l'estime qu'on en faisoit. On en qualifioit même quelquefois ceux qui se distinguoient dans le monde par leur sagesse & par leur gravité, & c'est en ce sens que Solon fut apellé *Sophiste* (3).

Mais il semble néanmoins que ce titre ait appartenu plus spécialement aux Philosophes d'abord, & dans la suite aux Rhéteurs & aux Déclamateurs qui faisoient profession d'éloquence avec quelque exterieur de Philosophie. C'est pourquoi Saint Augustin dit qu'on apelloit *Sophiste* même parmi les Latins ceux qui écrivoient élegamment, & qui parloient le mieux en cette Langue (4).

La qualité de *Sophiste* a donc été fort honorable & parmi les Grecs & parmi les Latins. On l'a considerée assés long-tems comme un Préjugé suffisant pour nous faire porter un jugement avantageux des Ecrits de ceux à qui on l'a donnée, & les Chrétiens même n'ont point fait difficulté de l'attribuer aux Ecrivains Ecclesiastiques, pour marquer l'estime qu'ils faisoient de leurs Ouvrages.

C'est dans cette pensée que Claudien Mamert semble appeller Saint Augustin un *Sophiste* (5), & que Tertullien (6) appelle Miltiade célebre Ecrivain & défenseur de notre Religion sous Commode, *le Sophiste des Eglises*, quoique Monsieur Valois semble prétendre que c'étoit moins un titre honorifique, que le nom de sa profession qu'il croit avoir été celle de Rheteur (7).

C'est aussi pour faire honneur au mérite de Rabanus Maurus qu'on lui a donné ce titre de *Sophiste* par excellence (8), & que l'Abbé Trithéme dit qu'il étoit le plus considérable & le plus en réputation de tous les *Sophistes* de son siécle (9).

L'idée honorable qu'on avoit attachée à ce nom paroît avoir duré beaucoup plus long-tems en Occident, c'est-à-dire parmi les Latins, que chés les Grecs. Et l'on voit qu'au douziéme siécle on s'en servoit encore en bonne part pour faire les éloges des Savans, comme il paroît en divers endroits de l'Histoire d'Oudri Vital,

---

1 Plutarch. in Lycurgo. Item Juvenal. Satyr. 7. vers. 166.
2 Sic Tertullian. vocat Miltiadem, sic Claud. Mamert. Augustinum, sic & nonnulli mediæ ætatis, Theologi dicti.
3 Isocrat. Orat. de Antidosi seu retributione.
4 S. Augustin. Lib. 2. Locution. in Exod.

5 Claudian. Mamert, Lib. 2. de animæ statu, cap. 10.
6 Tertullian. Lib. adversus Valentinian.
7 Henric. Valesius in observationib. ad Eusebii Hist. Ecclesiast. Lib. 5. cap. 17. ad fin.
8 Ap. Auct. vit. Rab. Maur. Arc Mog.
9 Joan. Trithem. & ex eo Dominic. Magri in Hierolexico pag 574.

Moine Normand, contemporain de Saint Bernard (1).

Au lieu que ce beau titre commença de s'avilir dans la Gréce dès devant le tems de Platon & de Philippe de Macédoine. Car, selon la remarque de Monsieur le Président du Faur de Saint Jori (2), depuis que Protagoras, Hippias, Prodicus & Gorgias en ont fait un trafic sordide avec leurs Ecoliers, & qu'ils ont voulu mettre la sagesse & l'Eloquence à prix d'argent, incontinent on a vû flétrir la gloire de ce beau nom de *Sophiste*.

Les plus honnêtes Gens ont fait difficulté de recevoir cette qualité de la bouche de ceux qui en vouloient honorer leur savoir & leur mérite, voyant qu'elle étoit si fort deshonorée par tous ces Marchands de Philosophie qui s'attribuoient le titre de *Sophiste* avec d'autant plus d'arrogance qu'ils le méritoient moins. C'est ce qui fit tomber ce nom dans la disgrace & qui pensa l'exterminer entiérement de la société des vrais Philosophes & des vrais Rhéteurs, comme nous l'apprenons de Themistius (3).

Voilà ce qui a fait dire à Ciceron (4) ,, qu'on appelloit *Sophistes* ceux ,, qui professoient la Philosophie avec une vaine ostentation de pa- ,, roles ou pour le gain sordide. Et Seneque les nomme des *So-* ,, *phistes Charlatans* qui couroient de ville en ville pour débiter leur ,, science & leur prétenduë éloquence, & qui auroient eu plus d'hon- ,, neur d'abandonner la Philosophie, que de la porter vendre ainsi ,, de côté & d'autre (5). C'est contre ces sortes de *Sophistes* qu'Isocrate a fait une Oraison toute entiére, dans laquelle il entend sous ce Nom déja devenu odieux de son tems, ces gens qui s'appelloient Dialecticiens & Rhéteurs, quoique leur Profession ne consistât que dans de pures chicanes de mots & dans des disputes frivoles, & qui prétendoient que les Philosophes n'étoient que ceux qui s'apliquoient aux affaires civiles & politiques (6).

Ainsi le Préjugé où l'on avoit été d'abord en faveur des Ecrivains qu'on avoit appellé *Sophistes*, se tourna contre eux-mêmes, dès que l'on vit changer la notion & l'idée de ce nom. De sorte qu'on s'est

Circulatores Sophistas.

---

1 Orderic. Vital. Hist. pag. 352. 460. 475. 570. &c. & ante illum Theodulf. Lib. 3. carm. & alii passim.

2 Petrus Faber Sanjorian. Comment. ad L. 1. de Justitia & Jure pag. 6. & 7. post Comment. de Reg. Juris.

3 Themistius Oration. IV. in Sophista.

4 Ciceron. Academic. quæstion. Lib. 2.

5 Seneca Epist. XXIX. Item apud Vossium seniorem, Lib. de Rhetor. nat. & consti.ut. cap. 1. pag. 6.

6 Aristides in sua communi Apologia. Item apud Petr. Fabr. ut supra.

accoutumé peu à peu à juger qu'un *Sophiste* n'est proprement qu'un grand diseur de rien, un Auteur de discours inutiles & captieux, un Déclamateur qui n'a que du babil, qui se forge lui-même les questions sur lesquelles il veut disputer, qui fait un jeu & un simple divertissement de la Rhétorique & de la Dialectique ; qui n'aime que la contestation, la chicanne & la vetillerie ; qui fai paroître dans ses Ecrits comme dans ses Discours le caractére d'une tame vénale & d'un esprit fourbe ; qui par une vanité grossiére ne parle que de lui-même ; & qui songe plutôt à sa réputation & à ses propres interêts qu'au bien public ou à l'utilité de ceux à qui il parle & pour qui il écrit ; qui ne s'occupe que de vaines subtilités ; & qui met toute son étude à nous surprendre par ses sophismes & ses sophistiqueries (1).

Voilà la définition que les Anciens ont données aux *Sophistes*, depuis qu'ils ont abandonné l'étude de la véritable Sagesse & de la véritable Eloquence. Et ceux qui se sont attachés serieusement à cette étude voyant que ces Gens-là retenoient le nom ambitieux de *Sophistes* pour eux, se sont contentés par modestie de prendre ou celui de Philosophes ou celui de Rhéteurs.

Mais rien n'a tant multiplié la race des *Sophistes* que l'introduction de la Scholastique contentieuse dans les Ecoles de la Philosophie & de la Théologie dans les Universités de l'Europe, & particuliérement en France. C'est ce qui nous a attiré ce grand déluge de productions monstrueuses de l'esprit humain évaporé dans ses propres pensées, c'est-à-dire tous ces gros fatras d'*Antéprédicamens*, de *grandes & petites Logicales*, de *Principes Sophistiques*, de *Conclusions Sophistiques*, de *sens composés & divisés*, de *Sophismes choisis & subtilisés*, de *conséquences & d'antécédences*, de toutes sortes de *Quodlibétiques* & de *Quolibets*, des *puissances actives & passives*, des *Instances*, des *Quiddités*, des *Formalités*, des *Formules*, des *Fallaces*, des *Insolubles* ou *Questions inexplicables*, des *Impossibilités*, sans parler d'un grand nombre de Commentaires Scholastiques sur Aristote (2). Mais la

---

1 Synes. Ptolemaïd. Episcop. Epist. ad Orum.
Quintilian. Lib. 11. Institut. Orator. Cap. 1.
Aul. Gell. Lib. 10. Noct. Attic. cap 22.
Theophil. Spizelius in Felic. Literat. Comm. 5. num. 3. 4. 5. pag. 576. & seqq. & alii plurimi.
Seneca in Epist. passim puta 45. 48. 49. &c.

Diog. Laërt. Lib. 2. in vit. Socratis.
S. Greg. Nazianz. Orat. de laudibus Basili. M.
Lactantius Lib. 3. Institut. Divin. cap: 16. & alii plurimi.

2 Vid. var. script. Catalog. ap. Pitseum de Angl. wadding. & Altamuran. de Minorit. & Dominic. Launoïum & Bulæum de Coll. Navarr. & de Hist. Universitat. Paris. &c.

défaite de tant de Monstres n'a pas couté bien cher à la République des Lettres qui a cru qu'il suffisoit de les méprifer pour les faire périr, & leurs Auteurs même font tombés si avant dans l'oubli, qu'outre Pubwel, & Jean Hinton, nous ne connoiffons presque plus de Scholaftiques modernes qui ayent porté ou qui ayent voulu retenir le nom odieux de *Sophifte* (1).

PARAGRAPHE III.
Titre de Grammairien.

LA qualité de *Grammairien* a paffé auffi parmi les Gens de Lettres pour un titre d'honneur & pour une marque de l'eftime qu'on faifoit du favoir & de l'efprit de ceux à qui on l'avoit donnée. En effet on appelloit autrefois *Grammairiens* non pas feulement ceux qui n'étoient habiles qu'en Grammaire, ou dans la Critique, ou même dans tout ce qu'on appelle Philologie ; mais généralement tous ceux qui paffoient pour Savans dans toutes fortes de connoiffances (2).

Voffius témoigne qu'on donnoit auparavant à ces fortes de Savans qui paffoient pour univerfels, le nom de *Polyhiftor* qui fignifioit autant que celui de *Grammairien*, & que les titres de *Philologue* & de Critique dont on a qualifié quelques-uns de ces Savans, marquoient une auffi grande étenduë de connoiffances (3).

Les principaux d'entre ceux qu'on a honoré du nom de *Polyhiftor* (4) parmi les Auteurs font Cornelius *Alexander*; *Apion* d'Alexandrie, contre qui Jofeph l'Hiftorien a écrit ; *Hygin* l'affranchi d'Augufte ; & *Solin* qui en avoit fait le titre de fon Livre.

Entre ceux qui ont porté le titre honorable de *Grammairien* comme une marque de leur grande Literature, fans pourtant avoir fait aucune profeffion particuliére de Grammaire, on remarque particuliérement Jean *Philopone* fameux Philofophe du tems de Juftinien, que l'on prétend avoir été très-verfé dans toutes fortes de connoiffances (5), mais qui étoit de la Secte impie des Trithéites.

---

1 Joan. Pitf. in Append. alphabetic. de Script. Angl.
2 Gerard Joan. Voff. Lib. 1. de Arte Grammatica, cap. 10. pag. 5. 6.
Diomed. Lib. 2. de Arte Grammatica Car. Dufrefne du Cange, Gloff. Latin. col. 646.
3 Voff. de Arte Grammat. Lib. 1. cap. 6. p. g. 30.
4 Alex. Polyhiftor fæpe citatur à Jofe-

pho, ab Eufebio & aliis de Apione cymbalo mundi : Vide Voff. de Hift. Græc.
C. Julius Hyginus Polyhiftor dicitur Suetonio in Illuftr. Gram. & Eufebio in Chron.
5 Photii Biblioth. Item Suidæ Lexicon. Voffius de Sc. Mathem. part. 2. c. 1. §. 7. pag. 311.
Joann. Jonf. Hift. Philofoph. Lib. 3. cap. 18. pag. 302.

Chrétien *Druthmare* Moine de Corbie en Picardie au neuviéme siécle a été qualifié aussi du surnom de *Grammairien*, quoiqu'il n'ait écrit que sur l'Ecriture-Sainte.

Jean *Tzetzès* frere d'Isaac dans le douziéme siécle paroît avoir acquis ce titre non pas tant pour ses scholies sur Hésiode qui sont assés peu de chose, que pour son Histoire diverse qu'il a écrite en Vers Politiques Grecs.

Rolandin de Padouë qui vivoit au treiziéme siécle, n'a peut-être point écrit autre chose que l'Histoire de la tyrannie des quatre Ecelins dans son pays. On lui donne pourtant le titre de *Grammairien*, & il y a apparence qu'il ne l'a acquis que parce qu'il a composé son Ouvrage avec plus d'industrie, plus de jugement, plus de prudence & plus de capacité que le commun des Ecrivains n'en faisoit paroître dans ces tems-là.

Dans le même siécle un Historien de Dannemarck nommé Saxon, assés célébre & assés estimé même, hormis en quelque traits fabuleux, ne s'est fait connoître à la Posterité que par le surnom de *Grammairien* qu'il a mérité particuliérement pour la beauté extraordinaire de son stile, qui ne se sent nullement de la corruption de son siécle, ni de la barbarie de son pays.

Enfin il n'y a que cent ans que ce titre se communiquoit encore aux Personnes de mérite pour marquer l'estime qu'on faisoit de leur érudition, quoiqu'elles ne fissent aucune profession de Grammaire, comme il paroît en Thomas d'Averse Jurisconsulte Néapolitain vivant en 1580. dont nous n'avons point d'autres Ecrits que sur le Droit & qui néanmoins n'a point aujourd'hui d'autre surnom que celui de *Grammairien*.

PARAGRAPHE IV.

Titre de Scholastique.

LE nom de *Scholastique* a passé aussi fort long-tems dans le monde pour un titre d'honneur. Dès le siécle d'Auguste on le donnoit aux Rhéteurs qui se signaloient au-dessus des autres par leur Eloquence & par la beauté de la Déclamation.

Depuis le tems de Néron il semble que ce nom ait été affecté à ceux qui s'exerçoient à la plaidoirie dans les Ecoles de Droit (1). Ensuite on

---

1 Ger. Voss. Etymologic. Ling. Lat. p. ... cap. ... pag. 9. 10. 454. Idem de Rhetoric. natur. & consti... Henricus Valesius in Prolegomen. ad

l'a atttribué aux Avocats plaidans de veritables Caufes, comme nous le voyons en la perfonne de Socrate l'Hiftorien Ecclefiaftique, Avocat de Conftantinople; d'Eufebe qui plaidoit dans le même tems & dans le même lieu; d'Evagre d'Epiphanie Auteur de l'Hiftoire Ecclefiaftique qui avocaffoit dans le Barreau d'Antioche; d'Agathias de Murine Hiftorien de l'Empereur Juftinien & Avocat à Smyrne; de de Jean d'Antioche qui nous a donné la Collection Grecque des Canons rangés par matiéres, & le premier Nomocanon, & qui d'Avocat devint Prêtre & Patriarche de cette Ville fous Juftinien, & de plufieurs autres dont l'Hiftoire nous fournit des exemples. Et ce nom paroît avoir fubfifté affés long-tems en cette fignification parmi les Grecs, puifque Conftantin Harmenopule le portoit encore au douziéme fiécle, comme une marque de fa profeffion. On a vû auffi le tems auquel ce nom de *Scholaftique* fe donnoit indifferemment à toutes fortes de Jurifconfultes, mais il ne paroît pas que cela ait été univerfel ni de longue durée.

Depuis l'établiffement des Ecoles Ecclefiaftiques fait par nos Rois de la premiére race, & remis en vigueur par l'Empereur Charlemagne, ce nom de *Scholaftique* a été donné aux Maîtres de ces Ecoles, c'eft-à-dire, à ceux qui étoient commis pour les gouverner, & pour enfeigner les Clercs de chaque Eglife. Quelques-uns prétendent que celui qu'on appelloit le *Scholaftique* dans ces Eglifes n'avoit été établi d'abord que pour enfeigner les Langues, les Humanités, & tout ce que l'on comprend fous le nom de belles Lettres, & qu'il y en avoit un autre dans la même Eglife pour enfeigner la Théologie & qui portoit en titre la qualité de *Théologien*. Mais il paroît du moins que ces fonctions différentes ont été réunies depuis en une feule & même perfonne dans les Chapitres, & que celui qui portoit le nom de *Scholaftique* étoit tenu par fa profeffion d'enfeigner publiquement aux Chanoines & aux autres Ecclefiaftiques de leur Eglife non feulement les belles Lettres, mais encore la Théologie, & même la Liturgie. Sur quoi l'on peut voir Monfieur Florent (1), Mon-

---

Hift. Eccl. Socrat. & Evagr. à fe verf.
J. Doujat hift. du Droit Can. c. 15 p. 43
Car. du Cange Gloff. Latinit. Tom. 3.
Voff. de Hift. Græc. pag. 270. ubi de Agathia, &c.
Dominic. Macr. Hierolex. p. 551. 552.
1 Francif. Florens ad cap. 3. extra de vita & honor. Cler. fufé.

Francif. de Roye ad Can. Ego Berengarius 41. de confecrat. diftinct. 2. five Tract. de Vita, & Hærefi & Pœnitentia Berengarii, pag. 12. & feqq.
Innocent. Cironius ad Titul. de Magiftris, pag. 379. in Lib. 5. Decret.
Le Pere Thomaffin, ancienne & nouvelle Difcipline fur les Bénéfices.

DES TITRES D'HONNEUR.

sieur Ciron, Monsieur de Roye & plusieurs autres des Modernes qui ont traité doctement cette matière.

(a) Ainsi celui qu'on appelloit par honneur le *Scholastique* de l'Eglise n'étoit autre que celui qui s'appelloit en certains lieux le *Primicier*, ou le *Maîtr'Ecole*, & en d'autres l'*Ecolâtre* ou le *Théologal* à la fonction duquel il y avoit une Prébende attachée pour sa subsistance.

C'est en ce sens qu'Adelman, un des principaux Défenseurs de la réalité du Corps de Jesus-Christ dans l'Eucharistie, avoit porté le nom de *Scholastique* de Liége, avant que d'avoir été fait Evêque de Bresse.

Le vieux Berenger fut honoré aussi de cette qualité avant que d'être tombé dans ses erreurs, mais ce ne fut qu'à cause de la Théologale de Saint Martin de Tours qu'il avoit exercée avec réputation aupa-

---

(a) La Dignité de *Scholastique* & celle de *Théologal* sont deux Dignités differentes. Le Scholastique, c'est le Chef de l'Ecole, appellé en quelques Lieux où il y a Université, *le Chancelier de l'Université*. Le Théologal est un Chanoine de l'Eglise Métropolitaine ou Cathédrale, institué pour enseigner la Théologie à ses Confreres, & pour leur prêcher la Parole de Dieu. Ces Théologaux furent institués à l'égard des Eglises Métropolitaines par le Concile Général de Latran tenu sous Innocent III. qui commença en 1215. & à l'égard des Eglises Cathédrales, ils furent institués par le Concile de Bâle qui commença en 1431. & comme le Concile de Bâle n'est point gardé en France pour la Police, la Pragmatique Sanction au paragraphe *Statuimus* du Titre des Collations, établit les Théologaux dans les Eglises Cathédrales & Métropolitaines : Et l'Ordonnance d'Orléans (qui est du mois de Janvier 1560.) dans les Eglises Cathédrales ou Collégiales. Berenger, Archidiacre d'Angers, qui vivoit dans l'onzième siécle ne peut donc pas avoir été Théologal de Saint Martin de Tours. Ce qui a fait tomber dans cette erreur, c'est que Berenger étoit Maîtr'Ecole & Chancelier de l'Eglise de Saint Martin de Tours ; car Papirius Masso s'y est tout-à-fait trompé, en disant qu'il n'avoit jamais été Maîtr'Ecole dans cette Eglise. Dans un Titre de Saint Martin de Tours de 1031. il signe, *Berengarius Scholæ D. Martini Magister*. La Chronique de Tours ; *Anno M L X. clarebat Berengarius Grammaticus, Andegavensis Archidiaconus & Thesaurarius, nec non Magister Scholarum & Camerarius Sancti Martini*: On prétend, pour le marquer en passant, qu'il a aussi été Maîtr'Ecole d'Angers. C'est l'opinion de Papirius Masso au Livre 3. de ses Annales de France : de Louis Servin Avocat Général du Parlement de Paris dans son Plaidoyer pour Hamilton : De Claude Ménard Lieutenant de la Prévôté d'Angers, dans son Traité manuscrit de l'Université d'Angers, & dans l'éloge de Berenger : De Maan, dans son Histoire des Archevêques de Tours au chapitre d'Hildebert : De César Egasse du Boullay, dans son Histoire de l'Université de Paris, & de Raoul Mousnier, dans son Histoire de Saint Martin de Tours. Mais Monsieur de Roye, Professeur en Droit de l'Université d'Angers, dans son Livre de la Vie, de l'Hérésie & de la Pénitence de Berenger, & Monsieur de Launoy dans son Livre *de Scholis*, prétendent au contraire qu'il n'a jamais été Maîtr'Ecole d'Angers, & qu'il ne l'a été que de Tours : Fondés sur l'endroit de la Chronique de Tours que je viens de rapporter. C'est une question que j'ai traitée problématiquement dans mes remarques sur la Vie de Mathieu Ménage, premier Théologien de l'Eglise d'Angers, qui fut député au Concile de Bâle par l'Evêque & le Chapitre d'Angers, & par les Peres du Concile de Bâle vers le Pape Eugène IV. Mais je crois présentement que Berenger n'a point été Maîtr'Ecole d'Angers. Ce que Claude Ménard a écrit que dans les Titres de l'Abbayie de S. Nicolas d'Angers, il avoit pris la qualité de Maîtr'Ecol

ravant que de passer à Angers où il eut son Archidiaconé, & où il commença de publier son Hérésie. Adelman dont on vient de parler écrivant contre lui l'appelle son *Con scholastique*, soit parce qu'ils avoient l'un & l'autre fait l'Office de Théologal, soit parce qu'ils avoient tous deux étudié ensemble sous Saint Fulbert de Chartres (1).

Le B. Alger qui écrivit aussi contre Berenger portoit le nom de *Scholastique*, parce qu'il avoit été Théologal ou Ecolâtre de Liége devant que de se faire Moine de Cluni.

Le jeune Berenger qui entreprit de défendre Pierre Abailard contre S. Bernard, & dont nous avons parmi les œuvres de ce Sophiste une miserable Epître, dans laquelle il déchire ce Saint par des injures les plus atroces, est appellé Berenger le *Scholastique* aussi-bien que l'autre, & il y a bien de l'apparence qu'il étoit aussi Théologal.

---

1 Ph. Labb. Diss. Hist. Phil. de Script. Ecclesiast. Tom. 1. pag. 7. | Item Franc. de Roye de Vita Beren. pag. 8. 9. &c.

tt' Ecole d'Angers, ne se trouvant pas veritable; & dans le Titre du don de la Comtesse Grècia, qui est dans la même Abbaye, Berenger n'y prenant d'autre qualité que celle de *Grammaticus*, & un Rainaldus y prenant celle de *Chancelier*. c'est-à-dire, de *Maitr' Ecole*.
A l'égard de la Dignité de Primicier que M. Baillet confond avec celle de Scholastique, c'etoit une Dignité differente de celle de Scholastique. Mr du Cange dans son Glossaire, raporte plusieurs significations du mot *Primicerius* parmi lesquelles il y en a une tirée de l'*Ordo Romanus*, qui semble favoriser l'opinion de ceux qui croyent que le *Primicerius* avoit le soin d'enseigner les Ecclesiastiques de son Eglise. Mais il est très-vrai-semblable que ces enseignemens ne se doivent entendre que des Offices Divins. Je veux dire que la fonction de ce *Primicerius* étoit de montrer aux inferieurs le Chant & les Cérémonies, afin que la décence & l'uniformité fussent gardées dans l'Eglise. Ce *Primicerius* n'étoit donc à proprement parler, que ce qu'est le Chantre; ce qui,a été remarqué par Mr du Cange.
Le *Primicerius* de l'Eglise de Mets (on l'appelle *Princier*) & qui l'est aussi de l'Eglise de Toul & de celle de Verdun, ce qui est remarquable, n'a pas cette fonction.
C'est la premiere Dignité du Diocese après l'Evêque. Et il préside même aux Assemblées du Clergé à l'exclusion de l'Evêque; ce qui convient bien à son nom: Car *Primicerius* c'est le premier, c'est le Chef *Primus in cera*; c'est-à-dire, *in Catalogo*. On trouve dans le Code Justinien, *Primicerius Domesticorum & Protectorum Principis*, *Primicerius Fabricensium*, *Primicerius Mensorum*, *Primicerius sacri Cubiculi*, *Primicerius Officiorum & scriniorum*, *Palatinorum*. Et dans Luitprandus, *Petrus Primicerius Apostolorum*: On a dit de même *Secundicerius* pour dire le second; *Secundicerius Notariorum* dans le Code Théodosien, & la Loi 2. De *Petitionibus*. Voyés le Glossaire de Monsieur du Cange. On a dit aussi *Capicerius*, d'où nous avons fait le mot de *Chevecier*. Et quoique le Princier & le Chévecier soient deux Dignités differentes, ces deux mots quant à l'étymologie, sont de même signification. C'est pourquoi l'Auteur de l'ancienne Version Françoise des Décretales, a traduit le Titre *de Officio Primicerii*, par ces mots, *de l'Office du Chevecier*. Le Princier, c'est le premier de l'Eglise. Le Chevecier, c'est celui qui a soin du chevet de l'Eglise, c'est-à-dire, du fond de l'Eglise, depuis l'endroit où la cloture commence à tourner en rond. Dans le Nécrologe de l'Eglise de Paris de 1318. au 18. Juillet; ce qui m'a été indiqué par Mr Chastelain, Chanoine de l'Eglise de Paris; le *Capicerius* est appellé *Capitiarius*.
(ANTI-BAILLET, Tom. 1. page 133.).

Olivier

DES TITRES D'HONNEUR.

Olivier le *Scholaſtique* qui vivoit au commencemant du treiziéme ſiécle & qui nous a laiſſé une Hiſtoire des Croiſades, avoit acquis ce titre étant Théologal de Cologne avant que d'être Cardinal.

Il eſt probable que tous les autres Ecrivains Eccléſiaſtiques de l'Occident qui ont porté ce ſurnom depuis Charles le Chauve, ne l'ont pris que comme la marque de l'emploi qu'ils avoient dans leur Egliſe, & que ce terme n'a preſque plus été en uſage parmi les Latins depuis le tems de ce Prince pour marquer l'eſtime particuliére qu'on faiſoit de l'eſprit, de l'érudition, ou de l'éloquence des Savans.

Il s'en trouve néanmoins encore quelques exemples, tel que celui d'Anſelme Doyen & Chanoine de Laon, mort en 1117. Nous le diſtinguons des autres de même nom, par la qualité de *Scholaſtique* qui lui fut donnée non pas à cauſe de la célébre Ecole qu'il ouvrit chés lui; mais à cauſe de ſon érudition extraordinaire dans la plupart des Sciences Humaines & Divines, qu'il accompagnoit d'une beauté d'eſprit & d'une éloquence qui étoit fort au-deſſus de la portée de ſon ſiécle. C'eſt ce qui l'a fait appeller par Guibert la gloire & l'ornement du Pays Latin pour les bonnes Lettres & les belles connoiſſances; & par Jean de Sariſberi, *le Docteur des Docteurs* (1).

Si nous en croyons Genebrard (2), le titre de *Scholaſtique* étoit auſſi chés les Grecs un nom d'Office ou de dignité Eccleſiaſtique, qui avoit du raport ou à la Théologale des Occidentaux ou au Notariat Apoſtolique, & cet Auteur veut que Zacharie le *Scholaſtique* qui vivoit du tems de Juſtinien ait eu un emploi de cette nature dans quelque Egliſe, qui lui a fait porter ce nom juſqu'à ce qu'il devint Archevêque de Metelin. Néanmoins Jean Tarin écrit avec plus de probabilité (3) que ce n'étoit point un Titre d'Office, mais un terme d'Honneur dont on avoit voulu reconnoître ſon mérite, & par lequel on avoit marqué l'eſtime qu'on faiſoit de ſon éloquence, & de ſes grandes connoiſſances, ſurtout dans la Philoſophie Platonicienne.

En effet la qualité de *Scholaſtique* ſembloit apartenir proprement à tous les Gens de Lettres en général, pourvû que leur érudition fût reconnuë du Public, & elle leur avoit été attribuée long-tems aupa-

---

1 Guibert. Novig. Abb. Lib. 3. cap. 4.
Item Joan. Sariſberienſ. Epiſt. 202. ad M. Richardum Epiſc.
Item Bulæus Tom. 1. Hiſt. Univerſit. pag. 559.
2 Gilb. Genebrard. præf. in verſ. Latin. Zach. Mitylen. de mundi creatione contra

Philoſ. ejus æternit. aſſerentes.
Item apud Car. du Cange in Gloſſar. Latinit.
3 Joan. Tarin. in not. ad Zachar. Dialog. de Mundi opificio pag. 708. poſt Origen. Philoc.

ravant qu'on eut entrepris de la reftreindre, & de la déterminer à ne plus fpécifier que des Rhéteurs, des Déclamateurs, des Avocats, des Ecolâtres & des Théologaux (1).

Cafaubon prétend que Théophrafte le Difciple d'Ariftote eft le premier qui ait employé ce terme dans cette fignification, & que depuis ce tems-là (2), quoiqu'on l'ait apliqué à divers ufages, on l'a pourtant toujours attribué d'une maniére plus particuliére aux perfonnes de bel efprit, ou de grande érudition.

Ainfi Saint Jerôme témoigne que Serapion ancien Auteur Eccléfiaftique fut furnommé le *Scholaftique* à caufe de la beauté & de la délicateffe de fon efprit (3). Saint Jean Climaque fut auffi qualifié du même titre, qu'on lui donne encore aujourd'hui, quoiqu'il l'eût généreufement compris dans le renoncement qu'il fit aux vanités du monde. Il l'avoit d'autant plus mérité qu'outre les qualités naturelles de fon grand génie, il avoit été encore très-inftruit dans les fciences humaines, & dans les belles Lettres avant fa retraite. Et felon Monfieur d'Andilly (4), ce nom de *Scholaftique* ne fe donnoit en ce tems-là qu'à des perfonnes éclairées des lumiéres de la raifon & de l'éloquence, & en qui les dons de la Nature fe trouvoient joints avec l'étude des Arts & des Difciplines.

Ce n'eft que dans la vûë de ces mêmes qualités que Walafrid Strabon appelle le Poëte Prudence le *Scholaftique* de l'Efpagne (5), & que Pallade d'Hélénople donne le même titre à Euloge qui étoit un homme confommé dans toutes fortes de connoiffances, & qui en avoit, pour le dire ainfi, renfermé l'Encyclopédie au dedans de lui-même (6).

Quelques-uns ont voulu même encherir fur le mot de *Scholaftique*, & voulant marquer un dégré éminent d'érudition dans les Savans, ils ont crû pouvoir porter ce nom au fouverain dégré en leur faveur, c'eft pour cela qu'on trouve que Fortunat & Sedulius ont été appellés *Scholaticiffimes* (7).

---

1 Voff. du Cange, Magri, & alii loc. citat. ex variis Auctorib.
2 Ifaac Cafaubon. in not. ad Capitolin. pag. 416. 417.
3 S. Hieron. Catal. de Scriptorib. Eccl. cap. 99.
4 D'Andilly, Vie de S. Jean Climaque, chap. 3. pag. 8.

5 Walafrid. Strab. de reb. Ecclef. feu Off. Divin. cap. 25.
6 Pallad. Laufiac. Hift. cap. 26.
7 Lib. 3. de Miraculis S. Dionyf. &c. Chronic. Fontanellenf. cap. 12. & ex iis, Mr du Cange Tom. 3. Gloff. de la Latin.
Item Domin. Magr. dans l'Hierolexic, pag. 552.

DES TITRES D'HONNEUR,

PARAGRAPHE V.

Titre de Maître.

LE nom de *Maître* (*Magister*) étoit plutôt un titre de puiſſance & d'office que de ſageſſe & d'érudition, avant qu'on l'eut fait paſſer de l'Empire dans l'Egliſe, & de l'Egliſe dans la République des Lettres.

Il ne ſe donnoit même dans les commencemens qu'aux Maîtres qui enſeignoient publiquement dans les Ecoles, & aux Préfets des Colleges (1), & ce fut aſſés tard qu'on s'aviſa d'en faire, d'un titre d'office qu'il avoit été auparavant, un titre d'honneur pour ceux qui excelloient dans la connoiſſance des Arts & des Sciences, & enfin pour les Docteurs en Théologie, auſquels il ſemble être demeuré ſeulement comme un titre de Profeſſion.

Ainſi le Préjugé n'a preſque rien à prendre ſur la qualité de *Maître* pour régler l'eſtime qu'on pourroit faire du ſavoir & du mérite de ceux qui l'ont portée, ſoit en *prénom*, comme *Maître* Odon, qui étoit Eudes Serton ; *Maître* Michel, qui étoit Michel Blan-pain ; *Maître* Conrard, qui étoit Conrard de Martpurg ; *Maître* Ange, qui étoit Henri d'Eymeric ; & une infinité d'autres Ecrivains particuliérement de l'Univerſité de Paris : ſoit en *ſurnom*, comme Iſo *Magiſter*, Moine de Saint Gal au neuvieme ſiécle ; Florus *Magiſter*, ſoit l'Archidiacre de Lyon ; ſoit le Moine Bénédictin au même ſiécle ; Simeon *Magiſter* le Logothéte, Thomas Magiſter & pluſieurs autres Grecs modernes qui prenoient ordinairement ce ſurnom de leur emploi.

Il s'eſt néanmoins trouvé des Auteurs à qui on a donné ce Nom comme une marque du jugement avantageux que l'on faiſoit de leurs Ouvrages, comme il paroît en la perſonne de Pierre Lombard, de Pierre le Mangeur, & de Gratien. Le premier fut nommé le *Maître* des Sentences ; le ſecond le *Maître* de l'Hiſtoire Scholaſtique ou Savante, & le troiſiéme le *Maître* des Canons ou des Décrets.

C'étoit vouloir perſuader à la Poſterité la bonne opinion où le Public de ces tems-là étoit de leur capacité & de l'excellence de leurs Livres. C'étoit nous dire en un mot qu'on conſidéroit Lombard

---

(1) Ger. Voſſius Etymologic. pag. 303. 304.

comme le premier & le chef des Théologiens, le Mangeur comme un excellent Hiſtorien, & Gratien comme le plus habile des Canoniſtes. Cependant on eſt aſſés revenu aujourd'hui d'une opinion ſi peu raiſonnable & d'un Préjugé ſi mal établi.

Il eſt vrai que Pierre Lombard n'eſt pas tout-à-fait indigne de ce Titre glorieux, quoique l'Egliſe & la Sacrée Faculté n'ayent pas crû devoir aprouver & recevoir généralement toutes ſes opinions ſans exception. Et le grand nombre joint au mérite de tant d'illuſtres Commentateurs qui ont travaillé ſur ſes quatre Livres des Sentences a beaucoup contribué encore à le maintenir dans la poſſeſſion de cette qualité. Mais il ne ſe trouvera pas aujourd'hui un Critique de bon goût qui veuille juger auſſi favorablement de Pierre Comeſtor ou le Mangeur dont l'Hiſtoire n'eſt qu'un pot-pourri, confus & indigeſte de bonnes & de mauvaiſes choſes entaſſées ſans jugement & ſans diſcernement, & qui a rendu un très-mauvais office à la vérité en la confondant avec le menſonge. Il faut avouer que Gratien a conſervé ſa réputation & ſa qualité de *Maître* des Décrets plus long-tems que le Mangeur n'a fait celle de *Maître* de l'Hiſtoire; Mais les Critiques du ſiécle paſſé & ſurtout Antoine Auguſtin, étant venus apporter le jour dans ſa groſſe compilation, ils y ont découvert tant de fautes de toute eſpéce que les Canoniſtes d'aujourd'hui auroient honte de le reconnoître pour leur *Maître*.

De Mouchy; Le Comte, les corr. Rom.

PARAGRAPHE VI.

Titre de Docteur.

LE nom de *Docteur* eſt un des plus récents d'entre les titres d'honneur dont on ait voulu qualifier les Gens de Lettres. Mais comme ce n'eſt qu'un titre de Profeſſion, & de Societé qui ne s'acquiert que dans certaines Facultés particuliéres, il eſt difficile qu'il puiſſe nous ſervir de Préjugé certain pour fixer légitimement l'eſtime ou les jugemens que nous devons faire de ceux qui publient leurs Ouvrages en cette qualité, & il n'y a preſque perſonne de ceux qui s'occupent à la lecture des Livres lequel ne ſe faſſe un plaiſir ordinaire de diſtinguer le Docte d'avec le Docteur.

Il ſemble que ce titre ait été créé vers le milieu du douziéme ſiécle pour ſucceder à celui de *Maître*, & on en attribuë l'établiſſement avec celui des autres dégrés Scholaſtiques tels que nous les voyons aujourd'hui à Pierre Lombard, à Gilbert de la Porrée qui étoient

DES TITRES D'HONNEUR.

les principaux Théologiens de l'Université de Paris dans ce tems-là, & à Gratien dans l'Université de Boulogne. Néanmoins ces deux noms de *Maître* & de *Docteur* n'ont pas laissé de subsister ensemble dans une assés longue suite d'années, & ils avoient même leurs fonctions ou du moins leurs notions distinctes & séparées.

On prétendoit que le *Maître* étoit celui qui enseignoit de son propre fond les sciences qu'il avoit acquises par son industrie & par les lumiéres naturelles de son esprit, comme sont toutes les connoissances humaines : & que le *Docteur* étoit celui qui enseignoit les Sciences qui dépendent de la révélation & qui ne s'acquiérent que par la Foi.

Les uns soutenoient alors que le titre de *Docteur* étoit plus magnifique, plus ambitieux, & plus pompeux que celui de *Maître* qui n'avoit que de la simplicité. Les autres au contraire prétendoient qu'il y avoit plus d'arrogance & plus de l'air de domination dans celui de *Maître*, que dans celui de *Docteur*, & que c'est pour cela que Jesus-Christ avoit défendu de prendre le premier (1).

Mais il y a peut-être plus de subtilité que de solidité dans ce rafinement de Scholastique, & l'Auteur de qui Monsieur du Boulay raporte ces prétenduës differences entre l'un & l'autre titre nous fait conclure sagement que nous n'y pouvons point faire de fond pour en tirer quelque conséquence raisonnable & assûrée de l'habileté de ceux qui les possédent. Et il prétend qu'ils mettent dans leur esprit beaucoup plus de vanité que de science. *Scholasticus gradus* (Magistri & Doctoris) *non scientiam sed superbiam sæpius probatur augere.*

Ceux donc qui depuis l'établissement de la Scholastique dans les Universités ont voulu laisser à la Posterité un Préjugé de l'estime qu'on devoit faire de l'esprit ou des Ecrits de ceux qui se signaloient le plus dans les Ecoles des Arts, de la Médecine, de la Jurisprudence & de la Théologie, voyant que le simple titre de *Docteur* ne leur suffisoit pas, & qu'il ne servoit de rien pour les distinguer des autres Docteurs, ont cru devoir y joindre une *Epithete spécifique* pour nous marquer plus particuliérement en quoi consistoit leur mérite.

C'est de cette nouvelle invention que nous sont venus les Titres fameux de Docteurs *Angelique*, *Seraphique*, *subtil*, *très-résolu*, *irréfragable*, *illuminé*, *famigeratissime ou très-renommé*, *solide*, *abondant*, *très-ordonné*, *très-fondé*, *singulier*, *admirable*, *extatique*, *très-Chrétien*,

---

1 Autor Dialogi Hierarchiæ subcælestis cap. 4. prologi apud Cæs. Eg. Bulæum de Hist. Universit. Parif. sæc. 4. pag. 682. & 683. Item 681.

notable, *suffisant*, *resplendissant*, *clair*, *solemnel*, *universel*, *profond*, *authentique*, *entier*, *incorruptible*, *divin*, & une infinité d'autres dont l'Ecole a voulu honorer ses Maîtres.

Ceux qui savent l'Histoire des Lettres des treize, quatorze & quinziéme siécles jugeront aisément si le Préjugé n'a point eu la meilleure part dans l'application de la plupart de tous ces nouveaux Titres.

Irrefragabilis. Alexandre de Hales qui mourut en 1245. est appellé communément le Docteur *Irrefragable*, & la *Fontaine de Vie*. Et Possevin prétend (1), qu'il a justement mérité ce Titre magnifique par l'excellence de ses Ecrits ; c'est pourtant tout ce que nous pourions dire de Saint Paul ou d'un Evangeliste.

Angelicus. Il n'y a personne d'entre les Critiques Catholiques, qui jusqu'à présent se soit avisé de contester à Saint Thomas la qualité de *Docteur Angelique*, & qui ne reconnoisse que les services signalés qu'il a rendus à l'Eglise par ses Ecrits Théologiques, l'ont justement fait passer parmi nous pour l'Ange, pour le Chef & pour le premier Docteur de l'Ecole de la Théologie.

Seraphicus. Les Ouvrages de Saint Bonaventure sont estimables en un autre genre que ceux de Saint Thomas son ami & son compagnon d'étude qu'il suivit l'an 1274. même de près en l'autre monde. Cependant tout le monde ne convient pas que le Titre de *Docteur Seraphique* soit assés précis pour nous marquer le mérite de ses Ecrits au plus juste. On estime qu'il signifie trop ou qu'il signifie trop peu pour ce Saint. Il signifie trop, si l'on prétend par cette qualité l'élever au-dessus de Saint Thomas, comme les *Séraphins* le sont au-dessus des Anges dans le Systéme qu'on nous fait des Ordres differens de ces Intelligences spirituelles au Ciel. Il signifie trop peu, si l'on prétend ne le considerer que comme un simple Docteur de l'Ordre *Séraphique*, c'est-à-dire, de Saint François.

Subtilis. On n'est pas encore aujourd'hui bien d'accord du sens que l'on doit donner à la qualité de *Docteur Subtil* que l'on attribuë à Scot, c'est-à-dire à Jean Duns Ecossois mort en 1308. Car si d'un côté les uns prennent cette subtilité pour une pénétration & une vivacité d'esprit dans l'art de la dispute, les autres le prennent pour une obscurité & un embarras affecté dans l'explication des vérités Théologiques (2).

Raimond Lulle l'ancien qui fut martyrisé l'an 1315. est appellé le

---

1 Possevin in Apparat. Sacr. Tom. 1. Item Scrip. de rebus Minorit. var. 2 Sixt. Sen. Paul. Jov. Theoph. Spizel & alii.

DES TITRES D'HONNEUR.

Docteur Illuminé; mais si ses Sectateurs & ceux qui ont pris sa défense veulent que ce soit à cause des lumiéres extraordinaires qu'il avoit reçûës de la Nature & de la grace pour écrire ses Livres, ses ennemis qui n'ont pas été en petit nombre, & une bonne partie de ses Lecteurs indifferens ont pris ce terme d'*Illuminé* pour une antiphrase. Illuminatus.

Roger Bacon Cordelier Anglois qui mourut en 1284. porte encore aujourd'hui le Titre de *Docteur admirable*. Il l'étoit en effet, ou du moins étoit-il admiré de presque toute l'Europe pour tant de rares connoissances où la beauté & la force de son génie l'avoient fait parvenir dans un siécle auquel elles étoient presque géneralement ignorées. Cependant il n'a point tenu aux demi-doctes de ces tems-là que nous ne l'ayons pris pour un Sorcier & un Magicien, & on sait ce qu'il lui couta pour avoir eu plus de savoir que les Savans du commun de son siécle (1). Mirabilis.

Henri de Gand ou Goethals dont nous avons entre autres choses un Catalogue d'Ecrivains Ecclésiastiques, & qui mourut en 1293. a été proclamé *Docteur solemnel*. Mais ce Titre paroît plutôt un témoignage de sa grande réputation que de son profond savoir. En effet s'il n'étoit pas le plus habile Scholastique de l'Université de Paris, il ne laissoit pas d'être un de ceux qui faisoient alors le plus de bruit dans la Philosophie & dans la Théologie de l'Ecole. Solemnis.

Alain de l'Isle, dit le Convers, parce qu'il mourut Frere-lai de Cisteaux en 1294. a été honoré du nom de *Docteur Universel* étant Recteur de l'Université de Paris. Il pouvoit mériter ce titre dans un tems comme le sien auquel l'encyclopédie des sciences avoit beaucoup moins de circonference qu'aujourd'hui, parce qu'effectivement il a embrassé un assés grand nombre de matiéres diverses dans ses Ecrits. Mais s'il étoit revenu au monde dans notre siécle, il auroit pû rencontrer un assés bon nombre de Savans qui auroient été en état de lui contester son Universalité de doctrine, & il en trouveroit peut-être peu qui voulussent le reconnoître pour leur Docteur *Particulier*. Universalis.

C'étoit l'Université de Paris qui étoit la *distributrice* de tous ces Titres d'honneur, & s'il s'en est donné quelques-uns dans les Ecoles Etrangéres, c'est-elle qui leur en a donné l'exemple & l'envie.

On peut dire qu'elle en a été prodigue à l'égard d'un Anglois

---

a Joannes Pitseus & alii Angl. Scrip. Bibl. Item Vossius de scient. Mathematic.

nommé Richard de Midleton (1), que Monsieur de Launoy appelle de Moienville & les autres Ecrivains François de Myville, & qui n'est connu dans les Ecoles que sous le nom Latin de *Mediavilla*. Car elle lui en a accordé quatre devant que de le laisser sortir de son sein, comme si un seul n'eût point été suffisant pour marquer à la Posterité l'estime qu'elle vouloit que l'on fit de son mérite & de sa science. Et elle l'a fait apeller le *Docteur solide*, le *Docteur abondant & riche*, le *Docteur très-fondé*, & le *Docteur mis à l'enchere & au plus haut prix*, sans néanmoins que l'on sache bien positivement toutes les raisons qui ont donné lieu à toutes ces appellations differentes.

<small>Solidus, Copiosus, Abundantissimus, Auctoratus.</small>

Gilles de Rome ou Colonna Archevêque de Bourges mort en 1316. porte aussi le nom de *Docteur très-fondé*, & l'on juge qu'il l'avoit assés justement acquis par la réputation où il a été du plus fidéle des Disciples de Saint Thomas & d'un de ses meilleurs défenseurs. On trouve encore parmi ses Titres celui de *Docteur heureux*, & ce sont les Protestans même qui nous en avertissent (2).

<small>Fundatissimus.</small>

<small>Beatus.</small>

Pierre Oriol de Verberie, dit *Aureolus* qui mourut Archevêque d'Aix l'an 1321. est sur-nommé le *Docteur éloquent* & le *Docteur insigne*. Mais ces deux Titres ne nous servent presque point pour nous faire connoître le caractere de ses Ecrits ni l'estime qu'on en faisoit, quoiqu'elle fût grande alors ; parce que le premier lui a été donné à cause du talent qu'il avoit pour parler en public, & le second à cause du zele qu'il avoit témoigné dans la défense de l'opinion de la Conception immaculée de la Sainte Vierge.

<small>Facundus. Insignis.</small>

François Mayronée ou de Mayronis qui mourut en 1325. en a porté deux aussi, celui de *Docteur Illuminé* & celui de *Docteur Aigu*. Il avoit aparemment eu le dernier de la succession de son Maître Scot dont il a tâché de prendre l'air & la subtilité ; & pour le premier nous ferions scrupule de soûtenir qu'il lui fût fort légitimement acquis, sachant que ses lumiéres n'ont pas paru entierement pures, même au saint Siege (3).

<small>Illuminatus. Acutus.</small>

Le Titre de *Docteur très-résolu* dont on a qualifié Durand de Saint Pourçain, qui du Siege du Puy passa à celui de Meaux où il mourut

<small>Resolutissimus.</small>

---

1 Launoy des Prescript. touchant la Conception de la Vierge Marie.
L'abbé de Script. Eccl. Pitf. de Angl.
2 Matth. Flacc. Illyric. Catal. Testium veritatis.

Item Guill. Crouw. in Elench. Script. in Bibl. sacr.
3 Clemens VI. P. R. apud Possevin. Appar. sacr. Tom. 1. pag. 586.
Spond. A. C. 1315. n. 7.

en 1333

DES TITRES D'HONNEUR.

en 1333. paroît assés juste, & tiré du caractére de son génie. Car il passoit pour un Théologien un peu hardi, & quelquefois trop décisif au jugement de quelques-uns.

On ne convient pas assés du Préjugé que la qualité de *Docteur singulier* attribuée à Guillaume Ockam mort en 1347. doit former en nous avant que de nous mettre à la lecture de ses Livres. Les uns croyent qu'on a voulu nous marquer la beauté de son esprit & la rareté de ses conceptions : les autres estiment qu'on a voulu nous faire entendre par ce Titre équivoque, cette singularité de sentimens si extraordinaire dans un Religieux, qui paroît dans les Livres qu'il a faits pour la défense de l'Empereur Louis de Baviere contre le Pape Jean XXII. dans ceux qu'il a faits sur la pauvreté des Apôtres & sur la proprieté des Mandians, &c.

Il paroît au reste que personne n'étoit si curieux de ces Titres de Doctorat que les Freres Mineurs. Car outre que la plus grande partie de ceux dont nous venons de rapporter des exemples ont été Cordeliers, on peut ajouter que c'est de cet Ordre que sont sortis le Docteur *très-ordonné* qui est Jean de Bassoles mort vers 1340. le Docteur *suffisant* qui est Pierre d'Aquila ou Scotel; le Docteur *fondé* qui est Guillaume d'Oona ou Varon; le Docteur *notable* qui est Pierre de l'Isle ; le Docteur *illibat* ou *sans tache* qui est Alexandre l'Allemand de Saxe ; le Docteur *resplendissant* qui est Pierre Philargi de Candie depuis Pape sous le nom d'Alexandre V. le Docteur *vénérable* qui est Geoffroi des Fontaines; & plusieurs autres Docteurs titrés à plaisir que l'on peut voir particuliérement dans Willot & Waddingue, & dans les autres qui ont recueilli les Ecrivains Ecclésiastiques.

Ordinatissimus.
Sufficiens.
Fundatus.
Notabilis.
Illibatus.
Refulgens.
Venerandus.

Mais ces Titres honoraires ne se donnoient pas à si bon marché hors de la Maison de Saint François.

Celui de *Docteur profond* a bien couté des sueurs & des travaux à Thomas Bradwardin Archevêque de Cantorbie qui mourut vers l'an 1350.

Profundus.

Gregoire de Rimini Général des Augustins n'acquit celui de *Docteur authentique* qu'après des assiduités incroyables & une application très-opiniâtre sur les opinions des Nominaux ou Ockamistes dont il suivoit la Secte, & qui passoient pour les plus obscurs & les plus difficiles dans la Philosophie contentieuse. Et si nous en croyons Cornelius Curtius (1), ce Docteur s'étoit rendu si *authentique* que

Authenticus.

---

a Cornel. Curt. Elog. Vir. Illustr. Ord. Erem. S. Aug. pag. 121.

Tome I.

114 DES PRE'JUGE'S

,, quiconque ne le reconnoissoit point pour son Maître, passoit
,, incontinent pour un parfait ignorant en toutes choses, & qu'il
,, sembloit qu'il y avoit de la folie à ne lui pas acquiescer, & à ne le
,, pas suivre en tout. Mais nous n'avons pas besoin de ces sortes
d'éloges, quand nous ne cherchons que des vérités.

Illuminatus.   Jean Taulere, qui mourut en 1355. avoit porté à juste titre le nom de *Docteur illuminé*, parce qu'en effet ses Ouvrages sont remplis de l'esprit de Dieu. Mais parce qu'il eut le malheur de plaire à Luther, & d'être loué par sa bouche comme un Docteur véritablement illuminé d'en haut, Eckius & quelques autres Catholiques ont cru devoir en tirer de mauvaises conséquences contre les Ouvrages de cet Auteur. Ils ont traduit en ridicule & rendu odieux ce Titre légitime qui formoit en nous un Préjugé favorable pour lui, & il n'a point tenu à quelques-uns d'eux qu'il ne passât pour un visionaire. Mais l'Abbé de Blois, dit Blosius, & le Chartreux Surius l'ont heureusement défendu, & on lui a conservé son Titre dans sa signification naturelle.

Divinus.   Jean de Ruysbroeck ou Rusbrochius qui mourut en 1381. a presque eu le même sort que Taulere à cause de son Titre de *Docteur Divin*. Cette glorieuse qualité n'a point manqué de lui susciter des envieux, & Gerson lui-même s'étoit persuadé que Ruysbroeck s'étoit égaré dans ses visions, & que l'enthousiasme lui avoit un peu trop échauffé l'imagination. Cependant Jean Schonaw, Surius & d'autres ont entrepris sa défense, & Denys le Chartreux en faisoit une estime particulière.

A dire le vrai, on est encore aujourd'hui extrêmement partagé sur le jugement qu'on doit faire de la plupart des Méditations, des visions & des autres Ouvrages ascetiques des Auteurs purement contemplatifs (1).

Christianissimus.   Mais de tous ceux dont l'Ecole a voulu honorer le Doctorat par des Titres *honorifiques*, il n'y en a point après Saint Thomas qui ait eu plus universellement & plus légitimement l'approbation du Public, que Jean Gerson pour la qualité de Docteur *très-Chrétien* (2).

---

1 De his omnibus vide Possevin. in Appar. passim.
Labbæum de Scriptorib. Ecclef.
Crouwæum in Elencho Scrip. in Bibl. sac.
Du Cange in Indice præfix. Glossæ.
Latino-barb. Pitseum, &c.
Voss. de Histor. Lat. passim.
Valer. Andr. Vischium, &c.
2 Edm. Rich. de Vit. Gerson. post Apol. pag. 298.
Item Lugdunens. Ecclesia in Epist. ad Christophorum Basilensem Episcopum post. Apol. pag. 313. anni 1504.
Stephan. Berney in tumul. Gerson. pag. 334. post. Ap.
Jo. de Launoy. Hist. Colleg. Nav. Par. Natal. Alexand. animadversion. in Launoian. observat. circa Simoniam. pag. 71.
Petrus

DES TITRES D'HONNEUR. 115

Il l'a mérité non pas seulement par la pureté de sa doctrine jointe à une pieté très-solide : mais particuliérement pour avoir fait une guére sainte au Pharisaïsme de son siécle, & pour avoir heureusement triomphé de ceux qui vouloient introduire dans le Christianisme diverses nouveautés contraires à la liberté Evangelique & à la simplicité de la Religion, & qui vouloient accabler les Fidéles sous le joug de plusieurs préceptes onéreux & de divers établissemens dans la discipline, dont la plupart étoient inouis jusqu'alors dans l'Eglise, & qui étoient encore plus insupportables que ceux dont Saint Pierre se plaint dans les Actes (1). On trouve encore dans divers Auteurs & dans quelques Titres des Livres du Cardinal d'Ailly son Maître, & des siens propres les noms de *Docteur très-résolu* & de *Docteur Evangelique*, qui sont des témoignages qu'on a voulu rendre à la liberté Chrétienne qui regne dans ses Ouvrages. Resolutissimus; Evangelicus.

Il paroît que le Cardinal de Cusa mort en 1464. a été honoré pareillement du Titre de *Docteur très-Chrétien* (2) Je ne sai pas précisément ce qui pouroit le lui avoir fait acquerir. Les uns l'ont loué de son bel esprit, de sa capacité, & de son habileté dans les affaires Ecclésiastiques & Politiques ; les autres l'ont fait passer pour un excellent Canoniste ; d'autres ont admiré la connoissance exquise qu'il avoit des Mathématiques & de quelques sciences humaines (3). Mais il ne paroît pas que les Critiques ayent rien remarqué de fort singulier dans tout ce qu'il a écrit concernant la Religion Chrétienne & la Théologie qui ait dû le faire distinguer des autres par la qualité de très-Chrétien, & Sixte de Sienne entre les autres n'y a rien trouvé d'extraordinaire que de l'obscurité affectée, comme nous le pourons voir ailleurs. (4.) Christianissimus;

Le Titre de *Docteur Extatique* convient assés à l'Institut d'un Chartreux, & particuliérement à un homme aussi pieux & aussi attaché à la contemplation qu'étoit Denys Ryckel de Leeuwis que nous appellons Denys le Chartreux & qui mourut en 1471. Mais ce ne nous est pas un Préjugé suffisant pour nous faire croire que ses Ecrits ne sentent que la vision & le ravissement : au contraire ceux qui savent Extaticus;

Petrus Schottus Argentorat. in compendiosa laude Gersonii ann. 1489. post Apol. pag. 315.
1 Act. Apostolor. cap. 15. vers. 10.
Joan. Gerson. lectione 4. Libri de Vita spirituali.
2 Défense des Libertés de l'Eglise Gall.

p. 10. in 4. de l'Edition de 1662. au sujet des Th. des J.
3 Voss. de scient. Mathemat. non semel. Possevin. Apparat. sacr. Tom. 2.
Labb. de Script. Eccles. & alii passim.
4 Sixt. Senens. Lib. 4. Biblioth. sanct.

P ij

quelle est la multitude prodigieuse de ses Ouvrages jugeront aisément qu'il ne s'est guéres donné le loisir de méditer, & de se laisser endormir dans l'extase durant qu'il écrivoit.

Il ne seroit pas difficile d'ajoûter ici plusieurs autres exemples de Titres donnés aux Auteurs pour honorer leur mérite, & particuliérement à ceux qui ont excellé dans l'un & l'autre Droit depuis Irnere & Gratien : mais ce que nous en avons rapporté, & que nous avons pris de la Théologie Scholastique suffit pour nous faire voir quel a été le goût & le genie de ces siécles, jusqu'au changement que le rétablissement des belles Lettres y a apporté.

On ne peut pas nier que les Anciens n'en usassent avec plus de simplicité & moins de flaterie dans l'emploi de ces sortes de sur-noms, & qu'ainsi ils ne soient plus propres pour régler nos Préjugés dans l'estime des Auteurs à qui ils les ont donnés. Car si d'un côté nous trouvons dans l'antiquité des Auteurs à qui on a donné les sur-noms de *Muse Attique*, de *Theophraste*, de *Chrisostome*, &c : de l'autre on en a vû qui ont porté ceux de *Demosthene de village* ou *de paille*, d'*Epitimée* au lieu de Timée, de *Rabienus* au lieu de Labienus, & d'autres propres à nous faire remarquer les défauts des Auteurs, comme ceux de devant ont été employés pour nous marquer leurs vertus. (1)

Ils ne se servoient même quelquefois que des Lettres de l'Alphabet, c'est-à-dire, des nombres de leur chifre pour nous faire connoître le rang que les Auteurs tenoient dans leur estime. Ils ont appellé Moïse *Alpha*, & ils auroient été sages & judicieux de dire avec nous qu'effectivement ce Prophéte Legislateur est le Chef de tous les Ecrivains du monde, & qu'il est le premier en toutes choses. Mais ils en sont allé feindre la plus sotte & la plus impertinente raison du monde, pour faire croire aux Gentils qu'il avoit eu ce nom du mot d'$ἄλφος$ qui veut dire la galle & la ladrerie dont les Auteurs Païens ont écrit faussement que les Israëlites étoient incommodés quand ils sortirent de l'Egypte. (2)

---

1 Xenophon dict. Musæ Atticæ, Tyrtamus dict. Euphrastus, tum Teophrastus ; Dio Prusæus & Joannes Antioch. dict. Chrysost. Dinarchus dict. Demosthenes Hordearius vel Agrestis ; &c.
Voss. de natur. Rhetoric. pag. 77. 83. pag. 103. &c.
Idem de Histor. Græc. p. 83. 84. ubi de Timæo & de Hist. Lat. ubi de Labieno.l.5.

2 Ptolem. Chennus & Helladius Besantinoüs in Chrestomatiis, apud Photium in Bibl. cod. 190. & 279. & ex recentiorib.
Joan. Jonsius lib. 1. Histor. Philosoph. cap. 7. pag. 147.
P. Dan. Huet. demonstrat. Evangel. propos. 4. cap. 2. num. 48. & 58. pag. 54. & 55.

DES TITRES D'HONNEUR.

Ils ont nommé Eratosthene *Beta* à cause qu'il tenoit le second rang dans leur esprit pour toutes sortes de sciences, & que les ayant embrassés toutes avec une étude & une application égale, il n'avoit pû s'y rendre si profond & si accompli que ceux qui ne s'étoient adonnés qu'à l'étude d'une seule. (1)

Pythagore a été surnommé *Gamma* selon Ptolemée Chenne fils d'Hepheſtion (2) qui ne nous en dit point la raison. On a donné le nom de *Delta* à cet Antenor qui a écrit l'Histoire de Crete, parce que c'étoit un homme de bien & qu'il aimoit son Pays. Car Δίλτος signifioit autrefois *bon* en la langue de ces Insulaires selon le même Auteur, qui ajoute qu'on a attribué le nom d'*Epsilon* à Apollonius célébre Astronome du tems de Ptolemée Philometor, à cause de la figure de cette Lettre qui semble tourner avec la Lune au cours de laquelle il s'étoit fort appliqué.

On a qualifié du nom de *Zeta* Satyre l'ami particulier d'Aristarque à cause de l'industrie & de l'application qu'il avoit apportée à la recherche des principes des choses. Et on dit qu'Esope fut surnommé *Theta* par son Maître Idmon à cause qu'il étoit rusé & adroit, & qu'il conservoit toujours l'humeur d'esclave sans se soucier de la liberté. (2)

CHAPITRE VI.

Préjugés des engagemens des Auteurs.

IL arrive souvent que l'esprit & la plume d'un Auteur ne sont pas libres de ne pas suivre les engagemens où il est, soit par sa profession, soit par ses habitudes.

Ainsi il est très-avantageux pour bien juger d'un Livre, de savoir avant que d'en faire la lecture, quels ont été les engagemens, le genre de vie, l'humeur & la disposition de l'esprit, les premieres impressions & l'éducation, la profession & la Religion des Auteurs;

---

1 Artemidor. Ephes. Epitom. pag. 95. Martian. Heracl. peripl. p. 95. Edit. Aug. Suidæ Lexic. Hesychius Milesius &c. Voss. Histor. Græc. Lib. 1. cap. 17. p. 100.

Jonsius de Histor. Philosoph. ut sup.
2 Ptolemæus Chenn. Hephæstionis fil. lib. 5. Historiar. apud Photium cod. 109, ut sup.
Item apud Jonsium.

aussi-bien que les desseins, les vûës & les motifs qu'ils ont eus.

Il assés rare & assés difficile même qu'on se défasse de ses premieres impressions, & que l'on renonce volontiers à l'éducation que l'on a reçûë, & il n'est rien de plus ordinaire dans les Ouvrages des Auteurs, que d'y trouver des marques des Préjugés qui leur sont venus des premiers Maîtres qui les ont instruits, ou des premiers Livres qu'ils ont lûs.

C'est de-là que viennent ces entêtemens ridicules qui forment les partis & les factions dans la République des Lettres. C'est ce Préjugé qui produit cette obstination & cette chaleur avec laquelle les uns veulent que nous retenions la prononciation vicieuse de la Langue Grecque qui s'est glissée chés les Modernes dans la corruption & la barbarie des siécles: & que les autres blâment ceux qui ne prononcent point mal le Latin comme nous faisons. C'est dans ce Préjugé que nos Grammairiens & nos Regens prétendent que pour nous apprendre une Langue que nous ne savons pas, il faut que nous nous accoutumions à tourner d'abord la nôtre en celle que nous voulons apprendre : au lieu de tourner celle-ci, & de tâcher d'en acquerir l'intelligence par le moyen de la nôtre, ou en la conferant avec une autre Langue que nous savons déja.

C'est dans cette prévention que quelques-uns trouvent à redire que l'on quitte la Grammaire Latine de Despautere pour apprendre le Latin, quoiqu'ils ne soient point d'avis, non plus que nous, que l'on se serve de la Grammaire Grecque de Gaza pour apprendre le Grec, ni de la Grammaire Hébraïque de Kimhi pour apprendre l'Hébreu, parce que leurs Maîtres ne leur ont point mis entre les mains les Originaux de Gaza & de Kimhi pour leur enseigner ces deux derniéres Langues.

C'est peut-être par de pareils engagemens que les Partisans de l'Antiquité & de la grandeur des Romains, soutiennent qu'il faut exprimer en leur Langue les Actes publics & les Inscriptions des Monumens d'aujourd'hui, plutôt qu'en celle du Prince à la gloire duquel elles sont faites, & des Peuples pour lesquels & dans le Pays desquels elles sont representées.

(1) Enfin, c'est suivant le Préjugé & les impressions de l'éducation & des premiéres études, qu'on se croit engagé au moins par bien-séance

---

1 Ut feré quisque initio studiorum nactus est Magistros aut Interpretes, sic solet pronus esse ad arguendum vel propensus ad celebrandum Aristotelem &c. Possevin.

de retenir toute sa vie les maximes dans lesquelles on a été élevé, de demeurer dans une Secte qu'on a une fois choisie, & de défendre ou d'attaquer toujours Platon, Aristote, Averroës, Scot, Ockam, Paracelse, Descartes & les autres pour lesquels on aura eu soin de nous inspirer de l'inclination ou de l'aversion. (1)

On se défait encore moins de son humeur & de son naturel que de l'éducation & de la teinture de ses Maîtres, parce que comme cette humeur & ce naturel naissent avec l'homme & se fortifient à mesure qu'il croît, & qu'il prend des forces, il ne s'en peut ordinairement dépouiller qu'en perdant la vie.

Il n'y a presque point d'Ecrivain dans les Ouvrages duquel cette humeur ne se fasse plus ou moins connoître, mais il semble qu'il y ait peu de raison de l'attribuer à certains climats, & à certains siécles plutôt qu'à d'autres. Elle est personnelle sans doute, & elle fait partie du caractére de l'esprit: C'est ce qui a fait dire au Poëte

Souvent sans y penser un Ecrivain qui s'aime
Forme tous ces Heros semblables à soi-méme
Tout a l'humeur Gascone en un Auteur Gascon. (2)

Car l'on voit des humeurs Gascones & des caractéres de rodomonts dans des Auteurs de toutes sortes de pays, de toutes sortes d'états & de conditions.

Les Engagemens où les Auteurs se trouvent par leur Profession ou leur Institut d'écrire plutôt d'une certaine maniére que d'une autre, ne sont pas les moins puissans, ni les moins incommodes. C'est ce qui nous doit porter à rechercher plus particuliérement de quelle profession & de quel institut ont été ceux dont on veut examiner les Livres. Et quoiqu'en ait écrit un Moderne (3), il n'y a pas d'injustice à remonter jusqu'à la Profession d'un Auteur, pour voir si ce qu'il écrit y est conforme ou non, & pour faire le discernement de ce que l'on peut attribuer à ces sortes d'engagemens, d'avec ce que la liberté & le dégagement de l'esprit y ont pû produire.

Il y a dit-on, dans chaque Société un esprit particulier qui sert à les Caractériser & à les distinguer entre elles, & qui étant généralement répandu par tout le corps, ne peut manquer de se communi-

---

1 Ant. Possevin Lib. 12. Biblioth. Select. Tract. 3. cap. 1. pag. 34.

2 Desp. Art Poëtiq. Chant. 3. v. 127.
3 De la Délicatesse, pag. 30.

quer à tous les membres. Ceux qui se piquent de finesse dans le discernement des caractéres & des maniéres differentes des Ecrivains, prétendent que cet esprit particulier & cet air de singularité est moins imperceptible dans les Professions & les Societés Régulieres que dans les autres, parce que la distinction d'avec le commun des hommes y est plus grande & plus réelle que dans les Societés séculieres.

Ces Critiques veulent nous persuader par exemple, qu'il n'est pas difficile de reconnoître les Ecrits des Moines d'avec ceux des Mendians, en ce que ceux des premiers ont pour l'ordinaire plus d'onction & de simplicité Chrêtienne, & ceux des seconds plus de sécheresse & de scholastique. Ceux des premiers qui traitent des matiéres Théologiques sont assés souvent composés sur le stile de l'Ecriture-Sainte, & de quelques anciens Peres de l'Eglise, & leur force ne consiste pour la plupart que dans les autoritésrées de l'une & des autres; au lieu que ceux des derniers sur les mêmes sujets ne sont presque appuyés que sur le raisonnement, dont les principes sont néanmoins tirés de l'Ecriture & de la Tradition. Hors des matiéres Théologiques, les premiers sont plus volontiers Historiens, & les derniers plus ordinairement Philosophes.

Le caractere de societé paroît peut-être moins sensible dans les Ecrits des autres Reguliers, & principalement de ceux qui sont de récente institution.

Asinius Pollio, apud Quintilianum l. 1. c. 5. & l. 8. c. 1.

Mais comme au siécle d'Auguste il se trouvoit de certains esprits plus délicats & plus difficiles que les autres, lesquels prétendoient avoir remarqué dans Tite-Live un goût de *Patavinité* que le commun des Critiques n'y pouvoit sentir, de même il y a au siécle de Louis le Grand de certaines gens dans la République des Lettres, qui poussent si loin le rafinement de la Critique; qu'ils se croyent capables de pénétrer jusques dans le fond des esprits des Ecrivains de societé, de développer les ressorts differens qui donnent le mouvement à leur langue & à leur plume; de discerner les vûës & les motifs qu'ils peuvent avoir suivant leurs engagemens; en un mot de nous faire la distinction du génie & du caractére ordinaire, non seulement des Carmes d'avec celui des Capucins, mais même de celui des Ecrivains de la Compagnie de Jesus, d'avec celui des Ecrivains de l'Oratoire de Jesus.

Quoique les esprits semblent avoir plus de liberté dans les Professions séculiéres, ils ne peuvent souvent s'empêcher de nous faire voir l'inclination & la pente qu'on leur a une fois donnée, & de se faire sentir même dans les Ecrits qui ne sont pas de leur Profession. Ainsi un Juris-

DES ENGAGEMENS.

un Jurisconsulte répand souvent sans y songer quelque chose de son Droit dans ses Ecrits aussi-bien que dans ses conversations. Ainsi Monsieur Maimbourg a trouvé de la médecine dans les Vers du Chancelier de l'Hôpital, quoiqu'il ne fît pas même profession de cette science, & qu'il ne fût que le fils d'un Médecin. C'est aussi ce qu'on a remarqué de Fracastor & de quelques autres.

Il y a encore divers autres engagemens qui ont obligé les Auteurs d'écrire d'une autre manière qu'ils n'auroient peut-être fait s'ils en avoient été dégagés. Ainsi Baronius, Bellarmin & du Perron s'étant trouvés revêtus de la Pourpre Romaine, se sont cru obligés de soutenir de tout leur possible les interêts de la Cour Ecclésiastique dont ils étoient devenus les Princes.

On peut dire la même chose de la plupart des Ecrivains qui ont pris parti dans la querelle de leurs Maîtres. Il y a une grande différence à observer entre les Auteurs Allemans & les Italiens qui ont écrit durant les brouilleries des Papes avec les Empereurs, où chacun se faisoit une conscience selon ses interêts & ses engagemens. Les Alpes ou les Pyrénées & quelquefois même une simple rivière, ont souvent fait ces différences. Les raisonnemens & les maniéres *Ultramontaines* ne sont pas toujours les mêmes que celles de deçà les Monts, & on a vû des Auteurs changer de plume & de stile, selon qu'ils passoient ou qu'ils repassoient les Alpes.

Les Ecrivains qui ont été ou Domestiques, ou Créatures, ou Pensionaires des Grands, n'ont pas été sujets à de moindres engagemens, & ces considérations sont de grands Préjugés à des Critiques contre leur liberté & leur désinteressement. On est assés revenu de l'affectation de leur prétenduë sincerité, & on est assés insensible aux protestations qu'ils font la plupart de prendre le parti de l'indifférence. On s'accommode mieux, par exemple, de la naïveté sincere de cet Evêque Italien qui déclaroit bonnement qu'il avoit une plume d'argent & une de fer, pour l'usage différent que ses interêts lui en faisoient faire, & qu'il changeoit alternativement selon l'alternative de la création ou de la suppression de ses pensions ; on s'accommode mieux, dis-je, de cette franchise cavaliére que de la feinte & de la dissimulation des autres interessés, qui ne sert qu'à nous les rendre suspects, & à nous retenir dans une reserve & dans une précaution perpetuelle à leur égard. *Paul Jove Evêque de Nocere.*

Enfin on peut mettre parmi les engagemens qui donnent le mouvement & les impressions aux Auteurs diverses passions de l'ame qui les possedent, comme l'amour, la haine & l'envie, qui fournissent

Tome I. Q.

une grande matiére à la Librairie ; & les habitudes même que le hazard semble avoir formées, & qui ont quelquefois aſſés de force pour tourner & changer les diſpoſitions de l'eſprit d'un Auteur. C'eſt ainſi qu'un Ecrivain Moderne après avoir vécu long-tems dans l'averſion du *Caſuitiſme* & avoir même ſouffert l'éloignement de ſon Pays & de ſon Egliſe pour s'être rendu ſuſpect d'une ſévérité exceſſive, s'eſt trouvé engagé d'écrire en faveur de l'uſure & des billets par les habitudes agréables qu'on dit qu'il a contractées avec des Marchands & d'autres perſonnes d'un commerce ſéculier.

Ce qui nous fait connoître que quelque choſe que nous ayons dite des premiéres impreſſions & de l'éducation, le changement d'habitudes, auſſi-bien que celui d'état & de condition en fait ſouvent un conſidérable dans les engagemens qu'on a d'écrire, ſans parler de celui de Robe & d'Inſtitut, de pays, de tems, & de Maître, & particuliérement de Secte & de Religion. C'eſt ce qui nous doit porter à faire le diſcernement des Ouvrages qu'un même Auteur auroit écrit en divers Etats. Car il ne faut point confondre par exemple Æneas Silvius avec Pie Second ; ni le *Pere* N. avec *Monſieur* N.

Chapitre VII.

Préjugés des Nations ou du Pays des Auteurs.

Quoique nous ayons dit plus haut que les qualités de l'eſprit de l'homme ſont perſonnelles, & qu'il y ait une eſpéce d'injuſtice à rejetter ſur un climat, ſur un territoire, ou ſur une Province les vices & les vertus qu'on remarque dans les Auteurs : Néanmoins plutôt que de faire ſchiſme avec le plus grand nombre des Critiques il faut convenir avec eux que les Auteurs étant compoſés de matiére corporelle auſſi-bien que de ſubſtance ſpirituelle, ils participent au moins par cet endroit à la qualité de l'air qu'ils reſpirent, & du terrain qui les nourrit. Et on peut leur accorder que le génie particulier des lieux ſe communique à l'eſprit, ſoit par l'organe des ſens, ſoit par telle autre impreſſion qu'il leur plaira, & que

Les climats font ſouvent les diverſes humeurs (1).

―――――――――――――――――――

a Deſpreaux, Art Poëtique, chant 3. V. 114.

DES NATIONS,

Aristote estimoit que les Peuples qui naissent dans les Pays froids & généralement dans toute l'Europe sont naturellement courageux & robustes, mais qu'ils ne sont point propres aux exercices de l'esprit, qu'ils ne sont point capables de méditation, & qu'ils n'ont point d'industrie pour les Arts. Il jugeoit au contraire que les Peuples de l'Asie ont beaucoup de talent pour les exercices de l'esprit, qu'ils sont ingénieux, spirituels, propres à la méditation & au raisonnement, & adroits à trouver & à perfectionner les Arts (1).

Mais si l'on vouloit se départir du respect dû à l'antiquité & au mérite de ce Philosophe, on pourroit demander à ses Sectateurs où est la solidité de cette pensée. Car sans entrer en discussion de ce qu'il dit des Asiatiques, qui ne sait que Regiomontanus ou Muler de Konisberg, que Copernic, que Tyco-Brahé, que Kepler & plusieurs autres Mathématiciens, Astronomes & Philosophes sont sortis des Pays les plus froids? Et qui sont les Asiatiques plus capables de méditation & de contemplation que ces Septentrionaux? Où a-t-on trouvé les Arts de l'Imprimerie & de l'Artillerie si ce n'est dans les Pays froids, & où a-t-on perfectionné les autres Arts les plus beaux & les plus utiles à la vie si ce n'est en Europe? Et qui est-ce qui voudroit soutenir aujourd'hui que les Européens ne sont point propres aux exercices de l'esprit, eux qui sans contredit ont passé généralement tous les Peuples des autres parties du monde en ce point.

Prudentia monstrat summos posse viros & magna exempla daturos. Vervecum in patria crassoque sub aëre nasci. Juvenal. Satyr. 10.

Peut-être qu'Aristote n'a voulu parler que de l'état où avoient été avant lui & où étoient de son tems les Pays froids & l'Europe. Mais le célébre Anacharsis né dans le fond de la Scythie & dont il ne pouvoit ignorer la réputation, pouvoit lui répondre tout seul pour tous les Pays froids; & la seule Ville de Marseille dont il connoissoit la gloire pouvoit bien lui servir de caution pour toute l'Europe, puisqu'il en avoit bien voulu excepter la Gréce.

Quoiqu'il semble donc qu'il y ait quelque témérité à paroître si décisif sur la distribution des talens & des dons particuliers que la Nature ou plutôt le Dieu de la Nature a faite aux Nations différentes, & à chaque Peuple en particulier, on peut croire néanmoins que la Providence a fait ce partage d'une telle sorte qu'en donnant quelque avantage particulier à une Nation ou à un Pays plutôt qu'à un autre, elle a recompensé celui-ci par quelque autre avantage (2), afin que l'un n'eût point occasion de s'élever au-dessus de l'autre, & qu'ils

---

1 Aristot. Polit. Lib. 7. c. 7. p. 543. M. | 2 Nic. Ant. Biblioth. Hisp. p. 1. præfat.

fussent dans les dépendances mutuelles & dans des besoins réciproques les uns des autres.

Non omnia possumus omnes. Nec vero terræ ferre omnes omnia possunt. Arborei fœtus alibi Continuo has leges æternaque fœdera certis. Imposuit Natura locis.

C'est ce qui a porté Virgile à dire que nous ne sommes point tous capables de toutes choses, que les uns ont des talens pour certaines choses seulement, & les autres pour d'autres ; qu'il n'y a point de canton ni de pays qui puisse seul produire & porter toutes choses, mais que la Nature a disposé sagement de ses divers presens selon la diversité des lieux (1).

Mais Dieu n'ayant pas voulu donner à l'état de l'Homme une stabilité de fortune sur la terre, a établi dans toutes les Nations une vicissitude sur les esprits aussi-bien que sur les corps, afin que par le moyen de ces révolutions chaque Nation eût son tour dans la communication ou dans la privation des talens & des avantages de l'esprit, & que l'une ne pût au préjudice de l'autre se vanter d'autre chose que de les avoir eus ou de les avoir perdus un peu plutôt ou un peu plus tard.

La Providence a voulu faire connoître à l'Homme, qu'en quelque lieu qu'il demeure il n'y possède rien en propre que sa propre misere, & en faisant passer de Province en Province les lumiéres de l'esprit aussi-bien que celle de la véritable Religion, elle avertit les Peuples qui les possédent présentement de profiter de l'exemple des Peuples qui les ont perduës. La Sagesse des Grecs les a quittés, & ils sont tombés dans la Barbarie dont ils avoient autrefois tant d'aversion & de mépris. La gloire des Lettres qui n'étoit que posterieure à celle des armes dans la République des Romains a été néanmoins la premiére qui s'est effacée, & sa chute a prévenu la décadence de leur Empire de plus d'un siécle.

Mais la politesse jointe à l'exercice des plus beaux Arts & à la profession des Sciences les plus sublimes, a succedé à la grossiéreté des Peuples Septentrionaux & des Occidentaux ; & ceux-ci sont menacés de s'en voir privés à leur tour.

Plusieurs ont remarqué que le progrès des Sciences & des Arts suit ordinairement celui des Armes. C'est une réfléxion qu'ils ont faite sur l'Histoire de l'état des Grecs, des Romains & des Arabes même, & on peut dire qu'elle se vérifie encore aujourd'hui dans notre Monarchie. Mais il est difficile qu'on en puisse faire une régle universelle, puisque le succès prodigieux des armes Ottomanes

---

a Virgil. Eclog. VIII. Vers. 23. II. Georg. Vers. 109. I. Georg. Vers. 54. & 60.

n'a été encore suivi d'aucun effet semblable jusqu'ici.

Voilà peut-être une partie de ce qu'on pouroit dire de moins déraisonnable en général sur les diverses Nations qui ont composé le monde savant jusqu'à present. Mais puisqu'on veut que chaque Pays different ait un caractére particulier pour distinguer ses Ecrivains d'avec ceux d'un autre, il faut voir en peu de mots ce qu'on en dit de plus plausible, pour donner lieu à chacun de reconnoître la justice ou l'injustice du Préjugé sur lequel il méprise ou il estime un Auteur pour être plutôt d'un Pays que d'un autre.

PARAGRAPHE I.

Des Orientaux.

Monsieur Huet a remarqué (1) que tous les Ecrivains des Pays Orientaux sont grands amateurs de fictions, & que dans cette inclination ils ont suivi entiérement le génie de leur Nation. La plupart des grands Romanciers de l'Antiquité sont sortis, selon lui, de ces Peuples du Levant, c'est-à-dire de l'Egypte, de la Syrie, de l'Arabie, & de la Perse. Les Ecrivains de ces Pays ont toujours conservé jusqu'à present l'esprit Poëtique, & ont encore aujourd'hui autant de talent & de disposition pour l'invention, & de facilité pour l'imagination qu'ils en ont toujours eu. Tous leurs Discours sont figurés, ils ne s'expliquent que par allegories. Leur Théologie, leur Philosophie, & principalement leur Politique & leur Morale sont toutes enveloppées sous des fables & des paraboles. Orientaux.

On peut faire le même jugement des Ecrivains de la *Palestine* & même de tous les *Juifs*, qui depuis leur double dispersion se sont répandus dans les differentes contrées du Monde. Le P. Simon prétend (2) que la plupart d'entre eux & particuliérement les Rabins qui n'ont point été animés de l'Esprit saint, & qui n'ont suivi que leurs lumieres naturelles ont écrit sans solidité; qu'ils n'ont que des puerilités cabalistiques, des allegories frivoles, de grossieres paraboles, & que le Talmud, par exemple, contient un million de fables les unes plus impertinentes que les autres. L'Ecriture-Sainte est toute mystique, toute allegorique, toute énigmatique. Et les Auteurs sacrés Juifs & Syriens.

---

1 Pet. Dan. Huet de l'origine des Romans pag. 11. 12.

2 Rich. Simon Hist. critique du Vieux Testament en plusieurs endroits.

Orientaux. ayant voulu s'accommoder à l'esprit des Juifs parmi lesquels & pour lesquels ils écrivoient, n'ont point fait de difficulté d'employer ces expressions figurées pour communiquer aux hommes ce qu'il plaisoit à Dieu de leur inspirer.

Egyptiens. Il ne nous est resté qu'un fort petit nombre d'Ecrits des *Egyptiens.* Mais ils suffisent pour nous faire connoître que cette Nation étoit toute mystérieuse dans l'expression de ses pensées, tout s'expliquoit chés eux par images, tout y étoit déguisé sous des Hieroglyphes. Et il n'est pas hors d'apparence que ces maniéres énigmatiques ayant rebuté la Posterité, n'ont pas moins contribué que la longueur des tems & les diverses révolutions du Pays à nous faire perdre la plus grande partie des Livres de ces Peuples (1).

Arabes. Les Auteurs *Arabes*, selon Golius (2), sont pour l'ordinaire subtils & industrieux. Monsieur Spanheim le jeune Bibliothéquaire de Leyde prétend (3) qu'ils sont beaucoup plus Poëtes que tous ceux des autres Nations & que l'on voit plus de versifications en Arabe seulement qu'en toutes les autres Langues ensemble. On ne peut pas nier aussi qu'ils ne se soient signalés dans la Philosophie, la Géometrie, l'Astronomie, & la Médecine sur tout depuis leurs conquêtes en Asie, en Afrique & en Espagne. Le P. Rapin remarque (4) que les Sciences qui étoient passées de la Gréce en Italie, passèrent ensuite d'Italie ou de chés les Latins en Afrique, c'est-à-dire, chés les Arabes aussi-bien que la domination; que cet amour des Sciences continua sous les Rois d'Egypte, de Fez & de Maroc; & que ces siécles qui furent ceux de l'ignorance en Europe, furent des siécles savans en Afrique, en Egypte, & dans tout l'étenduë de leur grand Empire, qui dura 500. ans. Mais ils ont infecté la plupart de leurs Livres de l'Astrologie judiciaire & de diverses autres superstitions, qui ne nous ont pas laissé une grande idée de la force de leur esprit, ni une opinion fort avantageuse de la solidité de leur génie. Et d'ailleurs Monsieur Huet assure qu'on ne trouve presque dans leurs Ecrits que métaphores tirées par les cheveux, que similitudes & que fictions (5). Ce qui regarde particuliérement leurs Livres de Religion & de Morale qui semblent pour la plupart avoir été composés sur le plaisant modéle de leur Alcoran.

---

1 Huet ut supra, pag. 13.
2 Jacob. Golius præfat. in Grammat. Arab. Erpenii.
3 Frideric. Spanheim. Frid. fil. Ezechielis Fr. in Sermon. Academ. anni 1674.
præfix. Cat. Biblioth. Lugduni-Bat.
4. R. Rap. Compar. de Platon & d'Aristote 3. part. ch. 6. p. 281. 282. Edition in 4. de l'an. 1684.
5 Huet, des Romans, pag. 14.

LES *Perses* n'ont point cedé aux Arabes dans l'art de feindre & de mentir agréablement, & quoiqu'autrefois le menſonge leur fût très-odieux dans la converſation & le commerce de la vie civile ; il leur plaiſoit infiniment dans les Livres & dans les Lettres qu'ils s'écrivoient mutuellement (1). Strabon rapporte qu'on n'ajoûtoit pas beaucoup de foi aux anciennes Hiſtoires des Perſes, des Médes & des Syriens, à cauſe de l'inclination que leurs Ecrivains avoient à conter des fables (2). Depuis l'établiſſement du Mahométiſme, la Langue Arabe eſt devenuë la Langue des Savans dans la Perſe auſſi-bien que dans la Turquie, & leurs Livres même qui ſont en Perſan ne laiſſent pas d'être écrits en caractéres Arabiques, & c'eſt ſans doute par la communication de ces Arabes que les Perſes ſont devenus amateurs de l'Arithmétique, de la Géométrie, de l'Aſtronomie jointe à l'Aſtrologie judiciaire, de la Phyſique, de la Morale & de la Médecine, de la Juriſprudence, de l'Eloquence, & particuliérement de la Poëſie. La plupart de leurs Piéces d'éloquence ſont en Vers & toujours accompagnées de beaucoup d'Hiſtoires & de Sentences de moralité. Tout le Pays eſt plein de Poëtes, mais de la médiocre & de la derniére taille auſſi-bien que de la premiére. Ils ſont fort ſcrupuleux rimeurs, mais fort peu exacts dans l'obſervation du nombre des ſyllabes. Toute la Nation n'eſt preſque curieuſe que de galanterie, d'hiſtoires amoureuſes, & de Romans, & on ne voit point de moralité dans leurs Livres qui ne ſoit enveloppée de fictions (3).

ON prétend qu'il en eſt de même des Auteurs *Indiens* que du reſte des Orientaux. Ils ont embaraſſé & obſcurci leurs Hiſtoires par leurs fictions affectées, & pour l'ordinaire ils ont renfermé leur Philoſophie morale dans des Allégories ou dans des Apologues ou des Fables d'Animaux, comme ont fait Locman & Eſope, ſi toutefois ce ne ſont point deux noms différens d'une même perſonne. Les principaux de leurs Livres que l'on nous propoſe pour nous faire remarquer le véritable caractére de l'eſprit de ces Peuples, ſont pour le premier genre l'Hiſtoire de leurs prétendus Patriarches Brammon & Bremau, & pour le ſecond, le fameux ouvrage qui a été ſi fort

Perſes.

Italiens.

1 Huet ibid. pag. 27. juſqu'à 37.
2 Strab. Geograph. Lib. 15. & apud Huet.
3 Voyés diverſes Relations, Voyages du Levant.
Voyés encore le Catalogue des Manuſcrits que Varner a légué à la Bibliothéque de Léyde. C'eſt ce qui paroît auſſi par les Manuſcrits Perſans de la Bibliothéque de Monſieur de Lamoignon, raportés de la Perſe par M. Tavernier.

Orientaux. recherché dans tout l'Orient sous le titre de *Kilile* & *Dimne* & qui comprend toute la sagesse & la morale de ces Peuples (1).

Ainsi nous ne pourons presque conclure autre chose en faveur des Nations Orientales, que de dire que comme leurs Ecrivains n'ont point travaillé pour notre usage, ils ne sont bons & utiles la plupart que pour leur Pays; que le goût des Occidentaux est un peu different du leur; que le génie des uns est peut-être plus éloigné de celui des autres, que n'est la distance des lieux qui les sépare. Et rien n'empêche que nous ne prenions toutes leurs fictions, leurs allégories, & leurs autres maniéres d'écrire que nous avons remarquées pour des puérilités, des bassesses, des badineries, & des fadaises; comme il leur est permis de faire passer chés eux le sérieux, la gravité, la sincérité, & la solidité des Ecrivains d'Occident pour des grossiéretés, des simplicités, & tout ce qu'il leur plaira.

PARAGRAPHE II.

Des Grecs.

Grecs. Nous avons remarqué plus haut qu'Aristote avoit fait une exception en faveur des Grecs dans le Parallèle qu'il nous a donné des qualités des Peuples de l'Asie & de ceux de l'Europe. Il vouloit d'un côté que les Grecs eussent la force & la valeur des Européens sans en avoir la stupidité & la grossiéreté d'esprit, & de l'autre qu'ils eussent toute l'industrie & la délicatesse des Asiatiques sans en avoir la mollesse & la lâcheté (2). Il attribuoit ces bons effets à la situation avantageuse de leur Pays qui se trouve entre les extrémités du froid & du chaud. Eusèbe témoigne avoir été aussi dans ce sentiment. Car il dit que de tout tems les Grecs ont paru être nés pour la science, à cause du temperament du climat & de la subtilité de l'air (3).

Mais s'il avoit prévû l'état où sont les Grecs d'aujourd'hui, ou il auroit aporté quelque restriction à sa pensée pour ne la point rendre si universelle, ou il auroit été obligé de nous montrer que l'air & le

---

1 L'Auteur du Journal des Savans du 6. Decembre 1666.
Leo Allatius tract. de Symeon. &c. P. Possin. post Pachym.
Nous en parlerons plus amplement au Traité des Auteurs déguisés au titre corrompu de *Lelo Demno.*
2 Aristot. Lib. 7. Politicor. c. 7. ut sup.
3 Euseb. Cæsar. Lib. 8. de Præparat. Evangel.

climat

climat du Pays devoient changer avant les esprits.

Cicéron semble avoit voulu aussi rafiner sur les differentes impressions que les differentes qualités de l'air faisoient sur les esprits dans la Gréce. Il dit que les lieux de cette Nation où l'air étoit subtil portoient des esprits plus subtils comme à Athènes, & que ceux où il étoit grossier ne produisoient que des esprits grossiers & stupides comme à Thèbes en Béotie (1). Mais s'il faloit s'arrêter à ces reflexions, Pindare & le Philosophe Cébès qui étoient de Thèbes, Hésiode, Plutarque & plusieurs autres grands Hommes, auroient bien abusé de l'estime de tant de siécles, puisqu'ils étoient Béotiens, & qu'ils ne devoient être, au raisonnement de Cicéron & des autres (2) que des esprits grossiers. C'est aussi suivant ce vieux préjugé que les Arcadiens passoient dans l'esprit du monde pour des grossiers & des gens d'une simplicité rustique parmi les Grecs, parce qu'is vivoient dans un air grossier : cependant ils ne laissoient pas d'être fort bons Musiciens, & Poëtes même ; & Polybe qui étoit d'Arcadie n'étoit assurément pas une bête.

Au reste il faut convenir que les Grecs ont eu le dessus de toutes les Nations du monde jusqu'apresent pour la sagesse & les sciences humaines. C'est ce qui a donné lieu à Saint Paul de les opposer tantôt aux Barbares (3) comme les Savans aux ignorans, & tantôt aux Juifs comme les Sages du siécle aux personnes simples & grossiéres, disant que ceux-ci se conduisoient par les miracles, & ceux-là par la sagesse, & que la Croix de JESUS-CHRIST étoit un scandale pour ceux-ci & une folie pour ceux-là, parce qu'elle choquoit également la simplicité des uns, & la sagesse des autres (4). Et Saint Clement d'Alexandrie témoigne que la Philosophie, c'est-à-dire la sagesse & les sciences, étoit comme un *Testament* & un partage que Dieu avoit laissé en propre aux Grecs, de même qu'il avoit donné aux Juifs la Loi, les Prophétes & tout ce qui compose l'ancien Testament de notre Religion (5).

C'est pourquoi cette Nation se considérant sans doute comme la dépositaire ou plutôt comme la propriétaire de toute la sagesse, à l'exclusion de tous les autres Peuples qu'elle traitoit de Barbares, a pris un très-grand soin de la conserver chés elle durant plusieurs siécles, de l'entretenir, de la cultiver, & de la faire valoir avec

---

Grecs;

Athenis tenue cœlum, ex quo etiam acutiores putantur Attici : crassum Thebis itaque pingues Thebani.

Græcis ac Barbaris, sapientibus ac insipientibus. Rom. 1.
Judæi signa petunt & Græci sapientiam quærunt.
Judæis scandalum, Græcis stultitiam. 1. Cor. c. 1.

---

1 Cicero, Lib. de Fato.
2 Joan. Filesac. Varro, Lib. 2. Selector. cap. 1. pag. 338. 339.

3 Paul. Epistol. ad Rom. cap. 1. vers. 14.
4 Idem 1. ad Corinth. cap. 1. v. 22. 23.
5 Clem. Alex. Stromat. Lib. 6. sub fin.

Grecs.
Hæc illa est Regio quæ famâ quæ gloriâ, quæ doctrinâ, quæ pluribus artibus diu floruit, quæ præclara custos & altrix omnis sapientiæ fuit.

tout le succés & l'éclat possible, en faisant fleurir chés elle les Arts & les Sciences comme l'a remarqué Cicéron. (1)

Quoiqu'on trouve des marques de cette sagesse séculiére & de cette politesse répanduë dans les écrits de la plupart des Grecs, soit Européens soit Asiatiques, il faut reconnoître néanmoins l'avantage que la Ville d'Athènes avoit sur le reste du Pays pour tous les exercices de l'esprit.

Elle étoit selon Thucydide l'Ecole de toute la Gréce pour toutes sortes de Sciences : elle en étoit l'abrégé selon Euripide (2); l'ame, le soleil, & la prunelle selon Demosthène; & la plupart de ces Ecrivains se sont distingués des autres Grecs par la beauté de leur génie aussi-bien que par la pureté & par l'élégance du stile Attique.

Les Athéniens, selon Monsieur Cousin (3) avoient mis la plupart des Sciences & des Arts dans leur perfection, avant que les autres Peuples eussent commencé de s'y adonner. Et selon le P. Rapin (4), ils étoient ceux de tous les Grecs qui avoient la plus grande delicatesse pour tous les Arts en général, & le goût le plus exquis „ pour l'éloquence en particulier. Il s'étoit élevé parmi eux tant d'ex„ cellens Orateurs, qu'insensiblement la connoissance des plus bel„ les choses leur étoit devenuë comme naturelle. Periclès avoit si „ bien accoutumé leurs esprits à ne rien souffrir que de pur, d'élé„ gant, & d'achevé : que ceux qui avoient à parler en Public regar„ doient jusques aux moindres d'entre le Peuple comme autant de „ censeurs de ce qu'ils alloient dire.

Mais si les Grecs ont surpassé même les Orientaux dans la politesse & la délicatesse d'esprit, & dans l'industrie qu'ils ont fait paroître à inventer, à cultiver & à perfectionner les Arts & les Sciences : on peut assurer qu'ils n'ont pas été moins grands amateurs de fictions & de mensonges. On a remarqué que la plupart de leurs Auteurs ont été superstitieux, & on considére particuliérement leurs Poëtes comme les Peres de la plupart des fausses Divinités, & les Inventeurs de presque toute la Théologie du Paganisme. C'est ce qui a porté Saint Paul & les Ecrivains Ecclésiastiques des premiers

ε' λληνες

siécles à se servir du même terme pour marquer les Grecs & les Gentils, & à les prendre indifféremment les uns pour les autres (5),

---

1 Cicero, Lib. 2. de Finib. cap. 21.
2 Apud Athenæum in Dionosophist. &c.
3 Monsieur Cousin, Avertiss. sur la Trad. de Zosime, Xiphilin, &c.

4 R. Rap. compar. de Demosth. & Cicer. chap. 11.
5 Paul. ad Rom. cap. 1. & alibi. Orig. in Celf. Clem. Alex. in Strom. passim & alii.

& c'est aussi ce qui a fait appeller la Gréce *la mere des Fables* par Nonnus de Panople. (1) *Grææ:*
μυθοτοκός
ἑλλάς

La posterité n'a point trouvé ce caractére tout-à-fait étrange dans les Poëtes de cette Nation, dont la profession étoit de feindre & dementir, mais elle l'a jugé entiérement insupportable dans ses Historiens. Les Critiques de bon sens n'ont pû souffrir que des Peuples qui feignoient d'être si amoureux de la sagesse ayent traité si indignement l'Histoire dont l'ame est la vérité sans mêlange. Quintilien ne met guére de différence entre la licence des Poëtes & celle que les Historiens Grecs se sont donnée dans leurs Ecrits (2) & on étoit entiérement persuadé à Rome du déréglement de leur conscience dans le tems que Juvenal a dit (3)

> *quidquid Græcia mendax*
> *Audet in historia* . . . . . .

Nous verrons ailleurs que les Ecrivains de l'Histoire Grecque sont redevables de cette méchante réputation à Hérodote, & qu'effectivement plusieurs d'entre eux se sont gâtés sur ce modéle dangereux.

Ce qu'il y a de surprenant c'est de voir que le Christianisme même n'ait pas pû entiérement réformer ce caractére de la Nation, & si on en excepte les Saints Peres & un petit nombre d'Auteurs Ecclésiastiques que la grace de JESUS-CHRIST a mis à part, & qu'elle a prévenu d'un puissant amour pour la vérité, on ne peut pas dire que les autres se soient garantis de cette infection qui paroît avoit été universelle dans tous les tems, & dans tous les lieux, où cette Nation avoit répandu son esprit.

C'est une plainte qui a été formée contre les anciens Grecs par tout ce qu'il y a eu d'Auteurs les plus graves, tels que Cicéron, Tite-Live, Plutarque, Pausanias, Origène &c. (4) Et pour ce qui est des Grecs modernes, le P. Rapin après Scaliger & Saumaise témoigne (5) qu'ils ont eu peu de sincérité en tout ce qu'ils ont écrit, qu'ils ont eu recours aux visions & aux avantures extraordinaires pour satisfaire leur génie & imposer à la posterité, & que c'est ce

---

1 Nonn. Panopolit. Lib. 1. Dionys. v. 31.
2 Quintilian. Institut. Orat. Lib. 2. c. 4.
3 Juvenal. Satyr. 10. v. 174.
4 Cicer. Orat. pro Flacco. Item ad Quintum Fratrem.
Tite-Live Lib. 28 n. 45. Histor.
Plutarch. in vit. Solon.

Pausan. in Corinthiac.
Origenes Lib. 4. adversus Celsum.
Et maximè Voss. sen. de arte Historiæ, cap. 9. pag. 47.
5 Le P. Rap. Instruc. pour l'Histoire § 28. page 147. & § 8. page 31. 32. de l'Edit. in 12.

132 DES PRÉJUGÉS

Grecs.

qui est cause que la connoissance que nous avons de ce qui est arrivé dans le bas Empire de Constantinople n'est pas entiérement sûre ni fort exacte.

Les autres Critiques (1) de ces deux derniers siécles n'en ont pas jugé plus favorablement, prétendant les avoir convaincus en diverses rencontres de mauvaise foi, de légereté, de perfidie & de mensonge, & long-tems devant eux Joseph l'Historien écrivant contre Apion avoit accusé tous les Grecs en général d'imposture & & de mauvaise conscience. (2)

Pline le jeune trouvoit encore un autre vice considérable parmi ceux de cette Nation qui est le grand babil & l'excès des paroles dans leurs discours, renfermant souvent assés peu de sens dans de grandes périodes, & n'ayant que de la fluidité de langue pour toute abondance. Mais il semble que cette accusation ne regarde que les Grecs de l'Asie où étoit le gouvernement de Pline, parce que c'étoit effectivement le vice de ceux de ces quartiers-là d'être trop diffus dans leurs ouvrages & de grands parleurs, mais diseurs de rien, & l'on disoit en proverbe que l'*enflure Asiatique ne s'apaisoit que par le sel Attique*. (3)

Mos est plerisque Græcorum ut illis sit pro copia volubilitas : tam longas, tamque rigidas periodos uno spiritu quasi torrente contorquent. Aliud autem est eloquentia, aliud loquentia, &c.
Plin.

Enfin on a trouvé à redire jusqu'à l'ostentation avec laquelle les Grecs ont affecté de mettre à la tête de leurs ouvrages des Titres magnifiques qui promettant ordinairement plus qu'il n'y avoit d'exécution dans la suite, étoient plutôt les Titres de la vanité naturelle de cette Nation que de la matiére de leurs Livres. (4)

PARAGRAPHE III.

Des Romains.

Romains.

CE n'est point sans fondement que notre Préjugé nous porte à préférer les Ouvrages des Grecs à ceux des Romains pour la délicatesse de l'esprit, & pour la politesse & les autres agrémens de la Langue, & Monsieur Cousin a eu raison de dire que les Ouvrages des Latins ont cédé à ceux des Grecs l'avantage de l'excellence aussi-bien que celui de l'antiquité. (5)

---

1 Scalig. Baron. Casaub. Salmas. Voss. Barth. & alii. Marin LeRoi de Gomberville des Vertus de l'Hist. pag. 25. 26. &c.
2 Joseph. Lib. 1. contre Apion.
3 Plin. Epistol. 20. Lib. 5.

Item Jo. Filesac. Varro Lib. 2. Selector. cap. 13. pag. 383.
4 Plin. Sen. Præf. ad Hist. nat. p. . & 3.
5 Cousin Avertiss. sur l'Hist. de Zozim. Xiphil. Zonar. &c.

DES NATIONS.

Romains.

À dire le vrai il semble que la Providence avoit destiné les Romains pour autre chose que pour cultiver les beaux Arts & les Sciences purement spéculatives. Elle avoit formé l'esprit des Grecs pour la Peinture, la Sculpture, l'Eloquence, la Poësie, & les autres Arts ; & celui des Orientaux, surtout des Chaldéens & des Egyptiens pour l'Astronomie & les autres Sciences Mathématiques. Mais comme elle avoit reservé les Romains pour l'Empire du Monde, il semble qu'elle ne leur avoit donné de talens & de disposition d'esprit, que pour apprendre & éxercer l'Art de commander.

C'est pourquoi Virgile abandonne de bon cœur aux autres Nations la gloire des Arts & des Sciences, pourvû qu'on accorde aux Romains celle de la véritable Politique.

D'autres Peuples sçauront l'Art d'animer le cuivre,
Leurs marbres sembleront & respirer & vivre :
D'autres de l'Eloquence emporteront le prix,
Ou décriront l'Olympe, & son riche lambris :
Ton Art, Peuple Romain, ton illustre science
Sera d'asservir tout à ta vaste puissance,
De te rendre en tous lieux dans la guerre & la paix
L'effroi des ennemis, & l'amour des sujets (1).

Néanmoins ils ne crurent pas devoir toujours demeurer dans ces termes, & le succès de leurs armes leur ayant ouvert le passage aux autres Nations, ils entrérent dans leur commerce par le droit de leurs conquêtes, & surtout dans celui des Grecs dont ils comprirent les Arts & les Sciences parmi les dépouilles qu'ils remporterent de leur pays. C'est ce qui a fait avouer ingénuement à Ciceron & à Horace, que les Romains étoient redevables aux Grecs de la Philosophie, des belles Lettres, & de toutes les connoissances

---

1 Excudent alii spirantia mollius æra,
Credo equidem, vives ducent de marmore vultus :
Orabunt caussas melius, cœlique meatus
Describent radio, & surgentia sidera dicent:
Tu regere imperio populos, Romane, memento;
Hæ tibi erunt artes ; pacique imponere morem,
Parcere subjectis & debellare superbos.

1 Virgil. 6. de l'Eneide, vers 847. & suiv. de la Trad. de Segrais.

R iij

Romains. qui servent d'ornement à l'Homme, & qui font sa perfection (1).

Ce commerce avec les Grecs apporta dans ces Ecrivains de Rome un changement & une différence très-sensible entre ceux qui avoient paru jusqu'à la fin de la seconde guerre Punique & ceux qui vinrent depuis. On a vû peu à peu la rudesse des premiers faire place au goût & à un genre de délicatesse, qui n'alla point si loin sans doute que celle des Grecs, mais qui n'eut peut-être pas moins de solidité, & qui n'ayant rien d'efféminé dans sa politesse comme celle des Grecs, conserva toujours dans les Ecrivains du premier rang un caractére mâle, vigoureux & convenable à la Majesté de l'Empire.

Mais on peut dire que cette gloire des Romains a été de très-petite durée en comparaison de celle des Grecs, & qu'elle s'est trouvée presque toute renfermée dans l'espace des deux siécles dont l'un fut le dernier de la République, & l'autre le premier de la Monarchie. C'est dans ces bornes étroites de la fécondité de cette Nation qu'il faut rechercher tous ces célébres Auteurs que nous appellons Classiques, c'est-à-dire, en qui se rencontrent la pureté de la Langue jointe au bon goût des choses.

Le nombre en est fort petit, & il n'est presque composé que de Poëtes & d'Historiens. Il ne nous est resté d'entre leurs Orateurs & leurs Philosophes que le seul Cicéron, qui a très-bien soutenu les deux personnages, & si l'on veut compter Senéque, parmi les Philosophes de la Langue Latine, on ne peut néanmoins pas lui donner le rang des Auteurs Classiques, que nous ne refuserions pas à Varron, s'il nous étoit resté de lui quelque chose qui qui fût assés digne de la réputation où il a été du premier des Philosophes Romains.

Les meilleurs de leurs Historiens ne sont pas exemts de défauts comme on le fera voir au Recueil des jugemens suivans. Ils ont été cause même que la Postérité a chargé toute la Nation d'une partie des vices des Grecs, & qu'on les a accusés de trop de présomption pour eux-mêmes & trop de mépris pour les Peuples des pays de Conquêtes & pour les Barbares, sans se souvenir qu'ils avoient été de leur nombre durant l'état florissant des Grecs. Il faut avouer qu'ils ont eu plus de bonne foi, & qu'ils ont été moins curieux de fictions

---

1 A Græcis Philosophiam & omnes ingenuas disciplinas habemus.
Cicero Lib. 1. de Finib. cap. 1 1.

Græcia capta ferum victorem cepit, & artes Intulit agresti Latio.
Horat. Epistol. 1. Lib. 1. v. 156.

DES NATIONS.

Romains.

& de mensonges; mais peut-on excuser la négligence qu'ils ont euë de s'informer exactement des affaires des Nations étrangéres, ou le peu de sincerité qu'ils ont témoigné en voulant bien leur imposer des faussetés.

Les Romains n'ont point eu de goût pour la plupart des Mathématiques, & peu de leurs Ecrivains y ont réussi. Ils traitoient ces connoissances avec trop d'indifference, ils ne les consideroient quasi que comme des exercices propres à rendre les esprits efféminés & plus convenables à des Grecs & à des Asiatiques nés pour obéïr, & accoutumés au joug, qu'à des Romains destinés pour commander aux autres, & pour gouverner le Monde.

PARAGRAPHE IV.

Des Italiens.

Peuples de l'Empire & Provinces.

JE n'ai pas crû devoir m'arrêter aux Préjugés que l'on a des Ecrivains de la Langue Latine qui sont venus après les siécles de pureté, parce que si on excepte les jugemens que l'on fait de leur stile, qui est plus ou moins corrompu selon les tems ou les lieux dans lesquels ils ont écrit, il n'y a presque point de régles générales à suivre dans les observations que divers Critiques ont faites sur les particuliers.

On a pourtant distingué le caractére des *Afriquains* & des *Espagnols* d'avec celui des autres Peuples de l'Empire, & on a remarqué que les premiers sont obscurs pour l'ordinaire, irréguliers dans leurs compositions, durs dans leur stile & embarassés dans leurs expressions, quoique cela ne soit point universel; & que les derniers ont presque tous quelque chose d'affecté, un air qui n'est pas toujours naturel; & un stile Poëtique, enflé & *ampoullé*; ce qui s'est observé particuliérement dans la savante famille des Annéens d'où étoient sortis les Senéques, Lucain, Florus, &c.

Depuis la décadence de l'Empire & de la Latinité, il s'est formé divers Etats dans l'Europe, où les Nations qui avoient été de l'Empire se firent une Langue particuliére pour l'usage commun de leus Peuples, & ne laissérent pas de conserver la Langue Latine pour celui de leurs Savans & de leurs Ecrivains. Les autres pays ayant été éclairées dans la suite par la Foi de l'Evangile introduisirent aussi cette Langue dans leurs Eglises & dans leurs Ecoles publiques & particuliéres. C'est ce qui nous a produit par toute l'Europe, hors la Mos-

136 DES PRÉJUGÉS

Romains. covie, & ce qui est présentement sous la domination des Turcs, deux sortes d'Ecrivains qui ont écrit, soit en Latin, soit en Langue vulgaire.

Italiens. Entre tous ces Peuples les *Italiens* ont été considerés comme les successeurs légitimes, & les héritiers les plus proches des anciens Romains, pour les Lettres & les Sciences comme pour le reste. C'est en partie sur cet avantageux Préjugé qu'on a établi la bonne opinion qu'on a euë de leur esprit & de leurs bonnes qualités pour écrire.

 Monsieur Naudé estime (1) que les Esprits d'Italie ont plus de gentillesse que ceux du nôtre, & qu'ils sont sans comparaison plus adonnés à la Poësie. Il n'y a point de doute que les Ecrivains de ce pays n'ayent de la délicatesse, & que quelques-uns d'eux n'ayent eu quelque chose de plus fin & de plus délié même que la plupart de ceux des autres Nations.

 On veut attribuer ces belles qualités à la bonté du climat & à la subtilité de l'air que respirent les Italiens, & quoiqu'il n'y ait peut-être pas beaucoup de discrétion de s'opposer à un Préjugé si universellement répandu dans le monde, on pourroit néanmoins demander où étoit cette grande délicatesse d'esprit & toutes ces autres excellentes qualités dans ces Italiens qui ont vécu depuis Janus & Saturne jusqu'aux guerres Puniques, & depuis l'invasion des Gots jusqu'au siécle de Petrarque? Ils ont pourtant été nourris & élevés dans le même climat & dans le même air que ceux qui ont paru depuis les guerres Puniques jusqu'à la domination des Gots, & depuis Petrarque jusqu'à nous.

 C'est par un pareil raisonnement que Paul Jove prétend (2) que les Liguriens ont le génie épais & grossier, & que leurs productions n'ont que de la rudesse & de la rusticité, parce que l'air n'y est pas si subtil que dans tout le reste de l'Italie, & il dit que quelques-uns comparoient les génies de cette Province aux rochers stériles & au méchant terrain de ce pays. Cependant le Soprani & l'Abbé Justiniani (3) nous ont fait connoître un assés grand nombre de beaux esprits & de savans hommes de toute la Ligurie ou de la Riviére de Gènes.

 Quoiqu'il en soit, les Auteurs Italiens ont écrit pour la plupart

---

1 Gabr. Naudé Mascurat, ou jugement des Piéces sur Mazarin, pag. 213.
2 Paul Jov. Elog. 112.
3 In L. de Vir. Ill. Ligur. & Reip. Gen.

avec

DES NATIONS.

avec plus de politesse, plus d'élegance & plus d'artifice que ceux du reste de l'Europe (1), & ils semblent avoir eu un génie tout particulier pour la Poësie, pour les Antiquités, pour les Arts liberaux, pour la Jurisprudence & pour cette connoissance composée de celle de l'Histoire & de la Jurisprudence que nous appellons Politique.

Pour ce qui est de leur Poësie, elle a pour l'ordinaire plus de brillant que de solidité, & elle tend plus à l'agréable & au plaisant qu'à l'utile & à l'honnête. Monsieur Despreaux prétend que les Italiens s'attachent rarement à la droite raison & au sens commun dans leurs Poësies, & qu'ils y ont témoigné peu de justesse d'esprit; mais que voulant s'élever de peur de se rencontrer avec le commun, ils se sont rendus irréguliers & monstrueux & n'ont eu qu'un faux éclat (2).

La pluspart emportés d'une fougue insensée
Toujours loin du droit sens vont chercher leur pensée.
Ils croiroient s'abaisser dans leurs Vers monstrueux,
S'ils pensoient ce qu'un autre a pu penser comme eux.
Evitons ces excès: laissons à l'Italie
De tous ces faux brillans l'éclatante folie.

Et pour ce qui regarde la Politique & la Morale des Italiens, le P. Rapin remarque (3) qu'ils sont excessifs en réflexions pour la plupart, & il juge que c'est leur Corneille Tacite qui les a gâté, & qui les a fait échouer dans les Livres qu'ils en ont voulu écrire.

Scaliger dit (4) qu'ils sont naturellement de grands parleurs, qu'ils aiment à employer beaucoup de discours pour dire peu de choses, & que par exemple ils font des chapitres tout entiers d'une simple conjecture.

Mais on ne peut pas excuser d'injustice l'opinion peu avantageuse que la plupart des Critiques du Nord ont témoigné avoir de l'érudition des Italiens. Ils se sont imaginés faussement que l'application laborieuse à l'étude étoit incompatible avec cette gentillesse naturelle de leur esprit, qu'ils ont voulu nous faire passer pour une simple legereté (5), & ils n'avoient pû se persuader qu'il pût se trouver en Ita-

---

1 Epist. Nic. Bass. præfix. 3. parti Catal. Nundin. Francof.
2 Despreaux Art Poëtiq. Chant. 1. V. 39. &c.
3 R. R. Instruct. pour l'Histoire §. 21.
pag. 95. de l'Edit. in 12. & pag. 145.
4 Poster. Scaligeran. pag. 126.
5 Janus Nicius Erythræus in Pinacothec. part. 1. pag. 167. 168.

Italiens. lie un homme qui fût véritablement & solidement savant, jusqu'à ce qu'ils eussent vû les diverses Leçons de Castalion d'Ancone, comme nous l'apprend un Ecrivain Italien (1). Ces Messieurs n'appelloient véritable & solide science que cette érudition qui s'acquiert par la grande lecture, & qui ne consiste qu'en observations, corrections, scholies, & lieux communs. Mais ils devoient considérer que l'Italie loin d'être dépourvûë de ces sortes de savans, en avoit elle-même fourni les premiers exemples à l'Allemagne & aux Pays-bas depuis le quinziéme siécle, comme il sera aisé de le remarquer dans notre Recueil des Critiques Grammairiens, & qu'il y a quelque sorte d'ingratitude de ne pas reconnoître qu'on est redevable aux Italiens, d'avoir fendu la glace aux autres pour cette espéce d'érudition.

Il n'est peut-être pas si aisé de justifier les Ecrivains Italiens du reproche qu'on leur a fait de deux défauts considérables, quoiqu'il ne soit pas juste de les attribuer universellement à toute la Nation.

Le premier de ces défauts qu'on a prétendu trouver dans la plupart de leurs Ecrits, est un certain air de cette vanité Romaine qui leur fait mépriser toutes les autres Nations, jusqu'à nous traiter tous indifferemment de Barbares (2), comme si les sciences & la politesse n'avoient jamais passé les Alpes, & comme si la Providence les avoit fait les seuls héritiers de toute la sagesse des Grecs & des anciens Romains. C'est ce qui les a rendu eux-mêmes méprisables & odieux à la plupart des Allemans, des Anglois & des Hollandois, qui leur ont donné le change, & les ont condamné à la peine du talion. Et si l'on veut se donner la peine de consulter le Livre qu'un Italien a fait touchant les calamités arrivées aux gens de Lettres (3), il ne sera pas difficile de juger par le nombre des malheureux Savans de l'Italie, qui surpasse de beaucoup celui des autres Nations ensemble, que Dieu semble avoir pris plaisir à rabaisser leur hauteur & à confondre leur orgueil.

L'autre défaut est le peu de pieté & le peu de sentiment de Christianisme que l'on a remarqué dans ceux de leurs Ouvrages qui n'ont point été composés exprès pour le service de l'Eglise.

Nous avons vû plus haut avec quelle indignité Pierre le Calabrois, dit Pomponius Lætus, Politien, le Cardinal Bembe (4), & quelques

---

1 Id. ut supra.
2 Voyés dans les Ecrits du Card. Bembe & des autres Italiens de son tems.
3 Pierii Valerian. de Infelicit. Literatorum.
4 Partie 2, de ce Discours au 2. chap. des Préjugés sur les Auteurs Ecclés. & Profan. p. 86.

DES NATIONS.

Italiens

autres Italiens traitoient l'Ecriture-Sainte, & généralement tout ce qui concerne la Religion ; & Kempius n'a point fait difficulté d'appeller l'Italie *la boutique fameuse de l'iniquité* (1). Injure qu'on ne peut point exemter de mensonge, à moins qu'on ne l'entende de divers Ecrivains de perdition qui ont été Italiens, comme Bernardin Ochin de Sienne, Mathieu Gribaldi Jurisconsulte de Padouë, les deux Socins de Sienne, Nicolas Paruta sujet de la République de Venise, Jean Valentin Gentil de Cosenza, Jean Paul Alciat du Milanez, George Blandrate de Saluces, François Lismanint Cordelier de Corfou, mais Italien d'adoption, Pierre Pomponace de Mantouë, Pierre l'Aretin d'Arezzo, Marcel Squarcialupi Médecin de Lombardie, Michel Gittichi Venitien, Jules César Vanini de Naples, Jules de Trevigi, Alexandre de Vitrelini, Jacques de Chiari, François Nigri, & de quelques autres enfans infortunés de l'Italie, qui ont misérablement abandonné leur Religion & leur Patrie pour aller répandre dans tous les Pays du Nord & de l'Occident les semences malheureuses du Photinianisme, du Déïsme, & même de l'Athéïsme.

PARAGRAPHE V.

Des Espagnols.

Espagnols

Les Espagnols ont été en réputation de gens d'esprit & de belles Lettres même, depuis qu'ils ont été réduits entièrement sous l'obéïssance des Romains, c'est-à-dire, depuis le tems d'Auguste. L'Espagne a donné à l'Empire & à la Ville de Rome divers Orateurs, divers Philosophes, & quelques Jurisconsultes, mais elle a été encore plus féconde en Poëtes (2).

Depuis qu'elle a été assujettie au joug des Sarazins & des Maures, elle n'a point laissé de produire au milieu de ses tribulations & de ses calamités un assés grand nombre d'Ecrivains Arabes & Juifs, la plupart Médecins, Astronomes, Philosophes ou Rabins, & on peut dire que ceux d'Espagne surpassoient tous les autres Auteurs de ces Sectes répanduës dans les diverses Provinces du monde.

Néanmoins ces tems ausquels fleurissoient les Mahometans & les

---

1 Mart. Kemp. Charism. sacror. Triad. sen Biblioth. Anglor. pag. 351.
2 Nicol. Anton. part. 1. Præfat. in Biblioth. Hispaniæ. pag. 5. & seqq.
Item Latin. Pacat. in Panegyr. Theodossen.

S ij

Espagnols. Juifs d'Espagne furent des siécles de ténebres & de Barbarie pour les Sciences & les Lettres Chrétiennes & humaines, jusqu'à ce que les Rois Catholiques Ferdinand & Isabelle ayant purgé le pays de ces hôtes incommodes, & réuni une bonne partie des Royaumes de l'Espagne, on y vit refleurir les Arts & les Sciences par la communication de la France & de l'Italie (1).

Mais pour dire quelque chose des Préjugés sur lesquels on se forme l'opinion qu'on a des Ecrivains Espagnols, on a remarqué que la gravité est le caractére de la plupart d'entre eux, mais une gravité qui est opposée à la subtilité & à la gentillesse d'esprit qu'on a attribuée à quelques autres Nations.

Nicolas Bassé parlant des talens & des dons que chaque Nation a reçûs de la Providence, témoigne (2) que les Historiens sont convenus de dire que les Italiens ont écrit également, les François subtilement, & les Espagnols prudemment.

Le P. André Schott écrit (3) qu'entre les Peuples divers de l'Espagne, les uns avoient toujours été jugés plus propres pour un certain genre d'écrire, & les autres pour un autre; & que tous ne réussissoient pas également bien dans le même emploi & la même profession. Que la Ville & le Territoire de Cordoüe avoient produit plusieurs Poëtes dès le tems même de Ciceron, mais qu'au jugement de cet Orateur, ils n'avoient ni délicatesse, ni subtilité, ni agrémens.

Il ajoute qu'on a remarqué volontiers que les Ecrivains de Toléde sont ordinairement délicats & subtils; que ceux du Portugal s'adonnent avec plus de succès à la Musique & à la Poësie; que les Castillans sont meilleurs Médecins & plus habiles Jurisconsultes que les autres; & que ceux du Royaume de Valence ont passé pour bons Orateurs & bons Médecins.

Dom Nicolas Antoine prétend (4) que ceux d'Andalousie ou de la Betique sont en réputation depuis fort long-tems d'avoir excellé au dessus des autres Espagnols dans l'étude de la sagesse, & dans les productions de leur esprit, & il apuie cet éloge sur l'autorité de Strabon le Géographe.

---

1 N. Anton. ibid. pag. 12.
2 N. Bassé, Lettre au Comte d'Hanaw. 9: partie des Catal. des Foires de Francfort.
3 A. S. Peregrini Biblioth. Hispan. in 4. Ep. Limin.
4 Nic. Anton. Bibl. Hispan. præfat. part. 1. & apud illum, Strabo Geograp. Lib. 5.

DES NATIONS.

Enfin on a remarqué que les quartiers de l'Espagne exposés au Midi & à l'Orient, mais sur tout le long des côtes de la Mediterranée, ont été assés fertiles en beaux esprits, & ont produit beaucoup de savans hommes ; mais que les esprits sont plus grossiers & plus pesans dans la Navarre, la Biscaye, les Asturies & la Galice, ce qu'on n'a point manqué d'attribuer à la constitution de l'air, & à la stérilité du terrain.   *Espagnols*

Jean Barclay & le Président de Gramond ont prétendu (1) comme plusieurs autres que l'Espagne n'a point été si heureuse dans la production des gens de belles Lettres, que dans celle des autres espéces de savans, & qu'on n'y a point vû fleurir la Philologie & la connoissance des Langues, comme dans l'Italie & dans la France (2). Le Bibliothéquaire Espagnol, homme judicieux & discret, reconnoît qu'il y a quelque apparence de vérité dans cette observation (3), pourvû qu'on veuille avoir égard seulement à la quantité & non pas à la qualité de ces Philologues : mais que si on veut les peser plutôt que de les compter, on trouvera que l'Espagne a fourni dans ces deux derniers siécles des personnes capables de tenir tête aux plus habiles gens des autres Nations de l'Europe dans la connoissance des Langues Hébraïque, Grecque & Latine, dans la Poësie, dans l'Eloquence, dans l'Histoire, dans toutes sortes d'Antiquités & dans la Critique des Auteurs.   *Belles Lettres*

Les Historiens Espagnols & particuliérement ceux qui ont écrit en Langue vulgaire, ont pour l'ordinaire assés de pureté & d'ornement dans leur stile, & ont eu en ce point le dessus de ceux qui ont écrit en Latin. Mais les uns & les autres sont accusés d'avoir trop négligé leur propre réputation & leur propre gloire, par un excès de passion pour celle de leur Pays, de s'être aveuglés volontairement pour marcher avec plus de hardiesse dans les ténébres & dans les précipices, de n'avoir point assés compris l'importance qu'il y a de ne jamais s'écarter des régles de l'exactitude & de la fidélité, quand on écrit l'Histoire. Ils se sont laissé abuser la plupart aux im-   *Historiens*

---

1 Joan. Barcl. Satyrici part. 4. sive Ieonis anim. cap. 7. Item citante Ni col. Ant.

2 Barthol. Gramond. Hist. Gall. Lib. 2. pag. 21.

Georg. Hornins in Orbe Polit. part. 4. pag. 29.

Abraham Golnitz in Compendio Geographico pag. 100.

Thom. Lansius in consultatione de Principatu Europæ, Orat. contra Hispaniam.

Paul. Merula Cosmograph. part. 2. cap. 8.

3 N. Ant. Præfat. part. 1. pag. 17. 18. 19. 20. 21.

Espagnols.

postures d'Annius de Viterbe, & de Cyriaque d'Ancone, & ils n'ont fait remonter leurs Généalogies & leurs Origines jusqu'à Thubal & Japhet que par des fictions plus impertinentes les unes que les autres, & puisées dans le faux Berose, & dans d'autres égoûts aussi corrompus (1). Leurs Histoires & leurs Antiquités Ecclésiastiques n'ont pas de meilleures cautions, & j'espere faire voir ailleurs dans quelles boutiques de mensonge on a forgé toutes ces fausses Chroniques, & ces Mémoires supposés sous les noms spécieux de Flav. Lucius Dexter fils de Saint Pacien de Barcelone, de M. Maxime Evêque de Sarragosse, d'Helecas, de Braulion, de Taion & de Valderede ses successeurs, de Luitprand Diacre de Pavie, de Julien l'Archidiacre de Tolède, d'Athanase premier Evêque de Sarragosse, de Festus Avienus, d'Isidore de Beja, de J. Gilles de Zamora, des livres & des lames de plomb trouvées auprès de Grenade, des Ecrits de Saint Gregoire d'Elvire, de la Chronique du Moine Aubert, & de quelques autres fruits de l'imposture, dont un savant Espagnol nous a promis une bonne & solide censure (2). Un Critique de nos jours a remarqué aussi dans les Historiens Espagnols un esprit de partialité pour leur Etat qui les rend fort suspects, trop d'affectation dans la maniére de débiter leurs maximes, & trop de réflexions inutiles dans leurs Ecrits de Politique & de Morale humaine, en quoi il prétend qu'ils ont aussi mal réussi que les Italiens, les uns & les autres ne s'étant apparemment formés que sur le Modéle de Tacite (3).

Poëtes.

Les Poëtes Espagnols ont un caractére tout-à-fait singulier, c'est dommage qu'ils n'ont point apporté assés d'art, & qu'ils ont négligé l'érudition, selon le témoignage même de Dom Nicolas Antoine (4), qui prétend que ses compatriotes ne se sont appliqués qu'à limer leurs mots & leurs phrases, sans se soucier d'aller puiser l'esprit Poëtique dans l'Aganippe, ni de se former sur les anciens Grecs & Romains. Ils ne se sont pas voulu donner la peine d'étudier la Fable ni les belles Lettres qui sont absolument nécessaires aux Poëtes. C'est pourquoi ils n'ont point réussi dans le Poëme Epique au moins pour la plupart, & s'ils ont fait quelque chose de suportable dans le genre

---

1 G. Voss. de Hist. Latin. Lib. 3. pag. 609. & alii.
2 Nicol. Anton. var. in locis Tomi utriusque Biblioth.
Cette Critique des faux Auteurs a pour titre, *Trophæum historic. Ecclesiastic. erectum ex manubiis Pseudo-Dextri*, &c. Tom.

2. pag. 119. ubi de suis scriptis.
3 R. Rap. Instruction pour l'Histoire §. 21. pag. 95.
Idem ibid. pag. 145. & pag. 148. Edit. in 12.
4 Nic. Anton. præf. part. 1. pag. 23. 24.

dramatique, ce n'est point pour avoir suivi les régles d'Aristote ni d'Horace, mais pour s'être quelquefois laissé aller assés heureusement à leur propre génie, dont les saillies quelques irrégulieres qu'elles fussent n'ont point laissé d'emporter les applaudissemens des peuples. C'est ce qu'on voit dans Garsilasse, Lopé de Vega Carpio, Gongora, les deux Argensoles, & le Portugais Camoes. {Espagnols.}

Pour ce qui est des Orateurs en Langue vulgaire, on peut dire qu'ils ont été encore plus rares en Espagne qu'en Italie. Il ne paroit pas qu'on y ait beaucoup cultivé l'éloquence du Barreau, mais celle de la Chaire y a fleuri en la personne de quelques Prédicateurs, dont le plus considérable & le plus éloquent a été Grenade sans doute. {Orateurs.}

L'Espagne a aussi nourri quelques Philosophes d'importance dans le Christianisme aussi-bien que dans le Mahometisme. Si l'on en croyoit ceux du Pays, il ne s'en trouveroit point parmi ceux des autres Nations qui les auroient surpassés, & fort peu même qui les auroient égalés (1). Mais il faut considerer cette opinion, plutôt comme un véritable sentiment de tendresse pour leur Patrie, que comme un jugement fort sain ou fort sincere. Au reste on n'y voit presque point d'autres Philosophes que des Peripatéticiens, qui sont devenus subtils dans leurs raisonnemens, Formalistes, & Métaphysiciens par le caractére de leur esprit né à la Dialectique & aux Réflexions, comme l'a remarqué le Pere Rapin dans ses Réflexions sur la Philosophie (2). {Philosophes.}

Les Espagnols n'ont pas moins bonne opinion de leurs Mathématiciens & de leurs Jurisconsultes que de leurs Philosophes, & je crois qu'il est assés inutile de les troubler dans leur complaisance, & dans la pensée où ils sont qu'ils ne se peut rien trouver de meilleur hors de leur Pays. {Mathématiciens. Jurisconsultes.}

Enfin on ne peut pas refuser à l'Espagne la gloire d'avoir porté de grands Théologiens, & d'habiles Interpretes de l'Ecriture-Sainte parmi un si grand nombre de médiocres. A dire le vrai, elle a donné à l'Eglise fort peu de ces Théologiens Polémiques que nous appellons Controversistes. Ce n'est pourtant pas un effet de sa stérilité, mais comme la Bonté Divine l'a préservée du venin de l'Hérésie, tant qu'il n'y a point eu d'ennemis, on n'a point eu besoin d'armes ni de combattans, & ç'auroit été se battre contre des spectres & des fantômes, disent les Critiques Espagnols, si l'on s'étoit amusé à écrire de la Controverse dans un Pays qui ne produit point d'Héré- {Théologiens.} {Controversistes.}

---

1. Nic. Ant. Ibid. pag. 16.   2 R. Rap. Refl. sur la Philos. num. 18.

Efpagnols. tiques (1). Mais puifque l'Efpagne a bien été capable de mettre au monde des Déiftes tout autrement pernicieux que ne peuvent être les Hérétiques, elle n'auroit point mal fait de fe mettre en devoir de leur opofer de fidéles & de vaillans foldats capables de défendre la Religion Chrétienne, contre des ennemis de la Trinité & de l'Incarnation auffi déteftables qu'étoient Jean Valdez, Michel Servet, & Benoît d'Efpinofe que nous appellons Spinofa.

Cafuiftes. En compenfation du défaut de Contreverfiftes, l'Efpagne a répandu dans le monde une abondance de Cafuiftes ou de Théologiens de la Morale, laquelle peut paffer pour une profufion & une véritable prodigalité. C'eft de fon fein qu'on a vû fortir comme du ventre du Cheval de Troye tous ces braves, Efcobar, Guimenius ou Moya, Caftro, Soto, Lugo, Dicaftillo, Caftro-Palao, Sanchez, la Torre, Vafquez, Martinez, Vivaldez, Polanco, Villalobos, Truxillo, Fernandez, Pelaëz, Fagundez, Leander, Suarez, Lopez, Mafcarenhas, Avellaneda, Fr. d'Avila, Ledefma, Padilla, Alvarado, Hurtado, Trullenc, Velafquez, Porcel, Prado, Medina, Zambrano, Urrutigoyti, Corduba, Horozco, Rodriguez, Saa, Toledo, Azor, Rocafull, Mendoza, Loarte, Caramuel, Mercado, Rebullofa, & plus de deux cens autres Théologiens Moraux, dont le nombre eft fans doute plus confidérable que l'autorité, puifqu'à peine en trouvera-t-on trois ou quatre dans une fi grande foule dont les opinions n'ayent été cenfurées & condamnées par l'Eglife du tems de nos Peres & du nôtre. Ainfi tous ces Ouvriers demeurans flétris pour la Pofterité, ont fruftré l'Efpagne leur Mere de la gloire qu'elle devoit efperer de leurs travaux.

Afcetiques. Mais c'eft faire juftice à la Nation Efpagnole de reconnoître qu'elle a excellé en Ecrivains Afcetiques, qui ont enrichi l'Eglife de Livres fpirituels & de devotion. C'eft ce qu'il fera aifé de voir dans le Recueil que j'efpére en donner. C'eft auffi ce que Dom Nicolas Antoine nous fait remarquer à la tête de fa Bibliothéque. Et le Cardinal Bentivoglio reconnoiffant pareillement cette vérité dans fa Lettre à Tobie de Mathieu ou Matthew Anglois, dit que la Langue Efpagnolle a une qualité particuliére pour ces fortes de compofitions fpirituelles, parce que fa gravité naturelle donne beaucoup de poids aux chofes qui y font enfeignées, & les imprime aifément dans les cœurs de ceux qui lifent ces fortes de Livres (2).

---

1 Nic. Anton. præfat. part. 1. pag. 14. | Math. apud Nic. Ant. part. 1. Præfat.
2 Guid. Bentivogl. Epift. ad Tob. | Bibl Hifp. 14. 15. ad marg.

PARAG.

DES NATIONS.
PARAGRAPHE VI.
Des Allemans & *des autres Peuples du Nord.*

C'Est à la Religion Chrétienne que les Allemans & les autres Peuples du Septentrion sont redevables du changement de leurs esprits aussi-bien que de celui de leurs cœurs, & on peut dire que nos Rois y ont fait entrer les belles Lettres, les Sciences, la Police, & les Sentimens de l'humanité avec les lumiéres de l'Evangile. Car jusqu'alors les esprits de ces Peuples (selon leur propre aveu) avoient suivi la constitution du climat (1); ils n'avoient rien eu que de grossier & de sauvage, rien que de barbare & de brutal; & ils avoient toujours été couverts des ténébres les plus épaisses de l'ignorance.

Allemans & Septentrionaux.

Ils avoient même témoigné dans les occasions une aversion particuliére pour les Sciences & pour les Arts, & quoiqu'ils fussent grands ennemis du repos & de la paix, ils aimoient pourtant l'oisiveté & la paresse (2). De sorte que quand ils n'avoient point de guerres, ils s'abandonnoient à la débauche plutôt que de se résoudre à faire le moindre exercice pour l'utilité de la vie.

Mais depuis qu'ils se sont laissé apprivoiser, on a vû leurs esprits se décrasser peu à peu, & produire dans la suite des siécles des Ouvrages qui semblent le disputer en solidité & en érudition avec ceux des Nations les plus polies. Et leur exemple a fait assés connoître qu'il n'y a point sous le Ciel d'air si grossier, point de climat si froid, point de pays si sauvage, ni de terre si inculte, qui ne puisse produire de bons esprits quand on a soin de les cultiver avec application & assiduité : & que les habitans du Septentrion ont peut-être autant d'aptitude, & de disposition pour les Arts & les Sciences que ceux des Régions tempérées, lorsqu'ils veulent faire une épreuve sérieuse de leur industrie & de leurs forces par l'étude & la méditation.

Jean Bodin, qui d'ailleurs ne paroissoit pas trop affectionné pour les Allemans, n'a point laissé de dire (3), que depuis que ces Peuples se sont dépouillés de leur férocité, ils ont fait de si grands progrès dans toutes sortes d'éxercices & de professions, que non seu-

---

1 Jo. And. Quenstedt. de Patriis Vir. Illust. Dialog. pag. 138. 139.
2 Amant inertiam, oderunt quietem. Cornel. Tacit. Lib. de German. morib.
3 Jo. Bodin Method. Hist. p. 142. M. Item Lib. 5. de Repub. Gallic.

Allemans & Septentrionaux. lement ils ont effacé de notre mémoire cette aversion qu'ils avoient pour les Lettres & les Sciences, mais qu'ils paroissent aussi avoir surpassé les Asiatiques même en humanité, les Romains dans l'Art & la discipline militaire, les Hébreux dans la Religion, les Grecs dans la Philosophie, les Egyptiens dans la Géometrie, les Phéniciens dans l'Arithmétique, les Chaldéens dans l'Astrologie, & toutes les autres Nations dans l'invention & la perfection, des Arts & des Manufactures.

Cet éloge joint aux témoignages désobligeans que Bodin a rendus en divers endroits de ses Livres à la Nation Allemande, est pour nous un Préjugé du peu de stabilité de son esprit, qui ne savoit se contenir dans le milieu des extrémités plutôt que des bonnes ou des mauvaises qualités des Ecrivains Allemans. Il paroît néanmoins avoir assés bien trouvé ce juste milieu dans un autre endroit du même Livre (1), lorsque voulant faire voir quelle est la force de l'habitude & de l'accoutumance, il dit que l'opiniâtreté du travail & l'application assidue à l'étude pour les connoissances humaines & naturelles, & que les sentimens de Religion pour les divines, sont bien capables de tourner l'esprit de l'homme & de le rendre plus poli & plus parfait, mais qu'ils ne peuvent pas changer la constitution de sa nature.

C'est pourquoi les Allemans sont toujours Allemans dans leurs Ecrits. C'est-à-dire que, quoiqu'il n'y ait point de science si difficile & si abstraite à laquelle ils ne soient parvenus par leurs travaux immenses, par leurs longues méditations, & par leur industrie particuliére, tant de peines & tant de mérites n'ont pas pû leur acquerir des qualités que la Nature n'a point jugé à propos d'accorder aux esprits qu'elle a renfermés dans des corps robustes, & environnés d'un air froid & grossier.

Ainsi il ne faut point chercher dans les Ouvrages de la plus grande partie des Allemans, la gentillesse, la subtilité, le brillant, la vivacité, la délicatesse, la politesse, l'air enjoué, l'ordre, la méthode, & toutes les beautés qui se trouvent dans les Ecrits des Grecs, & des Romains, & l'on ne doit point exiger d'eux autre chose que de la solidité, de l'exactitude, du jugement & de l'érudition.

Casaubon dit dans Monsieur Huet (2) qu'à dire le vrai, les Allemans ne sont pas beaucoup avantagés de la Nature, mais qu'ils re-

---

1 Ibid. Meth. Histor. cap. 5. pag. 143. | 2 Petr. Dan. Huet, de Clar. Interpret. p. 143.

DES NATIONS. 147

parent ce défaut innocent par l'application au travail, par le long usage des choses, & qu'ils sont plus diligens & plus industrieux que les autres Peuples à faire valoir leurs talens naturels, & à polir leur rudesse. Allemans & Septentrionaux.

C'est pour cela qu'un rieur d'Italie voyant combien cette Nation est laborieuse, ne pût s'empêcher de dire autant par admiration que par raillerie, que les Allemans ont l'esprit, non pas dans la cervelle comme les autres hommes, mais sur le dos (1); & que Minerve avoit ses Mulets dans les Ecoles & les Académies de ce pays, comme la Ville de Rome avoit autrefois entretenu les Mulets de Marius dans ses Armées.

On ne doit donc pas s'étonner de ne point trouver dans les Ouvrages en Vers que les Allemans ont produits ce génie heureux de la Poësie que l'on admire dans les Italiens modernes & dans les anciens Grecs & Romains. Poëtes.

Ils ne sont pas beaucoup plus heureux dans les Piéces d'éloquence qui ne demandent guéres moins de feu, de vivacité & d'imagination que la Poësie. Orateurs.

Leurs Historiens ne sont pas non plus fort réguliers pour la plupart. Car sans parler ici de leur peu d'exactitude, de la partialité, & de la mauvaise foi des uns, de la simplicité & de la crédulité excessive des autres, on peut dire avec Barth. Keckerman, qui étoit Allemand lui-même (2), qu'ils sont remplis de trop de *verbiage* & de *fatras*, qu'ils retardent mal-à-propos & qu'ils jettent dans l'impatience un Lecteur qui ne cherche que le solide, & qui veut aller droit aux faits qu'il y cherche. C'est ce qui a fait dire au P. Rapin que les Allemans ont de vastes projets sur leurs Histoires, mais rien de réduit dans l'ordre naturel que demanderoit un dessein exact (3). Historiens.

Mais la partie que les Allemans semblent avoir le mieux remplie est cette espéce d'érudition qui s'acquiert par la grande lecture des Auteurs, qu'ils ont tâché de répandre avec profusion, non pas dans leurs Livres d'Humanités & de Philologie seulement, mais dans Belles Lettres.

---

1 Præf. in Edition. Lugdunens. Encyclopædiæ Alstedii.

2 Bartholom. Keckerman. de Histor. natur. & proprietatib. pag. 47.

N B. Quand je dis que Keckerman étoit Allemand, je veux dire qu'il étoit du nombre des Septentrionaux qui sont compris dans ce Paragraphe avec les Allemands. Il est vrai que cet homme avoit été long-tems Professeur à Heidelberg dans le Palatinat du Rhin : mais il étoit né à Dantzic dans la Prusse Royale, quoique d'un pere de la Pomeranie, qui le fit élever en sa jeunesse dans cette partie de la basse Allemagne.

3 R. Rap. Instruct. pour l'Hist. §. 28. pag. 158.

Allemans & Septentrionaux. ceux même qu'ils ont fait sur la Philosophie, la Médecine, les Mathématiques, la Jurisprudence, & la Théologie. Et on peut dire que ce grand pays a produit plus de bons Philologues, Critiques, Grammairiens, & Commentateurs, que de bons Ecrivains dans les Arts & les Sciences qui ne sont point du ressort de ces Humanistes.

C'est ce qui a donné lieu au reproche dont on charge les Allemans d'entasser trop de citations dans leurs Ecrits ; d'user trop de fanfare dans les Eloges qu'ils donnent indifféremment & avec prodigalité sans distinguer le mérite : & de faire paroître trop d'affectation pour les Antiquités Grecques & Romaines.

Bodin témoigne (1) qu'ils se sont plus appliqués à multiplier le nombre de leurs Livres, & à les faire bien gros qu'à les rendre bons. Scaliger le fils dit (2) que c'est la maniére des Allemans de ramasser des passages & des lieux communs, & de faire des Recueils plutôt que de produire rien du leur.

Et Jules César son pere écrit (3) que les Allemans ont l'esprit tourné d'une telle maniére, qu'ils ne sauroient presque rien écrire qu'ils n'y mettent toujours quelque chose de naïf, de plaisant & d'assés peu sérieux : mais que par ces maniéres ils apprêtent plutôt à rire au vulgaire, qu'ils n'attirent sur eux l'admiration des Sages.

Un Auteur de nos jours semble avoir voulu mettre en question de savoir *si un Allemand peut être bel esprit* (4), parce que c'est comme un prodige, dit-il, qu'un Allemand fût fort spirituel. D'autres ont considéré cette proposition comme une injure & une insulte qu'on auroit voulu faire à une Nation très-considérable dans l'Europe, qui fait paroître une inclination particuliére pour les Lettres, qui les sait si bien allier avec les armes, qui a trouvé pour la gloire & l'utilité du genre humain des choses tout-à-fait admirables dans les Arts & les Sciences, telles que sont l'Imprimerie, l'Artillerie, le Compas de proportion, & quelques découvertes qui ont paru nouvelles dans l'Astronomie & dans les autres Mathématiques. Mais l'Auteur n'a point prétendu ôter aux Allemans la gloire d'être de *bons esprits* laquelle est tout autrement solide que celle de *bel esprit* qu'il paroît lui vouloir disputer. Et tout homme de jugement doit convenir qu'un Allemand qui s'est rendu *bon esprit* par son indus-

---

1 J. Bodin Method. Hist. cap. 5. p. 143.
2 Prima Scaligeran. pag. 79. 80.
3 Jul. Cæs. Scaliger. Lib. 6. Poët. p. 798.

4 Entret. 5. d'Eugene & d'Ariste touchant le bel esprit. Et sentim. de Cleanthe t. 1. Lett. 4. p. 131. & 5. Lett. p. 156. 157.

strie & par son travail, est beaucoup plus louable qu'un Italien ou un François qui étant né *bel esprit* n'a soin de l'entretenir que dans la vanité ou dans l'oisiveté.

PARAGRAPHE VII.

De ceux des Pays-bas.

LA plupart des Ecrivains des Pays-bas qui ont paru jusqu'au commencement du seiziéme siécle sont considerés comme des esprits simples, crédules & grossiers; & on auroit pû ne les point séparer des Allemans, puisqu'ils semblent en avoir pris le caractére aussi-bien que les mœurs & la langue, & qu'il y a toujours eu beaucoup de conformité entre les uns & les autres, soit pour la complexion des corps, soit pour la constitution de l'air & du climat.

Mais depuis deux cens ans, les Pays-bas sont parvenus à un dégré éminent de gloire & de réputation par le mérite singulier de divers Ecrivains qu'ils ont produits. Et ceux qui jugeroient de l'étenduë du Pays par le nombre de ces Auteurs auroient peut-être peine de se persuader que tous les Pays-bas fussent renfermés dans un petit coin de la terre.

Il n'y a presque point d'Arts ni de Sciences sur lesquelles ils n'ayent tâché de faire des merveilles. Et si le succès ne les a pas toujours suivis, il semble qu'on devroit plutôt accuser la Nature, s'il étoit permis de s'en plaindre, que de s'en prendre aux particuliers qui n'ont rien épargné pour faire profiter les talens qu'elle leur a confiés.

Depuis la séparation des Provinces-unies d'avec les Catholiques, vous diriés que la Providence ayant abandonné les Hollandois à eux-mêmes, ait bien voulu les laisser jouir d'une espéce de félicité temporelle, dans le grand nombre de Savans qui sont nés, ou qui se sont assemblés chés eux des autres régions de l'Europe. Et les autres Nations n'ont point pû regarder sans jalousie la gloire que ces nouveaux Républicains se sont acquise en si peu de tems, par le mérite & la réputation de tant de grands Hommes de Lettres, qui ont excellé dans presque toutes sortes de connoissances humaines, plutôt que par le bonheur de leurs grands Capitaines & le succès de leurs armes.

Mais si d'un côté nous ne pouvons voir sans compassion & sans gémissemens la perte de tant de bons sujets que le Schisme & l'Hérésie

Hollandois. ont rendus ou nuisibles ou inutiles à l'Eglise Catholique: nous ne pouvons de l'autre ne point concevoir de déplaisir & d'indignation, voyant que les Hollandois laissent impunément glisser parmi le nombre de leurs Ecrivains & de leurs Gens de Lettrés non seulement des Sociniens, des Anabaptistes, & des Memnonites, mais encore des Déistes & des Athées même de profession. C'est ce qui a porté Kempius (1) à nommer leur Pays *une nouvelle Afrique en monstres fanatiques.*

Pour revenir au Préjugé où l'on est à l'égard des Ecrits des Flamans & des Hollandois, sous le nom desquels nous comprenons tous les Auteurs des dix-sept Provinces, on peut dire que ceux qui tiennent le premier rang des Savans dans leurs Pays, conservent ce même rang dans la pensée de tout le monde. Ils ne cédent le pas à aucun des plus doctes des autres Nations pour la connoissance des Langues, de la Critique des Auteurs, de la Philologie, & de la plupart des choses qui dépendent du travail, de l'étude, & de l'industrie humaine.

Mais dans celles qui ne dépendent que de la beauté du génie, & de la délicatesse de l'esprit, on les regarde comme des Eratosthènes, par rapport à la politesse des Ecrivains des Climats où l'air est plus subtil, plus pur, & plus doux. Quoique l'on puisse dire que les Erasmes, les Lipses, les Grotius, les Heinsius & quelques autres puissent faire faire une grande exception à cette régle, & qu'ils avoient vérifié du moins pour eux le témoignage que Barthius (2) rend aux Ecrivains des Pays-bas, d'être *des esprits fins & ingénieux.*

PARAGRAPHE VIII.

Des Anglois.

Anglois. LEs Ecrivains des Isles Britanniques se sont rendus recommandables dans la République des Lettres long-tems avant ceux de l'Allemagne, & des autres pays du Nord. Si l'on veut s'en rapporter à la bonne foi des Bibliothequaires du pays, on se persuadera peut-être qu'il y en a eu long-tems même avant la naissance de

---

1 Martin. Kempius Charismat. Triad. seu Bibl. Anglican, pag. 350.
2 Gaspar Barthius au Livre 52. de ses

Adversaires, appelle ceux des Pays-bas, Esprits fins & ingénieux. Qualités qui conviennent peu aux génies de ces climats.

Jesus-Chrift. Mais il est aisé d'imposer de loin quand on ne suppose Anglois
que des Manuscrits.

A dire le vrai, nous ne connoissons point de Savans sortis de ces Isles devant le commencement du cinquiéme siécle de l'Eglise. Il n'est pourtant pas juste de faire honneur de cette antiquité à des gens d'aussi mauvaise réputation que sont le Philosophe Morgan qui n'est connu que sous le nom du fameux Héréfiarque Pelage, & Fastidius Priscus Evêque de Londres sectateur du même Pelage, dont on nous a donné du Cabinet de Monsieur Holstenius un Livre qui avoit été imprimé auparavant parmi les piéces supposées à Saint Augustin.

Ainsi je croi qu'on ne peut honorer & obliger davantage la Nation Angloise qu'en lui donnant pour chefs de ses Ecrivains dont il nous est resté des Monumens, Gildas le Sage, Saint Adelme de Shireburne, & Béde le Vénérable, tous trois célébres pour leur doctrine & leur sainteté, & l'ornement de leur pays durant les six, sept & huitiéme siécles.

Depuis ce tems-là on peut assurer que l'Angleterre n'a point cessé de porter de beaux esprits, & de produire de savans Hommes, au-delà même de ce que la barbarie des siécles a pû en accorder aux autres Nations; & on n'a point manqué d'attribuer cette fécondité à la temperance de l'air, & à la bonté du climat. (1)

Un Théologien d'Hollande prétend que les Anglois ont un génie transcendant, qui a quelque chose de plus subtil & de plus divin que les autres Nations (2). C'est le sentiment d'un Allemand qui a crû que pour louer dignement un Ecrivain particulier de l'Angleterre, il falloit dire de toute la Nation, ce qu'il vouloit nous faire croire de lui. Mais les Anglois qui se connoissent mieux eux-mêmes que ne font les étrangers, ont trop de modestie pour ne pas supprimer une pensée semblable à celle-là, si elle leur étoit jamais venuë dans l'esprit, & ils sont trop sages pour ne point prévenir tout ce qui pouroit faire naître la jalousie entre des Nations voisines & amies, qui s'étudient avec une émulation & un zele égal à l'avancement & à la perfection des Arts & des Sciences.

Il faut pourtant reconnoître avec un Auteur moderne (3) que

---

1 Mart. Kempius in præfat. ad Charism. pag. 14. & 15.
2 Joan. Henric. Heidegger. Leidens. Theol. præfat. super opera Theologica Joannis Prideaux, præfat. Kempii pag. 17.
3 Le P. Rapin, Reflex. sur la Philos. num. 18.

Anglois. les Anglois ont une profondeur de génie qui est particuliére & ordinaire à leur Nation : & que c'est pour cela qu'ils aiment les méthodes profondes, abstruses, recherchées, & que par un attachement opiniâtre au travail, ils s'appliquent à observer la Nature plus que ne font les autres Nations.

La chose du monde à laquelle les Anglois se sont le plus appliqués, sur tout depuis la Mission du Moine Saint Augustin, est la Théologie sans doute, & on a vû leurs Catéchistes & leurs Théologiens se répandre dans l'Allemagne & dans la France dès le huit & le neuviéme siécle.

La Scholastique s'étant introduite dans l'Université de Paris, & s'étant communiquée de là aux autres Ecoles de l'Europe, les Anglois ont fait paroître une inclination & un talent particulier pour cette espéce de Théologie. Jean Pits Catholique Anglois prétend qu'ils ont passé les autres Nations non seulement par le nombre de leurs Ecrits Scholastiques, mais plus encore par la subtilité de leurs raisonnemens, & par les artifices de leurs disputes (1). Il ajoute qu'il se trouve dans la seule Angleterre plus de Commentateurs sur les Livres des Sentences de Pierre Lombard, qu'il n'y en a dans tout le reste de l'Europe, & qu'au rapport de quelques-uns (2) cet art de disputer & de chicaner dans la Philosophie & dans la Théologie de l'Ecole que l'on appelle *la Scholastique*, a été en usage chés les Anglois, avant que de passer dans l'Université de Paris.

Mais pour le peu d'interet que la France a de conserver la gloire qu'elle a acquise par cette nouvelle invention, elle ne se feroit peut-être pas grand tort de l'abandonner à ceux qui voudroient la lui disputer.

Le Chancelier Bacon a trouvé diverses choses à redire aux Ouvrages de Théologie composés par les Anglois ses compatriotes (3). Il dit premierement que la masse en est trop grosse & trop confuse, ensuite qu'ils se sont trop égarés dans les lieux communs, qu'ils se sont trop étendus dans leurs digressions, qu'ils sont trop longs & trop diffus dans leurs explications, trop ennuyeux & trop chicanneurs dans leurs disputes, trop affectés & trop embarassés dans leurs méthodes. Mais ce judicieux Magistrat pouvoit considerer que ces défauts ne sont point particuliers à ceux de son pays, qu'ils leur ont été com-

---

1. Jo. Pitseus de illustr. Angl. Scriptorib. proœm. pag. 71
2. Alexander Minutianus in Epist. apud eundem Pitseum.
3. Franc. Verulam. de augment. scientiar. circa finem.

moins avec ceux des autres Nations, & qu'il ne leur étoit pas plus pos-sible qu'aux autres de se garantir de cette espéce de contagion, dont trois ou quatre siécles ont été presque entierement infectés, sous le regne absolu de la Scholastique.

Bacon ne juge pas plus favorablement de leur Théologie positive, & de leurs Ouvrages exégétiques & ascétiques, c'est-à-dire, de tous leurs grands Commentaires sur l'Ecriture & de leurs Livres de dévotion.

Mais on nous vante les Sermons des Prédicateurs Anglois, & un Moderne n'a point fait difficulté de dire (1) qu'ils ont effacé leurs voisins en ce genre de parler & d'écrire. Ce témoignage paroît un peu trop suspect étant sorti de la plume d'un Protestant, & le Suisse Hottinger homme de leur communion n'y a point remarqué une excellence si achevée, puisqu'il a dit (2) que pour faire quelque chose d'excellent des Sermons des Anglois, il en faudroit retrancher leurs longues digressions, les fréquentes applications qui ne regardent souvent pas leur sujet, & ramasser en un corps celles de leurs observations qui sont les plus propres pour la pratique, & qui sont répanduës de côté & d'autre.

La séparation de l'Eglise Anglicane d'avec la Catholique a causé un changement considérable au caractére des Esprits du pays, & une grande altération à la véritable Théologie. Le mélange de toutes sortes d'Hérétiques & de quelques Fanatiques qui ont été reçûs dans cette nouvelle communion, pour la désolation de la véritable Religion, a causé encore beaucoup de troubles & de confusion dans leurs sentimens. Néanmoins c'est une espéce de justice que l'on doit aux Episcopaux, de les distinguer des autres, non seulement à cause de leur capacité & de leur érudition, mais encore parce qu'ils ont témoigné moins d'emportement & d'entêtement dans leurs Ecrits contre nous, & que dans les choses de la Discipline Ecclésiastique & dans la Hiérarchie ils ont paru moins éloignés de l'Eglise Catholique que les autres. Et nous ne désesperons pas de nous voir bien-tôt réunis dans le sein de l'Eglise par la miséricorde de Dieu qui vient de regarder favorablement un pays si célébre. autrefois par son zele pour la Religion Catholique & pour le saint Siége.

Au reste quoique l'espace qui s'est écoulé depuis le Schisme

---

1 M. Kempius Triade Chatism. præf. pag. 16.
2 Joan. Henric. Hottinger. in Bibliothecario quadripartito, cap. 3. pag. 35. & apud Kempium præf. pag. 20.

Anglois. d'Henri VIII. jusqu'à present ait été un tems de nuages & d'adverſités pour la Théologie orthodoxe, on peut aſſurer que ç'a été un ſiécle de lumiére pour les Lettres & les connoiſſances humaines, & on y a vû fleurir les Arts & les Sciences avec autant de ſuccès & d'éclat qu'en aucun autre pays du monde, par l'induſtrie & les travaux de pluſieurs grands Hommes, qui ſe ſont ſignalés dans la Philoſophie, la Critique, la Philologie, la Médecine & les Mathématiques, & dans la Poëſie même, au jugement d'un Critique de ce ſiécle (1). Car ſelon cet Auteur, les Anglois ont plus de génie pour la Tragédie que les autres Peuples, tant par l'eſprit de leur Nation qui ſe plaît, dit-il, aux choſes atroces, que par le caractére de leur Langue qui eſt propre aux grandes expreſſions.

PARAGRAPHE IX.

Des François.

François. LEs Ecrivains François ont eu leurs défauts comme ceux des autres Nations. Et il auroit été à ſouhaiter que les Etrangers qui ont voulu prendre le ſoin de nous les marquer, euſſent eu plus de pénétration pour les découvrir, ou plus de charité & de déſintereſſement pour ne leur en attribuer que de véritables.

Il eſt vrai que les uns leur ont reproché leur vanité & leur oſtentation; les autres leur legereté & leur inconſtance; ceux-ci leur curioſité & l'amour des nouveautés dans leurs ſentimens (2); ceux-là leur mauvaiſe foi particuliérement dans leurs Hiſtoires (3); d'autres enfin ont publié que le grand vice des François étoit de ſe contenter d'effleurer les Sciences ſans les approfondir, de vouloir tout embraſſer ſans rien retenir, de vouloir goûter de tout, ſans vouloir digerer rien de ſolide, en un mot de ne ſavoir les choſes que ſuperficiellement (4).

Scire in omnibus aliquid, in toto nihil.

De tous ces vices que l'on a objectés aux Ecrivains de notre Nation, le premier eſt peut-être le ſeul dont ils puiſſent être convaincus. Il n'eſt pas difficile de les juſtifier & de les diſculper de tous les autres que la paſſion, l'ignorance, ou le défaut de jugement dans leurs Cenſeurs a bien voulu leur impoſer.

---

1 Le P. Rapin Réflex. ſur la Poëtique part. 2. §. 23. pag. 101.
2 Martin. Kempius Chariſmat. Triad. pag. 350. 351. &c.
3 Jacob. Meyer Fland. ubi de Phil. Cominæo.
4 Præf. Enciclop. Alſted. Edit. Lugd.

DES NATIONS.

Mais qui oseroit se vanter de n'avoir pas suivi quelque mouvement de vanité en voulant écrire pour le Public, hors les Saints qui n'ont pris la plume que par nécessité, & dans qui la grace avoit corrigé cet orgueil qui nous est devenu comme naturel, & qui est dans nous le premier vivant & le dernier mourant des vices (1). Plusieurs d'entre les Anciens & les Modernes peuvent avoir écrit par un principe de charité, mais quel est l'Auteur dont on ait dit qu'il a écrit *par humilité*? Personne ne s'est jamais avisé d'écrire dans le dessein purement d'en tirer de la confusion, & de n'en recueillir pour le fruit de ses peines que le mépris des Hommes, & peut-être même que cette affectation ne seroit pas exemte de vanité. Il n'y a point d'Ecrivain qui n'ait envie d'avoir des Approbateurs de ce qu'il écrit & qui ne soit bien aise même d'avoir aussi quelques admirateurs. Ceux même qui écrivent contre la gloire, veulent avoir la gloire d'avoir bien écrit. Ceux qui écrivent pour s'exposer au Public sont ordinairement assés présomptueux pour vouloir être connus de toute la Terre, & même des Gens qui viendront après eux quand ils ne seront plus. Ils ne se contentent pas de la vie qu'ils ont en eux-mêmes, & dans leur propre être, ils veulent vivre dans l'idée des autres d'une vie imaginaire, selon la pensée d'un des Sages de notre siécle & de notre Nation (2). S'ils ont de l'esprit, du jugement, de la lecture, de l'érudition, & de la suffisance, ils s'empressent de le faire savoir, afin d'attacher ces belles qualités à cet être d'imagination : ils les détacheroient plutôt d'eux-mêmes pour les y joindre, & ils consentiroient volontiers d'être ignorans & bêtes pour acquerir la réputation de savans & de bel esprit.

Telle est sans doute la disposition de la plupart des Ecrivains, & ils ne pouroient se porter à la nier ou à la cacher que par un autre mouvement de cet orgueil. Ce n'est pas le vice d'une Nation particuliére, c'est le vice de tout le genre humain; & il est assés difficile que les Ecrivains d'un pays puissent sans vanité taxer ceux d'un autre pays de vanité. Ainsi l'on pouroit en toute sureté permettre à ceux des autres Nations qui en sont exemts, & qui en accusent les François, de jetter la premiére pierre sur eux, sans craindre de les trop exposer (3).

Ceux qui dans ces derniers siécles ont prétendu charger nos

François.

Quo primo vitio lapsa est anima, hoc ultimum vincit. S. Augustin.

Qui sine peccato est, primus in illam lapidem mittat. Joann.

---

1 S. Augustin. in Psal. VII. fol. 7. Litt. L. M. Edit. Nivell.
2 Blaise Pasc. Pens. chap. 24. pag. 180. 181. 182.
3 Joann. Evang. cap. 8. vers. 7.

156   DES PRÉJUGÉS

François. Ecrivains de legereté & d'inconstance, pourroient bien avoir pris à contresens ce que César, Tacite, Trebellius Pollio, & peut-être quelques autres anciens Auteurs ont écrit de la legereté d'esprit, qu'ils ont attribuée aux Gaulois de leur tems. Car au jugement de quelques-uns (1) cette legereté ne doit se prendre que pour cette facilité & cette vivacité d'esprit que l'on a remarquée plus volontiers parmi les Peuples des climats temperés que chés les autres; & c'est *Levissima homi-* une qualité aussi louable dans ceux de notre pays, qu'elle l'étoit dans *num genera.* les Asiatiques, les Grecs & les Syriens, ausquels Tite-Live l'a attribuée dans son Histoire (2). Au moins César semble-t-il s'en être expliqué, en parlant de la docilité & des dipositions que les Gaulois avoient pour les Lettres (3).

Gaulois.   A dire vrai, il est assés difficile de prendre quelque couleur de justice, pour accuser d'inconstance & de legereté une Nation qui a toujours persisté constamment dans l'amour des Lettres, des Arts & des Sciences, qui a non seulement devancé ses voisins de plusieurs siécles, mais qui a donné même à la République des Lettres de célébres Ecrivains long-tems auparavant que la Ville de Rome se fût avisée de lui faire de pareils présens.

On peut juger par les témoignages des anciens Grecs (4) & Romains (5) de quelle antiquité sont parmi nous les Druides, les Bardes, les Sarronides & les Eubages, c'est-à-dire, toutes sortes de Gens de Lettres & de Savans.

Les *Druides* étoient non seulement les Philosophes & les Théologiens du pays, ils en étoient encore les Jurisconsultes, les Rhéteurs, les Orateurs, les Mathématiciens, les Géométres, les Astrologues, & les Médecins (6). Ils ne se contentoient point de connoître toutes ces Sciences, ils les professoient publiquement & les enseignoient à la jeunesse dans leurs Ecoles : mais par une raison un peu bizarre, ils ne nous ont rien laissé par écrit, pour ne pas communiquer leurs sciences & leurs mistéres à la populace qu'ils regardoient avec le dernier mépris, & pour obliger

---

1 J. Bodin de la Républiq. Liv. 5. chap. 4. pag. 698.
2 Tit. Liv. Hist. Lib. 45. &c.
3 Cæsar. Commentar. de bello Gallic. Lib. 6. cap. 4.
4 Diodor. Sicul. Biblioth. Lib. 5. Strabo Geograph. Lib. 4.

5 Cæsar. Comment. Lib. 6. ut supra. Plin. sen. Histor. natur. Lib. 16. cap. 14. Lib. 24. c. 11. & Lib. 30. c. 1.
Ammian. Marcellin. Lib. 15. Hist. c. 9.
Pompon. Mela in Geogr. L. 3. c. 2.
6 C. Egass. Bulæi Histor. Universit. Paris. Tom. 1. de Academ. Druidar. pag. 6. 7.

leurs Ecoliers à faire plus de fond sur leur mémoire que sur leurs cahiers. (1)

Les *Bardes* étoient les Poëtes des Gaules, & ils excelloient particuliérement dans la Poësie Héroïque & Lyrique. (2)

Les *Sarronides*, & les *Eubages* ou *Vates* ont été moins célébres, & se sont dans la suite aisément confondus avec les Druides; les premiers s'appliquoient principalement à la Philosophie en général & à la Physique en particulier; & les seconds ne s'adonnoient presque qu'à l'Astrologie judiciaire & à la Magie.

Depuis les Peuplades des Phociens & des Ioniens à Marseille on a vu nos Gaulois se rendre habiles dans l'érudition Grecque dès le tems des Rois de Perse. Ils y ont formé dès-lors cette célébre Académie qui n'a point eu de superieure dans le Monde, & qui a serieusement disputé le rang de préséance à celle d'Athènes. Il n'y a point d'Art, ni de Science qu'on n'y cultivât avec autant de succès que de pompe & d'éclat. On ne se contentoit pas d'y enseigner & d'y parler communément les trois Langues, savoir la Grecque, la Celtique ou Gauloise, & dans la suite des tems la Latine, qui s'y introduisit après la prise de Rome par les Gaulois : ce qui a fait donner à la Ville de Marseille le nom de *Triglotte* par les Grecs & de *Trilingue* par les Latins, comme Saint Isidore de Seville le rapporte de Varron. (3)

On y professoit encore publiquement l'Eloquence, la Philosophie, les Mathématiques, la Médecine, la Jurisprudence & la Théologie fabuleuse. C'est ce qui a fait appeller cette Ville le Siége & la Maitresse des Etudes & des Sciences par Tacite (4), qui releve la gloire de son beau-pere par l'avantage qu'il avoit eu d'y faire ses études. Ciceron mettoit l'excellence de ces Ecoles à un si haut point, qu'il semble avoir preferé cette savante Ville non seulement à toute la Gréce, mais à toutes les Nations du Monde, tant pour sa belle discipline, que pour l'importance & la gravité des Sciences qu'on y professoit (5), & il l'appelle la nouvelle Athènes des Gaules, l'abord universel & le constant des belles Lettres & de la Politesse,

---

1 Comment. Cæsaris, Lib. 6. cap. 4. ut supra.
2 Lucan. Lib. 1. Pharsal. 447. &c.
Ammian. Marcel. Lib. 15. Hist. ut sup.
3 S. Isidor. Orig. Lib. 15. cap. 1. ex Varr. &c.

4 Corneil. Tacit. vit. Jul. Agricol. soceri, num. 4.

5 Non solum Græciæ, sed haud scio an cunctis Gentibus anteponendam jure dicam, &c.
Cicer. Oratione pro Flacco N. 63.

François.

Literarum & civilitatis emporium. Cicer.

Car il y avoit cette différence entre la manière d'enseigner les Sciences à Marseille & celle des Druides, que ceux-ci tenoient leurs Ecoles dans les bois & dans les grottes, & avoient quelque chose de plus severe & de plus retiré : au lieu qu'à Marseille on y apprenoit le beau monde, la civilité des mœurs, l'art de vivre en galant homme, l'honnêteté dans les actions & les paroles, la complaisance & la bienveillance dans les devoirs de la société civile, en un mot tout ce qu'il y avoit jamais eu de plus délicat, de plus poli & de plus achevé chés les Grecs.

La Gaule avoit même cet avantage au dessus de la Gréce qu'elle possedoit toutes les richesses & toutes les commodités de celle-ci, sans en avoir les défauts, & que selon Tacite (1) la Ville de Marseille avoit fait un heureux mélange de la politesse Grecque avec la temperance Gauloise. C'est pourquoi Strabon nous témoigne que ceux des Romains qui étoient touchés du desir de bien apprendre les belles Lettres quittoient la Ville d'Athènes pour venir les étudier à Marseille (2), où l'on voyoit aborder dans le même dessein les meilleurs Sujets de toute l'Europe, sans en excepter les Grecs, & ceux-mêmes de l'Asie mineure, qui malgré la distance des lieux & la haute réputation de leurs Académies, ne laissoient pas de leur préferer quelquefois celle de Marseille. (3)

Quand on fait réflexion sur cette antiquité & sur cet établissement de l'Académie de Marseille, on n'a point lieu de s'étonner que les Gaules ayent porté des Ecrivains illustres dès le tems d'Alexandre le Grand, c'est-à-dire plus de cent ans devant que Rome en eût produit. Pythéas & Eumenide ou plutôt Eudimenes tous deux de Marseille (4) avoient publié leurs ouvrages sur les pays étrangers, avant que Livius Andronicus, Nevius & Ennius les premiers des Romains qui ont rendu leurs Ecrits publics, eussent mis au jour ce qu'ils avoient composé sur leur propre pays.

Tant que la Langue Grecque a pû subsister avec honneur dans la Gaule Narbonnoise & Viennoise, c'est-à-dire, jusqu'à l'irruption des Bourguignons, des Gots & des Vandales, on peut assurer

---

1 Massilia sedes & Magistra studiorum, locus Græca comitate & Provincialium parsimonia mixtus, beneque compositus. Tac. Vit. Agr.
2 Strabon. Geograph. Lib. 4 p. 181. &c.
3 Cæs. Egass. du Boulay. de Acad. Massiliens. pag. 18. 19.
J. Bap. Guesnay de Antiq. Massil. &c.

4 G. Vossius de Hist. Græc. pag. 467. 110. &c.
Jo. And. Quenfted de Patr. vir. illustr. Dial. pag. 62.
Apud Strabonem octies novies passim. Apud Hypparchum, Geminum, qui laudavere.

qu'elle n'a rien témoigné de cette inconstance dont quelques-uns ont voulu charger notre Nation, & qu'elle a toujours produit des hommes savans, soit à Marseille, soit à Arles, soit dans les autres Villes de la Province des Romains.

Il ne seroit peut-être pas difficile de montrer de l'érudition Grecque dans l'Aquitaine & dans la Celtique ou Lyonnoise, avant même qu'on y eut introduit la Langue des Romains, & il s'est trouvé des personnes savantes qui l'ont fait voir, & qui ont pleinement satisfait la curiosité de nos jaloux sur ce point (1) Les lieux même où l'on parloit la Langue vulgaire ne laissoient pas de se servir de caractéres Grecs, comme César le témoigne des Druides (2).

Mais quelques sentimens de pieté & de tendresse que nous puissions avoir pour notre Patrie, ils ne nous aveugleront jamais jusqu'au point de nous faire croire, que *ce sont les Gaulois qui ont appris aux Grecs & aux Asiatiques les belles Lettres, les Arts liberaux, & les sciences les plus nobles, loin de les avoir reçûës d'eux.* C'est néanmoins ce qu'Annius de Viterbe a voulu persuader il y a près de deux cens ans aux personnes simples dans ses Commentaires sur le prétendu Berose (3). Mais il faut le pardonner à quelques-uns de nos François qui se sont laissé séduire aux fictions gratuites d'un Italien qui ne pouvoit avoir aucun interêt de mentir en faveur de notre Nation (4), & qui ont cru qu'Aristote avoit reconnu que la Philosophie devoit son origine aux Gaulois de la Celtique, & que la Gaule avoit été la Maitresse de la Gréce.

La sincérité & l'amour de la vérité nous obligent de reconnoître franchement que ce qu'il y a eu de politesse & de sciences dans les Gaules, est dû pour la plus grande partie à la Gréce, & particuliérement aux Ioniens, par la transmigration de ceux de Phocée. Et s'il y a eu au contraire quelque rudesse & quelque grossiéreté parmi certains Grecs, soit de l'*Hellade*, soit de l'Asie Mineure, on peut sans craindre notre chagrin attribuer ces défauts aux plus rustiques d'entre les Gaulois qui ont été porter leurs armes & leurs bar-

---

1 Petr. Pith. præfat. in Declam. Quintil. ad Christ. Thuan.
Bulæi Prolegom. ad Histor. Universit.
Cl. Joly chap. 3. 4. du Traité des Ecol. Episcopales.
2 Lib. 6. Comm. de Bello Gall. cap. 4.
3 Neque Galli à Græcis, sed potius à Gallis Græcia & Asia Litteras & discipli-nas consecutæ sunt. Joan. Ann. Vit. Comment. in Beros. Lib. 5. de Regib. Babylon. pag. 154. Edit. in 12.
Item Comment. in Lib. de Regib. Assyr. pag. 212.
4 Bulæus de Academ. Pictaviens. & aliar. pag. 22. 55. 56. Lib. 2. tom. 1. Hist. Univ. Parif.

François. barie dans la Macédoine & dans l'Asie où ils se sont habitués par le droit de leurs conquestes.

(1) C'est dans cette pensée que Saint Jerôme dit (2), que l'Aquitaine étoit heureusement fertile en Orateurs éloquens, non pas tant par la bonté du terrain que par l'éducation des anciens Grecs dont elle faisoit gloire de tirer son origine : & qu'au contraire les Galates étoient des esprits pesans, difficiles à gouverner, & qui ne comprenoient pas aisément les choses, au jugement même de Saint Paul, parce que ces Peuples étoient venus des quartiers des Gaules, qui n'avoient point été civilisés ni cultivés par les belles Lettres.

Depuis que les Gaulois ont reçû la Langue Latine, on peut dire qu'ils n'ont pas fait plus de deshonneur aux Romains qu'ils en avoient fait aux Grecs jusqu'alors. C'est une chose même assés singuliére & qui mérite d'être remarquée que ç'ait été un Gaulois qui a le premier introduit dans Rome l'art de bien parler la Langue Latine, & qui y a enseigné le premier la Rhétorique.

Jusqu'alors on avoit ignoré cet Art dans la Capitale du Monde. On n'y connoissoit point d'autre éloquence que la force du bras, & selon Ovide (3), quiconque savoit bien jetter un dard, étoit disert & éloquent.

Qui bene pugnabat, Romanam noverat artem :
Mittere qui poterat pila, disertus erat.

Allium ac cepe eorum verba olebant. Les paroles & les discours des Romains n'avoient senti jusqu'alors que le chou, l'ail & l'oignon, selon l'expression de Varron même (4) ; & ils étoient d'autant plus misérables, si l'on en croit Vossius le Pere (5), qu'ils ne connoissoient point leur misére au milieu de cette dureté militaire à laquelle ils étoient accoutumés.

Lyonnois. Mais depuis que L. Plotius Gaulois (c'est le nom de ce chef des

---

1 Quod nunc Oratorum fertiles sunt Galli non tam ad Regionis diligentiam quam ad Rhetoricum clamorem pertinet : maximè cum Aquitania Græcâ se jactet origine & Galatæ (stulti & ad intelligentiam tardiores appellati) non de illa parte terrarum (Aquitaniæ) sed de ferocioribus Gallis sint profecti.

2 S. Hieron. Præfat. Lib. 2. Comment. in Epist. ad Galat.

3 Ovid. Fastor. Lib. 3. v. 103.

4 Varro & ex eo Voss. de Rhetoric. natura & constitutione cap. 13. pag. 90. & præfat. de vitiis sermonis.

5 Tull. Cicero Epist. ad Titinnium, & ex eo Quintilianus, Lib. 2. Instit. cap. 4. Et And. Schott. de Rhetorib. pag. 24. Sueton. Lib. de claris Rhetoribus. Pet. Pithæus Epist. ad Christ. Thuan. in Declamat. Quintil
Ger. Jo. Voss. de nat. & constitut. Rhetor. pag. 89. cap. 13.

DES NATIONS.

Rhéteurs Romains) a trouvé le moyen de les apprivoiser, & qu'il leur a ouvert la porte de l'Eloquence, on les a vû courir avec tant d'avidité & de succès dans cette carriére, que peu s'en faut qu'ils n'ayent égalé le nombre des Orateurs de la Gréce.   *François.*

C'est donc à notre Plotius que la Ville de Rome est redevable de ses plus grands Orateurs, & de ses premiers Rhéteurs; & personne ne peut nier qu'il n'ait instruit & formé tous ceux qui ont vécu jusqu'à Ciceron, qui n'étoit encore qu'un enfant quand Plotius commença d'enseigner la Rhétorique en l'Olympiade 173. & qui seul suffiroit pour combler la gloire de son Maître en Rhétorique, & celle du Pays qui le lui a donné.   *Orateurs & Rhéteurs.*

Mais pour ne point faire de peine aux successeurs de ces illustres Romains de l'Antiquité, & pour ne leur point donner lieu de croire que ce recit des obligations qu'ils ont aux Gaulois ne fût comme un reproche secret de ce qu'ils ne les reconnoissent peut-être point assés (1), nous nous contenterons de remarquer que depuis le tems de Sylla & de notre Plotius, les Gaules n'ont point cessé de produire de savans hommes, & particuliérement de célébres Rhéteurs & des Orateurs Latins, qui ont éclaté tant à Rome dans le Barreau & dans les Ecoles, que dans les Villes de leurs Provinces jusqu'à la décadence de l'Empire d'Occident   *Isthæc commemoratio quasi exprobatio est immemoris beneficii. Terent.*

Votienus Montanus de Narbonne passoit pour un des plus célébres Orateurs de l'Empire du tems d'Auguste, & Vibius Gallus étoit un Rhéteur très-éloquent sous le même Prince, quoique le premier ne fût pas sans défauts, & que le second soit tombé dans une disgrace humiliante sur la fin de ses jours (2).

On sait de quelle réputation étoient sous Tibere l'Orateur Domitius Afer natif de Nismes, & le Rhéteur Clodius Quirinalis natif d'Arles. Tandis que ce dernier professoit la Rhétorique à Rome, Statius Ursulus de Toulouse, & Castor de Marseille l'enseignoient dans les Gaules avec beaucoup d'éclat, & Oscus ou Oscius Provençal professa l'éloquence, tantôt à Rome, tantôt à Marseille avec beaucoup de concours.

On peut voir avec quels éloges Quintilien parle de Julius Florus

---

1 Terent. Andr. Act. 1. Scen. 1.
2 De Montano, vide Marc. Senec. Controvers. 9. pag. 213.
Andr. Schottus de Claris apud Senecam Rhetorib. pag. 21. in operibus Senecæ, &
Koning. Bibl. V. & N. pag. 550.
De Vibio Idem Senec. Lib. 2. Controv. 9. ad insaniam versus est, dum insanos imitari conaretur.
S. Hieronym. in Chronic. *passim.*

X

François. l'oncle de Julius Secundus célébre Orateur de son tems. Il appelle Florus le Prince de l'Eloquence des Gaules, il lui donne un des premiers rangs entre les plus éminens de Rome, & il le juge digne du bon siécle (1).

Depuis le tems de Neron ou la fin de la famille des Césars jusqu'à Trajan, le Barreau Romain n'a point été moins rempli ni moins honoré d'Orateurs Gaulois, & les Ecoles d'Eloquence & de Droit ont presque toujours été gouvernés par des Maîtres nés & formés dans les Gaules. Minutius Pacatus & Sextus Julius Gabinianus n'ont pas été des moins considérés d'entre les Rhéteurs sous Galba & Vespasien. Mais Marcus Aper qui hantoit le Barreau avec Julius Secundus son Compatriote s'est beaucoup distingué parmi les autres, tant pour la beauté de son esprit que pour la force de son éloquence (2).

Et quoique l'éloquence Romaine ait été presque ruinée & anéantie à Rome depuis le jeune Pline, elle n'a point laissé de se maintenir glorieusement avec la Grecque dans les principales Villes des Gaules, & particuliérement à Marseille, à Arles, à Besançon, à Autun, à Lyon, à Narbonne, à Toulouse, à Bourdeaux & ailleurs.

La plupart des Orateurs & des Panegyristes de l'Empire ont été Gaulois. Eumenius étoit d'Autun, Nazarius étoit ou d'Aquitaine si l'on regarde sa naissance, ou de Provence, si l'on considére ses habitudes. Latinus Pacatus Drepanius étoit d'Aquitaine, Claud. Marius Victor, & Corvinus étoient de Provence.

Mais pour ne point abuser de la patience du Lecteur, j'aime mieux le renvoyer à ce que le Poëte Ausone, & Sidoine Apollinaire entre les anciens (3), Monsieur Pithou l'aîné, Monsieur du Boulay, & Monsieur Joly parmi les Modernes (4) ont écrit de cette foule d'Orateurs & de Rhétoriciens des Gaules, qui recompensoient amplement l'Empire de la stérilité des autres Provinces de l'Occident.

L'Eloquence des Gaulois a donc été toujours une maniére de

---

1 Quintilia. Lib. 10. Institut. Oratoriar. cap. 3.

2 Dialog. de cauf. corrupt. Eloq. initio, & deinceps.

3 Ausonii Commemorat. Professor Burdigal. & Tolos. carmine inter ejus opera. Item carm. de Mosellæ accolis. Sidon. Appollinar. Lib. 5. Epistol. 10. ubi illustres aliquot Rhetores ac Declamatores recensei; & in suo Narbone.

4 Petr. Pithæus Prolegom. ad Declamat. Quintiliani ad Christoph. Thuan. Cæs. Egass. Bulæus de veterib. Galliar. Acad. præmiss. Tomo 1. Histor. Universit. Parisiens. M. Claude Joly Traité historique des Ecoles Episcop. chap. 1. 3. & 4.

DES NATIONS.

parler fort commune dans l'Empire depuis Auguste (1), & le pro- François. verbe n'en est venu que de l'opinion constante où l'on avoit été depuis long-tems que les deux principales occupations des Gaulois étoient l'*Eloquence* & l'Art Militaire (2). Et il falloit que les Gaules fussent en réputation de produire plus d'éloquens Orateurs & d'A- Nutricula Caus- vocats que les autres Nations, puisque Juvenal y a trouvé matiére sidicorum Gallia. pour la Satyre, disant que la Gaule étoit la nourrice des Avocats, Gallia Caussidi- & que c'étoit-elle qui dressoit & instruisoit les Avocats de ses voisins cos docuit facun- & des Etrangers (3). da Britannos..

2. Les Grammairiens Latins de notre Nation ne sont pas beau- Grammairiens. coup moins anciens que les Rhétoriciens & les Orateurs. Marc Antoine Gniphon qui fut le Maître de Jules César, de Ciceron & de plusieurs autres personnes illustres de la République, & Valerius Caton tous deux Gaulois se sont rendus très-recommandables dans cet Art, & dans le même tems. Ils ont écrit & ont enseigné tous deux avec grand succès. Mais la méthode du premier ten- doit plutôt à faire des Orateurs, & celle du second étoit plus pro- pre pour faire des Poëtes, comme il paroît par ce qu'en a écrit Suetone (4). Les Grammairiens qui enseignoient les deux Langues dans nos Provinces n'étoient peut-être pas moins habiles que ceux qui professoient à Rome (5).

3. A l'égard de la Poësie, il faut avouer que la Gaule de deçà Poëtes. les Alpes n'a point produit de génies comparables à ceux de delà, qui sont nés dans la Gaule qu'on appelloit Cisalpine par rapport aux Romains. Elle n'a pourtant pas laissé de produire de tems en tems des Poëtes qu'on n'a point jugé tout-à-fait méprisables.

P. Terentius Varron qui vivoit du tems de Ciceron, étoit d'A- tace sur Aude au quartier de Narbonne. Cornelius Gallus qui vi- voit sous Auguste étoit de Frejus. Caton le Grammairien dont on a parlé ci-dessus faisoit aussi le métier de Poëte, & ses Piéces ont eu l'approbation de son siécle. Petrone qui vivoit sous Clau- dius, & Neron étoit natif de Provence. Pline le jeune témoignoit être charmé des Poësies de Sentius Augurinus Poëte Gaulois qui

---

1 Gallicæ Eloquent. Princeps Florus. Tacit. &c.
Quintil. Lib. 10. cap. 3. 3 Juvenal. Satyr.
2 Fragment. Catonis Senec. de originib. 4 Sueton. Tranq. de Grammaticis illu-
apud Charisium Sosipatr. & ex iis Joan. stribus.
Quenstedt Germanus pag. 36. de patr. 5 Vid. Auson. Carm. de Professorib. ubi
Viror. Illustr. varios affert Grammat. Græc. & Lat.
Martian. Heracleot. Strab. Geograph.

François. vivoit de son tems, & disoit que depuis plusieurs années on n'a-voit rien vû de plus juste, de mieux sensé, & de plus achevé même que ses Vers (1).

Nous ne prétendons rien à la naissance de Juvenal ni de Stace, quoique quelques-uns l'ayent voulu mettre dans les Gaules sans fondement. Mais on peut compter encore parmi les Poëtes Gaulois Ausone de Bourdeaux, Saint Paulin Evêque de Nole natif d'Aquitaine, Saint Prosper de la même Province, Alcime Avite Archevêque de Vienne, Sidoine Apollinaire Evêque de Clermont, & quelques autres qui n'ont point deshonoré entiérement leur Patrie.

Historiens. 4. On ne se plaindra pas que notre Nation ait été toujours dépourvûë d'habiles Historiens. Trogue Pompée qui vivoit dans le bon siécle, étoit de la premiére Viennoise. Il avoit eu pour pere un habile homme Sécretaire du Cabinet, & de quelques Ambassades sous Jules César, & il composoit les Lettres, les Réponses, les Relations & les Harangues de ceux qui l'employoient.

Mais son fils porta la gloire de sa Nation encore plus loin, & au jugement des grands Hommes de son tems & du siécle suivant, il a fort bien soutenu la dignité de l'Histoire par la grandeur & la gravité de son sujet, par son habileté & son expérience, par la beauté & la force de son éloquence.

On ne trouvera peut-être pas mauvais que l'on ait rendu en cet endroit quelque témoignage au mérite de cet Historien célébre (2), parce que nous n'aurons pas la satisfaction d'en parler au Recueil de nos Historiens, à cause de la perte que le Public a faite de ses Ouvrages par le mauvais office que lui a rendu Justin en prétendant l'abreger.

On peut joindre à Trogue Pompée Sulpice Severe d'Aquitaine, qui est consideré comme le plus bel Auteur de la Latinité depuis sa diminution, & comme le dernier de ceux que la Barbarie a respecté.

Philosophes & *Mathématiciens.* 5. Elle a eu aussi ses Philosophes & ses Mathématiciens. Nous avons déja parlé de deux anciens Cosmographes de Marseille, qui ont écrit

---

1 Plin. jun. Lib. 4. Epistol. 27. ad Falconem.
2 Plin. senior vocat severissimum Auctorem, & crebro ejus meminit in Histor. natur. maximè in Indice Auctorum è quibus profecit.

Justinus in Præfat. vocat Virum priscæ eloquentiæ.
Vopiscus in Probi vit. eum disertissimis viris accenset.
V. & Vossium Lib. 1. de Histor. Latin. cap. 19. pag. 92.

autant en Philosophes & en Mathématiciens qu'en Géographes dès *François.*
auparavant les guerres Puniques. On les pouroit accompagner d'un
Eratosthène Gaulois, d'un Lydanus, & de deux Freres Provençaux
nommés Telon & Gyarée qui vivoient du tems de César, qui étoient   * Gemini fratres
très-habiles dans les Mathématiques, & surtout dans l'Astrono-   fecunde gloriâ
mie & dans la Marine, & qui selon Lucain n'honoroient pas moins   Matris. *Lucain.*
la fécondité de leur Patrie que celle de leur mere (1).

   Mais de tous les Philosophes Gaulois qui ont paru dans la Gentilité, personne n'a tant éclaté que Favorin d'Arles, qui a été assés heureux pour pouvoir vivre sous l'Empereur Adrien, quoiqu'il fût plus
savant que lui. Ce qui passoit pour une merveille & pour une rareté singuliére de ces tems-là. Il étoit Academicien de Secte, mais cela n'empêchoit pas qu'il n'effaçât encore les Rhétoriciens, les Géométres
& les Astrologues. Il enseigna d'abord à Marseille, & ensuite à Athènes, où il eut A. Gelle entre les autres pour Ecolier. * Il s'est
acquis outre cela un rang très-considérable parmi les Historiens de
son siécle, & il n'y avoit que le seul Plutarque de son tems qui lui pût
disputer le premier rang parmi les Philosophes (2).

   6. Les Médecins n'y ont pas été en moindre réputation. On voit dans | *Médecins.*
Pline que Crinas professoit la Médecine à Marseille sous l'Empereur
Claudius d'une maniére qui le mettoit au-dessus des autres Médecins
de son tems (3). Il parle aussi d'un autre nommé Carmis qui s'étoit
rendu célébre pour certaines maximes tout-à-fait singuliéres.

   Mais un des plus renommés d'entre les Médecins Gaulois a été
sans doute Démosthène, dont il nous est resté quelques fragmens
dans les œuvres d'Aëtius d'Amide. C'étoit un homme d'une industrie
toute extraordinaire, & que Galien admiroit particuliérement pour
sa grande expérience & son exactitude achevée (4).

---

* N. B. Quoiqu'il soit vrai qu'Agellius,   1 Lucan. Pharsal. Lib. 3.
ou Aulu-Gelle a écouté les Leçons de Fa-   2 Suidas in Lex. voc. ϕαβωριν.
vorin à Athènes, néanmoins l'omission   Lucian. in Eunucho.
du mot de *Rome* change la pensée que   Philostrat. in Vit. Sophistàr. Lib. 1.
j'en aurois voulu donner. Je voudrois   Galen. Lib. de optimo genere interpr.
donc rétablir ainsi la phrase. *Phavorin en-*   Voss. de Hist. Græc. Lib. 2. cap. 10.
seigna d'abord à Marseille, puis à Athènes,   pag. 212. 213.
& ensuite à Rome, où il eut A. Gelle pour   C. Eg. Bulæus de veterib. Acad. Franc.
écolier Parce que A. Gelle témoigne en   pag. 20. 21.
deux endroits (*Lib.* 14. *chap.* 1. & *Lib.*   3 Plin. Lib. 29. Histor natur. cap. 1.
16. *chap.* 3.) qu'il avoit eu Favorin pour   Ludov. Cæl. Rhodig. antiquit. lect.
Maître dans Rome.   Lib. 23. cap. 24.
   4 Galen. apud Bulæ. de Acad. Vet. p. 193

DES PREJUGE'S

François. Jurisconsultes.

7. Nos Gaules ont eu aussi leurs Jurisconsultes, & il est aisé de juger par ce que nous avons raporté de Juvenal que la Jurisprudence s'y enseignoit universellement, & que tout étoit plein de Gens très-versés dans le Droit. La mémoire de quelques-uns des principaux d'entre eux n'a point laissé de passer jusqu'à nous, quoique le tems nous ait envié leurs Ecrits.

Artanus paroissoit à Narbonne avec beaucoup d'éclat du tems de l'Empereur Domitien, & Martial nous a fait connoître qu'il étoit de ses amis (1). Dans la Provence on a vû Ménécrate qu'on appelloit un second Scævola, Charmolée, & son fils Zénotène célébres par leur expérience & par l'équité de leurs Oracles (2), & plusieurs autres qui ont mieux aimé servir leur Patrie & le Public de vive voix que par leurs écrits.

Théologiens.

8. Enfin depuis qu'il a plû à Dieu de nous envoyer du Ciel les principes de la véritable Théologie, les Eglises des Gaules ont donné aussi des témoignages de leur fécondité pour les Sciences, en produisant un grand nombre de Docteurs excellens, & de savans Théologiens. Les premiers & les principaux d'entre eux sans doute sont Saint Irenée de Lyon, qui a écrit en Grec sous Marc Aurele & Commode, & Saint Hilaire de Poitiers qui s'étoit formé une maniére d'éloquence tout-à-fait singuliére.

Tertulien appelle Saint Irenée, *omnium Doctrinarum curiosissimum exploratorem.*
Tert. adversus Valentinian.

Que si les Grecs vouloient nous envier la possession du premier, en vertu de sa naissance charnelle, nous trouverions de quoi nous récompenser de cette perte en reprenant sur les Italiens par le même droit, Saint Ambroise Docteur de l'Eglise Universelle, qui est né dans les Gaules, soit que ç'ait été à Tréves, soit que ç'ait été à Lyon, ou même à Arles.

L'Empire Romain courant à sa ruine vers l'Occident, entraînoit avec lui les belles Lettres, & la politesse, qui se trouvérent enfin accablées sous le poids de sa chûte. L'Eglise de son côté ne pouvoit manquer de souffrir très-considérablement dans ces effroyables révolutions de l'Empire. Les ravages des Barbares qui ruinérent celui-ci ne nuisirent pas moins à la discipline & aux mœurs de celle-là, que la corruption des derniers Romains & des Gaulois qui vivoient encore à la Romaine.

Cependant ce fut dans ces fâcheuses conjonctures que les Gaules

---

1 Martial. Lib. 3. Epigra. ad Librum suum. Epigr. 72. | 2 Lucian. Samos. in Toxari. ap. Bul. pag. 20.

DES NATIONS.

se signalérent encore autant que jamais par le grand nombre d'illustres Théologiens, qui voyant les desseins de Dieu sur l'Empire & sur l'Eglise, les ont suivis d'une maniére honorable pour l'Empire Romain & utile pour l'Eglise de Jesus-Christ.

François.

Car on peut dire que les Lettres humaines & la politesse qui faisoient la gloire de cet Empire avant sa ruine, ont heureusement trouvé après cette disgrace une retraite ou une sépulture honnête dans leurs Ecrits : & que l'Eglise y a trouvé aussi son avantage, se servant de leurs Ouvrages & de leurs personnes pour faire passer la Religion aux Barbares, & les incorporer insensiblement aux Romains sous un même Chef.

Les principaux de ces saints & savans Théologiens, sont Saint Eucher de Lyon, Salvien de Marseille, & plusieurs de ses Disciples, Claudien Mamert, Vincent de Lerins, Musée de Marseille, Saint Prosper, Saint Hilaire d'Arles, Saint Honorat de Marseille, Sidoine Apollinaire, Alcime Avite, Saint Cesaire d'Arles, ausquels on pouroit joindre Jean Cassien, & Grenade de Marseille s'ils n'avoient fait quelque tache à leur réputation, & quelques autres qu'on peut appeller les derniers Ecrivains des Gaulois, & les premiers Maîtres des François dans l'établissement de notre Monarchie.

IL N'EST pas aisé, suivant ce que nous venons de dire, de nous montrer en quoi consiste cette legéreté & cette inconstace que quelques-uns ont cru trouver dans ceux de notre Nation pour les Lettres & les Sciences. Saint Jerôme n'y reconnoissoit pas ce défaut lorsqu'il a dit que la Gaule étoit la seule qui n'avoit point produit de Monstres, mais qu'elle avoit toujours été très-abondante en Personages très-savans & très-éloquens (1).

Sola Gallia monstra non habuit, sed viris semper doctissimis & eloquentissimis abundavit.

Et le Poëte Claudien estimoit toute la Nation si constamment & si universellement savante, qu'il semble avoir voulu persuader à la Posterité qu'il y avoit dans les Gaules autant de savans hommes que de Citoyens, & qu'il a cru ne pouvoir pas faire plus d'honneur à l'Empereur Honorius que de lui donner pour Compagnie les *Doctes Gaulois avec le Senat Romain* (2).

Te Gallia doctis Civibus & toto stipavit Roma Senatu.

Quelques-uns trouveront peut-être à dire que je n'aye point compris les Grands hommes de la Gaule Cisalpine * parmi ceux de notre Nation, quoique les Peuples de ses quatre Provinces fussent

* Au regard des Romains.

---

1 S. Hieronym. contra Vigilantium.
2 Claudian. Panegyric. in quartum Consulatum Honorii. V. 582. 583.

Italiens. censés être véritablement Gaulois par les Anciens, tant pour leur origine que pour leurs mœurs (1). Ce seroit le moyen d'enlever à l'Italie une bonne partie de sa gloire, & de lui faire perdre tout d'un coup Virgile, Catulle, Valerius Flaccus, Statius Cæcilius; Tite-Live, Cornelius Nepos, & Valere Maxime; les deux Plines, Asconius Pedianus, le Philosophe Thrasea Pætus, l'Orateur Titus Cassius Severus, le Grammairien Oppius Chares, & plusieurs autres personnes illustres, même parmi les Chrétiens.

Mais si l'on ne peut étouffer & anéantir la vanité que notre Nation voudroit tirer de ses doctes Ancestres, il est bon de lui donner des bornes & de tâcher de la renfermer au-deçà des Alpes: Il y auroit même de la charité à nous faire voir le peu de solidité qui se trouve dans la gloire que l'on suppose être passée de ces Gaulois jusqu'à nous & dans le Préjugé qu'on s'en forme en faveur des Ecrivains d'aujourd'hui, sous prétexte qu'ils sont nés dans le même climat que ces Anciens. Car quand elle ne leur seroit pas propre, & quand elle auroit pû passer à leurs héritiers légitimes; quel est le François d'aujourd'hui qui peut assurer qu'il vient directement de ces Gaulois célébres plutôt que de ces Allemans qui ont détruit leur politesse & l'état florissant des Lettres, en y introduisant la barbarie? & quel est celui au contraire, qui lorsqu'il s'agit des conquêtes des Francs sur les Gaulois & sur les Romains, n'est bien aise de prendre part à leur gloire comme si elle rejaillissoit sur lui-même, & de compter ses Ancestres parmi les Victorieux plutôt que parmi les vaincus?

Ce qu'il y a d'incontestable, est que les deux Nations des Francs & des Gaulois se sont mêlées d'une telle maniére qu'elles se sont étroitement alliées ensemble, & n'ont plus fait qu'un peuple. Les François ont donné leur nom aux Gaulois en échange de ce que ceux-ci leur avoient donné leur Pays. Ils se sont entre-communiqués leurs bonnes & leurs mauvaises qualités. Et comme dans le mélange de deux couleurs, chacune perd de sa force, & qu'il en resulte une troisiéme qui les efface (2) : ainsi les Francs s'adoucirent par le commerce & les habitudes des Gaulois, mais les Gaulois devinrent plus ignorans & plus grossiers.

De sorte que dès le commencement du sixiéme siécle s'il n'étoit

---

1 De Liguribus quidem sic Lucanus illos
Galliæ comatæ accensens :
Et nunc tonse Ligur quondam por colla decora
Crinibus effusis toti prælate cometæ.

De cæteris Galliæ togatæ, vid. Pithæum ex Cassiodoro &c. ut supra.

2 Mr Fleury, Mœurs des Chrétiens, chap. 46. pag. 410. 411.

pas

pas vrai de dire que les François fussent barbares comme avoient été François.
les Francs ou Allemans, il ne l'étoit pas non plus de dire qu'ils fussent
polis, délicats & instruits dans les Lettres, comme avoient été les
Gaulois.

La Langue Latine qu'on avoit parlé communément dans le pays
depuis les Empereurs dégénera en Langue *Romaine*, c'est-à-dire *Rustique*, & qui n'étoit nullement Latine, quoique c'en fût comme
une émanation, mais monstrueuse & toute corrompuë, qui ne se
reconnoissoit presque plus que par le caractére de ses Idiômes (1).

Ainsi il fallut que ceux qui vouloient se distinguer & passer pour
savans étudiassent la Langue Latine comme une Langue étrangére.

Plusieurs Ecrivains de ces siécles malheureux, & particuliérement
ceux qui étoient nouvellement venus d'Allemagne s'habituer dans
nos Provinces, se contentérent même d'un Latin écorché, & de
mettre des terminaisons & des inflexions Latines à une infinité de
mots Allemans, qu'ils étoient obligés de substituer à la place de ceux
qu'ils ne savoient point en Latin (2). Pratique qui n'étoit pas moins
ordinaire en Italie, en Espagne, en Afrique, & partout où les Barbares avoient enfin fixé leur demeure, qu'en France.

Ceux qui avoient quelques talens plus que les autres, les employérent à catéchiser les ignorans, & à écrire pour la conversion
de ceux des Barbares qui étoient ou Païens ou Hérétiques, plutôt
qu'à cultiver les belles Lettres.

On négligea d'étudier les Historiens, les Poëtes, les Orateurs, &
les Auteurs profanes, pour ne s'attacher qu'à ce qui regardoit
directement la Religion : à qui toutefois ces études étrangéres ne sont
pas inutiles pour conserver la Critique & la connoissance de l'Antiquité (3), comme l'a judicieusement remarqué Monsieur Fleury.
„ Faute de ces secours, ajoûte cet Auteur, on reçût aisément des
„ Ecrits supposés sous des noms illustres d'Auteurs Ecclésiastiques, &
„ on devint trop crédule pour les miracles. Il étoit si constant que
„ les Apôtres & leurs Disciples en avoient fait une infinité, & qu'il
„ s'en faisoit tous les jours aux tombeaux des Martyrs, qu'on ne les
„ éxaminoit plus. Les Histoires qui en contenoient un plus grand
„ nombre & de plus extraordinaires étoient les plus agréables.

Il ne paroissoit plus de Grammairiens ni de Rhéteurs, ni de

---

1 Car. du Fresne du Cange, præfat. ad Gloss. Latinit. num. 13. pag. 11. 12.
2 Id. ibid. num. 14. ex Guillimano

Lib. 1. de Reb Helvetior. pag. 80.
3 Monsieur Fleury, Mœurs des Chrét. pag. 411. 412. chap. 46.

Tome I. Y

François. Poëtes, ni de Philosophes, ni de Mathématiciens, ni de Médecins, ni de Jurisconsultes dans la République des Lettres qui fut très-long-tems enveloppée dans les ruines de l'Empire. On n'y appercevoit plus que des Théologiens & des Historiens. Les premiers se soucioient peu de la pureté du discours, & ne recherchoient que celle de la Foi orthodoxe & des mœurs. Les seconds n'avoient presque pas d'autres qualités remarquables que la naïveté & la bonne-foi; mais comme la plupart étoient faciles, simples & crédules, ils se laissoient volontiers imposer, & le défaut d'exactitude & de précaution les faisoit aisément tomber dans la séduction & dans l'erreur.

VOILA peut-être quel est le préjugé le plus raisonnable où l'on se trouve aujourd'hui à l'égard de la plupart de ces Ecrivains qui ont suivi le démembrement de l'Empire Romain. Les gens du siécle ne témoignant ni goût ni inclination pour les Lettres & les Sciences, l'Eglise se crut obligée d'en sauver elle-même les débris, autant que la bien-séance & son utilité particuliére sembloient le demander.

C'est pourquoi l'on vit en France un grand nombre de Prélats ériger dans leurs Palais des Ecoles publiques pour succeder en quelque sorte à tant d'illustres Académies ruinées, principalement par les Gots & les Bourguignons : & on y enseignoit les bonnes Lettres & les Humanités, aussi-bien que la Théologie & les exercices ou devoirs de la vie Chrétienne.

Mais comme les Ecoles Episcopales n'étoient pas toujours également maintenuës, & que le changement d'Evéques y causoit souvent de l'alteration, les Bénédictins eurent la charité d'ouvrir même aux séculiers leurs Ecoles que Saint Benoît sembloit n'avoir instituées que pour ses Disciples & ses Religieux, & pour y enseigner les Lettres Saintes & Ecclésiastiques au plus : au lieu que depuis ils se sont trouvés engagés de professer publiquement dans leurs principales Maisons toutes sortes de sciences humaines & à toutes sortes de personnes.

C'est ce qui a donné lieu au Préjugé où l'on a été qu'il n'y avoit point durant tous les siécles de ténébres, d'hommes de Lettres ni de Savans en France hors des Monastéres, ou du moins qui n'eussent été instruits dans les Ecoles Monacales.

L'érudition n'étoit que fort médiocre, & les lumiérers de ces prétendus Savans étoient assés bornées. Ils ne savoient ce que c'étoit qu'Arts Liberaux, & on passoit pour fort habile, lorsqu'on étoit venu à bout de la Syntaxe Latine, & qu'on étoit parvenu à lire du

Grec. Et la science la plus à la mode sembloit être celle du Plainchant.

Mais on avoit au moins cet avantage que l'on devenoit savant dans l'Ecriture Sainte par les soins de ces Religieux qui tenoient les Ecoles. Et s'ils se sont relâchés dans la suite de cet assujettissement à enseigner les Lettres profanes à des Laïcs qui troubloient leur régularité & leur discipline, ils n'ont point laissé de rendre un service considérable à la Posterité par la multiplication & la conservation des Manuscrits des anciens Auteurs, pour les tems heureux de la délivrance des Lettres ausquels on en devoit faire un plus grand usage.

Charlemagne entreprit de rétablir l'étude des beaux Arts & des Sciences, il y porta ses Sujets autant par son exemple que par ses liberalités. Il crut que les Ecoles Episcopales & Monacales n'étoient pas suffisantes pour les généreux desseins qu'il avoit de rendre la France savante, & de chasser la barbarie des autres pays qu'il avoit conquis. C'est ce qui le porta à en établir de nouvelles qui fussent publiques & universelles, & l'on peut dire que son chef-d'œuvre est l'Université de Paris, qui est devenuë la Maitresse de toute l'Europe dans la suite, & qui a formé la plupart des grands hommes qui ont paru dans l'Eglise Latine durant près de six siécles.

Charlemagne avec tout son zele & toute son autorité ne put venir à bout de rétablir le bon goût des Anciens, & de faire reprendre aux Ecrivains François la politesse des Grecs & la délicatesse des Romains qui avoient regné si long-tems parmi nos Gaulois.

Louis le Débonnaire & Charles-le-Chauve qui tâcherent de marcher sur ses pas, suspendirent pour quelque tems les tristes effets de la barbarie & des ténébres qui se répandirent sur les Lettres au siécle suivant.

C'étoit le dixiéme de l'Eglise : mais il ne fut pourtant pas si malheureux pour la France que pour l'Italie, quoique Baronius & Bellarmin considerant les désordres & l'ignorance de l'Eglise particuliére de Rome en ce siécle, ayent voulu conclure de-là, qu'il n'y avoit ni saints ni savans hommes dans l'Eglise universelle durant tout ce même siécle, & qu'ils ayent tâché d'une maniére peu obligeante & peu discréte d'envelopper toutes les Provinces d'Occident dans la disgrace arrivée au saint Siége durant ce tems-là (1).

---

1 Voyés la défense du 10. siécle à la fin de la petite Perpetuité de la Foi de l'Eucharistie, 3. part. chap. 6. & 7. pag. 360. & suiv. Et le 3. §. de la préface de Dom Mabillon sur le 5. siécle des Actes des Saints de l'Ordre des Bénédictins.

François.

Les Auteurs conservoient encore dans leurs Ecrits un certain caractére de simplicité qui se fait aimer même aujourd'hui, nonobstant la délicatesse de notre siécle. On y trouve un air naturel qui nous fait connoître qu'ils n'avoient pas perdu le bon sens, quoiqu'ils n'eussent pas le goût fin; & on remarque dans ceux de leurs Ouvrages qui concernent la Religion, une onction qui paroît s'être séchée depuis qu'on s'est accommodé du stile de la Scholastique.

Il semble que Saint Bernard ait emporté ou enseveli avec lui toutes ces bonnes qualités & tant d'autres qui l'ont rendu la gloire & l'ornement de son siécle, de son pays & de l'Eglise universelle.

Après lui & de son tems même, les études commencérent de se rétablir avec plus d'ardeur que jamais. Mais on fit succéder à la simplicité & à l'air naturel des siécles d'auparavant, une passion singuliére pour les subtilités, & un esprit de chicane, qui a paru particuliérement dans la Dialectique & dans la Métaphysique Péripatéticienne. Il y a grande apparence que les Ecrivains de France avoient contracté ce vice des Arabes par la communication des Espagnols (1).

Cet amour pour les études s'allumoit de jour en jour par cette émulation que produisoit dans nos François le concours surprenant des Etrangers qui venoient de tous les quartiers de l'Europe dans l'Université de Paris. Mais la rareté des Livres anciens & la difficulé de les entendre à cause du changement de la Langue & des mœurs, les portoit plutôt à s'appliquer davantage au raisonnement & à la lecture des Auteurs modernes.

On ne lisoit presque que le Maître des Sentences pour la Théologie, Gratien pour le Droit Canon, l'Aristote des Arabes & ses Commentateurs Mahométans pour la Philosophie. Et parce qu'on étoit dépourvû du secours de la Critique, & de la connoissance des Langues & de l'Antiquité, on négligeoit les Peres, les Canons des Conciles, & généralement tous les Ouvrages des Anciens.

Mais enfin la lumiére des belles Lettres par un heureux retour & par un bon effet de cette vicissitude qui l'avoit fait autrefois disparoître, est revenuë éclairer nos Provinces depuis environ deux cens ans, & leur a rendu leur ancien éclat, même avec usure.

---

1 Le P. Rapin Compar. de Platon & d'Aristote. 4. part. ch. 6.

Monsieur Fleury, Mœurs des Chrét. chap. 53. pag. 471.

Il semble que la bonté Divine ait voulu dédommager la France François. de tout ce qu'elle avoit souffert durant près de mille ans de ténébres & dignorance. Car si on considére la multitude & les excellentes qualités des grands hommes qu'elle y a fait naître depuis le regne de Louis XII. on peut se persuader sans manquer de respect pour l'Antiquité, que ces illustres Modernes ont été beaucoup plus loin que nos Ancêtres qui vivoient du tems des Grecs ou des Romains, & qu'ils ont traité les Arts liberaux & les Sciences humaines avec beaucoup plus de succès & plus d'avantage.

C'est proprement aux Ecrivains de ces deux derniers siécles qu'il faut appliquer les jugemens divers que l'on fait des François.

Le Préjugé où nous sommes aujourd'hui veut que le siécle précédent ait été simplement un siécle d'érudition dans lequel on s'appliquoit particuliérement à la profonde lecture, à l'étude des Langues, & à la critique des Ecrits des Anciens plutôt qu'à celle de leur esprit, & où l'on faisoit regner principalement la Philosophie & les Humanités que l'on employoit dans toutes sortes de Sciences.

Ce même Préjugé veut au contraire que le siécle où nous vivons soit un siécle de délicatesse, où l'on tâche d'introduire le bon goût dans les Arts & les Sciences, de joindre la politesse avec l'érudition, de faire le discernement des esprits aussi-bien que des choses, d'examiner ce que l'on doit recevoir ou rejetter des écrits & des exemples des Anciens, & de juger de la maniére dont on pouroit réformer ou perfectionner leurs vûës & leurs pensées, sans se borner à ce qu'ils ont inventé, & à ce qu'ils nous ont appris en suivant simplement leurs lumiéres naturelles.

Cette idée générale que nous-nous formons des Ecrivains François, poura bien être réformée ou par ceux qui viendront après nous, ou par ceux des Nations étrangéres, qui auront lieu de prétendre qu'elle n'appartient pas moins aux Ecrivains de leurs pays qu'à ceux du nôtre. Il n'est pas juste de leur vouloir ôter cette pensée, & je ne croi pas qu'il faille briguer trop ardemment la préséance de literature & d'érudition sur eux : mais aussi n'est-ce pas une injustice ni une témérité de faire voir aux censeurs des Ecrivains de notre Nation qu'il y a sans doute plus qu'une *teinture legere* & plus qu'une *écorce superficielle* dans leurs Ouvrages. Et l'on pouroit sans sortir des bornes de la bienséance & de la modestie non seulement appeller d'un jugement si précipité, mais défier encore les Etrangers, c'est-a-dire, ceux qui ne sont point François, sur la solidité, l'étenduë, & la profondeur.

174 DES PREJUGES

François.
Grammairiens.

1. Et pour commencer par la Grammaire, les Etrangers trouveront sans doute parmi eux des Ecrivains capables de tenir tête en Hebreu à Genebrard, à Cinq-arbres, à Dacquin & à Messieurs de la Boderie : mais qu'ils nous en produisent quelqu'un auquel nous ne puissions opposer Vatable ou Ouateblé, Mercerus ou le Mercier, Capel, Bochart, & quelques-autres que l'Auteur de la France Orientale pourra indiquer à ceux qui seroient curieux de les connoître.

Pour le Grec ils pouront présenter les plus habiles de chés eux contre Toussains, Lambin, Dorat, Goulu, Henri Estienne ; mais peut-être ne seroit-il pas trop sûr d'en faire de même contre Budé, Danès, Turnèbe, Chrestien, Casaubon, & Monsieur Valois.

Et pour ce qui est de la connoissance de la Langue Latine, quoique nous n'ayons peut-être personne à produire au-dessus des Etrangers, il n'en faut pas conclure que tous nos Ecrivains n'ayent sû cette Langue que légerement & superficiellement, le seul Passerat entre deux ou trois mille peut servir de caution pour toute la Nation.

Je ne parle point de la connoissance de notre Langue puisque les Etrangers n'y ont point de part, & qu'ils ne peuvent nous porter envie en ce point ; comme la connoissance parfaite qu'ils ont de leur Langue ne nous donne point de jalousie.

Pour ce qui regarde la corruption, les changemens & le mélange des Langues Grecque & Latine avec les vulgaires & les Barbares, ils pouroient peut-être opposer à Monsieur Pithou le jeune, à Monsieur Rigaut, & à Monsieur Fabrot, Meursius, Lindembrogius, Spelman & Vossius : Mais on leur donne volontiers un siécles pour chercher & pour forger parmi eux de quoi mettre au bassin de la balance contre les Glossaires de la Latinité & de l'Hellenisme du moyen & du bas âge de Monsieur du Cange.

Traducteurs.

2. Dans l'Art de traduire on a tout sujet de supposer que les bons Traducteurs Latins de notre Nation ne sont peut-être pas inferieurs à ceux des autres ni en nombre ni en mérite, jusqu'à ce qu'on puisse s'en convaincre par la lecture du Recueil qu'on en donne dans la suite de ce dessein.

Et s'il falloit mettre en paraléle les Traductions en Langue vulgaire, les Etrangers persuadés qu'il n'y a point de Nation qui se soit tant exercée dans ce genre d'écrire que la nôtre, n'hésiteroient pas sur la déférence, au moins à l'égard de la multitude.

Car soit que l'on considére les Traductions Françoises qui ont paru avant la réformation de notre Langue, soit qu'on jette les yeux

DES NATIONS.

sur celles qui ont été faites depuis, on remarquera aisément qu'il ne François. se trouve presque plus de Livre en Grec ou en Latin, tant soit peu considérable, qui n'ait été tourné en notre Langue & même plus d'une fois.

Il est vrai que de toutes celles du premier genre, il n'y a presque que celles d'Amiot & de Vigenere qui se soient maintenuës dans leur première réputation & dans l'estime publique ; mais combien s'en trouve-t-il parmi celles de ce siécle qui approchent des Originaux les plus parfaits de l'Antiquité, & qui égalent ou qui passent même leurs Originaux quand ils ne sont pas de la première classe ? C'est ce qui se voit dans toutes ces belles Versions qui sont sorties, soit de l'Académie Françoise, soit de la Societé de Port-Royal, soit du Cabinet de quelques Particuliers qui nous ont donné les Historiens de l'Eglise & de l'un & l'autre Empire.

3. LES ETRANGERS nous font valoir le mérite de leurs Critiques Critiques: & de leurs Philologues, & nous reconnoissons avec eux l'importance des services que ces grands Hommes ont rendus à la République des Lettres. Mais ils souffriront bien au moins qu'on leur donne pour compagnons de leur gloire des Critiques François qui les valent comme Pelissier, les deux Scaligers, Brodeau, Turnèbe, Lambin, Dubois, de Billy, Muret, Vaillant, Dorat, Pithou, du Faur de Saint Jory, Chrestien, Passerat, le Mercier des Bordes, le Févre (Nic.), Casaubon, le Duc, Rigaut, du Puy, de Maussac, Saumaise, Petit, Bochart, Gaumin, le Févre (Tann.), Valois : & s'il ne falloit avoir égard à la modestie des vivans on en pouroit nommer encore un grand nombre du premier ordre.

Et pour ce qui est de la Critique Ecclésiastique on sait jusqu'où les grands noms de Sirmond, de Marca, de Launoy, &c. portent leur ombre.

4. NOTRE Nation a porté comme les autres & porte encore des Poëtes: Poëtes Latins qui ont leur mérite, & qui empêchent sans doute que les autres n'ayent entiérement l'avantage sur elle en ce point.

Il n'est peut-être pas si aisé de décider sur les Poëtes François. Si nous ne sommes pas contents de nous-mêmes pour le Poëme Epique, c'est peut-être parce que nous serions plus difficiles & plus délicats en ce genre que ni les Italiens ni les Espagnols. Car on ne peut point dire que ce soit le génie qui ait manqué jusqu'ici à nos Poëtes non plus qu'aux Italiens. Ils ont eu même tout l'art & toute l'érudition que Dom Nicolas Antoine auroit souhaité aux Poëtes Espagnols. Avec tout cela nous ne pouvons pas nous vanter encore d'avoir un

François. Poëte héroïque qui soit capable de nous faire prendre le dessus de nos voisins, même après que de Malherbe & Messieurs de l'Académie ont tâché de faciliter le chemin, pour arriver à ce point de perfection que nous cherchons.

Il n'en est pas de même pour le genre dramatique. Le Théâtre François s'est élevé trop haut depuis cinquante ans pour se contenter d'être mesuré avec celui des Modernes, & il semble avoir voulu même passer celui des anciens Romains, pour atteindre à l'élevation & à la gloire de celui des Grecs. Et si nous étions surs du désintéressement & de la liberté entière de nos Critiques, nous pourions nous persuader sur leur autorité que la Comédie des François ne céde point à celle des Grecs, comme il est indubitable que leur Tragédie a effacé celle des Romains.

La Satyre a trouvé enfin son homme parmi nous, c'est-à-dire un homme qui a sû la purifier & la perfectionner, en joignant les deux caractéres de Juvenal & d'Horace, sans prendre part à leurs vices: & qui s'étant mis facilement au-dessus du premier, n'a été inférieur au second que pour le tems, au jugement même des Etrangers (1).

Et pour ce qui est du genre Lyrique & de celui qui renferme les diverses espéces des petits Vers, les Etrangers ne reprocheront pas à la France son peu de fécondité dans la production des Poëtes qui y ont réussi, même avant que notre Langue eut reçû sa perfection.

Romans. 5. Je ne parlerai pas ici de l'Art des Romans. Car quoique selon des Essarts (2) & Monsieur Huet (3) nos François en ayent communiqué l'invention & la perfection aux Espagnols, aux Italiens, & aux autres Peuples de l'Europe: & quoique nos Auteurs Romanesques ayent emporté le prix de ces sortes de compositions sur eux avec tant de hauteur, que leurs plus beaux Romans n'égalent pas les moindres des nôtres: néanmoins je ne pense pas qu'on nous puisse justifier & encore moins nous louer devant Dieu d'un Art qui fait juger autant de la corruption de nos mœurs, que de la politesse de notre galanterie.

Aussi voyons-nous ces sortes d'ouvrages tomber peu à peu dans le mépris & l'oubli, depuis qu'on s'est avisé de nous donner des divertissemens plus honnêtes, plus solides, & plus utiles, soit par des Traductions nouvelles des plus beaux Ouvrages des Anciens, soit

---

1 Monsieur Spanheim, préf. sur son Julien.
2 Apud Nicol. Anton. Biblioth. Hisp.
Tom. 2. in addendis ultim. anonymor.
3 Monsieur Huet, Traité des Romans, &c.

par des compositions en notre Langue où l'on a délicatement & François.
judicieusement mêlé l'agréable avec le sérieux.

6. NOS ORATEURS n'ont pas entiérement dégénéré des Anciens Orateurs & Rhéteurs.
Gaulois en matiére d'éloquence. Ils en ont même augmenté ou diversifié les especes par la différence de l'emploi qu'on a été obligé d'en faire, & on en a introduit au moins de trois sortes, dont la premiére est l'Eloquence Scolastique que l'on exerce dans des causes feintes & chimériques, & dans toutes sortes de sujets arbitraires; la seconde est celle du Barreau ou des Gens de la robe; & la troisiéme est celle de la Chaire, c'est-à-dire des Prédicateurs de l'Evangile.

Nous avons eu plusieurs Orateurs de la premiére espéce sur tout en Langue Latine durant ces deux derniers siécles, mais pour ne point trop exposer leur réputation, il faut se contenter d'opposer Muret seulement à ceux des autres Nations.

L'Eloquence du Barreau est sans doute la plus difficile à pratiquer aussi ne l'a-t-on point encore rencontrée en France telle qu'on la souhaiteroit absolument, quoique personne n'ait pû jusqu'ici exprimer bien nettement ce que l'on demande. C'est pourquoi tant que l'on ait enfin trouvé cet *Orateur parfait* si difficile à dépeindre, que nous attendons tous les jours, & que nous attendrons long-tems, Monsieur le Maistre se maintiendra toujours dans le premier rang qu'il tient sur tous les Orateurs du Barreau François. On s'étoit promis de le voir dégrader par Monsieur Patru, dont on a depuis quelque tems redonné les Plaidoyers avec un nouveau lustre. Mais le Public qui est l'arbitre naturel & le dispensateur ordinaire de ces sortes de rangs, a souhaité pour cet effet quelque chose de plus que la pureté du langage & que le bon sens; il n'a point cru que l'Art de l'Eloquence dût se terminer à la politesse & à l'élégance: il a demandé de l'élévation & de la force: en un mot il a voulu un Orateur, & non pas un Grammairien & un Critique simplement.

Quoique l'Eloquence de la Chaire paroisse la plus aisée de toutes, on n'a point encore néanmoins pû venir à bout en France de la faire passer toute entiére sur le papier, & de la rendre aussi sensible à des Lecteurs qu'elle le peut être à des Auditeurs.

Ainsi il est de la justice d'en abandonner la gloire aux Etrangers, parmi lesquels on ne trouvera peut-être que Grenade qui ait pû y réussir en Espagne, les Prédications des Italiens n'étant pas moins squelettes que celle des François dès qu'elles sont dépouillées de leur charnûre, & destitués du feu qui les animoit dans la Chaire par le ministere de la voix & du geste.

Tome I.   Z

François.
Hiſtoriens.

7. A L'ÉGARD des Hiſtoriens du Royaume, on peut dire que le nombre en eſt devenu preſque infini, ſi l'on y veut comprendre ceux qui ont écrit l'Hiſtoire des Villes, des lieux & des maiſons particuliéres, & ceux qui ont compoſé auſſi l'Hiſtoire Etrangére.

Cette multitude a peut-être été plus onéreuſe à notre Nation qu'elle ne lui a été glorieuſe. Si l'on s'en rapporte au témoignage de Monſieur de Gomberville. ,, Les Hiſtoires de France ſont remplies ,, de confuſion, d'impertinences & d'ordures, parce que les uns ,, mettent indiſcrétement les uſurpateurs de cette Couronne au ,, nombre de nos Rois: les autres empliſſent leurs Livres d'igno-,, rances, d'impoſtures, & d'invectives, & preſque tous y apportent ,, peu de prudence (1). Ce Cenſeur prétend ailleurs que les Etrangers ont ſujet de nous accuſer de brutalité, de voir que tous nos Hiſtoriens n'ayent jamais eu ni de jugement, ni de ſcience, ni d'éloquence (2).

Cette ſévérité de Monſieur de Gomberville pouvoit avoir ſon utilité pour ceux à qui il vouloit apprendre les vices & les vertus de l'Hiſtoire, & elle pouvoit être ſalutaire a ceux qui de ſon tems entreprenoient d'écrire l'Hiſtoire ſur des Originaux peu exacts : mais elle paroît outrée & exceſſive ſans doute, quand on veut comparer nos Hiſtoires avec celles des autres Nations. Il eſt vrai que quelques-uns de nos Hiſtoriens ſont allé chercher nos commencemens dans la Fable. Mais quelle eſt la Nation dont les origines ne ſoient pour le moins auſſi fabuleuſes & impertinentes à commencer depuis les Orientaux, les Grecs & les Romains, juſqu'aux Friſiens & aux derniers des Peuples du Nord ?

La nôtre a du moins cet avantage qu'elle a été des mieux diſpoſées à reconnoître & à rejetter l'impoſture, & elle ne s'eſt pas tenuë fort obligée aux Allemans qui nous ont forgé des impoſteurs pareils à Waſthal & à Hunibaud.

Nos Hiſtoriens ont été chargés par un Flamand d'une accuſation qui n'eſt pas moins atroce. Cet Auteur n'étant pas ſatisfait de Philippes de Comines & de Robert Gaguin, n'a point crû devoir ſe contenter de leur dire des injures, mais ayant laiſſé répandre ſa bile ſur toute la Nation, il n'a point fait difficulté d'en attaquer les mœurs & les actions auſſi-bien que les écrits, & de dire généra-

---

1 Marin le Roy de Gomb. Epiſt. dedic. des vertus & des vices de l'Hiſt. pag. 7. 8.

2 Gomberville ibid. des vertus & des vices de l'Hiſt. pag. 46.

lement que *les François sont d'aussi mauvaise foi dans leurs Histoires que dans leurs actions* (1). Mais un autre Auteur des Pays-bas tout autrement célébre que celui-ci, nous a dispensé d'éxaminer la vérité ou le fondement de cette accusation, & nous a appris qu'elle n'étoit que l'effet d'une passion trop aveugle pour son pays (2).

Dans une si grande multitude d'Historiens, il ne nous seroit peut-être pas difficile d'en trouver, lesquels avec leurs défauts peuvent légitimement être comparés, je ne dis pas aux plus excellens d'entre les Modernes de l'Italie, de l'Espagne, de l'Angleterre, & de l'Allemagne, mais à ceux qui tiennent le premier rang parmi les Grecs & les Romains.

Philippes de Comines n'est inferieur ni à Tacite, ni à Polybe, ni à Thucydide, ni à aucun des Anciens au jugement même d'un des plus célébres Critiques d'entre les Etrangers (3), & ce qu'il y a de singulier, c'est qu'il n'avoit obligation de ses lumiéres & de sa suffisance à aucun de ces Anciens qui ont servi de modéle aux plus parfaits d'entre les Modernes.

Paul Emile selon le même Auteur est presque le seul dans ces derniers siécles qui ait découvert la voie véritable & ancienne de l'Histoire, & qui y soit entré avec succès, il témoigne qu'il est égal aux Anciens, & qu'on ne peut pas ne le pas goûter, sans faire connoître quelque mauvais goût & quelque défaut de jugement.

(4) Ce ne sont pas les François seulement mais les Etrangers sur tout qui ont donné à Monsieur le Président de Thou la préféance sur tous les Historiens de ces derniers tems, & qui l'ont égalé aux Anciens, soit pour la grandeur du sujet, soit pour la disposition & la proportion des parties, soit enfin pour le choix d'un stile convenable à la majesté de l'Histoire. Et si nous voulions joindre Monsieur de Mezeray à ces grands Hommes, il ne leur feroit peut-être pas beaucoup de déshonneur, mais on attend de jour en jour quelque chose de plus des vivans.

---

1 Res suas Galli non majori solent scribere fide quàm gerere. Jac. Meyer. rer. Flandr. Hist. Lib. 19.

2 Ger. Jo. Vossius de Hist. Lat. Lib. 3. cap. 11. pag. 664. in R. Gaguino.

3 Just. Lips. not. ad cap. 9. Lib. 1. Politic. fol. 12. 13.

Quoique Philippes de Comines & Paul Emile ne fussent pas nés actuellement en France, néanmoins ils sont considerés comme de veritables François, à cause de leur établissement, de même que S. Irenée, Alcuin, Pierre Lombard & plusieurs autres.

4 Vossius præfat. de Histor. Lat. Christian. Mathias Theatr. Histor. p. 821.

Martin. Zeillers de Historicis, parte 2. pag. 151.

Science de l'Hist. cap. 4. pag. 79. 80.

Pagination incorrecte — date incorrecte

NF Z 43-120-12

François.
Chronologistes.

8. ON avoit ignoré dans le monde la science de la véritable Chronologie jusqu'au tems de deux François que la Providence semble avoir fait naître pour tirer cette science de son enfance & des ténébres qui l'avoient environnée jusqu'alors ; pour lui prescrire des regles certaines ; pour lui donner son accroissement, la mettre dans toute l'étenduë qu'elle peut avoir, & la porter presque au comble de sa perfection.

Ces deux grands Hommes sont, comme personne n'en doute, Scaliger le fils & le Pere Petau. On peut dire qu'ils sont d'autant plus au-dessus de l'envie des Etrangers, que d'un côté ils n'ont encore trouvé personne parmi tous les Modernes qui ait été capable de les suivre de près & de les atteindre, & que de l'autre il n'y a personne parmi les Anciens que l'on voulût mettre en paralléle avec eux dans une science qui n'étoit pas assés estimée, ni assés connuë dans l'Antiquité.

Géographes.

9. LES HOLLANDOIS & les Flamans avoient été considerés depuis plus d'un siécle comme les Maîtres des autres Peuples en Géographie, & personne ne leur disputoit un honneur & un avantage que leur avoient justement merité Gerard Mercator, Abraham Ortelius, Paul Merula, Pierre Bertius, Guillaumme Janssson, de Blaew, & même Philippes Cluvier, quoique né hors de leurs Provinces.

Mais enfin Monsieur Sanson les ayant tous effacés, a fait passer cette gloire à la France au jugement même des Hollandois (1), & de tout ce qu'il y a de personnes habiles & de bon goût.

Depuis Monsieur Sanson la France a produit d'autres exellens Géographes, qui sauront empêcher que l'avantage qu'il lui a procuré ne passe aux Etrangers.

Philosophes.

10. POUR ce qui est des Philosophes, on ne peut pas dire que la France en ait été sterile, puisque c'est elle qui a formé & perfectionné tous ceux des Nations étrangeres même, sur tout depuis l'introduction de la Scholastique dans l'Université de Paris, du tems de Pierre Lombard & de Pierre Abailard jusqu'à celui de la Ligue ou des guères civiles.

Il faut avouer néanmoins qu'il n'a rien paru de trop extraordinaire dans la plupart de nos Peripatéticiens & de nos Averroïstes, & qu'ils se sont souvent laissés égaler & passer même par ceux des Nations voisines en subtilité pointilleuse, en rafinement de

---

1 Monsieur Baudrand Catalog. Geogr. post. Lexic. Ferrarii.

DES NATIONS. 159

chicane & en spéculations creuses & abstraites.

Mais nous pouvons produire trois chefs de secte qui sont assés considérables dans la Philosophie moderne pour être opposés à tout ce que les Etrangers ont eu de grands Philosophes.

Le premier est la Ramée qui a eu le malheur de passer pour un brouillon, & qui s'est vû accablé sous l'effort de ses envieux. Il a encore aujourd'hui un assés grand nombre de sectateurs surtout en Allemagne, mais ceux de France paroissoient être fondus pour la plupart dans les autres sectes.

Le second est Gassendi qui est estimé le plus savant de tous les Philosophes modernes, & qui, quoi qu'il n'ait voulu passer que pour le restaurateur de la Philosophie d'Epicure & de Démocrite, ne laisse pas d'avoir encore des Disciples qui le considérent comme leur premier Maître & leur véritable Chef.

Le troisiéme est Descartes appellé par excellence *le fils de la Nature.* Sa Secte est aujourd'hui la plus puissante & la plus considérable de toutes celles de la Philosophie moderne. Elle se fortifie de plus en plus, & elle reçoit tous les jours de nouveaux accroissemens, autant par le mérite que par le nombre de ses sectateurs.

II. LES MATHEMATIQUES n'ont pas été traitées en France avec moins d'ardeur & de succès que les autres Sciences, & il seroit difficile de trouver chés les autres Peuples plus de Mathématiciens qui ayent été au-delà des Anciens.

On peut sans sortir de notre siécle proposer entre plusieurs autres Mr Viéte, Mr Mydorge, Mr Descartes, Mr Pascal, Mr de Fermat, le P. Pardies s'il eût vécu, & quelques-uns de ceux qui vivent aujourd'hui, comme des personnes capables de soutenir l'honneur & le rang de leur Narion, tant que les Mathématiciens seront en considération parmi les Hommes.

DEPUIS que la Médecine s'est soumise aux nouvelles expériences, il semble qu'elle ait changé de Maîtres & de Chefs en changeant de méthode.

Auparavant cette révolution, la France avoit en la personne de Fernel un Médecin que les Etrangers même consideroient comme le Prince des Modernes, de même que Galien l'étoit de ceux de moyen âge, & Hipocrate des Anciens.

Mais le dix-septiéme siécle en a disposé autrement, & nous sommes encore à chercher ce Médecin accompli auquel toutes les Nations puissent déférer la principauté d'un commun consentement. Cependant Fernel trouve de quoi se consoler dans le sort d'Hipocrate

& de Galien, & quoiqu'il n'ait point gardé son rang aussi long-tems que ces deux grands Hommes, il est toujours glorieux pour lui & pour sa Nation de l'avoir mérité, & d'en avoir eu même la possession.

François.

13. LA JURISPRUDENCE ne s'est trouvée nulle part plus honorée, ni plus dignement exercée qu'en France. On l'y a cultivée & perfectionnée en toutes ses parties, de sorte que quand elle auroit pû périr chés les autres Nations, on auroit toujours eu lieu de la retrouver chés nous, & de la rétablir sur les lumières de nos Jurisconsultes, selon l'aveu-même des Etrangers (1).

Jurisconsultes.

Notre Nation ne prétend pas ôter à l'Italie la gloire d'avoir fait revivre la Jurisprudence Romaine en Occident, quoiqu'on puisse dire que quelques-uns de nos François y ayent eu quelque part, comme Placentin natif de Montpellier qui vécut sur la fin du douziéme siécle, Pierre de Belleperche, Jean Favre ou le Févre, & quelques autres qui y ont travaillé dans le treiziéme siécle.

Mais elle peut légitimement s'attribuer celle d'en avoir exterminé la barbarie, & d'avoir purifié & embelli cette science par le secours des belles Lettres & des autres connoissances. Car personne ne poura nier que ce ne soit à Budé que la Jurisprudence a cette obligation.

C'est principalement depuis ce tems-là qu'on a porté cette science si loin dans les diverses Ecoles de France, qu'il semble qu'on l'ait fait toucher à son période, du moins en ce qui regarde le Droit écrit ou Romain. De sorte que si les Etrangers ont eu chés eux beaucoup de gens de la portée de Rebuffy, de Corras, de Doneau, de le Comte, de Fournier & de la plupart de nos Jurisconsultes du commun, on peut dire qu'ils en ont eu très-peu de la force de Tiraqueau, Duarein, Connan, Rançonnet, Eguinaire Baron, Bourdin, Baudouin, du Moulin, de Brisson, Hotman, & d'un grand nombre de ceux qui ont éclaté dans notre siécle : mais qu'ils n'ont encore eu personne capable de tenir contre Cujas.

14. ENFIN si l'on vouloit s'arrêter à considerer les Théologiens de France ; on n'auroit pas de peine à juger qu'il a falu des bénédictions particuliéres du Ciel sur notre Nation pour en produire un si grand nombre, de si excellens, & durant tant de siécles.

Théologiens.

Ils ont été de tout tems en réputation d'être les premiers Théologiens du Monde. Les Peuples, les Princes étrangers, & les Pa-

On sait l'Histoire de Jean XXII.

---

1 Petr. Hallæi de Jurisprud. civ. autorit. in Gall. Orat. pag. 6. 7.

DES NATIONS. 183

pes mêmes se sont soûmis à leurs décisions, non pas qu'ils se crussent dépendans de leur autorité, mais simplement parce qu'ils étoient entiérement persuadés de leur mérite & de leur capacité au-dessus des Théologiens des autres Nations.

François: que la Faculté de Paris obligea à la retractation de quelques erreurs qu'il avoit avancées.

Il ne faut pourtant pas dissimuler deux sortes d'accusations dont on charge les François sur la Théologie. La premiére est de l'avoir renduë trop contentieuse par les subtilités de la Dialectique ; & la seconde est d'entretenir impunément une certaine race de Théologiens libres, qui mettent en question les vérités les plus importantes. Mais ces objections ont été répondues par plusieurs savans Hommes avant nous.

Ils ont fait voir pour le premier point que si on s'est crû obligé dans la Faculté de Théologie de France d'introduire & d'employer cet Art qu'on appelle la *Scholastique*, ce n'a été que pour donner de l'ordre & de la méthode au raisonnement.

Cette sage Faculté a consideré que quoique notre raison doive être soumise à la Foi, & que nous devions recevoir toutes les vérités de notre Religion sans raisonner : nous pouvons néanmoins rendre compte de notre soumission, & de l'acceptation que nous faisons de ces vérités; & que nous y sommes même obligés, soit pour combattre ceux qui attaquent notre créance, soit pour instruire ceux qui l'ignorent (1).

Elle a pris de la méthode des anciens Philosophes & surtout d'Aristote, ce qu'elle a jugé de plus propre pour détruire le mensonge & pour établir la vérité. En quoi elle a crû pouvoir imiter Saint Jean de Damas qui s'étoit formé long-tems auparavant de pareilles idées avec assés d'ordre & de succès.

Il est vrai que l'on a eu quelque peine de voir qu'on pût objecter aux Chrétiens qu'ils sont redevables de cet Art à des Arabes & des Mahometans, sur ce que Saint Thomas qui est consideré comme le Fondateur de la Secte des Scholastiques (2), semble avoir plutôt pris la méthode d'Averroës que celle d'Aristote. Mais outre que ce Saint l'a rectifiée, & qu'il lui a fourni du sien ce qui lui manquoit : c'est qu'avant lui Gilbert de la Porrée depuis Evêque de Poitiers, Pierre Abailard depuis Moine de Cluni, Pierre Lombard depuis Evêque de Paris, & Lanfranc Prieur du Bec depuis Abbé de Saint

---

1 Le P. Rapin de l'usage de la Philosoph. §. 6. pag. 380.
2 Le même, Réfléxions sur la Philoso-
phie, §. 16. pag. 285. de l'Edition in 4.
287.

François.

Estienne de Caën & Archevêque de Cantorberi qui étoient les principaux Théologiens de la Faculté de Paris au douziéme siécle, avoient déja jetté les fondemens de la Scholastique, & ébauché cette Méthode sans la communication des Arabes.

Il faut avouer que cette Scholastique a dégénéré de tems en tems en chicane & en fausse Dialectique. Mais si l'on veut prendre la peine de voir l'Histoire de l'Université, loin d'en rejetter la faute sur les Théologiens François, l'on trouvera que cette corruption & ces désordres ne sont venus le plus souvent que des Théologiens étrangers (1), qui ont été à charge à la Faculté de Paris, & qui en ont été considérés comme les membres vicieux & pourris.

Il est certain d'ailleurs que cette même Faculté a eu soin de tems en tems d'y apporter des remédes, & d'ordonner par ses Décrets (2) qu'on enseigneroit l'Ecriture-Sainte, les Saints Canons, les Saints Peres, & la Théologie ancienne, avec toute la pureté & la simplicité possible, & qu'on en banniroit toutes les vaines subtilités.

François I. &c.

Nos Rois-mêmes n'ont pas dédaigné d'en prendre connoissance (3); & par leurs Ordonnances également salutaires & sévéres ils ont purgé ce célébre Corps de toutes ces mauvaises humeurs autant qu'il leur a été possible.

Au reste cet Art & cette Méthode Scholastique toute desséchée & toute désagréable qu'elle est, n'a point laissé d'avoir son utilité, & de produire ses effets contre l'imposture & l'erreur. On peut dire même qu'elle a rendu la Doctrine de notre Religion redoutable à tous les Novateurs des derniers siécles, & que ne pouvant y résister, ils ont entrepris de la décrier, en déclamant indifferemment contre tous les Scholastiques, sans en vouloir distinguer les abus, d'avec son usage légitime.

Quant au second point dont quelques Etrangers ont bien voulu acculer notre Nation, on auroit pû le considerer avec d'autant plus d'indifférence & de mépris qu'il a moins de fondement.

Car on peut dire sans faire tort aux Etrangers, que la France par raport à ses Ecrivains est au milieu des deux extrémités que l'on doit

---

1 De quelques Espagnols. Voyés D. Nic. Ant. Bibl. d'Espagn. Tom. 1. pag. 404. col. 2.
De plusieurs Hibernois, Ecossois, & quelques Anglois.
Voyés Duboulay, Histoire de l'Université.

2 Recueil des Piéces concernant l'Université, sur les troubles de la Faculté de Théol. pag. 8. 9. Edit. in 4. parch.

3 Alph. Garl. Matamor. de Academ. & clar. Hispan. Vir. in Hispan. illustrat. Schotti, & in Bibl. Hispan. Nic. Anton. Tom. 1. pag. 404.

fuir

DES NATIONS. 185

fuir également dans la Religion, entre l'impieté des Libertins & la superstition des faux Dévots. Françoise

Ce n'est pas quelle soit entièrement exemte de cette double vermine ; mais sur le peu de connoissance que l'on peut avoir de la Librairie & du commerce des Lettres, on oseroit assurer qu'il se trouve en France plus qu'ailleurs de bons Ecrivains qui savent pénétrer, & qui enseignent le véritable esprit de la Religion Chrétienne : & que le nombre de ceux qui en ont écrit indignement, quoique toujours trop grand, en est peut-être moindre que dans les pays étrangers.

Il faut avoir peu de connoissance de notre Nation pour se laisser surprendre à certàines fictions comme ont fait quelques Allemans (1), qui prenant les imaginations frivoles du P. Zacharie de Lizieux pour des vérités plausibles du *Petrus Firmianus* (2), ont écrit sur sa bonne foi que la France, & particuliérement la Ville de Paris, est toute remplie d'Athées ; qu'il y en a même des Colléges & des Acadé-mies ; & que les assemblées de ces nouveaux Docteurs ne se tiennent que la nuit.

C'est sans doute sur ces fictions ridicules, & peut-être sur ce qu'on avoit fait accroire au bon Pere de Mersenne le plus facile des hommes (3), que les Calvinistes mécontens ont pris sujet de calomnier les Catholiques de France (4), & de dire qu'il y a parmi eux *un grand Parti composé de Déistes, de Sociniens, &c.* comme si cette accusation regardoit moins les Huguenots du même pays ; comme si le Calvi-nisme n'étoit pas plus près du Socinianisme & du Déisme que la Religion Catholique (5). Sç. qu'il y avoit plus de 50000. Athées dans Paris vers l'an 1623.

Un Auteur séditieux & qui a tâché de commettre tout le monde, a prétendu que Monsieur Huet avoit publié la même chose (6) & qu'il avoit dit que la France est remplie *de Déistes & de Libertins, qu'il y avoit un grand nombre de ces malheureux Esprits-forts, que l'impieté s'avançoit & faisoit de grands ravages à la Cour & dans le Royaume ; & que c'étoit même l'esprit comme général de tous ceux qui vouloient paroître d'une habileté un peu distinguée.* Mais ce malheureux

---

1 Theophil. Spizel. in Felic. Literat. Tract. 1. pag. 104. 109.
Martinus Kempius in Triad. charism. seu Bibl. Anglic. pag. 351.
2 Petr. Firmian. sæculi genius, &c.
3 Marin. Mersenn. Commentar. in Ge-nesim, pag. 671.
Item in præfat. ad Lector. & in Epist. ad Jo. Franc. de Gondy Arch. Parisiens.
4 L'Auteur de la Politique du Clergé de France.
5 Voyés l'Apologie pour les Catholi-ques contre cet Auteur de la Politique du Clergé.
6 P. Dan. Huet, præfat. ad Delphin. Demonstrat. in Evangel. num. 2. &c.

Tome I. A a

François. Ecrivain voulant gratifier ses Confreres les Calvinistes, impose à Monsieur Huet (1), feignant malicieusement qu'il ne parle que de la France, de la Cour, du Clergé & du Royaume, quoiqu'il n'en dise pas un mot ; que ce qu'il rapporte des Déistes & des Libertins soit général à toute sorte de pays, & qu'il n'en nomme & n'en spécifie aucun que la Hollande, où toutes les méchantes Religions, & nomément le Déisme & le Socinianisme sont reçus sous la protection du Calvinisme.

Après tout, il est bon de remarquer pour la justification de la France, qu'elle n'a eu aucune part ni aux conseils ni aux entreprises diaboliques de tous ces Ministres de l'Antechrist, & de ces détestables ennemis de la Sainte Trinité & de l'Incarnation du Fils de Dieu, qui sont sortis en ces deux derniers siécles de l'Italie, de l'Espagne, de l'Allemagne, de la Hollande & de l'Angleterre.

De tous ces quarante Ouvriers de Satan qui sortirent de l'Ecole du vieux Socin (2) pour aller dans l'Occident & le Septentrion renverser les fondemens de la Religion, il n'y en avoit pas un qui fût François. Et l'on sait que Servet, Ochin, Memnon, l'Aretin, Hoffman le Prophete, Gentil, Vanin, Browne, Spinosa, Beverland n'ont point pris naissance dans ce Royaume, & que ceux qui ont osé y mettre le pied, ont été punis du dernier supplice dès qu'ils ont été découvers. En un mot ç'ont été les Etrangers qui ont gâté ce qu'il y a de Libertins en France.

VOILA ce que le devoir d'un bon Citoyen m'a obligé de répondre aux Etrangers sur les défauts que le Préjugé leur a fait trouver dans les Ecrivains François. L'on jugera peut-être que je l'ai fait avec trop d'étendue par rapport au dessein que je me suis proposé dans ce Discours ; ou trop superficiellement & trop imparfaitement, si l'on considére l'heureuse abondance d'une si belle matiére. Mais il faut pardonner le premier aux sentimens de pieté que l'on doit à sa Patrie, s'il y a de l'excès ; & l'on doit excuser le second, s'il y a du défaut, puisqu'il n'est pas possible de renfermer en si peu d'espace ce qui devroit faire le sujet d'un gros Livre à part.

Je n'ai pas prétendu retirer aux autres Nations la gloire d'avoir donné aussi-bien que la France de grands hommes à la République des Lettres & d'avoir heureusement cultivé les Arts & les Sciences,

---

1 L'esprit de Monsieur Arnaud, Tom. 1. observat. 6. pag. 194. 195.

2 Chr. Send. in Bibl. Anti-Trinitarior. pag. 18.

Mais j'ai souhaité seulement de faire remarquer deux choses.

La premiére est, que la plus grande & la plus saine partie des Etrangers reconnoît que notre Nation n'est dépourvûë d'aucune des excellentes qualités qui ont rendu recommandables à la Posterité les Grecs, les Romains, & ceux de nos voisins qui ont le plus de réputation & de mérite. Et que c'est avec quelque sorte de justice que quelques uns d'entre eux l'ont appellé *la Mere & la Princesse des Arts* (1), quelques-autres, *un Peuple né dans la délicatesse de l'esprit, naturellement poli, vif & subtil* (2), d'autres, *une Nation habile à tout, soit aux Lettres, soit aux Armes, généreuse, sincére, & gardant la foi plus constamment qu'aucun autre Peuple* (3), & d'autres enfin, *un Pays généralement savant jusqu'au miracle & au-delà de ce que l'on pouroit s'en imaginer* (4).

La seconde, qu'il y a souvent peu de fondement à faire sur les jugemens généraux que l'on fait d'une communauté ou d'un Peuple tout à la fois, & qu'il se trouve pour l'ordinaire beaucoup d'injustice & de vanité dans cette sorte de Préjugé. Il y a de l'injustice à donner à toute une Nation les vices & les défauts que l'on aura remarqués dans quelques particuliers, comme à rendre de bonnes qualités universelles lorsqu'elles ne sont que personnelles. Il y a de la vanité & de l'incertitude à réduire les différences des esprits par climats, & à renfermer tous ceux d'une même trempe & d'une même espéce entre des riviéres, des côtes ou des montagnes, & souvent même entre des bornes civiles & arbitraires qui sont sujettes à changer à mesure que le pays change de Maître.

Nous reconnoissons avec Hippocrate, Platon, Aristote, Seneque & les autres (5), que la temperature de l'air & la bonté du climat contribuë quelque chose à la disposition naturelle des esprits qui en ont plus de mollesse, & de ce qu'on appelle gentillesse & délicatesse. Mais nous ne pouvons consentir à ce que quelques-uns d'entre eux ont avancé que les Peuples de l'Occident & du Septentrion n'ont ni génie ni disposition pour les Arts & les Sciences.

---

1 Dan. Heinsius Belga in monum. Scalig. mor. Decret.

2 Anton. Lullus Balearis, Lib. 7. de Oration. cap. 5.

3 Jul. Cæf. Scalig. Veron. L. contra Cardan. & apud Bodin. Lib. 5. de Repub. cap. 1. pag. 698. & Voss. de Histor. Lat.

4 Nicol. Anton. Hispan. præfat. Bibliothi.

5 Hippocrat. Lib. de aëre, aquis & locis, section. operum 3.

Plato in Timæo. Item Chalcidius paraphr. in Platonis Timæum.

Aristotel Lib. 7. Politicor. cap. 7. pag. 543.

Senec. Lib. 1. de Ira, cap. 16.

Joan. Filesac. Varro seu Selector. Lib. 2. cap. 1. pag. 336. 338.

François. Ce brillant & cette vivacité que l'on veut bien accorder aux esprits qui ont été élevés dans un air subtil & temperé de plus qu'aux autres, est peu de chose en comparaison de la solidité, de la pénétration, de la fermeté, de la force & de l'industrie que l'on a remarqué dans un million d'autres qui n'ont pas eu cet avantage, & cela ne sert peut-être qu'à les rendre un peu meilleurs Poëtes que les autres.

Et ce qui fait que le Préjugé que l'on a de certains pays, n'est pas toujours faux, ce n'est pas tant la constitution de l'air que c'est la rencontre de plusieurs personnes d'un même pays qui se sont appliqués aux mêmes études, soit par les exemples mutuels de leurs Citoyens, soit par la coutume, soit par l'occasion qui s'est présentée à eux.

C'est ainsi que les Toulousains, les Parisiens, les Angevins, les Poitevins, les Bretons, les Bourdelois, &c. sont ordinairement bons Jurisconsultes: parce que les Universités de ces Villes présentent l'occasion & la commodité d'étudier en Droit: qu'on a vû sortir de Toulouse Cujas, Corras, Pybrac, du Faur de Saint Jory, Ferrier, Duranti & un grand nombre d'autres célébres Jurisconsultes, particuliérement dans notre siécle ; qu'on a vû naître dans Paris Budé, Danès, Connan, Seguier, de Thou, le Maître, Bourdin, du Moulin, Mangot, du Mesnil, Hotman, le Fevre, Pasquier, &c. (1) ; à Angers, Ayrault, Choppin, Bodin, &c. (2) ; à Fontenay en Poitou Tiraqueau, Brisson, &c. ; en Bretagne Duareïn, Baron, Dargentré, &c. ; à Bourdeaux Rançonnet, du Ferron, &c.

C'est par une autre espéce de Préjugé que l'on a voulu faire passer

---

1 Mr Loisel prétend que les Parisiens sont meilleurs Avocats que ceux du reste du Royaume.
Loysel Dialog. des Avocats du Parl. de Paris, pag. 556.

2 Le Roy Charles V. dans les Lettres Patentes qu'il octroya pour les Priviléges de l'Université d'Angers, rend un témoignage avantageux à ceux de cette Ville en ces termes.
Inter Regiones alias Regni nostri, Civitas Andegavensis, veluti fons scientiarum irriguus, Viros alti consilii solet ab antiquo, propagatione quasi naturali providere. Du 1 Aoust 1373. Bodin. Liv. 5. de la Republ. Ch. 1. pag. 682.

1 N. B. Je me suis contenté de marquer ici en général, que Fernel étoit Picard, parce qu'il s'agit seulement des Médecins de toute la Picardie. Et si je l'ai fait du Diocése d'Amiens, c'est pour le suivre lui-même qui s'est dit d'Amiens, & la plupart des Ecrivains de son tems ; & pour ne point entrer dans une question qui n'est pas absolument de mon sujet. Il est vrai que Fernel étoit de Clermont en Beauvaisis selon l'opinion constante de ceux de ce pays, & selon les preuves que Monsieur Hermant en a chés lui, & dont il a eu la bonté de me donner avis. Mais cela n'ôte pas Fernel à la Picardie, puisque Clermont étoit alors de cette Province, & c'est tout ce que j'ai voulu dire dans cet endroit.

DES NATIONS.

les Picards pour des gens laborieux, & que l'industrie a souvent rendus Philosophes & Médecins : parce qu'on a vû paroître avec éclat dans la Philosophie Vatable ou Ouâte-bled de Gamaches, Ramus ou la Ramée du Vermandois, Carpentier de Clermont en Beauvaisis ; & dans la Médecine Trigaut, du Bois ou Silvius & Fernel au Diocése d'Amiens (1), Grevin & Patin dans celui de Beauvais, Ruelle à Soissons, &c. On veut attribuer cet amour du travail au climat qui est plus froid que dans les autres Provinces de la France, & qui semble tenir quelque chose de la proximité des Pays-bas & de l'Allemagne. Mais on peut dire que c'est plutôt aux malheurs de la guerre & aux autres afflictions fréquentes de cette Province que l'on doit les fruits des travaux de la plupart des gens de Lettres qui sont venus de ces quartiers, surtout au siécle passé, & qui ont tâché de vaincre leur mauvaise fortune par leur industrie. Et si dans ce siécle on s'est persuadé que les Picards, surtout ceux d'Abbeville sont meilleurs Géographes que les autres Peuples de la France & de l'Europe même, c'est moins le climat que l'exemple de Monsieur Sanson qui les a rendus tels en montrant le chemin, non seulement à Messieurs ses enfans, mais encore au P. Briet, à Monsieur du Val & aux autres qui l'ont suivis par une louable émulation.

On dit que la Normandie est fort inégale pour l'air, qu'il est subtil en quelques endroits, temperé en d'autres, & fort grossier en d'autres. Néanmoins cette inégalité n'a encore été suivie d'aucune bizarrerie dans la production des beaux esprits & des savans hommes dont cette Province a toujours été fort liberale pour toutes sortes d'Arts & de Sciences.

On prétend que dans l'Auvergne ceux qui viennent sur les montagnes sont des esprits fins, délicats & transcendans ; & que ceux qui naissent dans les vallées sont grossiers & stupides pour l'ordinaire. Il n'est donc plus question pour confirmer ou pour démentir ce Préjugé que de savoir si le Chancelier de l'Hospital, Genebrard, Savaron, le P. Sirmond & Monsieur Pascal sont venus sur les montagnes ou dans les vallées.

Il seroit ennuyeux & inutile de parcourir ainsi toutes les autres Provinces du Royaume. Nous dirons seulement qu'on a jugé que les lieux les plus agréables d'autour des riviéres de la Loire, de la Seine, & du Rône ont paru plus fertiles en Poëtes que les autres, si on en excepte la Provence, qui depuis plusieurs siécles semble en avoir été le séjour le plus ordinaire.

François:
Nous parlons ici de la Picardie selon l'ancien département, qui comprenoit aussi le Beauvaisis, le Soissonnois & le Laonnois.

François. C'est dans ces quartiers que regnoient autrefois nos anciens Trouverres ou Trobadours, nos Chanterres, nos Jongleurs & nos premiers Romanciers, comme on le peut voir dans ce qu'en ont écrit le Président Fauchet & Jean de Nostredame. Et quoique l'on convienne que la douceur & la pureté de l'air puisse contribuer quelque chose à la gentillesse d'esprit nécessaire aux Poëtes, on peut dire que c'étoit autant la Coutume & la Cour des Comtes de Provence, que la Nature qui les rendoit Poëtes s'ils en méritoient le nom.

Enfin ce n'est que par une concession fort gratuite & fort volontaire que nous avons accordé que les esprits ne sont pas ordinairement fort délicats dans un air grossier, quoiqu'ils puissent devenir aussi savans que les autres par leur travail & leur industrie.

Car pour ne point chercher d'exemples du contraire hors du Royaume, le Limousin a toujours été considéré comme un pays mal-sain & couvert d'un air grossier (1), néanmoins il n'a point laissé de produire des esprits très-fins & très-beaux. Qu'y a-t-il de plus poli que Muret, soit dans ses Vers où il a égalé Catulle, soit dans sa Prose où il a marché sur les pas de Ciceron? Qu'y a-t-il de plus délicat que Dorat ou Auratus, autant pour les Vers que pour la belle Critique? Et que n'eût pas fait Simeon du Bois ou Bosius par la beauté de son génie jointe à son érudition, si les assassins l'eussent laissé vivre plus long tems?

La basse Picardie est un pays fort rude & dont l'air est très-impur selon Monsieur de Sainte Marthe. C'est pourtant d'Etaples qu'étoit ce Jacques le Févre qui rétablit à Paris le bon goût des choses dans la Théologie, dans la Philosophie & dans quelques autres Sciences; il falloit par conséquent qu'il en eût lui même plus que les autres qui étoient nés dans un air plus pur. Et c'est de Montreuil qu'étoit Lambin, que le même Auteur nous dépeint comme un bel esprit, & qui avoit quelque chose de plus délicat que n'en donne ordinairement l'érudition de Collége. La haute & la moyenne Picardie n'ont pas non plus le bruit de produire des esprits forts fins ni fort déliés. Cependant l'Abbé de Billy né dans la haute étoit d'un sérieux également délicat & solide; & Voiture né dans la moyenne a passé en délicatesse & en fine galanterie tout ce qu'il y avoit de beaux esprits à la Cour de France de son tems.

---

1 Scæv. Sammarthan. in Elog. Lambini. | Item Elog. Jac. Fabri, initio.

DES NATIONS. 191

Les extrémités de la Gascogne passent pour un pays peu favorisé *François*. du Ciel, & néanmoins qui est-ce qui ne sait que le Cardinal d'Ossat & Monsieur de Marca ont été des génies très-fins, très-délicats & très-polis, quoiqu'ils fussent nés au milieu des brouillards épais des Pirénées.

Ainsi ce seroit faire une espéce d'injure à la Providence Divine, de vouloir lui prescrire des régles sur la distribution de ses dons, & de prétendre l'assujettir à la disposition des élemens & des climats, elle qui les maîtrise & qui les gouverne. Et ce seroit en connoître les effets assés-mal, de nier sa liberalité pour les talens de l'esprit envers les pays même qui se sont sentis le plus de la malédiction du Créateur; de nier que les lieux temperés & environnés d'un air pur & subtil ne portent souvent autant & quelquefois plus d'esprits stupides & grossiers en un tems, qu'ils n'en ont porté de polis & de délicats en d'autres, comme on peut le justifier par l'exemple de la Gréce d'aujourd'hui comparée à celle des siécles passés, quoique le climat n'y soit pas changé.

Enfin l'on ne sauroit nier qu'il n'y ait des pays très-agréables & très-avantagés du Ciel, lesquels ont été néanmoins destinés par la Providence a ne produire que des esprits simples & grossiers. C'est ce qu'on peut assurer de la Palestine qui étant une terre de bénédiction, & coulant le lait & le miel aux termes de l'Ecriture, n'a pourtant presque jamais rien produit dans cette délicatesse dont il s'agit, & qui au contraire semble n'avoir point imprimé dans les Juifs d'autre caractére que celui de la simplicité & de la grossiéreté qui nous est marquée même dans les Livres Saints.

CHAPITRE VIII.

Préjugés de l'humeur des Auteurs, c'est-à-dire, de l'aigreur & du chagrin ; de l'honêteté & de la douceur que les Auteurs font paroître dans leurs Ouvrages.

Nous pouvons appliquer sans exception à tous ceux qui lisent les Livres la remarque qu'un Auteur judicieux a faite sur lui-même (1), & dire avec quelque assurance que nous avons presque

---

1 Relat. hiftor. de l'Académie Franç. de Monfieur Peliffon, pag. 234. de la 2. Edit.

tous la foiblesse d'étudier souvent dans les Livres l'esprit de l'Auteur beaucoup plus que la matière qu'il a traitée, & que pour l'ordinaire nous sommes plus touchés de la manière de dire & d'écrire les choses que des choses mêmes. L'impression que cette manière fait sur le Public est assés forte pour faire souvent approuver ou condamner un sujet, sur la conduite que garde son Auteur en le traitant, ou du moins elle contribuë davantage à nous faire connoître la disposition d'un Auteur, que l'état même de la chose sur laquelle il écrit.

Comme il n'est pas aisé aux Auteurs de déraciner ce Préjugé de l'esprit de leurs Lecteurs, il faut qu'ils prennent le parti de s'y accommoder s'ils veulent travailler à leur propre réputation, & s'ils veulent retirer de leurs Ouvrages les fruits & l'utilité qu'ils s'y sont proposée. Ils ne peuvent parvenir à l'une ni à l'autre de ces deux fins qu'en tâchant de cacher leurs défauts & leurs foiblesses, s'ils en ont, comme personne n'en est exemt; en arrêtant le plus qu'ils peuvent les mouvemens des passions dont ils pouroient être émus; & en étouffant les sentimens d'animosité ou de tendresse, sur tout lorsqu'ils écrivent pour réfuter ou pour défendre quelqu'un.

Quoique l'art de dire des injures & d'écrire avec aigreur, soit fort ancien dans la République des Lettres, il n'est pourtant point encore venu à bout de se faire recevoir parmi les honêtes gens, & on ne peut point dire qu'il y ait un tems auquel cet usage ait été à la mode.

Il est vrai que cette licence semble avoir eu quelque cours parmi les Grecs, mais ce n'est pas ce qui a mis leurs Livres en réputation. C'est au contraire une tache qu'ils y ont faite, & qui leur est demeurée jusqu'aujourd'hui. Ciceron en a été très-persuadé, tant qu'il a écrit de sens rassis, & de tête libre: & il a eu soin de nous avertir de ne les point imiter dans une conduite si peu raisonnable & si peu conforme à la sagesse dont ils faisoient profession. ,, Laissons, dit-il, ,, aux Grecs cette coutume de malhonêtes gens, qui attaquent ,, avec des paroles injurieuses les personnes contre lesquelles ils ,, disputent, & qui passent de la censure de l'Ouvrage à la satyre ,, contre l'Auteur (1).

Mais Ciceron ne s'est pas toujours souvenu lui-même d'une si belle leçon, & s'étant souvent laissé aller à l'impétuosité de son stile

<small>Sit ista in Græcorum levitate perversitas qui maledictis insectantur eos à quibus de veritate dissentiunt.</small>

<small>1 Cicero Lib. 2. de Finibus. n. 25.</small>

& de

DE L'HUMEUR DES AUTEURS.

& de sa passion contre ses parties, il a donné matiére à la Posterité de le blâmer d'avoir perdu la modération & la gravité nécessaire à un Orateur & à un Magistrat, & d'avoir deshonoré lui-même sa mémoire en souillant le Barreau Romain par des injures & des bassesses prises du langage des halles.

Il semble même que ce mauvais exemple des Grecs & des Romains avoit voulu s'introduire parmi nos Avocats & nos Orateurs François, & qu'il s'étoit déja glissé insensiblement dans le Palais. Quelques-uns n'y gardoient plus cette modération si nécessaire pour régler les mouvemens de l'action, & pour persuader leurs Juges. Mais enfin l'on y est aujourd'hui parfaitement guéri d'un mal si honteux, & le P. Rapin attribuë à Monsieur le Premier Président de Lamoignon la gloire d'avoir purgé le Barreau de ces ordures (1).

Depuis le rétablissement des belles Lettres, il semble que ce mal soit devenu beaucoup plus familier aux Grammairiens & aux Critiques qu'aux autres Savans.

Comme la plupart de ceux de cette Profession n'ont travaillé que dans des vûës entiérement humaines, c'est-à-dire, basses & grossiéres, ils ont pris un air tout-à-fait profane, en déterrant & en étudiant les Auteurs Profanes. L'orgueil & l'envie ont été les principaux ressorts qui les ont fait remuer les uns contre les autres, & qui les ont fait recourir à la médisance, aux injures & à une infinité de saletés, dont ils ont tâché de se noircir mutuellement, pour se détruire les uns les autres avec plus de facilité, & dresser leur réputation sur la ruine de celle des autres.

C'est ce qui a fait beaucoup diminuer le prix des Ecrits de la plupart de ces savans Italiens qui vivoient à la fin du quinziéme siécle, comme nous le verrons dans la suite de notre Recueil. C'est ce qui a perdu la réputation des deux Scaligers, de Scioppius, de Garasse, de Gretser, de Gruter, de Feuardent, de Saumaise & de plusieurs autres même de ceux d'entre les Catholiques qui ont écrit avec trop d'aigreur contre les Hérétiques, quoique ce soit plutôt le caractére de ceux-ci contre nous. Et c'est ce qui a rendu odieux le nom de Critiques & qui a pensé en avilir la profession & l'exercice.

Mais on peut dire que cette mal-honêteté est encore plus scandaleuse & d'une conséquence tout autrement dangereuse dans des

---

1 Le P. Rapin Réflexion sur l'Eloquence du Bareau. §. 9. pag. 29.

Théologiens & dans ceux qui écrivant ſur des ſujets de Religion, tâchent d'inſinuer leurs interêts particuliers parmi ceux de l'Egliſe, & de faire paſſer leur chagrin & leur paſſion pour un zèle néceſſaire à la défenſe de la vérité & de la juſtice. Ce ſeroit peu de choſe s'ils n'expoſoient par cette conduite que leur propre réputation. Ils perdent volontairement l'avantage que la bonté de leur cauſe leur donne ſur leurs adverſaires, & ſouvent ils laiſſent dans l'eſprit de ceux qui ne prennent point de part à leurs querelles, un Préjugé qui eſt quelquefois auſſi préjudiciable à la vérité qu'à leurs Livres & à leurs propres perſonnes.

Il leur eſt inutile, principalement dans la conjončture des affaires de notre ſiécle, d'alleguer pour leur juſtification quelques exemples de la ſévérité de Saint Pierre, de Saint Paul & de Saint Jude dans leurs Epîtres, puiſque les termes de rigueur que ces Saints ont employés contre les Hérétiques de leurs tems, tombent plus ſur la corruption de leurs mœurs que ſur les erreurs de leur eſprit(1). Il ne leur eſt pas plus avantageux de ſe couvrir de l'autorité de quelques anciens Peres de l'Egliſe, puiſqu'on peut raiſonnablement douter qu'ils ayent autant de ſainteté, de déſintereſſement, de ſimplicité & de charité que ces Anciens, & qu'ils n'ont pas les mêmes raiſons qu'eux pour en uſer de la ſorte.

On ne peut pas nier qu'il ne paroiſſe quelque aigreur dans la maniére extérieure dont Saint Jerôme a jugé à propos de traiter Vigilance, Helvide, Jovinien, Pélage, les Luciferiens, les Origéniſtes, & particuliérement Rufin; que Saint Epiphane (2) n'ait employé ſouvent des termes forts contre les Hérétiques dont il avoit à parler; que Lucifer de Cagliari & Saint Hilaire n'ayent parlé vigoureuſement de l'Empereur Conſtance (3): que Saint Gregoire de Nazianze & Saint Bernard n'ayent témoigné beaucoup de zèle contre quelques Philoſophes qui faiſoient les Théologiens, le premier contre Maxime le Cynique, & le ſecond contre Pierre Abailard(4).

---

1 II. Epiſtola Petri, cap. 2. verſ. 1. 2. 10. 12.
Epiſt. 2. Paul. ad Timoth. cap. 3.
Epiſtola Judæ, verſ. 7. 10. 11. 12. 13. 16. 19.
2 In Panario adv. Hæretic.
3 Lucifer in Libris pro S. Athanaſ. de Regib. apoſtaticis, de non conveniendo cum Hæreticis, &c.

S Hilar. Lib. adv. Conſtantium quem in vivis adhuc eſſe exiſtimabat.
4 Gregor. Nazianz. Orat. 28. contra Max. Cynic.
Item carmine de vita ſua. num. 51. & ſeqq.
S. Bernard. in Epiſt. 188. Item 189. de Petr. Abail. Item 191. 192. 193.

DE L'HUMEUR DES AUTEURS.

Mais l'Eglise a été satisfaite de leurs raisons, & persuadée de la droiture de leur cœur & de la pureté de leurs intentions, & on a regardé comme une grande témérité la licence qu'Erasme & quelques-uns des Hérétiques de ces derniers siécles ont prise de taxer ces Saints de passion & d'emportement (1). S'il s'est trouvé des Catholiques qui ont jugé que Saint Jerôme auroit été peut-être un peu trop aigre contre Rufin & contre quelques autres Moines de son tems; s'ils ont crû qu'il auroit pû porter trop loin l'insulte & la raillerie (2), ils n'ont pas estimé qu'on en dût faire un exemple à la Postérité, parce que les raisons & les circonstances qui peuvent avoir contribué à justifier ce Saint ne subsistent plus dans la même espéce (3), ou bien elles ne paroîtroient point suffisantes pour la justification des Ecrivains de notre siécle.

Je ne sai si c'est une marque d'une délicatesse plus grande ou plutôt d'un orgueil plus fin, de ce qu'on n'est point d'humeur de souffrir dans notre siécle la mal-honnêteté & l'incivilité des Ecrivains que l'on toleroit davantage, ce semble, dans les siécles passés. Ou si c'est que notre langue ne s'accommode pas aisément des injures & des ordures dont on rougiroit moins en Latin ou en Grec. Quoiqu'il en soit, nous sentons bien que notre cœur ne sauroit se laisser persuader aux injures, & il nous arrive souvent d'oublier ou de mépriser même les raisons d'un Auteur, quand nous-nous voyons arrêtés & distraits par les traits de sa passion & par l'impétuosité de ses emportemens.

La colere & le chagrin offusquent le jugement d'un Auteur & blessent sa liberté, au lieu que la modération le tient toujours dans le calme & l'insinuë agréablement dans l'esprit de son Lecteur.

En un mot le Préjugé veut qu'un Livre où l'Auteur a répandu quelque chose de sa bile & de son fiel ne puisse pas être un bon Livre, quelque excellente qu'en soit la matiére, quelque belle & quelque savante qu'en soit l'ordonnance & l'éxecution.

On lui fait son procès d'abord, & il est condamné avant qu'on se

---

1 Erasm. Præfat. ad Librum S. Hieronymi contra Vigilantium. Joseph Scaliger in Scal. & multi seu Lutherani seu Calvinistæ propemodum sine numero.

2 S. Hieron. in Apolog. contra Rufin. Lib. 1. passim. Item, Lib. 2. 3. sæpe. Carol. du Fresne du Cange, præfat. Gloss. Latino-barb. num. 72. pag. 61.

3 Sulpit. Sever. Dialog. 1. ubi Posthumian. de S. Hieronymo.
Vide Theoph. Rayn. de bon. & mal. Libris partition. 1. Erotem. 9 fuse.
Vide & Dn. de Claviguy de Sainte Honorine, de l'usage des Livres suspects, &c. c. 3. p. 35.
Vide & Claud. Clem. Musæi instruct.

soit donné la patience de l'écouter & de le lire. Un Auteur a beau protester qu'il n'est point aggresseur, & qu'il n'use que de récrimination. On lui répondra toujours que quand il voudroit renoncer aux obligations du Christianisme, il ne lui seroit jamais permis de se départir de celles de l'honnêteté humaine, qu'il n'est jamais permis de blesser, même selon les maximes du monde, pour imiter ceux qui l'ont blessée à notre égard.

L'unique moyen de conserver & d'augmenter sa réputation & d'abaisser en même tems ou de perdre celle de ses adversaires est de prendre surement leur contre-pied.

C'est ainsi qu'en usa autrefois Saint Gregoire de Nysse à l'égard d'Eunomius. Car jugeant sagement que les injures & les calomnies dont cet Hérétique l'avoit chargé, ne faisoient rien au sujet qu'ils avoient à traiter, loin de vouloir les relever ou les repousser par d'autres injures: il aima mieux les laisser tomber & les regarder comme les fruits d'une tête légère & d'un jeune déclamateur (1).

Si & ego tibi vellem pro maledictis maledicta rependere quid aliud quam duo maledici essemus? &c.

C'est aussi comme Saint Augustin jugea à propos de se comporter à l'égard de Petilien ,, pour ne point multiplier le nombre des ,, médisans, disoit-il, pour ne point scandaliser les personnes graves ,, qui en auroient horreur & pour ne point achever de gâter ceux ,, qui seroient déja dans de mauvaises dispositions.

,, Quand j'ai à répondre à quelqu'un qui m'a attaqué par des in- ,, jures & des calomnies grossiéres, je tâche sur toutes choses de ,, retenir mes ressentimens & les mouvemens d'indignation que ,, j'en pourois avoir d'abord. C'est un respect & une considération ,, que j'ai pour le Lecteur, dont je tâche de ménager l'esprit & ,, le cœur par ce moyen, afin qu'il soit persuadé que si je souhaite ,, avoir le dessus de mon adversaire, ce soit en bonne raisons ,, & non pas en injures & en outrages comme lui. Ceux de nos ,, Lecteurs, dit-il à Petilien, qui auront tant soit peu d'esprit & de ,, jugement, n'auront pas de peine à juger si vous avés eu raison ,, de quitter le sujet que nous avions à traiter entre nous, & qui ,, est comme la cause du Public, pour vous jetter dans le parti de ,, l'insulte & de la calomnie ; & pour me charger d'injures, comme ,, si vous n'aviés entrepris que la cause d'un particulier ; & comme ,, s'il ne s'agissoit que d'informer le Public de mes défauts, & de me ,, déchirer pour triompher de la cause que je défens. Il faut, con-

---

1 Gregor. Nyssen. Oration. 4. adv. Eunom.

DE L'HUMEUR DES AUTEURS.

„ tinuë-t-il, que vous ayés eu bien mauvaife opinion, je ne dis
„ pas de tous les Chrétiens feulement, mais même de tout le genre
„ humain, pour croire que vos écrits ne pourront pas trouver un
„ Lecteur prudent & judicieux qui faura diftinguer notre caufe
„ d'avec nos perfonnes, & nos raifons d'avec nos emportemens,
„ & qui fans fe foucier de favoir quels nous aurons été vous & moi,
„ n'examineront que ce que nous aurons écrit pour la vérité ou
„ contre l'erreur. Vous deviés avoir quelque confidération pour
„ le jugement de ceux dont la cenfure eft à craindre pour vous,
„ & leur ôter fujet de croire que vous n'auriés eu rien à dire, fi
„ vous n'aviés cherché en moi de quoi médire. Il femble que vous
„ n'écriviés que pour certains petits génies, pour des efprits vains
„ & legers qui aiment que l'on foit difert en fottifes & en niaiferies,
„ & qui ne fe foucieront pas que je vous aye convaincu par la force
„ de la vérité, pourvû qu'ils voyent que vous m'ayés injurié en beaux
„ termes. C'eft un artifice dont vous avés voulu vous fervir fans
„ doute pour me détourner moi-même du fujet qui eft en queftion,
„ pour ne m'occuper que des reproches que vous me faites, & pour
„ m'arrêter à ma propre défenfe fans fonger davantage à celle de
„ la vérité, mais j'aurai foin de me tenir dans des précautions
„ néceffaires en abandonnant toujours ma propre caufe pour
„ m'attacher uniquement à celle de Dieu que j'ai entreprife d'a-
„ bord (1).

Voilà fans doute un modéle achevé fur lequel doivent fe régler les Auteurs, je ne dis pas feulement ceux qui ne travaillent que pour la gloire de Dieu, pour l'utilité de l'Eglife, & pour l'édifi- cation des Peuples, mais ceux même qui ne travaillent que pour leur propre réputation ou par quelque vûë purement humaine.

Car felon la penfée de Monfieur de Chanterefne (2) lors même que l'amour propre auroit intention de décrier fes ennemis, de les rendre odieux & de les faire condamner par tout le monde de baf- feffe & d'injuftice ; il ne pouroit mieux faire que de fuivre les pas de la charité. Il n'y a rien d'ordinaire qui faffe mieux remarquer le pro- cédé bas & peu honnête dont on ufe envers nous, que d'y oppofer un procédé plein de modération & d'honnêteté. Cette oppofition

---

1 S. Auguftin. Lib. 3. contra Literas Petiliani cap. 1, & Apol. Theoph. Rayn. num. 137. Erot. 9. pag. 88.

2 Second Traité du troifiéme Tome des Effais de Morale, de la charité & de l'a- mour propre, §. 30. pag. 147. Edition d'Hollande.

qui fait remarquer la différence de ces deux conduites contraires met l'une & l'autre dans un plus grand jour. L'honnêteté en paroît plus belle d'un côté, & la malhonnêteté plus honteuse de l'autre. Et ainsi l'amour propre des Auteurs a par cette voie même tout ce qu'il peut prétendre, qui est qu'ils se relévent, & qu'ils rabaissent ceux qui les ont choqués; qu'ils attirent sur eux l'estime publique de tout le monde; qu'ils laissent dans l'esprit de leurs Lecteurs un Préjugé avantageux pour la cause qu'ils défendent, & pour le sujet qu'ils traitent; & qu'ils établissent sûrement leur réputation sur les ruines de celle de leurs Adversaires.

Comme c'est une prudence qui est propre aux enfans du siécle, selon le langage de l'Ecriture, & qu'elle n'a point besoin de grace surnaturelle pour parvenir à ses fins: Il y a quelque sujet de s'étonner que les Hérétiques & principalement ceux des deux derniers siécles n'ayent point préféré ce parti de l'honnêteté à celui des outrages & des calomnies. Ils vouloient introduire des nouveautés, & pour cet effet ils avoient besoin de s'insinuer adroitement dans les esprits de ceux qui ne les aiment pas. La Politique demandoit donc qu'ils se servissent du premier moyen comme étant le plus sûr & le plus efficace. Mais par un effet tout particulier de la Providence & de la Miséricorde de Dieu sur l'Eglise Catholique ils en ont usé autrement.

Cette conduite qui étoit autant une marque du déréglement de leur cœur que de l'aveuglement de leur esprit leur a fait perdre créance parmi tous ceux qui ont bien voulu user de leur raison pour les éxaminer, & n'a servi qu'à affermir les Catholiques dans la Religion de leurs Ancêtres & des Apôtres avec plus de zèle & de fidélité qu'auparavant.

Néanmoins quelques-uns d'entre eux n'ont pas laissé par une pénétration d'esprit dangereuse pour nous, de reconnoître la facilité de cette méthode, & de la suivre avec le succès qu'ils s'en étoient promis. Et Sebastien Munster avertissant Erasme que son stile picquant & outrageux faisoit mépriser ses raisons, lui propose l'éxemple de Simon Grynée qui avoit l'adresse de se servir de la modération & de l'honnêteté pour insinuer ses opinions (1).

C'est aussi par cette affectation de douceur & d'honnêteté que les Sociniens se sont rendus encore beaucoup plus pernicieux & plus re-

---

1 Mr de Clavigny, du discern. & de l'usage des Liv. susp. c. 3. p. 35. ex Sebast. Munst.

DE L'HUMEUR DES AUTEURS.

doutables à l'Eglise qu'ils ne l'auroient été s'ils avoient imité, en nous attaquant, les pratiques grossiéres & barbares des Luthériens & des Calvinistes. Leurs maniéres sont insinuantes, le poison y est présenté honnêtement & d'une maniére plus délicate & plus humaine. Et l'on sait assés par quelle adresse Grotius devint la proie d'un Socinien après avoir écrit avec assés de succés contre Socin (selon les Dogmes des Arminiens). Car ayant lû la réponse que Crellius avoit faite à son Livre de la *Satisfaction de Jesus-Christ*, il fut moins touché de ses raisons que de son honnêteté, de sa déférence, & de ses maniéres décevantes : de sorte qu'au milieu de cet enchantement, il lui en écrivit une Lettre de rémerciment, & lui manda les effets du charme & du sort qu'il avoit jetté sur lui (1).

Un Auteur de notre tems voulant distinguer la vigueur d'avec l'aigreur dans la maniére d'écrire, dit qu'il y a trois conditions à observer, surtout lorsqu'on écrit contre ses amis, & qui consistent à ménager ce que l'on doit à la Vérité, ce que l'on doit à la Justice, & ce que l'on doit à l'Amitié. Il veut d'un côté que l'on fasse voir avec force les absurdités des erreurs que l'on refute, mais qu'en même tems on ait beaucoup de douceur pour la personne que l'on croit coupable de ces erreurs. C'est, dit-il, satisfaire tout à la fois à ce que l'on doit à la Vérité & à l'Amitié (2).

Il ajoute que ce n'est point blesser l'Amitié que de se servir pour combattre le sentiment d'un Ami que l'on croit faux, de cette sorte de preuves qu'on apelle dans l'Ecole *par réduction à l'absurde*. Car ces argumens ne consistent pas à tirer une absurdité de la Doctrine que l'on combat, en attribuant cette absurdité à celui contre qui l'on dispute, mais en espérant au contraire que la vûë de cette absurdité que l'on fait voir être une suite de son opinion, est insoutenable.

Il est donc permis de faire voir que de ce que l'on combat il suit des absurdités que les Hommes peuvent appeller des extravagances quand ils appellent chaque chose par son nom, mais l'Amitié veut que l'on cherche des expressions plus douces. Quand on répond à un argument, il est permis d'en faire voir le défaut, mais c'est traiter un Adversaire en Ami de ne point faire sur cela de réfléxion desobligeante. On ne doit point dire que son Ami tient une opinion ou une autre sans en avoir de grandes assurances, ni chercher des sujets

---

1 In Bibl. Fratrum Unitar. inter Crell. Opera.
2 Défense de Monsieur Arnaud, part. 4. pag. 219. & suivantes jusqu'à 233. Et Nouv. de la République des Lettres, Septembre 1684. pag. 112.

de querelle hors de la matiére que l'on traite. On doit donner à ce que l'on reprend le nom le plus favorable, appeller sentiment ou opinion ce que l'on pouroit traiter d'erreur, & chercher quelque tour pour accommoder les contradictions les plus apparentes.

A l'égard des devoirs de la Justice, il dit avec beaucoup de raison qu'on ne doit jamais employer de moyens injustes quoiqu'ils nous paroissent avantageux à la cause de la Vérité. Quelques personnes pouroient s'imaginer que lors qu'un homme qui soutient l'erreur la répand plus facilement à cause qu'il passe pour habile, pour sincére, & pour homme de bien, il seroit peut-être utile pour la vérité de lui faire perdre cette réputation. Néanmoins il prétend sagement qu'il n'est pas permis de le faire si l'on ne peut prouver ses accusations par des preuves publiques, certaines & indubitables. Ainsi quelque bonne fin qu'on eût, on ne doit jamais, dit-il, employer pour cet effet des soupçons sans preuves, & des jugemens téméraires fondés sur ce qui est caché dans le cœur des Gens, comme de dire qu'*on n'écrit point pour l'amour de la vérité, mais pour faire sa fortune, ou pour se remettre bien à la Cour, ou de peur de perdre ses Bénéfices, ou par complaisance pour ses Amis, ou par chagrin contre quelqu'un, ou pour se maintenir en considératton dans un parti.*

JE M'ETOIS proposé de parler des différens Préjugés où l'on est à l'égard des Libelles diffamatoires & des Piéces satiriques; des Livres de curiosités dangereuses, de vanités, d'obscénités, & de ceux qui tendent des piéges à la pureté des mœurs; des Livres de Magie & de l'Astrologie judiciaire; des Livres d'Hérésie, & de nouveautés ou contestations entre ceux d'une même Religion, des Livres de Mahométisme, de Judaïsme ou Déisme; & enfin des Livres d'Athéisme & de libertinage.

Mais parce que cela me porteroit trop loin, & me feroit sortir des bornes que je me suis prescrites dans ce Discours, je me contenterai d'indiquer à ceux qui auroient la curiosité de savoir ce qu'on a pensé & ce qu'on a dit de ces sortes de Livres, quelques-uns des Auteurs qui ont écrit sur ces matiéres: jusqu'à ce que notre siécle en produise d'autres qui les puissent traiter plus à fond & plus éxactement.

On peut donc voir sur ce sujet le *Théotime* de Gabriel du Puy-Herbaut, Moine de l'Ordre de Font-Evraut, c'est-à-dire, les trois Livres qu'il a faits touchant la condamnation, l'abolition & la purgation des mauvais Livres; celui que Gerson a fait contre le Roman de la Rose; les deux que Gretser a écrit sur le droit & la coutume

DE L'HONESTETÉ

de défendre les Livres dangereux & pernicieux; la Differtation que Jacques Laurent a faite pour oppofer à ce que Gretfer avoit dit de la tolérance des Livres des Gentils, des Juifs, des Mahométans, & de ceux des Caholiques qui fe fentent de la foibleffe & de l'ignorance humaine, & à ce qu'il avoit ajouté pour la condamnation & la réprobation totale des Livres des Proteftans; la Differtation du Peres Jules Nigroni Jéfuite Italien, touchant la lecture des Livres de galanterie, d'amourettes & d'obfcénités; les Livres du Pere Claude Clement Jefuite Fran-Comtois touchant la maniére de bien dreffer & de bien fournir une Etude ou une Bibliothéque (1); les *Erotémes* ou Queftions du Pere Théophile Raynaud fur les bons & les mauvais Livres (2). Le Traité de Monfieur Sorel touchant la connoiffance des bons Livres (3); le Traité que Monfieur de Clavigni de Sainte Honorine a fait fur le Difcernement & l'ufage que l'on doit faire des Livres fufpects; l'Ouvrage du Pere Thomaffin touchant la lecture des Poëtes; le Traité de Paganinus Gaudentius touchant la fuppreffion des Livres ineptes & impertinens (4); le Bouclier célefte de Jean-Baptifte Nocette Génois contre les Libelles diffamatoires; les Prolégomènes & les Régles générales qu'on a coutume de mettre à la tête des Indices des Livres défendus par les Cenfeurs de l'Inquifition d'Italie & d'Efpagne, ce que l'Auteur des Nouvelles de la République des Lettres écrivit l'année derniére fur la différence du fiécle d'Augufte & du fuivant, d'avec le nôtre touchant la bien-féance, la modeftie & la véritable *Urbanité* dans les Satires, les Piéces de théâtre & les Poëfies Galantes (5).

M. Bayle.

---

1 Claud. Clem. Mufæi inftruct. Lib. 1. fect. 3. capitib. feptem à pag. 389. ad 432.
2 Theoph. Raynaud Erotem. partition. 1. ferie 1. 2. 3. per Erotemata quindecim à pag. 9. ad pag. 230.
3 De la cenfure des Fables, des Romans, des Nouvelles ou Hiftoriettes libertines & fcandaleufes, & de leur défenfe. Second Traité depuis la page 71. jufqu'à la 188. Editi. d'Hollande, & le Traité de la Comédie & de la condamnation du Théâtre depuis la page 258.
4 C'eft la onziéme Differtation de fon ouvrage qui a pour titre *obftetrix literaria* fur la maniére de compofer & de publier les Livres.
5 M. Bayle, Nouv. de la République des Lettres du mois de Juin de l'an 1684. pag. 361. 364. 365. 366. où l'on fait voir que les loix de la bienféance font à préfent plus févéres & plus étenduës qu'elles n'ont jamais été; que notre fiécle eft plus poli & plus honnête du moins pour l'exterieur, que celui d'Augufte & des Empereurs fuivans, que Juvenal & Horace font bien éloignés de la perfection qu'on a donné depuis peu à la Satire Françoife, que Martial & Catulle étoient des efprits groffiers & ruftiques, & plus propres pour les converfations d'un Corps-de-Garde, que pour celle d'une Ruelle, & que c'étoit le défaut de leur fiécle, mais que fi la délicateffe & la modeftie moderne eft plus grande, les Livres de galanterie & de médifance n'en font pas plus innocens, & que cette retenuë exterieure ne fert qu'à les rendre encore plus dangereux que ceux de ces anciens, dont il eft aifé d'éviter le poifon qui eft plus découvert & plus groffiérement préparé.

Tome I. Cc

Chapitre IX.

Préjugés de l'âge & de l'état des Auteurs, c'est-à-dire, de la jeunesse, de la vieillesse d'un Auteur & des Livres Posthumes.

<small>Lipse & les autres l'appellent ainsi.</small>

Quoique dans le Senat des Critiques on ne paroisse point si exact ni si rigoureux a l'égard des jeunes Gens & des vieillards que dans le Parlement, & qu'il n'y ait point de Constitution qui nous marque l'âge auquel on est capable ou incapable d'écrire, comme il y a dans la Jurisprudence des Loix qui prescrivent l'âge légitime pour les actions & les fonctions de la vie & de la societé civile : on n'y est pourtant pas plus persuadé de la bonté des productions qui paroissent avant ou après l'âge auquel l'esprit de l'Homme est censé être dans sa force & dans sa liberté.

Quelque tendresse & quelque indulgence que l'on ait pour les compositions de l'esprit qui se font dans l'enfance & dans la premiere jeunesse, le Préjugé ne laisse pas de nous faire supposer que ces Ouvrages se sentent toujours de la foiblesse de l'âge. S'ils sont effectivement au-dessus de la portée ordinaire & de la force du commun de cet âge, le Préjugé les compte parmi les fruits précoces, & il semble condamner ces esprits mûrs avant le tems, à tomber aussi avant le tems.

C'est une remarque qu'on a faite presque de tout tems, dit Quintilien (1), qu'une maturité trop avancée & trop précipitée n'est pas pour l'ordinaire d'une longue durée ; que l'esprit de l'Homme semble avoir son cours fixé & limité ; que plus il s'avance plus il approche de sa fin, & que quelques efforts qu'il fasse, il lui est souvent inutile de vouloir prévenir son rang & gagner le devant. Car il y a une espéce de fatalité, s'il est permis de parler comme ces Anciens, laquelle lui arrête le cours, & qui portant envie au bonheur de l'Homme, rend presque toujours vaine l'espérance qu'on auroit pû se former de le voir passer les bornes prescrites par la Nature aux autres esprits du commun.

Si l'on veut joindre l'exemple à l'autorité on peut se souvenir de celui d'Hermogène de Tarse, qui après avoir enseigné la Rhétorique

---

<small>1. Observatum illud ferè est, celerius occidere festinatam maturitatem, & esse nescio quam, quæ spes tantas decerpat invidiam, ac videlicet ultra quam homini datum est nostra provehantur.
Quintilian. Lib. 6. Instit. Oratoriæ in proœmio.</small>

DE L'AGE.

avec grand éclat, même à Marc Auréle, dès l'âge de quinze ans, & s'être diſtingué ſi fort de tout ce qu'il y avoit de Rhéteurs de ſon tems autant de vive voix que par la publication de quelques Livres qui lui attirérent une réputation merveilleuſe, oublia à vingt-quatre ans tout ce qu'il avoit ſû juſqu'alors, & perdit l'eſprit & l'érudition tout à la fois. De ſorte qu'on diſoit de lui qu'il avoit été un vieillard en ſon enfance par ſa ſageſſe, & qu'il avoit été un enfant en ſa vieilleſſe par ſon ignorance & par ſa ſtupidité (1). *Senex inter pueros, puer inter ſenes.*

Ceux d'entre nous qui ont vû Innocent X. aſſis ſur le Saint Siége ont été témoins d'une autre bizarrerie de la Nature encore plus étonnante dans cet enfant de dix à onze ans, lequel répondoit à Rome ſur toutes les Sciences avec une clarté d'eſprit & une mémoire ſi prodigieuſe, qu'on a cru qu'il y avoit du miracle ou du ſortilége. Un Religieux Servite l'avoit inſtruit dès ſon enfance, & il devoit être un homme admirable. Depuis la mort du Maître, l'Enfant a oublié tout ce qu'il ſavoit & eſt devenu comme un ſtupide, & s'il eſt encore au monde, comme il eſt très-poſſible, il peut tenir lieu d'une preuve vivante à ceux qui en douteroient (2).

Si la Nature ſe plaît quelquefois à faire ces efforts extraordinaires dans les eſprits, elle ne peut pas les ſoutenir long-tems, & on remarque que ce grand feu s'éteint ordinairement ou par la ſtupidité ou par la mort.

Il faut avouer que les exemples de ſemblables diſgraces ſont rares mais il n'eſt rien de plus commun que ces Ecrivains précipités qui ſe mêlent de mettre au jour leurs cahiers de Collége, les inſtructions de leurs Maîtres, & leurs études encore toutes cruës & toutes indigeſtes, comme dit Monſieur Valois l'aîné après un Ancien (3).

Lorſqu'on fait réflexion ſur leur âge, on ne ſauroit ſe perſuader qu'ils ayent eu le loiſir d'étudier ce qu'ils veulent enſeigner aux autres (4). Et lorſque ceux d'entre eux, qui étoient d'ailleurs doués d'excellentes qualités d'eſprit, ſont enfin parvenus à une véritable

---

1 Eunap. de Vit. Sophiſt. Jul. Capitol. in Marco Antonino.
Philoſtrat. de Vit. Sophiſt.
Claud. Clemens Muſ. Inſtr. pag. 200.
Voſſ. in Rhetor. & *alii paſſim.*
2 Monſieur Godeau, Hiſtoire de l'Egliſe, fin du ſiécle 2. Liv. 2. pag 492. Edit. d'Hollande.
3 Henric. Valeſius in orat. funebr. Jac. Sirmondi.
4 Cl. Salmaſ. Epiſtol. ad Gronovium de ſuo Floro ſic ait: *Præter mea errata tot alia de ſuo accumularunt opera, ut fœtum illum nunquam pro meo agnoverim. Habeo tamen ad editionem paratum illum, ſi prodierit, oſtendet quid interſit inter puerilia rudimenta & maturioris ætatis curam.*

maturité, & à la solidité de jugement par la suite des années, par des études plus sérieuses & plus importantes, & par une plus grande expérience, ils ont été eux-mêmes des premiers à reconnoître les défauts & les imperfections de leur jeuneſſe dans les Ouvrages qu'ils avoient publiés en cet âge.

C'eſt ce qui a porté Monsieur de Saumaise au repentir d'avoir donné ſon *Florus* ſi jeune & avec tant de précipitation (1). C'eſt ce qui a fait connoître à Monsieur Heinſius le pere, qu'il y a quelque difference entre les traductions & les éditions qu'il a faites d'Hésiode & de Théocrite en sa jeuneſſe, & celles qu'il a faites des autres Auteurs dans un âge plus avancé. C'eſt enfin ce qui a fait juger à Monsieur Voſſius le fils qu'il auroit bien pû retoucher dans la suite à ſon prétendu Scylax.

Plus les Auteurs ont eu de prudence & de sageſſe plus ils ont reconnu la vanité & la témérité qu'il y a de ſe jetter ſi tôt & ſi bruſquement entre les mains de l'Imprimeur, & ceux qui n'ont pû ſe résoudre à publier les fruits de leur jeuneſſe ont fait connoître au Public qu'ils avoient la maturité des vieillards dans cette âge.

Platon s'eſt acquis l'eſtime & la vénération de l'Antiquité par la sageſſe & la prudence qui l'empêcha de ſe produire ſitôt dans le Monde, & qui le porta à ne rien publier qu'il n'eut été consulter tout ce qu'il avoit pû trouver de Sages & de Philosophes en ses divers voyages. En effet il avoit quatre-vingts ans quand il mit au jour ses Dialogues, qui renferment toute sa Philosophie, après les avoir tenus long-tems ſupprimés dans l'obſcurité de ſon Cabinet (2). (*a*).

Ce n'eſt pas une petite louange que Monsieur Rigaut donne à M. du Puy le Conseiller d'Etat d'avoir différé long-tems malgré les inſtances de ſes amis à mettre ſes productions au jour, & d'avoir voulu épargner à ſa vieilleſſe la confusion où il en voyoit d'autres

---

1 Anton. Clem. in Vita Salmaſii pag. 27. 28.

2 Theoph. Spizel. Infel. Liter. Tractat. 19. pag. 467. de Cacoëthe ſcribendi.

(*a*) Il eſt vrai que Platon fut long-tems avant que de publier ſes Ouvrages. Mais aucun des Anciens n'a dit qu'il ne les publia qu'après la quatre-vintiéme année de ſon âge, qui étoit une circonſtance à ne pas oublier, ſi elle eut été véritable. En ce cas, il les auroit publiés l'année de ſa mort : car ſelon Hermippus dans Laërce, il mourut dans la quatre-vingtiéme année de ſon âge. Jonſius a écrit au chapitre huitiéme du Livre premier de ſon Hiſtoire des Philoſophes, que le Gorgias de Platon fut publié la centiéme Olympiade. Et ainſi ce Dialogue auroit été publié huit ans avant la mort de ſon Auteur : car Platon mourut la premiére année de la cent-huitiéme Olympiade. Il eſt au reſte très-faux que Platon ait tenu ſes Dialogues ſupprimés dans l'obſcurité de ſon Cabinet. Il les liſoit & les donnoit à lire à tout le monde. Athénée a écrit au Chapitre dernier du Livre

pour les fautes de leur jeuneffe, & qui avec tout leur repentir ne pouvoient effacer les marques de leurs premieres folies, pour avoir voulu fi-tôt les rendre immortelles (1).

Monfieur Valois n'avoit pas non plus mauvaife raifon de nous vanter la difcretion & la conduite du P. Sirmond, qui ne pût fe refoudre à rien publier de fes Ouvrages qu'après l'âge de 40. ans, quoi qu'il fe fût rendu habile de bonne heure (2).

Ces grands Hommes feignant de méprifer la gloire que les jeunes Ecrivains pourfuivent avec tant de paffion & d'aveuglement, travailloient plus furement à l'acquerir que ceux-ci, quoique d'une maniére plus fine & plus délicate ; & comme ils ont fu dans leur jeuneffe même faire le difcernement de ce qu'il y a de vain d'avec ce qu'il peut y avoir de folide dans cette gloire, ils ont de bon cœur abandonné le premier à ceux de leur âge, pour ne s'attacher qu'au fecond.

C'eft ce qui les a fait mettre au rang des fages vieillards durant leur jeuneffe, au lieu que les autres étoient encore comptés parmi les jeunes gens durant leur vieilleffe.

L'indulgence & la facilité avec laquelle on a coutume d'excufer les imperfections des Ecrits qui viennent du défaut de l'âge, ne fervent de rien pour leur réparation. Il n'y a qu'un moyen de le faire qui eft celui que Saint Auguftin a montré à tous les efprits raifonnables.

Il a cru en devoir faire même un exemple à la pofterité, & il l'a voulu pratiquer le premier pour épargner aux autres la peine & la confufion de commencer, & pour leur faire voir que s'il eft glorieux de ne point faire de fautes, ce n'eft point une chofe honteufe de reconnoître celles qu'on a faites en fa jeuneffe, & de fe mettre en devoir de les réparer dans un âge plus avancé & plus mûr.

---

1 Sero fe permifit Typographis quorum opera præfeftinata pœnitentiam non nullis induxit & confervavit ridenda fenibus cunabula. Nic. Rigalt. in Vita P. Puteani, pag. 664. Collection. Batefian. Edit. Londin. in-4. 1681.

2 Henric. Valef. in Orat. funeb. Sirmondi, pag. 690. ejufd. Edit.

It. de fes Dipnofophiftes, que Gorgias ayant lu dans une Affemblée le Dialogue de Platon intitulé le *Gorgias*, il dit à ceux qui étoient prefens à cette lecture, qu'il n'avoit rien dit de tout ce que Platon lui faifoit dire dans ce Dialogue. Et il ajoute que Phædon avoit dit de lui la même chofe; après avoir lu le Dialogue de l'immortalité de l'ame, intitulé le *Phædon*. Le même Auteur a écrit que Protagore ayant lu le Dialogue qui porte fon nom, dit que Platon favoit bien brocarder ὡς καλῶς εἰδὲ Πλάτων ἰαμβίζειν & Diogene dans la Vie de Platon dit que Platon ayant lu fon Dialogue de Lyfis à Socrate, Socrate dit en s'écriant, *Quels menfonges ce jeune homme dit de moi*. Il dit auffi que Favorin avoit écrit, que Platon lifant fon Dialogue de l'ame, tout le monde fe retira, à la referve d'Arifote qui l'entendit tout entier. (ANTIB. t. I. p. 82.)

C'est le dessein & la fin de ses Retractations, dans lesquelles il s'est fait en sa vieillesse le censeur de sa jeunesse. Néanmoins il semble qu'il a fait connoître par une conduite si génereuse & si extraordinaire, qu'il n'y a que les esprits les plus forts qui soient capables de se relever, & qui remarquant d'eux-mêmes leurs propres défauts par leur pénétration & leur solidité, sans attendre que le Public leur rende cet office, puissent les effacer d'une maniére à faire croire, que ce qui paroît des fautes de jeunesse à leurs yeux auroit pu passer pour des perfections ou des fruits murs de la vieillesse dans des esprits du second ordre (1).

Si ce Saint avoit eu des imitateurs dans la suite des tems, il nous seroit plus aisé de voir par quels dégrés l'esprit de l'homme passe dans ses âges différens pour arriver à sa perfection, & comment il prend son accroissement & ses forces à mesure que le corps prend les siennes. Nous sommes assés persuadés que plus un homme écrit plus il doit se perfectionner, plus son stile & ses maniéres doivent se former, son imagination se régler, & le bon sens prendre la place du brillant (2). Mais le grand nombre de petits Ecrivains qui ont commencé par des Ouvrages médiocres & qui ont fini par de pitoyables, nous oblige à faire le discernement de deux sortes d'esprits, & nous fait juger que l'âge & le travail ne servent, ce semble, qu'à gâter les uns comme ils contribuënt à perfectionner les autres.

IL EST aisé de juger, par ce que nous venons de dire des Ouvrages de la jeunesse des Auteurs, qu'elle est l'estime & la vénération que le Préjugé nous donne pour ceux de la vieillesse, c'est-à-dire, de cet âge où l'on suppose que l'érudition soit accompagnée d'une prudence consommée, & qu'une longue expérience ait porté le jugement à sa maturité.

Il y a pourtant des compositions d'esprit ausquelles il semble que l'on soit moins propre dans le grand âge que dans la jeunesse. Ce sont principalement celles qui dépendent de la vigueur & de la chaleur de l'imagination. C'est ce que les Critiques ont remarqué sur tout de la Poësie, qui pour l'ordinaire cesse d'être heureuse dans les meilleurs Poëtes, lorsqu'ils sont sur le declin de leur âge.

C'est pour cela qu'au sentiment de Longin (3) l'Odyssée d'Homére

---

1 Inveniet quomodo scribendo profecerim quisquis opuscula mea ordine quo scripta sunt legerit. S. Aug. Retractation. Prologo.

2 L'Abbé de Villars de la Délicatesse, Dial. 1. p. 3.
3 Dion. Longin. de Sublim. pag. 42. 43. ex version. Gallic. D....

est moins estimée que son Iliade, & qu'on ne trouve plus dans celle-là ce feu & cette force d'esprit qui semble éclater dans celle-ci.

Et pour joindre quelques exemples des Modernes, on sait ce que Monsieur de Sainte Marthe a remarqué de Jean Dorat le premier Poëte Lyrique de son siécle pour les Vers Grecs & Latins, mais qui perdoit beaucoup de sa vigueur & de sa beauté dans les dernieres années de sa vie (1). Et le Gyraldi témoigne que le fameux Baptiste Mantouan qui faisoit des Vers médiocres & suportables en sa jeunesse n'en fit plus que de pitoyables dès que la chaleur de cette jeunesse commença de se rallentir en lui ; & qu'il a verifié en sa personne la remarque que l'on a faite, que ceux qui dans la fleur de leur âge ont plus de brillant que de solidité, & plus de complaisance que de docilité pour ce qu'ils font, ne manquent point de décroître de jour en jour, & de tomber dans la disgrace des personnes inutiles, quand ils arrivent au déclin de leur âge (2).

Ce n'est pas dans les Poëtes seulement que le nombre des années fait une révolution d'esprit. On a remarqué de Monsieur Patin le Pere qu'à mesure qu'il vieillissoit ses Lettres devenoient plus froides & plus arides, ce qui les rendoit moins agréables. On auroit peut-être dit la même chose de celles de Monsieur de Balzac s'il n'eut eu besoin de ce temperament de l'âge pour faire tomber ses hyperboles & ses *ampoulles*. Enfin personne n'ignore que les dernieres œuvres de Monsieur de la Mothe le Vayer ne soient bien moins raisonnables que celles qu'il avoit composées dans la fleur & la vigueur de son âge.

Des Posthumes.

APrès avoir parlé de l'opinion qu'on a des Livres que les Auteurs composent dans les deux extrêmités de leur vie, on peut ajoûter quelque chose sur l'estime qu'on a de coutume de faire de ceux qui ne paroissent qu'après leur mort.

On doit considerer des Ouvrages posthumes comme des pupiles qui ont besoin de protection, & qui, ayant perdu leurs Peres avant le tems, méritent qu'on ait de la condescendance & de l'indulgence pour leur foiblesse & leurs imperfections.

Ce seroit une espéce d'inhumanité de maltraiter des Auteurs à qui Dieu n'a point donné le loisir de mettre la derniére main à leurs

---

1 Scævol. Sammarthan. Elogior. Lib. 3. pag. 100.
2 Lil. Gregor. Gyrald. Dialog. 1. de Poët. sui sæculi : & apud Voss. de Hist. Latin. Lib. 3. cap. 11. pag. 665.

Pro non inceptis haberi quæ non absolveris.

Ouvrages. Il vaut mieux, selon le langage de Pline (1), considerer un Ouvrage qu'on n'a point pu achever, comme un Ouvrage qu'on n'a point commencé, que de décrier un Auteur & de juger de lui par un Ouvrage qui n'est pas entiérement digne de lui.

Ce n'est pas assés pour rendre la disgrace des Livres posthumes complete, qu'ils n'ayent point été conduits jusqu'à la perfection que leur Auteur étoit capable de leur donner. Il arrive encore très-souvent qu'ils tombent en des mains étrangéres & peu intelligentes, & quelquefois même entre celles de personnes interessées qui étant portées par l'amour d'un gain sordide, prennent la liberté de mettre les noms spécieux des Auteurs qui ont quelque vogue à la tête de quelques cahiers imparfaits, ou de quelques copies, sinon entiérement fausses, au moins alterées par les additions, par les retranchemens & par les autres changemens qu'il leur a plû d'y faire.

Ainsi ces personnes par un zéle un peu trop officieux, & par une affection aveugle & indiscréte, ruinent quelquefois ou affoiblissent la réputation des grands Hommes, sous prétexte d'obliger le Public, ou d'executer leurs derniéres volontés.

Car il ne faut pas s'imaginer que tous les Auteurs ayent été aussi heureux que Monsieur de Marca l'a été de rencontrer Monsieur Baluze, & Spelman de trouver Monsieur Dugdale pour l'édition de ses Conciles d'Angleterre. On sait ce que Monsieur Cujas a souffert dans la publication de ses œuvres posthumes, & la plainte qu'Hensius en a faite à Casaubon (2).

Monsieur de Sainte Marthe a remarqué que les œuvres posthumes de Guillaume Rondelet sont fort au-dessous de la réputation de leur Auteur par la même raison (3).

Tous les habiles Mathématiciens de la fin du dernier siécle ont voulu faire le procés à Clavius, pour avoir brouillé les cahiers posthumes d'Aloisius Lilius, & pour avoir causé du désordre & de l'abus dans la reforme du Calendrier, faute d'avoir bien compris les Ecrits de cet habile Italien (4).

Les œuvres de Louis de Gongora qu'on veut faire passer pour le Prince des Poëtes Espagnols ne sont défectueuses & pleines de

---

1 Nam si rationem posteritatis habeas, quicquid non est peractum, pro non inchoato est. *Plin. jun. Epist. 8. Lib. 5.*
2 Daniel Heinsius Epistol. ad Casaubon. de morte Scaligeri.
3 Scævol. Samm. Elog. Lib. 2. p. 48.

4 Vossius de Scientiis Mathemat. in Clavio, in Vieta, in Scaligero & aliis Chonolog. & Mathem.
Jacob. August. Thuan. Histor. suor. temp. &c.

fautes

DES POSTHUMES.

fautes que parce qu'elles font pofthumes, felon le témoignage de Dom Nicolas Antoine (1).

C'eft auffi pour cette raifon que la feconde partie du Gloffaire barbare de Spelman ne répond nullement à la premiére, étant affés difficile de bien entrer dans la penfée & dans l'efprit d'un Auteur qui n'eft plus (2).

On fait ce qui s'eft dit & ce qui s'eft fait touchant l'autorité de certains opufcules pofthumes de Monfieur de Marca donnés au jour par les foins de Monfieur l'Abbé de Faget (3).

On convient que la plupart des Ouvrages pofthumes de Voffius le Pere ne lui font point d'honneur quoiqu'ils foient en affés grand nombre (4).

Les Mémoires de Monfieur de Ribier font pleins de fautes groffiéres parce qu'ils font pofthumes.

La plupart des opufcules Géographiques, Hiftoriques, Théologiques & Critiques d'Holftenius qui ont paru après fa mort font fort imparfaits.

L'Ouvrage des Riviéres de France par Papyre Maffon auroit encore été meilleur qu'il n'eft, s'il n'étoit pofthume.

Les œuvres pofthumes de Monfieur de Brebeuf font infiniment au-deffous de fa Pharfale.

Monfieur l'Evêque d'Amiens dit que le Livre pofthume de Monfieur Pafcal, c'eft-à-dire, le Recueil de quelques-unes de fes penfées qui ont été trouvées dans fon Cabinet après fa mort parmi fes papiers, auroit eu befoin des derniers foins de fon Auteur; & qu'un ,, Ouvrage fi peu achevé nous remplit d'admiration & de douleur ,, de ce qu'il n'y a point d'autre main qui puiffe donner la perfection ,, à ces premiers traits, que celle qui en a fu graver une idée fi vive ,, & fi remarquable, ni nous confoler de la grande perte que nous ,, avons faite par fa mort (5). Et Monfieur l'Evêque de Grenoble parlant de ce même Ouvrage pofthume, dit que fi ces ,, Diamans brutes épars çà & là jettent tant d'éclat & de lumiére, ,, ils auroient fans doute ébloui tous les efprits, fi ce Savant Ou- ,, vrier avoit eu le loifir de les polir & de les mettre en œuvre. Que

---

1 Nic. Anton. Biblioth. Hifpan. tom. 2. pag. 30.
2 Journal des Savans du cinquiéme Janvier 1665.
3 V. les Lettres de Mr Faget & de M. Baluze fur ce fujet imprimées en 1668.

4 Jonf. Hiftor. Philof.
Konigii Bib.
Bibliograph. curiof. & alii paffim.
5 Approbat. de Monfieur Faure Evefq. d'Amiens, pour les penfées de M. Pafcal, à la tête de l'Edition in 12. 1670.

,, s'il eut vécu plus long-tems, ses secondes pensées auroient été
,, sans doute dans un meilleur ordre que ne sont ces premiéres,
,, mais qu'elles ne pouvoient être plus sages ; qu'elles auroient été
,, plus polies & plus liées, mais qu'elles ne pouvoient être ni plus
,, solides ni plus lumineuses (1).

Ceux qui ne goûtent pas la Critique de Melchior Cano en certains endroits de ses lieux Théologiques, ont recours à ce prétexte pour affoiblir ou éluder son autorité, quoiqu'ils reconnoissent d'ailleurs la haute suffisance de cet Ecrivain. Et ils tirent avantage de ce que Cano étant mort avant que d'achever son ouvrage, il n'a point pû à plus forte raison le revoir & le corriger (2).

Il n'est pas difficile sur ce que je viens de rapporter de s'imaginer quelle peut être la fortune des autres ouvrages posthumes, c'est-à-dire, de ceux ausquels les Auteurs n'ont pû mettre la derniére main.

Mais de tous ces ouvrages imparfaits, il semble qu'il y en ait peu qui soient plus indignement traités que les Sermons des grands Prédicateurs dont le talent principal consistoit dans l'action. Ces sortes de piéces posthumes ne sont pour le dire ainsi, que comme les cendres de ces grands Hommes, & nous ne considerons presque le papier que comme un tombeau où sont étendus les cadavres de ces discours, qui la plupart n'ont eu de beauté que lorsqu'ils étoient animés, & que lorsqu'ils sont sortis de la bouche de leurs Auteurs, & non pas leur plume ; & qui ont été faits plutôt pour les oreilles de l'Auditeur que pour les yeux du Lecteur.

C'est ce qui paroît assés par ce que nous avons du P. de Lingendes (3) & de quelques autres Prédicateurs qui pensant conserver leur réputation par le soin qu'ils ont eu d'empêcher qu'on n'imprimât rien d'eux, ont été privés des fruits de leur prudence & de leur discrétion par les mauvais offices qu'on leur a rendus après leur mort en mettant leurs restes au jour.

Ceux même dont la réputation n'étoit pas fondée sur les graces de l'action, mais sur l'abondance des pensées & sur la force des raison-

---

1 Approbat. de M. le Camus Docteur en Théol. depuis Evêque de Grenoble.
2 Anton. Possevin in Apparat. Sac. & in Bibl. Select.
Gabr. Naudæus in Bibliograph. Politic.
Baron. in Annalibus Ecclef. ubi de Dial.

S. Greg. M. & alibi.
3 Nat. Sothwel contin. Alegambii Bibl. Soc. J. pag. 153.
Et Monsieur Galois Journal des Savans du 4 Avril. 1667.

nemens & dont par conséquent les discours ne ne devoient point paroître moins beaux sur le papier qu'ils l'étoient dans leur bouche, n'ont pas été beaucoup plus heureux que les autres dans la publication qui s'en est faite après leur mort, & nous en avons un exemple dans celle des Panégyriques posthumes de Monsieur Biroat (1).

Chapitre X.

Préjugés de la Précipitation & de la Lenteur des Auteurs, De la grosseur & de la petitesse des Livres, de ceux qui se sont étudiés à faire beaucoup de Livres, & de ceux qui en ont fait peu.

LA Précipitation & la Lenteur sont deux extrémités que l'on a toujours blâmées en général dans ceux qui se mêlent d'écrire. Si le Préjugé n'est point favorable aux jeunes gens qui mettent leurs productions au jour de trop bonne heure, comme on l'a vû plus haut, ce n'est que parce qu'on suppose qu'elles ne peuvent être que les fruits d'une trop grande précipitation, & que selon l'avis de Saint Jerôme & de toutes les personnes sages, on ne doit point se presser de s'exposer au Public, & qu'il faut employer de longues années à étudier & à méditer ce qu'on veut enseigner aux autres (2).

On a raison d'appliquer à la composition des Livres ce que le célébre Zeuxis disoit de ses Tableaux. ,, *Que c'est peindre pour l'éternité ,, que d'être long-tems à faire une Piéce.* Les écrits des Anciens & de quelques Modernes, nous fournissent quantité de beaux traits de Moralité contre ceux qui ne veulent point se donner la patience & le loisir nécessaire pour digerer ce qu'ils ont à écrire & pour limer & polir ce qu'ils ont déja écrit (3).

Ne ad scribendum citò prosilias, & levi ducaris insania. Multo tempore disce quod doceas.
Hieron.

---

1 Journal des Savans du 5. Decembre 1667. &c.
2 S. Hieronym. Epistol. ad Rustic. L. 1. Lucil. L. 9. Satir. ait,
Labora
Discere, ne te res ipsa, ac ratio ipsa refellat.
3 Corn. Tac't. Lib. 15. Annal. ait
Compositius cuncta quam festinantius, &c.
Epicteti Enchirid. cap. 69.
Tanti periculi res est statim evomere quod non concoxeris.
Erasm. Comment. in adagium, *Canis festinans cæcos parit catulos.*

Hadrian. Junius Lib. 4 animadvers c. 16.
Claud. Minos seu Minault ad Emblem. 208. Alciati.
Francisc. Bencius Soc. J. Orat. de stylo, &c.
Joannes Filezac. Selector. Lib. 2. ejus Varro de multiplici Scriptorum genere, cap. 4. pag. 347. 348.
Item cap. 11. pag. 375. 376.
Christian. Liberius de scrib. & leg. Lib. num. 9. pag. 27. 28.
Theophil. Spizelius in infelic. Liter. Tractat. 19. de Cacoëthe scrib. pag. 467.

Et à dire le vrai, l'aveuglement & la passion de l'homme produisent peu d'effets plus bizarres que ne le sont ceux qui viennent de cette folle précipitation. Car au lieu que l'homme tâche ordinairement de reculer sa peine & son supplice, les Ecrivains précipités & impatiens avancent le leur le plus qu'il leur est possible, & cette avancement n'en diminuë point la durée, puisque cette peine n'étant autre que la confusion de n'avoir point réussi, elle ne finira point tant que la mémoire de leurs ouvrages vivra dans l'esprit des hommes.

On ne peut pas dire de ces gens que ce sont des Auteurs qui écrivent & qui composent, puisque pour me servir des termes de Pline le jeune (1), ils aiment mieux avoir écrit que d'écrire, comme ces juges qui n'aiment point à juger, mais seulement à terminer les procès. Et ainsi comme ils ont plutôt écrit qu'on ne peut dire qu'ils écrivent, ils ont pour le repentir ce loisir qu'ils ne se sont pas voulu donner pour écrire.

C'est à ces sortes de gens qu'un de nos Maîtres en l'art d'écrire s'adresse pour leur donner cette importante leçon (2).

> *Travaillés à loisir, quelque ordre qui vous presse,*
> *Et ne vous piqués point d'une folle vitesse.*
> *Un stile si rapide & qui court en rimant*
> *Marque moins trop d'esprit, que peu de jugement,*
> *J'aime mieux un ruisseau qui sur la molle arène*
> *Dans un pré plein de fleurs lentement se promène*
> *Qu'un torrent débordé qui d'un cours orageux*
> *Roule plein de gravier sur un terrain fangeux.*
> *Hâtés-vous lentement, & sans perdre courage*
> *Vingt fois sur le métier remettés votre ouvrage.*
> *Polissés-le sans cesse, & le repolissés,*
> *Ajoutés quelquefois, & souvent effacés.*

Aussi avons-nous vû cette belle maxime pratiquée partout ce qu'il y a eu de plus judicieux & de plus habiles Ecrivains de tous les siécles & sur toutes sortes de sujets.

Denys d'Halicarnasse nous apprend que Thucydide employa vingt-

---

1. Plin. jun. L. b. 6. Epistol. 2.
2. Monsieur Despreaux de l'Art Poëtique Chant. 1. V. 163. &c.

sept ans à limer & à polir son Histoire, & que la durée de sa composition égala presque celle de la Guerre qu'il a écrite (1).

On sait combien de tems & de soins Euripide apportoit à ses Tragédies devant que de les laisser passer sur le Théâtre (2). Et l'on dit qu'un jour qu'il étoit en la compagnie de ses amis, & qu'il se plaignoit en leur présence de sa propre lenteur & de la pesanteur de son esprit qui l'empêchoit de faire quelquefois plus de trois Vers en trois jours, Alceste qui s'y trouvoit, en voulut tirer avantage pour sa propre gloire, & dit que pour lui il pouvoit sans peine faire cent Vers par jour. Euripide se croyant taxé par ce faste & cette vanterie, lui répartit avec chaleur ,, qu'il ne doutoit nullement de sa facilité pour ,, composer, mais qu'il osoit assurer que tous ses Vers qui lui sor- ,, toient de la tête avec tant d'abondance & de profusion ne dure- ,, roient pas plus de trois jours, & que les siens qui lui coutoient ,, tant, pouroient résister au tems & passer à l'éternité.

Diodore de Sicile employa trente ans à son Histoire selon son propre témoignage (3). Dion Cassius en a donné vingt-deux à la sienne (5).

On dit qu'Isocrate étoit fort long-tems sur ses compositions, & qu'il ne plaignoit pas dix ans ou quelquefois même quinze pour une seule harangue (5).

On sait le tems que les Bucoliques & les Géorgiques ont couté à Virgile, & ce que lui auroit couté l'Enéide s'il avoit vécu davantage, & l'on voit dans sa vie qui court sous le nom de Donat, qu'il faisoit gloire d'imiter l'Ourse dans la formation & la perfection de ses petits. C'est aussi une louange que Quintilien a donnée à Salluste.

Catulle loue la Smyrne du Poëte Cinna qu'il avoit été neuf ans entiers à composer, & quoique ce ne fût qu'un fort petit Livre, il témoigne qu'il étoit beaucoup préférable aux milliers de Vers qu'Hortensius faisoit quelquefois sur un pied ; aux Annales de Volusius ; & à tous ceux des Ouvrages de son tems que la précipitation seule de leurs Auteurs avoit fait éclore (6).

Et pour joindre quelques exemples d'Auteurs modernes avec ces Anciens, on sait que Gobelin Persone a employé prés de vingt-neuf

---

1 Dionys. Halicam. Judic. de Thucydid. pag. 939. Operum.
2 Liberius de Lib. scrib. pag. 29. 30. Theoph. Spizel. Infel. Liter. Tract. 19. pag. 465.

3 Diod. Sicul. Biblioth. præfat.
4 Dio. Cass. & ap. Voss. de arte historic. cap. 32. pag. 149.
5 Chr. Liber. ut supra pag. 28.
6 Catull. carmine 96. pag. 65. M.

ans à son Cosmodrome ou son Histoire, quoique d'autres veuillent qu'il lui ait donné même quarante deux ans (1).

Chrétien Massé de Cambray a travaillé cinquante ans durant à la compilation de sa Chronique (2).

Thomas Linacer Anglois, quoique très-habile & très-savant au rapport d'Erasme, étoit fort lent à composer, étant persuadé de l'importance & de la nécessité de bien écrire.

Paul Emile employa trente ans entiers à son Histoire de France (3). Santès Pagninus en mit autant à faire sa version Latine de l'Ecriture-Sainte (4).

Sannazar fut vingt ans à faire son Poëme des Couches de la Sainte-Vierge (5). Paul Jove employa trente-sept ans à la composition de son Histoire (6). Gomesius Pereira Médecin Espagnol fut trente ans à composer son *Antoniana Margarita*, pour prouver que les Bêtes n'ont point de sentiment (7).

Jean de la Case Archevêque de Benevent passa la meilleure & la plus longue partie de sa vie à faire & à polir son Galatée. C'est un Livre de l'épaisseur de deux Almanachs, dit Monsieur de Balzac (8). Ce n'est pas, ajoute-t-il, que la Case eût l'esprit stérile, car jamais homme n'eut de plus grands avantages de la Nature. Mais c'étoit l'éloquence Attique qu'il cherchoit, & non pas l'éloquence Asiatique. Il rejettoit les premiéres pensées comme autant de tentations du malin esprit, il ne se servoit pas indifferemment de toutes les bonnes choses. Mais entre les bonnes, il choisissoit les meilleures, & celles-ci étant en fort petit nombre, il étoit bien difficile d'en composer un gros Livre.

Scipion Tetti Neapolitain avoit employé plusieurs années à son petit Traité des Apollodores, avant qu'on l'envoyât aux Galeres. C'est un ouvrage de deux feuilles, mais le Public qui l'a trouvé bon n'a point crû que ni la petitesse du corps, ni la longueur du tems, ni la disgrace de l'Auteur dût lui en faire perdre l'estime & le goût (9).

1 Voss. de Histor. Lat. Lib. 3. cap. 9. pag. 801. 802.
2 Idem ibid. & de scientiis Mathemat. ubi de Chronol.c 41. n. 4. pag. 230.
3 Voss. de arte hist. Item de Histor. Latin. pag. 674.
4 Sixt. Senens. Lib. 4. Biblioth. sanct. & alii.
5 Chr. Liberius de scrib. Lib. pag. 29.
& alii.
6 Ger. Voss. de arte hist. cap. ult. pag. 149.
7 Nouv. de la République des Lettres de Mars 1684. pag. 20. &c.
8 Balzac Entretien 9. pag. 185. Edition d'Hollande.
9 P. Colom. Melang. Hist.
Item Jac. Aug. Thuan. in Vita sua.

Sebastien Ackern ou Acernus Polonois employa dix ans entiers à son Poëme de la Victoire des Dieux, & il n'y a point perdu son tems (1).

Mathieu Farinator employa trente ans à son Livre de la Lumiére de l'Ame (2).

Jacques Godefroy a mis aussi trente ans à son travail sur le Code Théodosien, mais la grandeur de l'Ouvrage & le succès de l'execution font assés voir que ce terme auroit été trop petit pour un homme moins capable & moins diligent que lui.

L'Académie della Crusca de Florence a été près de quarante ans à son Vocabulaire (3); & il y en a déja cinquante & plus, que Messieurs de l'Academie Françoise travaillent au Dictionaire de notre Langue.

Le Chancelier Bacon a employé dix-huit ans à son nouvel Organe, & on en a trouvé plus de douze copies toutes differentes l'une de l'autre dans son Cabinet après sa mort (4).

Monsieur de Vaugelas avoit été trente ans sur sa Traduction de Quinte-Curce, la changeant & la corrigeant sans cesse (5).

Monsieur de l'Etoille n'a laissé que deux petites piéces de Théâtre qui fussent achevées, parce qu'il travailloit avec un soin extraordinaire à polir tout ce qu'il faisoit & qu'il repassoit cent fois sur les mêmes choses, comme nous l'apprend Monsieur Pelisson (6).

Monsieur Heinsius le jeune a employé trente ans à son Virgile, c'est-à-dire à revoir ce Poëte & à y corriger les fautes des Copistes (7).

Et M. Despreaux dit de lui-même, ou d'un homme fait comme lui. Depuis

> *Qu'un Démon jaloux de contentement*
> *M'inspira le dessein d'écrire poliment,*
> *Tous les jours malgré moi, cloué sur un ouvrage*
> *Retouchant un endroit, effaçant une page.*
> *Enfin passant ma vie en ce triste métier*
> *J'envie en écrivant le sort de Pelletier* (8).

---

1 Ghilini Tom. 2. Theatr. homin. Literator. pag. 225.
Simon. Starovolfki in Hecatontade seu Centur. Polonor. illustr. pag. 225.
2 Matth. Konig. Bibl. V. & N. p. 296.
Ea dicterio part. 11 Ant. Bibl. pag. 127.
3 Relat. Historiq. de l'Académie Franç. de M. Pelisson, 159.
4 Henning. witten. in memor. Philosoph. hujus sæculi Tom. 1. in Vita Verulamii Baconis ab anonymo scripta pag. 286.
5 M. Pelisson Relat. Histor. de l'Acad. Franç. pag. 319.
6 Id. ibidem pag. 334.
7 Journal des Sav. de l'année de sa mort.
8 Despr. Satyr. 3. 4. 7. & 9.

Il paroît assés par l'estime que le Public a faite de la plupart de ces Auteurs dont je viens de rapporter les exemples que le Préjugé est plus favorable à la lenteur qu'à la précipitation. Mais il est difficile qu'on en puisse faire une régle universelle & infaillible pour juger de la bonté des Ouvrages.

Car si d'un côté cette lenteur est louable dans les Auteurs qui en font un loisir judicieux & toujours actif, elle est blâmable dans ceux qui la convertissent en paresse, qui ne savent pas en faire un bon usage, & qui s'en servent pour leurrer & entretenir le Public de vaines espérances.

Il y a d'ailleurs des esprits à qui la durée du tems, la longueur du travail, & l'opiniâtreté de l'application est souvent inutile, & quelquefois même nuisible, comme il y a des fruits qui ne sont point de garde, & qui se gâtent quand on les laisse trop long-tems sur l'arbre.

Pline le jeune avoit raison de dire que ces esprits si difficiles font quelquefois du tort à leurs ouvrages à force de les vouloir retoucher trop souvent, & que ce n'est plus les polir mais les affoiblir & les user que de passer si souvent la lime pardessus. *Non jam splendescit limâ sed atteritur* (1). Et nous voyons dans l'Histoire de son oncle qu'Apelles se vantoit d'avoir au moins cet avantage sur Protogène qu'il savoit finir, avouant que les Ouvrages de celui-ci étoient d'un travail immense, mais d'une exactitude trop scrupuleuse, l'excès de cette extrémité n'étant pas moins préjudiciable à la bonté des ouvrages que le défaut de l'autre (2).

C'est peut-être pour avoir trop fatigué & impatienté le Public que la Pucelle en a été si mal reçûë, la dureté & la contrainte des Vers de Monsieur Chapelain sont les fruits de sa lenteur, & la longueur des années qu'il a employées à ce Poëme, n'a servi qu'à rallentir l'ardeur avec laquelle on l'auroit lû d'abord s'il avoit eu l'adresse de surprendre son Lecteur (3).

La version Latine d'Athenée n'en est ni meilleure ni plus exacte

---

1 Plinius junior Lib. 5. Epistol. 11.
Item Lib. 9. Epist. 35.
Theophil. Spizel. Labyr. Infel. Lit. seu vit. & mor. Liter. commonefact. 19. pag. 471. 472.

2 Aliam gloriam usurpavit (Apelles) cum Protogenis opus immensi laboris ac curæ supra modum anxiæ miraretur; dixit enim, omnia sibi cum illo paria esse, aut illi meliora, sed uno se præstare, quod manum ille de tabula nesciret tollere: memorabili præcepto, nocere sæpe nimiam diligentiam.
Plinius senior Lib. 35. Histor. natural. cap. 10. pag. 691. col. 2.

3 Mr Pelisson Hist. de l'Acad.

pour

pour avoir été trente ans entiers à se former & à se polir entre les mains de Dalechamp, & le Public se soucie peu s'il en faut attribuer les retardemens & les défauts aux frequentes visites qu'il étoit obligé de rendre à ses malades, puisque rien ne l'obligeoit de se faire mauvais Traducteur pour devenir bon Médécin.

On prétend aussi que ce n'est pas la longueur du tems qui a donné la perfection à celle de Vaugelas, puisque des dix-huit ou neuf maniéres differentes qu'on a trouvées dans son Cabinet après sa mort, la premiére paroissoit souvent aussi bonne, & quelquefois meilleure même que les postérieures & que celles qui étoient le plus travaillées, au jugement de ceux qui revîrent cette version (1).

Emmanuel Sâ fut quarante ans à composer son petit Livre des Aphorismes pour les cas de conscience, cependant c'étoit un assés mauvais Livre, jusqu'à ce que le Maître du sacré Palais en eût fait retrancher ou corriger plus de quatre-vingt endroits erronés (2).

Enfin il semble que le Public n'ait point grand égard à la longueur de vingt années que le Pere Esprit Sabathier employa pour faire une seule carte qui fut appellée *Ombre idéale de la science universelle*, & qui ne put même voir le jour qu'après que le Pere François Marie de Paris y eut encore donné trois ans de son loisir (3).

Si les Critiques ont témoigné quelquefois de vouloir bien user d'indulgence pour la lenteur des Ecrivains, en la considerant comme un effet de la crainte & du respect que ceux-ci ont envers le Public : ils n'ont pas eu la même disposition ni la même facilité pour excuser leur précipitation. C'est avec grande raison qu'ils ont voulu mettre cette difference entre ces deux extrémités, parce qu'ils ont toujours pris cette précipitation, non seulement pour un mépris injurieux que les Auteurs font du Public & de la Postérité ; & pour une manière de le servir trop cavalièrement ; mais encore pour la Source & pour la Mere de deux espéces monstrueuses qui accablent de plus en plus la République des Lettres, je veux dire, de la *Multitude* & de la *Grosseur* des Livres.

Il y a long-tems que Salomon s'est plaint de la multitude des Livres, & de ce qu'on ne finissoit point d'en faire tous les jours de

---

1 Monsieur Pelisson, Histoire de l'Académie.
Monsieur du Ryer, Préface de la Trad. Françoise de Quinte-Curce par Vaugelas.
Tome I.

2 Alegamb. Bibl. Scriptor. Soc. Jes. Possevin. Appar. Sacr. Tom. 1. Ecrits des Curés de Paris, &c. pag. 316.
3 Journal des Savans, &c.

nouveaux (1). Les Païens même qui sembloient n'avoir point d'autre moyen de se rendre immortels qu'en tâchant de vivre dans l'esprit & la mémoire de la Posterité, & en multipliant leurs Livres dans cette intention, n'ont pû approuver cette démangeaison d'écrire beaucoup de Livres (2).

Mais que n'auroient pas dit ces Auteurs Sacrés & Profanes sûr l'état de ces derniers tems, & particuliérement depuis l'usage de l'Imprimerie, s'ils avoient pû connoître les débordemens des esprits & de la Librairie qui se sont faits ensuite dans le monde?

Les savans & les ignorans prennent indifferemment la plume, comme par une espéce de conspiration pour accabler, ou du moins pour fatiguer & rebuter le genre humain; pour distraire & faire égarer les esprits; pour charger & confondre la mémoire; pour gâter & falsifier le jugement, & pour faire évaporer l'imagination des hommes par la multiplication inutile des Livres.

C'est le moyen que les uns & les autres ont trouvé pour tendre des piéges à la curiosité que nous avons naturellement de vouloir apprendre tout ce que nous ne savons pas, & de voir & lire pour cet effet tout ce qu'on appelle *Nouveautés* ou *Livres nouveaux*.

Ainsi les uns & les autres, quoiqu'ils ayent pris & qu'ils prennent encore tous les jours des routes differentes, ne laissent point d'arriver tous à un même but, & d'aboutir malgré leurs vûës & leurs intentions à une même fin, qui est de nous faire perdre le fruit de nos études; notre loisir & notre tems, c'est-à dire, le prix de l'éternité; & souvent même nos fortunes temporelles & nos petites finances. C'est ce qui nous rend doublement ridicules dans l'esprit des Financiers publics & de tous ceux qui ne sont point atteints ou qui sont guéris de l'amour des Livres. Car depuis que les Auteurs se sont avisés de se découvrir ou de se trahir les uns les autres, nous avons mieux reconnu qu'auparavant quelle est la source & le sujet de tous ces inconveniens qui nous arrivent de leur lecture, & on nous a fait remarquer qu'ils ne viennent que de ce que cette multitude affreuse de Livres n'est pour l'ordinaire qu'une multiplication des mêmes Livres; que plusieurs Livres n'en sont souvent qu'un en plusieurs façons. Et d'autant que par l'artifice des Synonymes & des Epithetes, on lit souvent les mêmes choses sous des titres differens

---

1 Ecclef. cap. 12. v. 12. Faciendi plures Libros nullus est finis.

2 Juvenal. Satyr. 7. V. 51.
tenet insanabile multos Scribendi cacoëthes & ægro in corde senescit.

& sous divers noms d'Auteurs: il ne faut point chercher ailleurs l'origine du dégoût & du rebut des uns, & celle du retardement des autres dans le progrès qu'ils feroient s'ils n'étoient abusés par tant de Répetiteurs & de hardis Plagiaires.

C'est ce que le Pere Théophile Raynaud a remarqué des Intérprétes & Commentateurs de l'Ecriture-Sainte qui ne font presque que se copier les uns les autres (1).

C'est ce que Petrus Aurelius (2) & quelques autres Critiques (3) ont trouvé dans la plupart des Théologiens Scholastiques, soit qu'ils ayent écrit sur le Maître des Sentences & sur Saint Thomas, soit qu'ils ayent traité la Morale en particulier.

C'est ce qui a formé le sujet de tant de plaintes que l'on fait contre tous ces *fatras* & ces masses monstrueuses de Commentaires sur Aristote, & contre la plupart des cours ennuyeux de nos Philosophes Scholastiques.

C'est ce qui a fait dire à plusieurs que si on retranchoit les Répétitions de tout ce qui s'est fait sur le Code & le Digeste, sur le Décret & les Décrétales, on seroit moins rebuté de l'étude de l'un & l'autre Droit; & que les Canonistes & les Jurisconsultes pouroient se rendre habiles à moins de frais & en moins de tems.

C'est ce qui nous a fait croire que si la plupart des Historiens, des Géographes, des faiseurs de Chroniques & d'Itineraires s'étoient contentés de polir leurs Originaux sans les transcrire, il y auroit eu moins de menteurs; & que si l'on obligeoit tous les faiseurs de Vers de faire restitution à Homére, à Virgile, à Horace, & aux autres Anciens, nous ne serions pas en peine de lire tant de Modernes.

Voilà les effets du Préjugé contre la multitude des Livres, qui d'ailleurs ne laisse pas d'avoir son utilité, au moins pour ceux qui traitent des vérités de la Religion Chrétienne selon Saint Augustin (4).

C'est une chose avantageuse au Public & particuliérement à l'Eglise,

---

1 Theoph. Rayn. Erotem. de bon. & mal. Libb.
2 Perrus Aurel. Vindiciæ censur. Sorb. adversus spongiam Herm. Loëmelii, pag. 241. 242.
3 Théol. Mor. des J. Lettre de Montalt. Factum & Ecrits des Curés de Paris & autres Livres pag. 115. 116.
4 Utile est plures Libros à pluribus fieri, diverso stylo, non diversâ fide, etiam de

quæstionibus iisdem, ut ad plurimos res ipsa deveniat, ad alios sic, ad alios autem sic.
Neque enim omnia quæ ab omnibus conscribuntur in omnium manus veniunt. Et fieri potest ut nonnulli qui etiam hæc nostra intelligere vellent, eos non inveniant Libros, in hos saltem incidant.
S. August. Lib. 1. de Trin. cap. 3. tom. 3. Operum.

dit ce Saint, qu'il se trouve plusieurs Ecrivains qui fassent plusieurs Livres tous differens quant à la forme, quoiqu'ils travaillent tous sur une même matiére ; que n'ayant tous qu'une même foi & de mêmes principes, ils prennent un stile divers & des maniéres differentes pour expliquer les mêmes questions : afin que leurs Livres étant ainsi multipliés, ils puissent tomber entre les mains de plus de gens qui pouront s'instruire d'une même vérité, les uns d'une façon & les autres d'une autre, & que comme on ne peut point avoir tous les Livres qui se font, on puisse du moins trouver dans ceux que l'on peut acquerir, ce qui est traité dans ceux qui ne nous pouroient pas aisément tomber entre les mains.

Il est même à souhaiter, dit encore ce Saint dans un autre endroit de ses Ouvrages (1), que dans les lieux où l'héréfie a quelque cours, tous ceux qui ont quelque talent pour écrire prennent la plume pour la défense de leur Religion & de la cause commune de leur Eglise, quand ils devroient écrire tous la même chose & dans les mêmes maniéres, ne dussent-ils en diversifier que les termes & les expressions. Car il est à propos, ajoûte-t-il, que les Hérétiques sachent que l'Eglise Catholique n'a point pour un ou deux Ecrivains à son service, mais qu'elle en peut produire des légions entiéres capables de la défendre contre les attaques & les insultes de ses ennemis. Qu'il arrive encore cet avantage de la multitude des Livres, qu'on les peut avoir plus commodément, c'est-à-dire à moins de frais & avec moins de peine que s'ils étoient plus rares, & qu'on en peut faire le choix plus facilement.

En effet les Auteurs Ecclésiastiques n'ont pas crû que ce seroit entiérement perdre sa peine que de prendre la plume contre les Ariens après Saint Athanase, quoiqu'il eût parfaitement traité la matiére, & que ce qu'il en avoit écrit eût pû suffire contre tous les ennemis de la Divinité du Fils de Dieu.

Saint Basile le Grand, Saint Epiphane, Didyme d'Alexandrie, les deux Grégoires de Nazianze & de Nysse, les deux Cyrilles de Jerusalem & d'Alexandrie, Saint Hilaire, Saint Ambroise, Saint Augustin, Grégoire de la Bétique ou d'Elvire, Idacius Clarus, Saint

---

1 Optandum est, ubi hæreses vigent, ut quicumque aliquâ scribendi facultate præditi sint, ii scribant omnes, etsi non modo de rebus iisdem scripturi sint, sed eadem etiam aliis verbis fortasse scripturi. Expedit enim ut hæretici intelligant in castris Catholicorum non unum aut alterum esse, sed multos qui cum iis adversâ fronte congredi audeant.
Idem Lib. contra mendacium ad Consentium, Tom. 4. Operum.

Fulgence, Saint Phebade d'Agen, Lucifer de Cagliari, Cerealis, Victorin & plusieurs autres anciens Auteurs Grecs & Latins, sans parler des Modernes qui ont écrit contre les nouveaux Ariens & Photiniens, que nous appellons Sociniens n'ont pas cru rendre mauvais office à l'Eglise en multipliant les Ecrits contre ces Hérétiques, & en répetant si souvent la même matiére.

La plupart de ces Sains & savans Auteurs ont tant de rapport & de ressemblance entre eux, selon la remarque même du Cardinal Bellarmin & du P. Possevin (1), qu'ils semblent avoir écrit de concert & conspiré ensemble pour raporter les mêmes passages de l'Ecriture dans le même ordre, pour les expliquer de la même maniére, & pour se servir des mêmes argumens contre les Hérétiques. Ils repetent tous & inculquent les mêmes choses comme s'ils n'avoient fait que copier tous un même Original. Mais loin d'avoir mérité le moindre blâme par cette conduite, loin d'avoir incommodé l'Eglise par cette multiplication d'ouvrages, ils s'en sont fait un mérite devant Dieu & devant les hommes, & ils ont assûré à l'Eglise une victoire que ses ennemis lui auroient disputée plus long-tems.

Si donc ils ont fait tant de Livres sur une matiére, il faut s'en prendre au zèle de la Religion & aux mouvemens que Dieu donnoit à tous ces Saints d'étaler les richesses de ses dons, & de les faire profiter à sa gloire & au service de l'Eglise. Et s'ils ont écrit la même chose il faut se souvenir qu'ils puisoient dans une même source, qu'ils étoient animés d'un même esprit, qu'ils avoient la même fin, les mêmes secours, les mêmes ennemis à combattre, le même sujet à traiter, la même cause à défendre & le même Maître à servir.

ON PEUT faire le même raisonnement à proportion de celui-ci sur tous les autres sujets Sacrés ou Ecclésiastiques, Profanes ou Séculiers qui ont été traités plusieurs fois par plusieurs Auteurs : & conclure que la multitude des Livres qui sont répandus dans le monde n'est point blâmable par rapport au grand nombre des Auteurs, mais seulement lorsqu'elle vient d'un Auteur que la démangeaison d'écrire porte plutôt à faire beaucoup de Livres qu'à les faire bons.

Multitude de Livres d'un seul Auteur.

La fécondité d'un petit nombre de bons Ecrivains qui ont enrichi le Public d'un grand nombre de présens considérables, a été d'un exemple très-préjudiciable à une infinité d'autres, qui aspirant à leur gloire, quoiqu'ils n'eussent ni leur tête, ni leurs forces, ni

---

1 Rob. Bellarmin. tom. 1. Controvers. Præfat. ad Lector. | Anton. Possevin. Biblioth. Select. Lib. cap. 49. pag. 39.

leur bonheur, n'ont pas laissé de gâter souvent plus de papier que ceux-là n'en avoient utilement employé.

Mais ces derniers ont été à leur tour aussi préjudiciables aux premiers, & la multitude de leurs mauvais Livres ayant dégoûté le Public, pouroit bien lui avoir donné lieu de confondre avec eux ceux de ces bons Ecrivains : & avoir rebuté les Copistes qui se sont enfin lassés de faire passer jusqu'à nous les bons Livres aussi-bien que les méchans, & peut-être parce que leur multitude seule les aura épouvantés.

Car, pour ne rien dire des milliers de Sentences, de Paraboles, de Vers, de Cantiques, de Proverbes, des Traités des Plantes, des Animaux & des autres productions de la Nature que SALOMON avoit composés (1), & où il n'y avoit rien que d'excellent ; à quoi pourions-nous raisonnablement attribuer la perte que nous avons faite des Livres de TRISMEGISTE, quelque qu'ait été cet Auteur? Car s'il est vrai que cet homme seul ait composé Six mille cinq cens vingt-cinq Volumes, ou plutôt comme d'autres l'ont écrit Trente-six mille, ou selon quelques-uns même Trente-six mille cinq cens vingt-neuf Livres touchant la sagesse des Egyptiens, il n'est pas possible qu'il ne se soit trouvé bien du fatras, & de la rêverie dans tout ce grand nombre de compositions, qui aura détourné les Copistes d'en faire le discernement & de nous communiquer ce qu'il y auroit eu de bon (2). Mais il est aisé d'attribuer ce que l'on veut à un fantôme, & si l'on veut faire prendre quelque couleur & quelque apparence de vérité à ce conte, on peut se persuader avec la Croix du Maine (3) que c'étoit anciennement la coutume des Egyptiens de publier tous les Livres qu'ils composoient sous ce spécieux nom de Trismegiste, ou d'un autre équivalent en Langue vulgaire, soit pour se faire honneur, soit que ce fût un titre ordinaire de Livres. Ainsi rien ne nous empêche dans cette supposition de croire qu'il y ait eu dans l'Egyte plus de Trente-six mille Trismegistes.

Si nous en croyons Liberius (4) le faux Trismegiste ne passera que pour un fort petit Ecrivain avec ses Trente-six mille volumes auprès de CALLIMACHUS le Cyrénien, dont nous avons les Poësies & qui fut Bibliothéquaire de Ptolemée Philadelphe entre Zenodote & Eratosthène. Car il prétend qu'il a composé plus de Huit cens mille

---

1 Lib. 3. Regum cap. 4. v. 32. 33.
Joseph. Antiq Judaic. Lib. 8. cap. 2.
2 Jamblich. de Ægypt. Sap.
Nicol. Anton. in Vincentio Marinerio, tom. 2. Bibl. Hispan. pag. 263. initio.
Christ. Liberius de scrib. Lib. pag. 8.

3 Franç. de la Croix du Maine, Discours de ses propres Livres, pag. 546. à la fin de sa Bibliothéque.
4 Christ. Liberius de Lib. scrib. leg. &c. pag. 7.

DE LA MULTITUDE.

Livres, ce que huit cens des plus laborieux Ecrivains auroient peine de faire aujourd'hui. Il a été abusé par Lomejer sans doute (1), & il y a grande apparence que ce dernier est tombé sur un endroit de Suidas mal cité par quelqu'un, & que lui-même s'y est trompé en prenant *huit cens mille* pour *huit cens* (2). A moins qu'on ne veuille dire que cet Auteur avoit fait le Catalogue de plus de Huit cens mille Livres (3), encore la Bibliothéque d'Alexandrie n'en contenoit-elle pas plus de Sept cens mille au rapport d'Aule-Gele (4).

Ce que l'on dit des autres Auteurs anciens qui se sont plû à la multitude des Livres n'est pas si fort au-dessus du vrai-semblable, & surtout si l'on se souvient d'expliquer le mot de *Livres* par celui de *Cahiers* ou *Rouleaux*, c'est-à-dire, de simples feuilles ou cartes roulées d'où nous est venu le mot de *Volume*.

Ainsi il n'est pas tout-à-fait incroyable qu'ARISTARQUE le Grammairien qui vivoit sous Ptolemée Philometor en ait fait un mille en ce sens (5), quoique Suidas se contente de dire que le bruit commun lui en donnoit plus de Huit cens (6).

On dit que ZENON le Pere des Stoïciens avoit composé Sept cens cinq Opuscules différens (7), qui nonobstant leur multitude étoient d'une si grande force que Carnéade de l'Académie ayant entrepris d'y répondre, s'étoit cru obligé toutes les fois qu'il prenoit la plume pour le refuter, de prendre auparavant de l'ellebore blanc * pour se purger & se fortifier la tête, & pour empêcher que l'estomach ne lui envoyât des vapeurs au cerveau (8). Mais on ne convient pas que tous ces Ouvrages ne fussent que d'un seul & même Zenon, & quelques-uns doutent que ce fut au chef des Stoïciens qu'en vouloit Carnéade (9).

---

1 Joan. Lomejer. de Bibliothecis, cap. 13. pag. 307. M.
2 Suidæ Lexic. voce *Callimach.*
3 Voyés les beaux & judicieux Catalogues de Livres & d'Auteurs que fit ce Callimachus dans Jonhus, Liv. 2. chap. 5. des Ecrivains de l'Hist. Philos. p. 133. & suiv.
4. Aul. Gell. Noct. Attic. Lib. 6. cap. 17.
5 Christ. Liber. ut supra pag. 7.
6 Suidas in Lexic. voce *Aristarch.*
7 Liberius de scrib. Lib. pag. 7.
8 Aul. Gel. Noct. Attic. Lib. 17. c. 15. Item Plin. senior Hist. Nat. Lib. 25. c. 5. Voss. de Philosoph. sect. c. 19. p. 79. 99.
9 Jac. Oyselius in not. ad Aul. Gel. pag. 768.

* NB. J'ai dit sur la foi de Pline l'Ancien, d'Aulu-Gelle, de Vossius &c. que Carnéade Philosophe Academicien se purgeoit le cerveau avec de l'ellebore blanc pour écrire contre Zenon le pere des Stoïciens. S. Augustin (*lib. contra Cresconium c.* 19.) dit, que c'étoit lorsqu'il vouloit disputer contre Chrysippe. Mais quoique l'autorité de Saint Augustin pour ces sortes de faits, n'ait rien au-dessus de celle des Auteurs profanes; cela nous fait toujours penser que la plupart de ces relations sont suspectes. C'est aussi ce que j'ai voulu marquer, lorsque j'ai ajouté après Oyselius & quelques autres, que l'on doute que ce fut au Chef des Stoïciens qu'en vouloit Carnéade.

DES PREJUGE'S

Cela nous doit être d'autant plus suspect qu'EPICURE passoit dans le Monde pour celui des Philosophes qui avoit le plus écrit, selon Diogène Laërce (1), qui ajoute dans sa vie que la multitude de ses Volumes montoit jusqu'au nombre de Trois cens dans lesquels il n'avoit mis aucun témoignage, ni passage, ni aucun mot qui fut pris d'autrui. Tout y étoit de lui, & l'on juge de là quelle étoit la force & la fécondité de son esprit.

Πάντας ὑπερ-
βαλλόμενος
πλήθει βι-
βλίων.

Quoique Laërce ait dit qu'Epicure avoit surpassé généralement tous les Philosophes par la multitude de ses Livres, il ne laisse pas en un autre endroit d'en excepter CHRYSIPPE, disant que Zenon avoit fait beaucoup de Livres à la vérité, mais que Xenophane en avoit fait plus que lui; que Démocrite en avoit fait plus que Xenophane; qu'Aristote en avoit fait plus que Démocrite; & Epicure plus qu'Aristote; mais que Chrysippe en avoit fait plus qu'Epicure (2).

Ce Chrysippe n'étoit proprement que le singe d'Epicure pour les compositions, & le Parasite de ses Livres, comme l'appelloit Carnéade. Car il affectoit de faire & d'écrire tout ce qu'il voyoit faire & écrire à Epicure; c'est pourquoy il le copioit souvent; & quand il le vouloit surpasser il alloit mandier divers passages des autres Philosophes, ce qui a fait dire à Zenon & à Aristote que tous ses Livres n'étoient pleins que de témoignages & de paroles d'autrui (a). Et Diogène Laërce (3) dit que comme il écrivoit tout ce qui lui venoit dans la pensée avec une précipitation étrange, il ne faisoit rien de

---

1 Diog. Laër. in Vita Epicuri, Lib. 10. p. 273. col. 1. n. 26. de multitud. Libror. Epicuri.

Item Origenes Lib. 1. adverf. Celfum:
2 Diog. Laër. Procem. Lib. 1. n. 16. p. 4.
3 Laërt. Lib. 10. de Vita Epic. p. 273.

(a) Aristote n'a pu parler des Livres de Chrysippe. Il étoit mort avant que Chrysippe fut au monde. Aristote mourut l'an troisième de la cent quatorzième Olympiade & Chrysippe mourut dans la cent quarante-troisième. Monsieur Baillet cite pour la confirmation de son opinion Diogène Laërce dans la vie d'Epicure, à la page 273. de l'édition d'Angleterre; M. Baillet n'a point lû le Grec de cet endroit de Laërce, mais en ayant lu la version d'Aldobrandinus, que voicy. *Epicuri multam scriptionem Chrysippus æmulatus est, quemadmodum Carneades ait, Parafitum ejus librorum ipsum appellans: si quid enim Epicurus scriberet, tantumdem scribere Chrysippus ob æmulationem studebat. Quo circa & eadem sæpe scripsit, & b.1, quæ sibi in mentem illico veniebant, & festinatione parum emendata; testimoniaque tot insunt, ut eis solis libri referti sint, quemadmodum & apud Zenonem & apud Aristotelem invenire licet;* & l'ayant lu ponctuée de la sorte que je viens de la representer, & telle qu'elle est imprimée dans l'Edition d'Angleterre; il a crû que ce que disoit Laërce de Chrysippe avoit été remarqué par Zenon & par Aristote, & ces mots, *quemadmodum & apud Zenonem & apud Aristotelem invenire licet*, veulent dire que ce défaut de raporter trop de témoignages dans des Traitez Philosophiques, qu'on blâmoit dans les Ecrits de Chrysippe, se rencontroit aussi dans ceux de Zenon & d'Aristote. (ANTIB. t. I. p. 27.)

bien

DE LA MULTITUDE, &c. 225

bien, & ne se soucioit pas d'être exact pourvû qu'il surpassât Epicure dans le nombre des Livres. Et en effet il avoit composé plus de Trois cens volumes sur la Dialectique (1), sans parler de ce qu'il avoit écrit sur divers autres sujets.

Cependant à bien considérer la chose on ne peut pas dire que Chrysippe ait surpassé Epicure dans la multitude des Livres selon le raisonnement d'Apollodore d'Athènes dans Laërce (2), puisque si l'on eût ôté des Livres de Chrysippe tout ce qui n'étoit pas de lui, il ne lui seroit presque rien resté, au lieu que ceux d'Epicure n'étoient composés que de ce que sa cervelle & son fonds lui avoient fourni (3).

Cela fait voir le peu d'équité qu'Hesychius l'Illustre, & ceux qui l'ont suivi (4) ont fait paroître, lorsqu'ils ont confondu le mérite d'Epicure avec celui de Chrysippe, & qu'ils ont dit que l'un & l'autre pour s'être trop pressé d'écrire & de multiplier leurs ouvrages ont été peu exacts & peu solides en ce qu'ils ont mis au jour (5). Ce qui n'est vrai que de Chrysippe, quoiqu'on ait soupçonné Epicure d'avoir mis au rang de ses Livres ceux de Démocrite sur les Atomes, & ceux d'Aristippe touchant la Volupté pour en grossir le nombre, & en acquerir de la gloire comme s'il en avoit été l'Auteur. (6).

Outre ce que l'on a dit de ces laborieux Ecrivains, on nous a encore voulu persuader que THEOPHRASTE disciple d'Aristote avoit mis au jour Trois cens volumes (7); que DIDYME LE CHALCENTERE, c'est-à-dire aux entrailles de cuivre, ainsi nommé à cause qu'il étoit extraordinairement laborieux, avoit composé jusqu'à Trois mille cinq cens Traités différens (8), & Sénèque en met jusqu'à Quatre mille (9). Ce qui a fait dire à Athénée que Didyme avoit oublié le nombre de ses Livres (10).

Quelques-uns ont écrit que DIOMEDE le Grammairien en avoit fait Dix mille quoiqu'avec assés peu de vrai-semblance (11).

Parmi les Romains SERVIUS SULPICIUS en avoit fait Cent

---

1 Petr. Gassend. de Vita Epic. Lib. 3. pag. 90 cap. 4.
2 Laërt. Lib. 7. de Vita Zenonis.
3 P. Gassendi Lib. 1. de Vita Epic. c. 9. pag. 34. & seqq.
4 Joan. Filesac. Varro Lib. 2. select. c. 11. pag. 376. ex Hesychio illustri, &c.
5 Ger. Jo. Vossius de Philosophor. sect. cap. 8. §. 16. pag. 55.
6 Dict. Hist. de Moreri, pag. 465. de la premiére Edition.
7 Liberius de scrib. Libr. pag. 7. ex Genebrardo, &c. Vid. & Laërtium & Hesychium.
8 Moreri Dict. Hist. ex var. Auctorib.
9 Luc. Senec. Epist. 88. & ap. Morer.
10 Athænei Dipnosoph. Lib. 4. & ap. Morer.
11 V. notre Rem. des Gramm.

Tome I   F f.

quatre-vingt-huit sur le Droit Civil seulement(1). VARRON à l'âge de quatre-vingt-quatre ans avoit déja composé Quatre cens quatre-vingt-dix Livres, dont il se perdit une bonne partie durant sa proscription par le pillage qu'on fit des Bibliothéques de la Ville, comme nous l'apprend Aule-Gelle (2). C'est ce grand nombre des ouvrages de Varron qui a fait dire à Saint Augustin (3) qu'il s'étonnoit qu'ayant tant lû, il eut eu le loisir d'écrire ; & qu'ayant tant écrit, on auroit eu de la peine à se persuader qu'un homme eut été capable de tant lire.

GALIEN avoit composé plus de Quatre cens Livres sur la Médecine, & plus de Deux cens quarante sur les autres Sciences, & le grand nombre de ceux qui nous sont restés nous fait assés connoître qu'il n'est pas impossible absolument de beaucoup écrire & de bien écrire tout à la fois (4).

Il ne nous seroit pas difficile de trouver aussi parmi les anciens Auteurs de l'Eglise de ces habiles & laborieux Ecrivains à qui les ouvrages tomboient de la plume avec une facilité qui fait encore aujourd'hui le sujet de notre étonnement.

Car sans parler d'ESDRAS à qui les Rabins donnent Deux cens quatre Livres sur divers sujets, & Soixante & douze sur la seule Cabale (5), qui pourroit croire qu'ORIGENE avec les exercices journaliers de son Ecole en auroit pû composer Six mille ? Néanmoins Saint Jerôme nous assure qu'il en avoit lû autant de lui, Saint Epiphane & Rufin nous ont aussi spécifié le même nombre (6). Et Saint Jerôme écrivant à Pammachius, semble dire qu'il n'y avoit personne qui en pût autant lire en sa vie qu'Origène en avoit écrit ou dicté à ses Copistes, qu'Ambroise lui entretenoit en grand nombre & avec beaucoup de libéralité (7).

L'on pourroit mettre Saint AUGUSTIN au rang des plus laborieux & des plus infatigables Ecrivains, je ne dis pas de l'Eglise, mais de

---

1 Franc. Hotoman descript. Jurisconsultor. qui à Pomponie citantur, pag. 442. Christ. Liber. & alii.

2 Aul. Gell. Noct. Attic. Lib. 3. c. 10. ad finem.

3 D. Augustin. Lib. 6. de Civit. Dei, cap. 3.
Ant. du Verdier de Vauprivas Biblioth. pag. 1034.

4 Ph. Labbe de Vit. Claud. Galen. & alii, &c.

5 Lib. Mazor. num. 12. apud Christian. Liberium de scrib Lib. pag. 7

6 Anten. Thysius in Not. ad Aul. Gell. Lib. 3. cap. 10. ad fin.
L. de Moreri Dict. Hist.
Le Galois, Traité des Biblioth. p. 75.
Chr. Liber. de scrib. Libr. pag. 7.
P. Dan. Huetii Origenian. & alii.

7 Euseb. Histor. Ecclesiast. Lib. 6. cap. 23. & seqq.
Item Lib. eod. cap. 32.

DE LA MULTITUDE, &c.

toute l'Antiquité même, sans craindre de donner lieu de croire que le grand nombre de ses Livres auroit pû préjudicier à leur excellence. Et plût à Dieu que le tems eût eu autant de respect pour eux que l'Eglise a toujours témoigné d'en avoir, nous aurions aujourd'hui un tresor qui nous consoleroit aisément de la perte que nous avons faite de la plupart de ceux que l'on vient de nommer.

Si l'on veut passer dans les siécles postérieurs, on y trouvera peut-être que ce zéle que les Anciens avoient fait paroître pour remplir le monde de leurs Livres, a dégénéré en une espéce de manie, sur-tout depuis l'usage de l'Imprimerie. Et si l'on considére qu'un de nos *in-folio* peut bien contenir la valeur de cinquante & quelquefois de cent volumes des Anciens, on jugera aisément si les Modernes ont été moins laborieux & moins curieux de gloire qu'eux par le petit nombre que je citerai ici succinctement à ne commencer que depuis l'établissement de la Scholastique.

Les œuvres d'ALBERT LE GRAND sont en Vingt & un volumes in-folio de l'édition de Lyon de 1651. & d'ailleurs en Dix-neuf.

Celles de Saint THOMAS sont en Dix-sept volumes de l'édition de Rome, en Seize de Venise, en Vingt & un ou en Vingt-trois de Paris.

RAIMOND LULLE a fait plus de Quatre mille volumes si l'on s'en tient à ce qu'on en a publié. Et il y a dans la Bibliothéque de Monsieur l'Avocat Général de Lamoignon un Catalogue Manuscrit de ses ouvrages qui comprend Quatre-vingt-sept volumes ou Livres de son Art qu'on appelle des *Lullistes*; Trente cinq sur la Physique; Trente & un sur la Métaphysique; Cent vingt-cinq sur la Théologie, & sur divers sujets qui ont raport à la Religion; Vingt & un sur la Médecine; plus de Soixante sur la Chimie, mais qu'on lui a supposés mal-à-propos pour la plupart; Vingt sur la Morale; Dix-huit sur les Mathématiques; Huit sur le Droit; avec un Supplément de Quatre-vingt-six sur la Théologie, & de Dix-huit sur la Logique. Mais il est dit à la fin du Catalogue qu'il y a encore un grand nombre d'autres volumes tant imprimés que manuscrits qui se conservent dans les Bibliothéques de Majorque, de Barcelone, de Rome, de la Sorbonne, de Saint Victor, des Chartreux de Paris, & des autres endroits de la Chrétienté.

WICLEF qui mourut en 1387. avoit composé plus de Deux cens volumes, selon le témoignage du Pape Pie Second rapporté par

Verheiden (1), & ce que nous en avons n'eſt qu'un reſte que les Proteſtans ont ſauvé du feu.

ALPHONSE TOSTAT Evêque d'Avila mort en 1454. a fait un nombre innombrable de Livres ſelon le Langage de quelques-uns. Ce que l'on en a imprimé eſt renfermé dans Quatorze volumes in-folio ou Vingt ſept tomes de l'édition de Veniſe ; en Quinze volumes de Cologne ; & en Dix-huit d'ailleurs. Le Pelerin, c'eſt-à-dire, André Schott Auteur de la petite Bibliothéque d'Eſpagne (2), dit que Toſtat a fait un ſi grand nombre de volumes ſeulement ſur l'Ecriture-Sainte, que ſi on en vouloit compter les feuilles par les jours de ſa vie, on trouveroit qu'il n'y en auroit pas un à compter depuis le moment de ſa naiſſance auquel il n'eut rempli plus de trois feuilles. Sixte de Sienne dit qu'on peut juger de la groſſeur & de la maſſe de tous ces épouvantables volumes par le petit abregé que Pierre Ximénès Evêque de Coria ſon diſciple tâcha de faire de ſon Commentaire ſur Saint Mathieu ſeulement. Et quoiqu'il fit tous ſes efforts pour réduire cet Abregé à la cinq ou ſixiéme partie du Commentaire au plus, quelques retranchemens qu'il y eût faits, il ne pût venir à bout d'en faire moins d'un gros & d'un grand in-folio de 1020. pages du plus grand papier, qu'on appelle *folio regali*, en caractéres très-menus & très-ſerrés, & dont on auroit pû faire Quatre juſtes volumes à l'ordinaire (3).

Il n'a vécû que 40. ans.

DENIS RICKEL DE LEEUWIS, dit le CHARTREUX, qui mourut en 1471. a beaucoup plus écrit que Saint Auguſtin, & on n'eſt point encore revenu de l'étonnement où l'on a toujours été de voir qu'il ne ſe ſoit jamais ſervi de copiſte, & qu'il ait tout écrit de ſa propre main (4) comme on le voit dans Swert, dans Valere André, & dans Petrejus. Ce que l'on a imprimé de ſes ouvrages eſt renfermé en Douze gros volumes in-folio, quoiqu'il ſe trouve divers autres Traités imprimés ſéparément.

JEAN DE HAGEN ou de INDAGINE Chartreux d'Allemagne, qui mourut en 1471. compoſa plus de Trois cens Livres divers qu'il

---

1 Jac. Verheiden in Vit. Theologor. Proteſt. initio.
Chriſtianus Liberius de ſcrib. Lib. pag. 8.
2 A. S. Peregrin. Biblioth. Hiſpan. Scriptor. Tom. 2. pag. 107.
G. Matth. Konig. Biblioth. V. & N. pag. 815.

3 Sixt. Senenſ. Lib. 4. Biblioth. ſanct. pag. 192.
4 Theodor. Petrejus in Biblioth. Cartuſian. à pag. 50. uſque ad 84.
Franciſcus Swertius in Athenis Belgic.
Valer. Andr. Deſſel. in Biblioth. Belgic. pag. 185.

DE LA MULTITUDE, &c.

adreſſa à divers Princes & Prélats (1), & l'on trouve de lui plus de Quatre cens trente-trois Traités, ſans un grand nombre d'autres raportés par Trithème (2).

On prétend que le fameux PARACELSE qui mourut en 1541. avoit écrit près de Trois cens volumes, & s'il eût vécû du tems des Anciens, ils auroient pû faire monter toutes ces compoſitions juſqu'au nombre de Trente mille volumes en la maniére qu'ils les prenoient, ſuivant la ſupputation du ſieur de la Croix du Maine (3). D'autres ſe contentent de dire que Paracelſe avoit écrit Deux cens trente Livres ſur la Philoſophie, Quarante-ſix ſur la Médecine (4), & Soixante-ſix ſur les choſes occultes; ſans compter tous ceux qui ſe gliſſoient ſous le manteau des curieux (5).

Les Hérétiques du dernier ſiécle ont été fort curieux auſſi de peupler le monde de Livres auſſi-bien que d'enfans, s'imaginant pouvoir accabler l'Egliſe par la multitude des uns & des autres, & croyant pouvoir fournir par ce double expédient aſſés d'armes & de ſoldats pour entretenir l'une & l'autre guerre qu'ils avoient entrepriſe contre elle. LUTHER avec ſes Sept Volumes in-folio de Wittemberg ou ſes Quatre de Steinmann; ZUINGLE avec ſes Quatre de Zurich; MELANCHTHON avec ſes Cinq de Bâle ou ſes Quatre de Wittemberg ſont des premiers ſans doute, mais ils ne ſont pas des plus féconds. Les Quatorze de CALVIN réduits à Neuf dans la derniére édition d'Amſterdam, les Huit de BRENTIUS, les Dix de BULLINGER, les Neuf ou Dix de MUSCULUS, les Treize de RODOLPHE GUALTER, ſans parler des *in-quarto* & des *in octavo* de Moïſe AMYRAUT qui montent juſqu'au nombre de Quarante ou Cinquante, ont fait un peu plus de montre & de parade.

Mais ſi l'Egliſe vouloit ſe contenter de leur oppoſer Homme pour Homme & Livre pour Livre, elle trouveroit même dans une ſeule de ſes Sociétés Réguliéres de quoi leur tenir tête, & de quoi les envelopper ſans déployer ſes autres forces.

Pour ne rien dire de SALMERON, de BELLARMIN & de LUGO ni même de TURRIEN, GRETSER, d'ANDRE' SCHOTT, &c

---

1 Juſtus in Chronic. Francof. pag. 57. apud G. M. Konig. Biblioth. V. & N. pag. 427.
2 Joan. Tritth. à pag. 164. ad 193.
3 Franc. de la Croix du Maine, Bibl. Franc. pag. 519.
4 Matth. Konigii Bibl. vet. & nov. pag. 608. initio.
5 Melchior Adam in Vita Paracelſi, pag. 32. Tom. de Medic. German.

on n'a qu'à jetter les yeux sur les Ouvrages de SUAREZ qui composent Vingt grands volumes ou plutôt Vingt-six si l'on vouloit les ramasser tous ensemble (1).

Ceux de VASQUEZ sont en Dix ou Neuf ou en Huit volumes selon leurs différentes éditions in-folio.

Ceux de LORIN en Dix ou en Onze in-folio.

Ceux de Corn à LAPIDE sont en Seize in-folio, & il disoit sur la fin de ses jours & de ses travaux, qu'ayant épuisé tous ses esprits vitaux & animaux à écrire pour le service & la gloire de Dieu, il ne lui restoit plus que son sang qu'il auroit bien souhaité épuiser pareillement ou répandre pour la même cause (2).

Ceux de Th. SANCHEZ sont en Huit in-folio; & ceux de Gasp. SANCHEZ en Dix ou en Douze volumes.

Ceux de Corn. HAZART sont en plus de Trente-cinq in-octavo sur les matiéres de Controverse, & en Sept in-folio sur l'Histoire.

Ceux de JEAN EUSEBE de NIEREMBERG montent à Seize volumes in-folio, & à près de Trente tant in-quarto & in-octavo qu'en moindre forme.

Ceux du P. PETAU dont le mérite doit être distingué de celui des autres, sont en Huit volumes in-folio sans parler de plusieurs autres ouvrages mis en d'autres formes & de ce qu'il a fait sur les anciens Auteurs.

Ceux de THEOPHILE RAYNAUD sont en Dix-neuf volumes in-folio sans y comprendre l'*Apopompée* qui fait le Vingtiéme & qui n'est pas le moins curieux.

Ceux du P. LABBE ne sont pas aisés à compter, pour les raisons qui ne sont point inconnuës au Public. Si l'on veut s'en rapporter au Catalogue qu'il en a fait publier, on se persuadera aisément que dès l'an 1662. il en avoit déja fait Soixante & seize volumes dont les titres seuls comprennent Cinquante-cinq pages in-quarto dans ce Catalogue.

ESCOBAR avoit déja publié Quarante-trois Volumes de sa façon la plupart in-folio à l'âge de soixante & dix ans; & dès-lors il en disposoit encore Onze autres de la même force qu'il a eu le loisir de pousser à leur fin, puisqu'il a vécu encore onze ou douze ans après,

---

1 Nathan Sotwel Biblioth. Soc. J. post. Alegamb. &c.

Alegamb. & Sotwel, Bibliothec. Soc. J.

DE MULTITUDE, &c. 231

& qu'il paſſoit pour le plus laborieux & le plus fécond Ecrivain de ſon pays & de ſa Societé (1). *Il mouruten 1669, âgé de 81. an.*

Enfin ATHANASE KIRCHER a mis au jour près de Trente volumes in-folio & près de Quinze in-quarto.

Ce n'eſt pas ſeulement dans cette Societé qu'on s'eſt étudié à multiplier & à groſſir les Livres. La ſeule Théologie Morale d'ANTONIN DIANA ſurnommé l'*Agneau de Dieu* étoit en Douze volumes in-folio, au milieu du déſordre & de la confuſion où ſon Auteur l'avoit laiſſée, & le Chartreux d'Alcolea lui ayant donné de l'ordre & de l'arrangement elle s'eſt trouvé réduite à Neuf volumes de l'édition de Lyon (2).

PIERRE D'ALVA & ASTORGA qui s'étoit crû choiſi & député du Ciel pour venir défendre & orner de ſes Ecrits le myſtère de la Conception de la Sainte Vierge, & les Priviléges de ſon Ordre Séraphique, avoit compoſé plus de Quarante-huit gros volumes in-folio ſur ces deux ſujets, quoiqu'il y en ait eu plus d'un tiers de ſupprimé depuis. Entre autres il y avoit un A, B, C, D, ou Abécédaire de la Vierge Marie en Vingt & un volumes, dont la premiére Lettre A avoit été imprimée à Madrid en Trois grands volumes in-folio à l'Imprimerie Royale l'an 1648. une Bibliothéque de la Conception en Six volumes; un Bullaire de la même Conception; un Bullaire de ſon Ordre en Dix volumes. Il fit encore divers autres Livres en moindre forme, tant pour attaquer que pour repouſſer ſes Adverſaires ſur l'opinion de la Conception. Mais s'étant fait condamner à Rome plus d'une fois, & ſous divers noms (3) il tomba dans une diſgrace qui le rendit le jouet des Dominicains, la confuſion des Cordeliers, & le rebut de l'Egliſe : & il s'en alla mourir hors de ſon pays l'an 1667.

Mais ſe trouveroit-il quelqu'un parmi les Modernes & les Anciens-mêmes, qui oſât faire comparaiſon avec l'incomparable CARAMUEL ? C'étoit peu de choſe pour lui d'avoir publié près de Quarante volumes in-folio & Vingt in-quarto. Il avoit dans la tête une capacité locale d'une trop vaſte étenduë pour pouvoir être remplie &

---

1 Nicol. Anton. Bibl. Hiſp. Tom. 2. in Append. ult. pag. 655.
A la tête de ſon Commentaire ſur le Cant. des Cant. on voit ſon Portrait avec cette Inſcription.
Antonius de Eſcobar & Mendoza Soc. Jeſu ferè ſeptuagenarius poſt quadraginta tria Volumina edita, alia undecim digerit.

2 Ibid. Tom. 2. Bibl. Hiſp. pag. 72. col. 2.
3 Decret. ſacr. Congreg. 22. Junii 1665. in collect. Decret. pag. 94. Decret. 85. pag. 294.
Index Libror. prohibitor. Alexandri VII. Papæ pag. 100. 101.
Vide & Nic. Ant. Tom. 2. p. 133. 134.

entièrement occupée d'un si petit nombre de productions. Il avoit entrepris de renouveller ou de réformer tous les Arts & toutes les Sciences Divines & Humaines ; de châtier & de corriger la plupart des Auteurs qui les avoient traitées ; de fournir lui seul toutes les Ecoles publiques & tous les Cabinets des particuliers ; & de suffire lui seul à tout le monde pour toutes sortes d'études & d'éxercices.

Quiconque en voudra douter, poura consulter le magnifique Catalogue de ses Livres & de ses projets extraordinaires qu'il en a composé lui-même, dans le dessein de faire un enchaînement des uns avec les autres, qui fût si étroit & si nécessaire, qu'on fût obligé non seulement de ne les point acheter les uns sans les autres, en nous assurant que quiconque n'auroit point tout seroit censé n'avoir rien du tout ; mais encore, pour comble de misére, de les lire tous indispensablement les uns après les autres. Et je suis sûr qu'après la lecture de ce Catalogue on aura lieu de douter si les Gascons de France sont plus Gascons & plus fanfarons que ceux d'Espagne (1).

JOSEPH PELLIZER DE SALAS a déja donné près de Soixante volumes de toutes sortes de grandeurs au Public, & s'il n'est mort depuis dix ou douze ans, il n'aura pas manqué d'en publier encore beaucoup d'autres. Car Dom Nicolas Antoine son ami, dit qu'il faisoit encore espérer dans peu de tems la publication des Annales d'Espagne en Douze volumes ; l'Histoire de la Maison d'Autriche en Quatre ; l'Histoire généalogique d'Espagne en Quatre ; & qu'il gardoit encore plus de Cinquante autres Livres chés lui, jusqu'à l'occasion de les produire (2).

FELIX LOPE' DE VEGA CARPIO étoit une autre espéce de génie que tous ceux dont on vient de rapporter les éxemples, pour sa fécondité surprenante. Jamais homme n'eut une facilité plus grande pour la composition. Du moins n'est-il arrivé jamais à personne qu'à lui, d'avoir fait Dix-huit cens Comédies & plus de Quatre cens Actes Sacramentels ou piéces dramatiques qu'on a coutume de réciter à la Fête du Saint Sacrement en Espagne. Dom Nicolas Antoine dit que si l'on vouloit mesurer la grandeur de ses ouvrages sur la longueur de sa vie, l'on trouveroit qu'il n'y auroit point de jour dans un si longue espace de tems auquel il n'eût rempli cinq

---

1 Carol. Visch. Biblioth. Cistercienf. pag. 179. & seqq.
Nic. Anton. Tom. 1. Biblioth. Hisp.
2 Idem ibid. Tom. 1. pag. 621. 622.

621.
Item Tom. 1. in Appendic. pag. 307. col. 1. & 2. & pag. 663.

grandes

DE LA MULTITUDE.

grandes feuilles de papier, à compter dès le premier moment de sa naissance.

Après tant de Géants, & quelques Hercules de la République des Lettres, je croi qu'il est assés inutile d'en citer d'autres comme Vossius, Meursius, Gruter & tous ces Critiques laborieux qui ont mieux aimé travailler sur les Anciens ou à leur imitation, que de produire de nouvelles imaginations de leur tête ; Baronius, Raynaldi, Ughelli, Argaez, & divers autres Espagnols entre les Historiens ; Cardan, Aldroand, Liceti parmi les Philosophes & Médecins ; & parmi les Jurisconsultes Bartole, Cujas, Antoine Favre le pere de Monsieur de Vaugelas; Barbosa qui composa Vingt & un volumes in-folio sur le Droit Canon ; Farinas ou Farinacci qui en fit Seize plus estimés que leur Auteur qui passoit pour un grand fripon & un débauché, ce qui faisoit dire au Pape Clement VIII. que la *farine* en étoit bonne, mais que le *sac* n'en valoit rien.

Car il n'est pas difficile de juger par ce peu d'exemples que quoique le Préjugé ne soit pas favorable pour l'ordinaire à la multitude des Livres, c'est pourtant une chose assés commune aux bons & aux mauvais Ecrivains de faire indifféremment beaucoup de Livres.

Et comme cette conduite ne peut pas nous servir de régle certaine pour savoir le jugement que nous devons faire en particulier de ces Auteurs laborieux, il y a lieu de s'étonner qu'il se soit trouvé de tems en tems des hableurs & des fourbes pour vouloir surprendre le Public, & lui enlever son estime par une fausse ostentation ou par une vaine promesse de lui produire incessamment une multitude de Livres.

C'est sans doute par cet artifice que VINCENT MARINIER a prétendu dans notre siécle se mettre en réputation en voulant nous persuader qu'il avoit composé plus de Cinquante volumes importans sans compter plus de Trois cens quatre-vingt mille Vers tant Grecs que Latins, qu'il soutenoit avoir faits. Comme le Public n'en voyoit point de preuves, & qu'il sembloit douter de la vérité des paroles de Marinier, notre Auteur spéculatif au lieu de réduire ses promesses en pratique & de faire mettre quelques-uns de ses grands ouvrages sous la Presse, se contentoit d'écrire aux uns & aux autres pour les en assurer. Il leur faisoit de longues listes de titres de ses prétendus Livres dans ses Lettres, & lorsque quelqu'un lui paroissoit un peu trop incrédule sur ce sujet, il tâchoit de l'abattre & de le persuader en lui opposant l'exemple des Trente-six mille cinq cens vingt-neuf

Livres de Trismegiste (1) : & en venant même jusqu'au détail des circonstances de ses travaux, il lui spécifioit le nombre des mains de papier qu'il y avoit consumé, la petitesse de son caractére, & la maniére dont il serroit ses lignes, pour en grossir l'idée.

C'étoit sans doute par de semblables mouvemens de vanité qu'un jeune homme de vingt-sept ans dont parle du Verdier de Vauprivas (2), voulant imiter les Auteurs qui envoyoient à celui-ci la liste de leurs Livres pour être inserée dans sa Bibliothéque Françoise, lui mit entre les mains un grand Catalogue, & un Inventaire bien fourni des Livres qu'il se vantoit d'avoir composés à cet âge. Il montoit jusqu'au nombre de Cinq cens volumes & plus. C'étoient les titres les plus beaux & les plus magnifiques que l'on se pût imaginer, & ils occupoient plus de cent pages dans ce Catalogue. De sorte, dit du Verdier, que la vie de l'homme la plus longue & la plus des-occupée n'auroit point été suffisante même pour lire le quart des volumes qui paroissoient dans cette belle montre.

Le même Auteur parlant des fourbes de Pierre Paschal qui tiroit de gros appointemens de l'Epargne pour faire l'Histoire de France feignant d'y travailler incessamment ; quoiqu'il n'en fît rien, nous rapporte encore un trait de fanfaronade que lui en fit un esprit à peu près du même caractére, qui soûtenoit avoir écrit Huit cens volumes contenans Trente mille cahiers, & qui non content de lui en avoir dressé le Catalogue, avoit la sottise de le publier par des Lettres & des écrits divers (3).

Nous avons encore la mémoire toute fraiche d'un magnifique Catalogue de Livres imprimé à Bourges le dix de Mars de cette année 1685. où l'on voit plus d'une centaine d'ouvrages importans d'un Auteur de cette même Ville publiés seulement depuis l'an 1682. dans le même lieu, avec ceux qui doivent bientôt paroître au jour. La Posterité qui n'en entendra peut-être parler qu'en cet endroit, ne poura pas s'imaginer que tout ce grand nombre de Livres & de Traités joint à plusieurs autres ouvrages que le même Auteur avoit déja fait imprimer auparavant seront à peine suffisans pour faire un juste volume *in-quarto* étant tous reliés ensemble.

Mais c'est un divertissement d'entendre la Croix-du-Maine

---

1 Nic. Anton Bibl. Hispan. Tom. 2. pag. 262. & 263.
2 Ant. du Verdier Bibl. Franç. p. 1034.
3 Id ibid. pag. 1034. 1035.

compter au Roi Henry III. tous ses beaux exploits de plume & d'imagination, dont il a bien voulu nous conserver la mémoire en mettant au jour le Discours de ses projets. Il dit qu'il avoit dans sa Bibliothéque Huit cens volumes de Mémoires ou Recueils divers tous de son invention, tous recherchés par lui & extraits de tous les Livres qu'il avoit lûs jusqu'alors, dont le nombre, dit-il, étoit infini, comme il étoit aisé de le voir par ses Vingt-cinq ou trente mille cahiers, & chapitres de toutes sortes de matiéres, qui peuvent tomber dans la connoissance des hommes. Il y étoit traité, si on l'en croit, de tant de choses differentes qu'il est presque impossible de parler de quelque chose ou même de s'en imaginer quelqu'une, dont il n'eut fait une très-curieuse recherche. Et pour en spécifier quelque chose, il dit que la description qu'il avoit faite du Spirituel & du Temporel de la France contenoit plus de Cent volumes, & qu'il en avoit écrit plus de Cinquante sur la Noblesse & les Familles du Royaume. Pour faire voir qu'il n'étoit point hableur ni rodomont, quoiqu'à sa mine & au peu d'âge qu'il avoit alors il fût en grand danger de passer pour menteur, il prie le Roi de députer des Commissaires pour aller visiter sa Bibliothéque & examiner la vérité de ce qu'il lui disoit. Il avoit disposé toutes ces riches productions de son esprit en cens Buffets différens de sa Bibliothéque, & il ne demandoit au Roi que deux cens écus pour chaque buffet, afin de faire part au Public de tant de trésors précieux, qu'il étoit honteux d'avoir mis à un prix si bas & si vil, croyant avoir fait injure à Sa Majesté de l'avoir taxée à si peu de chose (1).

Grosseur & petitesse.

CE QUE j'ai rapporté au préjudice ou même à l'avantage de la quantité des ouvrages faits par un seul Auteur, se doit entendre pareillement de leur grosseur. C'est le même Préjugé qui regle l'estime bonne ou mauvaise que nous en avons. Comme ce n'est point la quantité, ce n'est pas non plus la grosseur qui donne l'immortalité à l'Auteur d'un Livre, dit un Moderne (2). ,, L'Abbé Cerisi ira
,, plus loin avec sa seule *Métamorphose* des yeux de Philis en Astres
,, que beaucoup d'Auteurs qui occupent de grandes places dans nos
,, Bibliothéques, & le *Temple de la Mort* forcera plus aisément la
,, rigueur des tems que les Six cens volumes de Monsieur l'Evêque
,, du Bellay.

---

1 Franç. de la Croix du Maine, Epître au Roi, pag. 513. 514. 515. après sa Bibliothéque.

2 La Guerre des Auteurs, pag. 178.

Le petit Livre de la Vie & des vertus de la Sainte Vierge par le Sieur de Grandval vivra plus long-tems & toujours plus honorablement dans l'esprit des personnes de bon goût & de pieté solide, que toutes ces grosses masses d'Alva & Astorga, de Poza & d'une infinité d'autres Ecrivains de cette trempe.

Le petit Mercator de Rigberius a rompu le coû de nos jours aux deux grands volumes du Pere Garnier.

Et la plus saine partie de la République des Lettres fait le même jugement de la plupart de ces petits Mémoires, de ces cahiers, de ces observations en feuilles volantes, & de ces petits Traités divers publiés depuis trente ou quarante ans sur la Physique, la Médecine, les Mathématiques, après lesquels on court avec avidité au mépris de tous les gros Commentaires sur Aristote. On loue le Sieur Madelenet du petit nombre de Vers qu'il a laissés, beaucoup plus que ni le Mantouan, ni l'Auteur des *Virgile & Ovide Chrêtiens*, ni le Marinier avec ses Trois cens quatre-vingt mille Vers dont on a parlé plus haut.

Scaliger estimoit plus le petit Atys de Catulle que tous les grands Vers de Lucain. Car en effet il n'est presque pas possible de se soutenir toujours avec une force égale dans un ouvrage de longue haleine, & de donner à un grand corps des proportions aussi justes qu'à un petit.

C'est sans doute ce qui a porté parmi les anciens Térence & Horace, parmi les Modernes Malherbe & Monsieur Despreaux à mettre si peu de chose au jour, quoique ceux-là n'ignorassent pas les applaudissemens que la populace ignorante & grossiére donnoit aux gros volumes d'Antimachus, selon Catulle (1). Ils ne portoient point envie à Lucilius (2) qui faisoit Deux cens Vers en se mettant à table, & qui en faisoit Deux cens autres avec la même facilité en se levant de table. Et ils n'en estimoient pas Cassius Severus meilleur Poëte, pour avoir laissé suffisamment de quoi brûler son corps de la grosseur de ses papiers & de ses écrits (2), comme Vares s'avisa de faire, après l'avoir tué de la part d'Auguste sur ses propres Livres.

---

1 Catull. carm. 96. ait :
Parva mei mihi sunt cordi monimenta laboris,
At populus tumido gaudeat Antimacho.
Vid. & Turnebi adversar. Lib. 28. c 38.
Vid. & Voss. de Antimacho pag. 42.
43. de Poëtis Græcis.

2 Amet scripsisse ducentos
Ante cibum versus, totidem cœnatus: Etrusci
Quale fuit Cassî rapido ferventius amni
Ingenium : capsis quem fama est esse, librisque
Ambustum propriis.
Horat. Satir. 10. Lib. 1. V. 60.

DE LA GROSSEUR ET PETITESSE, &c. 237

La fortune d'un Livre est faite dès que sa grosseur nous frappe l'imagination, & souvent il passe pour lû dès qu'on l'a vû. C'est pourquoi on ne s'avise plus gueres de lire les Vingt-quatre Livres des Commentaires de Thomas Hasselbach sur le premier Chapitre d'Isaïe, & quoiqu'il n'ait pas eu le loisir d'achever ce premier Chapitre du Prophéte par une continuation de plusieurs autres Livres, ni de travailler de la même force sur tout le reste de l'Ecriture sainte comme il en avoit envie, cela ne nous a point fait plaindre son mauvais sort, ni la perte que nous avons faite d'un ouvrage qui auroit été rare à voir & singulier dans son espéce (1).

Le Pere Simon n'a pû s'empécher d'admirer le gros volume du Pere Phelippeau sur les quatre premiers Chapitres du Prophéte Osée, jugeant que si on en retiroit les digressions & les matiéres étrangéres il ne resteroit de ce qui appartient à son sujet & à son titre que peu de chose pour faire un fort petit Livre (2).

Le Pere Malebranche raille assés agréablement Savilius sur la maniére de son Commentaire de quelques-unes des premiéres propositions d'Euclide. Ce célébre Auteur avoit mis au jour un *in-quarto* de près de trois cens pages pour expliquer les definitions, les axiomes, les demandes, & les huit premiéres propositions du Géométre. Et le Pere Malebranche le rend ridicule en ce qu'une heure étant suffisante à un esprit médiocre pour apprendre toutes ces choses ou par lui-même ou par le secours du plus petit des Géométres, il parle de son entreprise comme de quelque chose de fort grand & de fort difficile, qu'il a peur que les forces ne lui manquent, qu'il laisse à ceux de ses successeurs qui auront plus de santé & plus de vigueur de corps & d'esprit, pour continuer cet ouvrage important, le soin de pousser & d'étendre les choses plus loin ; & enfin de ce que si l'âge le lui eut permis, il nous auroit laissé Douze ou Quinze gros volumes sur les élémens de Géométrie (3).

Monsieur Despreaux en la personne d'un de nos Ecrivains Modernes
> *dont la fertile plume*
> *Peut tous les mois sans peine enfanter un volume.*

censure avec beaucoup de raison ceux qui ne s'étudient qu'à grossir & à multiplier leurs ouvrages, sans se mettre si fort en peine d'y

---

1 Sixt. Senens. Biblioth. sanct. Lib. 4. pag. 292.
2 Hist. critiq. de l'Anc. Testam. l. 3. c. 13.
3 Recherche de la Verité, Tom. 1. Lib. 2. chap. 7. pag. 227. l. 3. c. 11.

faire entrer le bon sens (1), & il semble vouloir nous faire connoître que le goût & que la délicatesse de notre siécle sur ce sujet n'est gueres moins grande que celle du tems de cet ancien Callimachus (2), qui ne mettoit point de différence entre *un grand Livre & un grand mal*.

Ainsi les Calvinistes, & entre autres Scaliger, Melchior Adam, Crowæus, Monsieur Morus & quelques autres de la même Communion n'ont pas trop mauvaise raison de témoigner de l'étonnement de ce que Calvin ait fait de si gros Livres & en grand nombre sans néanmoins avoir jamais voulu se rétracter de rien ni connoître le moindre de ses défauts (3).

Des Ecrivains de cette espéce qui se sont resolus de ne jamais reculer, ou qui par le choix de leur institut ou par le mauvais état de leurs affaires sont tombés dans la nécessité de toujours avancer, quelque obstacle qu'ils puissent rencontrer, se croiroient estropiés s'ils s'étoient retranché quelque chose. Et ceux principalement dont la subsistance dépend du poids & de la mesure de leurs écrits, s'imagineroient perdre un soû, en retirant un mot inutile ou mal placé de leurs ouvrages.

C'est par ce motif que Guillaume Xylander, Louis Dolce, Jean Baudoin, Pierre du Ryer & plusieurs autres Ecrivains mercenaires & gagés par les Libraires se sont trouvés obligés d'allonger & de grossir de tout leur possible les écrits qu'ils mettoient sous la Presse, De sorte que pour sauver & conserver leur vie ils ont bien voulu flétrir & perdre leur réputation, les uns par la nécessité de faire des Traductions à trente sols ou à un écu la feuille : les autres de faire des Vers à quarante francs le cent, quand ils étoient grands, & à quarante sols, quand ils étoient petits, comme le rapporte Monsieur Furetiere (4).

Mais qui n'admireroit la bizarrerie & l'inconstance des Critiques dans leurs jugemens, & qui croiroit qu'après s'être tous si gé-

---

1 Satire 2. à Moliere, pag. 20. 21. de la seconde Edit. V. 77.
2 Callimach. Grammat. apud Athenæum in Dipnos. Lib. 3 cap. 1.
Costar Pref. de la seconde Partie de ses Lettres.
Chr. Liberius de scrib. Lib. Tract.
Jo. Filesac. Varro Lib. 2 Select. cap. 11. pag. 376. & alii plures.

3 Joseph. Scalig. in Scaligeranis posteriorib. pag. 41.
Melch. Ad. in Vit. Theolog. exteror. pag. 109.
Guill. Crowæus in Elencho Script. in Bibl. sacr. pag. 201. ex Mori-Calvino :
4 Nouvelle Allegorique pag. 161. des troubles du Royaume de l'Eloq.

DE LA GROSSEUR ET PETITESSE, &c. 239

néralement déclarés contre la grosseur des Livres, il s'en trouveroit qui ne fussent point favorables à leur petitesse ?

Le Préjugé en faveur des petits Livres paroîtroit d'autant moins déraisonnable qu'il est mieux fondé en raisons. On les suppose ordinairement meilleurs que les gros, quand ils sont de la même espéce & sur le même sujet, parce qu'on a plus de loisir de les travailler; qu'on ne les perd point de vûë comme les vastes ouvrages; & qu'on en a devant les yeux le commencement, la suite & la fin presqu'en même tems, comme dans une carte & dans un tableau.

Cependant Scaliger n'a point laissé de chicaner Drusius sur ce qu'il ne faisoit que de petits Livres (1).

Les Libraires qui sont aujourd'hui les arbitres de la fortune des Livres & des Auteurs n'ont pas toujours été curieux de Livrets, parce qu'effectivement ils n'étoient pas au goût de tout le monde, & que le débit n'en étoit pas facile. On sait que Moret célebre Imprimeur d'Anvers successeur & gendre de Plantin eut querelle un jour sur ce sujet avec Erycius Puteanus qui avoit succédé à la réputation de Lipse pour les belles Lettres. Et sur ce que cet Imprimeur lui reprochoit qu'il ne faisoit que de petits Livres qu'il ne pouvoit débiter, parce qu'on méprisoit leur petitesse; Puteanus voulut se justifier sur l'exemple de Plutarque qui n'a fait que de petits Livres, & qui néanmoins ne laissent pas d'être de grand prix. La colere & l'indignation saisirent Moret à cette comparaison, & prenant Puteanus par les épaules, il le jetta hors de sa Boutique en lui réprochant la vanité qu'il avoit de croire que ses Livres valoient ceux de Plutarque (2).

Enfin l'Auteur de l'Esprit de Monsieur Arnaud n'a point crû pouvoir trouver de plus grandes injures à dire à Monsieur Colomiez son confrere de Religion, qu'en témoignant de le méprisér, & en le raillant assés froidement sur ses petits Livres de peu de feuilles. Il l'apelle *le grand Auteur des petits Livrets*, ajoutant qu'il ne lui faut qu'un volume d'une feuille pour se mettre en rang avec les Auteurs de la premiére & de la seconde taille (3).

---

1 Poster. Scaligeran. pag. 67. ad finem.
2 Paul. Colomes. alicubi.
3 Jurieu, Espr. de Mr Arnauld 2. partie pag. 298.

Chapitre XI.

Préjugés des Abrégés, des Sommaires, des Extraits, des Recueils, & des Compilations que l'on a faites des ouvrages des Anciens.

LEs Savans font toujours extrémement partagés fur le jugement que l'on doit faire des Abregés, des Extraits des Livres, & de tous ces autres Monumens qui nous font reftés des Anciens, par le canal des Ecrivains pofterieurs, qui ont employé toute leur induftrie à racourcir, à démembrer & à mutiler les bons Auteurs qui leur paroiffoient trop étendus.

Les Critiques & généralement tous les ftudieux qui font ordinairement les plus grands ennemis de ces fortes d'Abregés & d'Extraits, prétendent que la coutume de les faire, ne s'eft introduite que longtems après ces fiécles heureux, aufquels fleuriffoient les belles Lettres & les Sciences parmi les Grecs & les Romains. C'eft à leur avis un des premiers fruits de l'ignorance & de la fainéantife, où la Barbarie a fait tomber les fiécles qui ont fuivi la décadence de l'Empire. Les gens de Lettres & les Savans de ces fiécles, difent-ils (1), ne cherchoient plus qu'à abreger leurs peines & leurs études, furtout dans la Lecture des Hiftoriens, des Philofophes & des Jurifconfultes ; foit que ce fût le loifir, foit que ce fût le courage qui leur manquât.

Ainfi ceux de ces tems-là qui s'appliquoient à écrire ou pour s'acquerir de la gloire, ou pour rendre fervice au Public, connoiffant le génie & le goût de leur fiécle, mettoient toute leur induftrie à faire des Abregés ou des Extraits des meilleurs Auteurs, qu'on ne lifoit plus à caufe de leur groffeur. Ils favoient d'ailleurs que le moyen le plus sûr de perdre fa peine & de tomber dans le mépris, étoit de faire des Livres nouveaux, & furtout de les faire un peu longs.

C'eft ce qui rendit infenfiblement les Ecrivains femblables aux Lecteurs, c'eft-à-dire, négligens & de mauvais goût. Ils fe contentérent de tirer des Auteurs ce qu'ils croyoient demander le moins d'application & de méditation aux Lecteurs, ce qui devoit leur plaire davantage & les moins fatiguer : & peu à peu ils perdirent eux-

---

1 Claud. Salmaf. Præfat. in Luc. Ampelii Edit. poft Florum.

mêmes

DES ABREGÉS ET EXTRAITS.

mêmes ce discernement nécessaire pour faire de bons Abregés & des Extraits judicieux.

Mais quoiqu'ils n'eussent tous qu'une même fin qui étoit celle de ne point dégoûter leurs Lecteurs, & de venir à bout de se faire lire: ils n'ont pourtant pas pris tous une même route pour y parvenir.

1. Les uns ont réduit leurs Auteurs en *Epitôme*, en gardant réguliérement les propres termes & les expressions de leurs Originaux, en tâchant de renfermer tout leur sens en peu de mots, & en n'y apportant que le moins de changement qu'il leur étoit possible.

2. Les autres ont fait leurs *Abregés* à leur mode, & en un stile qui leur étoit particulier. Ils ont quelquefois même pris la liberté de tirer des autres Auteurs ce qu'ils croyoient manquer au leur, pour former le sens qu'ils lui vouloient donner.

3. Quelques-uns se sont contentés de faire des *Centons* ou des *Rhapsodies* de plusieurs Auteurs, dont ils ont pris divers morceaux pour composer leurs compilations.

4. D'autres ont fait des *Lieux communs* où ils ont réduit comme dans des classes differentes les endroits des Auteurs qui pouvoient se ranger sous les mêmes Titres, & appartenir à une même matiére.

5. Plusieurs ne songeant qu'à leur utilité particuliére dans leurs études, faisoient des *Recueils* de ce qu'ils lisoient, se contentant quelquefois de mettre leurs *Remarques* à la marge de leurs Livres. Mais souvent ils les mettoient dans des cahiers à part, & les copistes les multiplioient dans le même ordre qu'ils les trouvoient dans ces cahiers.

6. Enfin on en a vû d'autres qui n'y ont point apporté d'autre finesse que celle d'extraire de suite tout ce qui leur frapoit l'imagination & qui leur paroissoit digne d'être remarqué; sans rien changer dans l'ordre de leurs Auteurs. Ce n'étoient que des morceaux coupés sans aucune liaison, & souvent sans beaucoup de sens, mais ils pouvoient servir à rafraîchir la mémoire de ceux qui avoient fait ces *Extraits*.

Toutes ces maniéres d'abreger les Auteurs pouvoient avoir quelque utilité pour ceux qui avoient pris la peine eux-mêmes de les faire: & peut-être qu'elles n'étoient point entiérement inutiles à ceux qui avoient lûs les Originaux. Mais ce petit avantage n'a rien de comparable à la perte que la plupart de ces Abregés ont causée à leurs Auteurs. Et on peut dire que la République des Lettres n'a point encore trouvé aucun de ces Abregés qui ait pû la consoler d'une perte

Tome I. Hh

de tant d'excellens Originaux qu'elle est en danger de ne pouvoir jamais recouvrer (1).

Je ne prétens point parler ici d'aucun des Livres sacrés tels que sont les Livres des Rois, les Paralipomènes, & ceux des Maccabées. Quoique quelques Critiques surtout entre les Modernes (2) ayent voulu, ce semble, nous faire croire que ces Livres auroient pû donner quelque lieu à la perte qu'on a faite des Livres de *Gad*, d'*Iddo*, de *Nathan*, du Prophete *Jehu*, des Mémoires de *Salomon*, de la Chronique des Rois de Juda, de celle des Rois d'Israël, des cinq Livres de *Jason le Cyrénien*, & de quelques autres dont ils se sont imaginés que ces Livres saints qui nous sont restés ne sont que des Extraits ou des Abregés.

Mais de quelle malédiction n'a-t-on point chargé *Tribonien*, *Dorothée*, *Théophile* & tous ces Avocats & *Antecesseurs* qui ont travaillé sous eux par les ordres de Justinien à la compilation du *Digeste* ? N'a-t-on point perdu par cet artifice près de deux mille volumes des plus excellens Jurisconsultes de l'Antiquité ? Si l'on s'en rapporte aux plaintes qu'en font tous les jours nos Jurisconsultes, l'on ne poura jamais assés regretter la perte des ouvrages de *Julien*, de *Papinien*, des trois *Scevoles*, d'*Alphene*, de *Sabin*, de *Procule*, de *Labeon*, de *Nerace*, de *Celse*, de *Pompone*, de *Valens* de *Macien*, de *Javolene*, de *Marcel*, d'*Africain*, de *Florentin*, de *Cajus*, de *Mauricien*, & *Clement*, de *Tertyllien*, de *Marcien*, de *Venuleie*, de *Tryphonin*, de *Callistrate*, & particuliérement de *Paul*, d'*Ulpien*, de *Modestin*, & d'un grand nombre d'autres Auteurs que ces Compilateurs ont, pour ainsi dire, assassinés pour composer leurs Pandectes prétenduës que plusieurs ne traitent que de *Centon* & de *Rhapsodie* assés mal tissuë (3).

Plusieurs estiment qu'on a negligé & qu'on a laissé perir un grand nombre des ouvrages des Peres Grecs depuis *Origène* ou Saint *Irenée*, même jusqu'au Schisme, quand on a vû toutes ces *Chaînes* d'Auteurs Anonymes sur divers Livres de l'Ecriture Sainte; telles que sont celles que nous ont données les Peres Balthasar Cordier, & Pierre de Poussines ; Leo Allatius & divers autres Critiques sur la

---

1 Jos. Scalig. Is. Casaub. Joan. Ger. Voss. & alii Critici *passim*.
2 F. Sixt. Senens. Biblioth. sanct. Lib. 2.
Ben. Spin. Tract. Theol. Politic.

Rich. Simon. Hist. critiq. du V. Test. & plusieurs autres.
3 Salmas. Prolegomen. in Jul. Solin. Polyhist. & quis non Jurisconsultorum ?

DES ABREGE'S ET EXTRAITS.

Genese, sur les Prophetes, sur les Evangelistes, sur Job, sur les Pseaumes, sur les Actes des Apôtres, les Epîtres des Apôtres. Sans parler de plusieurs autres qu'on découvre tous les jours dans les Bibliothéques (1) sur la plupart des autres Livres de l'Ecriture.

Quelques louables que soient les Extraits ou lieux communs que l'Empereur Constantin Porphyrogenete fit faire des plus excellens Auteurs de l'Antiquité Grecque & Romaine, sur l'Histoire, la Politique & la Morale, on ne laisse pas de dire que c'est à l'excès de son industrie & de sa bien-veillance que nous sommes redevables de la perte que nous avons faite de l'Histoire Universelle de *Nicolas de Damas*, d'une bonne partie des Livres de *Polybe*, de *Diodore de Sicile*, de *Denys d'Halicarnasse* & de quelques Chroniques d'Auteurs Grecs de moyen âge (2).

Ce même Prince a fait faire encore d'autres Recueils ou Abregés d'Auteurs sur la Vie Champêtre & les exercices de la Campagne sous le titre de *Geoponiques*, s'étant servi pour cet effet du travail & des soins de Cassianus Bassus, quoique l'inscription des Imprimés les donne à l'Empereur Constantin Pogonat (3). Et si nous en croyons Monsieur Valois (4) c'est encore au même Porphyrogenete que l'on doit le Recueil qui a été fait de divers endroits des Auteurs qui ont traité du Parfait Maréchal & de la Cure des Chevaux sous le Titre d'*Hippiatriques*. Mais quoique les intentions de ce Prince studieux fussent très-bonnes, quoique son dessein ne fût autre que de rendre en quelque façon la vie à tant d'Auteurs qu'on ne lisoit presque plus & qu'on laissoit ensevelis dans l'oubli à cause de leur multitude & de leur grosseur: il n'a point laissé de faire un tort considérable à la République des Lettres sans y songer. Car sous prétexte de vouloir obliger & soulager les paresseux & les personnes à qui les occupations & les affaires ne donnoient pas le loisir de lire tant de Livres, il a été cause que les plus studieux se sont contentés de ces *Recueils* par une inclination naturelle que tout le monde a de vouloir abreger ses peines. Ainsi comme on ne lisoit plus les Originaux, on ne les copioit plus, & on ne se soucioit pas de les conserver à la Posterité.

---

1 P. Lambec. Biblioth. Cæsar. Vindobon. pass.
A. Possevin. in Append. ad Apparat. sac.
Ph. Labb. in Bibl. nova Manuscript. Edit. in 4. seu specimin. antiquar. lect.
Sixt. Senens. in Biblioth. sanct. &c.

2 Ger. Jo. Voss. de Hist. Græc. Lib. 2. cap. 26. pag. 294.
3 Salmas. in Solin. exercitat. Plin. Prolegom. Vales. & alii Crit.
4 Henr. Vales. Præfat. ad Lect. in excep. seu Eclog. ex Collectan. Constant. Porphyrogen.

Voila ce qui a fait dire aux Critiques (1) que les *Geoponiques* & les *Hippiatriques* de l'Empereur Conſtantin Porphyrogenete nous ont fait perdre tout d'un coup divers ouvrages d'*Abſyrte*, d'*Anatolius*, d'*Africain*, de *Damageron* ou *Demogeron*, de *Democrite*, de *Didyme*, de *Diophane*, de *Fronton*, d'*Hierocle*, de *Leontin*, de *Pamphile*, de *Pelagon*, de *Sotion*, de *Simon*, de *Theomneſte*, de *Xenophon*, & de pluſieurs autres anciens Philoſophes & Médecins.

Ceux qui n'ont fait leurs Abregés & leurs Epitômes que d'un ſeul Auteur, ſemblent n'avoir voulu pour la plupart établir leur réputation que ſur la ruine du même Auteur, & n'avoir voulu faire vivre leur nom que par la mort ou l'anéantiſſement de leur Original.

Si Feſtus Pompeius n'a pas détruit entiérement VERRIUS FLAC-CUS lorſqu'il en a fait l'Abregé : du moins ne ſauroit-on nier que Paul Diacre en voulant abreger FESTUS, c'eſt-à-dire faire un ſecond Abregé du premier, ne l'ait preſque entiérement maſſacré (2).

Quelqu'ait été ce Florus qui a réduit TITE-LIVE en Epitômes, on n'a jamais eu grande idée de ſon mérite. Le peu de cas qu'on a fait de ſon ouvrage n'a pas peu ſervi, ce ſemble à le juſtifier & à le faire croire innocent de la perte que nous avons faite de la plupart des Livres de ce célébre Hiſtorien. Car on ne peut pas ſoutenir raiſonnablement, comme quelques-uns ſe le ſont aſſés légerement imaginés, qu'un Abregé de ſi petite conſéquence ait éte capable de faire oublier ou negliger un Original de cette importance.

Mais on ne doute preſque plus que JUSTIN ne nous ait fait perdre le TROGUE POMPE'E entier par l'Abregé qu'il en a fait, d'autant que cet ouvrage a été aſſés bien receu, & qu'on a crû qu'il avoit fort judicieuſement renfermé tout ce qu'il y avoit de plus conſiderable dans les Quarante-quatre livres de ſon Original, ayant gardé aſſés religieuſement ſon ordre, ſa méthode & d'autres choſes moins importantes, même juſqu'au nombre des Livres. Quoiqu'il ait omis toutes ces deſcriptions des pays, des mœurs, de la Religion & des coutumes des Peuples qui compoſoient les Sept premiers Livres de Trogue Pompée (3).

Pluſieurs ſont dans la même opinion à l'égard de Xiphilin neveu du Patriarche de Conſtantinople, qui nous a donné un Abregé ou

---

1 Salmaſ. & alii Crit. ut ſupra.
2 Voſſius de Philologia, cap 5. §. 12. pag. 36. Scaliger, Dacier, & alii.

3 Vid. Prologos à Jacobo Bongarſio editos in 7. priores Trogi Pompeii Libros.

un Extrait de Dion, mais seulement de ce qu'il avoit écrit depuis Cesar & Pompée jusqu'au tems d'Alexandre Severe. Mais si ces Messieurs veulent que ce travail de Xiphilin nous ait fait perdre les Vingt derniers Livres de Dion, à qui attribuëront-ils la perte que nous avons faite de ses Trente-cinq premiers Livres, ausquels Xiphilin n'a pas touché? Et pourquoi les Vingt-cinq autres Livres qui nous restent de cet Historien ne sont-ils point peris avec les autres, puisque Xiphilin les a abregés comme les autres?

Mais je ne sai ce que l'on doit penser de l'opinion d'un célebre Critique de ce siécle (1) sur les Livres des Actions & paroles remarquables que nous avons sous le nom de VALERE MAXIME. On est persuadé que cet Auteur vivoit du tems de Tibere & de Caligula au plus tard. On est encore plus persuadé que le stile de l'Ouvrage qui porte son nom est fort mauvais, & que ce n'est nullement du latin de ce siécle qui passoit encore pour celui d'Auguste. C'est ce qui a porté Vossius à croire que nous avons perdu l'Original de Valere Maxime, & que ce que nous avons n'en est que l'Abregé fait par Jules Paris (2), qui pouroit bien avoir causé la perte de son veritable Auteur.

Monsieur de Saumaise prétend que l'Asne de Lucien n'est qu'un Abregé de ce que LUCIUS DE PATRAS avoit écrit sur ce sujet, qui composoit les deux premiers Livres de ses Métamorphoses; comme celui d'Appulée en est une Paraphrase : mais ce n'est que sur de simples conjectures qu'il veut supposer que ces *Métamorphoses* de Lucius n'ont été perduës que parce que l'on s'est contenté de l'ouvrage de Lucien & de celui d'Appulée ; disant que l'Abregé de Lucien surtout est beaucoup plus proportionné à la paresse naturelle qui nous fait apprehender de lire les gros Livres (3).

Plusieurs ont cru que Cassiodore nous avoit fait perdre l'Histoire Tripartite d'EPIPHANE le *Scholastique* en l'abregeant. Mais on n'a point grand sujet de croire que la compilation de Cassiodore nous ait fait faire une perte fort considérable, puisque l'ouvrage d'Epiphane le Scholastique n'étoit qu'une version pitoyable de Socrate, Sozomene & Theodoret, de laquelle on peut dire que la privation nous est plus utile que la possession ne nous en seroit avantageuse (4).

---

1 G. J. Voss. de Histor. Lat. Lib. 1. c. 24. pag. 123. 124.
2 Præfat. in Libell. de Prænominibus
Roman. ad calcem Val. Max.
3 Salma. Prolegom. in Pol. hist. Jul. Sol.
4 Petr. Dan. Huet de clar. Interp. p. 153.

Quoique l'assemblage des vies des Empereurs Romains depuis Adrien jusqu'à Diocletien que nous appellons le *Corps de l'Histoire Auguste* ne soit point un Abregé de la nature des autres: cela n'empêche pas les Critiques de vouloir nous persuader que ce Recueil & ce choix que l'on a fait de quelques-unes des vies écrites par SPARTIEN, CAPITOLIN & les autres au préjudice de celles que l'on n'a point fait entrer dans ce corps, a causé la perte de celle-ci (1).

Mais on prétend qu'il n'y a point d'Auteurs à qui l'art des Abregés & des Extraits ait été plus pernicieux qu'aux anciens Grammairiens, aux Critiques & aux Philologues. Nous avons perdu le veritable ouvrage des Dipnosophistes d'ATHENÉE, ou si ce que nous en avons n'est pas l'extrait, du moins est-il fort estropié (2). Plusieurs soutienent que le Lexicon d'HESYCHIUS *le Grammairien* qui court aujourd'hui dans le monde, n'en est qu'un racourci (3), que l'on nous a substitué à la place de celui qu'on a negligé pour sa grosseur. On est dans le même sentiment à l'égard du STEPHANUS OU ESTIENNE DE BYSANCE dont les Ethniques étoient un veritable ouvrage de Grammaire & de Philologie. L'Abregé ou plutôt l'Extrait qu'en a fait Hermolaüs pour les noms des Villes seulement, a été traité par d'autres Abbreviateurs de la même maniére qu'Hermolaüs avoit traité Estienne, au sentiment de quelques-uns qui croyent que ce que nous avons n'est que l'Extrait d'Hermolaüs, c'est-à-dire l'Extrait de l'Extrait d'Estienne (4). Enfin je ne doute nullement que le Lexicon de Scapula n'eut fait perir entiérement le Thrésor de la Langue Grecque d'HENRY ESTIENNE, s'il n'avoit trouvé un azyle dans les Bibliothéques & les Cabinets des Savans par la faveur de l'Imprimerie, qui donne aux gros Livres l'avantage de l'immortalité que les Anciens ne pouvoient pas aisément avoir par le moyen de leurs Copistes.

Sans ce merveilleux Art nous serions en grand danger de perdre les grandes Collections des Conciles, les Annales de Baronius, & tous ces grands corps de Librairie dont les Abregés & les Extraits se multiplient si fort tous les jours. Néanmoins cet avantage que la République des Lettres retire de l'Imprimerie n'a point empêché Monsieur

---

1 Salmas. in Hist. August. scriptor. 7.
Idem Prolegom. in Solinum, p. 12.
Item, Vossius & alii Critici.
2 Casaubon Præfat. in Athenæum.
Item Godeau, Histoire de l'Eglise, tom. 1. &c.

3 Corn. Schrevelius, Præfat. in Edition. Hesych.
4 Theod. Rick. Præf. in notas & Cast. Holstenii ad Steph.
Item Thom. De Pined. Paul Colomes. Voss. de Histor. græc. &c.

DES ABREGE'S ET EXTRAITS.

Gallois de dire (1) qu'il est toujours à craindre que ces faiseurs d'Extraits ou de compilations des Notes qu'on appelle de *Variorum* ne soient enfin cause de la perte des Originaux ; & que les anciens Commentaires sur les Auteurs ne se r'imprimant plus un jour, au lieu des Remarques entiéres des meilleurs Critiques, comme de *Lipse*, de *Casaubon*, de *Saumaise* & des autres Interpretes, on n'en ait plus que des Abregés imparfaits, comme il est arrivé des Commentaires de *Servius* sur Virgile & de plusieurs autres excellens ouvrages de l'Antiquité, dont la perte ne se peut attribuer qu'aux Abregés & aux Extraits qu'on en a faits.

Monsieur de Saumaise comparant ces faiseurs d'Abregés, de Compilations & d'Extraits avec les Plagiaires, dit que cette premiere maniére de profiter du travail des autres est plus honnête sans doute que celle de ces derniers, mais qu'elle n'est pas moins préjudiciable aux Lettres. Il ajoûte qu'il ne sait pas même s'il se peut trouver une méthode plus pernicieuse que celle-là pour faire périr les meilleurs Auteurs (2), & il prétend qu'il n'y a point de moyen plus sûr pour introduire la paresse & ensuite l'ignorance dans la République des Lettres. Mais il veut bien néanmoins qu'on puisse leur faire grace, puisque le tort qu'ils ont fait aux Auteurs est plus un effet de leur imprudence que de leur malice. Car il est assés vrai-semblable que plusieurs d'entre eux ne songeoient qu'à leur utilité particuliére en faisant leurs Recueils ou leurs Abregés.

Ce même Critique paroît avoir changé de sentiment depuis ce tems-là (3). Car loin d'accuser ceux de l'espéce dont nous venons de parler, il n'a pas voulu dans la suite reconnoître pour coupables même ceux qui en faisant leurs Abregés & leurs compilations n'ont songé qu'à faire ensorte qu'on pût se passer de leurs Originaux, pour pouvoir substituer à leur place leurs Copies ou leurs Extraits.

Il témoigne dans sa Préface sur Ampelius qu'il n'est plus dans la pensée que ces sortes d'ouvrages ayent pû causer la perte qu'on a faite des anciens Auteurs. Il prétend au contraire que la République des Lettres leur a des obligations toutes particuliéres d'avoir sauvé l'ame & l'esprit de ces Auteurs dans les Abregés, & une bonne partie de leurs membres dans les Extraits. Depuis que les Barbares avoient inondé l'Empire, la bétise & la brutalité des siécles

---

1 Journal des Savans du 7. Fevrier 1667. 12. & 13.
2 Salmas. Prolegom. in Solinum, pag. 3 In L. Ampel. Præf. post Flori Eit.

avoient porté les Lettres à des extrémités si fâcheuses, que les plus excellens ouvrages des Grecs & des Romains seroient infailliblement peris dans ce naufrage universel, sans l'industrie de ces faiseurs d'Abregés & d'Extraits, qui nous ont au moins sauvé quelques planches de ce débris. Au reste, nonobstant le chagrin de Messieurs nos Critiques, il vaut encore mieux avoir les restes de ces Auteurs tous estropiés & tous demembrés qu'ils paroissent, que de n'en rien avoir du tout; & il ne faut pas que le déplaisir que nous avons de leur perte nous fasse rejetter avec tant de fierté ces petits sujets de consolation.

APRE'S avoir exposé une partie des sentimens où l'on est à l'égard des Abregés & des Recueils qui se sont faits autrefois des ouvrages des Anciens qu'on a perdus, il semble que ce seroit tromper le Lecteur si l'on ne disoit rien de ce que l'on pense de la plupart de ceux qui se sont faits dans ces derniers tems, & dont les Originaux par conséquent ne sont point perdus. On peut assurer que le Préjugé est encore moins favorable à ces derniers, qu'on a d'autant moins de complaisance pour eux qu'il n'y a rien à risquer dans leur censure & leur condamnation, tant que l'on sera en possession de leurs Originaux.

Abregés.   1. La plupart de nos Critiques sont prévenus d'un grand mépris pour tous ces *Abregés*, ces *Epitômes*, ces prétenduës *Methodes courtes & faciles*, ces *Tables Analytiques* qui ont été faites des ouvrages des Anciens: parce qu'ils supposent que ces Originaux sont trop éloignés pour pouvoir être exprimés & representés avec assés de fidelité.

Ces Abregés, hors ceux qui ont été faits par les Auteurs mêmes des Originaux, ne sont propres pour l'ordinaire qu'à ceux qui les font. Mais ceux-ci se trompent lorsqu'ils s'imaginent que parce que ces petits Abregés leur ont servi à conserver la mémoire de ce qu'ils avoient appris dans les Auteurs, ils peuvent être aussi utiles aux autres. Une note ou une pensée abregée n'est connuë que de ceux qui en ont vû une explication étenduë. Il est impossible de ne pas supposer & omettre dans ces Abregés beaucoup de choses qui sont établies & expliquées dans les Originaux. Ainsi l'on peut dire qu'il n'y a personne à qui ces sortes d'Abregés soient si pernicieux qu'à ceux-même pour qui on prétend les faire, c'est-à-dire aux enfans & à ceux qui commencent d'étudier quelque science, à qui il est de la derniére conséquence de leur bien expliquer toutes choses d'abord, de ne rien supposer tant que l'on peut, d'établir profondement

DES ABREGÉS ET EXTRAITS.

les grands principes, & de ne rien omettre de ce qui peut contribuer à les affermir, pour pouvoir ensuite élever sur ces fondemens en toute assurance tel édifice que l'on y voudra bâtir.

S'il y a donc quelque utilité dans ces Abregés, elle ne regarde proprement que ceux qui savent déja par avance les matiéres qui sont traitées avec plus d'étenduë dans les Originaux, c'est-à-dire, pour parler François, qu'ils ne peuvent servir qu'à ceux qui n'en ont pas besoin. Cependant plusieurs aiment & recherchent ces Abregés parce qu'ils sont commodes à leur paresse, qu'ils veulent se contenter d'effleurer la surface des choses, & qu'ils s'estiment habiles quand ils savent les définitions générales, les divisions & les termes des Arts (1). Mais les personnes judicieuses estiment avec raison qu'il est plus à propos d'ignorer entiérement certaines choses que de les savoir mal ; & que tant que l'on peut commodément puiser à la source, on n'est jamais excusable d'aller chercher les petits ruisseaux.

2. Les Critiques ne jugent pas plus favorablement de ces *Recueils*, de ces *Extraits*, de ces Magazins de *lieux communs*, & de toutes ces autres *Compilations* où l'on a ramassé tout ce que les Auteurs ont dit sur chaque matiére. Un ramas si bizarre, dit un Ecrivain moderne (2), ne peut guéres produire que des monstres. Il est impossible de faire tant de parties differentes un Tout proportionné, & qui ait cette uniformité qui fait l'agrément des beaux ouvrages. Ceux qui lisent ces piéces décousuës dans ces grands *Repertoires* ne peuvent savoir le dessein de leur propre Auteur, & il est difficile qu'ils ne les appliquent mal, & contre l'usage pour lequel elles ont été faites. Ainsi quelque ingénieuse que l'application en puisse être, ils ne font rien qui soit naturel. Quand on a quelque sujet à traiter, il est très-dangereux, au jugement du même Auteur d'avoir recours à ces *Lieux communs*, parce que tant de differentes choses, & ce grand nombre de divers sentimens confondent l'esprit, & l'occupent tellement qu'il n'est pas libre pour consulter attentivement la vérité, & se former une image nette de ce qu'il doit dire. C'est ce qui nous devroit donner de l'éloignement & de l'aversion pour toutes ces grosses Compilations que nous avons sous le nom de *Théâtre de la vie humaine*, de *Polyhantée*, de *Parterre des Orateurs*, & plusieurs autres dont les beaux Titres ne servent qu'à nous éblouir.

Recueils.

---

1 Le P. Lamy, 6. Entret. sur les Sciences, pag. 242. & suiv. | 2 Id. Ibid. jusqu'à la page 246.

Mais on ne doit pas faire le même raisonnement des *Collections* que les particuliers font pour eux-mêmes, & on peut dire qu'autant que celles des autres nous font nuisibles, autant celles que nous faisons pour notre usage nous font-elles avantageuses. C'est perdre son tems de lire ces ramas faits par d'autres, mais ce n'est point le perdre de les faire soi-même, c'est-à-dire, de recueillir avec soin ce qu'on trouve d'excellent dans les Livres, & de travailler à donner de l'ordre à ses propres *Collections*, elles ne peuvent servir qu'à celui qui les fait, parce que selon le Critique que j'ai déja cité, on ne peut appercevoir la pensée d'un Auteur dans un discours détaché. Un homme, dit-il, renferme dans deux paroles tout ce qu'il a lû dans deux pages; mais peut-on entendre ces deux paroles, si l'on n'a lû comme lui ces deux pages entiéres ? En faisant ces Extraits, il a eu plusieurs vûës qu'il n'exprime & ne represente pas sur le papier. Et tout le monde ne peut pas deviner ce qui l'a porté à remarquer de certaines choses qui à d'autres qu'à lui, paroissent être de nul usage.

Chapitre XII.

Préjugés des Livres Anonymes, & des noms des Auteurs.

LA suppression & la supposition des noms ne sont pas toujours un mauvais préjugé contre les Livres, parce qu'on est assés persuadé qu'il peut y avoir également de bons & de méchans motifs, qui portent les Auteurs à ne point exprimer le leur, ou à en substituer un autre à la place.

Les uns suppriment leurs noms pour éviter la peine ou la confusion d'avoir mal écrit, ou d'avoir mal choisi un sujet. Les autres pour éviter la récompense ou la louange qui leur pouroit revenir de leur travail ; ceux-ci par la crainte de s'exposer au Public & de faire trop parler d'eux, ceux-là par un mouvement de pure humilité pour tâcher de se rendre utiles au Public sans en être connus ; d'autres enfin par une indifference & par un mépris de cette vaine réputation qu'on acquiert en écrivant : parce qu'ils considérent comme une bassesse & comme une espéce de deshonneur de vouloir passer pour Auteur, de même qu'en ont usé quelquefois les Princes en publiant leurs propres ouvrages sous le nom de leurs domestiques.

Plusieurs ont estimé qu'il est à propos & nécessaire même que les Auteurs mettent leur nom à la tête de leur ouvrage, parce que c'est

DES LIVRES ANONYMES, &c. 251

comme une caution & une afsûrance publique de la doctrine qu'ils enseignent. On s'est confirmé dans cette opinion encore plus qu'auparavant depuis qu'on a découvert l'artifice des Hérétiques & de ceux qui étant notés publiquement ou soupçonnés de nouveautés ont voulu surprendre le Public en supprimant leur nom pour n'être point reconnus.

C'est ce qui a porté le Concile de Trente à défendre qu'on imprimât dans la suite aucun Livre sur les matiéres de Religion sans le nom de son Auteur (1).

Ceux qui ont dressé les instructions de l'*Indice* des Livres défendus sous Pie IV. ont jugé qu'il falloit étendre cette défense sur toutes sortes de Livres & que l'on devoit obliger les Auteurs à marquer leur nom, leur surnom & celui de leur pays. Mais comme ils reconnoissent en même tems qu'il peut y avoir des raisons suffisantes de cacher son nom, ils veulent que celui des Censeurs & des Approbateurs y paroisse pour cautionner l'Anonyme (2).

En effet on peut dire que le nom d'un Auteur sert de Préjugé pour son Livre, dont on fait tout d'un coup le jugement sur l'idée qu'on a déja de la personne. Et quoique la méthode de se faire Anonyme soit devenuë à la mode depuis un demi siécle, on ne laisse pas de régler ses inclinations & son estime sur l'idée que l'on a de celui que l'on sait ou que l'on devine en être l'Auteur, & alors cette idée nous tient lieu de son nom.

Mais lorsque l'on ne peut pas connoître l'Auteur d'un Livre Anonyme par aucune marque qui soit sensible, ou par quelque apparence plausible, cette ignorance produit dans les esprits deux effets assés differens selon la difference de leur disposition.

Dans ceux qui sont accoûtumés à juger d'un Livre par son Auteur, elle produit ordinairement cette indifference & ce froid qu'ils ont pour tout ce dont ils ne sont pas prévenus, n'aimant point à lire un Livre dont ils ne savent point l'histoire, l'occasion & le sujet par avance, & ne voulant point s'exposer au hazard d'être trompés & de perdre leur peine.

Dans ceux qui sont assés dégagés de préoccupation pour ne s'attacher qu'à la matiére & au sujet que traite un Livre, elle produit un autre effet qui est beaucoup plus dangereux, comme il paroît parti-

---

1 Concil. Trident. sess. 4. Decret. de usu & edition. sacror. Libror. | 2 Instruct. post Regul. de Libror. prohib. § 1. de Libror. impression.

culiérement dans les Livres hérétiques dont on a eu soin de cacher les Auteurs pour ne point détourner de leur lecture ceux qui s'en donneroient de garde s'ils connoissoient ces Auteurs.

Cette pernicieuse adresse n'est pas nouvelle dans les Hérétiques, & nous voyons que Tertullien s'en plaignoit dès les premiers siécles écrivant contre les Marcionites (1). Leurs successeurs ont eu grand soin de conserver une pratique qu'ils ont toujours jugée très-utile à leurs fins, & ce n'a point été un petit exercice pour les Critiques de l'Eglise Catholique de pouvoir faire le discernement de tant d'Anonymes qui s'étoient glissés parmi les ouvrages des Peres de l'Eglise & des autres Auteurs Orthodoxes, & qui enfin d'*Anonymes* étoient devenus *Pseudonymes*, pour me servir de ces termes, par l'ignorance des Lecteurs ou des copistes, ou même par l'indiscrétion des Relieurs, qui pour la commodité de ceux qu'ils servoient ayant joint & cousu ensemble des Traités de divers Auteurs inconus ont donné lieu de croire dans la suite des tems moins éclairés, qu'ils étoient d'un même Auteur, parce qu'ils étoient reliés dans un même volume.

C'est ainsi que dans le siécle passé & au commencement de celui-ci l'on a vû porter aux Fidéles de l'Eglise Catholique des priéres de Calvin à la Messe sans savoir qui en étoit l'Auteur, parce que la malice ou l'ignorance les avoit fait relier d'abord par un Libraire de Lyon au bout des Heures de la Vierge, comme nous le témoigne Scaliger (2).

C'est ainsi qu'à Rome on débita durant tout un an entier des lieux communs de Théologie d'un Luthérien sous le nom de Terra Nera sans savoir que ce fut Melanchthon (3).

Mais ce n'est pas ici le lieu de rapporter ces sortes d'erreurs qui regardent moins les Anonymes, que les *Imposteurs* qui ont supposé leurs ouvrages à d'autres ou les *Pseudonymes* qui ont joint le desir de nous tromper à celui de demeurer cachés & inconus.

Car il y a pour les Auteurs qui veulent se donner au Public plus d'une maniére de s'écarter du chemin ordinaire, & d'éluder le Public quand ils veulent user de déguisement.

---

1 Non agnoscendum opus quod non erigat frontem, quod nullam constantiam præferat, nullam fidem repromittat de plenitudine tituli & professione debita Auctoris.
Tertullian. Lib. 4. contra Marcion. cap. 2.
2 Scaligeran. prior. pag. 220. Edit. prior.
3 Paul. Colomes. in not. ad Scaligeran.

Outre celle de ne point mettre de nom, ni d'autres marques qui puiffent nous donner la connoiffance de l'Auteur, il y en a encore trois autres qui femblent s'éloigner davantage des régles de la fincérité.

La prémiere, eft celle de prendre un mafque pour fe déguifer; c'eft-à-dire, un nom contrefait ou qui ne puiffe s'attribuer vifiblement à perfonne. Ce que nous appellons *Pfeudonymes* ou *Cryptonymes*. La feconde eft celle de publier fon ouvrage fous le nom d'un autre pour lui donner de l'autorité & du cours, foit que ce foit le nom d'un ancien Auteur, foit que ce foit celui d'une perfonne de crédit & de grande réputation ; c'eft ce que nous appellons *Impofteurs* foûmis à la peine de *fuppofition de part*, s'il eft permis de fe fervir de ce terme.

La troifiéme eft celle de mettre fon nom à l'ouvrage d'autrui; comme l'Empereur Caligula qui faifoit mettre fa tête fur les troncs des ftatuës de Jupiter & des autres Divinités, & de voler les Auteurs en fupprimant leurs noms & en effaçant les marques qui pouroient fervir à faire reconnoître les véritables Peres, comme le Cyclope Cacus qui tiroit les vaches d'Hercule par la queuë, afin qu'on ne pût tirer aucune conféquence contre lui par la route des veftiges; c'eft ce que nous appellons *Plagiaires* foûmis à la peine portée par la Loi *Fabia de Plag. aut de Furt. xij. Tabb.*

Je n'ai pas crû devoir m'engager à parler ici des Préjugés dans lefquels on eft pour ces trois fortes de faux Auteurs quelque rapport qu'ils ayent avec les Anonymes, parce que s'il paroît qu'il y ait quelque utilité de les faire connoître au Public, j'efpererois pouvoir le faire dans un Recueil à part, pourvû qu'en découvrant ceux qui auroient voulu demeurer toujours cachés je ne m'expofaffe point à bleffer la charité qui fe doit dans le Chriftianifme, ou l'honnêteté qui fe pratique dans le Monde.

Mais quelque chofe qu'on ait pû dire au défavantage de ceux qui fuppriment leurs noms dans leurs écrits (1), nous fommes un peu revenus de l'averfion qu'on nous avoit infpirée pour les Anonymes; & nous nous fommes défaits d'une partie de ces Préjugés qui nous les rendoient fufpects, depuis que nous avons confideré qu'il s'eft

---

1 Theoph. Raynaud. Erotem. de bon. & mal. Lib. partition. 1. Erotem. 19. pag. 131.
Clav. de Sainte Honorine, de l'ufage des Livres fufpects, chap. 14. pag. 115. 116.
Johan. Deckerrus conjectur. de fcript. Adefpotis &c. pag. 7. 8. 9. 10.

trouvé des Auteurs qui ont eu des raisons & des motifs très-louables & très-justes, & quelquefois nécessaires pour en user ainsi.

Car enfin peut-on blâmer ceux qui pour ne se point rendre inutiles aux personnes pour lesquelles ils écrivent, & qui pour ne point choquer ou chagriner ceux qui sont déja mal intentionnés, & mal disposés à leur égard, suppriment leur nom qui pouroit faire tort aux bonnes choses qu'ils ont à écrire.

C'est ainsi que Saint Jerôme après Saint Clement d'Alexandrie, prétend (1) que Saint Paul en usa dans son Epître aux Hébreux, dans l'esprit desquels il croyoit être mal pour avoir quitté le Judaïsme; & que non content d'y avoir supprimé son nom, il n'y voulut pas même mettre celui de ceux à qui il l'adressoit pour ne les point exposer à l'insulte de ceux des Juifs qui n'étoient pas convertis. C'est aussi la pensée de Saint Chrysostome & de Saint Augustin (2). Quelques Modernes disent avec assés de vrai-semblance que Saint Paul après avoir quitté le nom de Saul, crut qu'il ne pouroit mettre le nom de Paul sans choquer les Juifs qui consideroient ce nom Romain comme un témoignage du mépris qu'il avoit fait de leur Religion; & que d'un autre côté il ne devoit point reprendre son ancien nom de Saul pour ne point donner lieu aux nouveaux convertis d'entre les Gentils de croire qu'il seroit retourné à son ancien Judaïsme (3).

Peut-on blâmer ceux qui par une sage défiance de leur propre capacité se contentent de laisser aller leurs écrits au jour, sans s'y exposer eux-mêmes, afin d'écouter avec plus d'indifférence & de sureté les jugemens differens que l'on pouroit porter de leurs ouvages, & pour laisser à tout le monde la liberté de le faire sans que la considération pour l'Auteur les puisse arrêter.

C'est ainsi qu'Appellès s'étoit caché derrière son tableau pour entendre les sentimens divers qu'on en auroit sans paroître. C'est dans cette pensée que Saint Gregoire de Nazianze dit qu'il avoit prié un de ses amis de retirer son nom du Livre de *la Foi* qu'il avoit composé, & de n'en pas découvrir l'Auteur, afin que les personnes éclairées & prudentes à qui il le donneroit à lire pussent

---

1 S. Hieron. Lib. de Scriptorib. Ecclef. in Paulo.
Clem. Alexandrin apud Eusèb. Lib. 6. Hist. Eccles. cap. 14.
2 S. Jo Chrisostom. Homil. 61. Tom. 5. Edit. Græc.
S. Augustin. Exposit. inchoat. Epistolæ ad Rom.
Fra. Sixtus Senenf. Biblioth. sanct. Lib. 4. Tract. de falsa Librorum inscriptione, pag. 321. Col. 1.
3 Theoph. Ray. de bon. & mal. Libb. Erot. 19. num. 406. pag. 237.

en porter un jugement plus libre & plus sain (1).

Peut-on blâmer ceux qui connoissant un peu le génie du siécle où ils vivent, tâchent de se soustraire aux langues du commun, & qui par la suppression de leur nom veulent se maintenir dans le pouvoir de renoncer ou de reconnoître leur ouvrage? C'est peut-être suivant ces vûës qu'un Auteur moderne voulant modérer sans doute l'opinion que nous avons de son mérite parloit en ces termes il y a quelques années. ,, *Pour ne me pas faire honneur*, dit-il, *d'une fausse mo-* ,, *destie en supprimant mon nom, j'avoue que c'est un peu par vanité* ,, *que je me cache : car je suis trop fier pour me montrer, connoissant* ,, *que dans un siécle aussi éclairé & aussi critique qu'est le nôtre on s'hu-* ,, *milie dès qu'on se déclare Auteur* (2).

Enfin peut-on blâmer ceux qui par modestie, & par un mouvement d'humilité & de mépris pour la gloire tâchent de se cacher en faisant du bien aux autres? On prétend que c'est par ce motif que Moïse, les autres Auteurs Anonymes de l'Ecriture Sainte & les quatre Evangelistes avoient supprimé leur nom, afin de laisser à Dieu toute la gloire de leur travail. Du moins est-ce le sentiment de Saint Chrysostome (3).

Arnaud de Bonneval ne s'est pas contenté de cacher son nom dans le célébre Traité des Oeuvres Cardinales de Jesus-Christ, il a bien voulu même apporter des raisons pour justifier sa conduite, quoiqu'il n'y ait eu que son humilité qui ait pû lui faire croire qu'elles lui convinssent. ,, Il est vrai, dit-il, que chacun a coutume de mettre ,, son nom à la tête de son Livre, afin que le stile puisse ajoûter quel- ,, que chose à la réputation de son Auteur, & que l'Auteur puisse ,, donner du poids & du crédit à son stile, & que l'un & l'autre se ,, soûtiennent mutuellement par cette communication de gloire. ,, C'est ce qu'ont justement mérité les Hommes Illustres par la beau- ,, té & par la force de leur esprit, & c'est ce qui a fait passer leur ,, nom célébre jusqu'à nous, sans qu'il y ait sujet de craindre que les ,, tems en puissent effacer la mémoire. Mais pour moi, continuë-t-il, ,, qui suis si éloigné de ces grands Hommes & pour l'esprit & pour la ,, science, & pour l'éloquence, je n'ai pas crû que mon nom meritât ,, de faire le titre de mon Livre parce qu'il seroit plus capable de

---

1 S. Gregor. Theol. in Præfat. ad Lib: de Fide, & ex eo Sixt. Senens. loc. cit. pag. 321.

2 Le P. Rap. Préfat. de l'Instruct. pour l'Histoire.

3 Sanct. Chrysostom. initio Expos. Epistol. Paul. ad Roman.

„ deshonorer la matière que j'y traite & qui est noble & élevée par
„ elle-même ; que de lui apporter aucun nouvel ornement (1).

La modestie de cet Abbé a néanmoins été cause d'un petit inconvénient, car elle a donné lieu à l'erreur de quelques-uns qui l'ont attribué à Saint Cyprien. Elle n'a point laissé d'être suivie depuis ce tems-là & embrassée par un grand nombre de personnes vertueuses & savantes que l'on a reconnuës à la fin les unes après les autres pour la plupart (2).

Le premier Livre que la Société des Jésuites ait jamais produit étoit *Anonyme*, mais l'utilité du Livre a excité la curiosité du monde avec tant d'efficacité, qu'on a découvert enfin qu'il étoit dû à Canisius (3).

Au reste il n'y a point de siécle qui ait été plus fécond que le notre dans cette espéce d'Auteurs sans noms ou sous des noms supposés que la modestie & l'humilité ont dérobés à notre connoissance. Nous ne pouvons pas en choisir un exemple plus éclatant que celui que nous proposent Nosseigneurs du Clergé dans l'éloge qu'ils ont fait de cet Auteur inconnu qu'ils appellent le *Protecteur de la Hiérarchie* & le *Défenseur des Evêques*. Après avoir publié quelques-unes des vertus qu'ils ont bien voulu lui attribuer; & avoir fini „ par son humi-
„ lité sincere, jointe à sa prudence & à sa gravité, ils ajoûtent, que
„ le seul regret qu'ils ayent, c'est de n'avoir pû découvrir jusqu'alors
„ la main qui avoit porté des coups si funestes aux ennemis de l'E-
„ glise, & qui l'avoit fait triompher avec tant de gloire. Que le Cler-
„ gé de France a fait tous ses efforts pour témoigner sa gratitude &
„ pour tirer cet Homme à qui la Hiérarchie est si sensiblemens obli-
„ gée, des ténébres où il se tenoit caché. Mais que quelque hono-
„ rable députation que l'Assemblée de 1635. ait ordonné qu'on lui
„ fit en quelque part du monde qu'on sût le rencontrer, quelque ré-

---

1 De Cardinal. Christi Operib. inter Cypriani opera, ubi ait : in Præfatione.
In capite Libri sui, quisque Auctorem se posuit, ut & stylus auctoris & stylo auctor familiaretur, & auctoritate altrinseca communis gloria muniretur. Hoc Virorum illustrium præclara meruerunt ingenia, & per hoc vivax eorum fama & gloria indelebilis perseverat. Nos vero qui vix intelligimus quæ ab eis dicta sunt, sensu & eloquentia omnino iis impares, si quid aliquando scribimus, indignum titulo judicamus, ne forte nobilis materia, cujus ex-planationi studium adhibemus, decoloratam se potius quàm ornatam nostra præsumptione queratur.

2 Six. Senens. Loc. cit. pag. 321. et supra.
Theoph. Rayn. Erot. 19. num 401. pag. 234.

3 Matth. Rader. in Canisio, Lib. 5. cap. 6.
Item ex Raynaudo, pag. 236. num. 404.

compense

SUR LES NOMS DES AUTEURS.

„ compenſe & quelque gratification qu'on lui ait propoſée, jamais
„ on ne l'a pû obliger de ſe découvrir, & de paſſer les bornes que ſa
„ modération lui avoit preſcrites. Qu'il s'eſt contenté d'avoir infati-
„ gablement employé ſes veilles & ſes travaux pour l'Egliſe qu'il a
„ toujours uniquement aimée. Que comme il a combattu en ſecret
„ pour la gloire de Dieu, de même il n'a voulu recevoir qu'en ſe-
„ cret ſa couronne des mains adorables de celui pour qui il a com-
„ batu. Qu'il a fui l'eſtime, l'honneur, & les applaudiſſemens avec le
„ même empreſſement que les autres les recherchent, & que lorſ-
„ qu'il a donné ſes ouvrages au Public, ce n'a été qu'en ſupprimant
„ ſon Nom, afin de ſe priver par-là de la gloire que meritoit la do-
„ ctrine extraordinaire qu'il y a fait paroître. Que ſi c'eſt une choſe
„ merveilleuſe d'avoir compoſé tant de ſavans Livres, d'avoir ren-
„ du de ſi fréquens combats avec tant de ſuccès, & d'avoir impoſé
„ un profond ſilence aux plus fiers ennemis de la vérité, c'en eſt une
„ incomparablement plus ſurprenante de ne vouloir point jouir de
„ la réputation qu'on s'eſt acquiſe par tous ces travaux (1).

Ainſi tant que la modeſtie, l'humilité, & le mepris généreux mais Chrétien de la gloire de ce monde paſſeront pour des vertus eſtimables, on n'aura jamais raiſon de blâmer ceux qui par leur mouvement cachent leurs Noms dans leurs ouvrages

Saint Salvien de Marſeille après avoir blâmé la vaine curioſité des Lecteurs qui cherchent plutôt à connoître le Nom d'un Auteur qu'à profiter des bonnes choſes qu'il écrit, apporte une belle raiſon pour juſtifier la modeſtie de ceux qui cachent leurs noms. C'eſt, dit-il, que les jugemens que la plupart des hommes portent des ouvrages qui paroiſſent au jour ſont ſi foibles, ſi mal fondés, de ſi peu de conſéquence, qu'ils ſont plus d'état du Nom de celui qui écrit, qu'ils ne goûtent la force & la beauté des choſes écrites. Ce qui pouvant faire craindre avec raiſon à un Ecrivain que le peu d'éclat de ſon Nom n'empêche le fruit que l'on pouroit retirer de la lecture de ſes ouvrages, il eſt bon ſouvent qu'il ne le faſſe pas connoître (2).

Ne ſcripta quæ in ſe habent plurimum ſalubritatis, minora forſitan fiant per nomen Auctoris.

APRÈS avoir parlé des Préjugés ſur les Livres qui ne portent point le nom de leurs Auteurs, on pouroit ce ſemble dire quelque choſe de ceux où l'on eſt à l'égard des ouvrages dont les Auteurs ont eu *des Noms qui frappent l'imagination.*

---

1 P. Aurelii elogium à Patribus genelis cœtus Cleri Gallicani anno 1646. congregatis præfix. operib. P. Aur.

2 Mr de la Rocque, Journal des Sav. du 2. Mars 1681.

On ne peut pas nier qu'il n'y ait certains Noms qui font des impressions particuliéres sur l'esprit des Lecteurs, mais on peut dire avec quelque assûrance qu'il n'y a rien de plus bizarre ni peut-être de plus déraisonnable que les conséquences que quelques-uns ont prétendu en tirer au préjudice ou à l'avantage des ouvrages. C'est à quoi les Hérétiques & quelques Rieurs n'ont pas voulu faire beaucoup de refléxions, lors qu'ils ont cherché à faire des railleries sur certains noms des Auteurs qui ne leur plaisoient pas (1).

Mais il y a souvent plus de bassesse dans l'esprit de ces railleurs, comme dit l'Auteur de l'Art de penser (2); que dans les noms sur lesquels on veut se jouer. Néanmoins il s'est trouvé quelques Auteurs qui ont témoigné n'être pas insensibles à cette fausse délicatesse, & qui ont voulu faire quelques changemens dans leurs noms pour tâcher de détourner la bassesse ou la dureté de l'idée qu'on auroit pû s'en former.

Les uns en quittant le nom de leur famille pour prendre celui de quelque terre, comme a fait Monsieur de Balzac, qui s'imaginant que le nom de Monsieur *Guez* n'avoit rien de relevé, & qu'il nétoit point propre à donner crédit à ses Lettres, a pris celui de sa Terre près d'Angoulême, pour tâcher d'en rehausser le prix, croyant que ceux qui ne connoîtroient l'Auteur que par ce nom, le prendroient aisément pour quelqu'un de l'illustre maison d'Entragues (3).

Les autres ont retranché leur surnom entiérement, en se contentant de leur nom propre, comme le Poëte Théophile *Viaut*, qui craignant que son surnom ne fût souvent traduit en ridicule, & ne lui attirât de tems en tems des brocards & des railleries de la part des Rieurs, s'en défit entiérement, & ne retint que celui de *Théophile* qui n'avoit rien que de beau & de glorieux.

D'autres se sont contentés de joindre l'article avec leur nom pour en détourner l'idée qu'on y attache quand ces noms servent à marquer autre chose, & pour ôter tout sujet d'y faire de sottes allusions comme on voit dans les noms de *Lerat*, *Leporcq*, &c.

D'autres enfin sans en vouloir changer la signification, se sont contentés d'en changer la langue comme de *Gaucher* en *Scevole*; de

---

1 Voyés les railleries sur les mots d'*Holcot*, *Tricot*, *Dermisecure*.
Voyés celle que l'Auteur de l'Esprit de Mr Arnaud fait assés froidement sur le nom de Mr *Soulier*.
Celles qui se sont faites sur les noms le *Labbe*, de quelques *Casuistes*, d'*Arnaud*, de *Saci*, &c.

2 Logique de Port-Royal touchant les termes barbares des figures pour les argumens.

3 Sorel, Traité de la connoissance des bons Livres, chap. 2. pag. 27. 28. Edit. d'Hollande.

Le Borgne en *Strabo* ; de *Boulanger* en *Artopæus* & *Pistorius* ; de *Charpentier* en *Fabricius* ; de *Foullon* en *Cnaphaus* ; de *Valet* en *Servilius* ou *Servius* ; de *la Grenouillere* en *Batrachelius* ; de *Vieilleau* en *Palæonydorus* ; de *Bout d'homme* en *Virulus* ; de *Couvreur* en *Tectorius* ou de *Tecto*, & de plusieurs autres (1).

CHAPITRE XIII.
Préjugés du Titre des Livres.

LE Titre d'un Livre doit être son abregé, & il en doit renfermer tout l'esprit autant qu'il est possible. Il doit être le centre de toutes les paroles & de toutes les pensées du Livre, de telle sorte qu'on n'y en puisse pas même trouver une qui n'y ait de la correspondance & du rapport.

C'est pourquoy Pline avoit beaucoup de raison de dire que pour bien écrire, il faut toujours avoir le Titre de son Livre devant les yeux, le méditer souvent & ne jamais s'en écarter. Et que quand on ne sort jamais de sa matiére, & quand on éxécute ponctuellement les promesses du Titre on ne peut pas dire que le Livre soit trop long ; mais qu'il l'est toujours trop, quand on y fait entrer quelque chose d'étranger, & qui ne s'y peut rapporter que par accident & par une espéce de contrainte (2).

Néanmoins on ne doit pas toujours prendre tellement cette maxime à la rigueur, qu'on ne puisse quelquefois malgré son Titre inferer dans son Livre d'autres choses qui ont leur utilité comme ont fait Budé dans son Livre de *Asse*, où il se trouve beaucoup de choses qui concernent plutôt l'Etat & l'Histoire de France que les monnoies ; Monsieur de Thou dans sa vie ; Monsieur Gassendi dans celle de Monsieur de Peiresc, &c. Mais alors il seroit bon d'en avertir le Public & de le comprendre même dans son Titre comme on l'a vû judicieusement pratiqué par l'Auteur des Vies de Saint Athanase, de Saint Basile, de Saint Ambroise, &c. qui ayant eu soin de renfermer dans ses Titres ce qu'il avoit dessein d'écrire touchant les personnes illustres & les principaux événemens de l'Eglise & de l'Empire

---

1 De his ac similibus passim in larvatis Nostris.
2 Plin. jun. 5. Epist. Lib. 1.

Et ap. Filesac. Varron. Lib. 2. Selector. cap. 13. pag. 385.

arrivés du tems de ces Saints, a trouvé le secret de ne jamais sortir de son sujet, & de satisfaire en même tems & ceux qui y cherchent la vie du Saint qu'on y promet, & ceux qui demandent une Histoire exacte de l'Eglise universelle de ces siécles.

Le Titre d'un Livre est souvent la marque du jugement de son Auteur, & rien n'est plus ordinaire que de voir condamner ou approuver un Livre sur un simple Préjugé où son Titre nous aura mis d'abord.

C'est pourquoi il est de la derniére importance pour la fortune d'un Livre & pour la réputation de son Auteur que son Titre soit juste, simple, naturel, modeste, en termes propres, sans figure, sans affectation, sans obscurité, sans équivoque, sans finesse, sans rafinement, sans fourbe, sans hablerie, sans fanfare, sans rodomontade, sans enflure, sans impertinence, sans expression ridicule, sans superfluité, & sans aucun air qui soit rude & choquant.

On ne peut pas dire même qu'un Titre qui auroit la plupart de ces excellentes qualités puisse encore être une caution suffisante pour la bonté d'un Livre. Il peut quand il est en cet état répondre de la bonne volonté qu'a eue l'Auteur de réussir & de ne point abuser de la confiance des Lecteurs, mais il ne peut pas répondre de la suffisance de l'Auteur, ni du succès de l'éxecution de l'ouvrage.

Aussi voyons-nous que Vincent Pinelli le Pere & le Fauteur des Lettres dans l'Italie & le premier connoisseur des Livres de son tems ne se fioit jamais aux Titres quels qu'ils fussent. Comme il n'étoit pas d'humeur à se laisser éblouir aux Titres spécieux & magnifiques, il ne se laissoit pas non plus trop gagner à la simplicité ni à la sincerité apparente des autres.

Mais avant que d'acheter les Livres, il passoit souvent par la permission des Libraires les heures & quelquefois les jours entiers à les examiner pour n'avoir pas le déplaisir de se voir abusé, & pour ne point voir dans sa Bibliothéque qu'il tâchoit de rendre précieuse & bien choisie, quelque sot Livre insulter à sa facilité sous un titre spécieux (1).

1. En effet un Titre juste auquel un ouvrage corresponde parfaitement est quelque chose d'assés rare dans le Monde. Car pour commencer par les JUIFS & les autres Peuples Orientaux, on ne peut pas dire que la plupart des Titres qu'ils ont donnés & qu'ils donnent

---

1 Paul. Gualdus in Vita Pinelli, pag. 334. Edit. Batef.

DES TITRES DES LIVRES.

encore tous les jours à leurs Livres soient conçûs dans cette justesse & dans cette simplicité que naturelle nous cherchons. Tout y est presque figuré, & hors du sens litteral dans leurs Titres comme dans leurs Livres.

Ainsi il faut deviner que le *cœur d'Aaron* veut dire un commentaire allégorique sur quelques Prophétes & quelques autres Livres de l'Ecriture (1) : que *les os de Joseph* sont une explication de régles & de Canons pour expliquer la Loi (2) : que les *réliques de Joseph* sont une introduction au Talmud (3) ; que le *Jardin des Noix* est un Livre de cabale (4) : que le *Fleuve Phison* signifie des sermons sur la Loi & les Prophétes (5) : que les *Pommes d'or* sont des questions de Théologie (6) : que le Livre *de la Grénade avec sa fleur* traite des cérémonies anciennes des Juifs qui ne sont plus en usage parmi eux (7) ; que le *bouquet de Myrrhe* est un commentaire sur la Pentateuque (8).

En un mot la plûpart de leurs Livres ne sont que du *Pain*, des *habits*, de *l'eau*, de *l'or* & de *l'argent*, des *vases*, des *chariots*, des *tonneaux*, des *puits*, des *fontaines*, des *montagnes*, des *vallées*, des *déserts*, des *arbres*, des *herbes*, des *lys*, des *roses*, des *citadelles*, des *maisons*, des *licts*, des *tables*, des *coûteaux*, des *chaines*, des *besaces*, des *yeux*, des *mains*, des *pieds* & toute autre chose que ce qu'ils ont voulu dire.

Il n'y a peut-être pas eu beaucoup moins d'affectation dans la plûpart des titres que les GRECS mettoient à la tête de leurs Livres. Pline l'ancien dit qu'ils avoient une adresse toute extraordinaire pour trouver & donner à leurs ouvrages des Inscriptions magnifiques ; que les uns les avoient appellés *Rayons de miel*, les autres *Corne d'abondance*, d'autres, *Muses*, *Pandectes*, *Enchiridions*, ou *Manuels*, *Limones* ou *Prairies*, *Pinakidions* ou *Tablettes*, & d'autres Titres encore qui avoient beaucoup de parade & d'ostentation : mais que souvent après ces grandes portes & ces superbes entrées, on ne voyoit rien dans le milieu ni dans le fond de leurs édifices (9) ; que ce n'étoit que du plâtre peint & fardé pour tromper leurs Lecteurs.

Aulu-Gelle encherit encore sur Pline par la maniére dont il re-

---

1 C'est du Rab. Aharon Chajein.
2 Du Rabin Joseph Aben Ezra.
3 De Joseph Aben Virga.
4 Du R. Joseph. Ben Gikatalia.
5 Du R. Isaac Abuhab.
6 Du R. Jechiel Mili.
7 Du Rab. Isaac Cohen.

8 Du R. Abraham Seva.
9 Inscriptiones propter quas vadimonium deseri possit. At cum intraveris, Dii Deæque, quam nihil inveneris.
Plin. sea. Hist. Natur. Præfat. ad Vespasian.

présente cette affectation des Grecs dans leurs Titres trop recherchés, parmi lesquels il met encore ceux d'*Anthéres* ou *Florides*, d'*Eurémes* ou *Inventions* ; de *Lychnes* ou *Flambeaux* ; de *Stromates* ou *Tapisseries* ou plutôt *Stromatées ou Tapissiers*, d'*Hélicons*, de *Problémes*, de *Paraxiphides* ou de *Glaives*, de *Peples*, de *Pragmatiques*, de *Parergues*, de *Didascaliques*, de *Pancarpes* ou toutes sortes de fruits (1).

Le même Auteur comprend aussi les LATINS dans l'accusation ou plutôt dans la raillerie qu'il fait de ces sortes de pratiques, & entre ceux de leurs Titres qu'il juge être trop affectés il nomme les *Silves*, les *Muses*, les *Leçons particuliéres*, les *Leçons antiques*, les *Mémoires*, les *Conjectanées*, les *Epîtres morales*, les *Questions Epistolaires*, & d'autres où il a trouvé à redire ce semble avec assés peu de raison, puisqu'il ne paroît pas en quoi la plupart de ces Titres pouroient marquer trop d'affectation particuliére. En effet Pline opposant les Grecs aux Romains en ce point, dit que ceux-ci étoient beaucoup plus simples & plus grossiers, & n'avoient point trouvé de Titres plus spirituels ni plus étudiés que ceux d'*Antiquités*, d'*Exemples*, d'*Arts*, &c. (2).

Si ces deux Auteurs ont témoigné être délicats & si difficiles en Titres, que n'auroient-ils pas dit de l'affectation de tant de *Modernes* de ces deux derniers siécles, auprès desquels toutes ces grandes & magnifiques inscriptions que nous leur avons vû blâmer dans les Anciens n'auroient paru avoir que de la simplicité & de la bassesse. Combien d'allégories & de métaphores, combien d'expressions bouffantes, combien d'*ampoulles* & d'enflure voyons-nous dans les Titres de Livres composés par les Modernes, & particuliérement dans ceux qui traitent des matiéres Ascetiques & de la dévotion populaire ? Il est visible que ce sont plutôt les productions de la chaleur de leur cœur, que de la lumiére de leur esprit ; & de la force de leur imagination, que de la solidité de leur jugement. Car que pouroit-on penser autre chose par exemple des *Allumettes du feu divin* de Pierre Doré ; du *Fusil de Penitence pour battre le caillou de l'homme & prendre le feu avec ses Allumettes* par un Anonyme du commencement de l'autre siécle (3) : *de la Boutique de l'Apotiquaire spirituel*, &c. de Wichmans pour dire un Recueil de quelques Pas-

---

1 A. Gellius Præfat. Noct. Atticar.
2 V. Claud. Salmas. in Præfat. ad Julii Solini Polyhistor. fusé
Et si lubet Anton. Thysius in not. va-
rior. ad Aul. Gell. Præfat.
3 V. la Bibl. de la Croix du Maine & de du Verdier.

sages des Peres ; *de la Rose blanche & rouge* du même Auteur pour dire l'Histoire de la mort d'un Catholique des Pays-bas tué par les Hérétiques (1) : du *Lis entre les épines* par le même pour dire la vie de Sainte Dimpne : *de la Vignette de la Vierge chargée de Pampres Mystiques* par H. Lancelot (2) : de *Soupirail pour laisser évaporer les fumées du vin nouveau des Hérétiques*, par le Pere Jean David (3) : d'*Eteignoir du flambeau fumeux de l'hérésie* par le même ; de *Jardin de l'Epoux & de l'Epouse* en deux Parties, où l'on voit la *Moisson de Mirre & de parfums* dans celui de l'Epoux, & le *Pancarpe de la Sainte Vierge*, c'est-à-dire, la cueillette de toutes sortes de fruits dans celui de l'Epouse, par le même ; du *Roi des enfans du Cathéchisme sortant des Ecoles de la Charité*, par le Pere le Roi (4) ; de l'*Astre qui ne s'éteint & ne se couche pas*, pour dire que l'Empereur d'Allemagne n'avoit ni le droit ni le pouvoir de donner aux Jésuites les Abbayes, & les biens Ecclésiastiques qui appartenoient aux Bénédictins avant que les Luthériens s'en fussent saisis, par le Pere Hay ; de l'*Eclipse de cet Astre qui ne s'éteint & ne se couche point*, pour marquer la réponse au Livre précédent par le Pere Jean Crusius (5).

Mais je n'ai pas prétendu m'assujettir à faire ici de longues listes de Livres auxquels les Titres trop recherchés, trop magnifiques, ou trop tirés par les cheveux ont fait quelque tort. Ceux qui souhaiteroient s'en divertir pouroient satisfaire leur curiosité sur les Quais ou dans la poussière des petites boutiques, où ils trouveroient des *Soleils de l'Ame*, des *Flambeaux* de toutes les façons ; des *Aîles du cœur dévot* ; des *Mains qui guident au Ciel*, des *Braziers de l'amour divin*, des *Encensoirs fumans de pensées mystiques* ; des *Brises-têtes du Dragon infernal* ; des *Paradis en terre* ; des *Avant-goûts du Paradis* ; des *Clefs du Paradis* ; des *Trésors inestimables de Saint Joseph*, des *Bouquets sacrés*, des *sept Trompettes* ; le *Château du Palais de la Vierge d'Amour contenant quarante Chambres*, révélé de Dieu à Marie Tessonniére par le Pere de la Riviere Minime ; le *Temple de la dévotion de la Mere de Dieu, orné des Tableaux de ses Augustes grandeurs, réprésentés par les élevations d'esprit*, par le Pere d'Orleans Cordelier (6) ; des *Tapisseries œconomiques tissuës du fil de la sagesse*, par Antoine de

---

1 V. Valer. And. Bibl. Bel. in Augustino wichmans.
2 Valer. Andr. ibid.
3 Alegamb. Biblioth. Soc. J. & Valer. Andr. Bibl. Belg. pag. 490.

4 Charles le Roy Minime l'an 1645.
5 Romanus Hay Benedictinus, sive ut quibusdam Gaspar Scioppius.
   Alegamb. Bibl.
6 Voyés les Bibliographies du P. Jacob.

la Nativité Augustin ; des *fleurs de Lys de la Charité* ; des *Mouelles Théologiques*, des *Vergers*, des *Arrosoirs*, des *Labyrinthes* ; des *Horloges*, des *Eponges*, des *Miroirs*, des *Portes*, des *Brasselets* & des *Colliers d'o*., du *Sucre spirituel*, des *œufs de Pâques*, des *Rossignols spirituels* des *Collyres*, des *Sortiléges de la sagesse sacrée*, des *Couronnes de douze étoiles*, des *Zodiaques spirituels*, des *Tours de Babel*, &c. pour ne rien dire d'une infinité de Livres sur les autres sciences dont les Titres ne sont pas moins équivoques.

 Ces affectations de Titres extraordinaires ne viennent pas toujours des Auteurs des Livres, mais quelquefois de leurs Traducteurs ou de ceux qui en procurent l'édition. C'est ainsi que Jacques le Vasseur a publié *les deux Chérubins du Tabernacle*, voulant marquer deux Sermons sur la Sainte Vierge par Radbod second Evêque de Noyon, & *le cri de l'Aigle provoquant ses petits au vol* pour dire quelques Homelies de Saint Eloy (1).

 Néanmoins ces Titres ne sont pas toujours ridicules lors qu'ils sont symboliques ou que par leur figure ils font assés connoître la chose figurée, comme P. E. *l'Aigle qui a fait la poule devant le Cocq* par Claude Chappuis, pour dire la fuite de l'Empereur Charles-Quint devant François Premier à Landrechy (2).

 Ce n'est point assés pour nous donner un Préjugé certain & utile d'un Livre qu'un Titre soit simple & naturel, mais il faut aussi qu'il soit juste, & qu'il exprime si bien tout le Livre qu'on puisse dire de chaque endroit que c'en est le titre ou la suite.

 C'est ce qui a fait dire aux Critiques qu'on ne voit pas bien en quoi consiste la justesse du Titre d'*Epitres Familiéres* qu'on a donné à la prémiere partie des Lettres de Cicéron (3).

,, En effet ce Titre ne se trouve point dans les anciens Manuscrits,
,, & jamais ceux qui ont cité ces Lettres anciennement ne se sont
,, avisés de les distinguer & de marquer leur caractére par-là. A dire
,, le vrai, il s'y en trouve quelques-unes qui sont écrites assés fami-
,, liérement, mais leur nombre est si petit en comparaison de celles
,, où l'on traite gravement des choses très-importantes, qu'il n'y
,, auroit rien de plus mal conçû que de donner au tout un nom em-
,, prunté d'une petite partie. Outre qu'il y a beaucoup plus de Lettres
,, écrites familiérement parmi celles qui s'adressent à Attique l'ami

---

1 J. de Launoy Hist. du Collége de Navarre pag. 825.
2 V. la Croix du Maine, Bibl. Franç.

3 Nouvelles de la République des Lettres du mois de May 1684. tirées de P. Victorius, & des autres Critiques.

intime

„ intime de Ciceron que parmi les autres : de forte qu'on auroit plus
„ de raison de donner le Titre de *Familiéres* à celles-ci qu'aux
„ autres.
„ Le mal n'en seroit pas si grand si l'on ne voyoit beaucoup de
„ gens qui se rebutent par le Titre d'*Epîtres Familiéres*, & qui sur ce
„ Préjugé de mépris se privent d'une lecture très-curieuse & très-
„ profitable. Car on peut dire qu'il n'y a point de Livres qui méri-
„ tent plus d'être consultés que les œuvres de Ciceron ; & qu'il
„ n'y a point d'ouvrage de Ciceron qui soit plus digne d'être lû que
„ ces Lettres, comme l'a remarqué l'Auteur des Nouvelles de la
„ République des Lettres.

Monsieur de la Mothe le Vayer trouvoit aussi que Monsieur de Balzac n'avoit pas donné à son Livre *de la Cour* un Titre qui fût tout-à-fait juste en l'appellant *Aristippe*, parce, disoit-il, que cet Aristippe étoit un fort mauvais courtisan, & que par conséquent il ne pouvoit servir de Modéle, comme Monsieur de Balzac sembloit avoir voulu le proposer.

Mais on n'a jamais demandé un compte trop exact aux Auteurs des raisons qui leur ont fait mettre en titres de Livres les noms de leurs amis ou de personnes de considération, & qui avoient paru singuliérement sur le sujet qu'ils traitoient.

C'est ce qui se peut assés remarquer par la conduite de Ciceron, qui a donné à ce qu'il a fait sur les Orateurs le titre de *Brutus* ; à ce qu'il a fait sur l'amitié, celui de *Lælius* ; & à ce qu'il a fait sur la vieillesse, celui de *Caton l'ancien*. C'est aussi ce qu'on a vû pratiquer à Lucien qui a donné le Titre de *Nigrin* à son Dialogue des mœurs des Philosophes ; de *Menippe* à celui de la Necromance ; d'*Hermotime* à celui des Sectes de Philosophie ; d'*Anacarsis* à celui des études & des exercices de la jeunesse.

Les Modernes ont crû les pouvoir imiter dans cette liberté.

Ainsi Sepulveda a donné le Titre de *Gonsalve* à son Traité de la Gloire, & celui de *Démocrate* à ce qu'il a fait sur l'Art militaire. Gesner celui de *Mithridate*, à son Traité des Langues. Fracastor a donné le nom de *Nauger* à son Livre de la Poëtique ; Loisel celui de *Pasquier* à son Dialogue des Avocats de Paris ; Freher celui de *Sulpitius* à son Traité de l'Équité, & celui de *Pomponius* à son Livre posthume des Médailles anciennes. Jansenius d'Ypre celui d'*Augustin* à son Livre de la Grace. Filesac celui de *Varron* à son Traité des Livres & des Ecrivains. Heinsius celui d'*Aristarque* à ses Observations Critiques sur la Paraphrase de Nonnus. Drusius celui de *Cadmus* à son Traité des mots qui ont passé d'Orient en Occident. Monsieur Bochart celui de *Phaleg* à sa Géographie sacrée. Ben. Arias Montano pareillement celui de *Phaleg* à son Traité des premiéres Peuplades du monde : celui de *Caleb* à son Livre du partage de la Terre-Sainte : celui de *Néhémie* à ce qu'il a écrit touchant la situation & le plan de l'ancienne ville de Jerusalem, celui de *Noé*, *Béseléel* & *Ariel* à son ouvrage des édifices sacrés : celui de *Daniel* à son Traité des siécles & de la Chronologie : celui de *Joseph* à son Recueil des mots cachés & difficiles qu'il explique : celui de *Jérémie* à son Traité de l'Action ou Recueil des Verbes: celui de *Thubal-Cain* à ce qu'il a fait des poids, mesures & monnoies : & celui d'*Aaron* à son Traité des habits & des ornemens & vaisseaux sacrés.

Je ne doute presque pas que tous ces Auteurs, tant Anciens que Modernes ne soient redevables de cette invention, ou plutôt de cette licence à Platon, qui n'a point donné d'autres Titres à ses Dialogues que les noms des personnes qui y avoient quelque part, ou quelque rapport quel qu'il pût etre. Car je croi que c'est toute la raison qu'il a eue d'appeller son Dialogue de la Religion *Euthyphron*; celui des Actions humaines *Criton* ; celui de l'Ame *Phædon* ; celui de la Sagesse *Théagès* ; celui de la Science *Theatete* ; celui de la Dispute *Euthydéme* ; celui des Sophistes *Protagoras* ; celui du Mensonge *Hippias*; celui de la véritable explication des mots *Cratyle* ; celui de la Rhétorique *Gorgias* ; celui de la Poëtique *Ion*; celui de la Volupté *Philebe* ; celui de la Vertu *Menon* ; ceux de la Nature de l'Homme & des Vœux, les deux *Alcibiades* ; celui de la Prudence *Charmide* : celui de la force *Laches* ; celui de l'Amitié *Lysis* ; celui de l'Avarice ou de l'Amour du gain *Hipparque* ; celui de la Loi *Minos* ; celui de la Nature, *Timée* ; celui de l'Atlantique, c'est-à-dire, de l'Origine & de l'établissement des Peuples dans le monde *Critias*; celui des idées *Parménide* ; celui de la beauté *Phædre*. Et il y a grande apparence que ce n'est qu'à cause de cette affectation, qu'on lui a attribué les Dialogues de la Mort, de la Consultation, de la Délibération & des Richesses, dont le premier s'appelle *Axioque*, le second *Démodoque*, le troisiéme *Sisyphe*, & le dernier *Erasistrate* ou *Eryxias*.

Il y a encore d'autres maniéres de se relâcher de la justesse de son Titre, sans néanmoins aller chercher des termes impropres, obscurs ou figurés comme ceux dont nous venons de parler. Nous en avons des exemples dans la maniére avec laquelle deux célébres Ecrivains de nos jours ont voulu exprimer les Titres de quelques-uns de leurs Livres.

DES TITRES DES LIVRES. 267

Quoique le premier ait donné à son ouvrage le Titre de *Démonstration Evangelique*, il n'a point fait difficulté d'y inserer des probabilités, des conjectures, & des convenances : & bien que le second ait donné au sien celui de *Doutes sur la Langue Françoise proposés à Messieurs de l'Académie*, il n'a point laissé au jugement des Critiques (1) d'y décider souvent plutôt que de proposer. Ainsi tout le monde n'a point cru que tout fût *démonstratif* dans le premier, & que tout fût *douteux* dans le second, quoique leurs Titres semblassent le promettre ainsi.

Il y a un autre défaut de justesse & de vérité dans les Titres qui est beaucoup plus considérable, & qui consiste à abandonner son sujet dès qu'on a perdu son Titre de vûë. C'est ce que Monsieur Godeau a prétendu remarquer dans le Livre de Synesius Evêque de Ptolémaïde touchant la *Providence de Dieu* qui est, dit-il, plus Oratoire que Chrétien, & qui represente plutôt l'idée d'un bon & d'un mauvais Prince qu'il ne traite du sujet que son inscription promet aux Lecteurs (2).

Mais quoique nous puissions dire sans blesser le respect dû aux Anciens, qu'il leur étoit assés ordinaire de s'égarer de leurs Titres, il ne faut pas prétendre qu'ils puissent nous servir de Modéles, en ce point, & que nous puissions légitimement profiter de cette liberté.

Notre siécle est plus délicat & plus difficile que les leurs sur ce sujet, & quiconque entreprendroit aujourd'hui de suivre cette méthode, s'exposeroit à perdre une bonne partie de sa réputation. Car comme dit un Auteur moderne (3) quand il n'y auroit point de malice, & quand un Auteur n'auroit pas eu dessein d'abuser & de se jouer de la bonne foi des Lecteurs, c'est toujours un égarement qui marque un esprit distrait & déréglé.

Mais il est difficile d'excuser de malice & de mauvaise foi ceux qui abandonnent leur Titre volontairement & pour toujours, parce que ce n'est pas une chose si ordinaire, ni si facile meme de ne toucher jamais son sujet, que de ne s'en éloigner jamais.

Ainsi on a eu raison de blâmer Estienne d'Alvin de n'avoir parlé que des *Abbés* ou des *Abbesses* dans son Livre, dont le Titre est des

---

1 Gill. Ménage Observat. sur la Langue Franç. de la 2. Edit. partie 1.
2 Ant. Godeau, Hist. de l'Eglise 5. siécle, Livre 1. en l'année 411. pag 110. 111.

Edition. d'Holl. section. 37.
3 Sentim. de Cleante sur les Entretiens d'Ariste & d'Eugéne, Tom. 2. pag. 15.

Ll ij

Evêques, & ce n'est pas sans sujet que Dom Nicolas Antoine a trouvé mauvais que Dom Jean Mathieu grand Veneur de Philippe IV. Roi d'Espagne ait donné à son Livre le Titre de l'*Origine & de la Dignité de la Maison Royale*, parce que non seulement il ne dit pas un mot de ce que son Titre semble nous insinuer, mais qu'on ne peut pas même deviner par cette inscription que son Livre ne traite que de la Chasse (1).

Cleante a formé des plaintes presque semblables contre celui d'un Livre qui parut en 1671. & qui portoit *de la Délicatesse*, parce que dans tout cet ouvrage il n'y a pas, dit-il, une page, pas un raisonnement, pas une ligne qui se rapporte à ce Titre (2).

Monsieur de Chanteresne, qui sait autant qu'Auteur du monde l'art de bien faire un Livre, a été très-persuadé de l'importance & de la nécessité qu'il y a de faire ensorte que toutes les parties d'un Livre ayent du rapport avec son Titre, & il a crû devoir prévenir le Public sur la liberté qu'il a prise de joindre plusieurs Traités de differentes matiéres sous un même Titre de l'*Education du Prince*, auquel il ne ,, paroissoit pas qu'ils eussent tous un rapport fort naturel. Il témoigne ,, (3) qu'en effet la plupart de ces Traités avoient été faits sans aucun ,, rapport exprès à l'instruction d'un Prince & par des vûës toutes ,, differentes de celle-là. Néanmoins il prétend qu'on n'a point eu ,, sujet de le blâmer de les avoir rassemblés sous ce même Titre, par ce, dit-il, qu'ils s'y rapportent en quelque sorte. Il se met ensuite en devoir de nous montrer ce rapport, afin de conserver dans nos esprits cette union qu'il vouloit faire de ces differens Traités avec celui de l'Education d'un Prince. Mais il a reconnu dans la suite (4) que ce rapport prétendu ,, étoit assés éloigné, & que l'inclination de la plu- ,, part du monde s'est portée à regarder ces Traités plutôt comme ,, séparés que comme réunis sous un même Titre & sur un même sujet. C'est pourquoi il s'est crû obligé de satisfaire cette inclination publique en retranchant dans les Editions suivantes le Titre courant de *l'Education d'un Prince* qui en étoit l'unique lien, & en remettant ces Traités sous celui des *Essais de Morale*.

Cette justesse de Titre est sans doute necessaire pour toute sorte d'ouvrages de quelques sujets qu'ils puissent être, mais elle est de

---

1 Nic. Anton. Bibl. Hispan. Tom. 1. pag. 565.
2 Cleante. Tom. 2. Lettre 1. pag. 12. 13.

3 Chanteresne, Préface de l'Educ. d'un Prince.
4 Id. Avis au Lect. sur le 2. Tome des Essais de Morale.

DES TITRES DES LIVRES.

la derniére conséquence pour ceux qui regardent les choses essentielles de la Religion, & qui traitent des principes de notre foi, parce qu'il est toujours à craindre que les moindres inconveniens qui en pouroient naître n'eussent des suites dangereuses.

C'est ce qui a obligé un grand Prélat de ces derniers tems de modifier le titre de la Version Françoise qu'il avoit faite du Nouveau Testament (1), avant que de la mettre entre les mains des Fidéles, & de l'appeller *Version expliquée, &c.* pour se mettre à couvert de la censure. C'est aussi ce qui a fait résoudre l'Auteur anonyme de la Traduction du même Livre en notre Langue qui a fait tant de bruit depuis vingt ans, d'ajouter a son Titre qu'elle avoit été faite sur la Vulgate *avec les différences du Texte Grec*, croyant appaiser par ce moyen une partie des plaintes que l'on commençoit de former contre cet ouvrage.

On peut rapporter encore a ce sujet les suites incommodes & fâcheuses qu'ont les Titres choquans & rebutans qui font qu'on s'éloigne quelquefois de la lecture des Livres, qui d'ailleurs ne laissent pas d'être fort utiles. Il y a bien des personnes, par exemple, que le seul Titre du Journal *des Savans* détourne de la lecture de cet ouvrage, se persuadant qu'il faut être savant & habile pour y comprendre quelque chose. C'est ce qui a porté l'Auteur à changer ce Titre, ou plutôt à y en ajouter un second qui puisse servir d'explication au premier, pour ne plus épouvanter le commun des curieux, & pour faire voir que les ouvriers mêmes y peuvent trouver de quoy se divertir, & de quoy s'instruire aussi-bien que les plus savans (2). On a vu même que ces Titres ont eté seuls capables de faire quelquefois de mauvaises affaires aux Auteurs, quoiqu'il n'y eut rien de choquant & de mauvais dans leurs Livres. On n'ignore pas que le P. Gilles Gabrielli fut obligé depuis quelques années de s'aller justifier à Rome sur le Titre qu'il avoit donné à son Livre d'*Essais de la Morale Chrétienne & Diabolique*, & quoique son ouvrage fût jugé fort sain, il ne laissa point d'en changer le Titre dans une seconde édition qui fut approuvée par le Maître du sacré Palais, & qui parut à Rome l'an 1680. (3).

Ce n'a jamais été une chose honteuse à un Auteur de changer son Titre dans des secondes éditions pour tâcher de le rendre plus

---

1 M. Godeau, Ev. de Vence, Trad. du Nouv. Testam.
2 Préface du Journal des Savans de l'an 1683.
3 Journal des Savans de l'an 1681. pag. 131.

juste, non plus que de changer ou corriger dans son Livre les choses qui ne paroissent point avoir assés de rapport avec son Titre.

On a vu pratiquer ces changemens de tout tems avec toute sorte de liberté, & particuliérement dans ces derniers siécles, & on a toujours consideré cette permission comme le privilége des secondes pensées. Mais les personnes qui ont intention de nuire, abusent des usages les plus indifférens & les plus innocens.

Nous avons vu des exemples de cette licence en ces derniéres années dans la publication de deux des plus misérables Livres, que l'Imprimerie ait jamais enfantés, dont l'un est né pour la corruption des esprits, & l'autre pour celle des cœurs. On ne s'est point contenté de les changer de la langue en laquelle ils avoient été composés en la nôtre, pour en communiquer le poison à toute notre Nation: mais on en a même changé les Titres pour tâcher de surprendre ceux qui étoient dans des précautions suffisantes sur la connoissance qu'ils en avoient par leurs premiers Titres. Ainsi c'est une espéce de charité d'avertir ceux qui ont quelque soin de conserver la pureté & l'innocence de l'esprit & du cœur de se donner de garde d'un Livre qui a pour Titre *Réflexions d'un esprit desinteressé*; ou suivant une autre édition du même Livre, *La Clef du Sanctuaire*; & d'un autre qui a pour Titre *Entretiens de Tullie & d'Octavie*, ou même *Académie des Dames*, parce que le premier n'est autre que le Livre de Spinosa (1), & le second celui de Louise Sigée de Tolede Dame Espagnole, dont la traduction latine est attribuée à Meursius ou Moërs (2).

Nous voyons encore une autre espéce de changemens arrivés aux Titres des Livres, mais sans la participation des Auteurs pour le plus souvent. Ce sont les Copistes qui ont fait la plupart de ces changemens dans ceux des Anciens, tant des Peres & des Auteurs Ecclésiastiques que des Gentils & Profanes dont nous avons assés d'exemples (3).

Quelquefois aussi les faiseurs d'Abregés étoient cause de ces changemens, & non contens de nous avoir fait perdre la plupart des Originaux ausquels ils ont touchés, ils nous en ont fait perdre aussi les Titres. C'est ce qui paroît entre autres par l'ouvrage d'Estienne de Bizance, dont Hermolaüs a fait un Extrait que nous avons aujourd'hui sous le Titre *des Villes*. Mais ce n'est pas le Titre de l'Au-

---

1 Tract. Theologico-Politicus.
2 Aloïsiæ Arcana Sotad. &c.

3 Joseph. Antiq. Jud.
S. August. Lib. de gestis Pelagii.

teur, auſſi n'avoit-ce pas été ſa penſée ni ſon intention de ne nous donner que des noms de Villes dans ſon grand Lexicon, à qui il avoit donné le Titre d'*Ethniques* ou des *Nations* (1). Son deſſein avoit été de donner un ouvrage de Grammaire pour expliquer les noms dérivés des Peuples, des Villes & des Provinces, autant en Grammairien qu'en Geographe & en Hiſtorien.

Enfin il eſt arrivé auſſi quelquefois aux Anciens de changer eux-mémes le Titre de leur ouvrage, lorſqu'il ne leur paroiſſoit pas aſ-ſés propre ou aſſés magnifique pour ſoutenir leur rang, comme Monſieur de Saumaiſe la remarqué de Jules Solin ; qui dans ſa premiere édition avoit donné à ſon ouvrage le Titre de *Recueil de choſes mémorables*, mais qui dans la ſeconde le changea en celui de *Polyhiſtor* par un mouvement de cette vanité & de cette oſtentation que nous avons remarquée plus haut dans les Grecs (2).

Un Titre ne ſauroit être juſte qu'il ne ſoit encore en même tems ſimple, naturel & modeſte. Il eſt difficile que des Lecteurs raiſonnables & de bon goût puiſſent avoir bonne opinion d'un Auteur qui donne un Titre fanfaron à ſon Livre, & ils croyent lui faire grace de n'en point tirer un Préjugé déſavantageux pour ſon ouvrage. Ces fanfaronnades étoient preſque devenuës à la mode vers le commencement de notre ſiécle, & elles ont continué aſſés avant juſqu'à ce qu'enfin nous les voyons preſque entierement diſſipées de nos jours.

Si l'on n'eut arrêté le cours de cette manie par le mépris & les railleries qu'on en a faites : nous aurions vû la République des Lettres toute remplie de *Palais d'Honneur*, de *Palais d'Eloquence*, de *Palais du Parnaſſe*, de *Palais d'Appollon & de Pallas*, de *Palais des Muſes*, de *Temples de l'honneur*, de *Temples de la Sageſſe*, de *Temples de Mémoire*, de *Temples de l'Immortalité*, &c. de *Théâtre d'Honneur*, de *Théâtre de la vie humaine*, de *Théâtres des beaux Eſprits*, d'*Amphithéâtres d'Honneur*, d'*Amphithéâtres de la Providence*, &c. de *Phares*, de *Lauriers*, de *Triomphes*, de *Trophées*, de *Tableaux*, de *Tréſors*, de *Clefs d'or*. Et les Citoyens de cette République n'auroient plus été qu'*Ames*, qu'*Eſprits*, que *Génies*, que *Héros*, que *Miracles*, que *Prodiges*, &c. ou pour mieux dire de grands riens ſous de pompeuſes fanfares.

Le Titre de *Science Héroïque* que Monſieur de la Colombiere a

---

1 V. Critic. in recentior. Stephani de Urbib. Editiones. | 2 Claud. Salmaſ. Prolegomen. in Solin.

donné à son grand Livre du Blason, peut être mis aussi au rang des Titres fanfarons, quoiqu'il semble ne l'avoir point fait à dessein. Car on croit que c'est une bévûë dans laquelle il est tombé par surprise, & que le mot d'*Héroïque* lui est échapé pour celui d'*Heraldique*. Erreur qui a continué même dans la derniére édition, & dont l'Imprimeur a témoigné qu'il auroit souhaité se corriger, s'il n'en avoit été averti trop tard pour pouvoir la réparer (1).

Après ce qu'il y a de *Divin* nous ne connoissons rien de plus auguste, ni de plus grand dans le monde que ce qui est *Royal*. Nos fanfarons ont cru sans doute qu'il y auroit de l'impiété d'employer le Titre de *Divin* à des usages communs, en quoy je les trouve plus modestes que ce Drusius des Pays-bas, qui au lieu de donner ce Titre à ses Livres, se l'est reservé pour lui par une usurpation & une arrogance qui n'a point encore eu d'exemple.

Divin Grammairien.

Mais ils n'ont pas cru devoir témoigner le même respect pour le Titre de *Royal* qu'ils ont cru pouvoir mettre à toutes leurs sausses pour en rehausser le goût, c'est ce qui a tant multiplié les Titres de *Chemin Royal*, de *Manuel Royal*, d'*Exercices de l'Ame Royale*, d'*Année Royale*, d'*Heures Royales* de plus de cinquante façons, de *Dictionnaire Royal*, de *Grammaire Royale*, de *Philosophie Royale*, de *Géographie Royale*, de *Venerie Royale*, de *Medecin*, de *Maistre d'Hôtel*, de *Cuisinier*, de *Jardinier Royaux*, quoique les Auteurs n'eussent pas plus envie d'instruire ceux de ces Professions qui sont au service des Rois que les autres.

Le Titre de *Méthode Royale* qu'un Moderne a donné à une espéce d'introduction au Blason a choqué si fort le Pere Menestrier qu'il n'a point fait difficulté de l'appeller un Titre monstrueux (2).

Et on a vu dans ces derniers tems un Ecrivain si passionné pour tout ce qui avoit l'air *Royal*, que non content de rechercher les matiéres qu'il jugeoit regarder les Rois & leurs familles pour les rendre l'objet de ses productions Royales, il honoroit encore les Abregés & les Compilations qu'il faisoit des ouvrages d'autruy de ce Titre magnifique, sans se soucier d'examiner s'il y avoit du raport & de la convenance. C'est ce qui le fait encore aujourd'huy appeller par quelques-uns le *Plagiaire Royal*, comme s'il avoit eu autant

---

1 Cramoisy, Avis au Lecteur sur la 2. Edition de la Science Héroïque de la Colombiere.

2 Cl. Franc. Menestrier, Préf. de l'Abregé méthodique pour apprendre le Blason.

de passion de se saisir des Titres du Roi que des Ecrits des Auteurs (1).

Il y a une autre espéce de fanfare qui consiste plus dans la pensée que dans les mots du Titre d'un Livre, & qui est encore plus préjudiciable à la réputation des Auteurs & des Livres, que celle dont on vient de parler. C'est ainsi que Bucelin voulant nous faire voir que tout l'Empire d'Allemagne, & particuliérement la Maison d'Autriche est ou *toute Benedictine*, ou *toute Benie*; & qu'en récompense saint Benoît est Archiduc des Moines ; & prétendant nous montrer les liaisons étroites de ces deux familles, c'est-à-dire, des Bénédictins & des Imperiaux comme venant d'une même souche, a tâché de faire un Titre conforme à son Livre qu'il a appellé, *l'Aigle Benedictine de l'Empire dont on dépeint les services immortels en faisant voir le bel arrangement de ses plumes.* Des Aniciens.

Nous n'avons pas une idée plus avantageuse du Livre que le Pere Alegre de Casanate a fait pour honorer son Ordre sous le Titre de *Paradis ou Jardin de l'ornement & des agrémens du Carmel, où l'on montre l'Original Archétypique du grand Patriarche Elie le Prophete, où l'on découvre la source, & où l'on fait voir les Trophées qu'on y a dressés.*

Mais pour voir diverses autres espéces de fanfaronnades, il suffit de jetter les yeux sur la plupart des Titres qu'un fameux Auteur de ces derniers tems, grand génie d'ailleurs, a donné à la plupart de ses Livres. On y trouve une *Grammaire audacieuse*, une *Mathématique audacieuse*, une *Uranie crucifiée*, un *Protée celeste*, des *Adulteres du Soleil & de l'art*, un *Plutarque Lunaire*, la *Croix des génies sublimes*, le *Tribunal de Dédale*, le *Pandoxe*, les *Trois Travaux de l'Hercule Logicien*, le λεπτότατος *ou le très-subtil*, les *trois plumes de Caramuel*, le *Dieu de Caramuel*, & d'autres qui nous servent de Préjugés pour connoître le caractére de son esprit.

Comme il y a toujours de l'excès & de la vanité dans ces airs de fanfaron que l'on donne aux Titres des Livres, il peut aussi se trouver quelquefois du défaut & de l'inconvenient dans une trop grande affectation de modestie, & cette autre extremité pouroit n'être pas moins nuisible aux Livres.

Monsieur de Sainte Marthe se plaint de ce que Montagne avoit voulu paroître trop modeste dans son Livre ; & il dit que cet ouvra-

---

1: Catal. Lib. Ph. Labbe S. J. ab amico collectus, &c.

ge auroit mérité un Titre plus magnifique & plus noble que celui d'*Essay* qu'il témoigne n'avoir pas assés de sens pour exprimer la force de son Livre (1).

„ Monsieur de la Roque fait presque la même plainte d'un Auteur
„ assés connu de nos jours, qui a donné depuis quelques années l'His-
„ toire Monastique d'Orient sous un Titre dont la modestie ne con-
„ vient pas assés à toute la recherche & à l'exactitude avec laquelle elle
„ est écrite. Il ajoute que quoiqu'il ne lui ait donné que le nom d'Es-
„ *say*, c'est un ouvrage non seulement fini, mais encore tel qui
„ n'avoit encore été tenté par personne (2). Louis Dupin est crû obligé aussi de détromper le Public au sujet du même Auteur, qui publia l'année derniére ses deux premiers volumes de l'Histoire de l'Ordre de Saint Benoît, & de nous avertir que cet ouvrage est une Histoire fort accomplie & fort entiére, quoique cet Auteur par un semblable mouvement de cette modestie ne lui ait donné que le Titre d'*Abregé* (3).

Mais il est beaucoup plus agréable aux Lecteurs de se voir trompés de cette maniére que de l'autre, puisque non seulement ils en ont plus d'estime & plus d'amitié pour un Auteur de ce caractére ; mais qu'il y a toujours à gagner pour eux dans cette fourbe innocente, qui fait que l'on y reçoit plus que le Titre ne promet, au lieu qu'on a le déplaisir d'être joué & d'être frustré de ses espérances dans les Titres trop pompeux & trop fanfarons.

C'est la louange que Grotius donne à Vossius pour ses Livres de
„ l'*Idolâtrie*. „ J'ai lu, dit-il, avec une avidité & un plaisir singulier,
„ ce que vous avés écrit sur l'Idolâtrie. Vous avés fait dans cet ouvra-
„ ge le contraire de ce qui se pratique aujourd'hui par la plupart de
„ ceux qui se mêlent d'écrire, qui font belles montres & de gran-
„ des promesses dans leurs Titres sans les executer, au lieu que vous
„ nous trompés par une méthode toute opposée à la leur, & que
„ vous nous donnés plus que votre Titre ne promet (4).

Il n'y a rien de si insuportable au Lecteur, ni qui lui donne tant d'indignation que de se voir abusé par un Titre trop spécieux, & on ne peut nier que ceux qui se laissent charmer par ces attraits grossiers ne soient fort à plaindre.

---

1 Scæv. Sammarth. Elogior. Lib. 2.
2 Journal des Savans du 26. Juin 1664.
3 Jeann. Mabillon ad calcem Prolegomenor. Actor. Ordin. S. Benedict. sæc. 5.

Edit 1685.
4 Hug. Grotius Epist. ad Gerard. Joan. Vossium, item Francisc. Junius junior, Præfat. ad Vossium de scientiis Mathemat.

DES TITRES DES LIVRES.

La Legende *Dorée* de Jacques de Voragine n'a point laissé de séduire quelques personnes simples du tems de nos Ancêtres par la belle apparence de son Titre, quoique l'ouvrage ne fut rien moins que de l'or.

Les Epîtres *Dorées* d'Antoine de Guevarre n'ont pas laissé d'éblouir beaucoup de personnes du siécle passé, quoiqu'elles n'eussent qu'une fausse lueur, & qu'elles ne fussent remplies que de sottises & d'impertinences au jugement du Pere André Schott (1), qui accuse nos François d'en avoir eu trop bonne opinion, & de leur avoir accordé trop legerement le Titre de *Dorées* dans les Traductions qui s'en sont faites en notre Langue.

Le jeune du Verdier ne promettoit rien moins qu'une Critique universelle qui devoit être également ample & judicieuse sur tous les Auteurs anciens & modernes de toutes sortes d'états & de professions dont il fait le dénombrement dans son grand Titre. Néanmoins on n'a point été long-tems sans se persuader que toutes ses prétenduës censures n'étoient que quelques remarques de très-petite importance qu'il avoit copiées des autres Critiques. Il est vrai que ses fausses promesses n'ont pu tromper personne hors ceux qui n'auroient vu le Titre de son Livre que dans les Catalogues, parce que l'imposture paroît assés dès qu'on apperçoit le Livre meme, n'étant pas possible de comprendre en un si petit nombre de feuilles ce que plusieurs gros volumes auroient peine de renfermer.

Censio in omnes Auctores omnium &c.

Quelques-uns commencent à faire presque le même jugement d'un Livre qui a paru depuis un an à Lyon sous le Titre de *Dictionnaire général & curieux*, où l'on ne promet rien moins que tout ce qu'il y a de plus beau & de plus utile en notre langue, les définitions, divisions, étymologies des mots enrichis d'éloquens discours, d'Histoires, de passages des Peres & des Auteurs les plus célébres, anciens & modernes, des démonstrations Catholiques sur les points de Controverses. On prétend dans la suite de ce beau Titre que cet ouvrage est très-nécessaire à tous ceux qui veulent composer, parler en public & diriger les ames ; qu'ils trouveront dans ce seul volume *une riche Bibliothéque*, &c. L'Auteur paroît si persuadé du grand débit que son Livre aura sur la foi d'un Titre si magnifique, qu'il a eu soin d'y faire ajoûter *Premiére édition*, pour nous faire voir que ce ne sera pas la derniére.

---

1 And. Schott. Peregrin. Biblioth. Hispan. tom. 1. in classe Minorit.

On pourroit dire la même chose d'un Livre que la Hollande produisit au jour l'an 1683. sous le Titre splendide de la *France savante* (1). On ne pouvoit rien imaginer de plus propre pour exciter la curiosité de notre Nation & de nos voisins, ni rien qui fut plus capable d'éblouir & de leurrer le monde. Car ce Titre ne sembloit-il pas nous faire esperer autre chose qu'une simple Table des Titres du Journal des Savans mise en trois façons ?

C'est à ces sortes de masques trompeurs que l'on peut rapporter la pensée de Sénéque ; qui dit (2) que ces belles têtes & ces pompeuses apparences du dehors donnent matiére de discourir & de feindre ce que l'on veut, & qu'elles nous portent à de mauvaises espérances, *Frons ipsa dat locum Fabulæ, & ad malam spem invitat.*

On peut mettre aussi au rang des Titres trompeurs dont les promesses n'ont point été accomplies, la plupart de ces éditions d'Hollande que l'on appelle de *Variorum*, parce qu'il y en a peu effectivement où l'on ait fait un choix judicieux de ce qu'il y a de meilleur dans les corrections & les remarques des Critiques sur les Auteurs. C'est néanmoins ce que le Public attendoit sur la foi de ce Titre (3).

Il y a neuf ans qu'on vit paroître au jour une espéce de Suplément assés imparfait de la Bibliothéque de Gesner, & qui pensa nous séduire par le beau Titre de *Bibliothéque curieuse des Auteurs les plus rares & les moins connus, &c.* Mais la sincerité de son Auteur ne lui a point permis d'abuser long-tems de la bonne foi du Public, ni de dissimuler que c'étoit un artifice dont il s'étoit servi pour satisfaire l'Imprimeur son frere, qui craignoit de n'en point avoir le débit, si on n'y mettoit un Titre extraordinaire, ne croyant pas le mot de *Supplément* assés capable de relever le goût des curieux (4).

C'est par une semblable adresse que le P. Tylcovius ou Tylkowski Jésuite Polonois tâcha de donner quelque cours à ses Huit volumes de Philosophie depuis quatorze ou quinze ans sous le Titre de *Philosophie curieuse,* quoique cet artifice ne lui ait pas entiérement réussi, & qu'il n'ait pas fort émû la curiosité du Public, qui a jugé

---

1 La France Savante par Corneille de Beughem d'Emerick.

2 Senec. Lib. de vita brata, & ex eo Joan. Filesac. Varro Lib. 2 selector. cap. 13. pag. 383.

3 Aut. Borremans cap. 7. variar. Lect. pag. 74. 75.

Journal des Savans du 7. Fevrier 1667. Nouv. de la République des Lettres de May 1684. pag. 277. 281. & suiv.

4 Joan. Hallervord. Præfat. Biblioth. curios.

qu'il n'y avoit presque rien de curieux que dans le Titre.

On peut mettre au rang des Titres trompeurs ceux qui sont directement contre la sincerité & qui semblent avoir été faits pour insinuer le contraire de ce qu'ils signifient.

Pour ne rien dire de l'Histoire véritable de Lucien, & de quelques autres ouvrages des Anciens, c'est peut-être dans cet esprit que le P. Sirmond voulant donner au jour l'ouvrage d'un Auteur Anonyme du cinquiéme siécle, & que les PP. Mabillon & Germain ont trouvé dans leur voyage d'Allemagne attribué à Primasius, lui donna le Titre de *Prædestinatus* comme par une espéce d'antiphrase à cause que cet Auteur compte les Prédestinatiens parmi les Hérétiques de son siécle, & qu'il semble n'avoir fait son Recueil des hérésies, ou plutôt copié saint Augustin que pour y faire cette addition.

C'est par un déguisement encore plus artificieux qu'un Auteur Anonyme publia vers le même tems un Livre sous le Titre de *Défense de Monsieur Vincent de Paul* Supérieur Général de la Mission. Car après l'avoir lu & examiné sérieusement il est aisé de voir que c'est la défense d'une autre personne, & que c'est en même tems une espéce d'accusation fine & adroite de Monsieur Vincent, contre le Livre que Monsieur Abelly a fait de sa vie.

Le Livre du P. Bagot qui a pour Titre *La Défense du Droit Episcopal* n'a paru rien moins que ce qu'il vouloit faire paroître. C'est ce qui obligea l'Assemblée du Clergé de l'an 1655. d'en ordonner la suppression, Ordonnance qui a été confirmée par la derniére Assemblée. Et il est aisé de juger que si le prétendu Jacques de Vernant n'eut pas écrit directement contre son propre Titre de *La Défense de l'autorité de notre S. P. le Pape, de Nosseigneurs les Cardinaux, Archevêques, Evêques, &c.* il n'eut pas attiré sur lui la censure dont il a été flétri.

Mais il y a un autre défaut de sincerité que l'on ne peut excuser de mensonge & d'infidelité, soit que la fourbe soit concertée à dessein de nuire au Public, comme dans cette édition de Martial imprimé chés Vascosan l'an 1554. sous le Titre *Martialis castus ab omni obscænitate perpurgatus*, qui ne laisse pas néanmoins de renfermer toutes les libertés & les ordures de ce Poëte (1), soit que l'imposture ne tende qu'à l'interêt de celui qui la commet pour tâcher d'acquerir quelque réputation, ou d'attraper ou conserver quel-

---

1 Francisc. Vavassor de Epigrammate, cap. 10. pag. 158.

que pension. Telle étoit celle de ce P. Paschal Historiographe de France sous François I. & Henry II. qui avoit coûtume de forger des Titres de Livres, qu'il supposoit avoir composés, & être prêts à mettre sous la Presse, afin de se faire continuer une grosse Pension, qu'il recevoit pour travailler à l'Histoire de France, quoiqu'il fût reconnu par les habiles gens de son tems pour un grand paresseux & pour un parfait ignorant en ce point. Et du Verdier rapporte (1) qu'entre divers Programmes qu'il faisoit publier de tems en tems, il en fit afficher un qui portoit ce Titre *Petri Paschalii Liber quartus rerum à Francis gestarum*, quoiqu'il n'eût pas même commencé le premier Livre, & qu'à sa mort toutes ses productions historiques ne montassent pas jusqu'à la valeur de six feuillets.

Plusieurs Auteurs sachant que le plus grand malheur qui puisse arriver à un Livre est celui de n'être point lû, & se défiant d'ailleurs de la curiosité des Lecteurs envers leurs ouvrages, se sont avisés de chercher des Titres extraordinaires pour la reveiller & d'employer des termes surprenans, simplement pour donner envie de lire leurs Livres.

On ne croit pas qu'il y ait eu d'autre motif qui ait porté le Greffier de l'Hôtel de Ville de Paris à donner le titre de *Chronique scandaleuse* à son Histoire de Louis XI. Car il n'y a rien de fort extraordinaire dans ce Journal, qui ait pû lui mériter une inscription si choquante. On n'y dit point grand mal de personne, quoique quelques-uns ayent pensé qu'on l'avoit appellé scandaleuse, à cause de quelques exécutions sanglantes arrivées sous ce Roi. On n'y trouve pas même toutes les vérités de ce Prince, & le Sieur Sorel croit que ç'ont été les Libraires plutôt que l'Auteur qui ont donné ce Titre à cette Chronique, afin de pouvoir la mieux débiter (2).

Un Auteur Flamand voulant faire une réponse aux Hérétiques, & faire ensorte en même tems qu'elle fût lûë, crût qu'on la négligeroit comme plusieurs autres, s'il ne tâchoit de la distinguer du commun des piéces de Controverses, par quelque Titre nouveau, & s'imagina qu'il n'y avoit pas de moyen plus efficace pour la faire lire que de l'appeller *le QUARE Hérétique répondu & réfuté par le QUIA Catholique* (3).

Ce peut être dans le même dessein de nous surprendre & d'exci-

---

1 Ant. du Verdier. Biblioth. Franç. pag. 1035. 1036. &c.
2 Char. Sorel Biblioth. Fr. pag. 318.
de l'Histoire de France.
3 Henry Lancell. Augustin. apud Valer. Andr. Bibl. Belgic.

ter notre curiosité, que le Pere Ribadeneïra célébre Ecrivain parmi les Jésuites voulant écrire de l'Institut & des singularités de son Ordre donna à son Livre le Titre d'EL-PORQUE', c'est-à-dire, le *Pourquoi*. Car il auroit pû l'appeller simplement, une *Réponse à ceux qui étoient en peine de savoir* 1. *Pourquoi les Jésuites ne chantent point dans le Chœur?* 2. *Pourquoi ils ne sont obligés qu'à une pénitence volontaire?* 3. *Pourquoi quelques-uns ayant demeuré trente ans chés eux n'ont pas encore fait profession?* 4. *Pourquoi la Société les peut chasser aprés qu'ils y ont été fort long-tems?* C'est la matiére de ce curieux Livre imprimé à Alcala de Henarez en 1605. & par conséquent c'en devroit être le Titre (1).

Et parce qu'on est persuadé que nous aimons & que nous recherchons toujours la *Nouveauté*, les Auteurs, & ceux de notre siécle particuliérement, n'ont point manqué d'en orner leurs Titres pour réveiller notre curiosité, selon la remarque du Pere Malebranche (2). C'est ce qui nous a produit tant de *Nouvelles Méthodes*, de *Nouvelles Physiques*, de *Nouveaux Elémens de Géométrie*, de *Nouveau Cours de Chymie*, de *Nouvelles Instructions*, de *Nouvelles Lumiéres*, d'*Anciennes Nouveauté*, de *Nouveaux Secrets*, de *Nouveau Théologien* de *Nouveau Secretaire*, de *Nouveau & parfait Notaire*, de *Nouveau & parfait Praticien*, de *Nouveau Maître d'Hôtel*, de *Nouveau Maréchal*, de *Nouveau & parfait Cuisinier*, de *Nouvelle Magie*, de *Nouveau Théâtre du monde*, de *Nouveau Armorial universel*, & tant de *Nouvelles* Historiques, Galantes, Comiques, Tragiques qu'on avoit fait succéder aux Romans & dont enfin on s'est défait pour s'attacher à quelque chose de plus solide.

Mais les Contemplatifs sur tous les autres semblent avoir eu un talent particulier pour exciter notre dévotion à lire leurs Livres par des Titres tout-à-fait surprenans. Les uns nous ont voulu divertir par des Titres en forme d'Echo ou de rime, comme le Pere Gualterus Paulus, qui nous a donné ses œuvres sous les Titres de *scala animi*; de *Jesus esus novus orbis*, &c. Les autres ont pris la distribution du tems pour faire le partage de leurs Titres comme le Pere Nadasi dont la plupart des Livres ne sont que des *Années*, des *Mois*, des *Semaines*, des *Jours*, & des *Heures*. D'autres ont emprunté les parties du corps humain. D'autres se sont servi d'expressions moins

---

1 Jo. Palafox & Mendosa Epist. ad Innocent. X. Papam, num. 129. 130. 131. | 2 Recherche de la vérité, Liv. 2. 2. part. chap. 8. pag. 254.

figureés, & qui nonobstant leur simplicité ne frappent pas moins l'imagination du Lecteur telles que sont celles de *Pensés-y bien* ; *Il faut mourir* ; *Compelle intrare* ; *Vade mecum*.

Enfin il s'en est vû d'autres qui prenant leur essor plus haut, n'ont point fait difficulté d'employer les Noms adorables des Personnes de la Sainte Trinité, pour honorer leurs imaginations, & pour nous les faire lire avec plus de respect. C'est ce qui nous a produit 1. des *Instructions du PERE ETERNEL à sa Fille* ; 2. des *Lettres que JESUS-CHRIST envoye à l'Ame ou à son épouse*, (quoique tout ce qui a paru sous ces Titres ne soit pas toujours visionaire) ; 3. *Des Avis du* SAINT ESPRIT *au Roi*, dont le plus éclatant & le plus important est sans doute celui qui fut apporté depuis quelques années par le grand Prophéte Eliachim Michaël. Il nous avertissoit que dans très-peu de tems on verroit une Armée de 144000. hommes de troupes toutes fraîches & toutes sacrées, sous les ordres & le généralat du Roi, qui auroit pour Lieutenans les quatre Princes des Anges. Il ajoûtoit que notre Monarque extermineroit immanquablement tous les Hérétiques & tous les Mahométans par le moyen de tant de Soldats, qui seroient autant de victimes, & que les Cavaliers de l'infaillibilité du Pape se signaleroient dans cette belle Armée par-dessus tous les autres (1).

Ceux qui ont entrepris de traiter des matiéres basses & méprisables, & qui ont voulu faire des Traités singuliers des choses les plus odieuses, se sont crû obligés avec plus de raison de chercher quelques termes extraordinaires dans leurs Titres pour surprendre & rehausser leur matiére. Les uns se sont contentés de marquer qu'ils entreprenoient de louer ce que toute la terre semble mépriser & blâmer, croyant que cette singularité exciteroit assés la curiosité du Lecteur. C'est ainsi qu'Isocrate a fait l'éloge de *Busiris*, Cardan de *Néron*, Synesius de la *Pauvreté*, Passerat de l'*Aveuglement*, Favorin de la *Laideur* & de la *Fiévre quarte*, Cardan de la *Goute*, Prævidelli de *la Peste*, un ancien nommé Glaucon de l'*Injustice*, Erasme de *la Folie*, Lucien de la *Goinfrerie*, Heinsius de l'*Asne* par rapport à l'ânerie, c'est-à-dire à la bêtise & à l'ignorance ; le même a fait l'éloge de la *vermine*, comme étant le partage des Gueux ; Passerat & le jeune du Verdier ont fait celui du *Rien* ou du *Néant*. Enfin Sebastien Rouillard ayant à faire les louanges d'un brin de paille, & ne trouvant rien d'assés ri-

---

1 Damvilliers, Let. 6. des Visionn. pag. 263. & suiv. & surtout Lettr. 2. pag. 80.

diculé.

dicule dans ce mot pour en faire un Titre surprenant, & propre à donner envie de lire son ouvrage, a eu recours à l'*ampoulle* pour lui faire faire son effet, & a donné à son Livre le Titre de *la magnifique Doxologie du Fétu*.

Il y a d'autres espéces de Titres ridicules de Livres qui sont également ridicules. Mais ils ont cet avantage de ne tromper personne, n'ayant rien que de conforme au reste de l'ouvrage, & comme ces Livres ont été composés pour nous faire rire, on ne trouve point étrange que leurs Titres nous disposent à rire par avance sans nous imposer. Ainsi quand on a vû le Titre du Livre *Multibibus* imprimé à *Oenozytople* sous les auspices de *Dionysius Bacchus*, on n'est pas surpris de voir étaler ensuite les beaux droits & les plaisans priviléges des Ivrognes.

On doit dire la même chose des ouvrages que nous appellons Maccaroniques & de ceux qui sont dans le style burlesque & bouffon. Si Monsieur Frey eut donné à son Livre le Titre de *Description du tumulte arrivé entre les Vignerons du village de Ruel & les Archers de Paris*, nous l'aurions pris pour une piéce sérieuse sans le voir, mais quand nous lisons *Recitus veritabilis super terribili esmeuta Paysanorum de Ruellio*, &c. nous connoissons la piéce & son caractére sans en voir davantage (1).

Mais on n'a point sujet de regarder si favorablement ceux qui en matiére de Religion prennent des Titres impertinens pour des ouvrages que l'on ne sauroit traiter trop sérieusement & avec trop de respect, surtout quand ils employent de basses & de sottes allusions qui donnent lieu aux Libertins de faire de méchantes railleries. C'est ainsi que Jean le Massieux Prêtre de Mante, ayant fait une explication Morale sur ces Antiennes solemnelles de l'Avent qui commencent par *O*, & que l'Eglise chante à Vêpres devant & après le Cantique *Magnificat* aux jours qui précédent la Fête de Noël, publia cet ouvrage sous le Titre impertinent de *la douce Moëlle & la Sausse friande des Os savoureux de l'Avent*: Celui du Pere d'Alva appellé *le nœud indissoluble de la Conception du ventre & celle de la tête*, ne fait guéres plus d'honneur à la Sainte Vierge; non plus que celui du Pere de la Haye à l'Evangile, sous le Titre de *Triomphe de la vérité*

---

1 Mr. Naudé dans le Mascurat, pag. 277. témoigne que c'est une des meilleures piéces Maccaroniques qui soit en notre Langue. Elle vaut celle du Provençal de la Sable ou d'Arena, celles des Italiens Théoph. Folengi, du Beolque de Ruzante, &c.

fut un Chap itre par les quatre Evangeliftes, efcorté par l'Armée des Saints Peres (1), quoique les rieurs n'ayent pas grande raifon de vouloir railler ce dernier.

Nous avons mis parmi les qualités néceffaires à un bon Titre la clarté & la netteté de l'expreffion fans équivoque & fans ambiguité, parce que le Préjugé nous porte ordinairement à croire que l'obfcurité d'un Titre eft la marque & l'effet de l'embarras d'un efprit. Je n'entens pas le Titre d'un Livre, donc ce Titre ne vaut rien ; parce qu'il eft cenfé n'être pas bon dès que les plus fimples & les plus groffiers ne l'entendent pas. Et je ne fuis point tenté d'acheter & de lire un Livre fous ce Titre, comme je ne le fuis pas d'acheter une marchandife dont l'étiquette & la montre me font inconnuës.

Ainfi tant que j'ignorerai ce que veut dire l'*Océan Macro-micro-cofmique* que le fieur Philippe Jacques Sachs a publié depuis près de vingt ans, je ne me fentirai peut-être pas preffé de le voir, & fi je confultois un Grammairien pour m'expliquer ce Titre, il auroit raifon de me renvoyer à un Géographe, & celui-là à un Phyficien, fans que les uns & les autres s'avifaffent de m'addreffer à un Médecin; pour me dire que ce Titre fignifie le rapport qu'il y a entre le mouvement des eaux & celui du fang.

Ainfi je ne puis deviner ce que Leo Allatius a voulu dire par le Titre d'*Abeilles Urbaines*, qu'il a donné à un de fes Livres, à moins que je ne fache qu'il y a dans le mot d'*Abeilles* une allufion aux mouches des Barberins ; que dans celui d'*Urbaines* qui ne marque autre chofe que la ville de Rome, il y a un jeu fur le nom d'un Pape de la famille des Barberins ; & qu'ainfi dans l'efprit de cet Auteur ces *Abeilles Urbaines* ne font autres que les Hommes Illuftres qui fe trouvérent à Rome depuis l'an 1630. jufqu'en 1632. inclufivement, fous le Pontificat d'Urbain VIII. & qui y publiérent quelque production de leur efprit.

Et j'avouë que j'ai été autrefois trompé par l'obfcurité & par l'ambiguité du Titre d'un Livre de Monfieur l'Evêque de Lodéve. Sachant que ce Prélat s'appelloit Jean *Plantevit* ou *Plantavit* de la Paufe, j'avois quelque fûjet de m'imaginer que fon Livre intitulé *Planta Vitis* étoit quelque Arbre généalogique de fa Maifon, à caufe de cette allufion à fon nom. Cependant ce n'eft autre chofe

---

(1) Celui de J. le Maffieux dans la Bibl. de du Verdier.
Celui de Pierre d'Alva dans celle de

Dom. Nicol. Antoine.
Celui de Jean de la Haye ou Hay dans celle d'Alegambe.

DES TITRES DES LIVRES.

qu'un Recueil de Synonymes d'Hébreu Chaldéen, & d'Hébreu de Rabin.

L'Auteur du Parnasse Rèformé paroît n'avoir pas moins été choqué de l'obscurité & de l'affectation ridicule d'un Titre rétrograde qu'un Augustin a donné à un Livre fait contre le Traité de l'Equilibre des liqueurs & de la pesanteur de la masse de l'Air. Ce Titre est, *la Vérité du vuide contre le vuide de la Vérité*. ,, On ne doit pas souf- ,, frir, ajoute ce Censeur, la mauvaise affectation de ces sortes de ,, Gens, qui font consister toute l'excellence d'un Livre dans le Ti- ,, tre, & qui croyent beaucoup mériter des Lettres quand ils ont ,, trompé le Public par cette supercherie (1).

Enfin je ne pourois m'imaginer, sans être prévenu, que *les Promenades de Richelieu* ne sont autres qu'un Livre des Vertus Chrétiennes auquel il a plû au sieur de saint Sorlin de donner ce beau Titre ; que *les trois filles de Job* ne sont autres que les Vertus Théologales du Pere de Saint Jure ; que le *Théandre* ne signifie autre chose que le Traité de la Semaine-Sainte du Pere Cl. Perry ; que l'*Amour innocent* ou l'*Illustre Cavalier* ne veut dire autre chose que l'explication des grandeurs de la Sainte Vierge par le sieur de Someire ; que *le son de la Trompette* de Thomas Anglus, avec le *Clairon Portugais* du Pere Macedo, que les *Tablettes suffragiales* du même Anglus, *la reddition des comptes de sa Ferme*, son *enchantement de Mommouth*, sa *Balance*, son *Eventail pour chasser les mouches* ne sont autre chose que des Traités Théologiques de la Grace, du Purgatoire, & sur l'affaire de Monsieur de Chalcédoine.

Mais ce seroit une chose infinie de faire une recherche de tous les Titres de Livres qui ont une obscurité affectée. Il me reste avant que de finir cette espéce de Préjugé, de dire encore un mot des Titres imités que l'exemple des autres & la mode ont fait naître, & de ceux qui ne se sont fait Auteurs que par imitation.

Quelque habile que puisse être un Ecrivain qui suit un autre, il a toutes les peines imaginables de se faire mettre sur les rangs des Auteurs du premier ordre. Son ouvrage, dût il aller au-delà de son Original, ne passe toujours que pour une copie. C'est pourquoi ceux de ce genre qui ont été plus curieux d'acquerir de la réputation que les autres, & particuliérement les Plagiaires ont eu grand soin de suppri-

---

r Le Parnasse réformé, pag. 103. 104. c'est Charles Bourgoin Augustin. | Item Sorel Bibl. Franç: des Livres de Philosophie, pag. 39.

mer autant qu'il leur a été possible toutes les traces de leurs Originaux qui auroient pû les trahir, jugeant qu'il n'y avoit pas de moyens plus sûrs & plus courts pour arriver à leur gloire en profitant de leurs dépouilles.

Ainsi on a considéré dans la République des Lettres comme des personnes grossiéres & de peu d'adresse, ceux d'entre les Ecrivains qui ont imité ou copié jusqu'aux Titres des Auteurs.

L'*honéte Homme* de Faret ayant été assés bien reçû dans le monde, quoiqu'il n'eût rien de trop extraordinaire, & qu'il fût d'ailleurs une imitation ou une espéce de recueil de ce qui avoit été dit avant lui sur son sujet, & surtout par le Comte Balthasar de Chastillon ; Cet *Honnête Homme*, dis-je, fut si fécond qu'il produisit mille autres *honnêtetés* dans la République des Lettres, & qu'il donna l'origine à quantité d'*honnêtes* Titres.

De-là est venuë l'*Honnête-Femme* du P. du Bosc, copie qui quoique médiocre, ne dégénéroit point encore trop de l'original, en comparaison de l'*Honnête Garçon* de Grenaille qui n'a rien qui ne soit au-dessous du genre médiocre, non plus que son *Honnête-Fille*, & son *Honnête-Mariage*. Il faut dire la même chose de l'*Honnête Veuve* de M. J. & de l'*Honnête Maitresse* d'un Anonyme qui sont les fruits d'un caprice semblable (1). On peut aussi rapporter à cette émulation les deux Livres de Monsieur Chorier dont l'un a pour titre les *sentimens de l'Honnête-Homme*, & l'autre la *Philosophie de l'Honnête-Homme*.

Il faut avouer néanmoins que les Critiques se donnent un peu trop de licence dans l'opinion qu'ils ont que la plupart des Livres qui portent quelque chose de semblable dans leur Titre sont imités les uns des autres, & viennent d'une même source. Comme si ceux qui ont écrit sur les *Femmes*, sur les *Courtisans*, sur les *Magistrats*, sur les *Ministres*, sur les *Cardinaux*, &c. n'avoient pû rien dire de nouveau après les premiers, qui en avoient traité (2).

On a vû dans notre siécle un certain tems auquel un Livre ne pouvoit avoir un air de nouveauté, un débit plusque l'ordinaire, ou quelque singularité particuliére qui frapât l'imagination, sans étre contrefait aussi-tôt. Les Auteurs & les Libraires s'étoient mis dans la fantaisie que s'ils imitoient ces Titres & ces Méthodes qui étoient en

---

1 Gueret, de la Guerre des Auteurs pag. 210. 211.
De la connoissance des bons Livres, Traité 1. de Sorel chap. 1. pag. 4.
2 Sorel ibid. pag. 6. & suiv. de l'Edit. d'Hollande.

DES TITRES DES LIVRES.

vogue, ils donneroient le même cours à leurs Livres. Et ces Esclaves croyoient mériter beaucoup du Public, quand ils avoient fait une méchante copie de quelque excellent Original (1).

„ Combien la *Rome ridicule* de Saint Amant a-t-elle produit de „ villes, *ridicules* qu'on ne sauroit souffrir ? Combien sa *Solitude* en „ a-t-elle fait d'autres qu'on ne lit pas ? Que de misérables *Métamor-* „ *phoses* ont succedé à celle *des yeux de Phylis en Astres* ? Que de *Tem-* „ *ples* ont été bâtis sur le *Temple de la Mort* ? Et n'est-ce pas de la *Pom-* „ *pe funébre de Voiture* que viennent ces ennuyeuses *Pompes funébres* de *Scarron* & de la *Calprenéde* ?

Combien avons-nous vû d'*Ecòles*, combien de *Cabinets*, combien de *Conférences*, & d'*Entretiens*, combien de *Récréations*, combien de *Sécrets* en Titres de Livres venus les uns des autres ?

Le *Mercure François* n'a-t-il point mis au monde près d'une trentaine d'autres *Mercures* faits à sa ressemblance ? Le *Florus* des Romains n'en a-t-il point produit beaucoup d'autres dans l'Europe ?

Et n'est-ce pas l'*Hipparque* de Platon touchant l'amour du gain & du trafic, qui a fourni le Titre de l'*Hipparque* du prétendu René de la Vallée, c'est-à-dire, du Pere Théophile Raynaud pour son Livre du Religieux Marchand, au sujet d'une Bulle de Rome qui défend aux Réguliers d'exercer aucun trafic &c. ?

L'Echelle de Saint Jean Climaque a fait faire sans doute beaucoup d'autres *Echelles* a son imitation ; mais quelle différence & quelle disproportion ne trouve-t-on pas entre tant de foibles copies & cet excellent Modelle ? On a vû plus d'une *Imitation de la Vierge*, formée sur l'*Imitation de Jesus-Christ*, mais avec quelque différence (2).

Les Hérétiques qui ont eu de tout tems recours à la ruse & à l'imposture, pour s'insinuer dans l'Eglise, ne se sont pas contenté de supposer leurs ouvrages aux anciens Auteurs Orthodoxes, mais ils ont même tâché d'imiter leurs maniéres d'écrire, jusqu'aux Titres de leurs ouvrages.

On leur a vû souvent dresser leurs Professions de Foi & diverses Instructions sous des inscriptions trompeuses, & semblables à celles des Catholiques.

Dans le siécle passé Guillaume d'Einseingrin avoit fait le *Catalogue*

---

1 Gueret, Guerre des Auteurs, pag. 212.
2 Alphons. de Andrada, Francisc. Arias.

& nonnulli alii scripsere de Imitatione B. Mariæ Virginis.

des Témoins de la Vérité, c'est-à-dire, des Auteurs Ecclésiastiques Orthodoxes, qui pouvoient donner témoignage contre les Nouvelles Hérésies. Le dessein en étoit très-louable & très-utile pour les Catholiques. Un Luthérien qui en étoit assés persuadé entreprit de le traverser, & fit pour cet effet un gros Livre sous le même Titre de *Catalogue des Témoins de la Vérité*, où il rapporte presque les mêmes Auteurs qu'Eiseingrin, mais avec des applications Luthériennes contre l'Eglise Catholique, afin que les Fidéles le confondissent plus aisément avec celui d'Eiseingrin, il n'y fit point paroître son nom, ne voulant pas qu'on sût que c'étoit Mathias Esclavon ou Flaccius Illyricus Chef des Luthériens rigides, & le premier des Centuriateurs (1).

Il s'est trouvé au contraire des Ecrivains dans l'Eglise Catholique qui ont crû ne pouvoir empêcher plus efficacement les effets de l'Hérésie, qu'en contrefaisant leurs ouvrages, c'est-à-dire, en se servant des mêmes Titres & quelquefois aussi de la même méthode, quoique dans des desseins tout opposés, & il se peut faire que Monsieur Abelly, & Busembaum ayent songé à nous faire tomber des mains la *Moelle Théologique* de Scultet Calviniste Alleman de Silesie en nous donnant les leurs.

Les Savans conviennent que les *Philippiques* de Démosthène ont mis en tête à Ciceron de donner le même Titre à ses Oraisons ou Invectives contre Marc Antoine; & que les *Philippiques* de Théopompe ont fait naître la même envie à Trogue-Pompée pour le Titre de son Histoire. Il est visible que c'est un effet de pure imagination dans l'un & dans l'autre. Mais s'il est permis de juger lequel des deux semble avoir mieux rencontré, on se persuadera aisément que Trogue Pompée a eu beaucoup plus de raison dans cette imitation que Ciceron (2), parce qu'effectivement la plupart des Livres de son Histoire traitoient de l'Empire des Macédoniens, que l'on appelloit assés ordinairement le *regne Philippique* à cause de Philippes le Grand Pere d'Alexandre à qui cet Empire devoit les commencemens de sa grandeur, & que son sujet revenoit assés à celui de l'Histoire de Théopompe. Mais n'est-ce point par un tour de fantaisie un peu bizarre que Ciceron a affecté d'imiter le Titre de Démosthène, quoique le sujet & les personnes n'en fussent nullement semblables.

---

1 Anton Possevin. Apparat. sacr. Tom. 1. & alii passim.

2 Voss. de historic. Latin. Lib. 1. cap. 59. in Trogo Pompeio.

N'eſt-ce point auſſi à une grande bizarrerie d'eſprit qu'il faut attribuer l'imagination qu'à euë un Ecrivain de la Baſſe Allemagne, de vouloir réveiller en nous le ſouvenir du déteſtable Livre des *trois Impoſteurs*, en donnant ce Titre à un Livre qu'il fit imprimer à Kiel l'an 1680. ayant choiſi pour ſes trois Impoſteurs Edouard Herbert, Thomas Hobbs, & Benoît de l'Eſpinoſa ? Et peut-on s'empêcher de prendre pour un Viſionaire un autre Ecrivain plus récent qui a pris le même Titre *des trois Impoſteurs* pour écrire contre trois Auteurs Catholiques de la premiére réputation.

Chriſtian; Kortholt.

On ne peut pas dire que cette ſévérité & cette délicateſſe qui nous porte à condamner toutes ces imitations ridicules dans les Titres, & qui nous les fait conſidérer comme des baſſeſſes & des attachemens ſerviles, ſoit particuliére à notre ſiécle. Il y a long-tems que l'on a cenſuré ces Imitateurs & ces Eſclaves, qui après avoir emprunté le Titre de leurs Livres, d'un autre Auteur qui les a devancés, ſe donnent la gêne & la torture pour chercher de quoi le remplir, & qui voulant nous faire un myſtére de leur Titre comme ſi c'étoit une choſe ſacrée & inviolable, aiment mieux chercher à droite & à gauche des choſes étrangéres qui ne lui conviennent pas, plutôt que de changer & de réformer le Titre pour le rendre conforme à la matiére qu'ils traitent. On ſait combien Trebellius Pollion ſe rendit ridicule au ſiécle de Dioclétien pour avoir affecté de donner à ſon Livre le Titre *Des trente Tyrans* de l'Empire Romain du tems de Gallien, à cauſe des trente Tyrans qui avoient paru à Athènes après la priſe de cette Ville par Lyſandre. Pollion ayant choiſi d'abord ſon Titre, contre les régles de l'Art, qui veulent que le Titre ne ſoit compoſé qu'après que l'ouvrage eſt achevé, & qu'il en ſoit comme l'abregé & l'eſſence, étoit engagé pour s'acquitter de ſa promeſſe de trouver trente Tyrans ſous Gallien. Il n'en pût ramaſſer que vingt-neuf, & il fut obligé pour trouver ſon compte d'aller chercher *Valens* qui s'étoit révolté du tems de Decius. C'étoit faire, ce qu'on appelle dans l'Architecture, plier le Niveau ſur le bâtiment, plutôt que de régler le bâtiment ſur le niveau. On ne manqua point de le relever ſur cette liberté, & de lui faire connoître qu'il étoit aiſé, ſuivant cet expédient, de paſſer le nombre des Tyrans qu'il s'étoit preſcrit. Il trouva encore plus de Cenſeurs pour l'indiſcrétion qu'il avoit euë de mettre deux Femmes au nombre de ſes trente Tyrans ſavoir Zenobie & Victoire. Pollion eut plus d'égard à ce dernier reproche qu'à celui de devant, & dans une ſeconde édition il retrancha les deux Femmes de ſon Catalogue, & pour faire le nombre de ſes trente

Tyrans, il mit à leur place Tite & Censorin qui prirent la Pourpre l'un sous Maximin, & l'autre sous Claude II. Ainsi il trouva trente Tyrans à quelque prix que ce fût, quoiqu'il n'y en eût que vingt-sept qui fussent de son dessein & qui eussent rapport à son Titre (1).

Gaspar Barthius tout honnête homme qu'il étoit, traduisit en Latin & fit distribuer par le monde le *Pornodidascale* de l'Aretin. Ce Titre lui parut beau, & pour frapper l'imagination des autres, il voulut l'imiter, non seulement dans sa Traduction de la Diane de Gil-Polo, qui est la suite de celle de Montemajor, en lui donnant le Titre d'*Erotodidascale* ; mais encore dans celui qu'il fit de la Celestine Espagnole, qu'il appella *Pornobosco-didascale*.

Ottius.

Hotman.

Un autre Allemand nous a diverti depuis quelques années par un jeu de fantaisie qui a paru encore plus capricieux. Cet Auteur a sû sans doute qu'un de nos Jurisconsultes avoit fait un Livre de Politique mêlé d'Histoire & de Droit, sous le Titre de *Franco-Gallia*, & il a crû que ce Titre siéroit bien à une espéce de petit Dictionnaire de mots François qu'on prétend venir de l'Allemand.

C'est ainsi que par une imitation frivole on multiplie de jour en jour les Titres équivoques des Livres, & que par ce moyen on rend presque inutiles les Catalogues, les Bibliothéques & les autres Recueils de Livres qui ne consistent que dans l'énonciation des Titres, & qui seroient d'un usage merveilleux, si l'on ne mettoit aux Livres que des Titres qui fussent justes, simples, univoques, sincéres ; & qui renfermassent tout le sujet & l'esprit d'un Livre.

---

2 Salmas. Proleg. in Hist. August. | Item Voss. de Histor. Latin. Lib. 2. cap. 6. pag. 89.

CHAPITRE

CHAPITRE XIV.

Préjugés des circonstances & des accidens qui arrivent aux Livres.

1. *Du prix & de la rareté des Livres.*
2. *De leur débit, des éditions fréquentes & des Libraires.*
3. *Des récompenses & des disgraces des Livres.*

PARAGRAPHE I.

LE PRE'JUGE' que l'on a du prix & de la rareté des Livres n'a point plus que les autres le caractére de l'infaillibilité ; & nous sommes accoûtumés à ne plus confondre les plus excellens avec les plus chers & les plus rares. Prix des res,

Si les personnes judicieuses & intelligentes témoignent quelquefois autant d'avidité que les autres pour les Livres qui sont de difficile acquisition, cette avidité est souvent moins une marque de leur estime que d'une curiosité déreglée, dont ils ne sont pas plus exemts que les autres.

Avant l'usage de l'Imprimerie dans l'Europe, c'étoit souvent un Préjugé de bonté pour un Livre que de coûter cher, parce que les Copistes prenoient ordinairement plus de soin de ceux qu'ils sçavoient être estimés, & qu'outre les accompagnemens qu'ils y mettoient pour en rehausser le prix, ils ne manquoient point de faire valoir & de vendre la réputation des Auteurs par-dessus leurs peines.

Il semble même que les plus habiles connoisseurs de l'Antiquité ayent voulu nous faire connoître l'estime particuliére qu'ils faisoient des meilleurs Livres par le prix de l'argent qu'ils en ont donné. C'est ainsi que Platon qui n'étoit ni qualifié de naissance, ni fort bien fondé en finances, ne laissa point de payer pour trois Traités de 4627. liv. &c. Philolaüs Philosophe Pythagoricien la somme de plus de quatre mille livres de notre monnoie (1). Aristote donna trois talens At- 6940. liv. 14. f.

---

1 Vossius de Philosoph. Sectis cap. 11. Lib. 2. §. 2. pag. 66.
Joan. Lomejer. de Bibliothecis, cap. 3. pag. 83.

Christian. Liberius de scrib. & legend. Libris, pag. 119, 120.
Et alii ex Diog. Laërtio, & Laërtius ex Satyro.

Tome I.   O o

Prix des Livres.

tiques, c'est-à-dire, près de sept mille francs de quelques Ecrits de Speusippe neveu de Platon, qui ne faisoient qu'un volume assés petit (1). Demétrius Phalereus fit acheter à Ptolomée Philadelphe les Originaux des Tragédies de Sophocle, d'Euripide & d'Eschyle, dont

34703. liv. 10. s.

il paya quinze talens d'argent aux Athéniens, c'est-à-dire, plus de trente-quatre mille livres selon notre maniére de compter (2). Pline se faisoit fort de vendre quand il lui plairoit ses recueils à Laertius Licinius quarante mille écus.

Et pour descendre jusqu'au tems que commença l'Imprimerie, on sait que Beccatelli, dit Bologna, de Palerme fut obligé de vendre une terre qu'il avoit, pour pouvoir acheter un Tite-Live écrit de la main de Poge Florentin qui employa ce prix de son Livre à acheter une autre terre près de Florence vers l'an 1455. (3). Le Cardinal de Pavie se trouva encore obligé depuis ce tems-là de payer quatre-vingts écus d'or d'un Plutarque, & vingt-cinq des Epîtres de Seneque.

Jacques Picolomini.

Depuis que l'Impression a multiplié & rendu les Livres si communs, la cherté n'a point laissé de continuer pour les Manuscrits comme auparavant, mais on peut dire que s'il a fallu juger de l'excellence de ces Manuscrits par la grandeur de leur prix, ce Préjugé semble regarder moins les Auteurs des Livres que les Copistes de ces Manuscrits dont on recherche particuliérement l'exactitude & l'intelligence, aussi-bien que le tems auquel ils ont vécu, qui sont des circonstances indépendantes, & tout-à-fait distinguées des bonnes & des mauvaises qualités des Auteurs.

A l'égard des Livres imprimés, on peut dire que le sujet le plus ordinaire de leur cherté & de leur rareté est leur suppression, parce que rien ne donne tant d'envie d'avoir un Livre que la difficulté de le trouver, & que c'est bien souvent par cette difficulté que des Li-

---

1 Aul. Gell. Noct. Attic. Lib. 3. cap. 17. Lemejer. de Bibl. pag. 85.
Liberius ut supra pag. 119.
2 Id. Ibid. Liberius, &c. pag. 120.
N. B. Il est dit que Ptolomée Philadelphe paya aux Athéniens quinze talens d'argent pour les Tragédies d'Eschyle, de Sophocle & d'Euripide. Galien & le Giraldi après lui, racontent la chose un peu autrement. Ils ne parlent que de Sophocle & d'Euripide. Ils disent que les Athéniens ayant refusé à Ptolomée les Exemplaires corrects de ces Poëtes qu'il leur avoit demandés, pour mettre en sa Bibliothéque, il défendit qu'on leur laissât emporter du bled d'Alexandrie: mais que la necessité de vivre obligea les Athéniens de lui faire ce présent, pour pouvoir acheter du bled & que ce Prince par réconnoissance, ne se contenta pas de leur accorder la liberté d'acheter le bled, mais qu'il le leur envoya gratuitement.

3 Gallois, Traités des Bibliothéques pag. 154.

DES CIRCONSTANCES.

vres qui ne valent rien acquiérent une grande réputation (1). On s'imagine que cette suppression ne se fait point sans des raisons importantes, & l'on prétend juger de l'importance du Livre par celles de ces raisons, principalement lorsqu'elles sont inconnuës, & qu'on les prend pour des mystéres d'Etat ou de Religion.

Prix des Livres.

On n'épargne rien pour entrer dans la participation de ces mystéres, & on tâche de racheter à quelque prix que ce soit la liberté de l'esprit de l'homme, & celle des Lettres que l'on croit interessées dans la suppression & la condamnation d'un Livre, qui trouve souvent de la protection & quelquefois de l'avantage au milieu de sa disgrace. Cinq cens francs & cinq cens écus même ont paru peu de chose pour un exemplaire à ceux qui ont témoigné tant de passion pour conserver les débris de l'édition de la Vulgate de Sixte V. que Clement VIII. avoit tâché de supprimer. Et ceux qui dans Paris ont bien voulu payer vingt-cinq pistoles pour un Livre *in-quarto* de Volkelius de *la Véritable Religion* (2), après qu'on en eut condamné au feu une édition entiere à Amsterdam par l'autorité du Magistrat, on fait voir jusqu'à quel excès la mauvaise curiosité & la fausse compassion d'un Livre disgracié peuvent nous porter.

PARAGRAPHE II.

LE DEBIT des Livres est encore moins une marque infaillible de leur excellence que leur prix & leur rareté. Il est souvent un pur effet du caprice & de l'inclination du Vulgaire, à qui il appartient particuliérement de mettre les méchans Livres en vogue, & d'établir la mode dans la Librairie (3).

Il semble même que le grand Débit fasse quelque tort aux plus excellens Livres, hormis à ceux qui sont d'un usage continuel & indispensable à tout le monde, en ce qu'il les rend moins rares & moins précieux. Mais ce tort ne consiste que dans le mépris, où l'on voit insensiblement tomber ce qui devient trop commun. Car d'ailleurs les bonnes choses ne sauroient être trop communes, tant que l'on en sait estimer le prix, & en faire un bon usage.

---

1 Nouv. de le Rép. des Lettres du mois de Juin 1684. pag. 420. 422.
2 Christoph. Sand. Biblioth. Antitrinitarior. pag. 96.
Et Nouvelles de la Rép. des Lettres du mois de Juin 1684. 398.
Joan. Filesac. Selector. Lib. 2. cap. 12. pag. 378.
3 Vulgus deteriori & infirmiori favet. Ex Tito Livio Lib. 42. n. 63.

Débit des Livres. Il est donc inutile de chercher dans le Débit des Livres, des régles & des mesures pour le jugement que nous en devons faire. Car si d'une part nous voyons de bons Livres qui se sont heureusement multipliés dans le monde, comme la Version de Louvain qui a été imprimée plus de deux cens fois dans l'espace d'un siécle (1), comme le Divin Livre de l'Imitation de Jesus-Christ qui a passé par plus d'impressions qu'il n'y a de mois qu'il a été composé, comme celui des Confessions de Saint Augustin & tous ceux qu'on appelle d'usages Ecclésiastiques & Civils, sans parler des Auteurs Classiques dont on se sert pour les études : de l'autre on apperçoit un grand nombre d'assés mauvais Livres dont la multiplication est fort incommode au Public.

La Serre pouvoit se vanter d'avoir mis une centaine de volumes au jour & d'en avoir vû beaucoup de differentes éditions, d'avoir reçû des applaudissemens pour ses harangues, d'avoir sû plaire à la multitude, d'avoir fait des piéces de Théatre ausquelles tout le Peuple couroit avec une avidité & une presse toute extraordinaire, & d'avoir sû charmer même le Cardinal de Richelieu & presque toute la Cour de Louis XIII. sans néanmoins être jamais arrivé à la gloire de bien écrire (2). Ses ouvrages ont presque toujours été l'objet de la risée & de l'horreur des personnes de bon goût quoiqu'ils ayent toujours trouvé.

Satire 2. *Des Marchands pour les vendre & des Sots pour les lire.*

Escobar avoit déja été imprimé trente-neuf fois dès l'an 1656. & les Lettres de Montalte furent cause qu'on l'imprima une quarantiéme comme un méchant Livre, & pour examiner si on ne lui imposoit point dans ses Lettres (3). Busembaum avoit déja été imprimé quarante-cinq fois dès l'an 1670.

Mais sans aller chercher des exemples hors de cette Ville, & loin du tems où nous vivons, nos yeux peuvent nous rendre un témoignage assuré de ce qui se passe actuellement dans la Librairie à la honte des Lettres de notre siécle, où l'on voit des Livres de la médiocre & de la derniére trempe insulter, pour le dire ainsi, à ceux qui sont les plus excellens ; & se répandre dans le monde jusqu'au regorgement, tandis que ceux-ci se trouvent resserrés chés le Marchand, ou dans

---

1 Arn. Défense de la Trad. du N. Test. contre Mallet, pag. 111. Tom. 1.
2 Le Parnasse réformé page 47. 48.
& devant.
3 Ecrits des Curés de Paris, & autres piéces, &c.

quelques Bibliothéques, & quelques Cabinets choisis d'un petit nombre de personnes intelligentes.

Débit des Livres.

Ce désordre nous oblige de distinguer avec le Vulgaire deux sortes de bontés dans les Livres. La premiere regarde uniquement les Savans & les esprits de bon goût, qui font la plus petite mais la plus précieuse portion de la République des Lettres; & c'est cette bonté qui rend les Livres *durs à la vente*. La seconde regarde les Peuples, en qui l'exemple, la persuasion, & la préoccupation font ordinairement le débit des Livres.

Les Libraires qui sont accoûtumés à sacrifier toutes choses à leurs propres interêts, ne veulent plus entendre parler de cette premiére sorte de bonté, à moins qu'elle ne se trouve jointe à la seconde. Et c'est ce qui fait la difficulté de trouver à Paris des Imprimeurs pour tout ce qui sent l'érudition un peu rare, surtout lorsque les ouvrages ne sont point écrits en notre Langue.

On ne peut point nier d'ailleurs que les Libraires ne contribuent quelquefois au crédit & à la fortune des Livres qu'ils impriment & qu'ils débitent, parce que l'opinion que l'on a de leur expérience & de leur réputation sert souvent de Préjugé dans l'idée qu'on se forme de la bonté des Livres.

C'est ce qui fait dire à l'Auteur du Mascurat (1) que tout ce qui sortoit des Presses & des Boutiques de la veuve Guillemot, de Robert Sara, de Cardin Besogne, de la veuve d'Antoine Coulon, &c. avoit mauvaise odeur dans le monde à cause du peu de capacité & de la trop grande facilité de ces gens-là: & qu'au contraire on avoit bonne opinion de ce qui venoit des Imprimeries des Sieurs Cramoisy, Vitré, Martin, Rocolet, Petit, de la veuve du Sieur du Puis, parce qu'ils avoient la réputation de ne se point charger de mauvaises Copies. Et quoiqu'on ne puisse point convenir que tout ce qui a été imprimé par ces Libraires soit universellement bon: il est vrai néanmoins que le Préjugé est si fort, que les plus judicieux & les plus éclairés ne laissent pas encore aujourd'hui de s'arrêter à ces circonstances, principalement lorsqu'on est persuadé de la fidelité, de l'exactitude, & de l'intelligence des Imprimeurs.

La recherche & le choix que l'on fait des éditions des Manuces, des Estiennes, des Frobens, des Elzeviers, de Plantin, & de Vitré est un témoignage public de la vogue & de la réputation que les bons Imprimeurs donnent aux Livres.

---

1 Mascurat ou Jugement des Ecrits contre Mazarin, pag. 103. 104.

Débit des Livres.

C'est le motif qui a porté Messieurs du Clergé à préférer Vitré à tout ce qu'il y avoit d'habiles Imprimeurs dans Paris par une distinction qui lui étoit tout-à-fait glorieuse (1). C'est le même motif qui a fait choisir Camusat par Messieurs de l'Académie Françoise pour être leur Imprimeur, parce qu'il étoit homme de bon sens, fort entendu dans sa Profession, qu'il n'imprimoit guéres de mauvais ouvrages, & que selon Monsieur Pellisson, c'étoit presque une marque infaillible de bonté pour un Livre d'être de son impression (2).

On a vu depuis trente ou quarante ans un petit Relieur sous les Tours de Notre-Dame s'ériger en Libraire & en Imprimeur, & donner de la réputation aux Livres après en avoir reçû lui-même de leurs Auteurs, & on recherchera toujours les Livres marqués *aux trois Vertus* avec autant de passion que ceux qui sont à l'*Ancre*, à l'*Olivier* & au *Compas*.

L'opinion que l'on a euë de la piété particuliére des Imprimeurs de Cologne & de leur attachement inviolable à la Foi Catholique, a formé parmi nous un Préjugé favorable à tous les Livres imprimés en cette Ville depuis la naissance des nouvelles Hérésies. Les Protestans s'en sont apperçûs, & ils se sont imaginés qu'un des meilleurs moyens de nous ôter l'aversion que nous témoignons avoir de leurs Livres de Religion, étoit d'ôter les noms de Genève, d'Amsterdam, &c. & d'y substituer celui de Cologne à leur place.

PARAGRAPHE III.

Récompense des Livres.

SI LES Récompenses & les gratifications dont on a honoré les Ecrits & les travaux des gens de Lettres s'étoient toujours distribuées avec jugement & avec équité, nous pourrions plus sûrement régler nos Préjugés sur leur mesure, & augmenter ou diminuer les degrés de notre estime sur la grandeur ou la petitesse de ces Récompenses.

Mais il n'est pas aisé de trouver un grand nombre d'exemples de cette liberalité judicieuse hors du Regne d'Auguste & de Louis le Grand.

La plus grande partie de ces sortes de Récompenses paroissent

---

1 Préf. des Mémoires & Actes du Clergé, &c. | 2 Relat. historiq. de l'Acad. Franç. pag. 18. 19.

DES CIRCONSTANCES.

avoir été les effets d'une inclination aveugle & d'une bienveillance interessée. Chœrilus fit un Poëme de la Victoire des Grecs sur Xerxès, & Archelaüs Roi de Macédoine lui donna un *Stater* d'or, c'est-à-dire, la valeur de près de deux de nos Louis d'or pour chaque Vers. Cependant si on en croit Horace & Monsieur le Févre de Saumur après lui (1), c'étoient des Vers assés mal faits.

Récompense des Livres.

> *Gratus Alexandro regi magno fuit ille*
> *Chœrilus, incultis qui versibus & male natis*
> *Rettulit acceptos regale numisma Philippos.*

Horat.

Je sai bien que l'on accuse Horace d'avoir confondu deux Poëtes de ce nom, dont le premier étoit si bon Poëte qu'on lui donna le second rang d'après Homére, & qui reçut d'Archelaüs la Récompense que l'on vient de marquer pour son l'oëme de la victoire des Grecs : & le second qui vivoit un siécle après sous Alexandre le Grand, étoit un trés-mauvais Poëte qu'Alexandre n'honora jamais de son estime, ni de sa bienveillance. Mais il suffit qu'Horace (2) ait crû que ç'a été le méchant Poëte Chérile, & son mauvais ouvrage qui a été récompensé si libéralement, pour faire voir le peu de fondement que l'on doit faire sur ces sortes de reconnoissances.

Cette erreur l'a jetté dans une autre en lui faisant croire qu'Alexandre qui avoit le goût si fin pour la Peinture & les autres Arts, n'étoit qu'un stupide & un Béotien dans les jugemens des Livres & des Vers. Mais il ajoute qu'il n'en étoit pas de même d'Auguste, que les faveurs & les gratifications extraordinaires dont il avoit comblé Virgile & Varius, ne feroient jamais de deshonneur au jugement favorable que ce Prince faisoit de ces deux

---

idem rex ille poëma
Qui tam ridiculum tam care prodigus emit,
Edicto vetuit ne quis se, præter Apellem,
Pingeret, aut alius Lysippo duceret æra
Fortis Alexandri vultum simulantia. Quod si
Judicium subtile videndis artibus illud
Ad libros & ad hæc Musarum dona vocares,
Bœotum in crasso jurares aëre natum.
At neque dedecorant tua de se judicia, atque
Munera, quæ multa dantis cum laude tulerunt
Dilecti tibi Virgilius, Variusque Poetæ.

Horat. Epistol. 1. Lib. 2.
Vid. & Hesychius, Mylesius, & Suidas.
Tanneguy le Fevre, des Poëtes Grecs pag. 80. 81.
2 Voss. de Hist. Græc. Lib. 4. pag. 48. Idem de Poëtis Græcis.
Lil. Gregor. Gyrald. Dialog. de Poët. Græc.
G. Matth. Kœnigii Biblioth. vet. & nov. pag. 188.

Récompense des Livres.

Poëtes. En quoi Auguste étoit généreusement suivi de Mécénas, qui lui avoit communiqué une partie de ce bon goût pour les Lettres, de sorte qu'au sentiment de Monsieur Dacier, Virgile avoit reçû pour lui seul tant de la libéralité d'Auguste que de celle de ses amis près de deux cens cinquante mille écus pour ses Vers (1).

On peut mettre au rang des Récompenses judicieuses celle que l'Empereur Caracalla donna à Oppien pour son Poëme de la Pesche qu'il trouva si fort à son gré, qu'il lui fit payer un *Stater* d'or pour chaque Vers, comme Archelaüs avoit fait à Chœrilus, ce qui fut cause qu'on appella dans la suite les Vers d'Oppien *des Vers dorés* (2).

Charles V. Roi de France donna une Charge de Maître des Requestes pour une Traduction de la Cité de Dieu (3). (*a*) En quoi ce sage Prince avoit plus d'égard à l'utilité publique, & à la bonne volonté du Traducteur qu'au mérite particulier de sa Traduction ; ayant témoigné encore en d'autres occasions le désir qu'il avoit de faire fleurir les Sciences dans son Royaume, d'exciter une louable émulation parmi les bons esprits, & de reconnoître par ses libéralités les études & les travaux de ceux qui auroient tâché de rendre quelque service à l'Eglise ou aux Lettres.

La République de Venise semble avoir voulu passer en magnificence Archelaüs & Caracalla dans la gratification qu'elle fit à Sannazar pour une Epigramme qu'il composa à l'honneur de cette Ville. Car elle lui donna un grand nombre d'écus d'or pour chaque Vers. Mais cette libéralité nous donne une plus grande idée de la géné-

---

1 And. Dacier, Remarques sur l'Ode 22. du 4. Livre d'Horace, pag. 299.
2. Jul. Cæs. Scaliger de Arte Poëtic. in critic. Poëtar.

Ant. Godeau Hist. de l'Eglise, fin du 3. siécle, pag. 711. Tom. 1.
3 Journal des Sav. du 15. Mars 1666.

(*a*) Budée, dans ses Commentaires de la Langue Grecque, dit qu'il fut fait Maître des Requestes à cause de la connoissance qu'il avoit de la Langue Grecque. Voici l'endroit : *Permultis annis, antequam id munus à Rege sperare cœpi* (il parle de la Charge de Maître des Requestes) *utriusque ipse linguæ commendatione accitus tum in Aulam ; cum animus meus alienissimus esset ab hoc instituto ; apud Principem tamen, tum corporis, tum animi dotibus, Regiæque Majestatis Ornamentis & decoribus, & naturâ & divinitus ita donatum, ut ampliora optare sine piacli insolentia nullus, meâ sententiâ possit. (Certe quidem ingenio & facundiâ ornatum, iis qui non norunt, incredibili) mire valuit Literarum Græcarum studii admiratio : quibus ipsis hoc meum ornamentum magis quam Latinis Literis deceptum retuli.* (Anti-Baillet To. 2. pag. 49.) Voyés ci-après pag. 298. à la fin de la Citation N B. Il semble, &c.

rosité

DES CIRCONSTANCES.

rosité & de la reconnoissance de cette République, que de l'excel-   Recompense des
lence du Poëte, puisque son Epigramme est défectueuse, étant du   Livres.
nombre des fabuleuses, & qu'on ne l'a payé que pour son en-
cens (1). (*a*).

Quelques-uns disent qu'Amyot eut l'Abbaye de Bellosane après la
mort de Vatable pour une Traduction assés mauvaise qu'il fit du
Roman d'Heliodore, & qu'il ne racommoda qu'après son voyage
au Concile de Trente (2).

Philippe Apien Allemand eut deux mille cinq cens Pistoles du
Duc d'Albert pour une simple description de la Baviere (3); mais
c'est encore peu de chose en comparaison de ce que Cambden a
receu pour son bel ouvrage de la description d'Angleterre.

Guillaume Xylander pour la Traduction de l'Arithmétique de
Diophante, receut cinquante *thaleres* du Duc de Wittemberg (4).
Jerôme Wolfius n'a presque point fait d'ouvrages dont il n'ait été
très-liberalement recompensé par les Princes & les Républiques
d'Allemagne, & souvent même plus d'une fois (5).

René Choppin eut des Lettres de Noblesse pour son Livre du
Domaine, & mille pistoles pour la premiere partie des Coutumes
d'Anjou (*b*). Philippes des Portes Abbé de Thiron gagna trente   Une Abbaye de
mille livres de rente à faire des Vers, dont il n'auroit pas pû tirer   10000. écus.

---

1 Delectus Epigramm. Lib. 7. pag. 363.   4 Melchior Adam de Vit. Philosoph
2 Is. Bullart, Acad. des Arts & Sciences, &c.   German. page 290.
3 Ger. Voss. de Scient. Mathem. p. 258.   5 Id. Ibid. p. 307. Vit. Philos. German.

¶ (*a*) Lancelot dans son *Delectus Epigrammatum*, a repris cette Epigramme de Sannazar, à cause qu'elle est fabuleuse. Ce que je souhaiterois qu'il n'eût pas fait, ces sortes
d'Epigrammes étant au contraire très-belles & très-agréables. Et son opinion a été très-
bien refutée par le P. Vavasseur dans son Livre de l'Epigramme, chap. 9. *Neque intra res*, &c.

J'ajoute à la remarque du Pere Vavasseur que les plus belles Epigrammes sont fabuleuses : témoin l'Epigramme de Niobe, de vivante faite pierre par les Dieux, & de pierre
faite vivante par Praxitele : témoin l'Epigramme de Venus armée : témoin l'Epigramme d'Amaltée, *Perspicuo in Vitro pu'vis qui dividit horas*, & plusieurs autres semblables,
dont l'énumération seroit ennuyeuse. (Antib. to. 1. p. 50.)

¶ (*b*) Il est vrai que Desportes avoit dix mille écus de rente, comme nous l'aprenons
du Satirique Régnier, son neveu.

     Or, Rapin, quant à moi, je n'ai point tant d'esprit.
     Je vay le grand chemin que mon oncle m'aprit :
     Laissant-là ces Docteurs que les Muses instruisent
     En des arts tous nouveaux, & s'ils font, comme ils disent,
     De ses fautes un Livre aussi gros que le sien,
     Telles je les croiray, quand ils auront du bien,
     Et que leur belle Muse, à mordre si cuisante,
     Leur doit'ra, comme à lui, dix mil écus de rente.

Mais ces dix mille écus de rente ne consistoient pas en une Abbayie. Desportes avoit trois

Recompense des Livres.

trente écus s'il avoit vécu de nos jours (1).

L'Auteur du Parnasse reformé pour nous faire connoître qu'il n'y a rien de plus trompeur que le Préjugé que quelques-uns tirent de ces sortes de récompenses, fait parler la Serre en ces termes. „ Il est étrange, dit-il, qu'on me fasse des réproches après ma mort „ sur des livres dont on ne m'a rien dit pendant ma vie ; & je ne „ comprens pas, comme on ose en parler mal, après le bon argent „ que j'en ai reçeu. Y a-t-il d'autres marques de la bonté d'un ouvra- „ ge que le profit qu'en tire l'Auteur, pourvu qu'il soit payé de son „ Patron & de son Libraire aussi avantageusement que je l'ay tou- „ jours été, n'est-ce pas une hérésie de douter de son mérite ? Et y „ a-t-il de meilleures pensées, & qui pesent plus que celles que l'on „ récompense au poids de l'or.

„ Il lui fait dire ensuite qu'il n'a point travaillé pour l'immortalité „ de son nom à la verité, mais qu'il a mieux aimé que ses ouvrages „ le fissent vivre, que de faire vivre ses ouvrages, & qu'il a cru qu'un „ homme sage devoit preferer les Pistoles de son siécle, aux vains „ honneurs de la Posterité (2).

L'Amiral de Joyeuse donna une Abaye pour un seul Sonnet, au raport de Monsieur de Balzac (3), & Monsieur Ménage, ajoute que le même Amiral ne fit point de difficulté de donner dix mille écus pour une piece impertinente qui lui avoit plû (4).

Jacques Philippe Tomasini fut recompensé d'un Evêché en Italie pour avoir donné ses éloges, qui sont assés peu de chose ; & ce

---

Abbayies, celle de Tiron, celle de Bonport, & celle de Josaphat. Et avec ces trois Ab- bayies, il avoit une Prébende de la sainte Chapelle de Paris. (ANTIB. To. 1 p. 385.)

NB. Il semble que j'aye voulu insinuer par une Note marginale que les trente mille li- vres de rente, que Desportes gagna à faire des Vers, consistoient en Abayes, il est bon néanmoins de savoir que les gratifica- tions diverses qu'on lui fit à la Cour y contribuérent quelque chose. Car sans par- ler des sommes qu'il reçut de l'Amiral de Joyeuse en differentes fois, en l'une des- quelles il eut dix mille écus. Les Rois de France Charles IX. Henry III. & Henry IV. le comblérent de divers présens, & Claude Garnier assure dans sa Muse in- fortunée qu'il savoit de lui-même que Henry III. lui fit donner comptant dix mille écus qui faisoient alors une somme plus considérable qu'aujourd'hui : aussi- bien que les quatre mille livres d'or que

le Roy Charles V. faisoit payer à Raoul de Presles jusqu'à ce qu'il eut achevé la Traduction Françoise de la Cité de Dieu, avant que de lui donner une Charge de Maître des-Requêtes. *Voyés ci-dessus*, page 296. *la Note (a)* Budée, &c.

1 Balzac, Entretiens, page 168. Edit. d'Hollande.

Gueret de la guere des Auteurs, pag. 116.
2 Parnasse reformé, pag. 41. 42. ou 35.
3 Balzac Entret. page 68. ut supra.
4 Gill. Ménage, tom. 2. de ses observat. sur la Langue franc. page 26.

NB. Conferés ces deux faits prétendus de l'Amiral de Joyeuse, avec ce que nous avons dit de Desportes, Abbé de Thiron en la page précédente.

qu'il y a de singulier, c'est qu'il avoit volé ces éloges à Rhodius pour les publier sous son nom, comme nous serons obligés de le dire au recueil des Plagiaires (1).

Recompense des Livres.

Mais il semble qu'il ne se soit encore trouvé personne qui se soit plu davantage à répandre ses liberalités sur toutes sortes d'Ecrivains, & particuliérement sur les faiseurs de Vers que le Cardinal de Richelieu, dont la conduite a confirmé le Public dans la pensée où il est que les meilleurs Ecrivains ne sont pas toujours les plus favorisés ni les mieux recompensés.

Ce n'est point blesser le respect dû à la mémoire de ce grand homme, de dire qu'il suivoit plutôt ses inclinations dans la distribution de ses graces, qu'il n'avoit égard au mérite de ceux qu'il vouloit gratifier.

(2) Il donna au Sieur Colletet outre la pension ordinaire qu'il lui faisoit comme aux autres Poëtes, six cens francs pour six Vers. Colletet se trouva si bien payé, qu'il eut souhaité lui vendre tous ses Vers au même prix comme il le témoigne lui-même par ce distique:

Armand qui pour six Vers m'a donné six cens livres
Que ne puis-je à ce prix te vendre tous mes livres.

Ce Cardinal donna encore une autre fois cinquante Pistoles de sa propre main au mesme Colletet pour deux Vers seulement de son *Monologue des Thuilleries*, ajoutant obligeamment que *le Roy n'étoit pas assés riche pour payer tout le reste* de cette piéce, comme le raporte Monsieur Pelisson (3).

Quoique le Cardinal Mazarin semble avoir fait paroître plus de reserve & moins d'ostentation que celui de Richelieu: il n'a point laissé de donner des marques d'une liberalité qu'on auroit pu prendre pour une véritable profusion. Car une seule Ode de Monsieur Chappelain ne fut-elle pas reconnuë de lui d'une pension de cinq cens écus? Et la seule Préface des Poësies du President Maynard ne lui valut-elle pas mille francs? (4)

Combien de pensions ne donnoit-il pas & dedans & dehors le

---

1 Paul.Colomes. in Opuscul. Cimel.Litt.
2 Guill. Colletet dans son Art Poëtique 1. Traité, pag. 25.
3 Pelisson, Relat. historique de l'Académie franc. page 115. 116.
4 NB. J'ay raporté sur la foi de Monsieur Naudé que Monsieur Chapelain receut mille francs du Cardinal Mazarin pour la Préface des Poësies de Maynard. J'avois sujet de croire que Naudé étoit témoin oculaire du fait, ayant été Bibliothécaire & domestique du Cardinal, cependant la Préface qui est aujourd'hui à la tête des Poësies de Maynard est de Monsieur de Gomberville, & nous n'avons pas d'autre Préface de Chapelain que celle qu'il a faite

Récompense des Livres. Royaume à des Ecrivains de toute espéce, & souvent de médiocre mérite (1).

Il avoit néanmoins cet avantage au-dessus du Cardinal de Richelieu qu'il ne laissoit point dans l'oubli ou le mépris les plus savans, pour élever les méchans Poëtes & les flateurs, quoiqu'il eut moins de connoissance des lettres, & moins d'élevation d'esprit que lui (2).

Il semble qu'il n'y ait pas moins de prudence, ni moins de sagesse à donner des récompenses aux mauvais Ecrivains, pour leur faire tomber la plume des mains & les faire taire. C'est une charité double que l'on feroit à ces méchans Auteurs, & un service considérable que l'on rendroit au Public.

C'est pourquoi Monsieur de Balzac avoit raison de louer ce Dictateur Romain qui donna de l'argent à un mauvais Poëte qui lui avoit presenté des Vers, à condition qu'il n'en feroit plus à l'avenir (3). L'on estimera toujours un trait de la sagesse & de la générosité de la Reine de Suéde, qui récompensa un froid & pitoyable Harangueur pour avoir fini.

Mais si les Récompenses des Livres & la bonne fortune des Auteurs ne doit pas nous en donner un Prejugé plus avantageux, il seroit bien moins raisonnable de croire que leurs miseres & leurs disgraces dûssent donner la moindre atteinte à leur réputation.

Il n'est rien de plus ordinaire que de voir le mérite negligé & souvent maltraité, tandis que les Esprits présomptueux & les méchans Ecrivains sont dans la faveur. Je n'entreprendrai pas d'en raporter des exemples, de peur de m'engager à faire un gros Volume à commencer depuis Homere que l'on doit considérer comme le pere & le chef des misérables & infortunés Ecrivains, jusqu'au Tasse qui n'en sera pas le dernier.

J'aime mieux renvoyer le Lecteur aux Recueils quoiqu'imparfaits que Pierius, Tollius, Spizelius ont faits des miseres & des malheurs

---

pour l'Adone du Cavalier Marin.

J'aurois pu ajouter au même Préjugé les mille écus que le Cardinal de Richelieu donna à Claude Achillini Poëte Italien, pour un seul Sonnet : (*Nicius Erythr. & Colletet du Sonnet*) les huit mille écus ou *Nummes* que Terence eut pour la seule Comédie de l'Eunuque; (*Vita Ter.*) & divers autres traits que l'Histoire nous a conservés touchant la récompense des Livres, & sur tout des Poësies : quoique de tous les Ecrivains, on n'en voye pas qui ayent été plus exposés à la misere, à l'indigence & à la mendicité, que les Poëtes.

1 Tels que Jean-Bapt. Morin & autres.
2 Mascurat de Naudé pag. 237. 238. & suiv.
3 Balzac Lett. à Mazar. du 5. Livre de celles à Conrart, Lettre 4.

arrivés aux Gens de Lettres, que de m'étendre fur une matiere fi odieufe aux perfonnes qui veulent faire fortune, & fi capable de dégoûter de l'étude les Efprits intereffés qui recherchent dans les Sciences, autre chofe que ce que l'on y doit chercher.

ENFIN fi nous voulions examiner tous les Préjugés qui préviennent ou qui alterent la liberté que notre efprit devroit avoir pour bien juger des Livres, la recherche en feroit peut-être trop ennuyeufe & prefqu'infinie. Car on peut dire qu'ils fe multiplient en nous à proportion que la foibleffe de notre efprit eft grande, & que la force de nos paffions eft violente. L'ignorauce dans laquelle nous fommes nés, jointe au peu d'amour que nous avons pour la verité contribuë encore beaucoup à les augmenter.

C'eft ce qui doit fans doute diminuer beaucoup l'autorité des jugemens dont j'entreprens de donner un Recueil. Et quoique je donne le nom de *Savans* aux Critiques qui les ont portés, je les confidere néanmoins pour la plupart comme des hommes plus ou moins environnés de tenebres, de foibleffes, & de paffions, dont les jugemens font par conféquent fujets à l'erreur, & dont les fentences fur diverfes productions de l'efprit de leurs femblablables peuvent rarement paffer pour des Arrêts irrévocables. Mais j'efpere au moins que ce Recueil poura contribuer à faire voir comme dans un miroir ou dans un tableau une image affés naturelle de l'efprit de l'homme dépeint avec une bonne partie de fes défauts, autant en la perfonne de ceux qui y jugent les autres, qu'en celles de ceux qui y font jugés; & qu'il poura faire prendre plus de précautions à ceux qui le liront pour ne point fe laiffer determiner dans leurs jugemens par le feul vrai-femblable, & pour ne point fe laiffer aller aux aparences, fans y aporter le difcernement neceffaire pour diftinguer l'incertitude & la fauffeté d'avec l'affurance & la verité.

TABLE
DES CHAPITRES

Des Jugemens sur les Livres en général.

PREMIERE PARTIE.

DES Jugemens sur les Livres en général. Page	1
CHAP. I. *De la liberté de juger.*	2
CHAP. II. *Usage de cette liberté.*	3
CHAP. III. *Différence de cette liberté dans les Lecteurs & dans les Auteurs.*	4
CHAP. IV. *Des engagemens contraires à cette liberté, & si l'on y a égard.*	7
CHAP. V. *Personne n'est exemt de la censure.*	9
CHAP. VI. *Il y a peu de Livres entiérement exems de fautes.*	12
CHAP. VII. *Des bons Livres par raport à leur matiére.*	14
CHAP. VIII. *De l'importance & de la nécessité d'être jugé ou examiné.*	16
CHAP. IX. *De l'obligation de se soumettre aux jugemens des Censeurs.*	24
CHAP. X. *Qu'il est de l'interêt des Auteurs de s'assujettir à cette obligation.*	27
CHAP. XI. *De l'utilité de la Censure.*	29
CHAP. XII. *De la difficulté de bien juger des Livres, & du danger qui s'y rencontre.*	32
CHAP. XIII. *Des qualités nécessaires pour bien juger des Livres.*	37
§. I. *Le jugement.*	37
§. II. *La Science.*	39
§. III. *L'integrité.*	43
§. IV. *La douceur & la modestie.*	46
CHAP. XIV. *Des défauts des Critiques.*	49
§. I. *La Précipitation.*	50
§. II. *La Pédanterie.*	51
§. III. *La Chicanerie.*	54
§. IV. *La Malignité.*	57

TABLE

§. V. *L'Amour & la Haine.* 38
§. VI. *L'Amour propre.* 60

SECONDE PARTIE.

DES Préjugés suivant lesquels on a coutume de juger des Livres. 66
CHAP. I. *Préjugés des Anciens.* 67
CHAP. II. *Préjugés des Auteurs Ecclesiastiques & Profanes.* 82
CHAP. III. *Préjugés de la dignité & de la qualité des Auteurs.* 87
CHAP. IV. *Préjugés de la réputation & de l'autorité d'un Auteur.* 90
CHAP. V. *Préjugés des Titres Honorables, & des surnoms donnés aux Auteurs pour marque d'estime.* 94
   §. I. *Titre de Théologien.* 95
   §. II. *Titre de Sophiste.* 96
   §. III. *Titre de Grammairien.* 100
   §. IV. *Titre de Scolastique.* 101
   §. V. *Titre de Maître.* 107
   §. VI. *Titre de Docteur.* 108
CHAP. VI. *Préjugés des engagemens des Auteurs.* 117
CHAP. VII. *Préjugés des Nations ou du Pays des Auteurs.* 122
   §. I. *Des Orientaux.* 125
   §. II. *Des Grecs.* 128
   §. III. *Des Romains.* 132
   §. IV. *Des Italiens.* 135
   §. V. *Des Espagnols.* 139
   §. VI. *Des Allemans & des autres Peuples du Nord.* 145
   §. VII. *De ceux des Pays-bas.* 149
   §. VIII. *Des Anglois.* 150
   §. IX. *Des François.* 154
CHAP. VIII. *Préjugés de l'humeur des Auteurs, c'est-à-dire, de l'aigreur & du chagrin; de l'honêteté & de la douceur que les Auteurs font paroître dans leurs ouvrages.* 191
   Des Préjugés sur les Libelles diffamatoires, &c. 200
CHAP. IX. *Préjugés de l'âge & de l'état des Auteurs, c'est-à-dire de la jeunesse & de la vieillesse d'un Auteur & des Livres posthumes.* 202
CHAP. X. *Préjugés de la précipitation & de la lenteur des Auteurs. De la grosseur & de la petitesse des Livres. De*

TABLE.

  ceux qui se sont étudiés à faire beaucoup de Livres, & de ceux qui en ont fait peu.   211

Chap. XI. *Préjugés des Abregés, des Sommaires, des Extraits, des Recueils & des Compilations que l'on a faites des ouvrages des Auteurs.*   240

Chap. XII. *Préjugés des Livres Anonymes & des noms des Auteurs.*   250

Chap. XIII. *Préjugés du Titre des Livres.*   259

Chap. XIV. *Préjugés des circonstances & des accidens qui arrivent aux Livres.*   289

 §. I. *Du prix & de la rareté des Livres.*   289

 §. II. *De leur débit, des éditions fréquentes & des Libraires.*   291

 §. III. *Des récompenses & des disgraces des Livres.*   294

NOTES CRITIQUES
SUR LES PRE'JUGE'S.

PAge 2. Ligne 19. *vis-à-vis ces mots*: Populo libera sunto suffragia, *Ajoutés en marge*, T. Livius lib. 7. n 17.

Ibidem Col. 1. lig. 2. *ajoutés*, ou page 643. du Tom. 2. in-fol.

Ibidem c. 2. J'ai oui critiquer ces deux Vers à Mr Robbe :
En vain contre le Cid un Ministre se ligue,
Tout Paris pour Chimène a les yeux de Rodrigue.
Il prétendoit que pour raisonner conséquemment le Poëte devoit dire :
En vain contre le Cid Richelieu se déchaîne
Tout Paris pour Rodrigue a les yeux de Chimène.

P. 3. l. derniere, *ajoutés* Mr l'Abbé de Saint Pierre a fait une longue critique de ce passage, dans un Discours qu'il fit imprimer in-4. l'an 1713. touchant le sujet des conférences de l'Académie.

P. 4. l. 8. de la citation marginale, *ajoutés*, Edit. Genev. in-8. vel Epist. 25. Lib. 1. Parif. Edit. in 4.

Ibid. l. 12. Ronsard, *ajoutés en note.* Balzac pag. 643. du tom. 2. de ses œuvres. Racan pag. 24. de ses Mémoires pour la vie de Malherbe. Ménage pag. 547. de ses Observ. sur les Poësies de Malherbe 2. édit.

Ibid. l. 27. Aristarque] L'Auteur ayant depuis reconnu qu'il s'étoit ici trompé, s'est corrigé en ces termes : *Je ne suis pas fortement persuadé qu'il faille distinguer le célébre Aristarque, d'avec le Grammairien à qui Suidas donne plus de huit cens volumes de compositions, comme je l'ai marqué plus bas n. 518. C'est pourquoi j'abandonnerois volontiers l'autorité des garans sur la foi desquels j'ai dit que ce Critique s'étoit contenté de censurer les écrits des autres, sans vouloir rien écrire lui même.*
Voyés le tom. 1. de l'Anti-Baillet chap. 25.

Ibid. c. 1. *lisés*, Satire 9. v. 83. &c.
Ibid. c. 2. *lisés*, Entretien 11. pag. 198.
P. 5. l. 6. *lisés*, grande
Ibid. l. 8. *Labienus*] Il se trompe. Plutarque l'appelle *Albinus* dans la vie de Caton. C'est dans les Apophthegmes des Romains qu'il l'appelle *Labienus*. Baillet a en cela copié la faute de Vossius le pére l. 1. des Hist. Grecs c. 20.

Ibid. l. 23. *lisés*, Amphyctions
Ibid. c. 1. l. 1. *effacés*, L. 3. cap. 10. &, cette citation étant fausse.
Ibid. l. 4 *lisés* Plutarque dans la vie de Caton le Censeur & dans les Apophthegmes des Romains. Vossius le pére l. 1. des Hist. Grecs. c. 20. Filesac 2. Select. c. 11. pag. 375.
Ibid. c. 2. l 4. *ajoutés*, vers 187., &c. Cervantes dans la Préface de son

Tome I.

Dom Quichotte.

P. 6. l. 1. de la cit. marg. *lisés*, illi qui tacent

Ibid. c. 1. l. 2. *ajoutés*, ou pag. 786. de l'Edit. in-fol. tom 1.

Ibid. l. 3. *ajoutés*, cité par François de la Mothe-le-Vayer &c.

P. 7. c. 1. l. 1. Nicole, Avertissement &c.

Ibid. c. 2. l. 1. Nicole, avis &c.

P. 8. l. 10. *lisés*, remontrances; il s'est

P. 9. l. 30. *lisés*, Chœtile

Ibid. l. 33. Le Mantouan] Il entent le Carme Baptiste de Mantoüe à qui ses compatriotes ont, de même qu'à Virgile, érigé une statuë *pia Hercle*, dit Paul Jove, *si non ridenda comparatione*.

Ibid. l. 35. *lisés*, Horace vers 357. de son Art Poëtique.

P. 10. l. 4. Malherbe accusé de simplicité] Ménage ch. 102. de son Anti-Baillet nie que Malherbe soit accusé de simplicité de style, sa diction étant très-figurée, & ajoute que ce n'est pas tant la froideur & la langueur qu'on blâme dans Chapelain que la dureté & le manque de politesse, quoique la politesse soit plutôt la qualité d'un Sonnet, d'un Madrigal, d'une Ode, d'une Elégie ou de tel autre petit Poëme que du Poëme Epique.

Ibid. l. 21. *lisés*, de Batonius, de Monsieur

P. 11. c. 1. l. 6 *lisés*, Erotem. de bonis & malis Libris n. 579. & seqq. in *Clausula Operis*, ubi dat *siceram mœrentibus* &c.

Ibid. c. 2. l. 5. *lisés*, & alibi non semel.

P. 12. l. 29. breveté] Briéveté a toujours été le mot d'usage.

Ibid. l. der. *lisés*, de scribendis & legendis Libris, pag. 26.

P. 13. c. 1. l. 1. *lisés*, L'Abbé de Villars.

Ibid. c. 2. l. 1. *ajoutés*, vers 68.

P. 14. 1. citat. marg. Tamen æquus Judex &c. Ces paroles que Baillet cite comme d'Horace ne sont pas absolument de lui, elles sont de Th. Farnabius sur l'Epigramme 17. du Liv. 1. de Martial. Voici les vers d'Horace, Sat. 3. lib. 1. v. 68.

Nam vitiis nemo sine nascitur :
 optimus ille est,
Qui minimis urgetur. Amicus dulcis,
 ut æquum est,
Cum mea compenset vitiis bona ;
 pluribus hisce
(Si modò plura mihi bona sunt) in-
 clinet amari
Si volet ; &c.

P. 14. après la 2. citat. marg. Sunt bona &c., *ajoutés*, c'est-à-dire :

Ce Recueil que tu vois paraîtrе
A du bon, du passable, & du méchant aussi.
Le méchant excéde peut-être,
C'est le sort de ces livres-ci.

Ibid. c. 1. La citation de Symmaque marquée L. 4. Epist. 189. ou 185. est fausse. Baillet l'a copiée d'après son Christianus Liberius, qui n'est autre que Guillaume Salden *de Scribendis libris* pag. 190. Ils devoient l'un & l'autre citer Symmaque ou L. 5. Epitre 83. de l'édicion de Geneve 1598. *in*-8. ou L. 5. Epitre 85. de l'édition *in*-4. de Paris 1604. On trouve en effet dans cette Epitre adressée à Helpidius les mots suivans : *Nam mediocribus scriptis amicorum benignitas scit favere.*

P. 15. c. 1. l. 10. *lisés*, Præfat. ad Glossar. Latino-barbar. &c.

Ibid. c. 2. l. 6. *lisés*, Ubi de vitæ

Pauli Monachi stylo.] Au lieu de *Pauli Monachi*, Baillet avoit mis *S. Paula*, parce que ne citant que de la seconde main, & ayant trouvé par abbréviation *S. Paul.* il avoit pour *S. Pauli*, cru que c'étoit *S. Paula*.

P. 16. c. 2. l. 1. *lisés*, Episc.

Ibid. l. 2. *ajoutés*, Sur quoi il faut voir ce que Scioppius lui répond pag. 2. de son *Infamia Famiani*.

P. 17. l. 21. *lisés*, Et parce qu'outre

Ibid. c. 1. l. 2. *lisés*, Tom. 2. n. 9.

P. 18. c. 1. l. 2. *lisés*, & alibi passim. Item apud, &c.

Ibid. c. 2. l. 1. *lisés*, Item Petrus Suavis

Ibid. l. 5. *lisés*, de Théologie & de l'Université

P. 19. c. 2. l. 1. CL. M. & M. G. *signifient*, Claude Morel & Martin Grandin.

P. 22. c. 1. l. 2. *lisés*, Fra Paolo, Trattato dell' Inquisit. c. 29.

Ibid. l. 4. *lisés*, cap. 9. *Ibid.* c. 2. l. 1. *lisés*, cap. 21. *Ibid.* l. 3. *lisés*, n. 28.

P. 23. l. 17. *lisés*, Ariens

Ibid. l. 28 *lisés*, 444. Gélase

Ibid. c. 1. l. 4. *lisés*, L. Quoniam 23. C. de &c.

Ibid. c. 2. l. 6. Mr de Josseval] c'est Amelot de la Houssaie.

P. 24. l. 7. après qu'ils eussent, *lisés*, qu'ils avoient

P. 25. l. 1. Hormisde] Il faloit dire Hormisdas.

Ibid. l. 3. au pape Jean] C'est le pape Jean VIII.

Ibid. l. 6. au pape Boniface] Boniface III. Voyés l'annotation de J. B. Marus sur Pierre Diacre c. 2. de Viris illustribus Casin.

Ibid. l. 10. Godefroi de Viterbe, &c.] Le Jacobin Bernard de Luxembourg dans son livre intitulé *Catalogus Hæreticorum* a dit l. 1. c. 6. *Gotfridus Ordinis nostri in libro dicto Pantheon*. En quoi il s'est trompé, n'y ayant nulle preuve que Godefroi qui a fini sa Chronique en 1186. se soit fait Jacobin 30. ou 40. ans après. Aussi ce Bernard de Luxembourg est-il un Ecrivain fort ignorant, à qui Théophile Raynaud n'a bien voulu s'en raporter sur cet article que pour avoir occasion d'insulter à tout l'Ordre des Jacobins dans son ouvrage Satirique *de immunitate Cyriacorum à censura*.

Ibid. l. 24. *lisés*, S. Vincent sur le Volterne.

Ibid. l. 26. Etienne III.] Ce pape fut élu en 752. & mourut le 6. Avril 757. il faloit donc mettre Etienne IV. qui fut élu au mois d'Aout 768.

Ibid. c. 2. l. 4. *lisés*, Godefrid. Viterbiens. præfat. Chronici ad Urb. III. papam.

P. 26. l. 14. sur la foi de Photius], dans sa Biblioth. c. 54. tout à la fin.

P. 27. c. 1. l. 2. *ajoutés*, La critique de Mr l'Abbé de S. Pierre sur cet endroit est fort juste.

P. 29. l. 29. *lisés*, benevolo.

P. 30. l. 24. Mr le Bon] Baillet dans sa Liste des Auteurs déguisés dit que par le Sr le Bon il faut entendre Antoine Arnaud & Pierre Nicole conjointement. Richelet dans son Dictionnaire cite l'Art de penser comme ayant pour Auteur le sieur le Bon ; & Racine, qui n'a pas toujours été bien avec Messieurs de Port-Royal, a peut-être par rapport à eux affecté de donner dans sa Comédie des Plaideurs le nom de le Bon à un Sergent. Act. 2. Sc. 4. Il est parlé d'un Mr le Bon page 267. & 268. du 3. tome du Ménagiana; & dans la note que j'ai faite sur cet article, j'ai dit que ce Mr le Bon étoit Auteur de l'excellent livre intitulé la Logique ou l'Art de penser ; mais le plus sûr est de croire que le livre est en partie de Mr Arnaud, en partie de Mr Nicole.

Ibid. c. 1. l. 2. *ajoutés*, & Mr l'Abbé de S. Pierre sur cet endroit.

P. 31. l. 9. *lisés*, en plusieurs années.

Ibid. l. 14. *lisés*, du fond des abymes

Ibid. l. dern. *ajoutés*, & Mr l'Abbé de S. Pierre sur cet endroit.

P. 32. l. 15. *lisés*, que de l'indifférence.

Ibid. l. 7. de la cit. marg. *lisés*, diligimus.

Ibid. c. 1. l. 1. *lisés*, Guillaume du Hamel dans sa Dissertation &c.

Ibid. c. 2. l. 1. *effacés toutes ces Lettres initiales qui signifient* Michel de Marolles Abbé de Villeloin, & *lisés seulement*, Préface sur sa Traduction de Virgile.

P. 33. l. 30. *lisés*, du naturel

Ibid. c. 1. l. 1. *effacés*, Lib. 2. Et l. 2. *lisés*, pag. 90. 1. édit.

Ibid. c. 2. l. 1. *lisés*, pag. 31. édit. Feder. Morelli, *vel* 227. Collectionis Batesianæ.

P. 34. l. 12. *lisés*, de vivre mettant

Ibid. l. dern. *lisés*, Le P. Mallebranche Recherche de la Verité c. 2. de la 2. part. du l. 2. rapporte en Latin cette comparaison tirée du Chancelier Bacon.

P. 35. c. 1. l. 5. *ajoutés*, l. 1. c. 15.

Ibid. l. 6. *ajoutés*, l. 1. c. 9.

Ibid. l. 7. *après*, & alii, *ajoutés*, De Zoilo fuse J. Alb. Fabricius 2. Biblioth. Græc. c. 7. n. ult.

Ibid. l. 8. & suiv.] Baillet outre Sénéque cite Balzac & André Schott. J'ai trouvé que ces mots *Obtrectator ille infelix* &c. que Baillet, sur la foi de Balzac, produit comme de Sénéque, sont uniquement de Balzac, qui appelle même ce Rhéteur *Cœlius* aulieu de *Cestius*. L'Auteur de l'Histoire des quatre Cicérons conte cette avanture de Cestius d'une maniére originale.

Ibid. l. 13. Jo. B. *Gallus* étoit le P. Jean Baptiste de Machault Jésuite.

Ibid. c. 2. l. 1. *Paulus Romanus*, & *Christianus Catholicus* étoient les PP. François Vavasseur, & François Pinthereau Jésuites.

Ibid. l. 9. Baillet cite *Plutarchus vita Socratis*, c'est un ouvrage imaginaire.

Ibid. l. dern. *ajoutés*, ou page 640 du Tom. 2. in-fol.

P. 36. l. 3. Scaliger, *il pouvoit ajouter* Casaubon, Heinsius.

Ibid. l. 12. Jean Muller] L'empoisonnement de Jean Muller par les enfans de Trapezuntius (c'est ainsi qu'il faut dire) n'est fondé sur aucun bon témoignage. Paul Jove moins éloigné de ce tems-là me paroit plus croyable, lors qu'il dit que ce Mathématicien mourut à Rome de peste. La verité est que Jean de Nimegue (*Joannes Noviomagus*) dans sa vie de Trapezuntius imprimée dès 1538. à la fin de son édition de la Dialectique du même Trapezuntius a écrit que Jean Muller *ob reprehensum Trapezuntium tantam sibi invidiam comparasse scribitur, ut à Trapezuntii filiis veneno extinctus quibusdam credatur.* Mais Paul Jove plus agé de 27. ans, & qui avoit passé toute sa vie à Rome de voit être mieux instruit du faic.

Ibid. l. 18. *lisés*, Charpentier, & ainsi par tout.

Ibid. l. 24. François Robortel] Je n'ai point vu Spizelius. Mais Impérial que j'ai vu ne dit autre chose sinon que Baptiste Egnace ayant tiré son poignard attaqua Robor-

SUR LES PRE'JUGE'S.

tel, *ut eduēto senili gladiolo, in eum impetum facere non dubitavit.*

Ibid. l. 28. Le Trapezontin] Tollius est le seul qui ait dit que la reponse de Bessarion fit perdre l'esprit & la mémoire à Trapezuntius. Ce fut l'extrême vieillesse qui le réduisit en cet état, Paul Jove l'écrit ainsi après Volaterran écolier de Trapezuntius.

Ibid. c. 1. l. 5. *lisés*, Scœv. Sammarth.

P. 38. l. dern. *lisés* Nicole 1. Traité de l'Education &c.

P. 40. l. 11. un Rabin nommé Moïse] Il faloit pour parler juste, & pour empêcher qu'on ne prît pour un autre le Rabin dont il s'agit, dire: *& il prétend que c'est avec raison que le Médecin Rabbi Moïse a blâmé Galien, d'avoir eu la vanité, sur ce qu'il étoit grand Médecin, de se présumer capable de raisonner de plusieurs autres choses, comme de Médecine.* Voyés Ménage Tom. 1. de l'Anti-Baillet pag. 40. & 41. ch. 9.

Ibid. c. 1. l. 4. Filesac Varron c. 12.

Ibid. c. 2. l. 2. *lisés*, Theoph. Rayn. de bon. & mal. lib.

P. 41. l. dern. *lisés*, Quæst. 5.

P. 42. l. 32. Pline le jeune] Pline ne dit pas que ce Poëte fut son contemporain. Aussi Pomponius vivoit-il du tems de Germanicus & de Caligula, & n'a point passé apparemment l'Empire de Claude. il n'est pas vrai non plus que Pline dans l'Epitre citée ait blâmé Pomponius d'avoir tant déféré au Peuple: Il l'excuse au contraire, ou du moins semble l'excuser, parce qu'il donne à entendre que ce Poëte écrivant pour le Peuple croyoit n'avoir besoin que de l'approbation du Peuple.

Ibid. c. 1. l. 2. *ajoutés*, Despreaux, Réflex. 1. sur Longin, dit la même

chose d'une Servante de Moliére.

Ibid. l. dern. Longolius Epist. ult.

P. 43. *en marge* l. 3. *ajoutés*, T. Liv. Lib. 42. n. 63.

Ibid. l. 7. *ajoutés*, S. Ambr. 1. Epist. 3. Baillet ayant reconnu que S. Ambroise n'applique point ces paroles au Peuple devoit supprimer cette citation.

Ibid. l. d. *ajoutés*, v. 73.

P. 43. l. 24. *effacés la virgule après* au danger

P. 44. *en marge* l. d. *ajoutés*, Isaïæ c. 5. v. 20.

Ibid. c. 2. l. 1. *ajoutés*, n. 15.

P. 45. l. 4. Athenée ne parle nullement du fait ici rapporté. Elien n'en dit pas davantage, & Lucien ne circonstancie point du tout la chose. Je ne sache que Diodore Sicilien l. 15. Stobée chap. 13. & Tzetzes Chil. 10. hist. 358. qui l'aient contée à peu près comme elle est ici rapportée. Ciceron dans la 6. lettre du 4. livre à Atticus a désigné l'histoire en deux mots. Parmi nos modernes le Payis l'a amplement brodée l. 3. de ses Amours, Amitiez, Amourettes, lettre 33. Après lui Tannegui le Fèvre pag. 121. 122. de ses Vies des Poëtes Grecs y a mis un peu moins du sien, & c'est ce dernier que Baillet a copié.

Ibid. c. 1. l. 4. Lucianus ad indoctum multos libros ementem.

Ibid. l. 6. Persius Sat. 1. v. 93. 94. 95. Item 99. 100. 101. & 102. Ibi Casaubon.

P. 46. l. 13. *lisés* (1). *Ibid.* l. 25. *effacés la virgule après* vertus.

P. 48. l. 11. *lisés*, quelque Adversaire

Ibid. l. 22. Doyen de l'Université de Louvain] *Quum adhuc esset Decanus Lovaniensis*, dit Vivès, ce qui ne signifie pas *Doyen de l'Université de Louvain*, mais Doyen de

Q q iij

S. Pierre de Louvain.

Ibid. c. 1. l. 1. & 9. *lifés*, Sixtus Senenfis.

Ibid. c. 2. l. 9. *lifés*, Ludov. Vives l. 5. de tradendis difcipl.

P. 49. l. 11. *lifés* violence l'eftime

Ibid. en marge l. d. *lifés*, opprimunt. *& ajoutés*, Ces paroles que Baillet cite en marge comme de Quintilien l. 9. c. 4. n'en font pas. Voici celles qui s'y trouvent dans le fens de la citation: *Etiam cum judicium meum oftendero, fuum tamen legentibus relinquam.*

P. 51. c. 1. l. 1. Nicole, Traité *&c.*

P. 53. l. 15. d'autrui] Ménage dit pag. 341. du tom. 1. de fon Anti-Baillet chap. 86. que ces paroles: *C'eft une pédanterie de dire de fon propre ouvrage, qu'on peut l'appeller le Recueil des fautes d'autrui*, fe doivent entendre du P. Hardouin Jéfuite, qui dans la Préface de fes *Nummi antiqui* de toutes les éditions a dit: *Horum hic detegentur errores qui cum fingulis fere fint afperfi paginis, totum ab iis opus ERRATA ANTIQUARIORUM, nitam infolenti titulo jactantia fufpicio adhereret, infcribi meritò potuiffet.* La vraie raifon fur laquelle Ménage devoit fe fonder pour reprendre ici Baillet d'avoir défigné fi clairement le P. Hardouin, étoit de n'avoir pas voulu faire attention au correctif dont ce Pére a ufé.

Ibid. l. 16. de s'affurer] Le même pag. 342. du tome cité reconnoit que ces paroles: *les libelles qu'on fait contre un homme* &c. jufqu'au mot *vanité*, le regardent uniquement, & tâche d'y répondre comme il peut.

Ibid. c. 2. l. 3. *ajoutés*, v. 176.

P. 55. l. d ou lui même] Le P. Théophile Raynaud pag. 37. du 20. & dernier volume de fes œuvres dit que cette *cenfure du Credo* n'eft pas de lui, mais d'un Théologien Anglois Catholique & que ayant été faite à bon deffein, on l'a condamnée injuftement. Scioppius ennemi mortel des Jéfuites la leur attribue, & l'a rapporte tout au long chap. 19. du livre que fous le nom d'Alphonfe de Vargas il a fait *de Stratag. Jefuitar.* Mais Scioppius n'en doit pas être cru fur fa parole, & Baillet au lieu de rendre fufpecte l'intention foit de la cenfure du *Credo*, foit du P. Théophile Raynaud qui l'a produite devoit fe contenter de les reprendre d'avoir, l'un en compofant, l'autre en publiant cette piéce, donné lieu aux libertins d'en faire un mauvais ufage.

P. 56. l. 1 *lifés* ou celui.

Ibid. l. 13. *Cocher*] Il eft vrai que dans l'édition qu'a citée Baillet il y a *Cocherus*, mais c'eft une faute d'impreffion pour *Cochlæus*, corrigée dans l'*errata*. Voyés Bayle au mot Gediccus remarque A. Et Cochlée lui même fol. 163. tourné, &177. de fes *Acta & Scripta Lutheri.* Jean Cochlée fut en fon tems un Théologien célébre, que Baillet de la maniére dont il en parle à la fin du num. xi. § 2 de fes *Anti* ne paroit pas avoir bien connu.

Ibid. l. 27. Pafchal Manzo] Le P. Théophile Raynaud dit tout au contraire *Diatr.* 8. *in Cyriacos*, que Pafchal Manço bien-loin de trouver à redire au livre de S. Ignace en approuva la doctrine comme très faine, & n'y condamna que les remarques injurieufes qu'y avoit faites Melchior Cano.

Ibid. l. d. le P. Rabardeau] Charles Herfent Parifien Chancelier de l'Eglife de Mers ayant fous le nom d'*Optatus Gallus* publié en 1640. le livre féditieux *de cavendo fchifmate*, fut réfuté par divers Auteurs, entre autres par le P. Michel Rabardeau Jéfuite dont l'ouvrage fut cenfuré en France & à Rome, au-lieu que celui d'Optatus Gallus ne le fut qu'en France.

P. 57. l. 24. de tout ce qui pourroit leur en] Il faloit dire: de tout ce qui *les* en pourroit faire juger favorablement.

Ibid. c. 1. l. 1. *lifés*, L'Abbé de Villars dans fon Traité de la *&c.*

Ibid. l. 2. Nicole, Tom. 1. *&c.*

P. 58. l. 28. un Cenfeur] C'étoit Hefperius. *Voyés* Symmach. 1. Epift. 78. edit. Genev. vel 72. edit. Parif.

Ibid. c. 1. l. 1. Arnaud pag. 139. de la *&c.* contre Mr Mallet *&c.*

Ibid. c. 1. l. 3. S. Paulin. Epift. 2. & 7. edit. Ros-weyd.

Ibid. c. 2. l. 4. *lifés*, lib. 1. Epiftol.

P. 61. l. 20. *lifés*, Denys d'Halicarnaffe, *& de même par tout.*

Ibid l. 21. l'ufage veut qu'on écrive Quinte-Curce.

Ibid. l. 37. Aufone] l'Auteur dans fes corrections imprimées au devant du 1. volume des Poëtes a reconnu qu'il y avoit de grandes raifons de tenir Aufone pour Chrétien.

P. 62. l. 2. Ammien] La Mothe le Vayer, Henri & Hadrien de Valois &c.

Ibid. l. 3. dans ceux] entre autres Leunclaw.

Ibid. l. 10. fa défenfe contre Baronius] Pag. 17. des Prolégomenes *de Emendat. Temp.* edit. 1629.

P. 63. l. 30. Carme] C'eft une fable dont Baronius fe moque; *ad ann.* 444. *n.* 5.

P. 64. l. 1. que ceux] Le P. Noël Aléxandre *pour* S. Thomas. Le P. Jaques Quétif *pour* Savonarole.

Ibid. l. 5. Cordeliers] Il a voulu dire Jacobins, ou après le mot *Cordeliers* il faut lire *qui fe foient* &c.

Ibid. l. d. *lifés*, 2. part. du livre 2.

P. 168. c. 2. l. d. *ajoutés*, ou pag. 643. 644. du Tom. 2. in-fol.

P. 169. l. 31. pour eux.] Ceci n'eft pas éxact, Hermolaüs Barbarus & Politien ne méprifoient pas le ftyle, par éxemple, de Cicéron, ils méprifoient feulement une trop fervile imitation de ce ftyle, telle que depuis elle parut dans les écrits du Cardinal Bembe, & de Longueil.

P. 70. l. 35. *lifés*, Apocryphes

Ibid. l. d. *lifés*, 2. part. du livre 2.

P. 71. l. 19. periode] Il eft vrai que Diogène Laerce cité ici par Baillet écrit qu'au rapport d'Anticlide l. 2. de la vie d'Aléxandre, Pythagore avoit perfectionné la Géométrie: mais on ne trouvera nulle part que Pythagore, ait fait aucun Livre foit de Géométrie, foit d'Arithmétique, foit de Mufique. Le plus fur même eft de croire qu'il n'a jamais rien écrit, y ayant grande apparence que les livres allegués fous fon nom étoient des ouvrages fuppofés.

Ibid. de D.....] On devine aifément *Defcartes*. L'idée qu'en donnée ici le P. Rapin ne paroit pas trop s'accorder avec celle qu'il en a donnée dans fes Réfléxions générales fur la Philofophie, n. 18. en ces termes: *Defcartes eft un génie des plus extraordinaires qui ait paru dans ces derniers tems, d'un efprit fertile, & d'une méditation profonde. L'enchaînement de fa doctrine va à fon but; l'ordre en eft bien imaginé felon fes principes, & fon fyftème, tout mêlé qu'il eft d'ancien & de moderne, eft bien arrangé.* A la vérité il enseigne trop à douter, & ce n'est pas un bon modéle à des esprits naturellement incrédules, mais enfin il est plus original que les autres. Je demandesi le portrait n'a pas de quoi plaire, & si le prétendu défaut que le Peintre y laisse entrevoir n'est pas une de ces taches qui rendent la beauté plus piquante?

Ibid. c. 1. l. d. *lisés*, Hippocrate

Ibid. c. 2. l. 4. *lisés*, Macrob. 1. in Somn. Scip. 6.

Ibid. l. d. *lisés*, Le P. Rapin Compar. de Platon & d'Aristote l. 4. c. 6.

P. 72. l. 24. est nouvelle] Elle avoit été soutenuë 400. ans auparavant par l'Abbé Rupert comme Bellarmin le reconnoît *l. 3. de Sacr. Euchar.* & au livre *de Scriptor. Ecclef.*

Ibid. c. 1. l. 2. *lisés*, 2. part. du livre 2.

Ibid. c. 2. la citation, Le P. Rapin, &c. est fausse, parce que c'est uniquement celle du P. Mallebranche qui est ici continuée.

P. 73. la citation *Balzac* &c. au bas de la page est fausse.

P. 75. l. 7. *lisés*, ont traitées

Ibid. c. 1. l. 1. *lisés*, Compar. de Platon & d'Aristote

Ibid. l. 2. *lisés* Balzac Entret. x 1. pag. 199. 200. édit. d'Holl. in-12. ou pag. 643. 644. du Tom. 2. in-fol.

P. 76. l. 18. *lisés* (2)

Ibid. c. 1. l. 1. *lisés*, Lib. 7.

Ibid. c. 2. l. 1. *ajoutés*, de la 1. édit.

P. 77. l. d. de la citat. margi. *ajoutés*, Joannes Caramuel 2. part. Theol. fundam. fol. 36. n. 51.

Ibid. c. 1. l. 2. *ajoutés*, de l'édit. de Lyon, où ce livre fut imprimé in-4. l'an 1664. sous le nom d'*Amadæus Guimenius Lomarensis.* Il est du P. Mathieu Moya Jésuite de Madrid, Confesseur de la Reine d'Espagne Anne Marie d'Autriche, mére de Charles II. La Sorbonne,

au moment qu'il parut le censura, & le Pape Aléxandre VII. qui le 24. Juin 1665. condanna cette censure, étant depuis mieux informé, condanna lui même le livre le 10. Avril 1666. Bien des gens au reste ne distinguant point *Amadæus*, d'*Amadeus*, qu'ils ont pris pour un synonyme Latin du Grec Θεόφιλος, ont mal à propos cru reconnoitre sous ce nom le P. Théophile Raynaud.

P. 78. c. 1. l. 1., *lisés*, Jean Bapt. Poza dans la Préface de son *Elucidarium Deiparæ*, où il cite Sénèque *de vita beata*, c. 1. L'*Elucidarium* du P. J. B. Poza Jésuite, Professeur en Théologie au Collége d'Alcala, fut imprimé in-4. à Lyon 1627.

P. 79. l. 8. de la citat. margi. *lisés*, Qua

Ibid. l. 7. *effacés* (2) & *le mettés à la fin de la ligne* 11.

Ibid. c. 1. l. 2. *lisés*, cap. 7.

P. 80. c. 2. l. 1. *lisés*, 2. part. du liv. 2.

P. 81. *ajoutés à la cit. marg.* Le P. Mallebranche dans l'endroit ci-dessus allegué se contente de dire que le principal but de Pomponace a été de montrer qu'Aristote à cru que l'ame étoit mortelle, quoique (devoit ajouter le P. Mallebranche) il ait témoigné son intention être purement de prouver qu'à s'en tenir aux termes d'Aristote on ne pouvoit conclure rien de certain pour la mortalité, ni pour l'immortalité de l'ame.

P. 83. c. 1. l. 3. Joan. de Marchepallio &c.] Baillet après Claude Despence qui est à la tête des Auteurs ici allégués, y en ajoute un dont il a défiguré le nom & le surnom, parce que l'ayant trouvé apparemment cité par abbréviation J. de Marchepal.

Marchepal. il a cru que le nom de cet Auteur étoit *Joannes de Marchepallio*, au lieu que c'est *Jacobus de Marchepallu* Cordelier qui écrivoit l'an 1525. ou 30.

P. 84. l. 22. Aule-Gelle,] l'usage est pour Aulu-Gelle.

P. 85. c. 1. l. d. l'Auteur dans la note rélative au chiffre 3. ayant sur la foi d'Hallervord collecteur d'un mauvais catalogue intitulé *Bibliothéque curieuse*, fait à Politien l'injure de le marquer comme un de ces ridicules scrupuleux qui n'osoient lire l'Ecriture de peur de gâter leur beau Latin, s'en est retracté sur ce que Politien Epitre 10. dit lui même qu'il expliquoit publiquement l'Écriture Sainte durant le Carême. Pour moi je crois que ce qu'en faisoit Politien n'étoit que pour remplir par manière d'acquit la fonction de Théologal de l'Eglise de Florence, & que sur l'article des mœurs étant un homme notoirement fort décrié, il peut très vraisemblablement ne s'être pas beaucoup appliqué à lire l'Ecriture non pas dans l'appréhension puérile de gâter son beau Latin, mais par le peu de gout qu'il avoit pour cette lecture, ce qui rend assés croyable ce qu'il dit là dessus rapporté de lui Vivès & Mélanchthon, Ecrivains qui n'ont jamais passé pour médisans & qui étant voisins de ce tems-là pouvoient savoir la chose par tradition.

P. 86. l. 3. Epistolaccias *de petites Lettres de neant*] Il est vrai, comme le remarque Ménage tom. 1. de l'Anti-Baillet c. 8. qu'*Epistolaccias* en Italien signifie proprement *une grande vilaine Epitre*, & qu'ainsi Baillet traduisant *Epistolaccius par de petites lettres de néant*, n'a pas

bien exprimé l'idée que donne la terminaison *accio* & *accia*.

Ibid. c. 1. l. 1. Petr. Bembus &c.] Ce sont les paroles de Baillet copiées d'après Konig, où il a trouvé au mot *Bembus*, la citation du passage de Scippio Gentilis. Bayle qui auroit voulu là dessus un garant plus ancien que Gentilis, mort l'an 1616. 69. ans après le Bembe, témoigne n'en avoir pu trouver d'anterieur à Lansius. En quoi il s'est terriblement équivoqué, ne s'étant pas apperçu que celui-ci se fonde expressément sur Gentilis, auquel il avoit alors notoirement survécu, puisque dans l'édition même de l'ouvrage que Bayle cite de ce Lansius, il se trouve une Epitre de ce dernier datée de 1620. & par conséquent postérieure de 4. ans à la mort de Gentilis. L'Auteur que Bayle suivant son principe pouvoit raisonnablement présumer avoir le premier attribué, quoique sans preuve, ce prétendu fait au Bembe, est un Théologien Protestant nommé Victotin Strigelius, né l'an 1524. vingt-trois ans avant la mort de Bembe arrivée en 1547. *Bembus*, dit-il, dans l'explication du Pseaume 4. *qui postea Cardinalis factus est, cum ad Sadoletum venisset, & eum in enarratione Epistolæ ad Romanos aliquid operæ collocare intellexisset. Omitte,* inquit, *has nugas, non decent gravem virum tales ineptiæ.* Bayle, par une continuation d'erreur, faute d'avoir sû que ces paroles étoient de Strigelius, les a rapportées comme d'un Gregoire Michel qui se les est appropriées dans une de ses notes sur la traduction Latine qu'il donna des Curiosités inouies de Gaffarel en 1676. plus de cent ans après l'impression du livre de Strigelius sur les Pseaumes.

Ibid. l. 6. de Pomponio-Læto.] Ceci regarde Pomponius Lætus fameux Professeur en humanités à Rome vers la fin du quinziéme siécle. L'Idée qu'en donne ici Baillet est tirée de ce que Vossius en a compilé au 3. livre de ses Historiens Latins chap. 8. Elle est un peu outrée, comme je pourai le faire voir dans une Dissertation expresse sur ce Pomponius. *Elle est imprimée au tom. 2. pag. 233.*

Ibid. l. 7. De Joanne Petro Maffeio Societatis Jesu id retulere.] Scioppius pag. 60. de son *Judicium de Stylo Historico*, dit qu'on lui avoit certifié la chose ; par où l'on voit que la pratique du P. Maffée ne s'accordoit guére avec celle de Pomponius Lætus, qui de peur de gàter son Latin, ne voulut point apprendre le Grec.

Ibid. c. 2. l. d. *ajoutés*, Tannegui le Fèvre donna en François dans un petit volume imprimé l'an 1665. les Vies des Poëtes Grecs en abrégé. Là dans celle d'Aristophane il rejetta comme fabuleux ce qu'on disoit de la coutume qu'avoit S Chrysostome de mettre sous son chevet les Comédies de ce Poëte, afin qu'au moment que l'envie de les lire le prenoit, il fût en état de la satisfaire. Ménage ensuite a remarqué dans la Préface de la seconde partie de ses Observations sur la Langue Françoise, & à la fin du chap. 113. de son Anti-Baillet tom. 2. pag. 48. que c'étoit Alde Manuce l'ancien qui dans l'Epitre dédicatoire de son édition d'Aristophane avoit le premier avancé ce conte touchant S. Chrysostome. Voila comment cette tradition, qui a régné près de deux siécles, s'est introduite ; Et ce qu'il est à propos de savoir pour s'en desabuser.

P. 87. l. 12. *Belzebud*] C'est réguliérement Beelzebub qu'il faudroit écrire. Les Grecs ont écrit Beelzeboul. En François le meilleur seroit d'écrire Belzébut, ou même simplement Belzébu.

Ibid. l. 18. *lisés*, *ses*

Ibid. l. 19. le Poëte ayant été repris de la mauvaise césure de ce vers l'a ainsi refait :
    Et fabuleux Chrétiens n'allons point dans nos songes

P. 88. l. 27. & 28. *lisés*, & qu'on n'a

Ibid. l. d. *lisés*, très-médiocre

P. 89. l. 22. Gilles le Maistre mort le 5. Décembre 1562. On a en Latin & en François son ouvrage intitulé *Decisiones insignes*, & *Décisions notables*.

Ibid. l. 25. Mr le P. P. Lizet] Il étoit habile dans la Jurisprudence Françoise sur la pratique de laquelle il a écrit un livre pour l'instruction & décision des causes tant civiles que criminelles. Etant de premier Président au Parlement de Paris devenu Abbé de S. Victor, il fit imprimer divers livres de controverse, pour lesquels les Catholiques mèmes n'eurent que du mépris. Entre les Protestans qui s'en sont moqués Beze se distingua extrémement par son Epitre macaronique sous le nom de *Magister Benedictus Passavantius*, laquelle en ce genre est un chef d'œuvre.

Ibid. l. 27. Un Archevèque de Paris] Mr de Marca.

Ibid. l. 31. qu'un Archevèque de Thessalonique] Eustathius.

P. 91. l. 28. le Sieur de la Motte] Antoine Arnaud.

P. 92. l. 16. Vigile de Tapse] Voyés Du Pin Biblioth. des Auteurs Ec-

cléfiastiques du IV. & V. siécles.
P. 93. c. 1. l. 8. *lisés*, dormitare
P. 96. l. 5. l'ancien Théologien.] Ménage pag. 59. du tom. 1. de son Anti-Baillet chap. 16. fait voir que ce n'est point S. Grégoire de Nazianze qu'on a cité sous le nom de νέος Θεόλογος, mais ou Siméon Metaphraste, selon l'opinion de Joseph Evêque de Modon, ou Siméon Prevôt de S. Mammets Xérocerque, selon celle de Leo Allatius pag. 143. *de Simeonibus*, suivi en cela par le Cardinal Bona dans sa Notice des Auteurs cités dans ses livres de la Psalmodie.
Ibid. l. 16. aux Théologaux] V. du Cange au mot *Theologus*.
Ibid. c. 2. l. 6. Hesych. ill. in Lexic.] Il faloit citer *Hesych.* au mot Σοφιστὴν simplement, & supprimer cet *ill.* abbréviation d'*illustris*, ou d'ἰλλουστρίος, comme parloient les Grecs, titre d'honneur d'Hesychius de Milet, qui ne doit pas être confondu avec le Grammairien Hesychius d'Aléxandrie.
Ibid. l. 7. *lisés*, Lib. 14. c. 8. ex Æschylo, *tout au long*, parce qu'on pourroit croire que c'est ex Æschino.
P. 97. l. 21. Mr Valois] Tout le monde dit aujourd'hui Mr de Valois & même dès 1650. bien des gens ne parloient pas autrement.
Ibid. c. 1. l. 1. Plutarch. in Lycurgo] Plutarque dans la vie de Lycurgue n'a pas employé le mot *Sophiste* uniquement comme un Synonyme de *Rhéteur*, mais a dit σοφιστὴν ἔργων, phrase qui signifie un *Rhéteur artificieux*.
Ibid. l. 3. Miltiadem] *ajoutés*, Ecclesiarum Sophistam
Ibid. c. 2. l. 1. *lisés*, Lib. 2. de
P. 98. c. 2. l. 5. Aristide étant ici mal à propos cité au lieu d'Isocrate, il faut corriger la citation de la maniére qui suit : Isocrates in Orat. contra Sophistas.
P. 99. c. 1. l. 1. & 2. La citation de l'Epitre de Synesius à Orus n'est point correcte. C'est une méprise causée par ce peu de mots mal entendus : προσθήκη τὸν περὶ τοῦ δώρου qu'on lit à la fin de la 154. Epitre où l'article τὸν suppose le substantif λόγον, savoir le πρὸς Παιόνιον ὑπὲρ τοῦ δώρου λόγος, le discours dont Synesius accompagna le présent qu'il fit d'un Astrolabe à Péonius. Au lieu de τοῦ δώρου Rusinger en 1556 & Cotnarius en 1560 ayant lu τοῦ Ὤρου prirent cet Orus pour un Officier considéble de la Cour de l'Empereur Arcadius, & publiérent sous la forme d'une Epitre adressée au prétendu Orus, le discours touchant l'envoi de l'Astrolabe. Cette erreur quoique remarquée par le P. Perau, n'a été reconnuë ni par Baillet, ni même par Jean Albert Fabrice qui page 227. du huitiéme volume de la Bibliothèque Grecque ne prend pas garde que cette Epitre à Orus qu'il dit qui manque dans l'édition de ce Pére, n'est autre chose mot pour mot que le discours touchant l'envoi de l'Astrolabe, qui de son aveu n'y manque pas.
Ibid. c. 2. l. 1. Je ne vois rien dans la vie de Socrate par Diogène Laërce qui regarde tant soit peu les Sophistes, hors les vers où Timon fait passer Socrate lui même pour un Sophiste.
P. 100. l. 24. de son Livre.] Vossius dans l'endroit ci-dessus marqué prouve qu'effectivement Alexander Cornelius (car c'est ainsi qu'il faloit dire) Apion d'Aléxandrie &

Hygin ont eu le nom de *Polyhistor*, mais il ne met nullement de ce nombre Solin, qui n'a pas eu le même titre quoiqu'il l'ait donné à son livre.

Ibid. l. dern. (4) *lisés* (5)

Ibid. c. 1. l. 4. *lisés*, cap. 1. pag. 5. & cap. 6. pag. 30. édit. 2.

Ibid. l. 5. *lisés*, Lib. 2. pag. 414. édit. Putsch.

Ibid. l. 7. *ajoutés*, voce *Grammaticus*: & in Glossario Græco-barbaro voce Γραμματικός

Ibid. l. 9. *lisés*, pag. 30.

Ibid. c. 2. l. 6. *lisés*, 5 Photii &c.

P. 101. l. 1. Chrestien *Druthmare*] Son Commentaire sur S. Mathieu a été imprimé in-8. à Haguenau l'an 1530. & à Cologne l'an 1618. Il a écrit sur S. Luc. Ce qu'on a de lui se trouve dans la Bibliothèque des Peres, tom. 15. Du Pin Biblioth. Ecclés. IX. siécle.

Ibid. l. 4. Jean *Tzetzès* étoit Grammairien de profession, mais quoiqu'il soit quelque fois appelé σοφώτατος γραμματικός, ce n'est pas à dire qu'il eût par excellence le titre de Grammairien, en sorte que par *Jean le Grammairien*, on entendît *Jean Tzetzès*.

Ibid. l. 10. *Grammairien*] Dans la basse Latinité *Grammaticus* a signifié, de même que Γραμματικός dans le bas Grec, un Notaire un Tabellion, un Greffier, ou Secrétaire. Et comme le pére de Rolandin avoit été Secrétaire de la Ville de Padouë, c'est en ce sens que Rolandin qui exerçoit la même charge, a été nommé *Grammaticus*, ce qui en François ne doit pas être traduit *Grammairien*, mais ou Secrétaire ou Greffier.

Ibid. l. 15. le nom de batème de *Saxon le Grammairien*, ce qui n'a peut-être pas été remarqué jusqu'ici, étoit *Jean*. Agrippa, du moins Epit. 1. du 5. livre l'appelle *Joannem Grammaticum*, *Saxoniensem Historiographum*. Quant à sa diction qu'on dit lui avoir acquis le surnom de *Grammairien*, je conviens que par rapport au tems de l'Auteur elle a du tour, & quelque élégance, mais on doit aussi convenir qu'on ne laisse pas d'y trouver quantité de mauvais mots, de mauvaises phrases, d'expressions obscures, & presque toujours affectées.

Ibid. l. 24. Thomas d'Averse] *Tomaso Grammatico* Jurisconsulte & Gentilhomme Napolitain, originaire d'*Averse*, n'a écrit qu'en Italien. Il ne faisoit nulle profession de Grammaire; & *Grammatico* étoit purement son nom de famille comme *l'Avocat* est celui de quelques particuliers qui n'ont jamais pris de licences

P. 102. d'Eusebe] dit le Scholastique Auteur d'un Poëme de IV. Livres en vers héroïques intitulé Γαίνα du nom de *Gainas* fameux Goth qui en étoit le sujet.

Ibid. l. 5. de Mutine] la Mothe le Vayer dans son Jugement d'Agathias, ayant dit *Murine* a été copié en cela par Moreri, qui n'a pas manqué de l'être ensuite par Baillet; mais comme de *Myra* Ville de Lycie on dit *Myre*, & non pas *Mure*, je crois de même que de *Myrina* Ville de l'Eolide il faut dire *Myrine* & non pas *Murine*. Il a mieux nommé cette ville, articl. 1201.

Ibid. c. 1. l. d. de vita & honor.] Remarqués la bevuë de Baillet qui ayant trouvé par abbréviation *de hon.* a lu *de honor.* au lieu de *de honest.*

P. 103. l. 2. cette matiere.] Ménage tom. 1. de son Anti-Baillet chap. 39. remarque plusieurs fautes de Baillet sur cet article tant dans les mots que dans les choses. Ses remarques méritent d'être luës.

Ibid. l. 23. de la note *lisés*, Maan ,

Ibid. l. 25. *lisés*, Mousnier ,

P. 104. l. 9. Le jeune Beranger] Celui-ci étoit de Poitiers , l'autre étoit de Tours.

Ibid. l. 19. de la note *lisés*, Fabricensium ,

P. 106. c. 1. l. 4. *ajoutés* , in Maximo juniore.

Ibid. c. 2. l. 1. *lisés*, Walafrid.

P. 107. l. 2. *lisés*, Titre

Ibid. l. 16. Ce *Maitre Odon* étoit un Moine Anglois de l'ordre de citeaux. Pitseus qui le met en 1181. sous Henri II. Roi d'Angleterre l'appelle *Odo Ceritonensis* , vel *Shirton*, & non pas *Serton*.

Ibid. l. 17. *Michel Blanpain* dit vulgairement *Maitre Michel*, étoit de Cornouaille. Pitseus qui le fait vivre en 1250. le confond avec un Poëte qu'il dit que Textor cite quelquefois *in Cornu Copia*, il devoit dire *in Epithetis*. Mais ce Poëte que cite Textor étoit postérieur à l'autre de plus de 200. ans. Il est appellé en Latin *Michaël Anglicus*, n'étant né au moins Anglois que de nom , & non pas de nation. Simler & Valére André qui font le dénombrement de ses Poësies disent qu'il étoit de Beaumont en Hainault.

Ibid. l. 18. *Maitre Conrad* de Marpurg a écrit la vie , & a été Confesseur de Sainte Elizabeth qu'on appelle Reine d'Hongrie , parce qu'elle étoit fille d'André II. du nom Roi d'Hongrie.

Ibid. l. 19. *Henri d'Eimbeck*, & non pas d'*Eimeck* comme l'écrit Du Cange , ni d'*Eymeric* , comme Baillet , étoit un Saxon , Docteur en Théologie , qui a écrit sur les Sentences , composé un Vocabulaire , & un traité de Logique. Il mourut l'an 1430.

Ibid. l. 20. *Iso Magister* Du Cange pag. 36 de la docte & curieuse Préface qu'il a mise au devant de son Glossaire de la basse Latinité dit qu'au rapport d'Hépidannus Moine de S. Gal., Iso Magister mourut l'an 871. Il ajoute qu'au sentiment de Goldast Iso étoit le véritable Collecteur du grand Dictionnaire qu'on trouve sous le nom de son disciple Salomon aussi Moine de S. Gal, & depuis Evêque de Constance mort l'an 909. Ce Dictionnaire dont il y a des raisons de croire que Papias a tiré une partie du sien , n'a jamais été imprimé , mais les Gloses d'Iso sur Prudence extraites des Manuscrits de Charles Widman , & de Jaques Bongars se voient à la fin des œuvres de ce Poëte dans l'édition d'Hanau qu'en a donnée Weitzius l'an 1613. en un gros in-8.

Ibid. l. 21. Touchant *Florus Magister* Diacre , & non pas Archidiacre de l'Eglise de Lyon , Ecrivain du IX. siécle , voyés Du Pin dans sa Biblioth. Ecclésiastique. Le prétendu Moine Bénédictin de ce nom n'a été connu que de Trithème.

Ibid. l. 23. Touchant les divers *Siméons* ou *Syméons*, qui ont eu le surnom de *Maitre* , voyés la Dissertation *de Symeonibus* de Léon Allatius.

Ibid. Thomas Magister vivoit au commencement du 14. siécle. Jean Albert Fabrice a diligemment , quoi qu'en petit , ramassé ce qu'on en peut savoir.

Ibid. l. 28. Pierre Lombard &c.] Ce qu'on a dit autrefois que Gratien, Pierre Lombard & Pierre Comeſtor étoient fréres, eſt une fable, dont il y a long-tems qu'on eſt revenu. Gratien étoit de Chiuſi dans la Toſcane, Pierre Lombard de Novare en Lombardie, d'où le ſurnom de Lombard lui eſt demeuré, & Pierre Comeſtor de Troies en Champagne. Leur grande conformité eſt d'avoir écrit dans le douziéme ſiécle, & d'y être tous trois morts à quelques années l'un de l'autre.

Ibid. l. d. liſés, Etymologie.

P. 108. ajoutés à la citat. marg. En parlant des Correcteurs de Gratien Antoine de Mouchi, Antoine le Comte, & Antoine Auguſtin, il ne faloit pas oublier d'y joindre Etienne Baluze dont nous avons de très bonnes remarques tant ſur le dernier & principal de ces trois Correcteurs Antoine Auguſtin, que ſur Gratien même, deſquelles Baillet ne pouvoit prétendre cauſe d'ignorance, puiſque leur édition, qu'on ſait être de 1672. a précédé de 13. ans celle de ce volume (imprimé en 1685.)

P. 110. l. 20. l'an 1274.] le 15. Juillet, 4. mois après S. Thomas mort le 7. Mars précédent.

Ibid. l. d. liſés, martyriſé

P. 111. l. 3. liſés, Livres, ſes

Ibid. l. d. ajoutés, Naudé chap. 17 de ſon Apologie des grands Hommes ſoupçonnés de Magie.

P. 112. l. 3. de la note marg. Auctoratus eſt ici très mal interprété, il faudroit pour ſignifier mis à l'enchere & au plus haut prix, qu'il eût dans un ſens paſſif auctionatus, ce que l'uſage n'admet point; & ce qui d'ailleurs, quand même l'uſage l'admettroit, ne produiroit pas un ſens bien net. Auctoratus obligé par ſerment à faire quelque choſe, comme un Soldat qui s'enrole, ou un gladiateur qui s'engage à prix d'argent. Les Docteurs contemporains de Richard n'étoient pas aſſés habiles pour entendre ce mot dans une ſignification ſi Latine, laquelle de plus, bien-loin d'être honorable, ne pouvoit être qu'injurieuſe. Ces bonnes gens dans le ſtyle de ce tems-là prirent auctoratus, qu'ils écrivoient autoratus, ou authoratus pour autorizé, enſeignant avec autorité, comme dans l'Evangile il eſt dit que faiſoit J. C.

Ibid. c. 2. l. d. liſés, pag 586. & ajoutés, Spond. A. C. 1315. n. 7.

P. 113. l. 11. liſés, faits

P. 114. l. 6. Ceux qui font vivre Taulére en 1370. ſe trompent. Il mourut non pas en 1355. mais le 17. Mai 1361. à Cologne où cette date eſt marquée dans l'inſcription de ſon tombeau. Les curieux pourront voir dans la 1. centurie des Lettres de Martin Ruar les ſentimens de ce Ruar & de V. Grunewalde ſur Taulére en cinq lettres à compter depuis la 3. juſqu'à la 7.

Ibid. c. 1. après la l. 8. ajoutés, Toutes ces citations ſont vagues, & ne peuvent tout au plus ſervir qu'a connoitre le nom des Auteurs appellés Myſtiques. Il vaut mieux pour ſavoir juger de leur doctrine conſulter le livre intitulé Instruction ſur les états d'oraiſon par J. B. Boſſuet Evêque de Meaux.

P. 115. c. 1. l. 1. effacés, 1. cette citation Petrus Schottus &c. apartenant à la précédente colone.

Ibid. l. 4. liſés, 1. Acta &c.

P. 116. l. 30. liſés, ἀ᾽.φος

Ibid. c. 1. l. 8. liſés, 84. ubi de

Ibid. c. 2. l. 1. liſés, Ptolemæus Hephæſtionis filius cognomento Chennus.

Ibid. l. 2. liſés, Beſantinoüs.

SUR LES PRE'JUGES.

P. 117. l. 12. Ptolomée Philometor : Il y a *Philopator* dans Photius.
Ibid. c. 1. l. d. *ajoutés*, ubi de Eratosthene.
Ibid. c. 2. l. 2. *lisés*, Hephæstionis
P. 120. *lisés en marge*, Asinius Pollio, apud Quintilianum l. 1. c. 5. & l. 8. c. 1.
P. 121. l. 2. *de la note marg*. Bayle qui au mot *Jove* rapporte ce fait n'en cite pour garant que Teissier, Auteur sans autorité. Le P. Garasse dans sa Recherche des Recherches d'Etienne Paquier attribuë ce prétendu mot de Paül Jove à du Haillan mal satisfait de n'avoir pas reçu d'Henri IV. les récompenses qu'il en attendoit. Sur quoi il ajoute que le Roi avoit dit que si du Haillan avoit eu une plume d'or, il y avoit long-tems qu'elle lui auroit passé par le bec, pour donner à entendre que gueux comme étoit du Haillan il auroit été obligé de vendre cette plume pour avoir de quoi manger. Mais le P. Garasse n'est pas comme on sait, un témoin fort sûr, non plus que Teissier.
P. 122. l. 7. s'est trouvé engagé d'écrire] L'Escrit ici désigné n'est autre, dit-on, que le *Traité de la pratique des billets entre les Negotians* in-12. *par un Docteur en Theologie* nommé le CORBUR. J'en ai vu la 2. *édition revuë & augmentée*, prétenduë *imprimée à Mons chés Gaspard Migeot à l'enseigne des trois Vertus* 1684. *avec Approbation*. Sans pourtant qu'il en paroisse aucune au commencement du livre ni à la fin.
Ibid. l. 18. Baillet désigne le P. Maimbourg Jésuite, qui étant sorti de la Société en 1682. par ordre du Pape Innocent XI. fut appellé Mr Maimbourg.

Ibid. l. d. *lisés*, chant 3. v. 114.
P. 123. l. 13. Muller de Kœnigsberg] Ce fameux Astronome n'étoit pas de Konigsberg dans la Prusse, mais de Konigshoven forteresse de Franconie dans l'Evêché de Virtzbourg. Voyés Melchior Adam & Gassendi dans sa vie.
P. 124. l. d. *lisés*, Virgil. Ecl. VIII. v. 23. 11. Georg. v. 109. 1. Georg. v. 54. & 60.
P. 126. l 8. Hieroglyphes, Jeroglyphes : Il faut écrire & prononcer *Hiéroglyphes* sans aspiration, quoi qu'on dise la Hiérarchie.
P. 127. c. 1. l. 1. *lisés*, ibid. depuis la page 27. jusqu'à la 37.
Ibid. l. 2. *lisés*, Strabon l. XI. pag. 507. édit. 1610.
Ibid. c. 2. l. 4. *lisés*, de Lamoignon,
Ibid. l. 5. *lisés*, par Tavernier.
P. 128. un peu différent] Il faloit dire, ce semble, *est très différent du leur* ;
Ibid. l. 11. *lisés*, remarquées
Ibid. c. 2. l. 5. L'éxactitude demandoit que Baillet citât Philon le Juif, des termes duquel, tirés de son ouvrage de la Providence, Eusèbe a composé le dernier chapitre de son VIII. livre de la Préparation Evangelique.
P. 129. c. 1. l. 2. *C'est ainsi qu'il faloit citer* : Filesacus 2. Select. c. 1. sive lib. quem *Varronem* inscripsit cap. 1.
Ibid. c. 2. l. d. *ajoutés*, sub finem.
P. 130. note marg. Ces paroles que Baillet cite comme de Ciceron *l. 2. de Finib. c. 21.* ne s'y trouvent point.
Ibid. l. 8. Elle étoit selon Thucydide] Thucydide l. 2. appelle Athenes Ἑλλάδος παίδευσιν Mais ce n'est pas Euripide qui l'a nommée *l'Abrégé de la Grèce* Ἑλλάδος Ἑλλάδα Il faloit dire qu'elle étoit ainsi nommée dans l'Epitaphe d'Euripide attribuée par Athénée à Thucydide, & par

NOTES CRITIQUES

d'autres à Timothée Muſicien & Poëte

Ibid. en marge de l'avant dern. ligne ajoutés, ἑλληνες

Ibid. c. 2. l. 3. *liſés*, cap. 1. v. 16.

P. 131. c. 1. l. 1. *liſés*, Dionyſiac. v. 31.

Ibid. l. 3. *ajoutés*, v. 174.

Ibid. l. 6. *liſés*, Lib. 28. n. 43.

Ibid. c. 2. l. 3. *liſés*, Et maximè

Ibid. l. 6. *liſés*, Marin le Roi

P. 134. l. 28. jugemens ſuivans] Baillet avoit deſſein de donner les jugemens ſur les Hiſtoriens.

Ibid. c. 1. l. d. *liſés*, n. 21.

Ibid. c. 2. l. d. *ajoutés*, v. 156.

P. 136. l. 10. Naudé page 213. de ſon Dialogue intitulé, *Jugement de tout ce qui a été imprimé contre le Cardinal Mazarin*, livre que, pour abréger, on cite ſous le titre de *Maſcurat* un des perſonnages du Dialogue, dit très intelligiblement que l'eſprit des Italiens eſt plus gentil que le nòtre : mais quand Baillet lui fait dire que *les eſprits d'Italie ont plus de gentilleſſe que ceux du nòtre*, je ne puis m'imaginer à quoi ſe rapporte le *nòtre*.

P. 137. l. 20. Le P. Rapin ch. 21. de ſes Réfléxions ſur l'Hiſtoire page 278. de l'édition d'Amſterdam 1686. dit en général que Tacite par ſon habitude à juger des hommes en mauvaiſe part a gâté l'eſprit à bien des gens, mais il ne ſpecifie point les Italiens.

Ibid. l. 23. Ce Jugement de Joſeph Scaliger regarde principalement les *Variæ lectiones* de Victorius, & ſe trouve au mot *Italiens* dans le *Scaligerana* que Baillet appelle *poſteriora*, parce que des deux *Scaligerana*, celui-ci, quoiqu'il ait paru le premier, n'a été pourtant recueilli qu'en Hollande par Jean & Nicolas de Vaſſan, quelques années après que Scaliger eut quitté la France ; au lieu que l'autre, qui n'a paru que le ſecond, ne laiſſe pas d'être intitulé *Prima Scaligerana*, parce qu'il a été recueilli par François Vertunien quelques années avant que Scaliger paſſât de France en Hollande. Voyés la note ſur l'article 235. au tome 2.

Ibid. c. 1. l. 3. *liſés*, Deſpréaux Art Poëtiq. chant 1. v. 39. &c.

P. 138. l. 19. de Barbares] Lipſe Epiſt. 57. Cent 2. Miſcell. a interprété ainſi un paſſage du Cardinal Bembe dans ſon Hiſtoire de Veniſe ſur ce que parlant du Roi de France Louis XII. il affecte d'uſer du mot *Aloyſius* comme plus Latin que *Ludovicus* : *Quale illud*, ce ſont les termes de Lipſe, *de Ludovico Gallorum Rege ; quem Aloyſium, magis* ῥωμαϊστί *ſcilicet, ubique appellat, & alibi cum faceta additiuncula, quem iſti (qui iſti ? barbari nos & inepti) Ludovicum appellant*. Pétrarque Epître 1. du livre IX. *rerum ſenilium* déclare hautement qu'il ne faloit chercher ni Orateurs ni Poëtes hors de l'Italie. Les beaux eſprits de ſon payis près de 200 ans après étoient encore dans le même ſentiment, du moins à l'égard des Poëtes, ſi ce que Beze rapporte de ſes premières Poëſies Latines eſt vrai, que Flaminius les ayant vuës s'écria, qu'à la fin les Muſes avoient paſſé les Alpes & pénétré dans les Gaules. Il paroit même qu'en 1587 ils n'étoient pas tout à fait guéris de cette prévention, témoin les beaux Phaleuques de Joſeph Scaliger imprimés auedevant de toutes les éditions de la Pancharis de Bonnefons.

Ibid. c. 2. l. d. *ajoutés*, pag. 86.

P. 139.

P. 139. l. 5. Ecrivains de perdition qui ont été Italiens] De ces 18. Italiens *Pierre Pomponace* de Mantouë que de son tems on nommoit vulgarement *le Peretto*, & l'*Arétin* qu'on auroit du nommer *Pietro Bacci* d'Arezzo, s'il est vrai qu'il fut fils naturel de Luigi Bacci, ont été soupçonnés d'Athéïsme, quoiqu'ils soient morts en apparence Catholiques, le premier l'an 1526. le second, l'an 1556. J'ignore sur quel fondement le P. Rapin qui ne les connoissoit l'un & l'autre que de nom, les a faits Platoniciens, dans sa Comparaison de Platon & d'Aristote chap. 5. de la 4. partie. Pomponace, comme tout le monde sait, étoit un Péripatéticien juré, & l'Arétin, le plus ignorant des hommes, ne savoit absolument ce que c'étoit que Philosophie. *Jule César Vanin*, grand Plagiaire, moins ignorant mais qui avoit moins d'esprit que l'Arétin, est mort professeur & martyr de l'Athéïsme à Toulouse où il fut brulé vif dans la place de Salin le 9. Février 1619. *Francesco Negro*, car c'est ainsi qu'il se nommoit, & non pas *Nigri*, étoit de Bassano, Auteur de la *Tragedia del libero arbitrio*, Satire outrée contre l'Eglise Romaine. Il la traduisit depuis en Latin. On peut voir dans les Bibliothèques de Gesner, de Simler, & de leurs continuateurs la liste de ses autres ouvrages. Il étoit disciple du vieux Socin, & mourut un peu au de là du 16. siécle maître d'école à Chiavenne dans les Grisons. *Jule de Trevis*, & *Jaques de Quiers* disciples du même Socin n'ont laissé aucun écrit. Les douze autres sont aussi rangés parmi les Anti-Trinitaires ; & Sandius dans sa Bibliothèque en fait

Tome I.

mention plus ou moins ample. P. 141. l. 22. *effacés*, (4) *Ibid.* c 2. l. 5. *effacés*, 3. *Ibid.* l. 7. *lisés*, 3. Nic. Ant. Præfat. P. 142. l. 1. On est comme en possession de traiter d'imposteur *Cyriaque d'Ancone* pour les Inscriptions qu'il a produites, & *Annius de Viterbe* pour les Auteurs qu'il a publiés. Je n'examinerai point s'ils ont été trompeurs ou trompés. Je remarquerai seulement qu'Annius étant mort le 13. Novembre 1502. est mort quelques 56. ans après Cyriaque. Celui-ci avoit commencé vers 1427. à rechercher les inscriptions antiques, comme on l'apprend d'une lettre de Philelphe datée de cette année-là : c'est la 12. du l. 1. On voit par la 4. du 4. qu'il étoit prêt à partir de Constantinople en 1440. Par les 21. & 22. du 5. qu'il étoit en 1443. sur le point d'arriver à Venise, chargé des plus curieuses inscriptions de la Grèce & de l'Asie. Par la 48. du même 5. livre, qu'il avoit envoyé à Philelphe *quatuor pulcherrima Epigrammata quæ nuper ex Peloponneso in Italiam advexerat.* Cette lettre est du 31. Octobre 1444, & c'est la derniére qu'il paroit que Philelphe lui ait écrite, en sorte qu'on pouroit croire que Cyriaque seroit mort en 1445. ou 46. au plus tard ; n'y ayant nulle apparence, s'il avoit vécu aussi long-tems que le suppose Pierre Apien, qu'étant si grand ami de Philelphe celui-ci n'en eut point reçu de lettres pendant tant d'années. Une forte preuve que Cyriaque est mort dans le tems que je présume, c'est que Blondus dans son *Italia illustrata* qu'il écrivoit sous Eugène IV. parlant d'Ancone dit qu'elle avoit perdu Cyriaque depuis peu. Cela prou-

S s

ve qu'il étoit mort avant l'année 1447. tems auquel commença le Pontificat de Nicolas V. d'où il s'enfuit qu'Apien, & ceux qui fur fon témoignage ont écrit que ce Pape avoit employé Cyriaque à cette recherche d'inscriptions, fe font trompés.

P. 143. l. 6. De tous les Poëtes ici nommés Lope de Véga feul a cultivé le genre dramatique.

P. 144. c. 1. l. 2. *lifés*, Guido Bentivogl. pag. 624. delle opere ftampate in Parigi 1648. fol. & apud &c.

P. 145. c. 2. l. 1 *lifés*, Lib. de German.

Ibid. l. 2. Joan. Bodin. Meth. hift. cap. 5. non procul à fine, mais il ne dit rien de tel dans le 5. l. de fa Repub. cité ici par Baillet.

P. 146. l. 22. Alemans] Morhof l. 1. c. 16. n. 56. du tom. 1. de fon Polyhiftor trouvant ici fa nation trop maltraitée, en a témoigné fa douleur en ces termes : *Quam enim invidiofum hoc*, les Alemans font toujours Alemans, *Quafi non & apud cæteras gentes homines inepti effent neque apud Germanos viri docti.* En quoi il n'a pas pris garde qu'en s'exprimant de la forte il faifoit plus de tort aux Alemans que Baillet même, qui fans ufer d'un mot aufli dur qu'eft celui d'*inepti* ne leur refufe pas l'honneur de l'érudition, mais uniquement celui de la politeffe.

Ibid. c. 2. l. 1. pag. 168. edit. Parif. in-4.

P. 148. c. 1. l. 2. *ajoutés*, verbo Erafmus.

Ibid. l. 3. *lifés*, 6. Poëtices 4. ubi de Melanchth. & Germanis.

Ibid. c. 2. l. 1. *lifés*, Entretien 4. &c. On fait que Cléante, car c'eft ainfi que ce nom eft écrit dans le livre, n'eft autre que Barbier Daucour, aidé, comme on l'a cru, dans cette compofition par un habile homme de Port Royal. Et c'eft fur quoi Furetiére dans fon fecond Factum, & Baillet dans fa Lifte des Auteurs déguifés ont douté que l'ouvrage fût de Barbier Daucour.

P. 150. c. 2. l. d. Barthius à l'endroit cité n'y dit rien de tel, ce qui n'eft pas un grand malheur pour les Ecrivains des Payis-bas.

P. 151. l. 6. en langage Britannique de ce tems-là *Morgan* étoit fynonyme de *Pelagius* qui fignifie *Marinus*, nom qui convenoit à Pélage que S. Jérome dit avoir tiré fon origine d'Ecoffe, mais que d'autres maintiennent Anglois.

P. 152. c. 1. l. 3. Pitfeus dans l'endroit marqué cite un *Alexander Minutianus* que je penfe être un Imprimeur qui avoit quelque litérature, & mettoit des préfaces de fa façon au devant des livres qu'il imprimoit. Il étoit Milanois, ou tenoit du moins fa boutique à Milan vers l'an 1502.

P. 153. l. 32. Baillet en auguroit ainfi par rapport au nouveau Roi d'Angleterre Jaques II. qui faifant profeffion ouverte de la Religion Catholique en favorifoit l'exercice dans fes Etats.

P. 155. l. 13. & 14. Ceux même &c. Cicero pro Archia.

P. 156. c. 1. l. 3. *lifés*, Lib. 36. n. 17.

Ibid. c. 2. l. 3. *ajoutés*, cap. 1.

Ibid. l. 4. *ajoutés*, cap. 9. edit. Parif. 1681.

Ibid. l. 5. *ajoutés*, l. 3. c. 2.

P. 157. l. 3. De Valois l'aîné fur Ammien Marcellin pag. 98. fait voir par de bonnes autorités que ces *Bardes* étoient des efpéces de parafites & de plaifans qui couroient les tables des Seigneurs du payis à la louange desquels ils jouoient & entonnoient des chansons sur leurs instrumens. Tels ont été ceux que depuis on a nommés Jongleurs & Chanterres.

Ibid. l. 10. *Phocéens*, de Φωκαια ville d'Ionie auroit été mieux que *Phociens.*

Ibid. lisés, Ioniens

Ibid. c. 1. l. 3. *ajoutés*, v. 447. &c.

Ibid. c. 2. l. 2. *ajoutés*, n. 4.

*Ibid.*l.d.n. 26. edit. Amstel. 1661. In-4

P. 158. *sur la note marg.* Ces mots ne sont pas de Cicéron qui n'a jamais dit *Civilitas*

Ibid. l. 17. à Marseille] ὥστε τοὺς φιλομαθίᾳ ἐχομένους Ῥωμαίους μὴ εἰς Ἀθήνας, ἀλλ᾽εἰς Μασσαλίαν πορεύεσθαι. Ces paroles que, dans l'édition *in-*12. Baillet, après du Boulay, cite comme de Strabon l. 4. n'en sont pas. Elles sont tirées de l'Epitome de ce Géographe faite par un Ecrivain du 10. siècle, comme le présume Doduel.

Ibid. l. 27. Pitheas & Eumenide (4), Toutes ces citations, à une près très obscurément désignée, ne regardent que le seul Pytheas de Marseille, & point du tout son compatriote le prétendu *Eumenide* ou *Eudimenès*, il faloit dire *Euthymanès*, ou *Euthymenès* vraisemblablement même nom, comme, pag. 367. de ses Historiens Grecs, le présume Vossius, que Baillet s'est contenté de citer par un &c. On sait au reste que Pytheas vivoit en la 130. Olympiade, mais l'époque d'Euthymanès n'est point connuë.

Ibid. l. 30. *lisés*, rendu

Ibid. l. d. *lisés* Vandales,

P. 159. lig. 9. *lisés*, les lieux même

Ibid. l. 28. *lisés*, aux Ioniens,

Ibid. c. 1. l. 1. *lisés*, in declamat.

Ibid. c. 2. l. d. *lisés* 22. 56. tom. 1. Hist. Univ. Paris.

P. 160. l. d. Plotius] De Plotio Vid. Quintil. & Sueton. loc. cit. Item Seneca 2. Controv. 8.

Ibid. c. 1. l. 9. *lisés*, præfat. lib. 2. Comm.

Ibid. c. 2. l. 3. Il n'y avoit qu'à renvoyer aux paroles de Varron dans Nonius au mot *Cepe.*

P. 161. l. 10. son Maitre en Rhétorique] Le passage que Suétone nous a conservé de l'Epitre de Cicéron à Titinnius fait voir que Plotius n'enseigna point la Rhétorique à Cicéron qui nonobstant l'envie qu'il avoit de l'avoir pour Maitre, en fut empêché par des gens habiles dont le sentiment étoit qu'il lui seroit beaucoup plus utile de s'éxercer à déclamer en Grec qu'en Latin.

Ibid. l. 26. Seneca 3. Controv. 20. de *Votieno Montano*. De eodem Hieronymus in Eusebii Chron. De *Vibio* autem *Gallo*, Idem Seneca 2. Controv. où il dit que ce *Vibius* pour avoir trop bien voulu décrire les extravagances de certains fous, le devint. On pouvoit se passer d'en faire un Gaulois. *Gallus* étoit son surnom, & si parce qu'il s'appelloit *Gallus*, on devoit le croire Gaulois, il s'ensuivroit que par la même raison *Asinius Gallus*, *Anicius Gallus*, *Aquilius Gallus* & plusieurs autres le seroient.

Ibid. l. 33. *Domitius Afer*, *Clodius Quirinalis*, & *Statius Ursulus* constamment étoient Gaulois. Mais pour Castor, ce n'est, au raport de Suïdas, que par erreur qu'on l'a dit Rhéteur de Marseille, d'autres l'ayant cru ou Rhodien ou Galate. A l'égard d'*Oscus* toute la preuve qu'on ait qu'il étoit Provençal c'est qu'un de ses amis le rencontra un jour à Marseille. Du reste ce que Sénéque dans la préface du 5. livre de ses Controverses ajoute touchant la manie qu'avoit cet Oscus de mettre par tout des métaphores fait voir que ce ne seroit pas un grand honneur à la Gaule d'avoir été la patrie d'un Orateur de si mauvais gout.

Ibid. c. 1. l. 1. *ajoutés*, v. 15. 16.

P. 162. l. 4. Il y a ici plus d'une bevuë. Ce n'est pas à Florus, qui exerçoit son éloquence dans les Gaules, que Quintilien *donne un des premiers rangs entre les plus éminens de Rome*, c'est à Julius Secundus qu'il juge digne d'avoir eu un tel parent que Florus, ce qui ne signifie pas qu'*il le juge digne du bon siécle*.

Ibid. l. 14. Le *Pacatus* dont parle Sénéque a précédé l'Empire de Galba, & le *Pacatus* Panégyriste de Théodose est venu long-tems après. Ni l'un ni l'autre n'avoient nom *Minutius*. Celui-ci dont Suïdas fait mention étoit un Grammairien Grec d'Aléxandrie, & non pas un Rhéteur Latin né dans les Gaules. Il est parlé de *Gabinien* dans le Dialogue des Causes de la corruption de l'Eloquence, & dans la Chronique d'Eusébe. Ce que Suétone en disoit dans son Traité des Rhéteurs célébres est perdu. *Aper* étoit & contemporain & compatriote tant de Julius Secundus Orateur comme lui, que du Poëte Maternus, ausquels adressant la parole, il appelle les Gaulois *Gallos nostros* n. 10. du Dialogue ci-dessus allégué *de causis corruptæ eloquentia*.

Ibid. l. 24. Ce *Corvinus* n'est point connu. Baillet l'a tiré de du Boulay, qu'il n'en devoit pas croire sur sa parole. L'erreur peut venir de ce qu'Apulée ayant, sur la fin de son Apologie, fait mention d'un Corvinus Clemens, on a cru que c'étoit le même Clemens dont au premier livre de ses Florides il a parlé en ces termes : *meus Clemens eruditissimus & suavissimus Poëtarum*, en sorte que ce Corvinus Clemens en qualité de compatriote d'Apulée, qui étoit né à Madaure entre la Gétulie & la Numidie, dans le païs des Massyles, ayant été peut-être quelque part appellé *Corvinus Massylus*, un ignorant, tel que ce Jaques Philippe de Bergame, cité par le P. Guesnay pag. 68. de ses Annales de la Province de Marseille, aura bonnement pris *Massylus* pour *Massiliensis*, & fait de là un *Corvinus* de Marseille.

P. 163. l. 2. *de la citat. marg.* Ces mots du 147. vers de la 7. Satire de Juvenal, *Nutricula Causidicorum Gallia*, regardent l'Afrique plutot que la Gaule.

L. 5. *de la même*, Juven. Sar. 15. v. 115.

Ibid. l. 4. l'Art Militaire] M. Cato Orig. 2. apud Sosipatrum l. 2. *Pleraque Gallia duas res industriosissime persequitur, rem militarem & argute loqui.*

Ibid. l. 27. Terentius Varron] Eusébe dans sa Chronique, Olympiade 174.

Ibid. l. 28. Cornelius Gallus] le même Eusébe, Olympiade 188.

Ibid. l. 31. Pétrone] C'est l'opinion d'Henri & d'Hadrien de Valois fondée sur le dessein de l'ouvrage, sur le style de l'Auteur, & principalement, ce semble, sur le passage de Sidonius Apollinaris au Poëme 23. intitulé *Narbo*. A quoi si Baillet avoit fait attention il auroit placé *Pétrone* sous les Antonins, plutot que sous Claude, ou sous

Néron.

Ibid. l. d. Sentius Augurinus] Pline le jeune l. 4. Ep. 27. Gyraldus, & après lui Glandorpius, donnent pour pere à ce Poëte un Gaulois nommé *Cneius Sentius*, qu'ils difent avoir fait de grands exploits dans la grande Bretagne & contre les Juifs. Eutropius à la vérité l. 7. parle de *Cn. Sentius* un des Généraux de l'Empereur Claude dans la grande Bretagne, mais il ne le fait ni Gaulois, ni Commandant contre les Juifs, ni pére de *Sentius Augurinus*.

P. 164. l. 17. *Trogus Pompeius*, ce font les paroles de Juſtin ſur la fin du 43. livre, *dicit patrem quoque ſub Caio Cæſare militaſſe, Epiſtolarumque & Legationum, ſimul & anuli curam habuiſſe*. Ce qui ſignifie que le Pére de cet Hiſtorien après avoir porté les armes ſous Jule Céſar, avoit été ſon Secrétaire, chargé des dépèches des Ambaſſades, & avoit eu conjointement la garde de ſon ſeau. Voila le ſens tel à peu près que l'a rendu la Mothe le Vayer, copié par Moréry. Baillet qui copie ordinairement ce dernier, auroit ſuivant ſa coutume mieux fait d'en ſuivre les expreſſions que d'y ajouter une paraphraſe ridicule.

P. 165. l. 3. Cet *Eratoſthène* & ce *Lydanus* ſont deux illuſtres imaginaires tirés de quelque mauvais répertoire par du Boulay.

Ibid. l. 23. Pline l. 29. c. 1. parle aſſés au long de ce *Crinas* & de ce *Charmis*. Je ſerois volontiers de l'avis de ceux qui croient, dit Hermolaüs Barbarus, qu'au lieu de *Crinas*, il faut lire *Critias*.

Ibid. l. 28. Voyés ſur cet endroit les remarques de l'Anti-Baillet tom. 1. chap. 20.

Ibid. c. 1. l. d. *ajoutés*. Il y a dans cette Correction beaucoup de choſes peu correctes. Baillet y écrit indifféremment *Agellius*, *A. Gelle*, & *Aulu-Gelle* : il n'y a cependant que le dernier qui ſoit reçu. Pour *Favorin* ou *Phavorin* il faloit opter & s'en tenir à l'un des deux ſans varier. Le nom étant originairement Latin il vaut mieux écrire Favorin. Il me ſemble auſſi qu'on ne devoit pas avancer ſans preuve que Favorin ait enſeigné à Marſeille, ni qu'Aulu-Gelle l'ait ouï à Athénes.

Ibid. c. 2. l. 1. *liſés*, Lucanus de Telone & Gyareo l. 3. à v. 592. uſque ad 626.

P. 166. l. 7. *Artanus* dont ſur la foi du Boulay il a plu ici à Baillet de faire un Juriſconſulte de Profeſſion né à Narbonne, étoit un Officier appelé par le devoir de ſa charge à Narbonne pour y rendre la juſtice, L'Epigramme de Martial ne donne point d'autre idée que celle-là.

Ibid. l. 13. Ni *Charmolée* ni ſon fils *Zenothémis*, car c'eſt ainſi que ce nom ſe devoit écrire, ni *Ménécrate* n'étoient des Juriſconſultes. A la vérité ce dernier étoit Magiſtrat à Marſeille, mais bien-loin d'y faire paroitre l'habileté tout enſemble, & l'intégrité d'un Scévole, il eut au contraire la honte d'y perdre l'honneur & les biens pour avoir rendu une Sentence injuſte. C'eſt de quoi Baillet auroit pu s'inſtruire, ſi au lieu de copier du Boulay, il avoit conſulté Lucien.

P. 167. l. 17. Jean Caſſien] en qualité de Prêtre à Marſeille quoique Scythe d'origine.

Ibid. l. 6. de la 1. cit. marg. Il y a dans S. Jérome *viris ſemper fortiſſimis*.

Ibid. l. 2. de la 2. *liſés*, Civibus & toto

Ibid. c. 2. l. 2. *ajoutés*, v. 582. 583.

P. 169. l. 6. & 7. Baillet se seroit mieux fait entendre, s'il avoit dit : dégénéra en langue *Romaine*, ce qui signifioit alors en langue *Rustique*.

Ibid. l. 21. *lisés* catéchiser

Ibid. l. 24. *lisés*, On négligea

P. 171. l. 19. L'Université de Paris n'a point commencé sous Charlemagne. Paquier dans ses Recherches, & après lui André du Chesne au devant des Oeuvres d'Alcuin, & ailleurs, ont prouvé par de très bonnes raisons qu'elle étoit moins ancienne de 400. ans.

P. 172. c. 1. l. 2. *ajoutés*, 4. part. chap. 6.

P. 174. l. 6. l'Auteur de la France Orientale] Paul Colomiés.

Ibid. l. 9. *Toussains* plus connu par son nom Latin *Tusanus*.

Ibid. l. 10. & 11. Henri Etienne pouvoit bien trouver sa place pour le Grec a coté de Budé, de Turnébe, &c.

Ibid. l. 15. Comment a-t-il pu oublier Muret, Lambin, Bunel, Louis le Roi, & tant d'autres ?

P. 175. l. 14. Il designe le Président Cousin.

Ibid. l. 20. *Scaliger* le pere étoit natif de Vérone en Italie, mais ayant obtenu en 1528. au mois de Mars des lettres de naturalité en France où il demeura jusqu'à sa mort arrivée le 21. Octobre 1558. il peut être réputé François.

Ibid. l. 21. Ce *Vaillant*, c'est à dire *Germain Vaillant de Guellis* n'est pas un critique fameux. Il auroit mieux valu supprimer ici son nom, & mettre un peu plus bas celui du P. Petau compatriote de *Vaillant*.

Ibid. l. 23. *lisés*, du Duc,

Ibid. l. 28. *lisés*, Sirmond,

P. 176. c. 1. l. 1. *lisés*, sur sa traduction des Césars de Julien.

Ibid. c. 2. l. 2. *ajoutés*, pag. 74. édit. de 1711.

P. 178. l. 26. L'Abbé Trithème fit imprimer *in-folio* à Maïence l'an 1515. un abregé *de Origine Francorum* extrait des six prétendus livres de Walstad, où il est parlé de l'irruption des Sicambres dans la Germanie le long du Rhin, à quoi il joignit une continuation tirée des douze derniers livres d'Hunibaud, jusqu'au siécle de l'Empereur Arnoud. C'est une Chronique fabuleuse en style Latin-barbare, laquelle est universellement décriée.

Ibid. l. 30. *lisés*, Walstad

P. 180. l. 21. *Philippe Cluvier* étoit de Dantzic capitale de la Prusse : il mourut à Leyde en 1623. agé de 43. ans.

Ibid. l. 23. *Nicolas Sanson* d'Abbeville mort à Paris le 7. Juillet 1668. agé de 68. ans 7. mois.

Ibid. l. 33. Plusieurs ont écrit *Abaillard*, mais on prononce & l'on devroit toujours écrire *Abailard*.

P. 182. l. 14. *Placentinus* a professé à Montpellier, il y est mort l'an 1192. & y a été enterré au cimetiére S. Barthelemi, mais on ne prouve pas qu'il soit né à Montpellier ni en autre ville de France. C'est donc un peu bien légérement que Nicolas Boyer & après lui Pancirole ont dit que *Placentinus fuit g-nere Gallus*, & que *in Monte Pessulano originem sumpsit*. Le nom seul *Placentinus* fait voir que ce Jurisconsulte étoit de Plaisance.

Ibid. l. 16. Il faloit dire dans le treiziéme siécle & dans le quatorziéme, puisque *Pierre de Belle Perche* est mort le 17. Janvier 1307. que suivant le calcul Romain on comptoit 1308. Et que *Jean Faber*, car c'est ainsi qu'on doit dire, & non pas *Favre* ni *le Févre*, étoit contemporain de Bartole qui mourut l'an 1355. n'ayant que 46. ans & même selon quelques uns que 44.

Ibid. l. 26. *&c.* L'Orthographe la plus reçuë est d'écrire *Rebuffe*, *Coras*, *Le Conte*, *Rânconet*, *de Connan*, *Brisson*.

Ibid. l. d. *lisés*, P. Hallæi Orat. de *&c.*

P. 183. l. 26. long-tems auparavant] vers le milieu du huitiéme siécle.

Ibid. l. d. *Lanfranc* seul n'a point vu le douziéme siécle étant mort l'an 1089.

P. 184. c. 2. l. 4. *lisés*, Matamor.

P. 185. l. 4. *de la note marg.* Sur ce pied-là le nombre des Impies diminua bien dans la suite à Paris, puisque Patin dans une lettre du 17. Novembre 1662. n'y compte que dix mille Athées, à la tête desquels le Duc de Roquelaure disoit en plaisantant qu'il se mettroit pour aller faire la guerre au Pape Aléxandre VII.

Ibid. c. 1. l. 5. Petri Firmiani Sæculi genius] L'Auteur de ce livre est le P. Zacharie de Lizieux Capucin.

Ibid. c. 2. l. 2. *lisés*, Jurieu Politique du Clergé de France pag. 96. jusqu'à 103. édit. de 1681. in-12.

P. 186. l. 8. Le fait n'est pas ici éxactement rapporté : le voici au vrai. Ce fut en 1675. que la Démonstration Evangélique de Mr Huët parut pour la premiére fois. Là dans la Préface au Dauphin, n. 1. & non pas 2, il est dit que la corruption générale des hommes, étoit alors si grande, qu'ils trouvoient les plus foibles raisons assés fortes pour rejetter le Christianisme, & les plus fortes au contraire trop foibles pour le recevoir. De là n. 2. l'Auteur dit qu'étant à Amsterdam, il y eut de fréquentes conversations avec un très habile Juif qui se moquoit des preuves les plus convaincantes, que les Chrétiens, pour établir la vérité de leur Religion, tiroient du Vieux Testament. Y a-t-il rien là qui tombe sur les Hollandois ?

Ibid. l. 18. *&c.* Servet étoit Espagnol. Ochin, l'*Arétin*, *Gentil* & *Vanin* Italiens. *Mennon*, car c'est ainsi qu'il faut écrire, Frison. *Hoffman* Alemand. *Browne* Anglois. *Spinosa* & *Beverland* Hollandois.

Ibid. c. 1. l. 1. *lisés*, Jurieu Esprit de Mr *&c.*

P. 187. l. 27. *lisés*, (5)

Ibid. c. 1. l. 1. *lisés*, Dan. Heinsius Belga

Ibid. l. 5. *lisés*, J. C. Scaliger Veronensis in Cardan. exerc. 167.

Ibid. l. 7. *lisés*, Vossius pag. 664.

P. 188. l. 21. *Danès* n'a jamais fait profession de Jurisprudence, ni en qualité d'Avocat ni en qualité de Jurisconsulte.

Ibid. l. 25. *lisés*, Ranconet,

Ibid. c. 1. l. 6. *lisés*, Charles V.

Ibid. c. 2. l. d. *ajoutés*, Mr Simon Conseiller au Présidial de Beauvais pag. 41. de son Supplément aux Mémoires d'Antoine Loisel, & de Pierre Louvet touchant les hommes illustres du Beauvoisis, écrit que Fernel étoit de Mondidier (petite Ville de Picardie entre Amiens & Compiégne) que son pére vint tenir hotellerie dans le faubourg de Clermont, & que son nom étoit Fournel.

P. 189. l. 4. Il faloit dire *Charpentier*, & non pas *Carpentier*. Le nom de famille du fameux Marigny de Nevers étoit Jaques Carpentier.

Ibid. l. 5. &c. Il faloit aussi dire *Tagaut*, & non pas *Trigaut* : de la *Ruelle*, & non pas *Ruelle*.
Ibid. l. 33. *lisés*, Pascal
P. 190. l. 18. *lisés*, Catulle,
Ibid. l. 20. Nous n'avons rien de *Dorat* en matiére de critique. Il ne s'y seroit pas acquis beaucoup d'honneur, s'il n'y avoit pas mieux réussi qu'en vers.
P. 191. l. d. *ajoutés*, de la 2. édit.
P. 192. l. 4. *lisés*, des choses mêmes.
Ibid. l. 7. davantage *lisés*, beaucoup plus
Ibid. l. d. *ajoutés*, n. 25.
P. 195. c. 1. l. 3. *lisés*, Scaligerana 2e verbo Hieronym.
Ibid. c. 2. l. 6. *ajoutés*, c. 3. pag. 35.
P. 197. l. 15. *lisés*, vous
P. 198. l. 34. *lisés*, Grynée
Ibid. l. d. *lisés*, & de l'usage
P. 199. l. 7. *lisés*, Arminiens
Ibid. l. 23. *lisés*, faux, de
Ibid. l. 28. de son opinion, *ajoutés*, l'obligera de demeurer d'accord que son opinion est insoutenable.
Ibid. c. 2. l. d. *lisés*, Septembre 1684.
P. 200. l. 35. Touchant ce *Gabriel du Puy-herbaut* voyés la Croix du Maine, & du Verdier dans leurs Bibliothèques, & la note de Mr le Duchat à la fin du 32. chap. du 4. liv. de Rabelais.
Ibid. l. 37. *lisés*, faits
P. 201. c. 1. l. 16. *lisés*, les Livres.
P. 202. l. 3. de la note marg. *ajoutés*, in Satira Menippæa.
P. 203. l. 8. Baillet ici & dans ses Enfans célébres cite touchant cet *Hermogéne* deux Auteurs qui n'en parlent pas, Eunapius dans ses vies des Sophistes, & Capitolin dans celle de Marc Antonin le Philosophe.
Ibid. l. 21. Il faloit dire : par la stupidité, ou par une *mort prématurée*.

Ibid. c. 1. l. 3. *ajoutés* & Suidas ab eo.
Ibid. sur la 2. col. Voici les paroles de Claude Saumaise dans sa lettre à Gronovius qui est la CXI. des imprimées. *Præter mea errata tot alia de suo accumularunt opera : ut fœtum illum* (il parle de son édition de Florus à Heidelberg 1609.) *nunquam pro meo agnoverim. Habeo tamen ad editionem paratum elegantissimum illum auctorem, qui ubi prodierit, si unquam prodit, ostendet quid intersit inter puerilia rudimenta, & majoris ætatis curam.* Il avoit commencé par dire : *Scio me auctorem illum in Germania curasse edendum cum vix quindecim essem annorum*, d'où il s'ensuivroit que Saumaise seroit né l'an 1594. & non pas 1596. comme il est dit pag. 18. de sa vie imprimée au devant de ses Epitres, ni 1592. comme l'insinuë un autre endroit de cette mème vie pag. 22. Cependant feu Mr Philibert de la Mare dans sa vie manuscrite de Saumaise que j'ai luë y déclare lui avoir souvent oui dire qu'il étoit né l'an 1588. & qu'à cette occasion il avoit coutume d'appliquer ce vers de Tibulle tout ensemble & d'Ovide, à l'année de sa naissance,

Cum cecidit fato Consul uterque pari ;

entendant par là qu'à l'exemple de ces deux Poëtes qui naquirent l'année que les deux Consuls Hirtius, & Pansa périrent dans la bataille donnée l'an 711. de Rome auprès de Modéne contre Marc Antoine, il étoit né lui l'année que les deux frères de Guise le Duc & le Cardinal furent tués aux Estats de Blois. Cette époque a été suivie par Adolphe Vorstius dans l'Oraison funébre de Saumaise, & par Claude Barthelemi

thelemi Morifot dans l'Eloge du même Saumaife fon compatriote & fon ami familier ; ce qui me fait croire que dans la lettre à Gronovius il y avoit en chiffre XX, & que le fecond X. étant négligemment formé, l'Imprimeur au lieu de XX. ayant lu XV. a imprimé *quindecim* tout au long : à moins qu'on ne veuille dire que Saumaife pour rendre plus excufables les fautes qui lui étoient échapées dans fa première édition de Florus, n'ait jugé à propos de fe faire plus jeune de fix années qu'il n'étoit lorfqu'il la donna.

P. 204. l. 7. *de la note* huit ans] Il y a dans cette Remarque contre Baillet, d'ailleurs fort bonne, une erreur très reconnoiffable, puifque c'eft une erreur de calcul. On convient que Platon eft mort la première année de la 108. Olympiade, d'où il s'enfuit que fi le Dialogue intitulé *Gorgias* a été publié en la centiéme Olympiade, il aura été publié fept Olympiades entières, c'eft à dire *vingt-huit* ans, & non pas *huit* ans, avant la mort de Platon, puifqu'une Olympiade eft une durée de quatre ans révolus, & que par conféquent fept Olympiades font vingt huit ans. Il eft donc vifible que l'Imprimeur de l'Anti-Baillet a omis le mot *vingt* avant *huit*, & qu'au lieu de *huit* ans, il faut néceffairement lire *vingt huit* ans.

P. 205. c. 2. l. 2. *ajoutés*, in-4. 1681.
P. 206. c. 2. l. 1. *lifés*, de Villars.
Ibid. l. 3. *lifés*, Longin du Subl. chap. 7. de la Trad. de Defpreaux, édit. de Genève, ou chap. 9. de l'édit. de Tollius à Utrecht. Madame Dacier prétent avoir de bonnes raifons pour n'être pas du fentiment de Longin.

P. 205. l. 4. Scévole de Sainte Marthe a eu de l'indulgence pour Dorat fon contemporain, dont les vers, de quelque tems qu'on les date, n'ont jamais été que très médiocres. On en peut dire tout autant de ceux de Mantuan.

Ibid. l. 23. Je demande fi les neuf Dialogues Sceptiques compofés dans la première jeuneffe de la Mothe le Vayer, fous le nom d'*Orafius Tubero*, font plus modeftes & mieux écrits que l'*Héxaméron ruftique* imprimé un an avant la mort de l'Auteur agé pour lors de 85. ans.

P. 208. *cit. marg.* Baillet cite bien là le fens de Pline le jeune, mais non pas les paroles qui font telles : *Nam fi* &c. c. 1. l. 1.

Ibid. c. 1. l. d. *ajoutés*, in elogio Rondelotii.
Ibid. c. 2. l. 3. *ajoutés* c. 41. n. 17. p. 235. 236.
Ibid. l. d. *ajoutés*, l. 129. p. 1060.
P 209. c. 1. l. d. *ajoutés*, imprimées en 1668.
Ibid. c. 2. l. 1. *ajoutés*, pag. 313. 314.
Ibid. l. d. *ajoutés*, in-12. 1670.
P. 211. *lifés ainfi la cit. marg.* Ne ad fcribendum cito profilias, & levi ducaris infamia. Multo tempore difce quod doceas, *Hieron. ad Rufticum* l. 1. Epift.

Ibid. l. 25. Baillet entaffe ici beaucoup de citations tirées la plupart d'*Hadrianus Junius* 4. *Animadv.* 16. & du livre que Filefac a intitulé *Varro*. Je remarquerai feulement que ce qu'on fait dire à Zeuxis qu'il peignoit pour l'éternité n'eft pas vrai à la lettre. Il avouoit fimplement, comme l'ecrit Plutarque dans la vie de Périclès & dans le difcours touchant le grand nombre d'amis, qu'il mettoit beaucoup de tems à peindre, fe contentant de donner à entendre que quand on peint pour la durée il est bon de peiner ses tableaux. Erasme l. 6. de ses Apophthegmes, n. 39. est le premier qui ait dit que Valére Maxime avoit exprimé la réponse de Zeuxis en ces termes : *Diu Pingo, quia pingo æternitati*. Hadrianus Junius dans l'endroit cité, a, sur la foi d'Erasme, répété la même chose. Cependant on auroit beau chercher dans Valére Maxime, on n'y trouveroit rien de tel.

P. 212. l. 12. Il y a dans Pline parlant des Avocats de son tems : *egisse malunt quam agere*.

Ibid. c. 2. l. 1. *ajoutés*, v. 163. &c.

P. 213. c. 1. l. d. Il faloit au lieu de ces Ecrivains modernes peu estimés citer le seul Valére Maxime l. 3. c. 7. où ce fait d'Euripide & d'Alcestis est conté plus exactement, car c'est *Alcestis* qu'il faut dire, lorsque c'est un nom d'homme, l'usage contre la raison n'ayant reçu *Alceste* que dans la signification de la femme d'Admète Roi de Thessalie. Quelques-uns sans nécessité ont lu *Alcestem* dans le 652. vers de la VI. Satire de Juvenal, comme si les Latins avoient dit *Alceste* pour *Alcestis*, & cette erreur peut avoir favorisé l'introduction du féminin Alceste en François. Quant au masculin, si connu par le Misanthrope de Moliére, il faut supposer qu'il vient du Grec Ἀλκήστης, comme *Aceste* vient d'Ἀκέστης.

Ibid. c. 2. l. 3. Dion Cassius le dit lui même dans Xiphilin sur la fin de la vie de Commode.

Ibid. l. 4. C'est Plutarque dans la vie d'Isocrate, & Longin c. 4. du Sublime qu'il faloit citer.

P. 214. l. 7. La remarque d'Erasme l. 6. de ses Apophthegmes n. 35. est curieuse touchant la peine que *Paul Emile* & *Linacer* avoient à se satisfaire dans la composition.

Ibid. l. d. *ajoutés en note*. Le nommé Jaques Edouard Auteur de quelques Remarques critiques in-12 sur le Moréri de 1704. ayant lu que Scipion Tetti, accusé de sentimens peu orthodoxes touchant la Divinité, avoit été condamné aux galéres, s'imagina que c'étoit dans le Traité *de Apollodoris*, que cet Ecrivain avoit débité ses erreurs, & prit là dessus occasion de reprocher à Baillet d'avoir parlé d'un tel livre avec éloge. Jamais censure ne fut plus mal fondée que celle-là. Scipion Tetti ne dogmatise nullement dans son *Commentarius de Apollodoris* dedié à un Cardinal d'une piété reconnuë, & le bon Jaques Edouard auroit fait un meilleur usage de sa Critique, si ayant envie de reprendre ici Baillet, il l'avoit repris d'avoir sans aucune preuve avancé que le Tetti employa plusieurs années à la composition du petit Traité dont il s'agit. Colomiés, qu'allégue Baillet pour son garant ne dit rien de tel. Aussi n'y a-t il pas d'apparence qu'un ouvrage si court, quoique plein d'érudition, ait demandé un travail de plusieurs années. Un Scaliger, un Saumaise, n'y auroit pas mis trois jours ; & supposé qu'il en ait couté vingt, ou même quinze au Tetti, ce n'a pu guère être que parce que les livres, qu'il avoit besoin de citer, étant alors plus rares, il ne les avoit pas sous sa main, comme on les a eu depuis.

Ibid. c. 1. l. 3 *lisés*, de Scientiis Mathematicis cap. 41. num. 4. pag. 230.

Ibid. l. 6. *ajoutés*, pag. 674.

Ibid. l. 7. Sixte de Sienne ne dit rien des trente ans qu'employa Pagnin à sa version. C'est à Richard Simon l. 2. c. 20. de son Histoire Critique du Vieux Testament qu'il falloit renvoyer.

Ibid. c. 2. l. 1. *ajoutés*, Paul. Jovius in elogio Sannazarii.

Ibid. l. 3. *ajoutés*, Bayle dans son Dictionn. au mot *Jove*, remarque G.

Ibid. l. 5. *ajoutés*, Item dans son Dictionn. au mot *Pereira*, remarque C.

Ibid. l. 7. *ajoutés*, ou pag. 637. du tom. 2. de l'édit. in-fol.

Ibid. l. 8. *ajoutés*, pag. 843. de l'édit. de ses œuvres in-4.

Ibid. l. 9. *ajoutés*, pag. 13.

P. 215. l. 4. Ce Compilateur, dont le nom de Batème étoit *Mathias*, mettoit à la maniére de ce tems-là son nom de famille au genitif. *Ego* dit-il dans un avant propos qui précéde les deux tables de son livre, *frater Mathias Farinatoris de Vienna*, il entend de Vienne en Autriche, *sacri ordinis beatæ Dei genitricis, & Virginis Mariæ de Monte Carmeli, Lectorum sacræ Theologiæ minimus*. Après quoi dans le Prologue qui suit les tables, il rend compte à ses Lecteurs de l'ouvrage qu'il avoit entrepris ; que se défiant de ses forces, il avoit pendant deux ans hésité à produire ses materiaux ; que cependant le Pape Jean (XXII.) ayant oui parler de ce dessein, souhaita qu'il fût éxécuté, mandant l'Auteur par un Bref exprès, & voulant que le livre fût intitulé *Lumen animæ* ; qu'assisté de trois habiles coadjuteurs Léon, Amand, & Sévérin que le Pape lui avoir donnés il avoit travaillé sans relâche jour & nuit vingt-neuf ans entiers, *triginta annis minus uno* à perfectionner son ouvrage. Qui ne croiroit là dessus que ce seroit un chef-d'œuvre. C'est bien cependant la plus impertinente rhapsodie qu'on se puisse imaginer. On y débite dans la premiere partie sous 75. titres ou chapitres, la plupart trés longs, de ridicules observations physiques, d'où l'on tache de tirer une morale tendante à salut. Dans la seconde partie qui contient jusqu'à 267. chapitres mais fort cours, la morale est plus simple, mais tout aussi fade. Les citations y sont tirées d'une infinité d'Ecrivains apocryphes, supposés, qui n'ont jamais existé. L'Auteur peut avoir été trompé à quelques uns, mais en général il est difficile qu'on ne doute de sa bonne foi, d'autant plus que tout ignorant qu'il est, faisant dans son Prologue l'énumération de certains livres imaginaires d'Hermès, d'Algazel, de Palæmon, de Morienès & de Belinus, il a l'impudence de dire que *proprio labore* il les a traduits en Latin, lui qui est la Barbarie même, & qui bien-loin d'entendre le Grec ne paroit pas l'avoir su lire. Une chose qui m'a surpris en le parcourant, c'est qu'alléguant plusieurs Médecins, Philosophes, & Théologiens du 13. siécle, il ne fait nulle part le même honneur à S. Thomas d'Aquin. J'ai vu deux éditions de ce livre, toutes deux *in-folio*, la premiere du 3. Septembre 1477. à Ausbourg d'un caractère entre carré & Gothique par Antoine Sorg qui se qualifie *civem Augustensem, artis impressoriæ magistrum*, & dit s'être servi de caractères d'étain pour cette impression. La seconde édition est du 22. Mars 1482. en lettre Gothique, *Stumpsis Karaсteribus*, sans nom de lieu ni d'Imprimeur.

Ibid. l. 6. Claude Barthelemi Morisot, qui à la fin des deux Centuries de ses lettres a fait imprimer quatre éloges, le premier desquels est celui de *Jaques Godefroi*, restraint à vingt ans le travail de ce Savant homme sur le Code Théodosien. *Cui operi*, dit-il, *per viginti annos insudavit.*

Ibid. c. 1. l. 2. *lisés*, pag. 225.

Ibid. l. d. *ajoutés*, Préface de la Grammaire Italienne de Dom Lancelot pag. IX. n. v.

Ibid. c. 2. l. 3. Il est dit dans l'endroit cité que Bacon avoit employé beaucoup de tems à faire & refaire son *Nouvel Organe*, mais le nombre des années n'y est point compté.

Ibid. l. 5. *ajoutés*, Préface de du Ryer sur la Traduction de Quinte-Curce par Vaugelas.

Ibid. l. 7. *ajoutés*, 1681.

Ibid. l. d. *lisés*, Satire 2. v. 71. &c.

P. 216. l. 31. *effacés*, (3) & la derniére citation.

P. 217. l. 5. bon médecin] Casaubon. Præfat. ad suas animadvers. in Athen.

Ibid. c. 1. l. 2. *ajoutés*, pag. 319. 320.

Ibid. l. d. *lisés*, de Quinte-Curce par Vaugelas.

P. 218. c. 2. l. 1. *ajoutés*, v. 51. 52.

P. 220. l. 27. 28. *lisés*, Ariens, *& de même par tout.*

P. 222. l. 34. On dit en François *Ptolomée*, & non pas *Ptolémée*, Callimaque n'a point été Bibliothécaire de Ptolomée Philadelphe comme l'ont dit Raphaël de Volterre l. 14. Morof. l. 7. de son Polyhistor c. 2. n. 17. & d'autres modernes qui ne citent pour garant aucun ancien.

Ibid. c. 1. l. 3. Iamblique sect. 8. c. 1. dit qu'au compte de Seleucus ce Mercure avoit composé deux mille volumes, ou au compte de Manéthon trente six mille cinq cens vingt cinq. Il dit de plus au chapitre suivant que de l'histoire des Dieux Empyrées le même Mercure avoit composé cent livres, autant des Ethériens, & mille des Célestes. Voyés Conring *de Hermetic. medic.* c. 4. & surtout J. A. Fabrice au tom. 1. de sa Bibl. Grecque chap. 7. 8. 9. 10. 11. 12. & 13.

Ibid. c. 2. l. 3. Ce n'est pas un moderne tel que la Croix du Maine qu'il faloit citer, mais l'Auteur ancien d'où la Croix du Maine à tiré cette remarque.

P. 223. l. 16. un *mille* pour un *millier* n'est pas François.

Ibid. c. 1. l. 11. Liberius se trompe touchant ces prétendus sept cens cinq opuscules de Zénon inconnus dans toute l'Antiquité.

Ibid. c. 2. l. d. Voyés cependant Ménage tom. 1. de l'Anti-Baillet c. 41.

P. 224. cit. marg. *lisés*, βιζλίων.

Ibid. c. 1. l. 2. *lisés*, col. 2 n. 26.

Ibid. c. 2. l. 2. *lisés*, Proœm. n. 16.

Ibid. l. 6. *de la grande note lisés*, Aldobrandinus.

Ibid. l. d. *après ces mots ANTIB.* t. 1. c. 6. p. 27. *lisés*, A quoi j'ajoute qu'à l'égard de Zénon il n'y a guère d'apparence qu'étant mort en la 129. Olympiade, il eut pu faire une remarque pareille à celle dont il s'agit contre Chrysippe, qui étant né au commencement de l'Olympiade 125. c'est à dire quelque 18. ou 20. ans auparavant, n'étoit pas en age d'avoir composé beaucoup de livres.

P. 225. l. 3. *lisés*, sur la Dialectique seule,

Ibid. l. 11. Diogéne Laërce l. 7. in

Chrysippo n. 182. dit ὅτι τὰ Ἐπικούρου εἰκαία δυνάμει γεγραμμένα καὶ ἀπαράθετα ὄντα. Et l. 10. n. 26. il dit que dans les trois cens volumes d'Epicure il n'y avoit nulle témoignage emprunté d'ailleurs, que c'étoient toutes maximes originales. Κύλινδροι μὲν γὰρ πρὸς τριακοσίους εἰσί· κεχρῆσθαι δὲ μαρτυρίῳ ἔξωθεν ἐν αὐτοῖς οὐδενὶ ἀλλ' αὐταί εἰσιν Ἐπικούρου φωναί.

Ibid. l. 17. *Ce qui n'est vrai que de Chrysippe*] Il n'y a qu'à lire Diogéne Laërce l. 10. n. 27. & son copiste Hésychius depuis les mots ἐζήλου δὲ αὐτὸν Χρύσιππος jusqu'à γέμειν τὰ βιβλία, pour reconnoître cette vérité que Baillet n'a pas reconnuë à l'égard d'Hésychius.

Ibid. l. 30 *en avoit fait Dix mille*] C'est un songe. On n'a jamais rien écrit de tel de ce Grammairien: Et Baillet lui même qui renvoie au chapitre où il en parle, n'y dit pas un seul petit mot de ces prétendus dix mille volumes.

Ibid. l. 31. Pomponius dans la lettre 43. *de Orig. Jur.* ne dit point que *Servius Sulpicius* ait composé jusqu'à 188. volumes sur le Droit, mais seulement près de 180. Hotman que cite Baillet n'en compte pas davantage.

Ibid. c. 1. l. 2. *ajoutés*, Diog. Laërce l. 7. in Chrysippo n. 199.

Ibid. l. 3. *ajoutés*, Idem in Chrysippo n. 182.

Ibid. l. 5. *ajoutés*, Idem Ibidem & l. 10. n. 26.

Ibid. l. 7. *ajoutés*, Ni Diogéne Laërce ni par conséquent Hésychius qui ne fait ici que le copier mot à mot, ne disent point qu'Epicure écrivoit avec trop de précipitation; c'est uniquement Filésac qui chap. XI. de son livre intitulé *Varro* accuse faussement Hésychius d'avoir repris Epicure de ce défaut. En quoi d'un côté Baillet a raison de justifier Epicure, & de l'autre tort de croire avec Filésac qu'Hésychius a fait une faute qu'il n'a point faite.

Ibid. l. 10. *Moreri*] Voila un beau garant d'un fait de cette conséquence, pour la preuve duquel il étoit si naturel de citer Diogéne Laërce l. 10. n. 4. sans parler de Clément Aléxandrin Strom. 6. & des autres témoignages recueillis curieusement par Ménage dans sa note sur Diogéne à l'endroit ci-dessus allegué.

Ibid. c. 2. l. 4. Liberius & Génébrard doivent être ici comptés pour rien. Hésychius suppute le nombre des Auditeurs, mais non pas des volumes de la composition de Théophraste. Diogéne Laërce qui en a dressé le Catalogue les fait monter à près de 500.

Ibid. l. 5. *ajoutés*, Suidas voce Δίδυμος. Athénée l. 4. c. 6.

Ibid. l. 8. *ajoutés*, C'étoit Demetrius de Trézéne qui au rapport d'Athénée appeloit par cette raison βιβλιολάθας ce Didyme, duquel on peut voir à ce sujet le conte que fait Quintilien l. 1. c. 8.

P. 226. l. 2. *lisés*, quatre vingts quatre ans.

Ibid. l. 9. Ayant été ami particulier du célébre Pierre Palliot Parisien, Imprimeur, Libraire & Graveur établi à Dijon, où il mourut le 6. Avril 1698. agé de 89. ans, j'aurois tort de ne pas prendre ici l'occasion d'en faire l'éloge comme d'un des plus laborieux Ecrivains de l'Europe, qui sans litérature, & sans savoir autre Langue que sa maternelle, a eu assés de génie pour composer l'Histoire du Parlement de

Bourgogne, augmenter de près de moitié l'*Indice armorial* de Géliot, graver toutes les armoiries contenuës dans ces deux volumes *in-folio* & de plus laisser autres treize gros *in-folio* de Mémoires Généalogiques du Duché de Bourgogne, actuellement conservés dans le cabinet de Mr Joly de Blaisy Président au Grand Conseil. Je me souviens les avoir vus plus d'une fois tous écrits de la main de l'Auteur, ce qui me donna lieu de lui appliquer dans les vers suivans, la pensée de Saint Augustin ci-dessus rapportée touchant Varron :

Vrai regiſtre vivant, oracle plein de foi,
Tréſor en recherches fertile,
Fameux Palliot explique moi
Cette énigme ſi difficile :
Comment à toujours lire occupant ton eſprit,
Tu ſus trouver le tems d'écrire ?
Et comment ayant tant écrit,
Tu ſus trouver le tems de lire ?

Ibid. l. 14. Il eſt difficile de marquer au juſte le nombre des ouvrages de Galien. Les Curieux pourront éxaminer là deſſus ce qu'en a écrit Jean Albert Fabrice l. 4. de ſa Bibliothèque Grecque c. 7.
Ibid. l. 21. Cela ne quadre pas tout à fait avec ce qu'on lit dans le 4. livre d'*Esdras*, chap. 14. depuis le 21. verſet juſqu'à la fin.
Ibid. l. 24. le même nombre] *Rufin* parloit des ſix mille volumes d'*Origéne* ſans les avoir vus. Il avançoit même fauſſement que Saint Epiphane ſe vantoit de les avoir lus, quoique ce Saint n'ait fait autre choſe que produire dans ſon diſcours contre la 64. Hérésie qui eſt celle des Origéniſtes, un long extrait de Méthodius, où celui-ci dans ſon livre de la Réſurrection, écrivant contre Origéne lui dit entre autres choſes, que s'il étoit vrai qu'il eut fait 6000. volumes, comme le bruit en couroit, il le plaindroit fort de s'être donné tant de peine pour entaſſer erreurs ſur erreurs. On voit que ce raiſonnement, qui ne roule que ſur un *ſi* n'eſt pas d'ailleurs de ſaint Epiphane. Quant à ſaint Jérome, bien loin d'aſſurer qu'il eût lu ces 6000. volumes, il nie formellement qu'Origéne en eût tant fait : Examinés vous même, dit il à Rufin, dans ſa 2. Apologie, les liſtes qu'Eusébe a publiées de ces livres ; je ſuis ſur que, ſi vous comptés bien, vous n'en trouverés pas le tiers de 6000.
Ibid. l. 28. S. Jérome n'a rien écrit de tel dans aucune lettre à Pammachius.
P. 228. l. 1. Verheiden] Pourquoi ne pas citer le Pape Pie II. lui même, *Historiæ Bohemicæ cap.* 35 ?
P. 229. c. 1. l. 4. *ajoutés,* Catal. Script. Eccl. & poſt eum Bibl. Carthuſ.
P. 233. l. 10. Baillet avoit écrit *Faure* par un *u* voyelle dans l'*errata*, mais mal, il faut écrire & prononcer *Favre,* comme *Cadavre.*
Ibid. l. 12. Les œuvres de *Proſper Farinaccio* ne contiennent que treize volumes, & c'eſt bien aſſés.
P. 234. l. 17. Touchant *Pierre Paſchal,* outre Antoine du Verdier dans l'endroit marqué, voyés la 10. lettre du 9 livre de Paquier. Le P. Goulu Général des Feuillans l'a inſérée tout au long dans une de celles que ſous le nom de Phyllarque il a écrites contre Balzac.
Ibid. l. 28 d'un Auteur de cette même Ville] *Nicolas Catherinot.*
P. 235. l. d. Ces paroles ſont de Gué-

ret page 178. de sa guerre des Auteurs imprimée *in*-12. à Paris 1671. La Métamorphose des yeux de Philis en astres, poëme de 660. vers, est de Germain Habert Abbé de Cerisi, frére de Philippe Habert Auteur du Temple de la Mort, poëme de 268. vers. Ce qu'on ajoute des six cens volumes de Jean Pierre Camus Evêque de Belley, pourroit être réduit à cent. Guéret dont Baillet a copié la faute, a fort mal écrit *du Bellay* nom de famille pour *de Belley* nom de Ville Episcopale dans le Bugey en Bresse.

P. 236. l. 6. *Rigberius* est le nom sous lequel avoit coutume de se déguiser Dom Gabriel Gerbéron Religieux Bénédictin de la Congrégation de S. Maur. C'est sous ce nom qu'il fit imprimer *in*-12 à Brusselles en 1673. son Marius Mercator. A l'égard de la phrase *a rompu le cou*, on peut voir ce qu'en a dit, lettre 2. l'Auteur des Réfléxions sur ces Jugemens des Savans.

Ibid. l. 15. Le Mantouan, c'est le Carme *Baptista Mantuanus* qu'on appelle tout simplement en François *Mantuan*. Le *Virgile* & l'*Ovide Chrétiens* sont du P. Laurent le Brun Jésuite dont il sera parlé au nombre 1500. des Poëtes. § 2.

Ibid. l. 18. Ce qu'il dit ici de *Scaliger* par rapport à Catulle & à Lucain se doit entendre de Scaliger le pére qui dans sa Poëtique lorsque l'occasion s'offre de parler de l'*Atys de Catulle* loüe toujours extrémement ce petit poëme, jusqu'à le traiter de divin, & critique au contraire en toute rencontre les vers de Lucain, du génie & des expressions du quel il n'est presque jamais content. Voyés-le touchant l'Atys l. 2. c. 21. & l. 6. c. 4. & c. 7. voyés-le touchant Lucain l. 3. c. 25. & 26. l. 5. c. 15. & l. 6. c. 6.

Ibid. c. 1. *lisés*, Catull. carm. 96. aït [secundum emendatiorem lectionem & quasi duo hi versus aliud constituant Epigramma, quod 97. numerari ex AchillisStatii sententia debuit].

Parva mei mihi sunt cordi monimenta laboris,
At populus tumido gaudeat Antimacho.

Ibid. l. 5. *ajoutés*, ubi exponit quo sensu τὸ *tumido* hîc dicatur.
Ibid. c. 2. l. 5. *ajoutés*, v. 60. &c,
Ibid. l. 6. *lisés*, de Antimacho pag. 42. 43. de &c.

P. 237. l. 12. du Pere Phélippeau, Jésuite.
Ibid. c. 1. l. 1. Lib. 4.] Il devoit citer lib. 3.
Ibid. l. 3. *ajoutés*, l. 3. c. 12.
P. 238. c. 1. l. 2. *ajoutés*, v. 77.
Ibid. c. 2. l. 2. *ajoutés*, voce *Calvin*.
Ibid. l. 3. *lisés*, Melch. Adamus in Calvini vita.
Ibid. l. 6. *lisés*, ex Mori Calvino.
Ibid. l. d. *ajoutés*, ou pag. 133. de l'édition *in*-8. 1658.
P. 239. l. 17. 20. 23. *lisés*, Puteanus.
Ibid. l. 25. Colomiés dit que ce fut Puteanus qui sortit en colére de la boutique de Moret sur la réplique injurieuse que celui-ci lui avoit faite.
Ibid. c. 1. l. 1. *ajoutés*, voce *Drusius*.
Ibid. l. 2. *lisés*, Paul. Colomes. Recueil des Particularités n. 125.
Ibid. c. 2. l. 1. *lisés*, Jurieu, Esprit &c.
P. 240. l. 1. *lisés*, CHAPITRE XI.
Ibid. l. d. *lisés*, Ampelii
P. 242. l. 21. *lisés*, de *Javolene*,
Ibid. l. 23. de *Venuleïe*] De *Venuleius*, il faloit dire en François *Vénulés*, comme de *Pompeius*, on dit Pompée, d'*Apuleius* Apulée.

Ibid. c. 1. l. 1. *lisés* , c'est de quoi se plaignent les Scaligers &c.

P. 243. l. 18. L'opinion de Saumaise est que ces *Géoponiques* ont été compilés par Caſſianus Baſſus qui les a dedié à Conſtantin Porphyrogénête. Mais de la manière dont Valois s'exprime dans l'endroit cité il paroit ne reconnoître point d'autre auteur de cette collection que ce Conſtantin lui-même, en quoi il ſe trompe. A l'égard de Conſtantin Pogonat, Cornarius eſt le ſeul qui la lui ait attribuée.

Ibid. c. 2 l. 2. *ajoutés* , C'eſt tout au commencement de ce chap. 26. où il faut prendre garde qu'au lieu de *Dubium vero non eſt quin hæc minima fuerit cauſa, cur tot nobiles Græciæ hiſtorici perierint.* il faut lire : *Dubium vero non eſt quin hæc non minima,* &c.

P. 244. l. 17. *lisés* , Quel qu'ait été

P. 245. l. d. Baillet, comme l'a remarqué Ménage chap. 17. de l'Anti-Baillet, s'eſt ici terriblement mépris. Il devoit dire : *Pluſieurs ont cru que l'Hiſtoire Tripartite de Caſſiodore nous avoit fait perdre la traduction entière qu'Epiphane le Scholaſtique avoit faite de l'Hiſtoire Ecclésiaſtique de Socrate , de celle de Sozomène , & de celle de Théodoret. Mais en cela Caſſiodore ne nous a pas cauſé une grande perte : & l'ouvrage d'Epiphane , comme l'abrégé nous le fait voir , n'étant recommandable ni par l'éxactitude ni par le ſtyle, ne mérite pas d'être regretté.*

Ibid. c. 2. l. 2. *lisés* , Salmaſius Proleg. in Polyhiſtor. &c.

P. 246. l. 17. On ne dit que *Stephanus* en parlant de cet Auteur.

Ibid. c. 2. l. 5. *lisés* , Paul Colomiés Bibliot. choiſie n. 48.

P. 247. l. 30. *lisés* , Ampelius.

P. 249. c. 1. l. 1. *lisés* , Le Pere Lamy.

P. 251. c. 2. l. 2. *lisés* , prohibit.

P. 252. l. 27. *lisés* , Melanchthon.] *Terra nera* eſt le ſynonyme Italien du Grec Μελάγχθον, & de l'Alemand Schwartzerd. La conformité cependant auroit été plus grande, ſi on avoit écrit *Nera terra.*

Ibid. c. 1. l. 2. *lisés* frontem ,

Ibid. c. 2. l. 1. *lisés* , cap. 2.

Ibid. l. 3. *ajoutés* , verbo *Rota* in fine.

Ibid. l. 4. *lisés* Ibidem initio, & Paul.

P. 253. l. 19. On n'a jamais dit que *Cacus* fût un Cyclope. De la manière dont il eſt décrit dans Virgile, c'étoit plutôt un Satyre, étant appellé *Semi homo* & *Semifer* , qu'il vaut pourtant mieux, avec Servius, interpréter ſimplement *homme ſauvage.* Properce, 4. Eleg. 9. en fait un monſtre à trois têtes, figure bien différente de celle d'un Cyclope.

Ibid. l. 22. *lisés* de Furt.

Ibid. c. 2. l. 3. *lisés* de lib. adeſpotis.

P. 254. c. 1. l. 4. *lisés* , cap 14.

P. 256. c. 1. l. 4. *lisés* , ſtylus . . . . ſtylo.

Ibid. l. 6. *lisés* , Hoc

Ibid. l. 7. *lisés* , per hoc

Ibid. c. 2. l. 2. *effacés* , ſe

Ibid. l. 3. *lisés* , queratur.

Ibid. l. 8. *lisés* , Raderus in Caniſii vita. Ce livre anonyme parut d'abord ſous le titre de *Summa doctrinæ chriſtianæ,* on ne lui donne plus que celui de *Catechiſmus Caniſii.*

P. 257. *ajoutés* à la cit. marg. Salvian. Epiſt. ad Saloninum.

Ibid. c. 1. l. 2. *effacés* , la virgule & *ajoutés* à la l. d. Perſonne aujourd'hui n'ignore que *Petrus Aurelius* n'eſt autre que Jean du Verger d'Haurane Abbé de S. Cyran, mort à Paris l'an 1643.

P. 258. c. 1. l. d. *lisés* , Caſuiſtes ,

Ibid. c. 2. l. 4. *ajoutés* , pag. 17. de l'édition in-12. 1674.

P. 256.

SUR LES PRÉJUGÉS.

P. 259. c. 1. l. 2. Baillet entend son livre des Auteurs déguisés.
Ibid. l. 3. lisés, Pline 5. Epist. 6.
P. 260. l. 24. lisés, quels qu'ils
Ibid. l. d. lisés, collectionis Batesianæ.
P. 261. l. 24. lisés, toute
P. 262. l. 31. Le livre intitulé *Allumettes du feu divin* fut imprimé à Paris in-8. par Etienne Caveillier 1539. & sur la fin il est dit que son Auteur est frère Pierre Doré Religieux de l'ordre S. Dominique au couvent de Ste Avoïe à Blois. Quelques uns ont cru que c'étoit lui que Rabelais à la fin du chap. 22. de son 2. livre appeloit *nostre Maistre Doribus*, & n'ont fait nulle distinction entre le Docteur Oris Inquisiteur de la Foi, & le Jacobin Pierre Doré. Beze parle du premier pag. 20. de la première partie de son Histoire Ecclésiastique, & du second sur la fin de son *Passavant*, où il le nomme *Asinum aureum, id est*, ajoute-t-il, *fratrem Petrum Auratum*.
Ibid. col. 2. l. d. L'un & l'autre dans le catalogue des œuvres de Pierre Doré n'ont pas manqué de rapporter les *Allumettes du feu divin*, mais je doute qu'ils aient fait mention du *Fusil de pénitence*.
P. 263. col. 1. l. 1. lisés, in Augustino.
P. 264. l. 19. V. la Croix du Maine au nom *Claude Chappuis*.] J'ai fait autrefois plusieurs recherches touchant ce Claude Chappuis, une partie desquelles a été employée sur le 8. chapitre du 1. livre de Rabelais, & l'autre sur le Dizain 93. de S. Gelais, avec cette différence que la note sur S. Gelais n'est encore que manuscrite.
Ibid. l. 20. Baillet en bon Picard écrit *Landrechy* pour Landrecy.
Ibid. l. d. Atrique] Il faloit avec Bayle dire *Atticus*.
P. 265. l. 12. Cette critique se trouve dans la cinquiéme journée de l'Hexaméron rustique de la Mothe le Vayer.
P. 267. c. 1. l. 1. Gil!. Ménage chap. 90. du tom 1. de ses &c.
Ibid. c. 2. l. 2. Barbier Daucour sous le nom de Cléante sur les Entret. d'Ariste & d'Eug. lettre 1. tom. 2.
P. 269. l. 9. l'auteur anonyme &c.] Isac le Maistre, *vulgo* de *Saci*, anagramme d'*Isac*.
P. 270. l. 23. le Livre de Spinosa,] *Tractatus Theologico-politicus*. Touchant ce Traité & les trois différens titres qu'on lui a donnés dans la traduction Françoise qui en a paru, voyés Bayle au mot *Spinosa*, remarque H. On attribuë cette traduction à Mr le Clerc.
Ibid. Louïse Sigée, &c.] Quant à *Luigia Sigea* fille d'honneur de dona Maria sœur de Jean III. Roi de Portugal, il est certain que le livre intitulé *Aloïsiæ Sigeæ Toletanæ Satira Sotadica de arcanis Amoris & Veneris*, n'est pas une traduction de l'Espagnol, mais un original Latin supposé à Meursius homme grave, incapable d'avoir une pareille idée. On sait à n'en pouvoir douter que cet ouvrage divisé en sept Dialogues, dont le dernier qui a pour titre *Fescennini*, fait lui seul le second tome, est de Nicolas Chorier Historien du Dauphiné. Ce septième Dialogue ayant été imprimé à Genève, Chorier en corrigea de sa main un exemplaire qu'on a depuis vu dans le cabinet de Mr Vachon de la Roche Conseiller au Parlement de Grenoble mort en 1708. Mr du May Avocat Général au même Parlement fit, dit-on, les frais de la première édition qui notoirement passé pour être de Grenoble. Chorier lui même dans l'Epitre dédicatoire de ses Poësies Latines imprimées in-12. l'an 1680. en

Tome I. Vv

cette ville-là, convient qu'avant que d'avoir rien lu d'*Aloïfia Sigea* il avoit fait des vers à la louange de la Dame, fur ce qu'on lui avoit dit que c'étoit contre l'impudicité qu'elle avoit écrit. Il ajoute que ces Vers furent imprimés à fon infçu au devant du livre, dont il protefte que l'infamie ne lui étoit pas encore connuë, & qu'il ne les fait réimprimer dans fon recueil, que parce que les ayant fait innocemment, il fe croit bien fondé à ne les pas fupprimer comme criminels. Il eft aifé de voir que ce font là de vains détours pour fe mettre à couvert du foupçon d'avoir compofé un ouvrage, auquel Louife Sigée n'a nulle part pour l'invention, ni Meurfius pour la traduction. Les vers de Chorier intitulés *de laude eruditæ Virginis quæ contra turpia Satiram fcripfit*, confiftent en 67. Héxamétres mal conçus, pleins de fautes contre la quantité, & de barbarifmes, dont fa profe n'eft pas éxemte. Il eft dit dans une note de Moller au bas de la page 81. du Polyhiftor de Morof tom. 1. liv. 1. que le véritable Auteur du livre dont il s'agit eft un certain Jean Weftréne Jurifconfulte de la Haie, & l'on ne cite pour toute preuve de ce fait qu'un Journalifte Alemand auffi peu connu que ce Jean Weftréne

Ibid. l. d. Voyés Bayle au mot *Stephanus.*

Ibid. c. 1. l. 2. *lifés*, Aloifiæ

Ibid. c. 2. l. 1. Les deux livres de Jofeph contre Apion, fi l'on en croit quelques Critiques, n'avoient en tête le nom d'aucun adverfaire. Quelques éxemplaires Latins, les uns manufcrits les autres imprimés ont Manéthon au lieu d'Apion.

P. 272. l. 7. La feconde édition de la fcience Héroïque eft de 1644. in-fol. à Paris chés Cramoify. L'Auteur du livre s'appelloit Marc de Vulfon fieur de la Colombiére Huguenot, Confeiller au Parlement de Grenoble. Ayant l'an 1618. furpris fa femme en adultére, il la tua elle & le galant, enfuite de quoi étant parti en pofte pour la Cour, il obtint fa grace. Depuis ce tems-là on menaçoit à Grenoble les femmes coquettes de la *Vulfonade*.

Ibid. l. 14. Au devant des deux Dialogues *delle Corti* de l'Arétin, imprimés in-8. à Venife en 1538. on voit fon portrait avec cette infcription au bas : *Divus P. Aretinus, acerrimus virtutum ac vitiorum demonftrator*. Et à la fin du livre au deffus du même portrait : *Divus P. Aretinus, flagellum Principum*. Drufius n'étoit pas encore au monde & n'y eft venu que 12. ans après.

P. 273. l. 6. Gabriel Bucelin, Bénédictin Alemand.

Ibid. l. 16. le P. Labbe a dit de cet ouvrage in-fol. du P. Marc Antoine d'Alégre que c'étoit *pro thefauro carbones*.

Ibid. l. d. *lifés*, Catalogus librorum Philippi Labbe, &c.

P. 274. l. 8. Cet *Effai* de l'Hiftoire Monaftique d'Orient eft de Louis Bulteau qui s'étant fait par humilité frére commis dans la Congrégation de S. Maur s'y foumit à tous les éxercices d'un Religieux fans en porter l'habit. Il mourut le 16. Avril 1693.

Ibid. l. 16. Cette Hiftoire eft en deux volumes in-4.

Ibid. c. 1. l. 1. *ajoutés*, in elogio Michaëlis Montani.

Ibid. c. 2. l. 2. Voffium, *ajoutés*, data Lutetiæ 10. Maii 1642. & eft Epiftolarum 1573.

P. 275. l. 1. Vivès page 371. du tome 1. de fes œuvres *in-folio* dit parlant de cette *Legende* qu'il ne fait *cur auream appellent, quum fcripta fit, ab homine ferrei oris, plumbei cordis:* Claude Despence fameux Docteur de Sorbonne trouvoit apparemment ces paroles de Vivès à son gré, mais ayant poussé une fois la liberté jusqu'à traiter en chaire cette *Legende dorée* de *Legende ferrée*, il causa du scandale, & fut, dit Beze page 33. du tome 1. de son Histoire Ecclésiastique, obligé de se rétracter publiquement.

Ibid. l. 10. Jean de Guterry a traduit les deux premiers tomes de ces Lettres, & Antoine du Pinet le troisième.

Ibid l. 3. de la cit. marg. *ajoutés*, Voyés le tome suivant *n.* 61.

Ibid. l. 25. *Dictionnaire général & curieux*, par Maitre César de Rochefort Docteur ès droits &c.

Ibid. l. d. *lisés*, tom. 2. p. 251.

P. 277. l. 9. *Primasius* disciple de S. Augustin vivoit au 6. siécle.

Ibid. l. 19. d'une autre personne,] de l'Abbé de S. Cyran.

P. 278. l. 19. Gilles Corrozet dans son Trésor des Histoires de France tit. dernier. La Croix du Maine pag. 270. de sa Biblioth. Naudé pag. 29. de son Addition à l'Histoire de Louis XI. & plusieurs autres disent que l'Auteur de cette Chronique s'appelloit Jean de Troyes. Quelques-uns le nomment Denys Hesselin. Une note marginale ancienne d'un exemplaire que j'ai de cette Chronique imprimée in-8. chés Galliot du Pré 1558. l'attribuë à Guillaume Cousinot. Le P. Garasse pag. 3. de sa Recherche des Recherches de Paquier, dit qu'on appella l'Histoire de cet Auteur sans nom qui diffama Louis XI, *La Médisante*. En quoi il y a double erreur : l'une que l'Auteur ait eu en vuë de diffamer Louis XI ; l'autre que cette Histoire ait été intitulée *La Médisante*. Quant à Sorel qui page 328. de sa Biblioth. Franç. dit qu'elle a été nommée *Scandaleuse*, sans qu'on en puisse deviner le sujet, il n'a pas fait réfléxion que c'est parce qu'elle rapporte divers faits scandaleux qui deshonoroient plusieurs familles.

Ibid. c. 1. l. 2. *ajoutés*, Voyés ci-dessus pag. 234.

Ibid. c. 2. l. 2. Henri Lancelot étoit un Augustin né à Malines.

P. 279. c. 2. l. 1. *lisés*, Liv. 2. 2. part.

P. 280. l. 10. *Des Avis* &c. par Jean Desmarets sieur de Saint Sorlin.

Ibid. l. 30. de la *Pauvreté*,] Baillet a voulu dire de la *Chauveté*, quoi que ce mot ne soit pas établi, non plus que celui de *Calvitie* qui s'établira encore plus tard, parce que venant immédiatement du Latin, les femmes ne l'entendront & ne le reçevront pas si aisément que *Chauveté* qui vient du François *Chauve*.

Ibid. l. 33. de la *Goinfrerie*, il faloit dire l'*Ecorniflerie*, Παρασιτικὴν.

Ibid. l. d. Pierre Nicole sous le nom de Damvilliers.

P. 281. l. 11. *Oenozithople*, Ville de vin & de biére, deux boissons qui enivrent.

Ibid. c. 2. l. 3. *ajoutés*, Ce *Frey* n'en déplaise à Naudé mauvais connoisseur, n'a point entendu du tout le génie de la Poësie Macaronique. Le François n'y doit pas entrer tout cru, comme on le voit dans les mots *recitus* pour *recit*, *esmeuta* pour *émeute*, il faut savoir l'allier plus finement avec le Latin. Remi Belleau par exemple qui a si bien réussi dans son *Dictamen metrificum*, auroit pour *recitus veritabilis* dit *recitamen veritabile*, & pour *emcuta*, car c'est du moins comme cela qu'il faloit écrire, il se seroit servi de *bagarra* qui n'a pas l'air si François. Ce qu'ajoute Baillet touchant le Beolque de Ruzzante n'est nullement correct, puisque le Beolque & le Ruzzante ne sont qu'un seul & même Auteur, qui n'ayant d'ailleurs composé qu'en rustique Padouan, ne peut être mis dans un juste parallèle avec un Ecrivain Macaronique, l'une des maniéres étant bien différente de l'autre.

P. 282. c. 1 l. 1. *lisés*, le titre de Jean Massieux *& non pas le Massieux* est dans la Biblioth. de du Verdier, *& dans la Caille* pag. 165.

Ibid. c. 2. l. 2. *lisés*, celui du P. Hay, *& non pas de la Haye*, est dans &c.

P. 283. c. 1. l. 1. *lisés*, Gueret pag. 103. 104. du Parnasse Reformé de la 1. édit. & pag. 90. de la 2. L'Auteur du livre intitulé, *La vérité du vuide contre &c.* est le P. Charles Bourgoin Augustin.

P. 284. l. 19. & 20. Baillet qui donne ici *l'Honnète.Veuve* à un *M. J.* pouvoit observer que Guerer dans l'endroit cité la donne à Grenaille.

P. 285. l. 19. Ce livre du Pére *Théophile Raynaud* parut en 1642. dedié au Pape Urbain VIII. & approuvé de deux Docteurs.

P. 286. l. 31. Baillet a traduit un peu trop literalement l'endroit ou Vossius dit que *Trogus à libro* VII. *usque ad* XLI *tractat de regno Macedonico, cujus dignitas principium suum debet Philippo Magno, patri Alexandri.* Le *Philippo Magno, patri Alexandri*, ne peut faire d'équivoque en Latin, mais *Philippe le Grand Pére d'Alexandre* en fait une très grande en François, à cause de *Grand pére* qui signifiant *ayeul* donne lieu de croire que Baillet a pris Philippe non pas pour le pére, mais pour le grand pére d'Alexandre.

P. 287. l. 7. Cet Ecrivain, prétendu plus récent, n'est autre que *Jean Baptiste Morin* qui dès l'an 1654. c'est à dire 26 ans avant que le livre de Kortholt parût publia le sien sous le titre de *tribus impostoribus* contre Gassendi, Bernier & Neuré. Morin d'ailleurs étant mort le 6. Novembre 1656. ne peut être regardé comme un Ecrivain plus récent que Chrétien Kortholt mort le 31. Mars 1694. Ménage qui page 268. du tome 1. de son Anti-Baillet chap. 72. a relevé cet anachronisme pouvoit reprendre encore Baillet d'avoir parlé des *trois Auteurs Catholiques* contre lesquels Morin écrivit, comme de trois hommes d'un mérite égal. Gassendi, je l'avouë, étoit un homme *de la premiére réputation*, mais l'expression me paroit un peu trop forte pour Bernier, & quant à Neuré, je soutiens, quoique ce fût un homme d'esprit, qu'elle ne lui convient nullement. Je ne pense pas qu'on voie autre chose de lui que trois lettres Latines à la fin de celles de son ami Gassendi, & une très-rare de 61. pages in-4. qui a pour titre : *Querela ad Gassendum de parum Christianis Provincialium suorum ritibus, minimumque sanis eorumdem moribus, ex occasione ludicrorum quæ Aquis Sextiis in solemnitate Corporis Christi ridicule celebrantur.* La lettre est datée d'Aix le 20. Février. L'Auteur n'y a pas mis son nom, mais elle est indubitablement de Neuré. Bien loin d'avoir été un homme *de la première réputation*, il ne craignoit rien tant que d'être connu. Aussi l'a t-il été fort peu. Je renvoie ceux qui en voudront savoir la raison, au 2. tome du *Chevræana* pag. 290.

Ibid. l. 18. *lisés*, à droit & à gauche

Ibid. l. 25. *lisés*, Lysandre.

P. 288. l. 7. *lisés*, Pornodidascale] Les *Ragionamenti* de l'Arétin sont divisés en deux parties, chacune desquelles contient trois Dialogues. Celui qu'a traduit Barthius, & qu'il a intitulé *Pornodidascalus* par ce que la vie des Courtisanes y est décrite, est le troisiéme Dialogue de la premiére partie. La plus ancienne traduction qu'on en ait vuë, est d'un Espagnol nommé Ferdinand Xuarès qui ayant voulu rendre honnête l'original l'a gâté. C'est néanmoins d'après cette version Espagnole qu'un François anonyme fit la sienne, imprimée au commencement du siécle dernier sous le titre impertinent des *Amours de Laïs & de Lamie*. Et c'est enfin à cette même version Espagnole que Barthius homme sans gout s'est attaché, n'ayant au lieu de l'Arétin, traduit que Xuarès corrupteur de l'Arétin.

P. 289. c. 2. l. 3 *lisés*, Diog. Laertius in Platone, n. 8. & in Philolao, n. 85. ---- A. Gell. 3. Noct. Att. 17.

P. 290. l. 2. Aulu-Gelle dit qu'Aristote n'eut pour cette somme qu'une très petite partie des oeuvres de *Speusippe*, mais Diogéne Laërce dit en général τά βιβλία.

Ibid. l. 3. Demetrius Phalereus fit, &c]. Baillet dans ses *Corrections* sur les quatre premiers volumes, en voulant retoucher cet endroit, l'a empiré. Aussi n'étoit ce pas des modernes, c'étoit immédiatement Galien Comm. 2. in Epidem. 3. qu'il devoit consulter. Il auroit vu qu'il n'y est parlé ni de *Demetrius Phalereus*, ni de *Ptolomée Philadelphe*, mais simplement de Ptolomée Evergéte, qui donna en gage quinze talens aux Athéniens pour la sureté des exemplaires qu'il leur demandoit des Tragédies d'Eschyle, de Sophocle, & d'Euripide desquelles il souhaitoit, disoit-il, avoir des copies : ce qu'ayant obtenu, il garda les anciens exemplaires, renvoyant les copies très bien écrites qu'il en avoit fait faire, & laissant les quinze talens aux Athéniens en reconnoissance du plaisir qu'ils lui avoient fait. J'ignore pour moi sur quoi Gyraldus peut s'être fondé pour supprimer le nom d'Eschyle ; pour substituer Philadelphe à Evergéte, & pour méler dans sa narration la pretenduë disette de blé des Athéniens, rien de tout cela ne se trouvant dans l'unique ancien Auteur qui a rapporté le fait dont il s'agit, je veux dire dans Galien.

Ibid. l. 4. *lisés*, d'Euripide & d'Eschyle,

Ibid. l. 7. Au rapport de Pline son neveu, Lettre 5. du liv. 3. en ces termes : *R-ferebat ipse*, il parle de son oncle *potuisse se, quum procuraret in Hispania, vendere hos commentarios Lartio Licino quadringentis millibus nummûm.* Plusieurs éditions pour *Lartio* ont *Largio*, nulle n'a *Laërtio*, car *Laërtius* n'a jamais été un nom Romain. *Quadringentis millibus nummûm*, sont plutôt, comme le reconnoit Mr de Saci 40000. livres de notre monnoie que 40000. écus.

Ibid. l. 10. *lisés*, Beccatelli.

Ibid. l. 12. *lisés*, de Poge.

Ibid. l. 13. Baillet cite ici Gallois, Traité &c. Il faloit dire *le Gallois* ou plutot au lieu d'un Moderne peu exact : il faloit comme Naudé page 88. de son Addition à l'Histoire de Louis XI. citer la Lettre même du Palermitain où il prie Alfonse Roi de Naples de vouloir bien lui dire qui avoit le mieux fait, ou de Poge qui avoit vendu le Tite-Live écrit de sa main pour acheter une métairie ? ou de lui qui se disposoit à vendre la sienne, afin d'acheter ce même Tite-Live exposé en vente à Florence pour le prix de six vingts écus d'or ?

Ibid. l. 16. Les citations de Baillet dans la table qu'il en a donnée à la fin du premier volume de l'édit. in-12. étant fort brouillées, je pense que c'est au chiffre précédent (3) qu'il faloit citer *Liberius* page 120. & ici (4) *Le Gallois*, Auteurs de néant l'un & l'autre, que Baillet néanmoins allégue avec une entiére sécurité. S'il avoit consulté les Lettres du Cardinal de Pavie, il auroit trouvé que dans la 107. celui-ci, sur ce que Donato Acciaïoli lui mandoit qu'on vouloit avoir d'une traduction Latine des Vies de *Plutarque* en trois volumes, 80. écus d'or au dernier mot, & 16. ou 15. tout au moins des Epitres de *Sénéque*, lui marque pour réponse, qu'il éxamine si les livres sont bien conditionnés, & qu'il tâche de les avoir à meilleur marché.

Ibid. c. 1. l. 7. & 8. *lisés*, d'Eschyle ——— d'Euripide.

P. 291. l. 28. *lisés*, en ce qu'il

Ibid. c. 1. l. 4. *ajoutés*, Voici ses termes. *Relatum mihi est à fide dignis viris, in Galliis, pro uno exemplari horum librorum ob penuriam eorum persolutos fuisse 25. nummos Hungaricos aureos.*

Ibid. c. 2. l. 5. *ajoutés*, n. 63.

P. 292. c. 1. l. 3. Gueret Parnasse réformé pag. 33. &c. jusqu'à 42. de la 2. édit.

P. 294. l. 14. & 15. Cela vaut dire que les livres imprimés chés Charles Savreux seront autant recherchés que ceux qu'Alde Manuce, Robert Estienne, & Christophle Plantin ont imprimés.

Ibid. c. 2. l. 2. *ajoutés*, de l'édit. in-12. 1672.

P. 295. l. 3. M. Dacier n'estime le *Stater* d'or que sept livres de notre monnoie.

Ibid. l. 21. Baillet se seroit mieux ex- pliqué s'il avoit dit : *Cette erreur l'a jetté dans une autre, en lui faisant croire qu'Aléxandre qui lui paroissoit avoir eu le gout si fin pour la peinture &c.*

Ibid. c. 2. l. 6. *ajoutés*, dans l'abrégé de la vie de Chérile : c'est là que parlant du *Stater* d'or il l'estime une pistole.

P. 296. l. 12. Sozoméne dans la Préface de son Histoire a remarqué le premier que les vers d'*Oppien* à cause de la liberalité que l'Empereur lui avoit faite, avoient été depuis appellés des *Vers dorés*. Il est vrai qu'il dit que c'étoit de Sévère l'Empereur & non pas d'Aléxandre fils de Sévère qu'Oppien avoit reçû cette libéralité.

Ibid. l. 14. Ce *Traducteur de la Cité de Dieu* s'appelloit Raoul de Presle. Sa traduction comme l'a curieusement remarqué du Verdier a été imprimée deux fois *in-folio*, la premiére à Abbeville par Jean du Pré, & Pierre Gérard 1486 ; la seconde à Paris l'an 1532. par Galliot du Pré.

Ibid. l. d. *lisés*, page 298.

P. 297. l. 2. & 3. Le P. Vavasseur & Ménage ont eu raison d'appeller mauvais connoisseurs ceux qui n'approuvent pas l'Epigramme de *Sannazar* parce qu'elle est fabuleuse. Baillet à tout hazard s'en est fié au collecteur du *Delectus Epigrammatum*, qui n'est pas Dom Lancelot, comme l'a cru Ménage, mais le célébre Pierre Nicole. L'Epigramme de *Sannazar*, soit par le sens, soit par la versification est assurément très belle. Ce qu'on dit du présent dont l'honora la République de Venise, semble n'être fondé que sur la tradition. Je n'en trouve nulle preuve autentique dans la vie du Poëte, quoiqu'écrite assés au long par Jean Baptiste Crispo de Gallipoli. Tout le rémoignage qu'il en rend est conçu en ces termes : *Mi afferma il Signore Aldo Manucci* (c'est Alde le jeune fils de Paul) *che la Republica di Venetia diede cento scudi al Sannazaro per ciascun verso dell' Epigramma: Viderat Hadriacis &c.*

Ibid. l. 8. Bayle, article d'*Amyot*.

Ibid. l. 10. Voici les paroles de Vossius : *Is*, il entend le Duc de Bavière Albert V. *pro opera hac remuneratus eum bis mille & quingentis aureis.* Il me semble que par *aureis*, qui suppose *nummis*, on entend simplement *écus d'or*.

Ibid. l. 12. Aussi n'y a-t-il pas de comparaison entre ces deux ouvrages, celui de *Cambden* méritant plus de pistoles que l'autre de testons.

Ibid. l. 14. Une libéralité de 150. livres de notre monnoie ne méritoit pas d'être alléguée.

Ibid. l. 18. Papirius Masso in elogio Choppini. Ménage, Remarques sur la vie de P. Ayrault, & chap. 31. de l'Anti-Baillet.

Ibid. l. 19. Masson dit, *mille aureos*.

Ibid. c. 2. l. 2. *ajoutés*, in vita Xylandri.

Ibid. l. 3. *ajoutés*, in Hieronymi Wolfii vita.

P. 298. c. 2. l. 7. Balzac Remarques sur les Sonnets de Job & d'Uranie chap. 8.] Balzac dans l'endroit cité ne dit rien de positif sur la fortune que Desportes avoit faite par ses vers. C'est dans ses Dissertations chrétiennes & morales page 400. du tome 2. de ses œuvres *in-folio* qu'il a dit : *La peine que prit Desportes à faire des vers lui acquit un loisir de dix mille écus de rente.* En quoi il a embelli cette expression de Régnier dans sa neuvième Satire, où il parle des envieux de son oncle Desportés :

Et s'ils font comme ils disent, &c.

Mairet dans sa Lettre au Duc d'Ossone a dit que Desportes avoit lui seul recueilli les récompenses de tous les Poëtes ses dévanciers, ses contemporains, & ses successeurss Ce que Ménage a répété en Italien page 381. de ses *Mescolanze* de la 1. édition.

Ibid. l. 10. *ou* pag. 35.

Ibid. l. 11. Balzac à dit cela, non pas dans ses Entretiens, mais dans l'endroit ci-dessus allégué de ses Dissertations chrétiennes & morales.

Ibid. l. 12. Baillet renvoie ici son Lecteur au tome 2. des Observations de Ménage sur la Langue Françoise page 26. mais Ménage chap. 21. de son Anti-Baillet a eu raison de s'inscrire en faux contre cette citation. C'est Balzac qui chap. 8. de ses Remarques sur les Sonnets de Job & d'Uranie, a dit *Mr l'Amiral de Joyeuse donna dix mille écus à un homme que j'ai connu pour lui avoir dédié un Discours de ce style-là, où il n'avoit pas oublié le zénit de la vertu, le solstice de l'honneur, & l'apogée de la gloire, non plus que le Roi des merveilles, & la merveille des Rois, outre toutes les passions & toutes les puissances de son ame*

Ibid. l. 14. Cette note de Baillet n'est bonne qu'à supprimer de même que celle qui est en marge de la précédente page où il suppose que le revenu dont jouissoit Desportes consistoit en une seule Abbaye qui lui rendoit par an 10000. écus. Il a voulu inutilement raccommoder cela par le N B. *Il semble*, &c. de la 1. col. de cette même page 298.

P. 299. l. 30. Le Cardinal Mazarin n'a jamais rien déboursé pour cette *Préface* des Poësies de Maynard, laquelle d'ailleurs n'est pas de Chapelain, mais de Gomberville. Cette double erreur est de Naudé page

237. de son Mascurat. Baillet qui l'a copiée d'après lui, l'a depuis reconnuë ingénument. *Voyés* N B. *J'ai rapporté* &c. c. 1. l. 5.

Ibid. c. 1. l. 1. Colomiés, Recueil de particularités, num. 109.] Jean Albert, nommé alors en Latin, *Faber*, aujourd'hui *Fabricius* dans sa Centurie des Plagiaires n. 21. parle de ce *Tomasini* un peu plus au long que Colomiés.

P. 500. l. 12. Balzac, Lettre 4. du 27. livre de l'édition *in-folio.*] Ce n'est pas Balzac qu'il faisoit citer, c'est l'endroit d'où il a tiré cet exemple, sçavoir l'Oraison de Cicéron pour le Poëte Archias.

Ibid. l. 28. *effacés*, (4)

Ibid. c. 2. l. 4. *lisés*, 1. Tels que Jean Bapt. Morin & autres.

Ibid. l. 6. *lisés*, 2. Mascurat de Naudé pag. 237. 238. & suiv.

Ibid. effacés la citation 4. *Les fautes de cette Colonne viennent du mauvais ordre que dans l'édition in 12. Baillet avoit donné à ses citations en cet endroit, ainsi qu'en plusieurs autres.*

Fin des Notes Critiques sur les Préjugés.

JUGEMENS.

JUGEMENS
DES PRINCIPAUX
IMPRIMEURS

Qui se sont signalés par leur savoir, par leur fidelité, par leur éxactitude & par leur désinteressement, qui sont les quatre principales qualités necessaires pour les bonnes Impressions des Livres.

CEUX D'ITALIE.

NICOLAS JENSON ou JANSON, François de Nation établi à Venise vers l'an 1486.

IL n'est pas ordinaire de voir que les Auteurs & les Inventeurs d'un Art ayent le loisir ou l'industrie de le polir & de le perfectionner. C'est toujours beaucoup que le genre humain leur ait cette premiére obligation sans que l'on en doive éxiger davantage d'eux. Ils font la partie la plus difficile, & qui par conséquent mérite le plus de louanges. Ainsi l'on ne doit point trouver étrange que les Allemans se soient contentés d'avoir inventé l'Art de l'Imprimerie, & qu'ils ayent laissé aux autres le soin d'y ajouter & de lui donner sa perfection & son lustre.

Jenson. NICOLAS JENSON ayant passé de France en Italie, est le premier au jugement de la plupart du monde qui commença de polir & d'embellir cet Art.

Le Sabellic dit qu'il ne se contenta pas d'éxercer son métier comme les autres, mais qu'il surpassa de beaucoup tout ce qu'il y avoit eu d'Imprimeurs jusqu'alors par la beauté de ses caractéres. Il ajoute que par son industrie il rendit le gouvernement du Doge Barbarigo plus célèbre que celui de ses Prédecesseurs. Et on peut dire qu'il jetta les fondemens de la réputation que l'Imprimerie de Venise s'est acquise depuis par le moyen des Manuces. (1)

On trouve encore des témoignages avantageux rendus à son mérite par Nicolas Bassé dans une lettre au Comte d'Hanau (2), par Bern. de Malinckrot Doyen de Munster dans son Traité de l'Imprimerie (3), & par plusieurs autres Ecrivains. (4)

1 M. Ant. Sabellic. Coccius Historiâ Venetâ.

¶ Cette citation n'est pas exacte. Sabellic a parlé deux fois de Nicolas Jenson; l'une dans son Histoire universelle livre 6. de l'Ennéade 10. l'autre dans son Histoire de Venise livre 8. de la 3. Décade, à l'occasion de l'Imprimerie, dont l'invention fut connuë sous le Doge Pascal Malipiero, élu l'an 1457. & mort l'an 1462. Jenson commença dès 1461. à imprimer & vraisemblablement mourut en 1481. ne se trouvant depuis cette année-là nul livre de son impression, d'où il s'ensuit que Sabellic n'a pu ni du dire, comme effectivement il ne l'a point dit, que le gouvernement d'Augustin Barbarigo élu Doge en 1485. quatre ans après la mort de Jenson, avoit été illustré par l'industrie de cet Imprimeur. Une autre faute de Baillet, c'est d'avoir ignoré que Sabellic n'ayant écrit qu'en Latin, ne devoit pas être nommé le Sabellic, mais simplement Sabellic, l'usage étant de ne mettre l'article qu'au devant du nom des Auteurs Italiens qui ont écrit en leur langue. Ménage n'a pas manqué de le relever là dessus chap. 8. de son Anti-Baillet ¶

2. Epist. dedic. 3. tomi Cat. Nundinar. Francofurt.

3 Pag. 83. edit. in-4. & in addendis.

4 Le Gall. Tr. des Biblioth. pag. 161. & alii

¶ Parmi ceux qui ont parlé de Jenson avec éloge, Naudé dans son Addition à l'Histoire de Louis XI. & Chevillier dans son Origine de l'Imprimerie de Paris se sont distingués. Ils ont l'un & l'autre spécifié les principales éditions qu'il a données, & n'en ont daté la plus ancienne que de 1470. Je viens pourtant de dire que dès 1461. il avoit commencé à imprimer, & je l'ai dit sur la foi des Annales Typographiques imprimées l'an 1719. à la Haie. Leur Auteur pag. 36. & 37. y faisant mention d'un livre qu'il a vu dans la riche Bibliothéque du Comte de Pembrok. C'est, dit-il une maniére de grand in-8. dont il rapporte le titre ainsi orthographié. Questa sie una opera la quale si chiama. Decor puellarum: Zoe Honore delle donzelle: la quale da ragola, forma, e modo al stato de le honeste donzelle. Le livre est de 233. pages, la page de 22. lignes, la ligne d'environ 33. lettres. Les premières lettres des chapitres y sont écrites à la main, & coloriées en rouge. Le caractère de l'impression est Romain, ne cédant point en beauté à ceux de Robert Etienne ou de Vascosan. Ce qu'on appelle la composition, très correct. La date se lit à la fin en ces termes: Anno à Christi incarnatione MCCCCLXI. per Magistrum Nicolaum Jenson, hoc opus quod Puellarum decor dicitur, feliciter impressum est. Laus Deo. L'Auteur répond en suite pertinemment aux objections des Critiques touchant cette date de 1461. qu'ils croient ou fausse ou fautive, parce qu'il ne se trouve aucun livre depuis, imprimé par Jenson avant 1470. & qu'une interruption de huit ans entiers ne leur paroit pas vraisemblable. ¶

IMPRIMEURS D'ITALIE.

LES MANUCES, Imprimeurs *de Venise & de Rome*.

1. ALDE *le Pere*, Romain de naissance (1), mort en 1516, dit *Aldus Pius Manucius*.
2. PAUL *son fils* mort en 1574.
3. ALDE *le petit-fils* mort en 1597.

LE Sr Janssson d'Almeloveen (2) croit avoir beaucoup avancé, quand il a dit qu'Alde l'ancien a été un des premiers qui ait imprimé le Grec nettement & correctement. Mais Ange de Roccha (3) va plus loin, & prétend qu'il est le premier qui a imprimé le Grec de suite, c'est-à-dire des ouvrages continus écrits en cette langue ; qu'auparavant lui on n'avoit point encore fait cette épreuve, & que lorsqu'il se rencontroit quelque mot ou quelque passage Grec dans les Livres Latins qu'on imprimoit, on laissoit la place en blanc faute de caractéres.

Le même Auteur ajoute qu'outre cette gloire qui lui est propre & particuliére, il est encore parvenu à celle que produit à un Imprimeur l'éxactitude des corrections, & la beauté des caractéres ; qu'il a acquis tant de réputation dans son art qu'on lui a long-tems attribué tout ce qui sortoit de bon de l'Imprimerie. De sorte que quand on vouloit relever le mérite de quelque belle impression, on disoit en Proverbe *qu'elle venoit de la Presse d'Alde*.

La Langue Latine ne lui est guéres moins obligée que la Grecque : & comme a remarqué de Malinckrot après de Roccha (4), il a

---

1 ¶ Alde quoique né à Bassano dans la Marche Trevisane, & par cette raison appellé *Bassianus*, aima mieux dans la suite être appellé *Romanus*, il y joignit peu après le nom de *Manutius*, & depuis en reconnoissance de la protection dont l'honoroit le Prince de Carpi Alberto Pio son disciple, il prit aussi le nom de *Pius*, devenant par ce moyen *Aldus Pius Manutius Romanus*. On peut voir cette gradation agréablement contée dans la XI. Oraison de Majoragius. ¶

2 Theodor. Janson. de vit. Stephanor. pag. 125.

3 Angel. Rocch. Biblioth. Vatican. pag. 411.

¶ Il y a ici plusieurs fautes. Ange Rocca (c'est ainsi que ce nom doit être écrit) ne dit point, dans l'endroit cité, qu'Alde ait le premier imprimé des ouvrages Grecs continus, mais qu'il n'imprimoit tout au plus que deux feuilles chaque semaine, sur quoi il faut voir comme Chevillier pag. 126. le réfute. Si Rocca d'ailleurs prétendu qu'Alde avoit le premier donné des impressions Grecques, Baillet auroit eu tort de ne pas faire voir le contraire en citant la Grammaire Grecque de Constantin Lascaris qui parut à Milan dès le 30. Janvier 1476. dix-huit ans avant que Venise eût vu le petit poême de Musée dont l'édition fut le coup d'essai d'Alde Manuce, sans parler de l'Homére entier imprimé à Florence in-folio 1488. ¶

4 Malinckrot de Arte Typographic. cap. 14. pag. 91. 96. Ang. Rocc. Bibl. Vatic. pag. 401.

Alde Manuce. contribué à son établissement autant & plus que les Critiques les plus laborieux.

Jules Scaliger dans sa premiére invective contre Erasme (1) accuse ce grand homme de s'être mis au service de notre Manuce pour corriger les épreuves de son Imprimerie. Mais en croyant humilier son adversaire, il rehausseroit encore de beaucoup le mérite des éditions de Manuce si ce qu'il lui impute étoit constant, puisque loin de donner la moindre atteinte à la réputation d'Erasme, chacun témoigneroit encore beaucoup plus d'empressement pour les éditions de notre Imprimeur, sachant qu'elles auroient été corrigées par le premier Critique de son siécle. D'ailleurs il y a beaucoup d'apparence que Scaliger s'est trompé dans la chaleur de la passion qui l'aveugloit, car Erasme (2) soutient que dans tout le tems qu'il demeura chés Alde, il ne corrigea point d'autres livres que les siens propres.

Le même Erasme loue Manuce de ce que ses éditions étoient non seulement plus correctes & plus entieres, mais encore à meilleur marché que celles des autres Imprimeurs, & il fait valoir ainsi son désintéressement aussi bien que son industrie. (3)

Après cela je ne vois point la raison qui a fait dire à Joseph Scaliger (4) qu'*Aldus Senior étoit un pauvre homme* (5), quoiqu'il eût infiniment imprimé des *Auteurs Grecs*, & qu'il semblât n'avoir point d'autre défaut que celui d'avoir été surmonté par Henri Estienne dans la bonté des éditions Grecques.

Au reste Alde l'ancien avoit de l'érudition, quoi qu'en ce point il ait été obligé de le céder à son fils & à son petit-fils. On a de lui une espéce de Grammaire Grecque; des Notes sur *Horace*, sur *Ho-*

---

1 Oratione 1. in Erasmi Ciceron. Dial.

2. Eraf. in Epist. Malinckrot pag. 96. 97.

3 ¶ Si Erasme a dit que les éditions d'Alde étoient à meilleur marché que celles des autres Imprimeurs, c'est parce qu'elles étoient plus correctes, & qu'on pouvoit dire des autres, qu'elles auroient toujours été plus chéres, quand elles auroient moins coûté. Du reste Alde vendoit fort bien ses livres. On peut s'en rapporter à ce qu'en dit Codrus Urseus dans la 4. lettre, & même à ce qu'en dit Erasme au proverbe *Festina lente*, où dans une longue digression qu'il y fait à l'occasion d'Alde, il témoigne qu'il s'en faloit bien que Froben, quoi qu'aussi laborieux, fût aussi riche. Alde, si on l'en croit, ne s'étoit pas moins acquis de bien que de gloire dans sa profession, *non minus auri sibi peperit quam nominis utroque dignus.*¶

4 Posterior. Scaligeran. pag. 7.

5 ¶ *Aldus Senior étoit un pauvre homme*. Ces paroles changent entiérement le sens du texte. Voici le passage fidélement copié. *Aldus a infiniment imprimé d'Auteurs Grecs, & cependant étoit pauvre*. Il est visible que Jean de Vassan collecteur du second Scaligerana s'est mépris lorsqu'il a dressé cet article appliquant au vieux Alde ce que Scaliger lui avoit dit de la pauvreté du jeune. Il devoit sans parler des éditions Grecques d'Alde, ni d'Henri Etienne, concevoir ainsi tout simplement son article. *Alde Manuce fils de Paul est mort extrêmement pauvre.*¶

mere &c. Mais comme la fuite des tems nous a procuré quelque chose de meilleur, je n'ai pas crû le devoir mettre ni au nombre des Grammairiens, ni dans celui des Critiques, où il n'auroit pû avoir un des premiers rangs, ni une gloire approchante de celle qu'il possède parmi les plus célébres Imprimeurs.

* *Aldi Manutii Avi, πάρεργον de vitiatâ vocalium ac diphthongorum prolatione* in-8°. *Venet.* 1515. — *Annott. ad Horatium* in-8°. *Venet.* 1519. *

---

§. 2. PAUL MANUCE fils d'Alde.

LE Pere Labbe fait paſſer aux enfans & aux héritiers du vieux Alde la gloire d'avoir prêté leurs mains aux Lettres Grecques dans leur renaiſſance (1). Le plus célébre ſans doute & preſque le ſeul de ſes Enfans qui ait acquis de la réputation eſt Paul Manuce, dont Mr de Thou louë l'induſtrie(2) comme nous le verrons ailleurs.

Le Pape Pie IV. le fit venir à Rome pour lui donner la direction de l'Imprimerie Apoſtolique (3) dans le deſſein de lui faire imprimer les ſaints Peres avec toute l'éxactitude dont un homme de cette expérience ſeroit capable comme le marque Opméer & Mr Bullart (4). Le S. Pere lui avoit fait fournir avec une libéralité extraordinaire tous les ſecours imaginables pour ce grand & glorieux deſſein, entre autres un bon nombre d'habiles Ouvriers, & des Caractéres nouvellement fondus d'une beauté achevée. Mais on ne voit pas que l'effet de cette commiſſion ait été auſſi grand qu'on auroit dû ſe le promettre d'un homme ſi capable & ſi bien ſecouru.

Il s'étoit rendu beaucoup plus ſavant que ſon Pere, & il trouvera dans la ſuite de ce Recueil une place honorable parmi les Critiques-Grammairiens, où nous verrons entre autres choſes qu'il s'eſt ſignalé dans la pureté de la Langue Latine, & dans la connoiſſance de l'Antiquité.

1 Labbe Bibl. Bibl. pag. 2. & Append. pag. 197.
2 Hiſtor. ſuor. temp.
3 Petr. Opmeer Chronic. pag. 508. edit. Beyerl.
4 Iſaac Bullart Academ. tom. 2. lib. 4. pag. 261.

§. 3. ALDE MANUCE fils de Paul.

ALde *le jeune* fils de Paul fit affés bien dans les commencemens, & tant qu'il demeura à Venife. Mais il fe relâcha dans la fuite à caufe du mauvais ordre de fes affaires, & de la miſére dans laquelle il tomba, comme on le voit dans Tollius(1), qui a continué le Recueil des malheureux hommes de Lettres, compofé par Pierius, & dans le Vittorio de Roffis (2). Car s'étant amufé à régenter à Boulogne & à Rome, & ayant paffé la plus belle partie de fa vie dans la pouffiére des claffes, il fe vit non feulement méprifé & maltraité de fes Ecoliers par fa mauvaife conduite, mais encore appauvri, négligé & accablé de dettes à caufe des grandes dépenfes qu'il avoit faites pour faire tranfporter fes Livres & fon Imprimerie de Venife à Rome. Il arriva en cette ville fous le Pontificat de Sixte-Quint Reftaurateur ou plutôt Fondateur de l'illuftre Imprimerie du Vatican, dont le Pape Clement VIII. donna à la fin la direction à notre Manuce, autant par la condération de fon Pere & de fon Aïeul, que par la vûë de fon propre mérite.

En effet il étoit favant & grand homme de Lettres, mais inférieur à fon Pere, & comme il a compofé divers ouvrages, nous parlerons encore de lui plus d'une fois dans la fuite de ce Recueil.

Le Catalogue des éditions de cette célébre Imprimerie, & particuliérement des livres imprimés dans la boutique d'Alde le jeune parut in-4°. en 1595.

---

1 Corn. Tollius de infelicit. Literat. pag. 29. poft Pierium.
2 Jan Nic. Erythr. Pinacoth. 1. num. 109.
¶ Il faloit alléguer cet Auteur ou fous fon nom Italien *Giovan Vittorio de' Roffi*, & non pas ridiculement *de Roffis*, & fans lui donner du *le*, puifqu'il n'a écrit qu'en Latin ou fous le nom Grec-Latin *Janus Nicius Erythræus* qu'il lui a plu fe donner.¶

DOMINIQUE DE BASA (1) *Venitien* établi à Rome sous Sixte V.

3   Nous avons cru le devoir joindre aux Manuces, soit parce qu'il avoit été formé & instruit dans l'école & la boutique du vieux Alde (2), soit par ce qu'il passa de Venise à Rome aussi bien que les deux derniers, & qu'il y eut le même emploi. Car Sixte V. lui donna la direction de la nouvelle Imprimerie du Vatican à cause de son savoir & de la grande expérience qu'il avoit de ce bel art (3).

1 ¶ Dominique Basa. Il y avoit un Bernardo Basa imprimeur à Venise du tems de Sixte V. & au de là. Il en est fait mention plus bas.
2 ¶ Il n'y a pas d'apparence qu'il eût fait son apprentissage sous le vieux Alde,

autrement il auroit eu près de 90. ans lors que Sixte V. le manda.§
3 Ang. de Rocca append. ad Biblioth. Vatic. pag. 413.
Greg. Leti lib. 9. vit. Sixti V. ad fin.

DANIEL BOMBERGUE d'*Anvers*, établi à Vénise. (1)

4   Il a imprimé un grand nombre de Bibles Hebraïques, dont la plupart sont fort estimables pour leur éxactitude (2) au Jugement du P. Simon grand connoisseur en ces matiéres. On a aussi divers ouvrages des Rabbins en leur langue sortis de cette Imprimerie, & qui ont rendu le nom de Bombergue aussi célébre parmi les Juifs que parmi nous.

Scaliger (3) disoit qu'il avoit dépensé trois millions d'écus à imprimer des livres, & qu'ils sont tous fort corrects; qu'il a imprimé entre autres le Talmud par trois fois, & que chaque impression lui avoit coûté cent mille écus.

Mr Vossius écrit (4) que c'est Bombergue qui a terminé toutes les disputes qui partageoient les Juifs sur l'affaire des Points-voyelles établis depuis les Massorhétes pour fixer la prononciation. Mais qu'il y consuma tout son fonds qui étoit fort ample pour nourrir & gager quelques centaines de Juifs qu'il occupoit à cet emploi. Que

1 ¶ Mort vers le milieu du 16. siécle.§
2 Rich. Simon Hist. Critiq. du V. Test. pag. 512. &c.
3 Posterior. Scaligeran. pag. 34. 35.
4 Isaac Voss. Epist. Dedic. Tract. de Oracul. Sibyllin.

c'est la Boutique de Bombergue qui a donné la naissance à tous ces Points-voyelles que les Chrétiens Rabbinistes considérent comme venus du Ciel.

Néanmoins tous les Juifs ne sont pas de ce sentiment, & plusieurs prétendent que les éditions de Bombergue sont remplies d'une infinité de fautes, surtout dans les Points qui y sont souvent marqués différemment dans les mêmes mots & dans le même sens. (1)

1 ¶ Ménage chap. 58. de l'Anti-Baillet a fort bien observé que les Juifs n'ont eu cette prétention qu'à l'égard de la premiére édition de la Bible de Bombergue, mais qu'ils avoient tous loué sa Bible de la seconde édition, & renvoie là dessus à l'Histoire critique même du V. T. citée par Baillet. Postel dans son Alphabet des 12. langues au chap. de la langue Chaldaïque dit avoir connu Bombergue à Venise, & lui donne l'éloge de *Vir ad rem Christianam ornandam natus.* Voyés de plus André Chevillier pag. 267. &c. de son Origine de l'Imprimerie de Paris.

LES JUNTES *de Lyon, de Florence, de Rome & de Venise.*

§ ILs étoient venus de Lyon & ils tenoient le second rang dans l'Italie après les Manuces. Le plus considérable d'eux tous a été *Bernard.* Nous avons deux principaux Catalogues de leurs Editions.

Le premier est celui des héritiers de Philippe Junte à Florence, imprimé in-12. en 1604. Le second est celui des livres de Bernard Junte, de Jean-Baptiste Ciotti & de leurs associés, imprimé à Venise en 1608. in-12.

VOILA quels furent les principaux Imprimeurs de l'Italie dans le siécle passé; mais ils n'ont point empêché Erasme (1) de dire que ce Pays n'étoit pas fort heureux en ce point, ni de se plaindre que tous les livres imprimés en Italie de son tems, étoient pleins de fautes sans exception, & que cet inconvénient ne venoit que de l'avarice des Imprimeurs qui faisoient difficulté de débourser quelque chose pour entretenir des Correcteurs.

Mr Catherinot parlant des Lettres historiées que les Imprimeurs ont substituées aux Lettres enluminées des Manuscrits, dit „que les „Italiens qui ne peuvent oublier leur humeur amoureuse les ont „profanées des amours de Jupiter & d'autres figures honteuses, au „lieu que les Imprimeurs des autres Pays se sont attachés à n'y re- „presenter que des personnes ou des traits de l'Ecriture sainte; de

1 Erasm. lib. 20. Epistol. col. 1017. c.

l'Histoire

IMPRIMEURS DE FRANCE.

l'Hiſtoire, de la Morale, des Figures d'animaux, de Plantes, Fleurs, on d'autres choſes indifférentes (1). Et le P. Poſſevin Jéſuite s'étoit déja plaint dans ſa Bibliothéque choiſie de cette licence des Imprimeurs de ſon Pays.

1 Catherinot de l'Art d'imprimer pag. 3.

CEUX DE FRANCE.

JOSSE DE BADE d'*Aſck* ou *Aaſche* en *Brabant* né en 1462. Imprimeur de Paris, mort en 1526. (1) dit en Latin JODOCUS BADIUS ASCENSIUS.

6 UN Auteur Anonyme (2) dit qu'il fut le premier qui introduiſit en France l'uſage des Caractéres ronds qu'il y apporta ,, d'Italie environ l'an 1500. étant venu en ce Royaume non ſeu- ,, lement pour enſeigner le Grec à Paris, mais encore pour y éta- ,, blir cette belle Imprimerie connuë ſous le nom de *Prælum Aſcen-* ,, *ſianum*, dans laquelle il donna au Public pluſieurs bons livres en ,, ces Caractéres ronds, au lieu que juſques alors on n'en avoit eu dans notre Pays que de Gothiques. (3)

Il faut avouer que ſes Caractéres n'ont pas tout l'agrément de ceux des Eſtiennes, mais Scaliger (4) dit que ſes Editions ſont bonnes. Et il eſt d'autant plus eſtimable qu'il étoit ſavant pour un Imprimeur, & que ſelon Valere André (5) il avoit enſeigné avec ſuccès les belles Lettres à Lyon avant que de venir profeſſer le Grec à Paris.

1 ¶ Joſſe Bade & non pas *Joſſe de Bade*, eſt mort en 1535.
2 Journal des Savans du 31. Janv. 1684.
3 ¶ On a imprimé en caractères ronds à Paris dès 1470. 1471. & 1472. comme l'a prouvé Chevillier pag. 54. de ſon Orig. de l'Imprim. de Paris.
4 Poſterior. Scaligeran. pag. 23.
5 Val. And. Deſſelius Biblioth. Belgic.

Tome I.

LES ESTIENNES *de Paris & de Genève*, savoir:

1. Henri I. *du nom, mort vers l'an* 1519. *à Paris.*
2. Robert I. *du nom fils d'Henri, mort à Genève l'an* 1559.
3. Charles *frere de Robert* mort à Paris.
4. François *frere de Robert & de Charles* mort à Paris.
5. Robert *Second du nom fils de Robert premier mort vers l'an* 1588. *à Paris.*
6. Henri *Second du nom fils de Robert Premier mort à Genève* (1) *l'an* 1598.
7. Paul *fils d'Henri Second à Genève.*
8. Robert *Troisiéme du nom fils de Robert Second Petit fils de Robert Premier à Paris.*
9. Antoine *fils de Paul petit-fils d'Henri Second mort à Paris.*

§. 1. HENRI ESTIENNE premier du nom. (2)

Henri Premier imprima assés peu de livres, & il s'en acquitta avec la réputation d'un des meilleurs Imprimeurs de son tems. Mais sa principale gloire est celle d'avoir formé & dressé ses enfans dans cette généreuse entreprise par laquelle ils s'efforcérent de porter l'Art de l'Imprimerie à sa perfection. On peut voir le sieur d'Almeloveen dans un Livre qu'il a fait exprès de la vie des Estiennes imprimé à Amsterdam in-12. en 1683. quoiqu'il ne soit peut-être pas toujours fort sûr de le suivre en tout ce qu'il dit de ces illustres descendans de notre Henri,

---

1 ¶ Baillet dans les corrections imprimées au commencement du tome 1. de ses Poëtes de l'edit. in-12, a reconnu que c'étoit à Lyon qu'Henri Etienne étoit mort.

2 ¶ Henri Etienne 1. du nom mourut sur la fin de 1520. ß

§. 2. ROBERT ESTIENNE l'ancien (1).

8 IL travailla d'abord fous Simon de Colines fon beaupere, c'eſt à dire qui avoit époufé fa mere veuve d'Henri I. & qui avoit eu fon Imprimerie. Mais ayant époufé depuis la fille de l'Imprimeur Badius Aſcenſius (2), & ayant dreſſé une boutique à fes dépens, il fit valoir l'Imprimerie avec beaucoup plus de réputation que tous ceux qui l'avoient éxercée juſqu'alors, & rendit ſon nom immortel, non feulement par la netteté & la beauté éxtraordinaire de fes caractéres Hébreux, Grecs, & Romains, mais encore par fon éxactitude fans éxemple, par fon habileté, & par le grand desintéreſſement (3) qui lui fit préférer l'intereſt du Public au fien particulier.

Mr Colomiés (4) dit qu'il a infiniment plus contribué à la gloire de la France & du monde Chrétien que tous les conquérans, & qu'après Alde Manuce & Jean Froben, il n'y a point eu d'Imprimeur plus célébre que lui. Mais s'il eſt vrai qu'il leur ait été inférieur en quelque choſe, ce ne peut être que dans l'âge, puiſqu'il les a ſurpaſſés tant en érudition, qu'en éxactitude.

Car (5) il eſt difficile de s'imaginer & de conçevoir la force & l'aſſiduité de l'application avec laquelle il travailloit à la correction de toutes les épreuves qui fortoient de fes preſſes. Et comme il n'étoit pas encore content d'un travail ſi difficile & ſi ennuyeux, il faiſoit mettre ſouvent les feuilles des Livres qu'il imprimoit ſur les Quais, fur les Ponts, & dans les places publiques de Paris, avec des affiches par leſquelles ils prioit chacun de vouloir les lire & les corriger & promettoit même de groſſes ſommes d'argent pour payer & récompenſer la peine de ceux qui y auroient remarqué quelques fautes. (6)

Après cela qui eſt-ce qui peut raiſonnablement douter que ce qu'avance le ſieur de Malinckrot (7) à ſon ſujet ne ſoit très-vrai, quand il écrit que Robert Eſtienne étoit plus habile qu'Alde Ma-

1 ¶ Mort à Genève le 7. Septembre 1559. agé de 56. ans.
2 ¶ nommée Perrete.
3 Th. Janſſ. d'Almelov. pag. 13. de Vit. Steph.
4 Paul. Colom. Gall. Oriental. pag. 22.
5 Th. Janſſ. pag. 41. ejuſd. operis.

6 ¶ Cela, dit Ménage p. 255. du tome 1. de ſon Anti-Baillet c. 69. n'eſt pas véritable. Il expoſoit ſur ſa boutique ſes feuilles imprimées & non tirées, & il promettoit des ſous & des doubles à ceux qui y trouveroient des fautes.
7 Malinkrot. de Art. Typogr. cap. 14. pag. 92.

Rob. Estienne. nuce, & que ses caractéres étoient aussi plus beaux, quoique ce ne fut là qu'une des moindres perfections de cette célébre Imprimerie? Mais on peut dire que les Manuces avoient quelque sujet de se consoler de se voir inférieurs à Robert Estienne, puisque Jacques de Verheiden ose même assurer (1) qu'il a surpassé tout ce qu'il y a eu, tout ce qu'il y a, & tout ce qu'il y aura jamais d'habiles Imprimeurs dans le monde; & que toute la postérité savante admirera éternellement la magnificence & la délicatesse de ses caractéres, particuliérement pour les Lettres Hébraïques & Grecques.

En effet on n'a point encore remarqué jusqu'à présent qu'il se soit trouvé aucune édition de quelque Imprimeur que ce soit, (quelques-uns en exceptent Plantin) qui ait été entiérement exemte de fautes d'impressions, quelque diligence qu'on y ait apportée. Il n'y a peut-être que celles de Robert Estienne qui ayent eu cet avantage, au moins quelques-unes entre un si grand nombre qu'il a mises au jour. C'est ce que Mr Colomiés (2) a remarqué entre autres de son nouveau Testament Grec imprimé in-12. en 1549.

Voila sans doute ce qui l'a fait appeller par Mr de Sainte Marthe (3) le plus industrieux & le plus splendide de ceux de sa Profession, & par François Perrault (4) Professeur en Langue Grecque (5) le Prince des Imprimeurs.

Quoiqu'il soit admirable par tout, on prétend qu'il s'est surpassé lui-même dans les diverses éditions des Livres de l'Ecriture Sainte. Theodore de Beze écrit (6) qu'il y a apporté la plus grande diligence qu'il fut possible, la conscience la plus délicate & le scrupule le plus religieux du monde. Mais comme ce point a besoin d'un examen particulier, nous le reservons pour la première partie de nos Théologiens, où nous parlerons des ouvrages de ceux qui ont travaillé sur l'Ecriture Sainte.

Le Roi François I. dit le Pere des Lettres étant très-persuadé de la capacité d'un si excellent Imprimeur, lui donna l'Imprimerie Royale, mais seulement pour l'Hebreu & le Latin, parce que, comme a remarqué l'Auteur de sa vie (7), Conrard Neobarius, Frederic Morel & Adrien Turnebe en avoient déja

---

1 Jac. Verheid. Elog. præstant. Theolog. (Protestant.) pag. 127.
2 Colom. Biblioth. choisie pag. 200.
3 Sammarth. elog. Gallor. lib. 4. pag. 131. &c.
4 ¶ Il faloit mettre : *& par François Beraud Professeur en Langue Grecque à Geneve*, Baillet ayant trouvé pag. 54. des Vies des Etiennes par Almélovéen *Peraldo*, faute d'impression pour *Beraldo*, a traduit *Perrault* au lieu de traduire *Béraud*. ¶
5 In Prolegomen. vit. Stephanor.
6 Beza in vers. 12. Matthæi cap. 2.
7 Th. Janss. d'Almel. vit. Steph. pag. 13.

les caractéres Grecs. (1)

Ce même Prince, au rapport du sieur du Verdier de Vauprivas, „(2) voulant que les Manuscrits de sa Bibliothéque fussent mis en „lumiére, donna cette charge à Robert Estienne le plus diligent „de tous les Imprimeurs qui ayent jamais été, lequel outre la beauté „des caractéres dont il devoit se servir pour l'impression de ces Li-„vres, auroit encore eu soin par son industrie particuliére & par „son travail incroyable de les rendre de la meilleure correction „qu'il auroit été possible. Mais il en perdit presque toute la gloire „par la disgrace qui lui survint, & en quittant son pays, il se vit „aussi obligé d'abandonner en même tems cette grande entreprise.

Comme je ne prétens pas être historien dans ce Recueil, je ne me crois point obligé de parler du mécontentement qu'il croyoit avoir reçu de quelques-uns de Messieurs de Sorbonne. Il suffit de dire qu'il abandonna sa Patrie par une pure bizarrerie d'esprit, après avoir abandonné la Religion de ses Peres, & peut être à cause de la friponnerie de quelques-uns de ses valets, lesquels l'ayant volé considérablement, l'avoient mis hors d'état de pouvoir subsister à Paris dans l'éclat & le grand air où il avoit paru jusqu'alors.

Ainsi pour peu qu'on veuille faire réfléxion sur le caractére particulier du Génie des Estiennes, c'est-à-dire sur ce zèle extraordinaire pour le bien public, & sur ce rare désintéressement, qui a même ruiné leur famille, & leur a fait consumer tout leur bien, tous leurs

---

1 ¶ Voici les paroles d'Almélovéen pag. 10 de ses Vies des Etiennes edition d'Amsterd. 1683. *Hinc verisimile puto à Rege officium illud, seu quemadmodum ipse loquitur, munus ei esse impositum, Hebræa & Latina (in Græcis enim Conradus Neobarius, cui forte successit; & postea Guillelmus Morelius & Adrianus Turnebus fuere Typographi Regii) imprimendi.* Cela veut dire que Robert Etienne n'auroit pas manqué, lorsqu'il fut nommé Imprimeur Royal pour l'Hébreu & pour le Latin, de l'être aussi pour le Grec, si Conrad Neobarius ne l'avoit alors été; que peut-être fut-ce immédiatement après ce Conrad, que Robert Etienne le fut, de même qu'Adrien Turnébe & Guillaume Morel le furent depuis. Au lieu de ce sens qui est le véritable, Baillet en donne un aux paroles d'Almélovéen également faux & absurde : savoir que François I. donnant à Robert Etienne l'Imprimerie Royale pour l'Hébreu & pour le Latin, l'a lui auroit en même tems donnée pour le Grec, n'eût été que Conrad Neoba-rius, Frédéric Morel & Adrien Turnébe avoient déja pour lors la direction des Caractéres Grecs Royaux, c'est-à-dire étoient Imprimeurs de François I. pour le Grec. Il y a là un nombre prodigieux de fausses suppositions. La 1. qu'il y avoit trois Imprimeurs Royaux pour le Grec en même tems. La 2. que Neobarius, qui avant sa mort arrivée en 1540. se qualifioit *Regium in Græcis Typographum*, ait eu pour collégues Fédéric Morel & Adrien Turnébe, celui-ci alors peu connu, & n'ayant pas encore 30. ans l'autre n'en ayant pas 18. La 3. qu'Almélovéen ait nommé Frédéric, & non pas Guillaume, le Morel dont il fait mention. La 4. que Robert Etienne n'ait eu cet emploi qu'après Turnébe, qui tout au contraire ne l'eut qu'en 1551. après la retraite de Robert Etienne à Genève. La 5. mais c'est assés, je pourrois compter jusqu'à dix sans épuiser la critique. ¶

2 Ant. du Verd, préf. de la Biblioth. Fr.

Rob. Eftienne. soins, tous leurs travaux & tout le tems de leur vie dans ce noble éxercice (1), il est aisé de juger qu'on a voulu calomnier notre Robert, lorsqu'on a prétendu l'accuser d'avoir volé les caractéres de l'Imprimerie du Roi (2) en se retirant à Geneve, & d'avoir été brûlé en effigie pour cet effet. (3)

Le Catalogue de ses Livres, c'est-à-dire non seulement de ses éditions, mais encore de celles de son Pere Henri, & de son beaupere de Colines ou Colinée (4) fut imprimé chés lui in-8°. en 1546.

Mais le Catalogue des Livres de tous les Estiennes généralement & de Patisson leur allié, fut imprimé à Amsterdam en 1683. in-12. après leurs vies par les soins de Thomas Jansson sieur d'Almelovéen.

Or comme Robert Estienne a été Auteur aussi bien qu'Imprimeur, nous parlerons encore de lui dans la suite de ce Recueil.

Quelques-uns se sont imaginés qu'on avoit confondu le Pere avec le Fils, que l'on dit avoir été brûlé en effigie à Paris pour son *Introduction au Traité des conformités* &c. Mais l'un & l'autre de ces deux faits n'est pas encore aujourd'hui bien averé, & il y a grande apparence qu'il leur a été imposé par leurs envieux. (5)

1 Jansson in supradict. opere pag. 18. 19.
2 ¶ On a prétendu l'accuser d'avoir volé non pas les caractéres de l'Imprimerie Royale, mais les moules à fondre des caractéres Grecs semblables à ceux de cette Imprimerie & ce fut à la requête du Clergé que le 27 Mai 1619. Louis XIII. ordonna qu'on payeroit de ses deniers la somme de 3000. livres pour retirer ces moules ou des mains de Paul Etienne fils de Robert, ou de celles de la République de Genève à qui l'on disoit que Paul les avoit engagés pour même somme. Chevillier qui pag. 259. & 260. rapporte ces particularités ne nous apprend pas quelles en ont été les suites, & par là laisse à conclure à tout homme qui voudra raisonner juste, qu'une accusation, telle que celle-là intentée sans preuve, après un silence de 68. ans tomboit d'elle-même. Qu'après tout de deux choses l'une, ou le vol dont on se plaignoit étoit avéré, ou ne l'étoit pas: s'il l'étoit, que bien loin qu'on dût offrir de l'argent pour retirer ces moules qu'on réclamoit, on devoit en obtenir avec interets la restitution: s'il ne l'étoit pas, que l'accusateur devoit être condamné à une satisfaction proportionnée à l'injure. Michel Maittaire qui depuis la page 134. jusqu'à la 138. de son *Historia Stephanorum* imprimée à Londres in-8. 1709. a examiné le fait avec attention, me paroit avoir amplement justifié sur cet article la mémoire de Robert Etienne.¶

3 Id. Janss. ubi de Henrico filio p. 83. 84.
¶ Ce ne fut point pour cet effet, ce prétendu vol étant alors une chimère inconnuë. S'il fut donc brûlé en effigie, comme Beze en demeure d'accord dans son Passavant, & dans ses Icones, ce fut parce que la coutume étoit de brûler les hérétiques, & que Robert Etienne atteint auparavant d'hérésie, en devenoit convaincu manifestement par sa fuite.

4 ¶ Le vrai nom de cet Imprimeur étoit *de Colines*. Quelques-uns ont dit *Colinet* mais mal. *Colinée* ne vaut absolument rien. ♭

5 ¶ Ce qu'on a fait dire à Henri Etienne qu'il n'avoit jamais eu si froid que pendant qu'on le bruloit, je l'ai oui conter de Théophile & de plusieurs autres. Il n'y a qu'à rire de ces sortes de fables, sans se donner la peine de les réfuter.♭

§. 3. CHARLES ESTIENNE, (1)
§. 4. FRANÇOIS ESTIENNE, Freres du vieux Robert. (2)

9   CHARLES se rendit aussi recommandable par son Imprimerie. Il prenoit pareillement la qualité d'Imprimeur du Roi(3), il avoit du savoir, & quoiqu'il fût inférieur en ce point à son Frere Robert & encore plus à son Neveu Henri, il ne laissa pas de composer des Livres assés utiles au Public. (4)

Et pour ce qui est de *François* ESTIENNE, il ne paroît pas qu'il ait rien fait de fort considérable en son particulier(5), parce qu'étant associé avec Simon de Colines leur beaupere, depuis que Robert dressa une nouvelle boutique à part, il travailla conjointement avec lui dans celle du vieux Henri leur Pere, & qui avoit été laissée à la veuve après sa mort.

1 ¶ Charles mourut à Paris en 1564. agé d'environ 60. ans.
2 ¶ François étoit l'ainé & mourut vers l'an 1550. à Paris, car le *Dictionarium Latino-Gallicum* de l'impression *in-fol.* de François Etienne 1570. & 1571. n'est pas de ce François Etienne, mais de son neveu fils de Robert I.
3 ¶ Depuis l'an 1551. dit Maittaire jusqu'en 1561. n'ayant pas imprimé au delà. §
4 ¶ Ménage chap. 59. de son Anti-Baillet a fait une ample & curieuse addition à cet article.
5 ¶ Maittaire a donné le catalogue des impressions de deux François Etiennes, l'un frére & l'autre fils de Robert I. Il ne sait pas bien à la vérité si ce François II. étoit fils de Robert I. de Robert II. ou même de François I. Ce qu'il y a de sûr, c'est que François Etienne II. du nom a toujours vécu à Genève où il professoit la religion que Robert I. embrassa, laquelle Robert II. qui demeuroit à Paris, n'embrassa jamais. §

§. 5. ROBERT ESTIENNE, second du nom, fils de Robert. (1)

10 IL demeura inviolablement attaché à la Religion Catholique, ce qui le fit deshériter par son pere Robert, à l'avantage de ses freres Henri & François.

Mais pour le récompenser d'ailleurs, on lui conserva la direction de l'Imprimerie Royale, & on peut dire que ses Impressions ne cédent guéres en beauté à celles de son Pere & de son frere.

1 ¶ Mort à Paris l'an 1588. §

§. 6. HENRI ESTIENNE, second du nom fils du vieux Robert, mort en 1598. (1)

11 IL a été sans contredit le plus savant non seulement de ceux de sa docte famille, mais encore de tous les Imprimeurs qui ont paru jusqu'à présent.

Néanmoins il faut avouer que son Pere savoit plus d'Hébreu que lui, & que les Impressions du fils sont beaucoup au dessous de celles du Pere tant par la propreté & la beauté des Caractéres, que pour l'éxactitude même. Car comme il vouloit que tous les Auteurs, & particuliérement les Grecs, qu'il devoit mettre au jour passassent par ses mains pour les corriger, & pour y faire des Notes, il se précipitoit trop, dans la crainte de laisser vaquer les deux presses de son Imprimerie, qui ne lui donnoient point le loisir de revoir & d'éxaminer ses copies. (2)

On prétend même qu'il n'étoit point fidéle dans ses éditions. Et Scaliger (3) dit qu'en corrigeant les ouvrages des Auteurs qu'il devoit mettre sous la presse, il y ajoutoit & y retranchoit ce qu'il jugeoit à propos selon les lumiéres qu'il croyoit avoir, c'est-à-dire selon sa fantaisie; & qu'enfin il commettoit diverses autres infidélités par un droit nouveau qu'il prétendoit avoir sur les Auteurs. En quoi il étoit bien différent de Christ. Plantin, qui, quoi qu'infiniment au dessous de lui pour les sciences & pour l'industrie, ne laissoit pas de rendre meilleur service au Public par la fidélité inviolable dont il usoit dans ses Impressions.

Mais néanmoins, comme Scaliger n'étoit pas toujours uniforme dans ses jugemens, il louë ailleurs (4) notre Henri Estienne de ce dont il vient de le blâmer ici. Il ajoute que son Imprimerie avoit été l'asyle & la garde fidelle de l'Hellénisme, & il prétend en un autre endroit (5) que tout ce qu'il a imprimé de Grec est beaucoup meilleur que les éditions d'Alde Manuce qu'on estimoit tant.

En effet il passoit pour le plus grand Grec de son siécle depuis la mort de Budé, & il n'y avoit que Turnebe, & peut-être Camerarius, Florent Chrestien qui pussent lui tenir tête en ce point dans toute l'Europe, au jugement des meilleurs Critiques. (6)

1 ¶ à l'hopital de Lyon, agé d'environ 70. ans, presque imbécille ¶
2 Theod. Janss. ab Almelov. p. 78. 83.
3 Scaligeranor. pag. 47. item pag. 55.
4 Epist. 46. ad Casaub. Stephan. gener.
5 Posterior. Scaligeran. pag. 7.
6 Andr. Schott. Epistol. ad Lector. pro Lysiæ orat. Malinckrot de Arte Typogr. cap. 14. pag. 92. Casaubon. Epist. Scalig. Epist. &c. passim.

IMPRIMEURS DE FRANCE.

Il n'excelloit guéres moins dans les autres connoissances humaines par le moyen desquelles, selon Mr de sainte Marthe (1), lui & son Pere sont heureusement venus à bout de rendre plus corrects, & de rétablir, pour ainsi dire, dans leur pureté originale un très-grand nombre d'Auteurs tant sacrés que profanes qui sont sortis en foule de leurs Presses.

Enfin pour faire voir qu'Henri Estienne possédoit jusqu'aux moindres qualités qui peuvent contribuer à perfectionner un Imprimeur, on a remarqué (2) qu'il avoit la main très-délicate, & très-heureuse; qu'il écrivoit ou peignoit merveilleusement bien le Grec & le Latin, que son Ecriture avoit toute la beauté de l'Imprimerie même. On disoit aussi qu'il imitoit parfaitement la main de ce fameux *Ange Vergece* qui fit les Exemples pour graver les Caractéres du Roi.

Nous parlerons encore de lui dans la suite, c'est à dire, parmi les Grammairiens qui ont fait des Dictionnaires, parmi les Critiques de Philologie, & parmi les Traducteurs Latins.

Le Catalogue de ses Editions parut chés lui en 1569. in-8° & à Amsterdam en 1683. in-12. avec une Lettre ou Traité de l'état de son Imprimerie, qui est proprement une Plainte ou une Invective en Prose & en Vers contre les Imprimeurs & les Libraires ignorans ; qui s'ingéroient dans cette noble Profession sans avoir le secours des Langues & des belles Lettres, & qui avoient l'insolence de le mépriser, & de se moquer de lui & des autres Imprimeurs savans.

On peut dire avec Jacques de Verhelden, (3) que cette plainte est encore aujourd'hui autant & plus de saison que jamais.

---

1 Sammarthan. elog. Gall. lib. 4. p. 131.
2 Th. Janss. vit. Stephanor. pag 80.
3 Verheid. elog. Præstant. Viror. p. 129.

§. 7. PAUL ESTIENNE Fils d'Henri Second (1).

12 Quoi qu'il fût fort inférieur en érudition à son Pere, & à son Aïeul, il ne laiſſoit point de paſſer pour habile dans la connoiſſance des Langues Grecque & Latine. Henri ſon Pere avoit eu plus de ſoin de lui laiſſer dans ſes inſtructions cette partie de ſa ſucceſſion, que celle de ſa belle Imprimerie, comme il paroit par pluſieurs Lettres & diverſes Préfaces de livres qu'il lui addreſſe.

Il fit le métier d'Imprimeur à Genève durant quelque tems; mais ſa Preſſe avoit beaucoup dégénéré de la beauté de l'Imprimerie de Paris. Il vendit enſuite ſes Caractéres à Chouet, ou Chovet (2) Imprimeur de Genève, ſon Pere Henri en ayant déja vendu une partie long-tems auparavant aux Vvechls de Francfort. Voyés le ſieur Janſſon d'Almeloveen dans la vie des Eſtiennes.

1 ¶ Mort à Genève l'an 1617. agé d'environ 60. ans. On a de lui un volume in-8. de traductions en vers Latins de diverſes Epigrammes de l'Anthologie, & quelques Poëſies Latines de ſon invention ſous le titre de *Juvenilia*.

2 ¶ On n'a jamais dit que *Chouët*. ¶

§. 8. ROBERT ESTIENNE troiſiéme du nom, fils de Robert ſecond, petit-fils de Robert Premier (1).

13 Il tint l'Imprimerie depuis l'an 1598. juſqu'en 1628. Mais comme il n'eut point celle de ſon Pere qui étoit écheuë à Patiſſon leur allié, il ne faut point s'étonner ſi ſes Impreſſions ne ſont pas ſi belles (2).

Au reſte il étoit habile non ſeulement dans ce qui concernoit ſa Profeſſion, mais encore dans la connoiſſance du Grec & du Latin. Il voulut même faire des livres auſſi bien que les autres. Mais je n'ai

1 ¶ Mort à Paris vers 1644. agé d'environ 70. ans. Ce Robert pour ſe diſtinguer d'avec ſon Pére avoit coutume de mettre ces lettres R. F. R. N. au devant de ſes éditions Latines, ce qui ſignifie *Roberti filius Roberti nepos*.

2 ¶ Joſeph Scaliger dans ſa lettre à Charles Labbé du 26. Février 1607. s'en faiſoit une autre idée. Il ſe récrie ſur la beauté de l'édition des Epigrammes qu'il avoit traduites de Martial, & que ce Robert avoit imprimées. ¶

veu de lui jusqu'ici qu'un livre écrit en notre Langue (1).

1 ¶ C'est une traduction imprimée chés lui l'an 1629. de la Rhétorique d'Aristote. On lit page 121. du l. 3. de la Bibliotheque Greeque de J. A. Fabrice que cette Rhétorique fut imprimée à Paris chés le traducteur l'an 1529. & cette faute d'impression a été cause que Maittaire dans le Catalogue des impressions de Robert Etienne 1, du nom lui a par erreur attribué cet ouvrage, de quoi néanmoins s'étant depuis apperçu il a tâché de réparer la méprise. Une chose à observer c'est que ce Robert III. n'avoit traduit que les deux premiers livres de la Rhétorique d'Aristote. Ce fut un de ses neveux nommé comme lui Robert qui acheva la traduction. §
Th. Janss. pag. 50.

§. 9. ANTOINE ESTIENNE fils de Paul, petit-fils d'Henri Second (1).

14 JE pense que cet Antoine est le dernier des mâles de sa famille qui ayent éxercé l'Imprimerie. Ayant quitté la Religion de son Pere pour rentrer dans celle de ses Ancêtres, il quitta aussi Genève pour revenir à Paris lieu de leur origine, où il eut durant quelque tems l'Imprimerie Royale.

Mais on dit qu'ayant mal fait ses affaires, il fut obligé de tout abandonner, & d'aller mourir à l'Hopital dans la derniére misére, à la honte des Lettres. (2)

TELLE fut la fin de l'illustre maison des Estiennes, qui au jugement d'un savant Hollandois (3) tiennent encore aujourd'hui le premier rang parmi tous les Imprimeurs du monde, & qui n'ont eu entre eux personne de comparable à Henri Estienne second du nom, selon le même Auteur.

1 ¶ Mort aveugle à l'Hotel-Dieu de Paris l'an 1674. agé de 80. ans. §
2 Theod. Janss. d'Almeveen de vit. Steph. pag. 122. 123.
3 Ant. Borremans Epist: ad Th. ab Almelov. pag. 128. post vit. Steph. ad ann. 1683.

SIMON DE COLINES ou Colinée, ou Colinet Imprimeur de Paris (1).

15 Cet Imprimeur ayant épousé la Veuve d'Henri Estienne premier du nom vers l'an 1521. il en eut aussi l'Imprimerie, & il se rendit recommandable sur tout par la netteté & par la beauté de son Caractére Italique.

Comme il vécut long-tems, il eut le loisir d'imprimer un fort grand nombre de livres(2) qui portérent sa réputation fort loin. Jean Genés de Sepulveda célébre Ecrivain Espagnol fait ses éloges (3) dans une de ses Epitres rapportée par Malinkrot (4) où il traite cet Imprimeur de Savant Personnage.

1 ¶ Mort à Paris vers l'an 1547.
¶ J'ai déja observé qu'on n'a jamais dit *Colinée*; qu'on auroit même peine à trouver dans quelque Auteur François contemporain *Colinet* pour *de Colines*; & qu'ainsi le dernier est non seulement le meilleur, mais l'unique bon.¶
2 Janson d'Almel. vit. Steph.

3 ¶ La lettre qu'on allégue ici de Sépulvéda est la 38. du 3. livre. Elle est toute simple, & ne contient nul éloge de Simon de Colines. C'est à Vascosan que Sépulvéda, lettre 75. du l. 5. donne la qualité d'homme savant & éxact.¶
4 Malinckr. de Art. Typogr. cap. 14. pag. 96.

MICHEL DE VASCOSAN, D'AMIENS.
Imprimeur de Paris, allié de Robert Estienne (1). mort du regne d'Henri III (2)

16 La Croix-du-Maine écrit qu'il étoit des plus célébres Imprimeurs de la France, tant pour son savoir que pour les autres qualités qui sont nécessaires à un excellent ouvrier, tel qu'il étoit, pour perfectionner cet Art. (3) Il ajoute que tous les livres, qu'il imprimoit étoient recommandables pour deux raisons, premiérement, parce qu'il choisissoit ordinairement les meilleurs & les plus estimés d'entre les Auteurs; ensuite parce que ses Caractéres étoient beaux, son papier bon, ses corrections éxactes, & la marge ample. En quoi se sont aussi signalés, dit le même Auteur, les Estiennes, Patisson & les Morels le pere & le fils.

1 ¶ L'alliance de Vascosan avec Robert Etienne consistoit en ce que Catherine Badius femme de Vascosan étoit sœur de Perrette Badius femme de Robert Etienne.¶
2 ¶ L'an 1576.
3 Biblioth. Franc. à la lettre M.

Jules Scaliger lui donne des éloges magnifiques (1), & dit qu'il éxcelloit au deſſus des autres dans cette profeſſion, qu'il y apportoit une diligence & une induſtrie toute particuliére, une habileté & une doctrine tout à fait grande, & une fidélité incomparable. Et c'eſt auſſi ce que Malinckrot (2) a remarqué. Enfin Nicolas Baſſé (3) le joint à Robert Eſtienne, & dit qu'ils ſont les deux premiers Imprimeurs de la France.

1 J. Cæſ. Scal. Epiſt. 85.
¶ Ces éloges magnifiques n'ont pas empêché Cardan de dire que Vaſcoſan n'avoit pas fort magnifiquement imprimé le livre de Scaliger, connoiſſant, en habile homme le caractère de l'eſprit de l'Auteur. *Vides modo* ce ſont ſes termes au commencement de ſon Apologie contre Scaliger, *hominis naturam & ingenium, ob quam cauſam, credo, Impreſſor, homo minime ſtultus, ſatis parce, nec pro more ſuo, opus illud impreſſit*. ¶
2 Bern. à Malinckrot cap. 14. pag. 96. de Arte Typogr.
3 Baſſeus epiſt. ad Comit. Hanovienſ. præfix. tom. 3. Catal. Nundin. Francof.

MAMERT PATISSON d'Orléans, Imprimeur de Paris (1).

17 IL avoit épouſé la Veuve d'un des Enfans du vieux Robert Eſtienne, & il ſe mit en ſociété avec Robert ſecond du nom ſon allié, dont il eut enſuite toute l'Imprimerie.

La Croix-du-Maine (2) témoigne qu'il étoit fort habile, & ſavant même dans le Grec, dans le Latin, & dans ſa langue maternelle; qu'il ne choiſiſſoit que de bonnes copies, & les ouvrages des Auteurs de la première réputation.

Ses Editions ſont fort correctes, ſes Caractéres beaux, le papier bon, & il n'a omis aucuns des agrémens qu'on recherche dans les livres. En un mot ſes Impreſſions ſont auſſi eſtimées que celles de Robert Eſtienne l'ancien, auſſi imprimoit-il dans ſa boutique même.

1 ¶ Il mourut l'an 1600. comme ces mots d'une Epitre de Caſaubon au Pere André Schott Jéſuite, datée du 23. Juillet 1602. le font connoitre: *Declamationes Quintiliani, quorum in tuis meminiſti, olim edidit Patiſſonius, homo eruditus & in arte fide ſingulari uti ſolitus. Ille vir optimus, cum ad plures ante biennium tranſſit, parem ſibi fide, induſtria, & aliis virtutibus in eam rem neceſſariis neminem reliquit:*
2 Fr. de la Croix du Maine Bibl. Fr. p. 304.

LES WECHELS, Chrétien, & André son fils, Imprimeur de *Paris*, & de *Francfort*. (1)

18   Leurs Editions sont assés estimées, & on dit qu'en effet ils avoient une bonne partie des Caractéres d'Henri Estienne. Le Catalogue des livres sortis de leur presse parut à Francfort en 1590. in-8°. où André s'étoit retiré sous la protection du Comte de Hanau après l'éxécution de la S. Barthelemi.

Ce qui a aussi contribué à rendre leurs Editions plus célébres, & qui les fait encore aujourd'hui rechercher avec empressement, est la grande réputation du Correcteur de leur l'Imprimerie *Frederic Sylburge* grand homme de Lettres, qui passoit pour un des premiers Grecs, & pour un des plus excellens Critiques d'Allemagne, comme nous le verrons en son lieu.

1 ¶ Chrétien Wechel vivoit encore en 1552. André son fils mort le 1. Novembre 1581. se retira, vers l'an 1573. à Francfort, ville libre, qui ne dépend point des Comtes de Hanau. Ce ne fut que vers le commencement du 17. siécle que les héritiers d'André ayant des imprimeries à Hanau eurent besoin de la protection de ces Comtes. Voyés Bayle au mot *wechel*. §

ADRIEN TOURNE-BEUF, dit Turnebe, (1) Imprimeur de *Paris*, mort en 1565.

19   Ce grand homme ne crût pas descendre du rang que lui donnoient la Charge de Professeur Royal, & la haute réputation que son érudition lui avoit acquise, en se faisant Imprimeur. Il eut la direction de l'Imprimerie Royale pour les Caractéres Grecs durant quelque tems. Il a assés peu imprimé, mais qui doute que ses Editions ne soient correctes & sûres?

Nous parlerons de lui avec plus d'étenduë parmi nos Critiques de Philologie.

1 ¶ On peut voir pag. 6. & 7. du Menagiana tome 4. ce qui a été remarqué touchant le nom de famille de ce savant homme; à quoi j'ajoute que la coutume étant autrefois, non seulement d'écrire, comme plusieurs font encore, mais aussi de prononcer *leu*, *veu*, *deu*, *receu*, *apperceu*, &c. au lieu de *lu*, *vu*, *du*, *reçu*, *apperçu*, on aura de même au lieu de *Tournebu* écrit & prononcé grossiérement *Tournebeu*, d'où ceux qui ont cru mieux parler, ont fait *Tournebeuf*. §

GEOFROY *Thory dit le Maiſtre du Pot caſſé* de Bourges Imprimeur à Paris (1).
& Jean Louis TILETAN Imprimeur dans la même ville.

20 MR Naudé dans le Maſcurat (2) parle de *Geofroy Thory* comme d'un Imprimeur qui s'étoit ſignalé dans ſon tems parmi ceux de ſa Profeſſion. Mr Catherinot dit qu'il étoit Imprimeur à Paris dès le tems du Roi Louis XII. & qu'il a traité des dimenſions des Lettres de l'Imprimerie dans ſon Champ-Fleury (3).

François Hotman (4) témoigne que TILETAN (5) étoit habile & ſavant. Nous avons le Catalogue des livres qui ſont ſortis de la boutique de ce dernier imprimé à Paris in-8° en 1546.

1 ¶ On a diverſement corrompu le nom de cet Imprimeur, en l'écrivant *Thory*, comme ici, *Towry*, comme a fait la Caille, & plus mal encore le P. Garaſſe pag. 297. & 918. de ſa Recherche des Recherches de Paquier, où il change *Geforoi Tory* en *George Toré*, le confondant, qui pis eſt, avec Guillaume Cretin, & le prenant pour le Raminagrobis de Rabelais. C'étoit un bon homme. Son Champ fleuri dont il donna in-4. en 1529. la 1. édition, fut réimprimé in-8. l'an 1549. On a de lui ſept Epitaphes en Proſe Latine du ſtyle de celles de Poliphile. Simon de Colines les imprima in-8. l'an 1530. & l'on peut voir ce qu'en a dit le 4. tome du Menagiana pag. 84. L'enſeigne qui le fit appeller le Maitre du pot caſſé, & l'explication que pag. 88. de la 2. édit. de ſon Champ fleuri il a voulu donner de cette enſeigne reſſemblent à la gloſe d'Orleans. Je doute qu'il ait vécu juſqu'en 1536. ¶

2 Jugement des livres faits contre Mazarin pag. 8.

3 N. Catherin. l'Art d'imprimer pag. 3.

4 Præfat. in Aſconium Pedianum.

5 ¶ *Louis*, qui dans ce tems là s'écrivoit *Loys*, étoit le nom de famille de cet Imprimeur. *Tiletan* marquoit qu'il étoit de Tielt ville de Gueldre. La Caille en a fait deux Imprimeurs, ſavoir Jean Loys pag. 110. & Jean Louis Tiletain pag. 115. ¶

LES MORELS *de Paris*, *savoir*:

1. Guillaume MOREL mort en 1564.
2. Jean MOREL son frere. (1)
3. Frédéric MOREL l'ancien, mort en 1583. (2) Gendre de Vascosan.
4. Claude MOREL.

21 GUILLAUME étoit Normand natif de Tailleul (3). Il eut l'Imprimerie Royale après que Turnebe s'en fut démis (4). Comme il s'appliqua particuliérement aux Auteurs Grecs il y réussit fort bien, & ses Editions Grecques sont estimées (5). Il devoit en effet s'être rendu habile en cette Langue, puisqu'il remplissoit une Chaire de Professeur Royal à Paris pour l'enseigner (6), & il s'est aussi rendu Auteur par un Dictionnaire Grec-Latin-François qu'il composa au milieu de tant d'occupations.

2. Il ne paroît pas que *Jean* MOREL son frere ait beaucoup travaillé à l'Imprimerie, cependant il étoit savant dans les Langues, mais il fut brûlé à Paris pour le fait de la Religion. (7)

3. & 4. Frédéric MOREL l'ancien (8) étoit natif de Champagne,

---

1 ¶ Mort en 1559.
2 ¶ Le 17. Juillet agé de 60. ans.
3 ¶ Il faloit, comme l'a remarqué Ménage, dire : du Tilleul dans le Comté de Mortain.
4 Theod. ab Almeloveen vit. Steph.
¶ Ce fut en 1555. que Turnebe étant reçu Professeur Royal en Grec, se démit de son emploi d'Imprimeur Royal en faveur de Guillaume Morel.
5 Malinckrot de Arte Typogr. cap. 14. pag. 94.
6 La Croix du Maine Biblioth. Françoise pag. 151.
¶ Ni Guillaume Morel n'a été Professeur Royal, ni La Croix du Maine n'a écrit qu'il l'ait été. Voyés Ménage chap. 68. de son Anti-Baillet.
7 ¶ Jean Morel frère de Guillaume a été confondu par la Croix du Maine, & depuis par la Caille, & par Maittaire, avec Jean Morel Parisien Auteur d'un livre de la Discipline Ecclésiastique, imprimé in-4. à Lyon chés Jean de Tournes. Il étoit cependant aisé de les distinguer. Le Jean Morel Normand, agé d'environ 20. ans mourut à Paris en prison, où il étoit détenu comme hérétique, & ayant été déterré, fut brûlé le 27. Février 1559. au lieu que le Jean Morel Parisien étoit plein de vie à Orleans le 27. Avril 1562. & n'a jamais été prisonnier pour le fait de la Religion. Voyés ces distinctions dans l'Histoire Ecclésiastique de Beze tom. 1. pag. 165. & tom. 2. pag. 34.
8 Du Verdier, la Croix du Maine Biblioth. Franc.
¶ Quoique Frédéric ou Fridéric soit dans le fond le même nom que Fédéric, je crois pourtant que Fédéric Morel n'ayant voulu être appelé ni Frédéric ni Fridéric, mais uniquement Fédéric, il étoit à propos de lui conserver cette orthographe. Il est aussi fort surprenant que Fédéric Morel II. du nom, Professeur Royal comme son pére, & célébre par son savoir & par ses éditions, n'ait point trouvé sa place en cet article, ayant été reçu Imprimeur ordinaire du Roi pour l'Ebreu, le Grec, le Latin & le François le 2. Novembre 1581. ¶

Gendre

IMPRIMEURS DE FRANCE.

Gendre de Vascosan, & Pere du célébre Traducteur Frédéric Morel Professeur Royal. Il se rendit fort habile dans les Langues Grecque & Latine, & il eut l'Imprimerie Royale, aussi bien que Claude MOREL(1). Ils ont travaillé l'un & l'autre avec beaucoup de succès, & leurs éditions Grecques ont été fort bien reçuës parmi les Savans. On a les Catalogues de leurs éditions. Celui de Guillaume Morel parut l'an 1555.

1 ¶ Claude Morel fils de Frédéric I. & frére de Frédéric II. mourut le 16. Novemb. 1626.

SEBASTIEN NIVELLE (1) & SEBASTIEN CRAMOISY Imprimeurs à Paris (2).

22   NIVELLE se distingua du commun des Imprimeurs par son exactitude, & l'on recherche encore aujourd'hui ses éditions avec soin, quoiqu'on n'ignore pas qu'il n'y ait eu un peu de préjugé dans l'estime qu'on en faisoit autrefois.

CRAMOISY n'étoit pas indigne du rang qu'il tenoit parmi les principaux Imprimeurs de son tems; quoique ses Editions n'eussent ni l'éxactitude ni la beauté de celles qui étoient sorties des boutiques des Estiennes, des Manuces, des Plantins, & des Frobens. Néanmoins il avoit une capacité plus qu'ordinaire, qui non seulement le faisoit considérer comme le Chef de la célébre Société du *Grand Navire*, c'est à dire des Libraires de Paris, mais qui fut cause encore qu'on jetta les yeux sur lui pour lui donner la direction de la plus belle Imprimerie du monde nouvellement établie au Louvre par la magnificence de nos Rois. Le Catalogue de ses Editions a été imprimé plus d'une fois tant par lui que par son Petit-fils qui lui a sucedé dans la direction de l'Imprimerie Royale.

1 ¶ Mort agé de 80. ans le 19. Novembre 1603.
2 ¶ Mort à Paris au mois de Janvier 1669.

JEAN CAMUSAT Imprimeur de Paris (1).

23 Monsieur Pellisson témoigne que Camusat étoit de tous les Libraires de son tems celui que l'on estimoit le plus habile. Car outre qu'il étoit, dit-il très-entendu dans sa Profession, il étoit homme de bon sens, & n'imprimoit guéres de mauvais ouvrages ; de sorte que c'étoit presque une marque infaillible de bonté pour un livre que d'être de son impression. C'est ce qui porta l'Académie Françoise à le choisir pour son Libraire. (2)

1 ¶ Mort à Paris l'an 1639.
2 Relat. de l'Academ. Franc. tiré des Registres du 12.Mars & du 10. Avril 1634. p. 18. 19.

ANTOINE VITRE' Imprimeur de Paris (1).

24 Il n'y a personne qui soit encore allé si loin que lui jusqu'à présent, & peu s'en est fallu qu'il n'ait porté l'Imprimerie au période de sa perfection. La Polyglotte seule du Président (2) le Jay a mis le Public dans cette persuasion ; & nonobstant le jugement de ses envieux, & la disgrace où ce divin ouvrage est tombé en ces derniéres années, il ne laisse pas de passer encore en cet état pour le chef-d'œuvre, & presque pour le dernier effort de cet Art, non seulement à cause de la nouveauté & de la majesté des Caractéres, mais encore pour l'industrie particuliére de Vitré, & pour l'éxactitude extraordinaire qu'il y a apportée. Ses autres Editions soûtiennent aussi parfaitement bien la réputation où il étoit du premier homme de France pour son métier.

En effet quoi qu'il y eût alors en ce Royaume un très grand nombre d'Imprimeurs, il les a tous effacés par l'éclat de son nom jusqu'à Robert Estienne, auquel il n'a été inférieur qu'en érudition. Et quoique de son tems les Hollandois semblassent être les Maitres de cet Art, on prétend que Vitré seul étoit capable de leur tenir tête, s'il se fût avisé d'observer, comme on a fait depuis, la distinction de

1 ¶ Mort à Paris au mois de Juillet 1674.
2 ¶ Baillet dans ses Corrections imprimées au devant de la 1. part. de ses Poëtes a reconnu qu'au lieu de ces mots *du Président le Jay* il devoit dire *de Gui Michel le Jay*, mort Doyen de Vezelai, avouant de plus qu'à l'article 566. du 3. vol. il a fait la même faute, sur laquelle par conséquent Ménage qui avoit vu ces corrections dès 1686. a eu tort de le relever quatre ans après.¶

la confone d'avec la voyelle dans les lettres I & V, & de ferrer un peu de plus près fon petit Caractére. Car effectivement on a veu fortir de fes Preffes, entre les autres ouvrages exquis, des Heures de Prieres qui paffent tout ce qu'il y a eu de plus délicat & de plus achevé dans les Imprimeries d'Hollande.

Noffeigneurs du Clergé font eux mêmes les Eloges de ce célébre Imprimeur en plus d'un endroit de leurs Actes & de leurs Mémoires & témoignent hautement qu'il n'y a eu que fon mérite feul & fon habileté finguliére qui les a portés à le choifir pour leur Imprimeur. C'eft aufli dans cette vuë que Mr Colbert l'avoit retenu pour la direction de l'Imprimerie Royale du Louvre, dont il prétendoit porter la gloire beaucoup au delà de ce qu'avoient fait les Cardinaux de Richelieu & Mazarin par le moyen de notre Vitré, qu'il avoit même prévenu pour cet effet d'une penfion honorable, dont fa bonne volonté fut recompenfée jufqu'à la fin de fes jours.

LOUIS BILLAINE *Imprimeur de Paris* (1).

25 IL étoit des mieux entendus de fon tems dans la Librairie. Il favoit non feulement le Latin & le Grec, mais encore l'Italien, l'Efpagnol, l'Allemand & le Flamand ; & corrigeoit fort bien fes épreuves lui même, quand il vouloit s'en donner la peine. Ainfi il ne fait point deshonneur à tant d'illuftres Imprimeurs & Libraires de Paris dont nous venons de parler, puifqu'au jugement de quelques-uns même, il a été à l'égard des Savans de fa Profeffion dans Paris, ce qu'un Ancien difoit qu'avoient été Caffius & Brutus à l'égard des véritables Romains dans la République (2).

1 ¶ Mort à Paris le 25. Aouft jour de fa fête 1681.
2 ¶ Ultimi Romanorum. Mot de Crémutius Cordus dans fes Annales qui ne font pas venuës jufqu'à nous. Suet. in Tib. n. 61. & ibi Cafaub.

IMPRIMEURS DES AUTRES VILLES de France.

ESTIENNE DOLET Imprimeur de *Lyon*, brûlé à *Paris* en 1 5 4 5. (1)

26 IL s'étoit rendu habile dans le Grec & le Latin (2), & s'étoit même étudié à polir notre Langue du tems de François Premier. Il avoit été Auteur avant que de se faire Imprimeur, & on lit encore plusieurs de ses ouvrages en Vers & en Prose tant en Latin qu'en François. Il est vrai que les deux Scaligers (3), le font passer pour un fort méchant Poëte, comme nous le verrons en son lieu, mais Mr Naudé dans le Mascurat (4) prétend que Scaliger le Pere n'en a parlé mal que par un mouvement particulier de haine qu'il avoit contre lui; & que d'ailleurs Dolet étoit un fort bon Imprimeur. En effet on a remarqué que ses éditions sont éxactes & correctes.

1 ¶ Etienne Dolet le 3. Aout jour de l'invention de S. Etienne son patron fut brulé à Paris en 1546. comme athée relaps, n'ayant pas encore 39. ans complets. Bayle dans son Dictionnaire a donné un ample article de Dolet. Il est bien peint dans la lettre d'un *Joannes Odonus* inserée parmi les œuvres de Gilbert Cousin *Gilbertus Cognatus*. Il naquit à Orleans l'an 1508.

2 La Croix du Maine Biblioth. Franc. Du Verdier de Vauprivas Bibl. Franc.
¶ Ce n'étoit pas à du Verdier ni à la Croix du Maine qu'il faloit se rapporter de l'habileté de Dolet en ces langues. Ils n'entendoient le Grec ni l'un ni l'autre, & ne savoient qu'assés médiocrement le Latin. Pour Dolet il ne paroit point par ses œuvres qu'il ait su le Grec. Ses prétenduës versions de l'Hipparchus de Platon & de l'Axiochus, ont été faites d'après les Interprétations Latines qu'il en avoit trouvées. J'avoüe qu'il avoit bien étudié le Latin, mais quoi qu'il en fit son capital, il n'écrit pas naturellement. Sa prose sent l'écolier qui fait des thêmes. C'est un tissu de phrases mendiées. Ses vers sont misérables, sur tout les lyriques. La langue qu'il savoit le mieux, c'étoit, pour le tems, sa maternelle. ¶

3 Jules Cæs. Scal. lib. 6. art. Poët. de Critic.
Joseph. Just. Scal. in Scaliger. primis pag. 75.

4 Jugement de ce qui s'est fait contre Mazarin pag. 8.

LES GRIFFES *Imprimeurs de Lyon.* (1)

1. SEBASTIEN *mort en* 1556. (2)
2. ANTOINE, &c.

27 SEbaſtien s'étoit rendu fort célébre pour ſon éxactitude, & pour la netteté de ſon Caractére Italique.

Jules Scaliger, pour témoigner l'eſtime qu'il faiſoit de ſon habileté & de ſon mérite, plutôt que pour l'engager à imprimer ſes ouvrages, lui dédia les treize livres qu'il fit *des cauſes de la Langue Latine* (3) en 1540. Dans l'Epitre qu'il lui addreſſe il dit qu'il avoit voulu mettre ſon ouvrage ſous ſa protection, & lui en confier la publication, afin que comme la Poſtérité ne manqueroit pas d'avoir une eſtime & une vénération particuliére pour ſa pieté ſincére, pour ſa doctrine plus que commune, pour ſon inſigne honnêteté, & pour ſes autres qualités excellentes; on pût juger de l'utilité & de l'importance de ſon ouvrage non ſeulement par le crédit & par l'autorité qu'il plairoit à Griffe de lui procurer, mais encore par la réputation & les ornemens qu'il voudroit lui donner en le mettant au jour.

Après lui parut *Antoine* GRIFFE (4) qui acquit auſſi quelque renom parmi ceux de ſa Profeſſion.

On a le Catalogue des livres qu'ils ont imprimés.

---

1 ¶ Sébaſtien & Antoine ſon fils ſignoient en François *Gryphius*. Bien des gens le diſent encore, & je le crois auſſi bon que *Gryphe*, qu'il faut bien ſe garder d'écrire *Griffe*, quoi qu'en 1551. & au delà il y ait eu de cette famille un Imprimeur à Veniſe qui à l'Italienne écrivoit ſon nom *Giovan Griffio*.

2 ¶ le 7. Septembre agé de 63. ans.

3 ¶ Il n'eſt point vrai, comme l'a fort bien remarqué Ménage chap. 15. de ſon Anti-Baillet, que Jule Scaliger ait dédié ſes livres *de cauſis Linguæ Latinæ* à Sébaſtien Gryphe; il lui a ſeulement écrit une lettre touchant cet ouvrage, laquelle, comme pluſieurs autres de ſa façon, eſt un franc galimatias. A la ſuite de cette lettre eſt la Préface ſur le livre adreſſée à Sylvius Céſar Scaliger fils ainé de l'Auteur.

4 ¶ Antoine Gryphe fils de Sébaſtien paroit avoir négligé ſes derniéres impreſſions, n'y employant que des caractéres uſés. Il a bien imprimé quand il a voulu, & ne cédoit pas en érudition à ſon pére, ſi l'on s'en rapporte à la lettre que lui écrivit de Piſe Angelius Bargæus le 4. Novembre 1580 pag. 286. des *Epiſtolæ claror. viror.* in-8: à Lyon 1561. chés les héritiers de Sébaſtien. ¶

GUILLAUME LE ROUILLE, Rovillius Imprimeur de *Lyon* vers le milieu du siécle précédent. (1)

28 IL avoit de la science, mais ce qui l'a particuliérement fait connoître à la Postérité est la curiosité qu'il avoit pour les Figures & les Portraits, & il n'épargnoit aucune dépense pour tirer ou faire tirer les hommes illustres, les animaux & les plantes même au naturel.

Il seroit à souhaiter néanmoins qu'il y eût apporté plus de fidélité & plus d'éxactitude, & qu'il ne se fût pas donné la liberté d'inventer à plaisir les Portraits & les Médailles qu'il vouloit faire passer pour véritables, comme dans le livre qu'il publia en 1553.

---

1. ¶ La distinction de l'u consone, & de l'u voyelle n'étant pas observée du tems de Guillaume Roville est cause que l'on ne sait pas encore aujourd'hui bien prononcer généralement le nom de cet Imprimeur, les uns disant *Rouille*, les autres *Rouville*. Mr Brossette suivant en cela l'éxemple de la Groix duMaine, a dans son nouvel éloge de la ville de Lyon, écrit *Rouville*, plaçant Guillaume Rouville parmi les Echevins de Lyon jusqu'à trois fois, la premiére en 1568. la seconde en 1573. & la troisiéme en 1578. On pourroit croire que la Croix du Maine qui savoit apparemment fort bien que c'étoit *Roville* qu'il faloit dire, ne s'est avisé le premier d'écrire *Rouille* que pour prevenir ou corriger l'erreur de ceux qui voyant *Rouille* écrit avec un simple u voyelle, suivant l'orthographe alors reçuë, étoient exposés à prononcer, & ne prononçoient que trop souvent *Rouille* pour *Roville*. C'est ainsi que pour *Mérovée*, *Fornave & Rovere*, plusieurs, quoique mal, prononcent encore *Méronée*, *Fornouë & Rouere*. Baillet pour achever de défigurer le nom de *Guillaume Roville* a écrit *Guillaume le Rouille* après du Verdie p. 508. de sa Bibliothèque sans avoir néanmoins pris garde que du Verdier qui n'accentuë point les é fermés, lorsqu'ils sont en lettre capitale, a écrit *Guillaume le Rouille* au lieu de *Guillaume le Rouillé*, nom d'un Jurisconsulte d'Alençon, qui a fait des Notes Latines sur le grand Coutumier de Normandie, & de plus un mauvais Livre François intitulé *de la Préexcellence de la Gaule & des Gaulois*. Le nom de cet Auteur ne devoit point par bien des raisons être confondu avec celui de *Guillaume Roville* si célébre par ses belles Impressions Françoises, Latines & Italiennes. J'avouë au reste, quoi que j'aye cherché ci-dessus à excuser la Croix du Maine d'avoir écrit *Rouille* pour *Roville* ne pouvoir l'excuser de même d'avoir appellé *Guillaume le Rouille* ce Jurisconsulte d'Alençon nommé *Guillaume le Rouillé*. ▶

LES FRELONS Imprimeurs de *Lyon* (1).

29 L'Imprimerie de Frelon étoit assés estimée vers le milieu de l'autre siécle, & il étoit curieux que ses Editions fussent éxactes. Il avoit pour Correcteur de ses épreuves un savant homme appellé *Louis Saurius*.

1. ¶ Ils écrivoient leur nom avec deux L ; Frellon, & se nommoient l'aîné *Jean* & le cadet *François*. ▶

IMPRIMEURS DE FRANCE.

Mais je ne fai s'il eſt bien ſûr de s'en rapporter à la bonne foi de Les Frelons. Du Jon lors qu'il veut nous perſuader que pluſieurs des Imprimeurs Catholiques, & nommément notre Frelon (1), n'avoient point la liberté de ſuivre & de répréſenter les Manuſcrits qu'ils imprimoient dans toute la ſincérité & la fidélité qui eſt deuë aux Auteurs dont on publie les ouvrages. Il prétend qu'il ſe commettoit quantité de fourbes dans leurs Imprimeries par la véxation de certains Emiſſaires, députés par des éſpéces d'Inquiſiteurs ſecrets. Il raconte, pour nous donner un éxemple de ce qu'il avance, qu'étant à Lyon en 1559. il alla voir ce Louis Saurius qui lui montra le ſaint Ambroiſe que Frelon imprimoit actuellement; & que comme il en admiroit la beauté des Caractéres, & l'éxactitude de l'Edition, Saurius lui dit qu'il n'y auroit perſonne qui ſuivant ces belles apparences, ne prît cette Edition pour la meilleure, & ne la préférât à toutes les autres. Mais il ajoûta que néanmoins il ne conſeilleroit jamais à perſonne d'en acheter, par ce que deux Cordèliers avoient pris la liberté de changer & d'altérer le téxte de S. Ambroiſe dans preſque toutes les pages. Du Jon, dit qu'en même tems il lui montra dans un tiroir des feuilles du même ouvrage que Frelon avoit imprimé d'abord ſur la foi des Manuſcrits ; mais qu'on avoit arrêté & ſaiſi cette premiére Edition, ce qui incommoda beaucoup ce pauvre Imprimeur à cauſe de la grande dépenſe qu'il avoit été obligé de faire inutilement. (2) Il n'eſt pas difficile de reconnoitre dans ce recit le Caractére de l'héréſie & les traits de cet Eſprit calomniateur qui animoit alors certains zélés d'entre les Prétendus Reformés contre nous, & leur faiſoit dire que les Catholiques avoient corrompu les Peres de l'Egliſe & les autres Auteurs Eccléſiaſtiques dans leurs Imprimeries. Néanmoins je ne veux pas croire abſolument qu'un Huguenot qui paſſoit pour honnête homme dans ſon parti, ait eu l'effronterie de forger à plaiſir un fait dont il aſſure avoir été témoin oculaire, & qui quoique fort ſuſpect nous ſera aſſés indifférent quand nous jouirons de l'excellente Edition de S. Ambroiſe que nous prépare Dom Jacques de Friche Bénédictin (3), aſſiſté de Dom Nicolas le Nourry ſon confrére.

Les Frelons ont imprimé le Catalogue de leurs Editions.

1 ¶ C'étoit alors François. Jean ſon frére en 1559. étoit mort.
2 Franc. Junius, præf. in Ind. Expurg. pag. 8.
3 ¶ Elle a paru en deux volumes in-fol. le premier l'an 1686. le ſecond l'an 1691.

Les trois DE TOURNES (1), *Tornæsii*, *Imprimeurs de Lyon*, puis de Genève; savoir:

1. *Jean*, 2. *Antoine*, 3. *Samuel*.

30 JE crois que le plus habile pour les Humanités auſſi bien que pour l'Imprimerie étoit Jean (2). Cet homme voulant nous montrer qu'il ſavoit quelque choſe, a compoſé quelques Livres de belles-lettres; & voulant nous faire voir en même tems qu'il connoiſſoit le fin de ſon métier, il nous a donné quelques éditions entre les autres, qui ſont tout-à-fait charmantes pour la beauté & la netteté des caractéres, & pour l'éxactitude de la correction.

Les autres n'ont point mal fait, mais il faut avouer que ce qu'ils ont imprimé à Genève eſt fort inférieur en tout à ce qui nous eſt venu de leur Imprimerie de Lyon. Ils nous ont donné le Catalogue de leurs Editions.

1 ¶ Il faloit dire: Les quatre de Tournes.

1 Jean de Tournes l'ancien, né Catholique mort Huguenot à Lyon, excellent Imprimeur.

2 Jean de Tournes ſon fils, né Huguenot à Lyon, d'où vers l'an 1584. il alla s'établir à Genève.

3 & 4 Jean Antoine & Samuel fréres, petits-fils de Jean II.

2 ¶ Jean de Tournes l'ancien n'ayant jamais paſſé pour homme de lettres, celui dont il eſt ici parlé, ne peut être que Jean de Tournes ſon fils, ſavant à la verité, mais qui n'a pas à beaucoup près auſſi bien imprimé que ſon pére. Il a paru ſous ſon nom des notes ſur Pétrone, leſquelles, dit Boiſſard dans la 2. partie de ſes *Icones*, lui furent attribuées du conſentement de Denys Lebé qui les avoit faites ſans vouloir en ètre cru l'Auteur. ¶

JEAN CRESPIN Imprimeur de Genéve (1), vers l'an 1553.

31 C'Etoit un ſavant homme, qui d'Avocat ſe fit Imprimeur. Joſeph Scaliger (2) dit que ſes vieilles Editions ſont bon-

1 ¶ Jean Crépin fils d'un Avocat d'Arras aprés avoir étudié cinq ans en Droit à Louvain, ſe rendit à Paris, où de même que François Baudoin ſon compatriote, il fut pendant quelque tems domeſtique du célébre Juriſconſulte Charles du Moulin, ſous lequel il écrivit, & qui par cette raiſon l'a dans un endroit de ſa Conférence des Evangeliſtes appelé ſon Secretaire. Il ſe fit recevoir Avocat au Parlement. Delà étant devenu ami de Beze il ſe retira comme lui en 1548. à Genève, & peu de tems aprés y dreſſa une Imprimerie fameuſe par les belles éditions qui en ſont ſorties. Il mourut de peſte en cette même ville l'an 1572. & laiſſa un fils auſſi Imprimeur nommé Samuel. Il y a eu un Jean Crépin qui a imprimé à Lyon in-4. les Epitres de S. Jérome avec les annotations d'Eraſme 1518.

2 Poſterior. Scaligeran. pag. 23.

nes.

res. Et le sieur Colomiés (1) ajoute qu'il s'en trouve de celles qu'il a faites Genève, qui par la beauté de leurs caractéres égalent celles de Robert Estienne.

Il s'appliquoit particuliérement à la connoissance de la Langue Grecque, & composa même un Lexicon Grec-Latin, qui fut augmenté (2) depuis quelques années par Ed. Grant, & mprimé en 1681.

APRE'S les Imprimeurs de Genève que nous avons nommé ci-devant, il seroit assés difficile d'en trouver parmi le grand nombre de ceux qui se sont établis dans cette ville, qui méritent d'être mis au rang de ceux qui ont travaillé avec réputation & avec succès. Quelques-uns semblent en avoir voulu distinguer deux parmi les autres. Le premier est *Eustache* VIGNON (3), dont il semble que Casaubon ait fait quelque estime, comme il paroit par quelqu'une de ses Lettres, quoique certainement ses Editions ne soient pas fort correctes, ni accompagnées des autres agrémens, qu'on recherche dans les Livres. Le second est *Jacques* CHOUET, qui dans les commencemens sembloit vouloir representer une image de l'Imprimerie des Estiennes, sous prétexte qu'il avoit acheté les Caractéres d'un des petits-fils du célébre Robert Estienne : mais il n'en exprima pas seulement l'ombre.

1 Colom. Biblioth. choif. pag. 200.
2 Idem ibid. Bibl. pag. 79. 80.
¶ Ce qu'avoit écrit Colomiés touchant cette augmentation n'étant pas correct a été retranché de l'édition qui a paru de sa Bibliothèque choisie, & de ses autres œuvres à Hambourg 1709. in-4. par les soins de l'illustre Jean Albert Fabrice.§

3 ¶ Eustache Vignon étoit gendre de Crépin. Ses éditions ne sont pas fort belles mais elles passent pour correctes.§

SIMON MILLANGES Imprimeur de Bourdeaux.

32 APrès avoir été long-tems Recteur ou Principal du Collége de Bourdeaux (1), & s'en être très-dignement acquitté, il se vit obligé de quiter la place aux Jésuites, à qui on donna le Collége. De sorte qu'à la persuation de ses proches, il se fit Imprimeur, & dressa une boutique, qui tint un des premiers rangs

1 ¶ Gabriel de Lurbe dans sa Chronique Bourdeloise, & Jean Darnal son continuateur ne disent point que Simon Millanges ait été ni Recteur ni Principal du Collége de Bourdeaux, mais seulement qu'après y avoir long-tems régenté il entreprit en 1572 de dresser dans la Ville une des plus belles Imprimeries du Royaume. Il vivoit encore en 1619.§

parmi le grand nombre des belles Imprimeries de France. Il voulut s'appliquer lui-même à la correction de tous les Livres qui paſſoient par ſa preſſe, & il s'en acquita avec une patience & une exactitude admirable, ne ſe fiant point à des Correcteurs, qui pour l'ordinaire ſont ou trop intéreſſés, ou trop précipités, ou enfin trop mal-habiles. (1)

1 Bern. de Malinckrot cap. 14. pag. 96.

CEUX D'ALLEMAGNE

1. JEAN FROBEN, d'Hamelbourg en Franconie *mort en* 1527. (1).
2. JEROME FROBEN, *ſon fils.*
3. NICOLAS BISCHOP ou EPISCOPIUS *ſon gendre, Imprimeurs de Baſle.*

33 *Iean Froben* fut le premier dans toute l'Allemagne, qui apporta de la délicateſſe dans l'Art d'imprimer, & de la diſcrétion dans le choix qu'il ſût faire des meilleurs Auteurs. Melchior Adam (2) écrit qu'il ne voulut jamais ſouffrir ſous ſes preſſes aucuns de ces Libelles qui enrichiſſent le Libraire aux dépens de la réputation d'autrui, & qui font aujourd'hui toutes les délices & preſque toute la fortune de pluſieurs Imprimeurs d'Hollande. Froben eſtimoit avec raiſon que c'étoit une choſe indigne de la majeſté & de la pureté des Sciences, & des belles-Lettres, à l'honneur deſquelles il avoit conſacré ſon Imprimerie, que de la deshonorer par tous ces ouvrages, qui ne vont pas directement au bien public ou de la Religion, ou de la ſociété civile, témoignant en toute rencontre un mépris généreux pour le gain ſordide que le commun des Libraires y cherche. Le même Auteur remarque qu'il avoit le cœur droit, une ſincérité inſigne, une fidélité incorruptible ; qu'il étoit

1 ¶ On peut voir l'hiſtoire de la mort de Jean Froben, & l'éloge de cet Imprimeur dans la lettre touchante d'Eraſme à Jean Heemſted Chartreux, ſans autre date que de 1527.
Nous avons une lettre de Jean Froben du 17. Juin 1515. à Eraſme auſſi Latine que pas une de celles d'Eraſme, parmi leſquelles elle eſt imprimée pag. 1539. de l'édition de Leyde. ¶

2 Melchior Adam vit. Philoſoph. Germ. pag. 64.

IMPRIMEURS D'ALLEMAGNE.

prévénant & obligeant jusqu'à l'excès, préférant toujours l'utilité publique à ses propres interêts, qualité devenuë extrêmement rare de nos jours parmi ceux de cette profession.

Les premiers effets de son industrie parurent dans les ouvrages de S. Jerome. Il entreprit de les rétablir dans leur premiére intégrité autant qu'il lui étoit possible, ayant été assisté d'abord dans ce grand dessein par Jean Reuchlin dit Capnion, & ensuite par Erasme & par les deux freres Amerbaches, comme le témoigne Erasme lui même & Malinkrot après lui (1). Ce grand ouvrage lui ayant réussi, il entreprit avec le même courage les œuvres de S. Augustin, & ensuite toutes celles d'Erasme en neuf tomes. On prétend (2) que ces trois impressions sont des plus correctes de toutes celles de cette fameuse boutique, laquelle après avoir produit les Peres Latins avec tant de succès, se rendit encore très-recommandable par la première Edition qui s'y fit des Peres Grecs, dont on n'avoit encore rien vû jusqu'alors dans toute l'Allemagne.

Comme la mort ne permit pas à Jean Froben d'éxecuter ces derniers desseins, il fut obligé de laisser ce soin à ses enfans, c'est à dire, à *Jerome* son fils, & à *Nicolas* Episcopius son gendre, qui, s'étant associés ensemble, continuérent de maintenir cette Imprimerie avec réputation. Ils s'en acquitérent avec d'autant plus de facilité, qu'ils étoient tous deux non seulement hommes de Lettres, mais encore gens de probité, comme témoigne Melchior Adam (3), & d'une intégrité si éxemplaire, qu'elle se fit remarquer dans toute l'Europe, & mit les noms des Frobens en bonne odeur dans le monde.

C'est donc à ces deux excellens ouvriers que nous devons les Peres Grecs (4), & nous apprenons d'Erasme qu'ils commencérent par les Ouvrages de S. Basile le Grand.

Les Frobens avoient pour Correcteur de leurs Epreuves un savant homme appellé *Sigismond Gelenius* (5), dont nous parlerons parmi nos Critiques de Philologie, & parmi nos Traducteurs. Ainsi on ne doit pas douter, que les Editions des Frobens n'en soient d'autant plus éxactes (6). Le Catalogue des Editions de la boutique d'Episcopius fut imprimé en 1564.

---

1 Malinkrot. de Art. Typogr. cap. 15. pag. 100.
2 Melch. Ad. vit. Philosoph. ibid.
3 Id. ibid.
4 Eras. Epist. dedic. ad Jac. Sadoletum.
5 ¶ Erasme dans plusieurs de ses lettres, & sur tout Lettre 1010. de l'édition de Leyde. Zeltner dans son Recueil des habiles Correcteurs d'Imprimerie n'a pas manqué d'y donner place à Gélénius, & d'en parler amplement après Bayle qu'il n'a fait que copier.
6 Malinkrot. pag. 96. cap. 15.

JEAN AMERBACHE Imprimeur de Basle (1).

34 SEs Editions sont assés estimées (2), & Jean Reuchlin témoigne qu'il avoit le génie excellent (3), qu'il étoit très-versé dans les sciences, & qu'on lui étoit redevable de ce merveilleux artifice, qui avoit produit la beauté des nouveaux caractéres.

Ce fut cet Imprimeur qui appella *Froben* à Basle avec les *Petri*, comme nous l'apprend Melchior Adam (4), afin d'avoir moyen d'avancer & de perfectionner la Librairie par une émulation louable, & par les secours mutuels qu'ils se devoient donner les uns aux autres.

Il corrigea lui-même les œuvres de S. Ambroise, de saint Jerome & de saint Augustin. Erasme témoignoit une estime toute particuliére (5) de la diligence & de l'exactitude que son Frere & lui apportoient à la correction des exemplaires qu'ils mettoient sous leur presse (6).

1 ¶ Jean d'Amerbach né à Reutlingue en Souabe, fut pére de Boniface, de Bruno, & de Basile d'Amerbach, trois fréres d'un grand mérite & d'une grande érudition. s'étant établi à Bâle avec Jean Pétri son associé, il y donna la première édition qu'on eût encore vuë de S. Augustin. Après quoi ayant commencé celle de S. Jérome, & sa mort arrivée au commencement du 16. siécle ne lui ayant pas permis de finir l'ouvrage il le recommanda en mourant à ses trois fils. Ce qu'ensuite Baillet dit de *Froben & des Petri* appelés à Bâle par Jean d'Amerbach n'est pas net. Le sens de Melchior Adam, ou plutôt d'Henri Pantaléon que Melchior n'a fait que copier, est que ce furent Jean d'Amerbach & son associé Jean Petri qui appelérent à Bâle Jean Froben & Adam Petri, lesquels travaillérent avec eux, & depuis furent leurs successeurs. *b*

2 Malinckr. Art. Typogr. cap. 14. pag. 93.

3 Reuchl. seu Capn. lib. 1. de verbo mirifi.

4 Melch. Adam vit. Philos. in Frob. pag. 65.

5 Erasm. vita à seipso script.

6 ¶ Jean d'Amerbach n'avoit point de frére. Ce furent après sa mort, Bruno & Basile ses fils, qui pour mettre Jean Froben en état d'imprimer correctement prenoient soin de revoir les exemplaires. Voyés à la tête des œuvres d'Erasme la dédicace qu'en fait Beatus Rhenanus à Charles-quint, car cette vie d'Erasme écrite par Erasme même, à laquelle le chiffre 5. renvoie, ne contient absolument rien de ce que Baillet a prétendu y trouver. *b*

JEAN HERBST, dit OPORIN Imprimeur de *Basle*, mort en 1568 (1).

IL fut d'abord Profeſſeur en Langue Grecque à Baſle, & dès lors ſon habileté étoit fort connuë parmi les Savans. Mais quoiqu'il s'acquitât de cet emploi avec l'approbation univerſelle du Pays, il s'en défit néanmoins parce qu'apparemment il y trouvoit moins de profit que d'honneur, & il ſe fit Imprimeur. Melchior Adam, (2) dit que la néceſſité de gagner de quoi pouvoir ſubſiſter le rendit laborieux & éxact ; qu'il ſe mit à copier les Livres Grecs ſous Jean Froben (3), & qu'il en fit de même des Poëtes Latins dans la ſuite.

Après ſa mort il dreſſa une aſſés belle Imprimerie, & comme il avoit une connoiſſance parfaite des bons Manuſcrits (4), il ne mit ſous ſa Preſſe que les Auteurs qui méritoient de revivre dans l'Empire des Lettres. Le même Auteur pour marquer juſqu'où alloient la diligence & le ſcrupule d'Oporin, aſſure qu'il n'eſt pas ſorti un ſeul livre de ſa boutique qu'il n'ait pris la peine de corriger lui-même, ſans s'en fier à l'induſtrie des autres. Il ajoute qu'il entretenoit chés lui un grand nombre d'ouvriers, & qu'il les nourriſſoit & les payoit avec une libéralité qui étoit beaucoup au deſſus de ſes forces & que par une tendreſſe un peu extraordinaire il retiroit chés lui ceux qui avoient été renvoyés par les autres Libraires, & qu'il en avoit quelquefois juſqu'à cinquante à ſes gages. Cette conduite, jointe avec ſa générosité, ou plutôt avec le peu de ſoin qu'il avoit de ſe faire payer, acheva de le ruiner, après s'être déja vu auparavant obligé de racheter ſon Magazin & ſa boutique d'entre les mains des créanciers, où l'un & l'autre étoient tombés par le luxe & la mauvaiſe conduite de la femme de Winter ſon parent, qui étoit aſſocié avec lui.

Mr de Thou fait l'éloge d'Oporin (5), & nous avons le Catalogue de ſes Editions ſous le titre de *Dépouilles de Jean Oporin* &c. imprimé en 1571. in-8°

1 ¶ le 6. de Juillet.
2 Melch. Adam vit. Phil. German. pag. 142.
3 ¶ Il faloit dire : *pour Jean Froben*.
4 ¶ Melchior Adam ne dit rien de tel.
5 Thuan. hiſt. ad ann. 1568.

HERVAGIUS Imprimeur de *Basle* (1), & HENRIC-PETRI du même lieu.

36   E Rasme estimoit fort *Hervagius*, & disoit que nous avons obligation à Alde de nous avoir donné le premier le Prince des Orateurs (2), mais que nous sommes beaucoup plus redevables à Hervagius de l'avoir mis en un état beaucoup plus accompli, & de n'avoit épargné aucune dépense ni aucun soin pour lui donner sa perfection. (3)

Et pour ce qui est d'*Henric-Petri*(4), on peut voir ce qui est sorti de sa boutique dans le Catalogue que ses héritiers en firent imprimer in-4° à Basle, avec une continuation de ce qui s'étoit imprimé chés eux jusqu'en l'année 1628.

1 ¶ Erasme Lettre 1149. dit que Jean Hervagius avoit épousé la veuve de Froben & qu'il n'étoit pas ignorant. La veuve de Froben nommée Gertrude, étoit fille de Volfgang Lachner Imprimeur dont parle Erasme en plus d'un endroit de ses Lettres.

2 ¶ Il faloit dire : *des Orateurs Grecs*, afin que d'abord on entendit que c'est Démosthéne dont Erasme a voulu parler. §

3 Erasm. Epistol. lib. 28. Col. 1709. e

4 ¶ Cet Henric-Pétri apparemment fils ou de ce Jean, ou de cet Adam Petri dont nous avons parlé plus haut a été un Imprimeur fort négligent. Ses éditions ne sont ni belles ni correctes. On le nomme communément Henri-Pierre. Ses héritiers ont mieux imprimé que lui. §

JEROME COMMELIN de Douai, Imprimeur d'Heidelberg mort en 1597 (1).

37   I L étoit François de Nation, & les livres que nous voyons sans nom d'Imprimeur qui marquent la boutique de *S. André* sous l'enseigne d'une Vérité assise, sont de son Imprimerie. Il demeuroit ordinairement à Heidelberg à cause de la Bibliothèque Palatine.

Scaliger (2) témoigne que ce qu'il a fait est bon, & qu'il étoit habile en Grec & en Latin, mais non pas en Hébreu. Malinckrot (3)

1 ¶ Casaubon dans une lettre du 13. Mars 1598. mande la mort de Commelin à Jaques Gillot, & Joseph Scaliger qui ne croyoit pas que Casaubon en fût déja la nouvelle, la lui mande bien circonstanciée dans la 45. de ses lettres du 17. Mars de la même année,

par où il paroit que ce fut très certainement l'an 1598. que Jérome Commelin mourut. §

2 Posterior. Scaligeran. pag. 54.

3 Malinckr. Art. Typogr. cap. 14. pag. 93.

loüe non seulement son érudition mais encore sa diligence, dont il a donné des preuves, ayant imprimé tant d'excellens Auteurs qu'il semble ne le céder en ce point ni aux Manuces ni aux Estiennes même selon cet Auteur. Les deux principaux ouvrages de son impression sont le saint Athanase, & le saint Chrysostome. Casaubon (1) témoignoit faire une estime particuliére de ses éditions, & il dit en une de ses Lettres, qu'autant qu'il en trouvoit, il les achetoit toutes sans distinction.

Nous parlerons encore de Commelin en un autre endroit.

1 Casaub. Epistol. 43. ann. 1595. pag. 58.

LES IMPRIMEURS DE COLOGNE

Qui ont paru durant un demi-siécle jusqu'au commencement de celui-ci.

Savoir :

1. ARNOLD DE MYLE,
2. GODEFROI HITTORP,
3. PIERRE QUENTEL,
4. GERWIN DE CALEN,
5. HERMAN DE MYLE,
6. MATERNE CHOLIN,
7. JEAN GYMNIQUE,
8. ANTOINE HIERAT,
9. JEAN KINCHE,
10. BERNARD GUALTER,
11. PIERRE HENNINGUE, &c.

38 Ils étoient tous fort considérables non seulement par le rang de Conseillers, & par les premiéres Magistratures qu'ils exerçoient dans la Ville, mais encore plus par leur piété, qui ne leur a fait presque imprimer que des livres faits pour l'utilité de l'Eglise, pour la défense de la Religion, & pour le réglement des mœurs. (1)

3. Pour ce qui est de PIERRE QUENTEL, il s'étoit déja rendu célébre dans la Ville avant qu'on eût encore entendu parler ni d'*Hittorp* ni de *Calenius*, & il avoit mis son Imprimerie en vogue par l'édition de tous les ouvrages de Denys le Chartreux, qui ne sont pas en petit nombre.

Sa boutique demeura quelque tems en réputation sous ARNOLD QUENTEL, JEAN KREPSIUS & *Gerwin Calenius*. (2)

1 Bern. de Malinck. de Art. Typograph. cap. 14. pag. 95.   2 Malinckr, ibid. pag. 95. cap. 14.

8. Mais *Antoine* HIERAT semble avoir surpassé tous les autres par la gloire qu'il a acquise en réimprimant la plupart des ouvrages des SS. Peres, dont les premiéres éditions étoient devenuës déja assés rares.

Malinckrot dit qu'il en a mis un si grand nombre au jour, qu'il est difficile de concevoir comment un homme seul peut avoir eu assés de résolution & assés de tems pour en venir à bout; & de croire qu'il ait été assés riche & assés laborieux pour n'avoir emprunté la bourse ni imploré le secours de personne. Il prétend même que tous les Imprimeurs qui avoient paru jusqu'alors dans le monde lui étoient fort inférieurs, soit qu'on considerât la multitude & la grosseur des ouvrages qu'il avoit imprimés, soit qu'on eut égard au choix qu'il avoit fait de ses Auteurs; & il dit que pour s'en convaincre, on n'a qu'à jetter les yeux sur le Catalogue des Livres sortis de ses presses. Il est obligé néanmoins de reconnoître que si cette boutique a passé les autres en fécondité, elle leur a cédé du moins en magnificence & en dignité, & particuliérement à celle de Plantin, à laquelle il auroit pû hardiment joindre celles des Estiennes, des Manuces & des Frobens. Et quoiqu'il ait avancé plus haut, qu'Hierat avoit toujours travaillé tout seul avec une application infatigable sans le secours de personne. Il avouë pourtant qu'il fut assisté & servi utilement par *Jean Gymnique* le jeune, fils de sa femme, car il avoit épousé la veuve de Jean Gymnique le pere qui avoit été son Maître. (1)

1 Malinckr. de Arte Typog. cap. 15. pag. 100.   Idem ibid. pag. 124. 125.

IMPRIMEURS DES PAYS BAS CATHOLIQUES.

RUTGER RESCIUS Imprimeur
de Louvain mort en 1545.

39 IL étoit savant en Grec, & il l'enseignoit à Louvain, où il occupoit la premiére Chaire des Professeurs. Malinckrot dit qu'il y professoit aussi la Langue Hébraïque (1).

Mais quoi-qu'il en soit, il est constant qu'il tourna presque toutes ses inclinations au Grec, & ne s'appliqua presque qu'à l'édition des Auteurs en cette Langue dont il a imprimé un grand nombre. Erasme (2) disoit qu'on en auroit peut-être pû trouver d'aussi savans que lui, mais non pas de plus éxacts ny de plus diligens.

Ainsi quoi-que ses Editions ne soient pas fort belles, elles ne laissent pas d'être estimées des Savans, comme il paroit par une Lettre que Guillaume Pantin écrit à Nansius (3), & elles sont d'autant plus éxactes, qu'étant savant & judicieux, il prenoit la peine de corriger lui même les copies qu'il imprimoit avec toute l'éxactitude dont il étoit capable, comme on le peut voir dans Aubert le Mire (4), qui dit que Rescius avoit procuré aux Pays-bas la même gloire qu'Alde l'ancien avoit acquis à l'Italie parce qu'ils avoient été tous deux les premiers qui eussent imprimé le Grec dans leur pays.

Voyés ses Écrits dans Valere André (5).

---

1 Malinckr. Art. Typogr. c. 14. p. 93.
2 Erasm. liv. 13. Epistol. 31.

¶ Rutger Rescius, dans l'endróit cité, n'est loué de son exactitude & de sa diligence que comme Professeur en langue Grecque, & non pas comme Imprimeur, dont par les Lettres d'Erasme il ne paroit nulle part qu'il ait fait la fonction. Il paroit seulement par une lettre de lui à Erasme dattée de Louvain le 8. Mars 1516. pag. 1554. de l'édition de Leyde, qu'il étoit un des Correcteurs d'Imprimerie de Thierri ou Theodoric Martin d'Alost Imprimeur à Louvain. Depuis néanmoins on ne peut pas disconvenir que de son chef il n'ait dressé une Imprimerie à Louvain, & qu'il ne sa-

soit attaché sur tout à donner des éditions Grecques, qu'il prenoit lui même soin de corriger. Valére André en rapporte quelques-unes dans sa Bibliothèque, telles que la Paraphrase des Instituts par Théophile, les Aphorismes d'Hippocrate conférés sur des manuscrits, &c. J'ai vu aussi dans des Catalogues diverses éditions Latines, entre autres de quelques ouvrages de Jean Driedo Professeur en Theologie à Louvain tant in-fol. qu'in-4. chés Rutger Rescius.

3 Guill. Pantin. Epist. ad Franc. Nansius præfic. ocerib. Pauli Leopardi.
4 Elog. Belg. pag. 131.
5 Biblioth. Belg. Val. Andr.

HUBERT GOLTZIUS *de Venloo au Duché de Gueldre, Imprimeur de Bruges, mort en 1583.* (1).

40. Outre la réputation qu'il avoit de savoir les Humanités, l'Histoire & l'Antiquité, outre qu'il étoit connoisseur dans la Médaille, outre qu'il étoit Graveur & Peintre, il eut la curiosité de se faire encore Imprimeur (2). Car comme il apréhendoit qu'on ne laissât glisser dans l'impression de ses ouvrages des fautes qui en eussent pû diminuer le mérite : il établit en sa maison une belle Imprimerie, où toutes les Editions passoient par ses mains ; & il les corrigeoit lui même, leur donnant leur perfection, au moins pour ce qui regardoit les figures. Aussi les a-t-il renduës si parfaites en l'art du burin, & en la netteté du caractére, qu'elles ont été reçuës par toute l'Europe avec applaudissement, & qu'elles servent encore maintenant d'ornement aux plus fameuses Bibliothèques. (3)

Cependant on dit que Goltzius ne savoit pas le Latin (4), & je ne sai comment ceux qui le disent, pourront s'accommoder avec ceux qui prétendent qu'il corrigeoit lui même ses épreuves. Mais nous parlerons de lui plus au long parmi les Antiquaires & Médaillistes.

1 ¶ Agé de 57. ans.
2 ¶ Il n'a guéres été Imprimeur que de ses ouvrages.
3 Is. Bullart Academ. tom. 2. lib. 2. pag. 162.
4 ¶ C'est une fausseté. Son *Thesaurus rei antiquariæ* seul est une preuve du contraire. Dira-t-on que c'est une charité qu'un de ses amis lui a prêtée ? Cela est bientôt dit, mais il faudroit en avoir de bons garans. Goltzius entendoit non seulement le Latin, mais aussi le Grec. Lipse lui adressant la 21. de ses Questions epistoliques du 2. livre y a cité un assés long passage de Strabon sans l'interpreter. Supposera-t-on qu'il lui envoyoit l'explication du Grec & du Latin dans le paquet, comme on a supposé qu'il faisoit quand il écrivoit à Plantin ? Avec de pareilles conjectures avancées après coup & sans aveu, on détruira les faits le mieux établis. Il se pourroit d'ailleurs bien faire que ceux qui ont dit que Goltzius ne savoit pas le Latin, auroient par équivoque pris Goltzius pour Gorlæus Antiquaire à peu près même payis, & de même tems, si habile Médailliste, qu'il entendoit tous les livres de médailles écrits en Latin sans avoir appris cette langue. Mr de Peiresc, de qui Gassendi l. 2. *de vita Peireskii*, dit tenir cette particularité, pouvoit d'autant mieux la savoir, qu'il avoit vu de près Gorlæus à Delft. Il s'en faut bien que Balzac soit aussi croyable sur ce qu'il rapporte touchant Lipse & Plantin, livre 1. de ses Lettres à Chapelain, Lettre 17.

CHRISTOPHLE PLANTIN *de Tours* (1), Imprimeur d'Anvers, mort en 1598. (2).

41 **G**Uichardin le jeune (3) nous dépeint son Imprimerie comme une des plus rares merveilles de l'Europe, & qui étoit unique en son espéce. Le bâtiment de cette Imprimerie étoit si magnifique, qu'il passoit pour le plus bel ornement de la Ville d'Anvers au jugement du même Auteur. Il dit qu'on y voyoit tant de Presses, tant de caractéres de toutes sortes de grandeurs & de figures, tant de Matrices à fondre les Lettres, tant d'instrumens faits à plaisir, & tant d'autres commodités, que le prix de tout cela se montoit à des sommes immenses, & composoit un juste tresor.

Un Anonyme qui a fait la Préface de l'Index de Plantin (4) ajoute que ses Caractéres étoient d'argent, & qu'il ne partageoit cette gloire avec personne, parce qu'elle lui étoit singuliére à l'exclusion de tous les autres Imprimeurs ; mais cet Auteur ne savoit pas apparemment que Robert Estienne avoit prévenu Plantin dans cette magnificence, quoiqu'il fut moins riche que lui.

Mr de Thou dit qu'étant à Anvers en 1576. (5) il eut la curiosité d'aller voir Plantin, lequel, quoique très-mal pour lors dans ses affaires, ne laissoit pas d'entretenir encore actuellement dix-sept presses. Outre tout ce grand appareil d'Imprimerie, il entretenoit encore un fort grand nombre d'Ouvriers habiles & expérimentés dans cette Profession, qu'il payoit avec tant d'assiduité, qu'il comptoit par jour plus de 200. florins, c'est-à-dire, plus de 100. écus de dépense qu'il faisoit pour cet effet (6).

Mais ce qui contribuoit le plus à sa gloire étoit ce grand nombre de Savans qu'il retenoit chés lui par des appointemens magnifiques, & qu'il occupoit à corriger ses Impressions. Les principaux de ces célébres Correcteurs au raport d'Aubert le Mire (7) étoit 1. *Victor Giselin*, 2. *Theodore Pulman*, 3. *Antoine Gesdal*, 4. *François Hardouin*. 5. *Corneille Kilien*, 6. *François Raphelenge*, qui devint son gendre.

1 ¶ Il étoit de Mont-Louis Bourg de Touraine à 2. lieuës de Tours.
2 ¶ Agé de 75. ans §
3 Lud. Guichardin. descript. Belg. in Antw.
4 Indicis Plant. Præfat.
5 Thuan. de vita sua, &c.
6 Guicciard. ut suprà, &c.
Is. Bullart. Acad. ut infra.
7 Aub. Miræus elog. Belg. p. 207. 208. Malinckr. cap. 14. de Art. Typog. p. 94.

388   IMPRIMEURS DES PAYS-BAS CATHOLIQUES.

Plantin. Comme ils ont tous fait connoitre leur savoir & leur suffisance à la postérité par des Livres qu'ils ont composés d'ailleurs, nous pourrons parler encore d'eux dans la suite de ce Recueil, & particuliérement de Giselin, de Pulman, & de Raphelenge. Et nous nous contenterons de remarquer ici après Valére André (1), que Corneille Kilien l'un d'entre eux, qui mourut en 1607. se signala par dessus les autres, & s'y attacha avec une assiduité fort opiniâtre ayant passé cinquante années entiéres à travailler dans cette boutique avec une patience infatigable accompagnée d'un succès merveilleux, que produisoit sa fidélité & son expérience.

Ainsi tout ce qu'on dit de l'éxactitude de ses Editions ne souffre aucune difficulté, sur tout lorsqu'on fait réfléxion sur la délicatesse du scrupule de Plantin. Car ne se fiant pas toujours aux lumiéres & à la diligence de tant de clairvoyans & savans Correcteurs, & ne voulant pas même s'en rapporter à ses yeux, ni à sa propre expérience, quoique, selon Malinckrot, il fut très-éclairé, & très-intelligent dans sa Profession, il avoit coutume d'exposer en public les Epreuves, après avoir été éxactement revûës & éxaminées chés lui en particulier, & de mandier ainsi, à l'éxemple d'Apelle, le jugement des Passans, promettant même des récompenses pour chaque faute qu'on y auroit remarquée. Il paroit par ce recit que Malinckrot (2) a voulu copier Plantin sur Robert Estienne, & que celui-là par une louable imitation a voulu pratiquer dans les Pays-bas, ce qu'il avoit vu faire à celui-ci dans Paris, avant que de sortir de France. Et voila peut-être ce qui a fait juger à Valére-André & aux autres (3) que les Editions de Plantin doivent être sans aucune faute, qui est une perfection que nous pensions avoir été unique & particuliére à Robert Estienne.

Ces excellentes qualités de Plantin jointes à la beauté & à la netteté exquise de ses caractéres, & au choix qu'il avoit coutume de faire des bons Auteurs, lui ont attiré non seulement l'estime & les éloges de tous les savans de son siécle, mais encore les applaudissemens & l'amour même de toute la postérité. Lipse, qui pour le seul interest des Belles-Lettres avoit fait une étroite liaison avec lui (4), l'appelle tantot la Prunelle, & tantot la Perle des Imprimeurs.

1 Val. Andr. Dessellius Bibl. Belg. pag. 156.
Aub. Mir. pag. 108. ut suprà.
2 Malinckr. cap. 16. pag. 102.
3 Bibl. Belgic. voce Cornel. Kilian. pag.
156.
Item Aub. Mir.
4 Lipf. not. ad Tac. & alibi non semel.
Item Epist. ad Moret.

IMPRIMEURS DES PAYS-BAS CATHOLIQUES. 389

Plantin.

Scaliger (1) dit qu'il étoit d'une fidélité inviolable à l'égard des Auteurs qu'il imprimoit & des copies qu'on lui donnoit, & qu'il auroit fait scrupule d'y rien changer : ce que ne faisoit pas Henri Estienne. Dom Nicolas Antoine (2) prétend qu'il est le plus clairvoyant de tous les Imprimeurs, & que sa fidélité ayant passé pour un prodige, en deviendra d'autant plus incroyable à la postérité. Le Cardinal Baronius lui écrivant pour lui faire faire une seconde Edition de ses Annales Ecclésiastiques, qui dût servir de régle & de modéle à toutes les autres suivantes, dit (3) qu'il avoit jetté les yeux sur lui pour cette grande entreprise, parce qu'il étoit le premier des Imprimeurs du Monde, & qu'il les surpassoit tous autant par la piété sincére, que par toutes les autres parties qui composent un homme achevé pour cette Profession. Arias Montanus (4) semble avoir voulu consacrer son industrie, sa prudence, son assiduité, son éxactitude, sa diligence, son des-interessement, *sa constance & ses travaux*, en les publiant à la tête de la Bible Royale, ou Polyglotte d'Anvers. Enfin Guillaume Pantin (5) écrit qu'ayant glorieusement consumé toute son industrie & des richesses immenses pour donner la vie, & pour communiquer l'immortalité à une infinité d'Auteurs, qui par leur excellence se sont distingués des autres, la République des Lettres lui a autant d'obligation que le Ciel en avoit à l'Atlas de la fable dans la supposition de l'Antiquité Païenne ; & il compare sa boutique au ventre du Cheval de Troye, ajoutant qu'il en étoit sorti infiniment plus de Héros Hébreux, Grecs, & Latins, que ce Cheval n'en avoit produits de Grecs.

Au reste Plantin est le premier qui ait porté en titre la qualité d'*Archi-Imprimeur* que le Roi d'Espagne lui donna de son propre mouvement par reconnoissance de son mérite, comme écrit de Malinckrot (6) avec d'amples gratifications pour soutenir dignement ce nouvel honneur & la réputation de son Imprimerie.

Le Sieur Bullart lui a donné une place parmi les Hommes Illustres de son Académie, & il l'a remplie d'un éloge (7).

Entre tant de célébres ouvrages dont l'Eglise & les Lettres sont redevables à Plantin, on a toujours consideré (8) comme son chef-

---

1 Scaligeran. prior. pag. 47. iterum pag. 55.
2. Nic. Ant. Biblioth. Hispanic. pag. 162. tom. 1.
3 Leonard. Nicod. addit. ad Topii Bibl. Neapolitan pag. 61.
4 Ben. Ar. Mont. Prolegomen. Biblior. Regior.
5 Pantin Epist. ad Nansium præfix oper. Leopardi.
6 Malinckr. cap. 14. pag. 94.
7 Bull. Acad. tom. 2. lib. 4. pag. 158.
8 Nic. Ant. Bibl. Hisp. in Aria Mont. pag. 162.

d'œuvre la Polyglotte d'Anvers, qu'on appelle autrement la Grand-Bible de Philippes second, & ce n'est pas sans raison qu'on l'a toujours estimée comme le plus beau fruit de l'Imprimerie jusqu'à la naissance de celle de Vitré ou de Mr le Jai, à laquelle il lui a fallu ceder cet honneur.

Le Catalogue des Editions faites en la boutique de Plantin fut imprimé en 1615. in-8° à Anvers non pas à dessein de faire voir ce qu'il y avoit à vendre, puisque dès ce tems là il y en avoit déja plusieurs qui n'y étoient plus, étant dispersées dans les Provinces, mais par une présomption louable ou du moins utile à ceux qui sont curieux des bonnes Editions, afin que par ce Catalogue fidéle ils puissent sûrement distinguer ce qui vient de Plantin, d'avec ce qui n'en vient pas, comme le dit l'Anonyme qui en a fait la Préface (1).

1 Præfat. Indic. lib. è Typogr. Plant.

JEAN BELIER ou BELLER (1) *Imprimeur d'Anvers, mort en 1595.*

42   IL étoit celui d'après Plantin, mais il avoit d'ailleurs cet avantage qu'il savoit peut-être plus de Latin, & qu'il fit & imprima un Dictionnaire tiré de Robert Estienne & de Gesner; & en composa même encore un autre depuis de Latin en Espagnol, comme on le voit dans la vie des Estiennes (2). B. de Malinckrot dit que les *Bellers* & *Nutius* ont pareillement fait rechercher leurs éditions, par la beauté de leurs caractéres, & la bonté de leur papier (3).

Les Bellers se sont aussi établis à Douai, & on estime les éditions de *Balthasar*.

1 ¶ Un belier en Flamand c'est *ram* & non pas beller, nom propre qui devoit être ici uniquement conservé. Ceux de cette famille écrivoient leur nom *Bellere* en François.

2 Theod. Janss. d'Almeloveen de vit. Steph.
3 Malinckr. Art. Typogr. cap. 14. pag. 55.

LES MORETS Imprimeurs d'Anvers.

1. JEAN, *gendre de Plantin, mort en* 1610.
2. BALTHASAR *fils de Jean, mort en* 1641.

43
1
JEAN *Moret* eut la seconde fille de Plantin avec sa boutique d'Anvers. Ses éditions ne sont pas moins belles ni moins éxactes, au moins pour la plupart que celles de son Beaupere. Il avoit aussi quelque étude, & il s'est servi de bons Correcteurs entre lesquels le célébre *Kilien* lui rendit service jusqu'en 1607.

2. Quoique BALTHASAR eut parfaitement bien étudié sous Lipse, l'ami de la maison, & qu'il pût paroitre ailleurs, il aima mieux employer toutes ses lumiéres & son industrie à faire valoir l'Imprimerie de son Aïeul & de son Pere, étant beaucoup plus savant que n'avoient été ni l'un ni l'autre.

Mr Bullart témoigne (1) qu'il s'assujettit avec tant de diligence „ & d'application à corriger les *Autographes* ou les copies originales „ qu'il mettoit sous la presse, qu'il travailla encore plus à les polir „ que les Auteurs mêmes qui les avoient composées. Il ajoute qu'en „ effet il ne s'est trouvé personne d'entre les Auteurs vivans qui „ ait osé lui disputer cet honneur, & qui n'ait reconnu ses correc- „ tions très judicieuses & sa censure très-raisonnable ; qu'ils ont tous „ avoué que leurs ouvrages avoient trouvé leur dernier ornement „ dans les mains de cet homme laborieux.

Mr de Malinckrot (2) dit qu'il n'étoit pas moins curieux que son grand-pere pour la netteté des caractéres & l'éxactitude de l'Impres- sion, & qu'il entretenoit pour le moins quarante-huit Ouvriers dans l'Imprimerie, dont il a eu grand soin de conserver la pureté & l'honneur où elle s'étoit toujours maintenuë par la vertu & par l'attache à la Communion Catholique qu'avoient eu Plantin & Mo- ret, en ne laissant glisser sous ses presses aucun livre écrit contre l'Eglise Romaine ou contre l'innocence des mœurs.

1 Academ. des Sciences & des Arts tom. 2. lib. 4. pag. 26.
2 Malinckr. de Arte Typogr. cap. 15. pag. 95.

IMPRIMEURS D'HOLLANDE.

44. ON peut dire que c'est Plantin qui a jetté les fondemens des belles Imprimeries d'Hollande, par l'érection qu'il fit d'une boutique à Leiden, approchante de celle d'Anvers, & qui servit d'Ecole à tant d'illustres Imprimeurs qui ont eu tant d'éclat dans ce petit coin du monde. Il semble que le Compas de Plantin ou plutôt la Sagesse divine leur ait inspiré une adresse particuliére pour mesurer toutes choses dans leurs éditions, même jusqu'aux reliûres des Livres avec une justesse & une uniformité qui ne s'est point encore démentie. Ce qu'on a donc particuliérement aimé jusqu'ici dans ces Impressions d'Hollande, est cette netteté & cette gentillesse des caractéres qui saute aux yeux d'abord, avec cette proportion agréable & cet arrangement serré, auquel les autres Imprimeurs semblent n'avoir point encore pû parvenir. C'est dommage que quelques-uns d'entre eux se soient si fort deshonorés surtout en ces derniéres années, en souillant leurs presses d'une infinité de libelles, nés pour détruire le repos de l'Eglise & de l'Etat, l'honnêteté Chrétienne & civile, & la réputation des personnes utiles au Public.

FRANÇOIS RAPHELENGIUS ou RAFFLENGHEN, Imprimeur de *Leide*, mort en 1597. (1)

45. IL entra dans le commerce de la Librairie en épousant la fille ainée de Plantin (2). Il étoit fort habile dans les Langues Hébraïque, Chaldaïque, Arabe, Grecque, Latine (3). Il professoit même l'Hebreu & l'Arabe à Leide où étoit son Imprimerie, ou plutôt celle de Plantin son beaupere qu'il conduisoit. Malinckrot nous apprend qu'il avoit été Correcteur (4) des épreuves à Anvers sous ce célébre Imprimeur, dont il acquit l'amitié & l'alliance par les bons services qu'il lui rendit. Arias Montanus témoignant (5) qu'il avoit beaucoup d'industrie, une diligence in-

1 ¶ le 20 de Juillet à l'age de 59. ans.
2 Arh. Bar. Jo. Meurs in vir. ill.
3 Theod. Janss. d'Almelov. in vit. Steph.
4 Mal. de Arte Typogr. cap. 14. p. 95.
5 Ben. Aria Mont. Prolegom. Bibl. Antuerp.

croyable,

IMPRIMEURS D'HOLLANDE.

croyable, une éxactitude & une application continuelle, un esprit pénétrant & un jugement fort solide, ajoute qu'il en avoit donné des preuves publiques dans la correction de la Grand-Bible Polyglotte d'Anvers qu'imprima son beau-pere. Raphelengius s'est encore signalé par des Ecrits qu'il a laissés à la Posterité, & qu'on peut voir dans Valere André (1), dans l'Athene de Meursius, &c. (2).

1 Val. And. Dessel. Bibl. Belg.
2 Aub. Mir. & Aub. Vanden Eede Bibl. de Script. Eccl.

LES BLAEW ou BLAW, Imprimeurs d'Amsterdam.
   1. GUILLAUME dit *Wilhelmus Cæsius Janssonius*, mort en 1628. (1)
   2. Jean JANSSON son fils (2)
   3. Josse JANSSON, &c. (3)

46 VOssius nous a fait connoître le mérite de GUILLAUME en plus d'un endroit de ses livres. Il avoit été disciple du célébre Tycho-Brahe, & il joignit la science des Mathématiques, & particuliérement de l'Astronomie & de la Géographie à l'Art de l'Imprimerie, en quoi il réussit admirablement aussi bien que ses enfans. On peut dire que leur chef-d'œuvre en l'un & en l'autre est leur Atlas avec leur Théatre.

Il avoit le génie excellent & le jugement merveilleux. C'étoit un homme d'une éxactitude sévére & d'un travail infatigable autant pour l'Imprimerie de ses Cartes & de ses Livres, qu'à l'égard de ses expériences Astronomiques & Géometriques, pour lesquelles il n'épargnoit rien. En effet il se fit admirer de toute la terre par ses Globes célestes, ses Cartes Marines & par divers ouvrages très-doctes & très-ingénieux. Mais pour ce qui est de ses Cartes terrestres, il faut avouer que nos Géographes François, & particuliére-

1 ¶ Gerard Jean Vossius pag. 263. de Scient. Mathemat. dit que Guillaume Blaeu mourut le 21. Octobre 1638. âgé de 67. ans.
2 Le fils de Guillaume Janfson Blaeu n'a été connu que sous le nom de Jean Blaeu, & l'on n'a même guére appelé le pére que Guillaume Blaeu.
3 Ce *Josse Janson* n'est autre que Jean Blaeu qui dans l'édition qu'il a donnée des œuvres de Janus Nicius Erythræus, & de quelques unes de celles de Leo Allatius, a mis Cologne à la place d'Amsterdam & s'est caché sous le nom de Jodocus Kalcovius. Guillaume Blaeu & Jean son fils ainé travaillérent ensemble aux deux premiers volumes de leur Atlas. Jean & Corneille son cadet, leur pére étant mort, donnérent le troisième volume. Après quoi la mort de Corneille étant survenuë, Jean demeuré seul, poursuivit l'ouvrage.

ment Messieurs Sanson ont donné au Public quelque chose de plus éxact & de plus poli.

Guillaume Blaew ne savoit pas le Grec, mais il avoit une connoissance éxacte des Langues Latine, Françoise & Allemande. Et Grotius lui donne la gloire d'avoir été le plus diligent des Imprimeurs de son tems. (1)

2. Jean JANSSON de BLAEW n'étoit guéres moins habile que son pere, & s'il lui cédoit en quelque chose pour les Mathématiques, il avoit l'avantage sur lui dans la Jurisprudence, & s'étoit fait passer Jurisconsulte ou Avocat C'est à lui qu'on est redevable de la plus grande partie de l'Atlas, & Vossius (2) qui le veut faire passer pour un grand Astronome & un habile Géographe en même tems dit qu'il a surpris & réjoui le Public par l'industrie admirable avec laquelle il a fait le Théatre des Villes & des Fortifications. Borremans (3) dit qu'il a rendu des services si importans à la République des Lettres par le travail & la constance avec laquelle il a imprimé les Livres, que son nom vivra dans la gloire tant que les Savans vivront & que les Livres dureront: & que c'est son mérite qui l'a rendu digne du choix que Gustave Adolphe Roi de Suéde fit de lui pour être son Imprimeur.

Il faut avouer pourtant qu'il s'est quelquefois negligé dans quelques-unes de ses éditions, non point par défaut d'habileté, mais parce qu'il étoit distrait & attaché à des occupations qu'il jugeoit plus importantes.

3. Josse JANSSON n'a point eu beaucoup d'éclat, & il semble qu'il ait été obscurci par les Elzeviers.

1 Ger. Vossius de Philolog. cap. 11. §. 27. pag. 64.
Idem de Scient. Mathemat. cap. 36. §. 47. 48. 49. pag. 199. 200. 101. où il fait ses éloges avec assés d'étenduë.
Idem de Math. Chronol. cap. 44. §. 40.

pag. 263. Grotius epistol. 124. ad Gassend. pag. 349. ad Gassend. pag. 349. ad Gallos,
2 Voss. de Scient. Mathem. c. 36. §. 49. & cap. 44. §. 40.
3 Ant. Borremans Epist. ad Theodor. ab Almelov. pag. 129. post vit. Stephanor.

JEAN MAIRE Imprimeur de Leyde.

47 IL étoit estimé de Grotius, de Vossius & de Saumaise, comme il paroît par leurs Lettres. Et en effet ses éditions font assés voir qu'il n'étoit pas indigne d'être consideré de ces grands hommes ausquels il n'étoit pas inutile.

IMPRIMEURS D'HOLLANDE.

LES ELZEVIERS Imprimeurs d'Amſterdam & de Leyde (1), ſavoir,

1. BONAVENTURE.
2. ABRAHAM.
3. LOUIS.
4. DANIEL, mort vers l'an 1680. ou 1681.

48 IL n'y a point de boutique d'où il ſoit ſorti de plus beaux livres ni en plus grand nombre. Il faut avouer qu'ils ont été au deſſous des Eſtiennes tant pour l'érudition que pour les éditions Grecques & Hébraïques : mais ils ne leur ont cédé ni dans le choix des bons livres, ni dans l'intelligence de la Librairie ; & ils ont eu même le deſſus pour l'agrément & la délicateſſe des petits caractéres.

Ainſi ce n'eſt point ſans raiſon qu'on les conſidére encore comme la Perle des Imprimeurs, non ſeulement d'Hollande, mais encore de toute l'Europe.

Quoi-que DANIEL ait laiſſé des enfans, il paſſe néanmoins pour le dernier de la famille, & ayant entraîné à ſa mort une partie de la gloire des Etats pour l'Imprimerie, on prétend qu'il n'y a preſque plus perſonne dans cette célébre République qui ſoit capable de ſoûtenir l'autre. Les Elzeviers ont imprimé plus d'une fois le Catalogue de leurs éditions, mais celui que Daniel a publié le dernier eſt extrémement groſſi de livres étrangers : il fut imprimé à Amſterdam l'an 1674. in-12. diviſé en ſept parties.

---

1 ¶ Il a oublié un Elzévier plus ancien que Bonaventure & qu'Abraham, ſavoir Louis, qui dès 1595. ſe diſtinguoit à Leyde par ſes éditions, où l'on reconnoit qu'il a obſervé avant Bonaventure & Abraham Elzéviers la diſtinction de l'u conſone & de l'u voyelle, propoſée il y avoit long-tems par quelques Ecrivains François tels que Ramus, Joubert &c. mais cependant toujours négligée. L'éxemple de ces Elzéviers n'a été ſuivi qu'aſſés tard en France, en Allemagne, & ſur tout en Italie. Rien n'auroit manqué à leur gloire ſi pour achever de perfectionner leur orthographe ils s'étoient aviſés d'introduire dans les capitales l'U rond voyelle & l'I conſone ainſi formé J. Cet honneur leur a été enlevé par Lazare Zetner de Strasbourg dans les éditions duquel on peut dès 1609. & peut-être plutôt reconnoître la diſtinction de l'u conſone & de l'u voyelle dans les capitales comme dans les petites, & de plus l'introduction de l'i à queuë dans les capitales. ¶

IMPRIMEURS D'HOLLANDE.

ANDRE' FRIS ou FRISIUS Imprimeur d'Amsterdam, mort vers l'an 1681.

49 LE sieur Borremans dit qu'il se rendit recommandable parmi les autres pour son éxactitude singuliére (1), qu'il étoit très-versé dans les deux Langues des Doctes, & qu'il avoit un soin tout particulier de corriger les fautes des Exemplaires, & d'y employer les caractéres les plus beaux. Mr Colomiez qui (2) lui rend presque le même témoignage, dit qu'il a fait paroître combien il étoit entendu dans sa Profession, par le choix judicieux de certains livres & des Traités singuliers qu'il a imprimés, qu'outre le Grec & le Latin, il savoit les Langues vivantes; & qu'il a traduit entre autres d'Italien en Latin les expériences du sieur Redi touchant la génération des Insectes, &c.

 On pourroit ajouter à ceux que nous venons de nommer deux autres Imprimeurs qui ont eu aussi quelque réputation, savoir *Adrien Vlacq* de la Haye & *François Hack* de Leyde, dont le premier étoit à la vérité plus savant que l'autre, mais ses éditions ne laissent pas d'en être moins éxactes, & son caractére beaucoup moins beau,

<small>1 Ant. Borremans var. lection. cap. 7: 2 Colom. Biblioth. choisie, pag. 43. pag. 72.</small>

IMPRIMEURS ANGLOIS.

50 SI je ne me trouve point en état de publier ici le mérite des principaux Imprimeurs d'Angleterre, il n'en faut point rejetter la cause sur le défaut où l'on s'imagineroit peut-être qu'auroit été cette Isle savante, mais il la faut attribuer au peu de connoissance que j'en pourrois avoir. On doit reconnoître néanmoins que les bons Imprimeurs y ont été assés rares jusqu'au regne de Charles second, & la diligence & l'éxactitude des Auteurs sembloit assés suppléer d'ailleurs à celle des Imprimeurs, comme il paroit particuliérement par les ouvrages dont nous devons la correction & l'édition aux soins d'Henri Savill, de Jean Selden & de quelques autres Savans. On peut remarquer toutefois que *Guillaume* TURNER acquit assés de réputation sur la fin du regne de Jacques I. & sur le

commencement de celui de Charles premier, & qu'il le cedoit à peu d'Imprimeurs de son tems pour la beauté & la netteté des caractéres. Mais les Sciences & les Arts ayant reçu dans cette Isle un accroissement & un éclat merveilleux depuis un demi siécle, & particuliérement depuis que le Roi Charles dernier mort a mis & entretenu l'émulation parmi tant de Savans répandus dans ses Estats, on peut dire aussi que l'Imprimerie y a fait de grands progrès, & que le seul *Théatre de Sheldon* en donnera des preuves à toute la Postérité tant que dureront les beaux livres, qui nous sont venus de cette excellente boutique.

IMPRIMEURS POLONOIS.

51. Les deux fameuses Imprimeries Sociniennes, qu'on appelle autrement Polonoises ont assés peu de bonnes qualités, qui puissent les faire rechercher : mais elles en ont beaucoup de mauvaises qui doivent nous les faire détester, puisqu'elles ont servi de boutiques à l'ennemi de notre Réligion pour y forger des armes contre le véritable Christianisme.

De ces deux Imprimeries, l'une étoit dans la petite Pologne, & l'autre dans la Lithuanie. 1. La première fut transportée de Cracovie à Racovie, l'Imprimeur de Cracovie s'appelloit *Alexis Rodecki*, & il imprima beaucoup du tems même d'Estienne Bathory, & particuliérement des ouvrages de Socin. Il passa de là à Racovie en 1577. où le Palatin de Podolie qui s'étoit fait Socinien, fit valoir l'Imprimerie mieux qu'auparavant ; Rodecki la laissa à son gendre *Sebastien Sternac*, & elle dura jusqu'en l'année 1638.

La seconde plus ancienne encore que l'autre fut établie à Zaslaw en Lithuanie par Mathias Kawiczinski, dont l'Imprimeur étoit Daniel de *Leczica*. Ensuite elle fut transportée à Losko, ville qui appartenoit à Kiszka, Châtelin de Vilna, Socinien. Après on la mit dans la Vilna sous la conduite de l'Imprimeur *Karcan*. De là enfin elle fut portée à Lubec sur Niemen, où elle eut pour Imprimeur *Pierre Blaste Kmit* gendre de Karcan, *Jean Kmit* fils de Blaste, & après lui Jean *Lengius* Lutherien. Cette Imprimerie perit en 1655. ou 1656. par la peste & par l'irruption des Moscovites. Depuis ce tems-là les Sociniens ont porté leurs Ecrits en Hollande, où tout paroit presque également bien reçu.

1 Post. Biblioth. Anti-Trinitar. pag. 101, 102.

DES DEUX PRINCIPALES IMPRIMERIES DU MONDE,

Dont on n'a point pû parler ci-dessus sous le nom des Imprimeurs particuliers.

52. LA premiére est celle des Papes, appellée ordinairement Du VATICAN, ou *l'Imprimerie Apostolique*. Sixte Quint la fit batir avec beaucoup de magnificence dans le dessein d'y faire faire des éditions les plus éxactes & les plus correctes dont on seroit humainement capable. Il est vrai que sa principale vuë étoit de rétablir dans leur intégrité les livres corrompus & altérés, soit par la succession des tems, soit par la malice ou la négligence des hommes & de les purger des fautes que la mauvaise foi des Hérétiques y avoit fait glisser, comme dit le sieur Leti (1) dans sa vie.

Mais outre cela il avoit encore pris la résolution d'y faire imprimer l'Ecriture sainte en plusieurs Langues, les Conciles Généraux, un grand nombre de Statuts & divers Réglemens Ecclésiastiques, tous les ouvrages des Saints Peres, des Liturgies, Rits & Usages divers pour toutes sortes d'Eglises, & quantité d'Instructions Chrétiennes en diverses Langues & en différens caractéres, tant pour étendre la Réligion Chrétienne dans les Pays-éloignés, que pour en deffendre la vérité contre ses ennemis domestiques & étrangers. Rocca (2) dit que pour cet effet il fit venir à Rome tout ce qu'il put trouver ou plutôt tout ce qu'il put engager d'habiles Gens par des libéralités extraordinaires, pour vaquer aux corrections des Exemplaires; qu'il n'épargna rien ni pour la quantité ni pour la qualité des choses nécessaires, soit pour le grand nombre des Presses soit pour la multitude des caractéres Latins, Grecs, Hébraïques, Arabes, & Esclavons, soit même pour la grandeur & la bonté du papier. Il ajoute que le Pape voulut que la magnificence se trouvât toujours jointe avec les commodités; & qu'il donna la direction de cette grande Imprimerie à un habile Venitien nommé Dominique de *Baza* connu par son grand savoir & par la longue expérience qu'il avoit de cet Art; & lui mit dabord entre les mains de grandes sommes pour commencer l'exécution. (3)

---

1 Gregor. Leti vit. Sixt. V. l. 9. à la fin.
2 Angel. Rocca de Bibl. Vatican. in appendic. pag. 413.

3 ¶ Rocca s'exprime fort mal lorsque parlant de Sixte V. il dit: *Hinc nobilissimam Typographiam, rem quidem Pontifice, quin se*

IMPRIMERIE APOSTOLIQUE.

Vossius (1) dit que quand il n'auroit fait que la dépense des caractéres Arabes dans cette Imprimerie, la République des Lettres lui auroit toujours des obligations immortelles, parce que ce sont les premiers qu'on ait vû dans l'Europe, & qu'ainsi c'est à lui qu'on doit la meilleure partie des livres imprimés en cette Langue pour la premiére fois.

Il ne faut pas oublier que Pie IV. avoit déja jetté les fondemens de cette grande Imprimerie, dont il avoit donné la conduite à Paul Manuce, comme nous l'avons remarqué.

ipso dignam in Vaticano instituit, Dominico Basa Veneto Typographo, homine quidem navo & industrio ac sagaci ad Typographiam erigendam atque regendam electo, qui pro hujusmodi re præstanda circiter quadraginta aureorum millia insumpsit, nullis parcens incommodo, nullique impensa. Au lieu en effet de dire que le Pape avoit dépensé 40000 écus pour l'établissement de l'Imprimerie du Vatican; il dit que c'est Dominique Basa qui avoit fait cette dépense, n'ayant épargné ni peine ni argent pour l'exécution d'un si beau dessein.

1 Voss. de Scient. Mathemath. cap. 16. §. 29. pag. 69.

DE L'IMPRIMERIE ROYALE.

52 bis — La seconde est celle des Rois de France appellée ordinairement DU LOUVRE ou *l'Imprimerie Royale*. Elle est plus ancienne que celle du Vatican si on en va rechercher l'origine dans l'Histoire du Roi François Premier, comme on voit, parce que nous en avons touché en parlant des Estiennes, des Morels & des autres qui en ont eu la conduite. Mais elle doit le comble de sa gloire à Louis XIII. sous lequel le Cardinal de Richelieu la mit en l'état qu'elle est aujourd'hui, après que Mr *Des-Noyers* (1) inspiré par les Jésuites lui eut fait connoître l'importance de ce grand dessein.

Nous nous abstenons ici d'en décrire la magnificence & la richesse de peur qu'on ne nous accuse d'en faire l'éloge, & il vaut mieux renvoyer le Public à ce qu'en ont écrit les étrangers (2), plutot que nous exposer au reproche qu'on pourroit nous faire de donner quelque chose à nos inclinations. Il suffit de faire remarquer qu'on en donna la Direction à *Sebastien Cramoisy*, & qu'on la consacra pour ainsi dire, en commençant par le divin livre de l'Imitation de J. C. Les principaux Ouvrages qu'elle a produits depuis sont quelques Histoires de France, quelques Peres de l'Eglise, une Bible Vulgate en

1 ¶ Il faloit dire *De Noyers*.
2 Voss. add. hist. G. Periand. Anonym. Bibl. curios.

8. Volumes & particuliérement le grand corps des Conciles généraux en 37. Volumes, mais le plus éclatant & le mieux reçu de tous est celui de l'Histoire Byzantine.

 Mr Colbert dans la pensée de rendre la mémoire de son Ministére immortelle, avoit conçu sur cette Imprimerie un haut dessein, pour encherir encore par dessus les Cardinaux de Richelieu & Mazarin. Cette nouvelle passion lui faisoit témoigner publiquement qu'il portoit envie à la gloire qu'avoit acquise le célèbre Cardinal Ximenès, lequel ne laissoit pas de travailler avec un zèle admirable à l'ouvrage extraordinaire de la Polyglotte d'Alcala ou de Complute, quoi qu'il fut occupé aux affaires de l'Etat, & qu'il eut sur les bras une grande & fâcheuse guerre contre les Mores. Il prétendoit aller encore beaucoup au de là, quelques grandes que dûssent être ses autres occupations : & il avoit choisi, comme nous avons dit, *Antoine Vitré* qui lui avoit fait esperer d'effacer en peu de tems les Hollandois, & tout ce qu'il y avoit eu jusqu'alors d'habiles Imprimeurs. Cependant les affaires de l'Etat, & particuliérement celles de la Chambre de Justice interrompirent cette glorieuse entreprise, & l'Imprimerie Royale, loin même de continuer suivant le mouvement & le cours que lui avoient donné les deux Cardinaux, demeura presque entiérement dans l'oisiveté pendant tout le tems du Ministére de ce grand Homme, qui d'ailleurs ne cessa jamais de favoriser les Lettres. Mais l'Eglise & l'Etat qui y ont un interêt commun, auront peut-être bientôt l'avantage de voir les premiers Ministres de sa Majesté reprendre ce grand dessein avec plus de zèle & de succès même qu'on n'a point encore fait jusqu'ici.

MARQUES ou ENSEIGNES DES PRINCIPAUX IMPRIMEURS ET LIBRAIRES

Qui ont paru jusqu'au milieu de notre siécle.

Comme il est arrivé quelquefois, sur tout dans le siécle passé, que les Imprimeurs n'ont pas mis leur nom, ni même celui de la Ville ou du lieu de leur Impression aux Livres qui sont sortis de leur presse ou de leur boutique : on ne trouvera peut-être pas mauvais que l'on rapporte ici quelques unes des Marques ou des Enseignes qui servent à faire reconnoître les plus célèbres d'entre eux. Comme sont :

L'*Abel*

MARQUES DES PRINCIPAUX IMPRIMEURS.

L'*Abel* de l'Angelier, de Paris.
L'*Abraham* de Pacard, de Paris.
L'*Aigle* des Bellers, d'Anvers & de Douai.
De Blade, de Rome.
De Rouville ou Rouille (1), de Lyon.
De Thorné.
De Velpius.
L'*Amitié* de Guillaume Julien, de Paris.
L'*Ancre* de Christofle Raphelengius ou Rafflenghen, de Leyde.
L'*Ancre entortillée & morduë d'un Dauphin* des Manuces, de Venise & de Rome.
De Chouet, de Genève.
De Pierre Aubert, de Genève.
L'*Ange Gardien* de Henaut, de Paris.
L'*Arbre verd* de Richer, de Paris.
L'*Arion* d'Oporin ou Herbst, de Bâle.
De Brylinger, de Bâle.
De Louis le Roi, de Bâle.
De Chouet, de Genève.
De Pernet, de Bâle. (2)
L'*Arrosoir* de Rigault, de Lyon.
Le *Basilisque* (3) *& les quatre Elemens* de Roigny, de Paris.
Le *Bécheur ou le Jardinier* de Maire, de Leyde.
Le *Bellerophon* de Perier, de Paris.
Le *Berger* de Bose & de Colomiez, de Toulouse.
La *Bonne Foy* des Billaines, de Paris.
Le *Caducée* des Wechels, de Paris & de Francford.
Le *Cavalier* de Pierre Chevalier, de Paris.
Le *Chardon au Soleil* de Drouart, de Paris.
Le *Chesne verd* de Nicolas Chesneau, de Paris.
Le *Cheval Marin* de Jean Gymnique, de Cologne.
Les *Cigognes* de Nivelle & de Cramoisy, de Paris.
La *Citadelle* de Mounin, de Poitiers.
Le *S. Claude* d'Ambroise de la Porte, de Paris.
Le *Coq* de Wigand Hanen Erben, ou Gallus, de Francford.
Le *Cœur* de Huré, de Paris.
Les deux *Colombes* de Jacques Quesnel, de Paris.
Le *Compas* de Plantin, d'Anvers.
Des Morets, d'Anvers.
De François de Raphelengien, ou Rafflenghe (4), de Leyde.
De Beller, de Douay.
D'Adrien Perier, de Paris.
De Soubron, de Lyon.
Le *Compas d'or* de Claude & de Laurent Sonnius, de Paris.
Le *Corbeau* de George Rabb, ou Corvin, de Francford.
La *Couronne* de Materne Cholin, de Cologne.
La *Couronne d'or* de Mathurin Du Puis, de Paris.

---

1 ¶ Nous avons prouvé plus haut qu'il faloit écrire & prononcer *Rouille*.
2 ¶ Cet Imprimeur né à Lusque, & de Catholique devenu Protestant s'appelloit Pietro Perna.
3 ¶ Le Basilic.
4 ¶ Il devoit, comme plus haut, dire *Raphelengius* ou *Rafflenghen*.

La *Couronne de Fleurons* de Rousselet, de Lyon.
De Jacques Crespin (1), de Genève.
De Chouet, de Genéve.
La *Crosse* d'Episcopius ou Bischop, de Bâle.
Le *Cygne* de Blanchet.
Les *Elemens* de Roigny, de Paris.
L'*Elephant* de François Regnaut, de Paris.
L'*Enclume & le Marteau* d'Henric-Petri, de Bâle.
L'*Envie* de Gazeau.
Les *Epics meurs* de Du Bray, de Paris.
L'*Esperance* de Gorbin, de Paris.
De Barthelemi de Albertis, de Venise.
L'*Etoile d'or* de Benoist Prevost, de Paris.
La *Fleur de Lys* de Cardon & d'Anisson de Lyon.
La *Fontaine* de Vascosan, de Paris.
Des Morels de Paris.
La *Fortune* de Ph. Borde & de Rigaud de Lyon.
Le *Frelon* des Frelons & Harsy, de Lyon.
La *Galere* de Galiot du Pré, de Paris.
Les *Globes en balance* de Jansson ou Blaew, d'Amsterdam.
Les *Grenouilles ou Crapaux* (2) de Froschover de Zurich.
Le *Griffon* des Griffes (2), de Lyon.

D'Antoine Hierat, de Cologne.
De Wyriot, de Strasbourg.
La *Grue ou Vigilance* d'Episcopius, de Bâle.
De Jean Gymnique, de Cologne.
L'*Hercule* de Vitré, de Paris.
De Jean Maire, de Leyde.
L'*Hermathene ou Terme de Mercure & Pallas* de Verduss. d'Anvers.
Le *Janus* de Jean Jannon, de Sedan.
Le *Nom de Jesus* de Pillehotte, de Lyon.
La *Lampe* de Perne ou Pernet, de Bâle.
La *Licorne* de Jean Gymnique, de Cologne.
De Boullé, de Lyon.
De Chappelet, de Paris.
De Kerver, de Paris.
Le *Lion rampant* d'Orry.
Les *Lions & l'Horloge de Sable* d'Henric-Petri, de Bâle.
Des Héritiers de Nicolas Brylinger, aussi de Bâle.
Le *Loup* de Poncet le Preux, de Paris.
Le *Lys* des Juntes, de Florence, de Rome, de Venise & de Lyon, &c. Ils ont pris quelquefois l'Aigle de Blade, de Rome.
Le *Lys blanc* de Gilles Beys, de Paris.
Le *Lys d'or* d'Ouen Petit, de Paris, & de Guillaume Boulle, de Lyon.

1 ¶ De Jean Crespin.
2 ¶ Il faloit simplement dire : Les Grenouilles, par allusion du nom de l'Imprimeur à frosch *grenouille*, car en Alemand un *crapaud* c'est krott.
4 ¶ Gryphes.

MARQUES DES PRINCIPAUX IMPRIMEURS.

Le *Mercure fixe*, de Blaise.
Le *Mercure arrêté* de David Douceur, de Paris.
Le *Meurier* de Morel, de Paris.
Le *Navire* de Millot.
Le *Grand Navire* de la Societé des Libraires de Paris pour les impressions des Peres de l'Eglise.
Le *Naufrage* de du Chesne.
L'*Occasion* de Fouet, de Paris.
L'*Oeil* de Vincent, de Lyon.
L'*Olivier* des Estiennes, de Paris & de Genève.
De Patisson de Paris, qui est celui des Estiennes.
De Sebast. Chappelet, de Paris.
De Gamonet de Genève, qui est celui des Estiennes.
De P. l'Huillier, de Paris.
Des Elzeviers, d'Amsterdam & de Leyden.
L'*Oranger* de Zanetti, de Rome & de Venise : de Tosi, de Rome.
L'*Orme entortillé d'un cep de vigne* selon quelques-uns des Elzeviers, d'Amsterdam & de Leyde.
L'*Oiseau entre deux Serpens* des Frobens, de Bâle.
La *Paix* de Jean de Heuqueville, de Paris.
La *Palme* de Courbé, de Paris.
Le *Palmier* de Bebelius.
D'Eisingrein.
De Guarin, de Bâle.

Le *Parnasse* de Ballard, de Paris.
Le *Pegase* des Wechels, de Paris, & de Francford.
De Marnef(1) ou Marnius & des Aubry, de Francford & d'Hanaw.
De Denys du Val, de Paris.
Le *Pelican* de Girault, de Paris.
De François Heger, de Leyden.
Des deux Marneffs, de Poictiers, Jean & Enguilbert.
Le *Persée* de Bonhomme, de Lyon.
Le *Phenix* de Michel Soly, de Paris.
De Pierre Leffen, de Leyde.
Le *Pin* de le Franc.
De P. Aubert de Genève, d'Ausbourg.
La *Pique entortillée d'une branche & d'un serpent*, de Frederic Morel, de Paris.
De Jean Bien-né, de Paris, & quelquefois de Robert Estienne.
Le *Pot Cassé* de Geoffroy Thory, de Paris.
La *Poule* des Myles & des Birckmans, de Cologne : & de Meursius, d'Anvers.
La *Presse ou l'Imprimerie* de Badius Ascensius, de Paris.
La *Renommée* des Janssons d'Amsterdam.
De Hautin, de la Rochelle.
De Sigismond Feyrabent, de Francford.

1 ¶ Il confond ici *Marnef* nom d'une famille de Libraires de Paris & de Poitiers, fort connuë & fort ancienne avec celle de Claude Marnius un des héritiers d'André Wechel. ¶

La *Rose dans un cœur* de Corrozet, de Paris.
La *Ruche* de Robert Fouet, de Paris.
Le *Sage* de Sartorius, d'Ingolstad.
La *Salamandre* de Zenaro, de Venise.
De Pesnot, de Lyon.
De J. Crespin, de Lyon.
De Denis Moreau, de Paris.
De Claude Senneton, de Lyon.
La *Samaritaine* de Jacques Du Puis, de Paris.
Le *Samson déchirant un Lion*, de Calen & de Quentel, de Cologne.
Le *Samson emportant les portes de la ville de Gaze*, de Scipion & de Jean de Gabiano ou Gavian de Lyon : & de Hugues de la Porte, de Lyon.
Le *Saturne* de Colinet ou de Colines, de Paris, & quelquefois d'Hervagius, de Bâle.
Le *Sauvage* de Buon, de Paris.
Le *Sauveur du Monde* de Calen & de Quentel, de Cologne.
Le *Sceptre éclairé* de Vincent, de Lyon.
La *Science* de Lazare Zetner, de Strasbourg.
Le *Serpent Mosaïque* de Martin le jeune, de Paris.
D'Eustache Vignon, de Genève.
Le *Serpent entortillé autour d'une Ancre* du même Vignon.
Les deux *Serpens* des de Tournes, de Lyon & de Genève.
Les *Serpens couronnés entortillés à un baton enfermant un Oiseau*, des Frobens, de Bâle.

Le *Soleil* de Brugiot.
De Guillard, de Paris.
De Vlacq, de la Haye en Holl.
De Basa, de Venise.
La *Sphere* des Blaews ou Janssons d'Amsterdam.
Des Huguetans & Ravaud, de Lyon.
Il s'est trouvé aussi diverses éditions de Livres d'Hollande dans ces dernières années marquées *de la Sphere* sans nom d'Imprimeur.
Le *Tems*. Voyés *Saturne* comme ci-dessus.
Le *Terme des trois Mercures* d'Hervagius, de Bâle.
La *Toison d'or* de Camusat, de Paris.
Le *Travail* de J. Maire, de Leyde.
La *Trinité* de Pillehotte, de Lyon.
De Meturas, de Paris.
L'*Uberté ou Fécondité* d'Hubert Goltzius, de Bruges.
Le *Vase ou la Cruche panchée*, de Barth. Honorat, de Lyon.
La *Verité* des Commelins, d'Heidelberg & de S. André : & de David, de Paris.
La *Vertu* de Laurent Durand, de Paris.
Les *Vertus Théologales* de Savreux de Paris.
Le *Victorieux* de Vincent, de Lyon.
La *Vigilance ou la Gruë sur une Crosse*, d'Episcopius, de Bâle.
La *Vipere de S. Paul* de Michel Sonnius, de Paris : de P. de la Roviere, de Genève, &c.

FIN.

Corrections des fautes survenuës dans l'impression des Notes sur les Préjugés *& sur les* Imprimeurs*, au Tome I.*

Pag.	Lig.	Col.	Fautes	Corrections
309	2	A	dubitavit.	dubitarit.
——	11	—	Scœv,	Scœv.
310	3	B	que ayant	qu'ayant
——	7	—	l'a rapporte	la rapporté
311	5	—	P. 168.	P. 68.
——	7	—	P. 169.	P. 69.
——	10	—	Cicaron,	Ciceron,
——	27	—	fur	ſur
313	28	A	l'Ecriture	l'Ecriture,
——	7	B	Scippio	Scipio
315	31	—	Æſchine.	Æſchine.
——	19	A	conſide-	conſidera-
316	23	—	Teetzès	Teetzès
——	25, 26	—	σοφώ τα τος	σοφώ τα τος
——	30	—	Tztzès.	Tztzès.
317	17	—	citeaux	Citeaux
——	32	—	néaumoins	néanmoins
324	38, 39	—	*Sur ces mots*, du Poëte Maternus, *ajoutés* : Ce *Maternus* François étant précisément celui que Domitien, au rapport de Dion Caſſius, fit mourir, ne doit pas être confondu avec l'Eſpagnol *Maternus* dont Martial, Epig. 37. du l. 7. fait mention, & qui vivoit encore du tems de Trajan.	
328	37	A	Menippœa.	*Lipſe devoit écrire* Menippea.
329	20, 21	B	Rondelotii	Rondeletii
330	38	A	d'Ακροτης	d'Ακροτης
——	42	B	eu	eus
333	2	A	γεγραμμένω	γεγραμμένω
334	17	—	regiſtre	regitre
335	42	B	*Venuleius*,	*Venuleius*,
338	33	—	frére commis	Frére-Commis
341	23	B	Licinio	Licinio
342	45	—	autentique	authentique
347	3	A	Baſſianus,	Baſſianus,
348	10	—	Urſeus	Urceus
358	13	B	Icones,	Icones,
367	6	A	Geforoi	Géofroi
374	22	—	Fornave	Fornove
385	10	—	dattée	datée
386	2	—	guéres	guére
395	6	B	Zetner	Zetuner

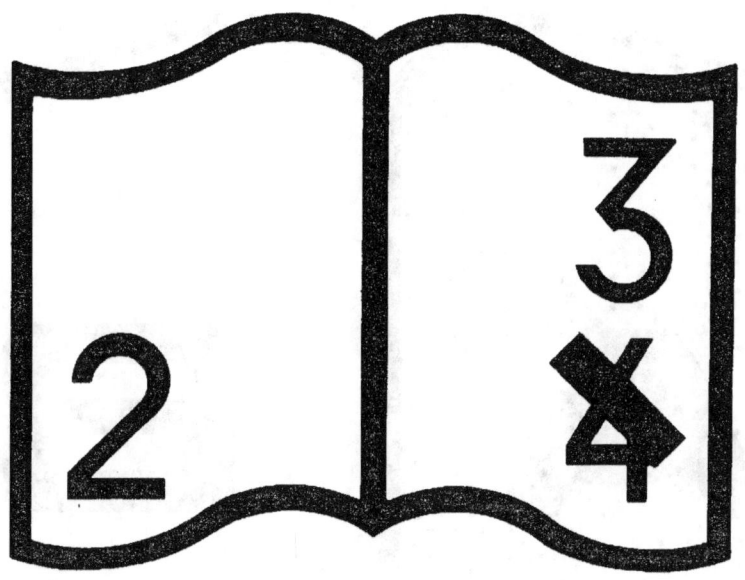

Pagination incorrecte — date incorrecte

NF Z 43-120-12

Contraste insuffisant

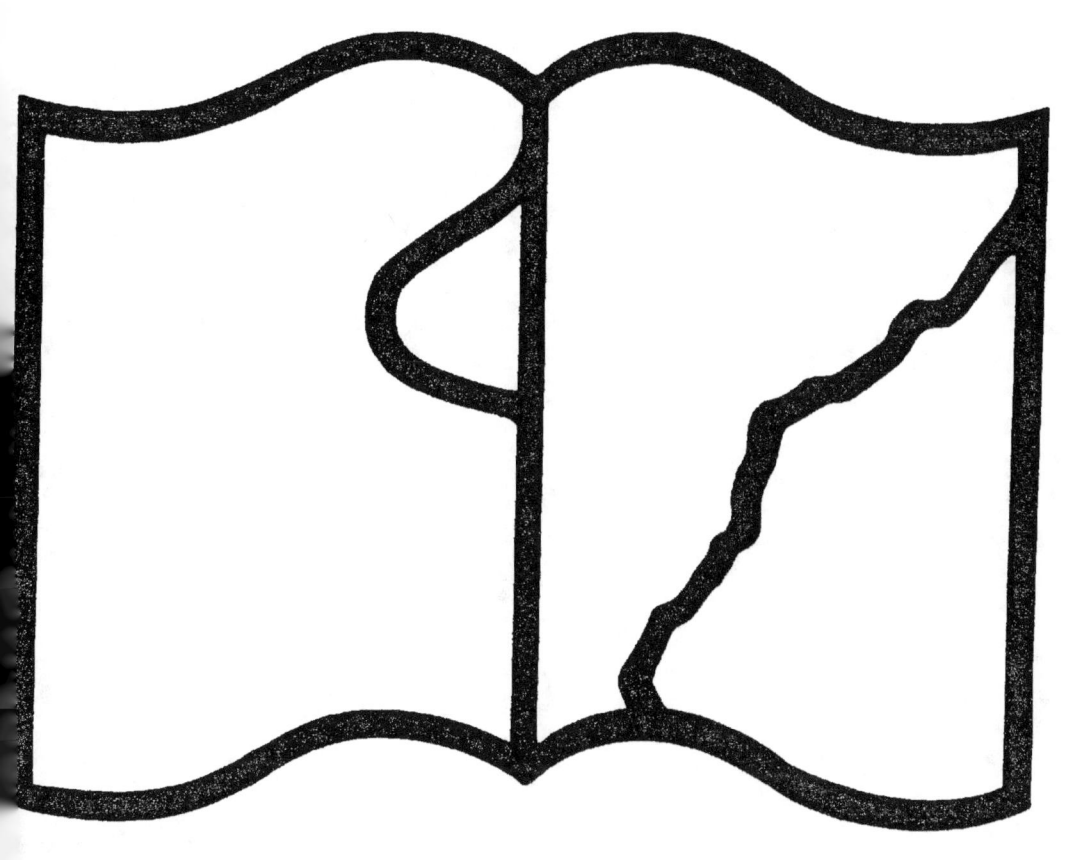

Texte détérioré — reliure défectueuse

NF Z 43-120-11

www.ingramcontent.com/pod-product-compliance
Lightning Source LLC
Chambersburg PA
CBHW051407230426
43669CB00011B/1794